西藏历史文化丛书

张云 主编

XIZANG
LISHI WENTI
YANJIU

张云 著

西藏历史问题研究

江苏人民出版社

图书在版编目(CIP)数据

西藏历史问题研究 / 张云著. — 南京：江苏人民
出版社，2022.3

ISBN 978 - 7 - 214 - 16783 - 5

Ⅰ.①西… Ⅱ.①张… Ⅲ.①西藏问题—研究②西藏
—地方史—研究 Ⅳ.①D677.5②K297.5

中国版本图书馆 CIP 数据核字(2019)第 203877 号

书　　　名	西藏历史问题研究
著　　　者	张　云
责 任 编 辑	史雪莲
装 帧 设 计	徐　慧
责 任 监 制	王　娟
出 版 发 行	江苏人民出版社
地　　　址	南京市湖南路 1 号 A 楼,邮编:210009
照　　　排	江苏凤凰制版有限公司
印　　　刷	江苏凤凰通达印刷有限公司
开　　　本	652 毫米×960 毫米　1/16
印　　　张	31.75　插页 2
字　　　数	424 千字
版　　　次	2022 年 3 月第 1 版
印　　　次	2022 年 3 月第 1 次印刷
标 准 书 号	ISBN 978 - 7 - 214 - 16783 - 5
定　　　价	98.00 元

(江苏人民出版社图书凡印装错误可向承印厂调换)

"西藏历史文化丛书"序言

张　云

　　中国是一个统一的多民族国家,中国辽阔的疆域是各民族共同开拓的,中国悠久的历史是各民族共同书写的,中国灿烂的文化是各民族共同创造的,中国伟大的精神是各民族共同培育的。"一部中国史,就是一部各民族交融汇聚成多元一体中华民族的历史,就是各民族共同缔造、发展、巩固统一的伟大祖国的历史。"中国历史既要从专题史、断代史、区域史、族别史的角度进行研究,更要从整体史、共同史、发展史和各民族交往交流交融史的视野进行研究,既要考证明辨历史事件、人物、制度、历史地理和思想文化演进的脉络源流,又要深入探究把握中国历史发展的规律动力和中华文明不断进步的内在逻辑。勒芬·斯塔夫罗斯·斯塔夫里阿诺斯(Leften Stavros Stavrianos,1913—2004 年)在所著《全球通史》中说:全球史观研究的是全球而不是某一个国家或地区的历史;关注的是全人类,而不仅仅是欧洲人或是非欧洲人。此外,全球史并不等于国别史或地区史的简单相加,而是重在揭示不同地区和国家历史的相互联系与影响。这和从整体史、共同史及其内在联系和影响的角度研究中国历史、中华民族史有着相同或者相似之处。中国历史、中华民族史研究只有从整体上把握,并从内在的相互联系中进行考察,才能抓住一些本质性的规律,得出一些更加全面客观和科学的结论。

　　西藏位于中国的西南边陲,青藏高原的西南部,北邻新疆,东北紧靠青海,东西接连四川,东南界云南,南边和西部与缅甸、印度、不丹、尼泊尔等国接壤,国境线长达 3 842 公里,是中国西南边疆的重要门户。西藏全区 6 市(拉萨市、日喀则市、山南市、林芝市、昌都市、那曲市)和阿里地区、74 个县(区),有常住人口为 364.81 万人(截至 2021 年 5 月),其中,藏族人口为 313.79 万人,其他少数民族人口为 6.68 万人,汉族人口为 44.33 万人。西藏面积 122.84 万平方公里,约占中国总面积的八分之一,南北最宽约 1 000 公里,东西最长达 2 000 公里,是世界上面积最大,海拔最高的高原,有"世界屋脊"之称。西藏地域辽阔,地貌多样,大致可分为喜马拉雅山区、藏南谷地、藏北高原和藏东高山峡谷区。气候自东南向西北依次有:热带、亚热带、高原温带、高原亚寒带、高原寒带等各种类型。西藏是中国太阳辐射能最多、日照时间最长的地方。西藏耕地集中分布在藏南河谷及河谷盆地中,东部和东南部也有少量分布,总面积达 36 万公顷。西藏有牧草地 65 万公顷,天然草地面积超过内蒙古和新疆,位居全国第一。西藏各类自然保护区面积达 41.22 万平方公里,占西藏自治区国土面积的 1/3 以上。青藏高原孕育了黄河、长江、恒河、湄公河、印度河、萨尔温江和伊洛瓦底江等七条亚洲的重要河流,被称为"中华水塔""亚洲水塔"。西藏是中国湖泊最多的地区,湖泊总面积约 2.38 万平方公里,约占全国湖泊总面积的 30%。西藏水能资源理论蕴藏量为 2 亿千瓦,约占全国的 30%,居中国首位。西藏是世界上太阳能最丰富的地区之一,太阳能资源居全国首位。西藏矿产资源储量居全国前 5 位的有铬、工艺水晶、刚玉、高温地热、铜、高岭土、菱镁矿、硼、自然硫、云母、砷、矿泉水等 12 种。西藏动物资源丰富,野驴、野牦牛、马鹿、白唇鹿、黑颈鹤、小熊猫等 123 种被列为国家重点保护动物,占全国重点保护动物的 1/3 以上,自然资源丰富。

　　中国各民族形成发展的历史都是中国历史的组成部分,西藏自古是中国不可分割的一部分,包括藏族、汉族、蒙古族、门巴族、珞巴族等在内的中国各民族共同开发、守卫和建设了祖国这块神圣的土地,共同谱写了波澜壮阔的历史,创造了灿烂夺目的文化,为中华民族大家庭的建设做出了重要的贡献。汉文史书记载中的"西羌"是包括汉族、藏族和中国西部地区诸多民族的重要源头。考古资料证明,西藏地区很早就有人类活动,而且与祖国内地存在着密切的联系。2022年1月发布的西藏自治区阿里地区噶尔县切热遗址,是一处全新世早期旧石器时代旷野遗址,也是青藏高原腹地少见的、具有明确地层堆积的史前早期人类活动遗址,填补了青藏高原腹地距今8 000年至10 000年史前考古文化的空白。西藏昌都距今4 000到5 000年前新石器文化遗址——卡若遗址中出土的陶器、石器和房屋建筑形制均与仰韶文化有继承关系,而卡若出土的粟米直接来自黄河流域。西藏阿里故如甲木(gu ru gyam)墓地发现的距今1 800多年的汉字"王侯"织锦和源自内地的茶叶残留,乃至历史语言研究中的汉藏语同源,基因学研究的汉藏语同源等成果,都不断丰富和充实着中华民族史形成与发展历史之西藏篇章的内容。公元7世纪松赞干布(srong btsan sgam po,617—650年)建立吐蕃王朝以前,西藏地区即是由不同民族、不同政权分散管理的区域,较大的有活动在今西藏自治区西部和西北部羊同(象雄,zhang zhung);控制今西藏自治区北部那曲地区、东部昌都地区到青海省南部玉树自治州一带的苏毗(sum pa);位于苏毗东部金沙江上游的多弥;占据今甘肃省、青海省南部和四川省西北部的党项;分布在今四川省西部、西藏昌都东部地区的西山八国,即东女国等;称雄于今西藏自治区山南地区的雅隆悉补野(spu rgyal)部落,以及由鲜卑族联合西羌部落建立的、控制今青海省北部到新疆维吾尔自治区南部的吐谷浑(阿柴,A zha)政权。吐蕃王朝不仅管辖和吸纳了青藏高原地区的众多政权和众多民族,而且不断吸纳和融合了汉族及唐代中国西北、西南众多民族成分。唐蕃在长期的交往交流过程中更逐渐打破壁垒,建立起密切的政治、经济、宗教和文化联系。贞观十五年(公元641年),唐太宗许以文成公主(?—680年),并封吐蕃使臣禄东赞(mgar stong btsan yul srung,?—667)为右卫大将军。唐朝嫁文成公主以后又嫁金城公主到吐蕃,吐蕃遂与唐朝结成"甥舅"关系。唐高宗继位后,授松赞干布为驸马都尉、西海郡王、賓王等。据不完全统计,自公元634年至842年的209年间,吐蕃使者共出使长安100次,唐使者出使吐蕃52次,平均1年零4个月,唐、蕃之间就有使臣往来一次。《全唐文》中独孤及《敕与吐蕃赞普书》称:唐蕃之间"金玉绵绣,问遗往来,道路相望,欢好不绝"。公元823年建立、至今耸立在拉萨大昭寺前的唐蕃会盟碑盟文中,称唐与吐蕃赞普"代为婚姻,固结邻好,安危同体,甥舅之国,将二百年""和同为一家""社稷叶同如一"。元朝设置中央机构总制院(1288年改称宣政院),掌管全国佛教事务及西藏等地的军政事务。宣政院使(主管官员)一般由丞相兼任,各级官员"军民统摄,僧俗并用"。元朝中央在藏族聚居地区设立了三个宣慰使司,直属宣政院管理,即藏文史书中所说的"三区喀"(chos kha gsum),其中今西藏自治区分归其中两个宣慰使司管辖——今拉萨、山南、日喀则、阿里等地归乌思藏宣慰司管辖;今昌都一带及那曲市东部归朵甘思宣慰司管辖。乌思藏宣慰司设在萨斯迦(今西藏萨迦),下设13个万户府和若干个千户所。元朝在乌思藏等地清查户口,确立差役,征收赋税,建立驿站,驻扎军队,派兵镇守,并颁行元朝刑法、历法,审理案件。元朝乌思藏、朵甘思等地行政机构的设立与裁撤,官员的任免、升降、赏罚,均听命于中央政府。明朝初年分设乌思藏卫、朵甘卫管辖,后分别升级为乌思藏都指挥使司、朵甘都指挥使司,并设俄力思军民元帅府,管理今阿里地区及其以西的地区。乌思藏都司和朵甘都司下设指挥使司、宣慰司、招讨司、万户府、千户所等行政机构实施管理。明朝册封藏传佛教玛噶举派、萨迦派、格鲁派的领袖为大宝法王、大乘法王、大慈法王,封授当时实际统治乌思藏大部分地区的帕竹噶举派的首领为阐化王、萨迦派首领为辅教王、止贡噶举派首领为阐教王,封朵甘思地区馆觉、灵藏地方的首领分别为护教王、赞善王。公元1653年,清朝册封五世达赖喇嘛为"西天大善自在佛所领天下释教普通瓦赤喇怛喇达赖喇嘛",册封固始汗为"遵行文义敏慧顾实汗"。1721年,清朝废除蒙古汗王和格鲁派的第巴管理西藏政务的制度,任命4名噶伦管理西藏行政。1726年(雍正四年),清政府划分西藏和四川、云南地界,分别将昌都、洛隆宗、桑昂曲宗等地划给西藏管理;将中甸、阿墩子(德钦)、维西划归云南管辖;巴塘、里塘、康定、德格等地归四川管辖。同年,命四川、云南、西藏三方派员会勘了地界,在金沙江以西的宁静山山头竖立界碑,以金沙江为界,划出了云南、四川藏区与西藏的地理分界。1728年,清朝正式设置西藏办事大臣。1731年,清朝又划分驻藏大臣和青海办事大臣的管辖地界,将原属蒙古和硕特部管辖的藏北和黄河源以南的游牧部落七十九族分隶青海和西藏,其中,四十族归青海(即今青海省的玉树藏族自治州)、三十九族归西藏,即民间所称藏北霍尔三十九族,由驻藏大臣直辖。此外,还规定了达赖喇嘛、班禅额尔德尼的辖区范围。1751元,清政府废除郡王制,在西藏地方正式建立噶厦政府(即原西藏地方政府)管理西藏大部分地区的行政。1793年(乾隆五十八年),清朝颁布《钦定藏内善后章程二十九条》,确定了金瓶掣签认定包括达赖喇嘛、班禅额尔德尼在内的大活佛转世灵童的制度,设立常备军队,铸造"乾隆宝藏",确立驻藏大臣掌管西藏军事、外交,以及政治地位与达赖喇嘛、班禅额尔德尼平等等一系列重大原则。1912年,中华民国建立,《中华民国临时约法》明文规定:西藏是中华民国22行省之一。同年7月,民国中央政府设立蒙藏事务局(1914年5月改为蒙藏院),取代清朝的理藩院,主管蒙古及西藏地方事务,并任命中央驻藏办事长官,例行清朝驻藏大臣职权。南京国民政府成立后,1929年设立蒙藏委员会,主管藏族、蒙古族等少数民族地区行政事宜。1935年颁布《管理喇嘛寺庙条例》,1936年颁布《喇嘛转世办法》。1940年4月,国民政府在拉萨设立蒙藏委员会驻藏办事处,作为中央政府在西藏的常设机构。民国时期的历届国会、国家最高权力机关、全国性议事机构或历次国民大会,达赖喇嘛、西藏地方政府和班禅额尔德尼都派有代表参加,并被选举或委任各种国家公职,参与国家事务管理。

　　"西藏问题"是近代以来帝国主义入侵中国的产物,帝国主义支持下的"西藏独立"活动均以失败告终。世代繁衍生息在西藏地区的藏族和其他各民族都是中华民族大家庭中的重要成员,西藏自古就是中国不可分割的一部分,历史上根本不存在所谓的"西藏问题"。所谓的西藏地位问题("西藏问题")完全是近代以来外国帝国主义势力侵略中国的产物。19 世纪初期,中国封建社会盛极而衰,1840 年英国发动鸦片战争之后,帝国主义列强掀起了一股又一股蚕食中国边疆、瓜分中国领土的狂潮,中华民族面临前所未有的危机,西藏地方自然无法幸免。1888 年、1903—1904 年英国直接派兵武装入侵中国西藏地方,迫使西藏地方缔结城下之盟。1913—1914 年由英国策划的西姆拉会议以双方立场分歧过大而流产,拟议中的《西姆拉条约》也胎死腹中而没有任何法律效力。但是,"西藏独立"的幽灵却在以英国为首的殖民主义势力支持下,粉墨登场,毒害西藏地方,破坏民国中央政府与西藏地方政府,破坏祖国内地与西藏地区人民之间患难与共的密切关系。20 世纪 40 年代,在中国抗日战争的艰难时期和解放战争的特殊时期,投靠外国殖民势力的西藏地方分裂势力试图铤而走险,持续制造了所谓的"外交局事件""热振事件""驱汉事件"和"商务代表团事件"等系列事端,但是,他们违背全国各族人民意愿、违背历史潮流的拙劣表演,最终只能以失败而告终并为历史所唾弃,他们根本无法改变西藏属于中国的历史,也无法改变中国政府和人民维护国家统一与领土完整的意志。在反对外来侵略、捍卫民族尊严的斗争中,中华儿女一代又一代的志士仁人义无反顾地投入到救亡图存的伟大事业之中,用鲜血和生命谱写下一曲曲惊天地、泣鬼神的英雄悲歌,中国人民的爱国主义精神在血与火的淬炼中经受了考验,中华民族的凝聚力在艰难的磨练中进一步增强。在中国内忧外患、积贫积弱年代支持搞"西藏独立"活动未能得逞,在中华民族走向繁荣富强的今天还试图支持搞"西藏独立"必定无法逃脱灭亡的命运!

旧西藏实行的是政教合一封建农奴制,那里是农奴主的天堂,却是农奴和奴隶的地狱。作为旧西藏三大领主利益的代表者,达赖集团口口声声否认旧西藏存在政教合一封建农奴制,甚至美化那个时代的社会生活,但是汉藏文献都不支持他们的观点,而亲历旧西藏的外国人也记录下那时社会真实的一幕。英国人大卫·麦克唐纳(David MacDonald)在他的《西藏写真》里写道，"西藏最严重的刑罚为死刑，而喇嘛复造灵魂不能转生之臆说，于是最重之死刑外，又益之以解体开颅之惨状"。查尔斯·贝尔（Charles Bell，1870—1945 年）在《十三世达赖喇嘛传》中也记载，旧西藏对犯重罪者，则要剁手（手腕）、割鼻，甚至挖眼睛。俄国人崔比科夫（Gombojab Tsebekovitch Tsybikoff，1873—1930 年），在《佛教香客在圣地西藏》一书也描述道，"在拉萨，每天都可以看到因贪图别人的财产而受到了惩罚的人，他们被割掉了手指和鼻子，更多的是弄瞎了眼睛的、从事乞讨的盲人。其次，西藏还习惯于让罪犯终生脖套圆形小木枷，脚戴镣铐，流放到边远地区和送给贵族或各宗长官为奴"。法国人亚历山大·达维·尼尔（Alexandra David—Néel，1868—1969 年）在《古老的西藏面对新生的中国》一书中说，"在西藏，所有农民都是终身负债的农奴，在他们中间很难找到一个已经还清了债务的人"。旧西藏民歌中唱道："山上有无主的野兽，山下没有无主的人。"在一个只有 5％的人口占有几乎全部耕地、牧场、森林、山川、河流以及大部分牲畜，而 95％的人没有土地、财产、自由和接受文化教育权利的制度下，奢谈什么"宗教信仰自由""人权""保护民族语言文字""保护民族文化"，显然是天方夜谭、痴人说梦！

西藏经济社会的文明进步和文化的繁荣发展始于 1949 年中华人民共和国成立，始于西藏的和平解放和民主改革。西藏的和平解放，彻底驱除了帝国主义势力，沉重打击了各种分裂势力，捍卫了国家主权和领土完整，维护了国家统一和民族团结，为现代化建设奠定了坚实的基础。1959 年的民主改革废除了政教合一封建农奴制，百万翻身农奴当家作主，实现了西藏地方社会制度和人权进步的历史性跨越，给西藏地方社会带来了无尽的发展动力。几十年来，西藏地方在中央关怀、全国支援和各族人民共同努力奋斗之下，基础设施、科技教育、医疗卫生、文化保护、生态文明建设等各个领域均取得了举世瞩目的伟大成就。古老的藏语言传承既拥有广泛的社会基础，也迸发出旺盛的活力。1997 年 7 月藏文编码标准正式获得通过，藏语言文字成为第一个具有国际标准、获得全球信息高速公路通行证的中国少数民族语言文字。2015 年底,国家标准《信息技术 藏文词汇》正式发布,标志着中国第一个少数民族文字的信息技术词汇国家标准正式诞生。西藏传统文化的传承保护和创新发展,展现出无比美好的前景。统计资料显示,西藏档案馆保存有历史档案 136 个全宗,300 万卷(册、件),收藏有自元代至 20 世纪 50 年代,约 700 多年的档案资料,内容涉及政治、经济、历史、宗教、天文、地理、科技、工艺及文化艺术、风土习俗、天灾人祸、徭役赋税等。档案资料文献以藏文为主,还有汉、蒙古、满、回、梵、尼、英、俄等 10 余种文字。仅布达拉宫在册登记的汉、藏、满、蒙、梵等多文种珍贵古籍文献就多达数万函,其中包括 460 多函、近 3 万叶贝叶经珍品,内容涉及宗教、建筑、艺术、医学、历史、语言、文学、哲学等领域,西藏的文献资源十分丰富。西藏现已调查登记的各类文物点 4 277 处,各级文物保护单位 1 985 处,其中国家级文物保护单位 70 处。布达拉宫历史建筑群(含罗布林卡和大昭寺)被列入世界文化遗产名录。西藏现有联合国人类非物质文化遗产代表作 3 项(格萨〈斯〉尔、藏戏、藏医药浴法);国家级代表性项目 89 项,国家级代表性传承人 96 名,自治区级代表性项目 460 项,自治区级代表性传承人 522 名。现有藏传佛教宗教活动场所 1 700 多处,僧尼约 4.6 万人,清真寺 4 座,世居穆斯林群众 1.2 万余人,天主教堂 1 座,信徒 700 余人。1984 年,国家拨款新建西藏自治区档案馆,保存和收藏了大量珍贵的藏文档案,目前馆藏档案达 300 多万卷(册、件)。持续支持重要藏文经典的搜集、整理、翻译和出版工作,组织对勘出版《中华大藏经》藏文版,抢救整理《格萨尔王传》,出版"先哲遗书"丛书、《中华大典·藏文卷》、"雪域文库"丛书等众多宝贵藏文典籍,优秀传统文化保护发展硕果累累。

习近平指出:"文化是一个国家、一个民族的灵魂。文化兴国运兴,文化强民族强。没有高度的文化自信,没有文化的繁荣兴盛,就没有中华民族伟大复兴。"西藏历史文化的研究有助于继承中华民族优秀传统文化,有助于全面了解西藏自古以来各民族交往交流交融的历史事实,也有助于引导群众深刻认识中华民族是命运共同体,并积极促进各民族开展更深入的交往交流交融,为铸牢中华民族共同体意识,为建设团结富裕文明和谐美丽的社会主义现代化新西藏,为实现中华民族伟大复兴的第二个百年目标发挥应有的作用。"西藏历史文化丛书"的编辑出版也正是想为此贡献自己的绵薄之力,并得到广大读者的批评指正。

2022 年 2 月 5 日于北京

目　录

一　西藏与祖国内地关系史说略　1

二　西藏自古是中国一部分的若干问题　20

三　怎样认识和对待西藏历史上的几个重大问题　36

四　关于正确评价历史上中央政权的西藏政策问题　48

五　古代历史上西藏地方政权兴衰与中原王朝兴衰的关系问题　65

六　甥舅关系、贡赐关系、宗藩关系及"供施关系"
　　——历代中原王朝与西藏地方关系的形态与实质　78

七　西藏参与、认同中国"大一统"的历史及其启示　99

八　茶马古道长，藏汉情义深——西藏和内地之间茶马古道探幽　107

九　萨班与凉州会谈　116

十　元朝西藏地方纳入中央政府直接行政管辖之下的史实　121

十一　乾隆皇帝治藏宗教政策的思想基础——以《喇嘛说》为中心　133

十二　钦定藏内善后章程二十九条的形成与版本问题　143

十三　乾隆皇帝处理廓尔喀侵藏善后事务的一些基本思想　158

十四　和琳驻藏——清朝驻藏大臣的一个典型性分析　176

十五　论历史上的"安藏必先安康"　203

十六　西藏传统文化的内在魅力与历史命运　220

十七　民族学与当代民族的历史命运——以西藏的发展与问题为中心　237

十八　西藏历史研究法的困惑与出路　250

十九　西藏历史研究的责任与使命问题　259

二十　藏传佛教活佛管理的历史定制与制度创新　267

二十一　论所谓的"供施关系"　280

二十二　"大西藏"与"西藏独立"的梦想　290

二十三　再论西藏行政区划与"大西藏"问题　302

二十四　评"蒙古满洲非中国"说　312

二十五　评夏格巴的《藏区政治史》一书　324

二十六　西藏属于中国的说法不容歪曲　342

二十七　西方人眼里的西藏封建农奴制　347

二十八　拉萨"3·14"事件与达赖集团的分裂本质　354

二十九　民主改革:伟大的变革,不朽的业绩　379

附录一　20世纪西藏历史研究概述　392

附录二　西藏与内陆亚洲研究概述　432

附录三　1996—1997年藏族历史研究概况　449

附录四　近十余年来国内清代西藏历史研究的成就及存在问题　456

附录五　伯戴克教授与他的《中部西藏与蒙古》一书　464

附录六　《金钥匙·十七条协议》读后　472

附录七　民族历史学研究的一股清风　476

附录八　藏史研究巨擘,学术创新楷模——恰白·次旦平措研究员与西藏古代历史研究　484

参考资料　493

一 西藏与祖国内地关系史说略

一、语言、血缘和文化渊源上的密切联系

藏族和汉族及其他兄弟民族在远古时期就保持着血肉联系,这种联系较民族的形成为早。民族,如众所知,是一定历史阶段的产物,它远不能涵盖藏汉两族先祖血缘和经济文化上交流的全部内容,也远没有后者来得悠久。从考古学、古人类学等多方面的研究成就来看,西藏高原地区原始居民与内地汉族和其他兄弟民族之间的联系可以追溯到石器时代,也就是古代人民共同体形成的早期,而且这种联系不仅表现在原始的共同语言上,也表现在血缘上和文化上。

(一)古汉藏语和人种同源问题研究的结论

语言学界关于语言族系的划分存在某种分歧是很自然的,但是学术界对汉藏语系这一划分的广泛认同,已经是客观事实。国内外学术界对古代汉藏语同源问题的研究也不断有成果推出,为这一论断提供更加坚实的基础。美国学者包拟古的《原始汉语与藏语》一书,就是其中的一项重要成果。该书收录了作者的四篇文章,第一篇《藏文的 sdud(衣褶)与

汉语的"卒"及 st-假说》;第二篇《藏汉语中带的复辅音声母在汉语中的某些反映形式》;第三篇《原始汉语与藏语:建立两者之间关系的若干证据》。后一篇文章长达 15 万字,讨论了 485 个相互关联的藏汉语字,指出在先周朝时期已经存在同源词问题。① 也就是说在西藏高原地区的居民还处在原始部落状态时期,就和汉族先民有着共同的语言基础。

俞敏教授的《俞敏语言学论文集》一书,也是包括着作者对汉藏语同源问题研究的诸多成就,该书中收录有关汉藏语同源的论文 5 篇:第一篇《汉藏同源字谱稿》收录约 600 个同源字,发现藏语(吐蕃语)和春秋战国齐人(姜姓,神农氏后裔)语极像,而且不只限于词汇;第二篇《汉藏虚字比较研究》;第三篇《汉语的"其"跟藏语的 GJI》;第四篇《东汉以前的姜语和西羌语》;第五篇《汉藏两族人和话同源探索》,结论是"汉藏本是一个母系氏族分出来的"②。更直接指出了汉藏人和话同源问题。而语言是民族十分重要的特征之一,共同的语言反映了不同部落之间相同的血缘和民族文化联系。

汉语、藏缅语、苗瑶语、侗台语和南岛语是蒙古人种的语言,这些语言的比较表明它们的原始语是古老的,是史前的语言。③ 而蒙古人种包括居住在东亚地区的当地人群和美洲的印地安人,可以划分为北亚、东北亚、东亚、东南亚和美洲印第安人等不同类型。蒙古人种是这一地区晚期智人在距今 3 万年至 2 万年中形成的。分布在中国、蒙古、朝鲜、日本等地的典型蒙古人种在距今 1 万年前已完全形成。④ 原始藏缅语夏代以前分布在黄河上游地区。⑤ 有学者认为,旧石器晚期华南、华中的砾石文化是新石器时期的汉藏、南岛和南亚语系文化的共同源头。砾石文化在黄河、长江流域发展为汉藏文化的体系,新石器中期已经成为多种多

---

① 包拟古著,潘悟云、冯蒸译:《原始汉语与藏语》,中华书局 1995 年版。
② 俞敏:《俞敏语言学论文集》,商务印书馆 1999 年版。
③ 吴安其:《汉藏语历史比较的择词》,《民族语文》1997 年第 3 期。
④ 刘武:《蒙古人种及现代中国人的起源与演化》,《人类学学报》1997 年第 1 期。
⑤ 吴安其:《汉藏语的渊源与历史分期》,《中国民族语言论丛》(2),云南民族出版社 1997 年版。

样的文化，此即汉、藏缅、侗台和苗瑶文化的源头。早在夏代时期，四川、云南和西藏已经分布有大墩子-礼州文化和卡若文化。川西北岷江上游河谷地区的建山寨类型文化的风格和马家窑文化相近，说明夏商时代黄河上游南下的文化，应是早期的藏缅文化。直到商代，黄河流域的居民以鼎为礼器，长江中下游地区以鼎为炊具，"鼎代表着最初的汉藏文明"，在先商时期，藏缅语的分布范围要比汉语更广阔。[①]

藏族和汉族的先民同属于蒙古人种，而且在黄河中上游地区的繁衍生息、迁徙流动，以及相互交往中，始终保持着密切的关系。原始汉藏语同源问题，是反映这一事实的诸多方面之一。

（二）上古汉文史书的记述

根据古代民间传说，汉藏两族人民血脉相连。上古时期，藏族的祖先古羌人和中原先民在血缘上和民族上有着密切的联系。《史记》记载：在神农氏之前的"共工氏"为姜姓，而"姜"则是羌人女子之姓。神农氏也是姜姓，其"母曰任姒，有乔氏之女，名女登，为少典妃。游于华阳，有神龙首感女登于常羊，生炎帝。人身牛首，长于姜水，以火德王，故谓之炎帝"[②]。《左传》哀公九年记，"炎帝为火师，姜姓其后也"。共工氏、神农氏和炎帝都与古羌人，有密切的关系。

《国语·晋语》说：黄帝和炎帝还是兄弟："昔少典娶于有蟜氏，生黄帝、炎帝。黄帝以姬水成，炎帝以姜水成，成而异德，故黄帝为姬，炎帝为姜。"黄帝的曾孙帝喾的"元妃"即是姜人部落的女子，叫姜嫄，生后稷，为周人祖先。夏王朝的祖先大禹，据说也是羌人，所谓"禹兴于西羌"。[③]

先秦时期，西羌有无弋爰剑者，秦厉公时为秦所拘执，以为奴隶。后

---

① 吴安其：《汉藏语同源研究》，中央民族大学出版社 2002 年版，第 63、67 页。

② 《史记》卷一三〇卷，附司马贞补史记三皇本纪一卷。

③ 《史记六国年表》；《史记·夏本纪》正义引《蜀王本纪》："禹本汶山郡广柔县人也。"《吴越春秋》说："禹家于西羌，地曰石纽，石纽在蜀西川也"；《太平御览》卷八二引《帝王世纪》："伯禹……长于西羌，夷人。"

得亡归,而秦人追之急,藏于岩穴中得免。"羌人云爰剑初藏穴中,秦人焚之,有景象如虎,为其蔽火,得以不死。既出,又与劓女遇于野,遂成夫妇。女耻其状,被发覆面,羌人因以为俗,遂俱亡入三河闲。诸羌见爰剑被焚不死,怪其神,共畏事之,推以为豪。河湟闲少五谷,多禽兽,以射猎为事,爰剑教之田畜,遂见敬信,庐落种人依之者日益镸。羌人谓奴为无弋,以爰剑尝为奴隶,故因名之。其后世世为豪。"①他们的居住地在今甘肃临夏到青海湟中一带地区,河西陇右广大地区也分布着羌人部落。

"至爰剑曾孙忍时,秦献公初立,欲复穆公之迹,兵临渭首,灭狄豲戎。忍季父卬畏秦之威,将其种人附落而南,出赐支河曲西数千里,与众羌绝远,不复交通。其后子孙分别,各自为种,任随所之。或为牦牛种,越巂羌是也;或为白马种,广汉羌是也;或为参狼种,武都羌是也。忍及弟舞独留湟中,并多娶妻妇。忍生九子为九种,舞生十七子为十七种,羌之兴盛,从此起矣。"②中原地区政权和西部羌人势力一直处在互动状态,中原地区内乱和分裂时期,强大的羌人部落就不断深入内地,而当中原政权,特别是陕、甘一带的地方政权强大时,他们的西向扩张往往迫使羌人朝青藏高原纵深迁徙,游牧经济自身的流动性,以及在部落人口迅速发展的情况下牧地严重不足所造成的压力,也使羌人在很早时期就行踪遍及高原各地。这一发展既是羌人部落壮大的产物,也与西羌和高原其他部落相互融合有密切关系。

汉唐汉文史书中记载了古代流行的一种说法,即吐蕃为古羌一支,《新唐书》即说:"吐蕃本西羌属,盖百有五十种,散处河、湟、江、岷间;有发羌、唐旄等,然未始与中国通。居析支水西。祖曰鹘提勃悉野,健武多智,稍并诸羌据其地。'蕃'、'发'声近,故其子孙曰'吐蕃'而姓'勃悉野'。"③其实,这一说法并非欧阳修、宋祁所自创,而是对唐宋时期存在的有关吐蕃来源的重要说法之转述。这一说法,也在中国史学界得到广泛

①《后汉书》卷八七《西羌传》。
②《后汉书》卷八七《西羌传》。
③《新唐书》卷二一二《吐蕃传》。

的支持,有些学者还直接把藏族和古羌等同起来,姚薇元先生就指出:"要言之,今之藏族即古之羌人,部落繁多。约当东晋时,其中一部名'发'羌者统一诸部、建立大国,诸羌因皆号发族,而对异族则称'大发'(Teu Bod)。"①顾颉刚先生赞同这一说法,认为"吐蕃是羌人在西陲建立的大国"②。马长寿先生认为:"发羌在河曲以西的黄河发源处。黄河发源在青海中部,西南距西藏尚有数千里,如何能把青海黄河河首的发羌与西藏王系的起源地拉扯在一起呢?故发羌为吐蕃的祖源之说,绝不可信。"③这里涉及一个民族族源和王族族源的分别问题,如果把发羌首领就等于吐蕃赞普,那么就如同马先生所说,绝不可信。但是如果说吐蕃的民族族源与西羌有千丝万缕联系,应该说是不成问题的。

综上,在华夏文明的形成过程中,古羌具有特殊的地位,它是华夏族最重要的先祖部落之一,也可以说它是华夏文明的创立者之一,同样也是汉民族和文化的重要源头之一。而汉唐史籍大多都把藏族先民吐蕃与古羌人等同起来,事实上西羌也是藏族的主要祖先部落,西羌是汉藏两族全方位联系的纽带,也是汉藏两族共同的祖先部落之一。

(三) 考古发现展示出两地的文化联系

上古时期民族之间的联系和交流,由于缺乏文献记载而往往停留在是非界限模糊的传说之中,考古学通过对地下实物资料分析和研究,重现远古时期人们的生活片段,特别是物质和精神生活片段,并通过古代文化中存在的一些规律性和本质性的特征来探索不同文化之间的内在联系,和相同文化的共性特征,帮助人们勾勒上古时期的历史轮廓,恢复历史真实。从已有的考古成果来看,青藏高原的古代文化和中原文化,特别是黄河中上游地区的古代文化,存在着密切的联系。诚如大家所熟

---

① 姚薇元:《藏族考源》,《边政论丛》1944 年第 3 卷第 1 期。
② 顾颉刚:《从古籍中探索我国的西部民族——羌族》,《社会科学战线》1980 年第 1 期。
③ 马长寿:《氐与羌》,上海人民出版社 1984 年版,第 29 页。

知的那样,甘肃、青海地区的仰韶文化、马家窑、马厂文化中的彩陶、打制石器与西藏昌都卡若文化有密切的联系,卡若早期的圆形或者半地穴房屋,红烧土墙壁和居住面,则为甘青等地马家窑系统中的传统居住形式。而卡若遗址中发现的粟米,更是黄河流域地区的典型作物,应该是通过甘青地区传入西藏地区的。① 不仅如此,在青藏高原东部边缘地区,还存在一个民族走廊,古代氐羌和西北地区其他各族通过这里辗转南下,进入四川、云南,甚至东南亚地区,同时也进入今西藏地区,与居住在西藏地区的其他古老部落一起,为西藏原始文明的发展奠定了基础。

同时,羌人南下也不止民族走廊一途,对于活动在青藏高原地区,自身具有抗缺氧能力,又以游牧业为生的羌人来说,唐古拉山并不是高不可翻的绝顶,从青海等地到达西藏地区存在着许多游牧人迁徙的传统道路。如果我们看到后来吐蕃王朝时期,吐蕃的军队轻松进入青海地方,就不难理解和他们有类似情形的青海等地羌人进入西藏也属易事。西藏北部的细石器文化和北方蒙古高原地区的细石器文化尚且存在密切的关联,和青海地区的细石器文化之类型相同,自然不难理解。② 考古上文化的紧密联系,反映出人们之间的类属关系,及相互交流的规模与程度。远古时期,西藏和黄河上游地区,以及蒙古高原地区的密切联系,已经得到并且会越来越多地为考古资料所印证。

二、经济上的相互依存与紧密联系

西藏地区和内地经济的相互依赖和联系,有两个方面的内容,一是自然地理环境造就的差异,引起的相互交流与依赖;一是物质文明成就上存在的差别导致的交流与需求。

就自然形态而言,高原游牧经济和内地农业经济有着强烈的互补

---

① 童恩正:《西藏考古综述》,《文物》1985 年第 9 期;童恩正、冷健:《西藏昌都卡若新石器时代遗址的发掘及其相关问题》,《民族研究》1983 年第 1 期。
② 石硕:《西藏石器时代的考古发现对认识西藏远古文明的价值》,《中国藏学》1992 年第 1 期。

性。西藏高原地区,由于气候和自然地理条件等因素,出产一些特有的高原植物、农作物和其他珍稀物品,但是内地出产的为数更多的产品,特别是农产品,却是西藏所缺少。例如,西藏高原地区的出产的牦牛、藏羚羊、马等动物,青稞等特色植物,以及麝香、藏红花等药物,都是名贵和珍稀的物品,很早就作为"方物"以朝贡,或交流方式赠送给内地统治者。而内地的茶叶、蔬菜等植物,也为西藏所缺少的,得到西藏上层贵族的青睐,最后成为普通农牧民日常生活的必需品,形成一个巨大的市场需要。这是双方经济依赖并进行贸易的内在因素之一。汉文史书记载,唐朝时期,吐蕃使者向唐朝进贡的诸多这类土产方物的情形。[①]　而藏文史书则比较生动地介绍了内地茶叶和蔬菜传到或者被带到西藏地方的神奇故事。[②]

经济技术和物质文明成就方面的交流,则是双方经济交流的另一个方面。在这一方面,内地明显占据着优势,并成为吸引西藏地方密切和内地经济联系的重要因素之一。早在东汉时期,中原和白狼羌的经济、政治联系便获得长足的发展。隋唐朝时期,内地繁荣的经济文明成就更极大地吸引了西藏地方贵族统治者。他们不断派遣使者,前来请求开展贸易市场,并借鉴内地的经济文明成就,引进内地先进的工艺与技术。唐朝的丝绸最为吐蕃贵族所青睐,也是唐朝大量赏赐给吐蕃贵族的礼物。吐蕃地方通过贸易获得的中亚金银器皿也成为赠送给唐朝统治者的珍贵礼物。如唐高宗即位后,授松赞干布为驸马都尉,封西海郡王,并赐给丝绸等物二千段。吐蕃使者则献上金银珠宝十五种,请置于太宗灵前。高宗嘉勉之,赐杂彩三千段。吐蕃使者趁机请蚕种及造酒、碾、铠、纸、墨之匠,获得允许,从而使这些工艺技术传入吐蕃地区。[③]

由于经济发展的需要,贸易的规模在西藏和内地之间不断扩大,并

---

①《旧唐书》卷一九六《吐蕃传》;《新唐书》卷二一六《吐蕃传》。
② 达仓宗巴·班觉桑布:《汉藏史集》,藏文本,四川民族出版社 1985 年版,第 240—243 页;陈庆英汉译本,西藏人民出版社 1986 年版,第 104—106 页。
③《旧唐书》卷一九六《吐蕃传》;《新唐书》卷二一六《吐蕃传》。

逐步形成特色,甚至出现了名闻遐迩的贸易古道和特色贸易路线,如人们熟悉的高原"丝绸之路",丝绸贸易既有特色,又有规模,并且参与到当时中亚地区的国际贸易网络之中。① 麝香之路贸易,则以西藏和周邻地区的特色药物麝香为核心贸易物品的路线;食盐之路贸易,是西藏与北部党项人和突厥人等所进行的以动物毛皮换取食盐的贸易活动。② 这些贸易都在不同程度上促进和补充着西藏与内地之间的经济往来。

从唐朝开始,在此后西藏和内地贸易中扮演特殊角色,并形成最大特色的是茶马贸易。唐高宗时期,吐蕃曾经请蚕种,并获得唐朝的同意。但是,也许是高原气候寒冷的缘故,茶叶在西藏本部地区的种植并未获得成功,西藏依然必须从内地大量引进茶叶。

元朝时期,西藏正式纳入中央政府的行政管辖之下,西藏地方和内地的经济往来畅通无阻。元朝在西藏和内地之间建立了驿道和驿传系统,方便人员往来,也为经济联系提供了便利条件。西藏地方以萨迦派为代表的各万户首领除向朝廷交纳规定的赋税之外,也纷纷贡献方物特产。朝廷也以赏赐等方式,把内地的珍贵物品回赠给西藏地方首领。从史料记载看,使用驿站系统从事商业活动的事例很多,③甚至出现为谋取私利滥用驿站的情况,其中茶叶贸易是其中不可缺少的一项内容。

西藏地区居民食肉饮酪,非茶不化。明代学者淡修说:"茶之为物,西戎、吐蕃古今皆仰之。以腥肉之食,非茶不消;青稞之热,非茶不解,故不能不赖于此。"④藏区更有"宁可三日无粮,不可一日无茶"的说法,可见茶叶对于西藏农牧民生活之重要。《明史》也记载:"番人嗜乳酪,不得茶,则困以病。故唐宋以来,行以茶易马法,用制羌戎,而明制尤密。有官茶,有商茶,皆贮边易马。"⑤因此,明朝时期,西藏和其他藏区的马匹源

① 张云:《丝路文化·吐蕃卷》,浙江人民出版社 1995 年版,第 33—36 页。
② 王小甫:《唐吐蕃大食政治关系史》,北京大学出版社 1992 年版,第 25—27 页。
③ 张云:《元朝中央政府治藏制度研究》,黑龙江人民出版社 2003 年版,第 171—201 页。
④ 淡修:《漏露漫录》。
⑤《明史》卷八〇。

源不断地来到内地,并从内地运回大批的茶叶,双方的贸易关系十分密切。

西藏和内地的茶马贸易只是双方经济贸易的一种主要形式,其他方式的贸易也大量存在着。西藏地方向朝廷朝贡,朝廷给西藏地方领袖赐给大量礼物,这种经济往来主要是表明,西藏地方是大皇帝属土,西藏百姓是大皇帝的属民,其根本用意在政治上,表明政治关系是其宗旨,同时也包含贸易方面的成分,让地方统治者在活动政治支持的同时,获得经济上实惠,算是这种关系的一个副产品。朝廷赏赐的物品,主要是丝绸锦缎、茶叶和金银器皿。而西藏地方进贡的物品则是藏地特产的,如藏香、藏枣、珠子和木碗等。民间的杂货贸易也极为频繁而众多。直到民国时期,西藏与云南大理、四川打箭炉和青海玉树西宁之间的贸易一直很频繁地进行着,当时人记载,从四川输入者有:砖茶、哈达、针线、靴鞋、帽子、白木棉、烟草等;从云南输入者有茶叶和米;从甘肃、新疆输入者有:茶与绿色宝石、兽皮、马鞍、羊、马等。① 经济关系强加了西藏和内地之间联系的纽带。

三、政治上从分治到大一统

青藏高原地区很早就有部落和人们共同体活动,尽管长期处在分散状态,他们依然和内地政权在政治、经济和文化上保持着形式多样的往来关系。据史书记载,东汉明帝永平年间(公元58—75年),"益州刺史梁国朱辅,好立功名,慷慨有大略。在州数岁,宣示汉德,威怀远夷。自汶山以西,前世所不至,正朔所未加。白狼、盘木、唐菆等百余国,户百三十余万,口六百万以上,举种奉贡,称为臣仆。"朱辅上疏朝廷,"……今白狼王唐菆等慕化归义,作诗三章。……有犍为郡掾田恭与之习狎,颇晓其言,臣辄令讯其风俗,译其辞语。今遣从事史李陵与恭护送诣阙,并

---

① 陈观浔编:《西藏志》,巴蜀出版社1986年版,第211—212页。

上其乐诗。昔在圣帝，舞四夷之乐；今之所上，庶备其一。"明帝嘉之，让史官录其歌。[①] 这就是著名的"白狼歌"，内容包括"远夷乐德歌""远夷慕德歌""远夷怀德歌"等。歌词在赞美汉朝中原政治开明、文物鼎盛的同时，也表达归顺朝廷、慕仁向化的心情。此外，从这些歌词中也可以看到，当时中原地区和白狼羌人之间的交流，如他们期望朝廷"多赐（赠）[缯]布"，陈述本部落生活用"食肉衣皮""不见盐谷"，表达感恩心情用"怀抱匹帛"等，说明当时东汉朝廷对白狼采取怀柔政策，对部落统治者赏赐以丝绸布匹，对赢得他们的归附发挥了积极作用。"和帝永元十二年（100 年），旄牛徼外白狼、楼薄蛮夷王唐缯等，遂率种人十七万口，归义内属。诏赐金印紫绶，小豪钱帛各有差。"[②]

隋朝时期，曾经多次对活动在青藏高原地区的吐谷浑等部用兵，保护中西贸易要道"丝绸之路"的畅通，隋炀帝本人还亲自西巡，展示大隋王朝的威仪，但是一切的辛苦经营都随着隋朝的灭亡而瓦解。尽管如此，隋朝却为后来唐朝对青藏高原地区的经营奠定了初步的基础。

唐朝时期，不仅中原地区出现一种繁荣景象，边疆地区也进入一个全新的发展阶段，除广大的中原地区之外，唐王朝统治着前所未有的辽阔疆域，与此同时，在中国边疆的许多地区则是由当地的民族政权来控制，尽管唐朝的势力和影响力空前提高，但是所谓"大一统"也是有限的，比如在北方地区就存在过突厥汗国，而在西域地区则存在过西突厥汗国和回鹘汗国，在西南部地区，最有名的则是吐蕃王朝，其次是活动在云南境内的南诏政权等。可以说，当时的中国依然处在中原统一和边疆民族政权分治的状态。

唐朝建立以前，青藏高原地区的各个部落邦国都和唐朝发生了紧密的政治联系，如苏毗、羊同（象雄）、女国、附国、党项、白兰、吐谷浑等，都以不同的方式与唐朝保持政治上的密切接触或者朝贡关系。唐朝与吐

①《后汉书》卷八〇六《南蛮西南夷列传》。
② 同上。

蕃通过政治联姻,以及密切的政治、经济、军事和文化交往,为后来西藏纳入中央政府行政管辖之下奠定了良好的基础。而唐朝和吐蕃政治交往的成功源于政治上的联姻。

唐太宗贞观八年(634年),松赞干布遣使者至唐朝求婚;贞观十五年,太宗以文成公主妻之。令礼部尚书、江夏郡王道宗主婚,持节送公主于吐蕃。弄赞率其兵次于柏海,即今扎陵湖,亲迎于河源。见道宗执子婿之礼甚恭,既而叹大国服饰礼仪之美,俯仰有愧沮之色。及公主归国,谓所亲曰:"我父祖未有通婚上国者,今我得尚大唐公主,为幸实多。当为公主筑一城,以夸示后代。"①

双方甥舅关系确立后,使者往来不断,祝贺,问聘,吊哀……,不绝于道。太宗伐辽,松赞干布派人送来金鹅表示祝贺。贞观二十二年(648年),右卫率府长史王玄策使西域,为中天竺所掠,吐蕃发精兵与玄策击天竺,大破之,遣使来献捷。高宗嗣位,授弄赞为驸马都尉,封西海郡王,后进封崇王。乃刊石像其形,列昭陵玄阙之下。赞普去世,吐蕃都要遣使告丧,唐朝皇帝则为之举哀,废朝一日,可谓亲密有加。

双方也出现长期的战争状态,其中为争夺青海、争夺西域和争夺南诏等地而进行的战争尤其激烈和残酷,旷日持久的战争给两地人民都带来了深重的灾难。最后,唐穆宗长庆二年(822年)"长庆会盟",先后在长安和拉萨立碑为证,今拉萨"唐蕃会盟碑"依然存在,藏汉文两体文字。②内有"叶和一家,社稷如一"一句,反映当时的友好局面。

宋朝时期,由于唐朝沿袭下来的唐蕃甥舅关系继续保持,青唐吐蕃政权称宋朝皇帝为"阿舅天子";"道旧事则数十二辰属,曰兔年如此,马年如此"。青唐大首领俞龙珂朝宋,自称"平生闻包中丞(即包拯)朝廷忠臣,某既归汉,乞赐姓包"。宋神宗从其请,赐名包顺。③在政治上更加密切了与内地的联系。

---

① 《旧唐书》卷一九六《吐蕃传》;《新唐书》卷二一六《吐蕃传》。
② 王尧编著:《吐蕃金石录》,文物出版社1982年版,第1—60页。
③ 《宋史》卷四九二《吐蕃》。

　　中国历史上真正意义上的多民族大一统出现在元朝时期。宋理宗嘉熙三年（窝阔台十二年，1239年），受命坐镇凉州的蒙古王子阔端派大将多达率兵前往西藏，淳祐七年（贵由二年，1247年）萨班与阔端的凉州会晤，结束了西藏地方自吐蕃王朝瓦解以来近四百年的分裂局面，逐步将西藏地方纳入蒙元中央政府的行政管理之下。元朝在西藏地方因俗而治，经过元世祖忽必烈与萨迦派领袖八思巴的共同努力，元朝在西藏建立起一套行之有效的行政管理体制与制度。① 由此西藏和内地的政治联系达到前所未有的程度，真正实现了中国西南部地区的统一。

　　明朝时期，内地中央政权政治影响范围有所减弱，西藏地方也处在相对分散的状态，根据这一特征，明朝统治者采取了多封众建政策，在西藏地方继续利用宗教势力来实现行政上的管理，先后分封了"八大法王"，即阐化王（帕木竹巴噶举派）、辅教王（萨迦派）、阐教王（直贡噶举派）、护教王（在馆觉）、赞善王（灵藏）、大宝法王（噶玛噶举派哈立麻）、大乘法王（萨迦派昆泽思巴）、大慈法王（宗喀巴的弟子释迦也失）。此外，还有景泰年间（1450—1456年）封沙加为大善法王、大庆法王（领占班丹）、大悟法王（札巴坚赞，1468年）、封班丹扎释为大智法王（1425年），② 基本上把各个教派和政治势力的利益都考虑进来，在当时的条件下发挥了很好的作用。明朝在派遣内地僧人入藏邀请西藏地方政教首领前来内地接受新朝册封、担任明朝官员、接受明朝管理的同时，也通过茶马贸易加强西藏和内地经济上的联系，恢复驿站方便两地使者和商客往来，从而赢得了西藏地方的政教领袖的积极响应，许多地方首领上缴元朝印绶，接受明朝册封，拥护大明王朝，其中，大宝法王释迦也失和噶玛巴先后前往南京朝觐明朝皇帝。

　　清朝时期，在中央政府的直接管理下，西藏地方和内地的政治联系进入一个新的阶段，西藏地方宗教首领多次朝见清朝皇帝，如五世达赖

---

① 《元史》卷八七《百官三》宣政院；张云：《元代吐蕃地方行政体制研究》，中国社会科学出版社1988年版。
② 《明史》卷三三一；自《明太祖实录》至《明宪宗实录》。

喇嘛朝顺治皇帝、六世班禅朝见乾隆皇帝、十三世达赖入京朝见光绪皇帝等,清晰表达了西藏地方统治者接受清朝中央政府管辖的事实。清朝政府在西藏建立并不断完善各项行政管理体制,雍正皇帝在西藏设置驻藏大臣,并成为后来管理西藏的一项重要制度。乾隆皇帝授命七世达赖喇嘛建立噶厦政府的建立,并在驱逐廓尔喀入侵之后,为西藏地方订立《钦定藏内善后二十九条章程》,明确驻藏大臣办理西藏地方事务,其地位与达赖喇嘛和班禅额尔德尼平等;驻藏大臣掌管西藏的军事、财政和外交大权;确定通过金瓶掣签来认定达赖喇嘛、班禅额尔德尼等大活佛的转世灵童,并成为一项制度;确立在达赖喇嘛圆寂和幼年时期,由地方推荐朝廷认定的高僧暂时掌管达赖喇嘛所办事务的摄政制度等。[①]　这些无一不表明中央政府在西藏充分行使了主权,实施了行政管辖。西藏自古是中国领土的一部分,尽管西藏和内地政权关系形式在不同时期有所差别,但是西藏和祖国内地的政治关系在历史发展过程中不断加强的趋势却是鲜明的,西藏和祖国内地的政权政治上的统一是一种不断增强的趋势,也可以说是历史的必然。

四、宗教与文化上从切磋借鉴到密切交流

1. 宗教上交流不断加强

佛教是西藏文化最亮丽的一道风景,也是它最鲜明的特色。在佛教传入西藏之初,就包含着内地汉族佛教对西藏佛教的影响。文成公主进藏把释迦牟尼佛像、佛教经籍、佛教崇拜礼仪等带往西藏地方,并与尼泊尔的赤尊公主一起,通过自己的身体力行使佛教在吐蕃宫廷逐渐传播开来,还影响到松赞干布对待佛教和内部政务的政策。

藏文史书记载,文成公主还在吐蕃倡导了翻译汉文佛经的事业,或者作为施主资助佛经翻译工作,甚至她本人也参与翻译。《释迦牟尼如

[①] 《清实录》,《元以来西藏地方与中央政府关系档案资料汇编》(3),中国藏学出版社1994年版。

来像法灭尽之记》说:"(文成公主)将六百侍从带至赤面国(即吐蕃),此公主极信佛法,大具福德,赤面国王(即松赞干布)亦大净信过于先代,广兴正法。"①《于阗教法史》也记载:"其时,吐蕃赞普与唐皇帝成为甥舅,文成公主被圣神赞普迎娶。公主在吐蕃建大寺院一座,鉴于此因,所有僧侣亦来此地,公主均予以资助,乃于吐蕃广弘大乘佛法。十二年间僧侣与一般俗人均奉行佛教。"②金城公主时继续弘扬佛教事业,沟通藏汉佛教文化之间的交流,她在吐蕃开创了"谒佛之供"和"七期祭祀"两项佛事活动。③ 史载,"初,吐蕃遣使求沙门之善讲者,至是(781年)遣僧良、文素,一人行,二岁一更之。"④唐穆宗长庆四年(824),吐蕃"遣使求五台山图"⑤。

吐蕃占领敦煌,并统治河西陇右地区以后,藏汉佛教文化的交流出现一个新的高潮。内地的禅宗一度在吐蕃宫廷产生巨大影响,威胁到印度佛教在吐蕃王室信仰中的位置。王锡《顿悟大乘正理决叙》说:"我大师(摩诃衍)密授禅门,明标法印,一自虔诚,划然开悟。剃除绀衣,披挂缁衣,洞禅宗于定水。虽莲花不染,尤未足为喻也! 善能为方便,化诱生灵;常为赞普姨母悉囊南氏及诸大臣夫人三十余人,节操精修,戒珠明朗;身披百纳,心契三空。谓我大师曰:'恨大师来晚,不得早闻此法耳。'"⑥可见,内地禅宗在西藏所具有的巨大影响。唐朝佛教对吐蕃的影响,有唐一代一直存在,而且呈现不断密切的趋势,一直到吐蕃王朝瓦解依然存在。

元朝时期,西藏纳入中央政府行政管辖之下,元朝统治者采取扶持

---

① 法成译:《释迦牟尼如来像法灭尽之记》(一卷),见《大正藏》史传部。
② P. T. 960号《于阗教法史》,王尧、陈践:《〈于阗教法史〉——敦煌古藏文写卷 PT 960 译解》,《西北史地》1982 年第 3 期。
③ 巴卧·祖拉陈瓦:《智者喜宴》(又作《贤者喜宴》,下同),藏文本,民族出版社 1986 年版;黄颢:《唐代汉藏文化交流》,《藏族研究文集》第 3 集,民族出版社 1985 年版。
④ 《册府元龟》卷九八〇《外臣部通好》。
⑤ 《旧唐书》卷二一六《吐蕃传》。
⑥ 戴密微著,耿昇译:《吐蕃僧诤记》,甘肃人民出版社 1984 年版,第 3—29 页。

宗教首领以实施管理的方式,任命萨迦派宗教首领八思巴为国师(后有帝师),至元初(1264年),立总制院而领之于国师。并从中央到西藏地方推行一种政教结合的行政管理体制和制度,《元史》将此概括为,"元起朔方,固已崇尚佛教。及得西域,世祖以其地广而险远,民犷而好斗,思有以因其俗而柔其人,乃郡县吐番之地,设官分职而领之于帝师。乃立宣政院,其为使位居第二者,必以僧为之,出帝师所辟举,帅臣以下,亦必僧俗并用,而军民通摄。于是帝师之命与诏敕并行于西土。百年之间,朝廷所以敬礼而尊信之者,无所不用其至"①。除政治上扶持之外,还在经济上和文化上给予大力支持,元朝历代皇帝都曾颁布圣旨,授予某些寺院一些经济特权,并在包括大都(今北京)在内的许多地方建立藏传佛教寺院,弘扬佛法,支持佛教经典的对勘翻译和印制,使藏传佛教和内地的联系与交流达到前所未有的规模。明朝时期,封授"八大法王",依然通过加强宗教管理来实现政治和行政管理的目标。清朝时期,更授权七世达赖喇嘛建立噶厦政府,使黄教领袖达赖喇嘛直接成为西藏地方政教合一的领袖,顺治、乾隆和光绪皇帝都先后接受黄教领袖达赖喇嘛和班禅觐见,同时,加强对藏传佛教的管理。清朝在首都及周围地区兴建或改建藏传佛教寺院,如承德的外八庙、须弥福寿寺,在北京兴建黄寺、改建雍和宫等,供西藏宗教领袖驻锡安禅,并作为管理西藏宗教事务的机构场所,使之发挥联系西藏和内地政治、宗教和文化的纽带作用。民国时期,依然积极利用宗教上的交往来加强中央对西藏的联系,实施对西藏事务的管理。

　　2. 文化上影响日益深入

　　吐蕃和内地在文化上的联系,也是其他地区所无法比拟的。唐朝时期,中原地区的唐朝文明是当时世界上具有重大影响的文明之一,唐朝首都长安(今陕西西安)更是亚洲地区最大的和最引人注目的文明中心,受到周边国家和地区的仰慕。松赞干布与唐朝联姻既有抬高其自身政

---

① 《元史》卷二〇五《释老传》。

治地位的用意,也有加强同唐朝经济交流,学习唐朝先进文明的用心。当文成公主到达西藏后,松赞干布遂筑宫室、立栋宇供其安居。公主恶其人赭面,松赞干布令国中权且罢之,自己亦释毡裘,袭纨绮,渐慕华风。同时派遣酋豪子弟,请入唐朝国子学,学习《诗》《书》。又请唐朝识文之人典其表疏。

唐中宗景龙三年(709年),吐蕃遣其大臣尚赞吐迎接金城公主,中宗宴之于苑内马球场,名驸马都尉杨慎交与吐蕃使者打球,中宗率侍臣观之。景云二年(711年),送金城公主至始平县,改之为金城县,又改其地为凤池乡怅别里。曲赦大辟已下囚犯,百姓给复一年。金城公主公主到吐蕃后,赞普为其别筑一城以居。①《王统世系明鉴》记载的那囊妃与文成公主之间发生的"亲子之争"的传说反映了吐蕃人对公主的无比亲情。②

唐朝两位公主先后出嫁吐蕃,为吐蕃带去了大量的文献和丰富的音乐舞蹈艺术。文成公主出降带有大量的乐器,金城公主出嫁时,"帝念主幼,赐锦缯别数万,杂伎诸工悉从,给龟兹乐"。唐中宗时,吐蕃使者奏称:"公主请《毛诗》、《礼记》、《左传》、《文选》各一部。制令秘书省写与之。"③儒家经典持续传入吐蕃地方,并被翻译为藏文。直到唐穆宗长庆年间,唐朝与吐蕃举行会盟,使者刘元鼎入藏,"唐使者始至,给事中论悉答热来议盟,大享牙右,饭举酒行,与华制略等,乐奏《秦王破阵曲》,又奏《凉州》、《胡渭》、《录要》、杂曲,百伎皆中国(唐)人"④。

元朝时期,忽必烈皇帝组织汉、吐蕃、畏兀和天竺高僧对汉藏经典进行勘堆,形成法宝勘同总录,并出资印制藏文大藏经;元朝的汉文典籍和

---

① 《旧唐书》卷二一六《吐蕃传》。
② 萨迦·索南坚赞:《王统世系明鉴》,藏文本,民族出版社1981年版,第97—130页;陈庆英、仁庆扎西汉译本,辽宁人民出版社1985年版,第78—105页。
③ 《旧唐书》卷二一六《吐蕃传》。
④ 同上。

《大元通制》等法律文献被翻译为藏文。① 明朝先后刊印永乐版大藏经（明永乐八年，即 1410 年在南京据奈塘古版复刻甘珠尔部分）和万历版（万历三十三年，即 1605 年，续刻了丹珠尔）。清康熙二十二年（1683 年）据西藏夏鲁寺写本在北京嵩祝寺刊刻，先刻了甘珠尔。至雍正二年（1724 年）续刻了丹珠尔，这就是北京版，又名嵩祝寺版藏文大藏经。②

西藏和内地宗教和文化上的千余年来持续不断的联系和交流，使两者逐渐形成"你中有我，我中有你，水乳交融"的局面，也正是这样才能在近代中国多灾多难的历史际遇，发挥作用，使试图分裂西藏的活动变得艰难，最后不免破灭的命运。

五、民族心理上由隔膜走向相互认同

中国自古就是一个多民族国家，历代中央或者内地政权都会涉及如何对待和处理周边少数民族问题，民族问题是历代统治者十分重视的诸多问题之一，中国古代的民族政策，在理论上和实践上都有一个不断深化的过程。它直接影响到中国境内的民族关系，以及国家的稳定和统一，在民族文化心理上也会有明确的反映。

西藏和祖国内地之间不断趋向密切的重要标志之一，就是心理上从隔膜走向心理认同。这个过程是漫长的和复杂的，有时充满曲折，但是大的方向是明确的。唐朝时期唐蕃之间的关系很能反映出这种情况之一般。唐朝初年，双方通过联姻所建立起来的甥舅关系是一个重要契机，由此开始更加深入的了解和交流，吐蕃深受唐朝文明的熏陶，为其走向鼎盛发挥积极推动作用。渐至强盛的吐蕃，由于该政权建立在部落联盟制基础上的特征，以及维护其共同利益的需要，吐蕃一直把向外扩张作为发展的重要手段，恰其时内部出现权臣专权，吐蕃和唐朝的关系在

---

① 达仓宗巴·班觉桑布：《汉藏史集》，藏文本，四川民族出版社 1985 年版，第 270 页；陈庆英汉译本，西藏人民出版社 1986 年版，第 164—165 页。
② 童玮"藏文大藏经"条。

很长一个时期,处在战争状态。在民族心理上也出现一些隔阂,战争导致唐蕃双方两败俱伤,在战争中和战争后,唐蕃的统治者都在思考如何处理和加强关系,增进友谊的问题,几乎每次战争之后往往紧接着的就是双方的和好会盟。通过友好交往和残酷的战争,唐蕃双方都认识到和平与友好的重要,民族之间的隔阂和壁垒逐渐被打破,心理上相互接受和认同。唐穆宗长庆二年(822年)会盟的盟誓比较充分地反映了这一实际,文中表达了双方友好相处,"叶和一家"的强烈愿望。

宋朝时期,西藏地方处于分裂状态,吐蕃赞普后裔在青海、甘肃一带所建立的唃厮啰政权和祖国内地发生了密切的交往,他们积极主动地要求继承吐蕃王朝与唐朝的甥舅关系,不断汲取中原文化的丰富营养,促进与内地的经济联系,为其发展赢得了广阔的空间,同时也今甘青地区保持和延续了吐蕃文明。

元朝时期双方关系走向鼎盛,民族心理认同也进入新的高度,《汉藏史集》中就记载了有关藏、汉、蒙和门巴为同一母所生几兄弟的说法,这种说法事实上是当时政治上大一统在学术思想上的体现,而它的理论源头则是八思巴的《彰所知论》。①《彰所知论》是作为国师的八思巴在返回西藏途中给护送他返藏的真金太子宣讲佛法的结晶,该文把元朝政治上的大一统通过佛法讲述展示出来,显得入情入理。事实上,它是一篇具有很大理论意义和现实作用的文章,对于行政上初次纳入中央政府治下的西藏地方来说,尤其值得予以关注。同时,它也是当时民族文化相互认同的一种体现。明朝时期,是中国历史发展"由分治到大一统,再分治到再大一统"规律的一个"分治"时期,西藏也处在一种相对分裂的状态,中央王朝对西藏地方的管理是相对松散的,但是西藏和内地汉族及其他民族的经济、政治和文化交流一直密切地进行着,民族心理认同处于聚集状态。到清朝中国历史出现新的"大一统"时,民族心理认同又上升到

---

① 张云:《元朝的政治一统与民族认同》,见王尧主编《贤者新宴》第3辑,河北教育出版社2003年版;张云:《八思巴的"彰所知论"与元明藏族史学的发展》,炎黄文化研究会编《炎黄文化研究》第7辑。

一个崭新的高度。

　　通过上面的论述,我们可以认识到这样几个问题:第一,藏族与"炎黄子孙"其实存在着密切的血缘和民族文化联系。第二,西藏与中国内地的文化联系自远古开始,从未间断过。第三,唐代时期是进入文明时期以来,西藏地区与内地文化联系第一次大规模,并具有深度和广度的交流,它为西藏历史上十分繁华的吐蕃文明的出现产生了极为重要的影响,也对密切西藏和内地交流,并使吐蕃文化靠近内地汉族和其他民族文化,具有推动作用。第四,元代西藏在行政上纳入中央政府管理之下,与内地政治上融为一体,在经济、文化等其他各方面开始了更加密切的联系与交流。第五,清朝时期,在元、明两朝的基础上,完善了在西藏的管理体制与制度,后世这一联系得到不断延续与加强。中原与西藏地区联系的方式多种多样,有直接的,也有间接的;青藏高原地区的自然地理因素对此产生积极的促进作用,而在中国这个多民族国家除文化的多样性之外,她巨大的包容性也发挥了重要作用。孔子在《论语·子路》篇中说:"君子和而不同,小人同而不和。""和而不同"也成为中国文化的一个显著特征,这一观念使用到处理民族关系上,就产生了巨大的凝聚力作用,从而为中华文明的发展进步,为各民族的相处提供了一个良好的土壤。

二 西藏自古是中国一部分的若干问题

在西藏地方历史研究中,有许多重大原则性问题是无法回避的,西藏与历代中国中央政府的关系就是其中之一,学术界已经有不少探索,但是大家的看法依然存在某些分歧。更为关键的是,这些问题常常成为西方反华势力和达赖集团从事分裂祖国、制造"西藏独立"的突破口和重灾区,很多事实被颠倒和歪曲。因此,本问题的研究既有学术探讨的意义,也有澄清事实、正本清源的责任。本节拟就此略加探讨。

一、关于"西藏"地方与"中国"关系的几种主要说法及其依据

1. 西藏自古以来就是中国领土一部分的说法

在中国藏学界和历史学界,对西藏纳入中国版图的时间存在不同的说法,其中之一即西藏自古以来就是中国领土不可分割的一部分的说法。持这一说法的学者认为,吐蕃是不是中国的领土,是不是中央政权下属的一级地方政权?"对这一问题的回答当然是肯定的,而且不仅公元 7 世纪时吐蕃是中国领土,吐蕃王朝是中央政权下属的一级地方政权,即使在此之前,吐蕃地区尚未建立相对统一的地方政权时,那一片辽阔的地区也同样是中国的领土,在那里生活着的藏族和其他各民族的祖

先,也同样是中华民族大家庭中的光荣成员。"因此,"'西藏自 13 世纪中叶以来归入中国祖国版图'的提法是不妥的,应予纠正为:'西藏自古以来就是中国的领土。'"①

2. 西藏自元朝开始纳入中国版图说

元朝时期西藏正式成为中国领土不可分割一部分的说法,主要是从行政管理的角度来论述的。公元 1240 年,坐镇凉州(今甘肃武威)的阔端王子,命令道尔达率领由 1 万人组成的蒙古军队进入西藏地区,征服了几乎所有抵抗的部落。接着,阔端邀请后藏萨迦地方的政教领袖萨迦班智达(习惯上简称萨班),代表西藏地方前来凉州商谈西藏地方归附大蒙古国的相关事宜。1247 年两人相见,约定西藏纳入大蒙古国行政管辖之下,结束长达 400 多年的分裂割据局面。元朝在西藏地方括户、置驿、征兵、征税、驻军、建立行政管理体制、任命官员,充分行使了有效统治。说元朝西藏地方是中国领土的一部分是毫无疑义的,但是,是否从这个时候西藏才正式成为中国领土的一部分,学术界有分歧。这种说法,比较早的见于九世班禅在内地活动时期发表的有关西藏历史的演讲,诸如《西藏历史》等,②当前也为学术界大多数人所接受。这一说法所存在的一个问题是,如何理解元朝以前的西藏地方是一个什么样的地位,它和中国中央政府是什么样的关系? 如果不加以明确界定就会出现误解和歧义,或者很难作出合理的解释。因此,说"元代西藏地方正式纳入当时的中国中央政府的行政管辖之下"更符合事实,也更准确。

3. 有关"西藏独立"的几种错误说法

(1)"自古独立说"

代表这一立场,在国际上反响比较强烈的著作首先是黎吉生的《西

---

① 王辅仁:《论西藏地方政权的历史地位》,《藏族学术讨论会论文集》,西藏人民出版社 1984 年版;李绍明:《西藏自古以来就是中国领土不可分割的一部分》,《历史知识》1980 年第 2 期等。
② 九世班禅在内地活动时期发表的有关西藏历史的演讲《西藏历史》;班禅额尔德尼述、刘家驹译:《西藏之史略》,《新亚细亚》2 卷 5 期,1931 年 8 月;九世班禅:《西藏历史》,《蒙藏月报》2 卷 3 期,1934 年 12 月。

藏简史》，①这本书是作者听了 1959 年 10 月联合国第 14 届大会关于所谓"西藏问题"辩论之后开始撰写的，目的就是要说明西藏自古以来就和中国不一样，是一个独立的国家。在这本书出版后不久，出于同样目的，夏格巴的《藏区政治史》也出笼了。在后者中，夏格巴声称，"雪域藏地三大区，从来就是一个独立自主的国家"，"和中国的关系只是宗教上的供施关系，根本不存在政治上的统属问题"。② 他们都把西藏的历史人为地加以裁减，以便适合"西藏独立"的说法，首先把西藏的人种、语言文字和文化同中国文化，特别是作为中国主体民族的汉族文化割裂开来，甚至对立起来，为其制造"西藏独立"服务，其实这种没有科学依据的说法和违背历史事实的做法，是经受不起史实的检验的，也不难戳穿。其次，在西藏与历代中央政府关系问题上面大做文章，制造一个一脉相传的西藏独立国家发展历史。吐蕃王朝在他们看来无疑是一个"独立国家"；元朝时期和清朝时期，中央政府在西藏实施了行之有效的一系列统治措施，他们或者对部分史实进行歪曲，或者干脆采取诡辩的手法，制造"蒙古、满族非中国说"来为自己制造"西藏独立"创造理论依据，这种缺乏基本常识和基本学术道德的做法其实是很难立足的，中国像世界上其他多数国家一样，自古以来就是一个多民族国家，各个民族都为中国历史的发展做出了自己的突出贡献，尽管历史上存在过民族的不和与歧视现象（包括汉族对少数民族的歧视，也包括少数民族对汉族的歧视，和少数民族之间的相互歧视等），但是总的趋势是通过相互沟通、交流，相互学习，不断走向和睦，形成相互离不开的局面。没有人有任何证据否认元朝和清朝不是中国历史上的王朝，从而把中国数百年历史割断，也没有任何人能够武断而单纯地从民族和血统的角度来解释清楚人类复杂的历史

---

① H. E. Richardson, *A Short History of Tibet: Tibet and its History*, New York Oxford 1962；李有义译：《西藏简史》，中国社会科学院民族研究所，1979 年。

② W. D. Shakabpa, *Tibet, A Political History. New Haven and London*, Yale University Press 1967. 夏格巴：《藏区政治史》，印度德里藏文版 1976 年，刘立千、罗润苍等汉译本（内部资料），中国藏学出版社 1992 年版。

发展进程,就是一个民族的发展过程也是如此。因此,仅仅从狭隘和极端的民族主义立场来理解中国的历史和民族发展史,无疑是在走一条死胡同,而试图通过这一途径为"西藏独立"寻找根据,也无异于缘木求鱼。

(2)"民国时期独立"说

民国时期,西藏地方和中国内地许多地区一样,是处在一个特殊的历史时期,西藏地方由于有外国帝国主义势力的干涉和特殊的自然地理、人文历史和宗教背景,发展进程相对独特,因此,人们对这一时期历史的认识也相应地出现一些分歧。在所谓西藏"独立说"和"统一说"之外,也出现了另一种说法,即试图保持"中立"的第三种说法,即民国时期的西藏与中国中央的关系是"名义上统一,事实上独立说"。这种说法的要害依然包含着"西藏独立"说的基本内容。持这一说法的代表作是戈尔斯坦的《西藏现代史 1913—1949,喇嘛王国的覆灭》一书。① 应该说民国时期确实是西藏地方发展历史上的一个复杂时期,如何认识和研究这一时期的历史可以做的工作很多,大家通过不同的角度,甚至不同的立场进行探讨是正常现象,这个问题最终会变得更加清晰和明白的。这部著作是作者精心研究之作,在史料的搜集利用、问题的研究等方面,都取得了长足的进步,但是,在涉及民国中央和西藏地方关系问题上也存在不少的偏差。如何在大的原则性问题上做到客观公正,仍然是一个必须明确的问题。第一是不能割断历史来谈民国历史。西藏属于中国领土不可分割的一部分是长期历史形成的,在民国之前的清朝时期,这种关系没有任何改变,民国时期西藏地方和中央政府的关系又是这种关系的延续,要研究民国西藏历史必须对此作一个清楚地交代,从而使西藏地方史的研究有个明确的立足点。第二,不能脱离当时的国际背景,特别是中国社会包括西藏地方的特定背景来谈论民国西藏历史。一方面,1840 年以来,中国在西方殖民列强的武装侵略之下开始走上艰难和曲折

---

① Melvyn C. Goldstein, *A History of Modern Tibet 1913—1951*, *The Demise of the Lamaist State*, University of California Press, Bberkeley and Los Angeles. 梅·戈尔斯坦著,杜永彬译:《喇嘛王国的覆灭》,时事出版社 1994 年版。

的发展道路。19世纪末期,帝国主义列强纷纷借助武力强迫软弱的清朝政府签定条约,割让领土和权利,中华民族面临着生死存亡的危机,也就是在这样的条件下,以英国为首的西方殖民者把侵略的魔爪伸到了中国西藏地方,甚至武力侵略到了拉萨。并且从这个时期开始了制造"西藏独立"的阴谋,从而为西藏历史的发展,为西藏地方与中央政府关系发展史笼罩上浓浓的阴影。另一方面,辛亥革命以后,各省为了反对清朝政府,纷纷宣布"独立",即与没落的清王朝坚决决裂,在这样的大背景下,西藏地方也出现了宣布"独立"的问题。当然,以十三世达赖喇嘛为首的西藏地方政教势力宣布"独立",其内容十分复杂,也有着完全不同的影响,因为这是在一个边疆和民族地区,往往会引起更为复杂的连锁反应。这里面既有英帝国主义侵略分子积极支持和怂恿的因素,也有十三世达赖喇嘛本人与驻藏大臣,乃至清朝廷个人恩怨的因素,这就是他的两次被革去名号逃亡印度事件。也有面对清朝的腐朽没落,以及西藏地方封建农奴制走向衰亡,寻求挽救措施的因素。尽管如此,十三世达赖喇嘛宣布"西藏独立"的错误做法,依然产生了严重的后果,使西藏地方与中央的关系,西藏人民和内地人民之间的深厚情谊发生了某些阻隔。令人欣慰的是,十三世达赖喇嘛晚年已经意识到这种错误,并且试图改善西藏地方与民国中央政府的关系。因此这种关系的基础依然存在,是任何人也无法割断的。第三,要看到民国时期西藏历史发展的大局和实质,而不能只着眼于表面现象。民国时期是中国社会政治动乱的年代,各地军阀混战、各自为政的现象十分突出,从某种意义上,也可以把西藏地方的局势看作是当时这种大局的一个组成部分。尽管如此,我们应该指出,当时民国政府和西藏地方一直保持着十分密切的政治关系,西藏地方没有改变其地位和性质。由于广大僧俗群众和众多的上层人士反对搞"西藏独立",缺乏基础的独立活动就很难得逞。20世纪40年代后期曾经出现过一股制造"西藏独立"的逆流,既反映出民国时期的西藏地方并不存在"事实独立"问题,而这场分裂闹剧也最终草草收场,没有逃脱灭亡的命运。因此,认为民国时期西藏地方事实上独立的说法,也是缺乏事实依据的，是一叶蔽目不见森林的短视行为。

二、认识西藏地方自古以来是中国领土一部分问题的几个关键

1. 如何认识中国历史上的疆域

关于如何认识中国历史上的疆域问题，新中国成立后，史学界曾经进行过热烈的讨论，澄清了许多问题，大家一致认为，凡是在我们今天国家疆域内活动的历史上各个民族及其所建立的政权之历史，都是中国历史的一部分。同时，否定了把"中国"仅仅等同于历史上的汉族政权（王朝）的做法。但是，对何时形成中国的版图，至今还存在一定程度的分歧，主要的观点有这样两种：第一，鸦片战争前形成中国版图说；第二，新中国确立中国版图说。后一种观点认为，凡是生活在今天中国疆域内的民族，都是中国历史上的成员，它们的历史，都是中国历史的组成部分。"历史上的中国不仅包括中原王朝，而且也包括中原王朝以外的少数民族建立的国家或政权。……把王朝和历史上中国等同起来是不符合我们多民族国家发展的历史事实的。"①也就是说，秦汉时期的匈奴、唐代的吐蕃，宋朝时期的辽、金、西夏等，都是中国的一部分，他们的疆域就是当时中国的疆域。前一种观点认为，应该以乾隆时期中国的版图为准，凡是历史上活动在这一版图之内的各个民族及所建立的政权，都是当时的中国，因为鸦片战争以后，中国所失去的领土是被列强通过武力和不平等条约强行割占的。"既然中国的概念是随时代而发展的，我们生活在今天，当然不应该采用古人的看法，再把古代的边疆政权看成是外国。因为这些边疆地区在今天都是中国的一部分，所以它们在各个历史时期所建立的政权，当然都是中国历史的一部分，是那个时期中国的一部分。"②这两种观点尽管有一些分歧，但是，在涉及对历史上边疆地区民族和政权同"中国"的关系问题上却是一致的，即承认历史上存在的少数民

---

① 翁独健：《民族关系史研究中的几个问题》，《中央民族学院学报》1981 年第 4 期。
② 谭其骧：《对历史时期的中国边界和边疆的几点看法》，《中国史研究动态》1979 年第 11 期。

族政权是中国的一部分,它们的版图是中国疆域的组成部分,这些民族是中国多民族大家庭的成员。这些看法对于我们认识唐代吐蕃历史,应该说是有较大帮助的。按照这两种说法的任何一种说法,西藏地方都包括在中国的领土范围之内,西藏自古就是中国领土的组成部分,藏族自古就是中国多民族大家庭中的一个成员。

2. 如何理解古代"国家"和近代"国家"概念之不同

古代"国家"是近代国家形成的基础,但是其内涵和近代以来的"国家"概念却也存在着较大的区别,用近代"国家"来套用古代的"国家",从而得出错误的结论是许多研究者,尤其是国外的研究者普遍存在的一个问题。比如,中国历史上的"战国时期"有大小数十个所谓的"国",到秦始皇统一前夕还有七个大的"国",没有人认为这些国家不是"中国"历史的一部分;东汉末年的魏、蜀、吴三国争霸时期,它们也称"国",同样不能从中分出哪个是"中国"。同样,在我国的边疆地区历史上也存在大大小小的政权,史书同样称其为"国",比如汉代今新疆地区有所谓"西域三十六国",唐代时期也先后出现过强盛一时的突厥汗国、薛延陀汗国、回鹘汗国等;宋代时期,在今宁夏甘肃、陕西、山西等地有所谓的"西夏国",华北、东北地区有"契丹国""金国""渤海国"等,能否用现代国家的概念来加以解释呢? 显然是不可以的。因此,说到西藏地区同样如此,吐蕃王朝是一个古代的"国家"概念,它依然是中国领土不可分割的一部分,是与唐朝对等存在"分治"政权,虽然不是归唐朝管辖,却也不是近代意义上的独立国家,其历史自然是中国历史的有机组成部分。

3. "民族"和"国家"的概念不能混同

"民族"和"国家"是两个有联系又完全不同的概念,不能把这两者混同起来,认为一个民族就应该是一个国家的说法,就中国历史而言,没有史实基础;就道理而言,缺乏充分的依据;就现实而言,有害而无益。一个民族分属不同国家和不同民族同属一个国家的情况是十分普遍的一种存在,古今中外,概莫能外,它是人类文明进步的必然产物。我国历史上任何时候都不存在单一民族的政权,更不存在什么单一民族建立国家的情况。先秦时期,存在的许多"国",其实就包括诸多民族在其中,它们中的绝大一部分构成为"汉族"的基础,后来又有很多周边民族加入到民族融合的行列之中。国家是以地缘为基础逐渐形成的,而民族则是以血缘为基础发展起来的,两者概念不同,没有理由认为一个国家只有一个民族,或者一个民族就应该独立建立一个国家。民族的血缘内涵和文化内涵也一直在发生着变化,汉族如此,其他民族也如此。以古代藏族为例,吐蕃王族的先祖原来就是雅隆河谷的一个部落,后来逐渐吞并了其他血缘上和文化上相近,或者不同的部落与民族,逐渐形成一个新的庞大的民族共同体,吐蕃王朝统治下的民族就是多种多样的,既包括白兰、党项、多弥等古代羌族,也包括属于鲜卑人的吐谷浑人等,同时也包括大批的汉族人,在后来的历史发展中,他们融入了藏民族这个人群共同体之中。同一民族分属不同国家的情况也同样十分普遍,这是历史的产物。在错综复杂的交往中,民族具有了新的内涵与活力,任何一个民族、任何一个国家,离开了多样性,离开了不同文化之间的交流,就会失去不断创新的基础与动力,藏族的发展史也证明了这一客观真理的正确性。如果没有与其他民族的联系与交流,她就不可能在历史上产生那么巨大的影响,也不会有今天这样繁荣兴旺的局面;就宗教文化信仰来说,藏族原来并不信仰在今天普遍流行的佛教,而是信仰当地的原始宗教苯教,后来从印度和祖国内地引进佛教,并成为广大群众的根本信仰。这就是交流和发展的结果,自我封闭很容易导致自我衰亡。

4. 极端和狭隘的民族主义是人类历史上的一股逆流,民族间的团结、交流与融合则是历史发展的必然趋势

民族主义十分关注本民族的发展和利益,有其合理性,只要有民族,就程度不同地会出现民族主义问题。但是,极端和狭隘的民族主义却完全不同,它将本民族的利益凌驾于一切民族之上,以牺牲和损害其他民族的存在和利益来满足自己的欲望,甚至把自己的利益同其他民族的利益完全对立起来,肆意制造民族仇恨、对立乃至仇杀,这是人类历史上的一股逆流,古今中外都曾经存在过类似的例证,这种做法是不得人心的。

还有一种情形,就是把民族问题无限上升,作为人类一切问题的核心,一个民族一个国家的认识或者理论可以算作它的一个变种。它在理论上是苍白无力的,在实践中是极其有害的。

中国历史上也曾经出现过民族主义倾向,出现过民族压迫、民族歧视,但是,总的来说主流是好的,发展方向是正确的,春秋战国时期,学术界就提出了"夷狄亦中华"的见解,把华夏和夷狄之间的变化看成是文化上的接受与认同问题。到了唐太宗时期,这一思想就变成"华夷一体"的认识。今天中国各民族血浓于水的局面是漫长历史发展的结果,也是任何人都无法改变的事实。在西藏问题上一样,承认民族团结友好的历史,肯定民族和睦协作的现实,开创民族共同繁荣的未来,比制造民族隔阂、挑起民族仇视要高明得多、人道得多。中华民族美好的未来要依靠各个民族兄弟共同维护,只要顺应历史发展潮流,精诚团结,任何力量也无法阻挡中华民族走向团结振兴的前进步伐。

5. 如何从中华民族多元一体的历史进程中认识西藏与历代中央政府之间的关系

民族是一个历史概念,汉族不等同于中国,中国是一个多民族国家,各个民族都是这块土地的主人,都在创造中华文明的历史进程中发挥了巨大的作用。中华民族的历史发展进程是曲折的,但是方向是明确的,这就是多元一体。不能把中国历史看成是汉族的历史,从而也不能把汉藏关系等同于西藏和中央政府的关系,甚至是西藏地方与内地政权的关系,古代藏族先民与汉族和其他各族先民的联系都是这种联系的一部分内容,离开各个民族的相互交往,只从汉藏关系来谈论西藏与中央政府的关系的做法存在许多误区,是片面的做法。

中国多民族国家形成和发展的历史充满了艰辛和曲折,既有相互协和的政治联姻,络绎不断的经济往来,以及不绝如缕的文化交流,也有兄弟反目、刀枪相见的悲惨岁月,但是共同的命运把居住在这块土地上的人们始终牵系在一起,直到无法分离。历史的潮流如九曲黄河,尽管曲曲折折,但是最终奔向了大海。如果脱离在血缘上、文化上不断地相互吸收与融合,中国的民族就不可能有今天如此壮大的局面。中国的民族成分复杂,经济形态多样,文化内涵丰富,这些因素赋予中国文化得天独厚的生存条件,也使中华文化能够不断地自我扬弃,绵延五千余年没有间断。

三、西藏自古以来是中国领土一部分说法的依据

西藏归中央政府的行政管辖是从元代开始的,但是西藏的土地、人民和文化自古就与祖国内地水乳交融,难舍难分。应该说,西藏自古就是中国历史不可分割的一个组成部分。

1. 古代汉藏语言和人同源问题

(1) 原始汉藏语同源问题

通过长期的研究,语言学界基本确立了有关汉藏语同属于一个语系的科学分类。在历史语言的研究领域,国内外许多学者对原始汉藏语同源问题进行了富有成效的研究,引起人们的广泛关注。例如,美国学者包拟古(Nicholas C. Bodman)在《原始汉语与藏语:建立两者之间关系的若干证据》的长篇论文中就对这一问题进行了深入的探讨。[1] 通过研究,他从读音和字义上论证了 486 个汉藏语同源字。我国学者对这一问题也有深入和系统的研究,例如,俞敏就探讨了汉藏两族人和话的同源问题,[2]并制作了汉藏同源字稿,列出了 600 个左右汉藏同源字。[3] 历史语言研究是历史研究的重要辅助手段,原始语言的同源现象是汉藏两个民族在古代共同历史命运的一种反映,它是两族血缘上和文化上密切的产物。

---

[1] 包拟古著,潘悟云、冯蒸译:《原始汉语与汉藏语》,中华书局 1995 年版,第 46—241 页。

[2] 原文初刊于《北京师范大学学报》1980 年第 1 期;又见《俞敏语言学论文集》,商务印书馆 1999 年版,第 204—208 页。

[3] 原文初刊于《燕京学报》第 37 期(1949 年),修订重刊于《民族语文》1989 年第 2、3 期。又见《俞敏语言学论文集》,商务印书馆 1999 年版,第 63—120 页。新近有学者将汉藏同源字增加为 1000 余字。

（2）藏族也是炎黄子孙，藏族文化也是炎黄文化的一个组成部分

汉藏两族在人种与血缘上存在着密切的联系，它的连接点就是古羌。传说时代以治理洪水而著名的共工氏，据汉代经学家贾逵考证为"羌姓之人"；发明农业的"神农氏"炎帝，也是羌（姜）人，《国语·晋语》说："昔少典娶于有蟜氏，生黄帝、炎帝。黄帝以姬水成，炎帝以姜水成，成而异德，故黄帝为姬，炎帝为姜。"《诗·大雅·生民》说："厥初生民，时维姜嫄。"而且一直和羌人保持着密切的联姻关系，古公亶父时候"来朝走马，率西水浒，至于歧下，爰及姜女，聿来胥宇"（《诗·绵》）。考古资料也证实了中原地区和青藏高原地区存在着密切的联系。[①] 而古代西藏地区的先民吐蕃人，尽管学术界对她的来源存在不同认识，但是都无法否认她与古羌人之间所存在的十分密切的关系，所以，唐宋时期的汉文史书大多都把"吐蕃"和古代西羌联系起来，《通典》《旧唐书》记载了当时存在的有关"吐蕃源自发羌"的说法；《新唐书》则直接肯定了这一说法，文谓："吐蕃本西羌属，盖百有五十种，散处河、湟、江、岷间，有发羌、唐旄等，然未始与中国通，居析水西。祖曰鹘提勃悉野，健武多智，稍并诸羌，据其地。蕃、发声近，故其子孙曰吐蕃，而姓勃悉野。"[②] 退一步说，如果说吐蕃的王族祖先不是古代汉文史书中所说的羌人的话，而它的土著居民却绝大多数是汉文史书中的古代羌人。因此，我们有理由认为，藏族也是炎黄子孙，藏族文化也是炎黄文化的有机组成部分。

（3）藏文史书中有关民族关系的依据

其实不独汉文资料记述了汉藏两族之间的亲缘关系，藏史书中也有类似的记载，这可以从藏族的传说中看到一斑。比如，藏文史书中记载了许多有关古代民族起源的传说，其中一则谓：外部四族是草山沟里的鼠、有皮膜保护的青蛙、猿、猴；内部四族系是克尚汉人、金向蒙古人、

---

① 成文昌：《西藏原始文化同黄河流域的亲切关系》，《历史教学》1979 年 11 期；童恩正、冷健：《西藏昌都卡若新石器时代遗址的发掘及其相关问题》，《民族研究》1983 年第 1 期；何耀华：《从远古文化遗存看藏区与祖国内地的关系》，《思想战线》1986 年第 4 期。

② 《新唐书》卷一九六《吐蕃传》。

卡勒门巴人、悉补野吐蕃人。其中克尚汉人又分为两支,即穆和盖拉;金向蒙古人又分为森察和拉察;卡勒门巴人分为三支:一支是门巴本部族,一支是汉藏交界的弥药(木雅)人,一支是工布人;"吐蕃人的族系又分为六支的说法是:最初,在玛卡香雅秀地方之上部,有什巴之王子名叫丁格,生有三子,分别是汉、吐蕃、蒙古。吐蕃人名叫赤多钦波,他生有六个儿子,即查、祝、董、噶四兄弟及韦、达两位弟弟,共计六人。"他们各娶妻室,繁衍后代,其中韦、达两小弟在汉藏交界地区娶了当地的达岱贡玛。①这些很明确地反映了汉藏同源的史实。当然,这其中包含着为元朝时期民族大一统服务的理论色彩,②但是也揭示了客观存在的历史事实。我们知道,不仅藏汉两族在远古时代存在着同源问题,在后来的历史发展过程中,这种血缘上的联系依然在加深。在吐蕃王朝的扩张过程中,以及其后,青藏高原地区开始了大规模的民族融合浪潮,而它的主要趋势就是高原地区及边缘地带的诸多民族融入吐蕃人之中,其中就包括大批生活在这一地区的汉族人,因此汉藏血脉相连的说法是有着充分的事实依据的。

2. 密切的文化关系

(1) 文化交流的时间长、规模与深度最大

西藏地区自吐蕃王朝建立以来,一直与外界发生着或疏或密的文化交流,但是从文化交流的时间的长短、规模的大小,以及交流内容的深浅等方面来看,西藏和祖国内地各个地区各个民族,以及同历代中央政府行政辖区人民的联系最为突出,这是其他任何地区所无法比拟的。西藏地区除和历代中央政府及国内其他兄弟民族之间的密切联系之外,同南面的邻邦印度也有着比较频繁和密切的文化交流,但是两者不可同日而语,和西藏地区关系最密切的是印度佛教,这一点人所共知。就从佛教来说,它和祖国内地各族的交流远远超过和印度的交流,因为从公元11

---

① 达仓宗巴·班觉桑布原著,陈庆英译:《汉藏史集》,西藏人民出版社1986年版,第11—13页。
② 张云:《元代西藏地方的政治一统与文化认同》,刊王尧主编《贤者新宴》第3辑,河北教育出版社2003年版。

世纪以后,印度的北部就被伊斯兰教信徒军队所占领,印度的佛教也逐渐失去了传统,藏传佛教北传蒙古、汉族和其他民族地区形成一股巨大洪流,这是衰亡后的印度地区佛教所无法比拟的。至于物质文化、生产技术和其他社会生活方面的联系,更是如此。

(2) 文化交流的方式多样

西藏和祖国内地的文化联系的方式多种多样,就总的趋势来说,既有中原地区汉族和其他民族文化影响西藏地区文化的问题,也有西藏文化影响内地汉族和其他民族文化的问题,同时还有西藏和其他各个兄弟民族相互影响的问题。比如,唐代时期,在唐朝的首都长安有大批的吐蕃学生学习唐朝的文化和制度,吐蕃还直接从唐朝请去很多文献专家,医学、工艺等专业人员传播内地先进技术,还通过金城公主主动请求引进汉文经典文献《毛诗》、《礼记》、《左传》和《文选》等。[1] 而在唐朝的京城长安,当时也曾经流行着吐蕃的装饰习俗,白居易的诗里所说的"元和妆束君记取? 高髻赭面非华风"正是这一写照。高髻是回鹘人的风俗,而"赭面"则是吐蕃人的习俗,反映文化习俗的影响是双向,尽管当时是以内地文化对西藏地区文化的影响为主。汉藏文化交流形态也是多样的,有直接的,即汉藏两族进行直接的文化联系和交流;也有间接的,即通过其他兄弟民族文化作为媒介得以实现的,比如通过蒙古族、满族和其他兄弟民族来实现汉藏两族之间的文化交流,其意义更为巨大,从而形成一个全方位交流的态势。

3. 经济交流的雄厚基础

(1) 唐蕃古道与吐蕃丝绸之路

西藏地方和历代中央政府的关系,以及西藏地方人民与内地汉族和其他民族人民的关系不断趋向密切,其原因之一就是经济上的相互依存和紧密联系。在吐蕃王朝建立以前,青藏高原和内地的经济往来就已经形成,这首先是以畜牧业经济为主要生产方式的青藏高原地区和以农业为主要生产内容的内地之间的相互补充为基础的。当然,畜牧业经济对

---

[1]《旧唐书》卷二一六《吐蕃传》。

农业经济的依赖性更强烈一些，从而使农业文明在某种意义上发挥着向心力的作用。吐蕃王朝建立以后，十分重视和内地唐王朝之间的经济往来和贸易关系，在唐朝和吐蕃发生关系的200多年间，几乎每年都有使者往来，除报聘、求婚、奉表等之外，很重要的一项内容就是恢复因战争中断的经济贸易。自从文成公主进藏和亲以来，就在唐朝和吐蕃之间形成了繁盛一时的交通大道，这就是后人所谓的"唐蕃古道"。①《新唐书》地理志等记载了这条道路的走向和里程。根据史书的记载，在唐蕃古道上被交换的物品种类很多，但是最主要的物品或者最具代表性的物品则是丝绸等物，因此也可以称这条道路为"吐蕃丝路"。② 吐蕃丝路上的贸易给吐蕃王朝经济的发展产生了巨大的推动作用。

（2）茶马贸易

在我国古代以中原地区为主的农业地区和边疆高原畜牧业地区之间，在中央政府和边疆少数民族地区政权之间，存在着一种十分密切的以物易物的经济往来形式——茶马贸易，这种贸易的内涵比较丰富，既有政治上的贡赐关系，也有经济上的互补关系，还有文化上的沟通和借鉴关系。从经济意义上来说，中原地区用作农耕和作战而急需的马匹、游牧地区基本生活用品的茶这两者，在两个大的经济类型、两块大的地区，以及中央政权和边疆地方政权两个政治势力之间造成一种供需关系，茶叶和马匹义不容辞地担当起两者间相互联系的重要纽带。史书称："番人嗜酪，不得茶，则困以病。故唐宋以来，行以茶易马法，用制羌、戎，而明制尤密。"③同样的，内地耕田不能没有马，为了应付不断出现的战事，对马的需求也有增无减。还应该看到，所谓的"茶马贸易"也不过是一种符号，它的内涵要丰富得多、充实得多。因此，这种经济往来把两

---

① 道宣《释迦方志》遗迹篇第4，江苏广陵古籍刻印社1991年版，第16—18页；[唐]道宣著，范祥雍点校：《释迦方志》，中华书局2000年版。

② 张云：《丝路文化·吐蕃卷》，浙江人民出版社1995年版；张云：《吐蕃丝路的贸易问题》，载周伟洲、王欣主编《西北大学史学丛刊》(2)"中国西北大学·奥地利萨尔茨堡大学丝绸之路国际学术研讨会论文集"，三秦出版社1999年版。

③《明史》卷八〇《食货志四》"茶法"。

者紧密地联系在一起,形成相互依赖的关系,它对维系西藏和祖国内地中央政权之间的关系也发挥着积极的作用,促成了西藏地方归属中国中央政府管辖的历史进程。

4. 历史发展的必然联系问题

西藏纳入中国历史的发展历程具有一定的必然性,它是多种因素促成的,是不以人们的意志为转移的。而西藏文化的东向发展,同样也具有一定的客观必然性。[①]

(1) 自然地理环境的因素

西藏地处青藏高原核心部分西藏高原上,它的周围都是高山大川,特别是在它的南部和西部,耸立着号称"世界第三极"的喜马拉雅山,在地理上把它与南亚和中亚广大地区隔离开来,而在它的东北部则是相对开阔而低缓的地带,为它提供一个向外发展的平台和通道。这种自然地理因素,对西藏和内地融合为一体造成一种良好的自然氛围,因此,当吐蕃王朝强盛时候,它虽然向四个方向都采取了主动出击的措施,但是,向北、向东的扩展最有成效,地理因素起到了不可忽视的作用。

(2) 西藏文明发展方向的历史选择

地理环境的影响是文明发展的因素之一,西藏文明的外向发展还受到周边文化氛围的制约。如果说吐蕃王朝时期,西藏和南亚的印度还曾经有过比较密切的文化交往的话,那么到了公元 11 世纪前后大批的印度僧人因为印度北部地区被伊斯兰教军占领而纷纷逃亡西藏,就是这种联系十分悲壮的一个闭幕式,尽管双方的联系一直存在着,但是再也没有先前密切的景象。以佛教为主要内容的西藏古代文化,把目光全部放在了国内的兄弟民族和地区上,在这里始终有它滋生蔓延的肥田沃土和阳光雨露,给藏传佛教的生存和发展提供了一个无限广阔的前景。

(3) 历代中央政策措施和管理的积极促进作用

历代中央政府针对西藏地方特殊的自然地理环境、宗教和民族特

---

① 石硕:《西藏文明东向发展史》,四川人民出版社 1994 年版。

点,采取了不同于内地,乃至不同于其他边疆民族地区的政策,尽管这些政策和制度存在这样和那样的不足与错误,但是从总的方面来说,它们也发挥了积极有效的作用,起到密切西藏地方和中央政府,西藏人民和内地各族人民之间关系的作用。唐代的"和亲政策",元代的"崇尚释教,因俗设置"的方针,明代"多封众建,贡市羁縻"的措施,以及清朝重用格鲁派领袖管理地方,确立驻藏大臣制度、金瓶掣签选定转世活佛等,都是如此。

(4) 西藏和内地人民长期相互交流的必然结果

西藏地方和内地及祖国其他地区人民之间的深厚感情与友谊,在维系西藏地方政权和历代中央政府之间关系方面始终扮演着无法替代的角色。人民之间的联系是渐进的和潜移默化的,也是十分牢固的和能够持久的。诚如《格萨尔王传》引用古代藏族谚语所说的那样:"来回汉藏两地的牦牛,背上什么东西也不愿驮,遇到贸易有利,就连性命也不顾了。""汉地货物运到蕃(吐蕃),是我们这里不产这些东西吗? 不是的,不过是要把汉藏两地人民的心连在一起罢了。"西藏和内地汉族和其他民族的血脉联系在上古时代已经奠定了,在后来不断得到加深。古代藏族形成过程,也是她和汉族和其他兄弟民族在心理上、文化上,以及政治上不断认同的过程。这个认同过程是永远发展的,没有终止,需要代代维护,倍加珍惜。

综上所论,说西藏自古是中国历史和领土不可分割的一部分是有着充分依据的。历史现象是十分复杂的,历史发展的进程也充满了曲折,但是历史发展的方向和潮流却是确定无疑的,西藏地方在元朝时期归属中国中央政府行政管辖之下,在某种意义上说是一种必然,它事实上也是漫长的中国历史和中华民族形成史上的一页,既不是这种政治关系的开头,更不会是它的结尾。

原载拉巴平措、格勒主编《当代藏学研究的几个理论问题》,中国藏学出版社 2002 年版。

三 怎样认识和对待西藏历史上的几个重大问题

　　研究西藏历史往往涉及一些重大理论问题,这些问题又会受到来自各个不同方面和各种学说的影响,使史实真相蒙上一层淡淡的面纱,若隐若现,增加了认识上的难度。本文结合自己长期从事西藏历史研究工作的实践,对西藏历史上的一些重大问题谈几点看法,不妥之处,敬请指正!

一、如何看待历史上历代中央王朝与西藏地方的关系

　　1. 不能用宗教眼光来看待历史上中央政府与西藏地方的政治关系,所谓"供施关系"的说法缺乏事实基础。如果说,历史上的"供施关系"说是一种宗教偏见的话,那么,今天的"供施关系"说,只能是一种别有用心的政治谣言。

　　在历史上,西藏地方长期笼罩在宗教神学的烟云之中,僧侣把持着教育和受教育的权利,寺院成为唯一的正规教育场所,社会上出现"万般皆下品,惟有学经高"的风气。[①] 这种教育体制培养出来的人才,基本上无法走出宗教唯心主义的圈子,他们对社会人生,以及历史的评价不可能摆脱宗教思想牢笼的禁锢,从而也无法做到客观公正。但是,如果拨

---

① 张云:《青藏文化》,辽宁教育出版社 1998 年 6 月版,第 197—199 页。

开宗教神学家精心装饰的外衣,西藏历史的真实面目依然能够重见天日。例如,蒙哥汗时期,蒙古诸王子与西藏地方的主要教派,如萨迦、噶举等派发生了一种政治上的联系,这种政治联系,在一部分藏史作家的笔下变成了"供施关系",但是,其实质是蒙哥汗在西藏所推行的"诸王分封制度",它完全是政治隶属关系。当时,作为元朝时期西藏地方著名政治活动家的帕木竹巴万户长降曲坚赞,就十分明了这一制度的涵义,他在所著《朗氏宗谱》一书中,比较客观地记述了这些事实。① 萨迦派法主八思巴被元朝皇帝(即元世祖忽必烈)封为帝师,人们不能不承认其地位崇高;他曾经掌管管理全国佛教和西藏事务的中央机构总制院(后改为宣政院),其权力不可谓不大。但是,他依然是一位有品级的朝廷官员。② 朝廷并没有把西藏作为封地授给八思巴,而是由宣政院及其下属机构实施管理的。应该说,历史上的"供施关系"的说法,尽管存在欠妥当的地方,其用意只在于抬高僧人的地位,维护其神圣的形象,但是,其内涵还是比较清楚的,达赖喇嘛没有因为自己是"上师",而皇帝是"施主"而忘记了向大皇帝的圣旨叩首谢恩,听候吩咐。

真正让"供施关系"变得含混不清的,是"西藏独立"的制造者和鼓吹者,③他们并不深究历史的真实,甚至也不是藏传佛教的信仰者,但是,他们却相信所谓"供施关系",其用心也就不言自明了。

2. 历代中央政府对西藏地方的管理史迹斑斑,铁证如山。自古以来,西藏地区就和祖国内地保持着密切的往来关系,唐朝两度与吐蕃联姻,双方政治、经济、文化关系非同一般。④ 蒙元时期,西藏地方正式纳入

---

① 大司徒降曲坚赞:《朗氏宗谱》(藏文本),西藏人民出版社 1986 年版;赞拉·阿旺、佘万志汉译本:《朗氏世系史》,西藏人民出版社 1989 年版。

② 《元史》卷二〇二《释老传》;陈得芝:《元代乌思藏宣慰司的设置年代》,载《元史及北方民族史研究集刊》第 8 辑。

③ W. D. Shakabpa, *Tibet, a Political History*, Yale University Press 1970. Michael C. van Walt van Praag, *The Status of Tibet, History, Rights and Prospects in International Law*. Colorado 1989.

④ 《旧唐书》卷一九六《吐蕃传》;《新唐书》卷二一二《吐蕃传》,中华书局 1975 年版;张云:《丝路文化·吐蕃卷》,浙江人民出版社 1995 年版。

中央政府的行政管辖之下,元朝在西藏地方建立行政管理体制,设立驿站、进行人口普查、征兵、征税、驻军、任免各级行政官员,等等,切实行使了有效的统治。[①] 明朝时期,封授大宝法王、大乘法王和大慈法王等"八大教王",[②]设立乌思藏都指挥使司、朵甘卫都指挥使司和俄力思军民元帅府等机构,任命地方军政官员,通过朝贡贸易密切与西藏地方的经济文化联系等,都起到了积极的作用。清朝时期,在西藏地方建立驻藏大臣制度;授命达赖喇嘛建立噶厦政府;出台《钦定藏内善后二十九条章程》规范西藏的各项管理制度;通过金瓶掣签来确定转世活佛的灵童真身;建立摄政代理制度;以及授命驻藏大臣管理西藏地方财政、军事和外交等重大事项,并拥有向皇帝转奏达赖喇嘛和噶厦政府高级官员奏折的权力,等等。[③] 民国时期,中央政府与西藏地方政府之间一直保持着较为密切的政治关系。1927 年国民政府在南京成立,十三世达赖喇嘛立即派代表前往联系,并且表示自己"不亲英人,不背中央"。西藏噶厦和班禅方面都在南京设立驻京办事处,噶厦官员和九世班禅一起参加了 1931 年在南京召开的国民会议。十三世达赖喇嘛圆寂,国民政府追赠其为"护国弘化普慈圆觉大师";十四世达赖喇嘛的寻访认定坐床等重大事件,西藏地方政府都要上报国民政府核准。[④]

3. 西藏宗教的发展和变化始终与社会政治的变革密切相关,始终受到政治因素的影响。元朝时期,由于元朝中央政府的大力扶持,以后藏萨迦地方为根本道场的萨迦派,得以发展起来,萨迦派法主相继担任帝师,直至元朝灭亡。明朝中央政府依据西藏地区政教势力分裂的状况,

---

① Luciano Petech, *Central Tibet and Mongols*, *the Yuan-Sa-skya period of Tibetan History*. Rome 1990. 张云:《元代吐蕃地方行政体制研究》,中国社会科学出版社 1998 年版。

②《明史》卷三三一《西域三》;佐藤长:《明代西藏"八大教王"考》,载《东洋史研究》第 21 卷 3 号; 第 22 卷第 2 号,第 4 号,1962—1964 年。

③ 西藏社会科学院等单位合编:《西藏地方是中国不可分割的一部分》(史料选辑),西藏人民出版社 1986 年版;张云:《钦定藏内善后章程二十九条的形成与版本问题》,《民族研究》1997 年第 5 期。

④ 中国第二历史档案馆、中国藏学研究中心合编:《黄慕松、吴忠信、赵守钰、戴传贤奉使办理藏事报告书》,中国藏学出版社 1993 年版。

采取多封众建的策略,对受封各教派的发展都程度不同地产生了影响。清朝时期大力扶持黄教格鲁派,达赖喇嘛、班禅额尔德尼等藏传佛教最大的活佛转世系统,就是在清朝中央政府的积极扶持下得以发展壮大的。与此相反,这些宗教派别以及他们的住持,一旦违背大皇帝和中央朝廷的旨意自行其是,或者进行对抗,他们的教派就会遭到衰败,以至灭亡的命运。例如,蒙哥汗时期,噶玛噶举派曾一度受到重视,成为当时西藏地区最显赫的政教势力;但是,蒙哥汗去世后,忽必烈和阿里不哥兄弟发生汗位之争,噶玛噶举派领袖站在后者的一边,反对忽必烈。忽必烈取得汗位以后,他们依然采取不合作,甚至抵制的立场,最后招致衰落的厄运。① 基于这样的缘由,西藏佛教各个教派大多采取了积极合作的策略,与封建统治势力,尤其是历代中央政府保持密切的政治依附关系,在满足统治者巩固统治地位和统治阶级个人精神需要的同时,也为自己以及本教派谋求不断发展的机会与空间。因此,达赖喇嘛、班禅额尔德尼等大活佛崇高的政治地位,从根本上来说,是来自封建势力,特别是中央政府的封授,其地位与作用是随着中央政府治藏政策的需要而发生变化的。达赖喇嘛的产生以及他的宗教地位有待于皇帝的认可,他的政治权利则来自皇帝的封授,这就是最好的说明。

4. 乾隆五十八年(1793 年)颁布的《钦定二十九条章程》,对驻藏大臣与达赖喇嘛、班禅额尔德尼的地位明确加以规定,确定驻藏大臣督办西藏事务,与达赖喇嘛和班禅额尔德尼地位平等,自噶伦以下的僧俗官员均为其隶属。西藏的军事、财政、外交等重大事宜都由驻藏大臣掌握,达赖喇嘛向皇帝奏事,也必须通过驻藏大臣转奏才能上达。② 这是对乾隆十五年(1751 年)授命达赖喇嘛掌管西藏地方政府的一次改革,核心是加强了驻藏大臣的地位与作用。驻藏大臣地位的提高,是清朝中央政府在西藏地方,改变先前达赖喇嘛统领一切局面的一项措施,是加强行政

---

① 张云:《元代西藏"止贡之变"及相关问题考释》,《中国藏学》2000 年第 3 期。
② 牙含章:《达赖喇嘛传》,人民出版社 1985 年版;张云:《钦定藏内善后章程二十九条的形成与版本问题》,《民族研究》1997 年第 5 期。

管理,加强中央宏观控制的重要步骤。

5. 民国时期"西藏事实独立"的说法,理论上不能成立,事实上缺乏根据。民国时期,以英国为首的西藏殖民主义势力,积极策划和制造"西藏独立",在西藏地方政府内部,也曾经出现过一股试图实现"西藏独立"梦想的逆流,但是,他们没有得逞,因为西藏广大群众不支持独立,民国中央政府和全国各族人民反对独立,在西藏僧俗上层内部也始终存在着维护祖国统一的一支力量,他们也牵制了独立势力的发展。这些因素,促成了民国政府在十分艰难的条件下维护了国家在西藏的主权。国际上没有一个国家和政府承认西藏是独立的,或者否认中国在西藏的主权(尽管有些人玩弄阴谋,把它称作"宗主权")。班禅方面一直和中央政府站在一起,维护民国政府在西藏的主权;十三世达赖喇嘛在"辛亥革命"之后的一段时间里,由于受外国势力的怂恿和支持,一度曾经在错误的道路上徘徊过,但是,在他经过曲折的探索之后,终于在晚年清醒过来,主张维护和加强同民国中央政府的关系。

6. 把中国共产党领导的人民解放军和平解放西藏说成"入侵",完全是对历史的无知和对中国共产党人的恶意诽谤。既然西藏是中国领土不可分割的一部分,中国人民解放军解放自己的神圣领土,完成国家的统一,自然是天经地义的事,"侵略"二字从何而来?它来自那些一直在制造"西藏独立",并且梦寐以求"西藏独立"的殖民者的制造。他们先假设西藏是"独立"的,由此推论人民解放军进军西藏是"侵略"行动。这在逻辑上是荒谬的,事实上更缺乏根据。

二、如何看待西藏地方的行政区划沿革及其大小问题

1. 西藏是中国领土的一部分,中国历代中央政府从来都是依照客观实际和各种因素来设置行政区划的,从来没有把民族聚居作为唯一的标准来进行行政区域划分。秦置郡,汉置州,唐置道,宋置路等,大都是依据山川地形的自然界限以及历史发展等因素,来确定地方行政区划的。

唐朝时期,疆域辽阔,在边疆地区设置了一些羁縻府州,其中有一部分是以某一个或者几个民族的部落居民为基础建立羁縻府州,但是,仍然把自然地理和历史因素作为重要依据,其最终目的是为了加强中央对各个地方的统治。元朝时期,西藏地方正式纳入中央王朝的行政管辖之下,元朝在包括西藏在内的青藏高原以及高原边缘广大地区(主要是藏族居住区),设立了三个并列的行政机构,即乌思藏纳里速古鲁孙等三路宣慰使司都元帅府(辖区大致相当于今西藏自治区,但是不包括昌都地区)、吐蕃等处宣慰使司都元帅府(主要辖区是安多藏区)和吐蕃等路宣慰使司都元帅府(主要辖区是康区),统一由设立在朝廷的总制院(后该为宣政院)来管理。① 元朝灭亡以后,西藏地方各个政教势力四分五裂,明朝中央政府采取"多封众建"的策略来管理西藏地方。清朝时期,西藏地方的区划更加明确:青海由西宁办事大臣管辖;康区的广大地区由四川省管辖;就是西藏地方,也分别由达赖喇嘛领导的噶厦政府、班禅(主要管理扎什伦布寺属的后藏部分地区)和驻藏大臣(三十九族地区由其直接管辖)来掌管。因此,把以藏族居民为主的青藏高原地区作为一个行政区,只是达赖喇嘛及其分裂集团的主观臆造,在历史上并不存在这样的行政区划。

2. 青藏高原地区自古以来就是各民族的共同居住地,藏族无疑是居住在这里的一个主要的和历史悠久的民族,但是藏族也是在一定历史时期、由许多民族和部落共同融合形成的,在藏族形成以前,青藏高原地区已经居住着包括藏族先民在内的各个民族和部落;在藏族形成以后,仍然存在与汉族和其他各兄弟民族相互融合的问题,把藏族聚居区简单地等同于所谓"大藏区"是完全错误的。如众所知,青藏高原地区很早即有人类居住,而且自古以来即是多民族居住与活动的场所,汉藏文史书对此均有反映。汉朝时期,这里是"诸羌"之地。隋唐时期,仍然是各民族、各部落的活动场所。《敦煌本吐蕃历史文书》记载,当时在今西藏中心地

---

① 张云:《元代吐蕃地方行政体制研究》,中国社会科学出版社 1998 年版。

区,与居住在雅隆河谷的吐蕃部落并存的大部落,就有位于吐蕃北部、东北部的苏毗(sum pa),位于吐蕃西部和西北部象雄(即羊同,zhang zhung)等。① 他们在吐蕃王朝崛起后,逐渐被吞并。② 汉文史书《北史》记载:"附国南有薄缘夷,风俗亦同。西有女国。其东北连山绵亘数千里,接于党项。往往有羌:大小左封、昔卫、葛延、白狗、向人、望族、林台、春桑、利豆、迷桑、婢药、大硖、白兰、北(叱)利摸徒、那鄂、当迷、渠步、桑悟、千碉,并在深山穷谷,无大君长。其风俗略同于党项,或役属吐谷浑,或附附国。"隋炀帝大业(605—618 年),这些部落来向隋朝朝贡,隋炀帝"缘西南边置诸道总管以管之"③。吐蕃王朝强大以后,不断向外扩张,逐渐占领这些地区,并且占领了唐朝管辖的许多州县。于是,在"吐蕃"的义名之下,实际上包括了许许多多的民族和部落。松赞干布及其所建立的吐蕃王朝,在统一青藏高原地区、开发我国西南边疆的伟大事业中,无疑建立了卓越的功勋。但是,今天一些别有用心的人试图否认青藏高原地区民族的多样性,把吐蕃王朝等同于"藏族",这是完全没有历史根据的。后世,不断有大量的汉族、蒙古族和其他各族加入"藏族"这个民族队伍行列,给她增添新的内容,也有一部分"藏族人"分别融合到汉族或者其他民族中去,这主要是一个自然历史过程,也是民族交往和友好的历史见证,不应该被制造分裂者肆意涂改和歪曲。

3. 历史上从来不存在一个行政区划上的"大藏区",作为民族聚居区的概念,"大藏区"的说法也不科学。青藏高原地区历来就是藏族和其他各兄弟民族共同生息繁衍的地方,不能用"大藏区"来名之,在行政区划上也不存在一个这样的概念。唐朝时期,吐蕃王朝控制着青藏高原及其边缘大部分地区,在"安史之乱"以后,一度还控制了原属唐朝直辖的大

---

① 王尧、陈践译注:《敦煌本吐蕃历史文书》(增订本),民族出版社 1992 年版。
②《旧唐书》卷一九六《吐蕃传》;《新唐书》卷二一二《吐蕃传》,中华书局 1975 年版。
③《隋书》卷八三《西域·附国》,中华书局 1973 年版;《北史》卷九六《附国传》,中华书局 1974 年版。

片汉族人居住地区,由于吐蕃的军队出征都带着家属和奴仆,也由于吐蕃王朝瓦解后这些军队大部分都留在内地,这样就形成了"藏族"居住区域极度扩大的局面,这是吐蕃王朝扩张和历史发展的结果,这和达赖集团所说的"大藏区"没有任何相同的内容。如前所论,不能把唐朝时期吐蕃王朝及其辖区称为"大藏区";蒙元时期,在以藏族为主要居民的广大地区,也就是藏文史书中所说的"三却喀"(chol kha gsum)建立了三个行政管理机构,即上文提到的乌思藏纳里速古鲁孙等三路宣慰使司都元帅府、吐蕃等处宣慰使司都元帅府和吐蕃等路宣慰使司都元帅府,这恐怕是唯一与"大藏区"近似的机构了,然而,它实质上与"大藏区"风马牛不相及。这三个机构是由设在朝廷的总制院(宣政院)来管辖的,是元朝的地方行政管理机构,它们的官员由皇帝任命,军事上也在朝廷的完全控制之下。西藏地区(除了昌都地区之外)是由前者来管理的。明清时期则完全不存在一个在内容上或者形式上与"大藏区"相类似的行政管理机构,民国时期,同样如此。

4. 宣扬所谓的"大藏区",其要害在于制造民族分裂和"西藏独立",它是不得人心的。达赖集团凭空制造一个历史上并不存在的所谓"大藏区",完全是不怀好意地制造事端。他们企图制造民族分裂和民族仇恨,破坏我国民族团结和睦的大好形势。藏族和汉族、藏族和其他兄弟民族,以及各兄弟民族之间水乳交融、血浓于水的友好关系,是在长期的发展过程中形成的,它经历了血与火的考验,在近代中国极其艰难的条件下,民族分裂的阴谋都没有得逞。在今天,在中国共产党的英明领导下,民族平等、互助、友爱,各项事业空前发展,综合国力空前提高的大好形势下,他们的阴谋同样不会得逞。一个没有历史依据,缺乏客观基础的幻想,终究是要破灭的,"大藏区"的谬说可以休矣。

三、如何看待西藏地方历史与整个中国历史的关系

1. 藏族自古即是中华民族多元一体中的一员,从藏族的形成和发展

历史来看,她与汉族和其他民族存在着不可分割的血肉联系。我国是一个多民族统一国家,各民族都有自己辉煌灿烂的历史和文化成就,这些成就都是中华民族历史文化宝库中必不可少的组成部分;同时,各民族之间,又有着相互学习、密切交往的优良传统,这些因素有力地推动了中华民族凝聚力的形成进程。藏族的形成和发展即是最好的证明。西藏山南雅隆河谷地区,是原始吐蕃人的祖居地和文化发源地,而悉博野(spu rgyal)部落则是她的核心力量。当吐蕃部落强大以后,逐渐吞并了与之相邻的苏毗和象雄(羊同)和其他部落,他们又成为"吐蕃人"的组成部分,经过融合后,成为新的"吐蕃人"的核心力量。此后,吐蕃王朝向外扩张,吞并了更广大的地区、统治更多的民族和部落,开始新的民族交流和融合进程,而且这一进程始终没有停止过。就汉藏两族的关系而言,无论是古代的汉藏语同源,[①]还是两族在民族上和血缘上的密切联系,[②]都是不可否认的客观事实。至于两族人民在千百年的历史长河中所谱写下的动人篇章,更是不胜枚举。藏文史书《汉藏史集》记载的一则有关汉、藏、蒙古和门巴人是一母所生三兄弟之后裔的说法,[③]正是民族友好交往的历史产物和最好的证明。这种人种上、血缘上、语言上和历史文化交往上的密切联系,正是藏族文明汇入中华文明宝库,以及藏族人民成为祖国多民族大家庭一员的最根本的因素,这是任何人也无法改变的事实。

2. 藏族历史文化的发展过程,既是藏民族文化自身积累的过程,更是藏族与汉族和其他各个兄弟民族相互交流、相互学习、相互借鉴和相互提高的过程,离开这一历史背景和条件,藏族历史文化不可能有今天这样的面貌与成就。藏民族的发展和藏族文化不断走向繁荣的历史实

---

① 俞敏:《汉藏两族人和话同源探索》,原载《北京师范大学学报》1980 年第 1 期,又见《俞敏语言学论文集》,商务印书馆 1999 年版。

② 张云:《党项名义及族源考证》,《中国藏学》1996 年第 1 期;张云:《吐蕃的起源及其与中原的文化联系》,《甘肃民族研究》1996 年 3、4 期。

③ 达仓宗巴·班觉桑布:《汉藏史集》(藏文本),四川民族出版社 1985 年版;陈庆英汉译本,西藏人民出版社 1986 年版。

践证明,在民族问题上"三个离不开"的说法确实是历史经验的结晶。唐朝时期,唐蕃双方几乎每一年就有一次使者往还。内地的造酒、造纸、碾磨等工艺,《毛诗》、《礼记》、《左传》、《文选》等汉文经典,历法、医药和建筑等技术,以及典章制度等等,①都传入吐蕃,对改善当地人民的生活发挥了积极的作用。佛教在西藏兴起,也与文成公主入藏和汉族僧人在藏传法有着密切的关系。元朝时期,藏族高僧和学者八思巴以藏文字母为基础,为元朝创制了"大元国书""八思巴字";藏、汉、维吾尔等族的佛教学者共同努力,完成了《至元法宝勘同总录》这样巨大的文化工程,凝聚着各族学者的智慧与友情。西藏寺院的建造,藏文大藏经《甘珠尔》和《丹珠尔》的刻印,大多与历代中央政府的支持有关。藏族文化也对汉族、蒙古、满族、纳西等民族文化的发展发挥过促进作用。脱离各民族文化的联系而孤立地看待藏族历史和文化,很难得出科学的结论。

3. 研究西藏地方史不能脱离中国历史的大背景,离开这个大背景,许多历史问题,尤其是有关西藏地方和历代中央王朝的政治关系问题,就无法说清楚。如果是缺乏常识而这样看问题,则不免井底观天。如果其本身目的就不纯,还想从中引申出一些什么结论来,那么,只能离题更远,不免缘木求鱼了。达赖集团常常采取偷梁换柱的方法,阉割史料,为其所用,肆意歪曲历代中央政府与西藏地方政府的关系。② 而国外一些所谓的"西藏问题"学者,既不了解中国历史,又对西藏地方历史一知半解,就大发议论,试图论证西藏的历史地位问题。③ 他们所做的一切,就是企图割断西藏与中国历代中央政府的关系,把西藏说成一个孤立发展、与世隔绝的地区。这些不实之辞确实欺骗了一部分善良或者对西藏历史缺乏了解的人,但是,它们经不起史实的检验,怕见阳光。他们的所

---

① 《旧唐书》卷一九六《吐蕃传》;《新唐书》卷二一二《吐蕃传》,中华书局 1975 年版。

② W. D. Shakaba, *Tibet, a Political History*, Yale University Press 1970. 参阅:西藏自治区《西藏整治史》评注小组编写《夏格巴的〈西藏整治史〉与西藏历史的本来面目》,民族出版社1996 年版。

③ Michael C. van Walt van Praag, *The Status of Tibet, History, Rights and Prospects in International Law*. Colorado 1989.

作所为,不是一个负责任的历史学家所应具有的科学态度。

4. 研究西藏地方历史必须在依靠藏文史料的同时,重视汉文资料的使用,并且善于将两者结合起来解决重大问题。西藏历史研究的方法很多,诸如把文献研究与考古材料相结合的方法,把历史资料和实地考察相结合的方法,把藏文资料和汉文资料相结合的方法,等等。但是,就有文献记载以来的历史来看,文献资料的运用依然占据着十分突出的地位,而把藏文文献资料和汉文文献资料相互对勘使用,则无疑是最为有效的方法。我们欣喜地看到,国内外藏学界愈来愈重视藏文文献资料的使用,这是十分正确的,也是西藏历史研究不断走向深入的重要标志。尤其是国外的许多学者,相当重视藏文资料的利用,应该予以充分的肯定。但是,我们也应该看到问题的另一个方面,即绝大多数国外学者基本不利用,也不懂得利用汉文史料,甚至有些人还否认汉文资料在西藏历史研究中的重要价值。这对于研究西藏历史,尤其是西藏政治史的人来说,不能不说是一个致命的弱点。这一点,和他们的西方前辈学者相比,可以说是一个历史性的倒退。只要对这两种文字资料用心研究的人都会知道,涉及西藏历史的汉文史料,往往对重大事件的背景和时间有一个清楚的交代,对西藏与中央王朝的关系有比较明确的记载,这些是藏文史料常常缺乏的内容。但是,藏文史料对发生在西藏的历史事件的细节和来龙去脉大多有一个比较清晰和详实的交代,这些又是汉文资料所缺乏的。两者相互对勘并用,甚至加上其他兄弟民族文字材料,那么,人们对西藏历史的发展就会有更全面、更深刻的认识,就不会为浮云遮住远望的眼睛。

四、余论

近 20 年来,我国的西藏历史研究已经取得了巨大的成就,然而,令人感到遗憾的是,这些成就在对外宣传方面尚未发挥应有的作用。原因是多方面的,诸如,不少学者缺乏应有的、为现实服务的主动意识,宣传部门则对藏学研究工作了解不够深入,以及在两者之间缺乏沟通转化机制,等等。但是,让我们感触最深的还是我们对内宣传的缺乏,究竟有多少人了解西藏、藏族和藏族的历史、宗教与文化? 有多少人(包括我们的干部和专家学者)能确信自己在十分重要的"西藏问题"方面不说错话或者外行话? 中央要求大家学习一些中国历史,包括西藏历史在内的各少数民族地区历史自然应该在这一范围之中,它是中国历史必不可少的一个组成部分。当前,在国际上反华势力利用所谓"西藏问题"插手中国内部事务,破坏和干扰中国的建设事业,而达赖集团鼓吹"西藏独立"甚嚣尘上的形势下,我们更应该大力普及民族历史知识,使大家对一些关涉国家主权、边疆巩固和民族团结的大是大非问题,有一个基本的认识,进而培养各族人民的爱国主义热情和团结精神,增强中华民族凝聚力,增强我国综合国力。就本论题的范围而言,我们应该在西藏地方大力加强对中国历史的教育,使广大藏汉各族群众树立中国大历史的概念和"大一统"的观念,了解西藏地方与祖国内地关系的主要线索与脉络,不受邪说的影响;依据西藏传统文化的特点和目前西藏社会上存在的难点问题的要害来看,应该把这种历史教育工作的重点,放在抓好对党员干部、寺院活佛、青少年的教育工作上面,因为它直接关系到西藏稳定与发展的全局、关系到西藏的未来。同时,也要在广大汉族和其他民族干部和群众中,做好了解西藏现状以及藏族历史的普及工作,使大家增长民族知识、增加民族感情、增进各民族之间的友谊,树立正确的民族观,从而造就一个民族团结和睦的良好社会氛围,为西藏经济社会的跨越式发展和政治局势长治久安提供有力的保障,为增强中华民族的凝聚力奠定扎实基础。

原载《思想战线》2002 年第 2 期

四 关于正确评价历史上中央政权的西藏政策问题

一、问题的提出

（一）评价历代统治者的治藏政策，能否从观念出发，一概贴上"反动"和"实行民族压迫"的标签，全盘否定？

历史的生命在于客观真实，而历史研究的生命也在于从史实出发，科学地揭示历史的本来面目，探讨历史发展规律，总结前人的经验和智慧，更好地为今天的建设和未来的美好前景服务。在历史研究中，曾经存在过所谓"御用史学"，甚至任意裁剪历史资料，为某种立场做注释的"庸俗史学"。历史研究不能没有科学的理论做指导，不可能没有自己的立场和观点。同时也不可以没有客观求实的学风，正确对待历史是一个长期存在的严肃问题。

在西藏历史研究中，如何客观评价历代中央政府治藏政策的问题，就很值得关注。长期以来，在我们的研究中间存在着简单化的倾向，即仅仅从阶级性出发以一言而概之论述历史，这样会造成回避不能自圆其说，或者不同场合说法相异的问题，直接影响到研究工作的深入。毫无疑义，历代统治阶级具有其历史的和阶级的局限性，在对待西藏民族和宗教问题上存在着许多错误的思想和认识,并采取了许多包含民族歧视内容的政策,应该彻底地清理和批判。但是,能否从这个观念出发,得出历代统治者在西藏采取的一切政策都是反动和具有民族压迫内容的政策呢? 那么,从哪里得出历史上民族之间和睦友好的结论呢? 又怎么能客观地再现中华民族不断发展,形成多元一体格局的历史进程呢? 充分肯定汉藏两个民族友好交往的光辉历史和全盘否定历代中央政府的治藏政策是不能并存的,是自相矛盾的。

从另一个方面来看,简单否定历代中央政府管理西藏的政策,其目的是试图通过否定历代中央政府管理西藏的事实来否定西藏自古是中国一部分的这一客观事实,他们丑化历代中央政府的所有治藏政策,从而达到否定历代中央政府管理西藏合法性的目的,直接为"西藏独立"的阴谋张目。黎吉生的《西藏简史》是这样,夏格巴的《西藏政治史》是这样,范·普拉赫《西藏的法律地位》也是这样,他们任意阉割历史是一个方面的原因,而藏史学界未能很好地从事实出发阐明这一历史的真相,甚至存在模糊认识,也是一个不能忽视的因素。

(二) 能否把历代统治者的治藏政策和共产党人在西藏的民族政策完全割裂开来、对立起来? 否定其中存在的一切继承关系?

中国是一个具有悠久历史和传统文明的国家,中国历史的一脉相承、从未中断被视为人类文明史中的一个奇迹,让中华民族感到自豪和骄傲。但是近代以来中国落后了,陷入被奴役的半殖民地境地,在中国知识界不断涌现出反思中国传统历史和文化的热潮,应该说,理性反思中国历史是有益的,可以让我们更清醒地面对过去,正视现实,以便更好地走向未来。但是理性的反思也常常出现非理性的全盘否定倾向。在西藏历史研究中,同样有类似情形。

新中国成立以后,我国的民族关系发生了根本性的变化,民族平等成为新中国和共产党人处理民族问题的基本出发点和最终目标,西藏民主改革以后,国家在西藏实行民族区域自治制度,大力发展民族经济、文化,保障西藏人民宗教信仰和使用本民族语言的权利,为西藏各项事业的发展创造了良好的条件。这些确实和历代统治者的民族政策存在本质上的区别。但是,中国共产党人所领导的新中国没有也不可能脱离中国历史、现实和文化背景,而只有以马克思主义理论为指导,在继承中国的优秀传统文化的基础上,才能真正改变历史发展的命运,使中国走向光辉的未来。在这个意义上,共产党人应该是中国优秀文化的继承者,是中国历史承前启后的代表者。

如果割断新中国和旧中国的历史联系,割断中国共产党人和历代中央政府的联系,就会造成极大混乱。在西藏历史问题上,如果没有历代中央政府对西藏维护主权和有效管理,那么也就没有中国人民解放军和平解放西藏的合理性。因此,在这样涉及根本原则的问题上,要有清醒的头脑,保持清醒的认识。西方某些反华势力和达赖分裂主义势力,也常利用历史问题来做文章,或者宣扬"西藏自古独立",或者割断中国历史的内在联系,宣称"满蒙非中国",或者认为民国时期"西藏事实上独立"等等,其主要目的就是割断中国历史的发展脉络与联系,为"西藏独立"张目。共产党领导的新中国推翻了国民党的反动统治,掀开了中国历史新的一页,同时又承担起中国历史赋予的伟大使命,继续弘扬中华民族的优秀传统,她是中国历史发展链条紧密相扣的一环。割断历代中央政府和新中国政策的历史联系,从某种意义上说,也就为否定西藏是中国领土一部分的错误说法提供口实,进入否定中国共产党人继承历代管理西藏的合法性的逻辑误区。

二、客观评价历代中央政府治藏政策的意义

(一)唯物史观的要求

唯物史观认为,历史是过去在客观上存在的社会现象及其发展过程,它是在历史研究者主体之外的客观存在。历史研究的任务,就在于

科学地揭示客观上存在的（过去存在的）历史发展的进程及其内在的规律性。历代中央政府治理西藏的政策是一个历史的客观存在，也是不能以个人好恶而改变的客观存在。唯物史观要求我们要客观而不是主观地评价历史，把历史人物和事件放在特定的历史条件下，而不是从今天的需要或者按照今人的标准来责备前人。要看它比前人是否有所进步，而不是和今天的政策论优劣。如果我们客观地研究了历代中央政府的治藏政策，就可以真正还历史以本来面目，对今天的实践和明天相关政策的制定产生借鉴作用。只有客观准确，历史学才有旺盛的生命力，才能真正为中华民族的复兴发挥促进作用。

（二）对西藏是中国领土一部分这一历史事实的充分肯定

历代封建统治者在民族政策方面存在歧视和压迫问题，既是由其阶级局限性决定的，同时也与他们的认识有关系，对于其消极和反动的一面应该予以彻底清算和否定。但是历代封建统治者在处理西藏问题上，也有许多成功的经验和行之有效的政策与制度，这些政策和制度在一定程度上比较好地解决了民族地区的一些问题，以及中央和西藏地方的关系问题，其中最根本的一条是，通过这些措施在各种艰难条件下维护了中国政府在西藏地方的主权和领土完整，这是一个不容否定的客观事实。我们充分肯定唐朝时期加强与吐蕃联系的积极意义，充分肯定元朝时期西藏纳入中央政府行政管辖之下的伟大作用，肯定明朝在西藏采取"多封众建，贡市羁縻"方针的积极影响，清朝在西藏设立驻藏大臣并颁布《钦定二十九条章程》等，由驻藏大臣掌管西藏地方军事、经济和外交的必要与重要性等等，以及民国政府在极其艰难的条件下维护中国主权的努力，等等，事实上就在肯定历代中央政府在治理西藏政策上的积极作用。肯定西藏和祖国关系，同时又否定历代统治者在治藏政策上的积极作用的做法是自相矛盾的。当我们接受西藏自古是中国领土一部分这一历史事实的时候，我们已经面对了总结历代中央政府治理西藏的经验与教训这一个历史问题，历代中央政府对西藏的治理是合法的，也是客观的。

（三）对历史上成功经验和失败教训的认真汲取与借鉴

对于历史在人们认识自然，认识社会，乃至人类进步中的伟大意义，先哲多有论述，诸如，"以铜为鉴可以正衣冠，以人为鉴可以明得失，以史为鉴可以知兴替"。清朝末年思想家龚自珍甚至说："灭人之国，必先去其史；隳人之枋，败人之纲纪，必先去其史；绝人之材，湮塞人之教，必先去其史；夷人之祖宗，必先去其史。"①足见古人对历史作用之重视，历史如此重要，研究历史的意义之重要不言自明。研究和总结历史，从积极方面讲是为了从历史中汲取经验与智慧，从消极方面讲，是为了借鉴失败的教训，研究历史更直接的目的是，传承文明，继往开来，为了今天的伟大建设事业和国家民族的美好未来。

在历代中央政府管理西藏政策这一方面，事实上，我们曾经而且正在汲取许多有益的经验，比如对于活佛转世问题，我们就主张坚持历史定制，采取金瓶掣签方式加以解决，这一历史定制就是乾隆皇帝时期制定的，解决了当时活佛转世中存在的诸多弊端，并在此后的数百年中发挥了很好的作用，还有清朝对活佛的管理，也有很多值得借鉴的东西。从另一个方面来看，历史上对活佛问题的处理也存在许多失误，诸如清朝早年对六世达赖喇嘛仓央嘉措的处理，以及轻率认定拉藏汗确认的益西嘉措为七世达赖喇嘛，特别是清朝末年先后两次草率地将十三世达赖喇嘛革职等，都是值得反思的。

西藏地处边疆，是一个几乎全民信教的藏族聚居地区，由于自然地理、历史和社会制度等因素，西藏和平解放以前经济发展后进，加之近代以来英国、俄国等列强的侵略，情况极为复杂。毛泽东同志曾经说过，民族宗教问题无小事，西藏既有民族问题，又有宗教问题，必须细致研究，认真对待。由于很好地汲取了历史经验和教训，新中国在处理西藏问题时，采取和平解放的方针和慎重稳进的策略，取得了巨大成功。而后来

---

① 龚自珍《著议第七》、《古史钩沉》四。

在西藏工作中出现的一些失误,也与缺乏历史眼光、忽视历史经验教训、脱离客观实际有关联。

三、历代中央政府治理西藏的经验与教训

自元朝西藏地方纳入中国中央政府行政管辖之下以来,每个朝代都采取了各具特色的治藏政策,同一朝代在不同的历史时期也采取了互有差别的治藏方针,应该认真地加以甄别和分析,而不能用简单的结论概括复杂的历史过程,否则就会得出错误的结论,产生消极的影响。这里我们试图对历代,特别是元朝和清朝中央政府治理西藏经验和教训作一个归纳,以明其概略。

(一)历代中央政府治理西藏的基本经验

1. 因俗而治

西藏的"俗"是什么呢?应该是地处边疆,民族聚居,全民信仰藏传佛教,以及政教联合与政教合一。而其根本点在于全民信教和佛教主导政治与社会生活。为了解决好这一问题,就必须从主要教派和具有宗教与政治威望的高僧及其群体入手,规划西藏的行政管理体制与制度。明史概括元朝治藏政策时说:"元起朔方,固已崇尚释教。及得西域,世祖以其地广险远,民犷而好斗,思有以因其俗而柔其人,乃郡县土番之地,设官分职,而领之于帝师。乃立宣政院,其为使位居第二者,必以僧为之,出帝师所辟举,而总其政于内外者,帅臣以下,亦必僧俗并用,而军民通摄。于是帝师之命,与诏敕并行于西土。百年之间,朝廷所以敬礼而尊信者,无所不用其至。虽帝后妃主,皆因受戒而为之膜拜。正衙朝会,百官班列,而帝师亦或专席于坐隅。且每帝即位之始,降诏褒护,必敕章佩监络珠为字以赐,盖其重之如此。其未至而迎之,则中书大臣驰驿累百骑以往,所过供亿迎送。比至京师,则敕大府假法驾半仗,以为前导,诏省、台、院官以及百司庶府,并服银鼠质孙。用每岁二月八日迎佛,

威仪往迓，且命礼部尚书、郎中专督迎接。及其卒而归葬舍利，又命百官出郭祭饯。"①可以说，对以萨迦派为代表的西藏僧侣集团之尊信和优礼，达到"无所不用其至"的程度。确实，元朝过度崇信西藏佛教和纵容西藏僧人的行为造成了很大的社会危害，让元朝经济和法律遭到巨大冲击，同时也腐蚀了不少僧众的灵魂，加速了萨迦派乃至元王朝的灭亡。但是从总体来看，元朝礼重西藏僧人、"因俗而治"的政策应该是成功的，它促成了西藏地方顺利纳入中央政府治下，保障了各项政策的贯彻和执行，并维护了国家的统一和西藏地方的稳定。明朝时期，虽然采取"多封众建"的策略，事实上依然是元朝重视僧人"因俗而治"政策的延续，这一政策同样发挥了很好的作用。

清朝早年制订"兴黄教所以安众蒙古"的策略，即是因俗而治，后来直接经营西藏同样十分重视西藏的客观实际，其中最大的实际就是藏传佛教格鲁派兴起并统领西藏地方意识形态的实际。清朝在西藏所建立的管理体制和推行的制度前后有变化，但是最有影响的举措有三项：首先就是乾隆皇帝时期敕命七世达赖喇嘛建立以僧主为核心的噶厦政府。这一政府的首领是达赖喇嘛，而采取的体制是政治和宗教合一，它一直存在到 1959 年西藏发生武装叛乱和民主改革时期。其次是驻藏大臣制度，通过驻藏大臣来贯彻朝廷旨意，落实各项措施，也是因俗而治的产物。再次就是制订章程，其中最有影响的是《钦定藏内善后章程二十九条》。注重西藏历史和客观实际，是历代解决好西藏政治体制，并采取各项重大制度的基本原则，也是一条成功的经验。

因俗而治的一个重要内容是充分调动西藏地方上层的积极性，发挥他们的主观能动性，创造性地开展各项工作。元朝对萨迦派宗教领袖八思巴的尊重，使他能在很短时期内迅速建立起适合元朝统治需要的行政管理体制与制度；明朝封授八大法王，赢得了他们的积极归附；清朝中前期对西藏上层僧俗贵族的器重和信任，为西藏各项政策和制度的落实发

---

① 《元史》卷二〇二《释老传》。

挥了不可估量的促进作用。

2. 恩威并用

历代统治者对西藏地方都采取了两种手段,那就是恩威并用,也就是对维护国家统一、朝廷权威和地方安定者施以恩德,而对破坏国家统一、挑战朝廷权威、危及地方安定者予以严厉打击。

元朝对西藏上层宗教领袖的怀柔可谓达到无以复加的地步,但是当西藏地方出现挑战朝廷权威,或者危害地方安定的局面出现时,元朝统治者都毫不犹豫地出手加以解决。元朝时期曾经多次在西藏地方用兵。① 元朝建立以后,对西藏地方有两次较大的用兵,一次是元世祖至元八年(1271 年)桑哥大军进藏平息以本钦贡噶桑布为首的挑战八思巴权威、扰乱地方的反叛者。《汉藏史集》记载:"当桑哥受命管理宣政院(时名总制院)之时,上师前往萨迦,而本钦贡噶桑布背信弃义,这些情形上奏到朝廷,皇帝因与萨迦派的关系重大,决定加以援助,下令以大臣桑哥为首,率领大军前往。"②桑哥平息贡噶桑布叛乱之后,采取了两项重大措施:一是在西藏地方驻扎军队;一是改革西藏的驿站支应制度。这些措施得到西藏僧俗官民的拥护和高度评价。③ 元朝另一次在西藏较大规模的用兵是平息西藏地方的止贡噶举派政教势力勾结在中亚地区的察合台后王叛乱。元朝派军平息止贡之变是在 1295 年;参与平息叛乱的军队来自王子铁木儿不花和搠思班父子率领的蒙古、汉、藏等多民族组成的联军,其中萨迦地方军队和康区的军队发挥了重要作用。④

清朝在西藏同样采取恩威并用的政策,康熙五十六年(1717 年),蒙

---

① 张云:《元朝在西藏地方用兵考》,《元朝中央政府治藏制度》,黑龙江教育出版社 2003 年版,第 124—151 页。

② 达仓宗巴·班觉桑布:《汉藏史集》,藏文本,四川民族出版社 1985 年版,第 290 页;陈庆英汉译本,西藏人民出版社 1986 年版,第 180 页。

③ 达仓宗巴·班觉桑布:《汉藏史集》,藏文本,四川民族出版社 1985 年版,第 292 页;陈庆英汉译本,西藏人民出版社 1986 年版,第 181 页。

④ 张云:《元朝在西藏地方用兵考》,《元朝中央政府治藏制度》,黑龙江教育出版社 2003 年版,第 124—151 页。

古准噶尔部策妄阿拉布坦派遣台吉策零敦多布率兵六千翻越昆仑山,袭扰拉萨,噶伦沙克都尔札卜、台吉纳木札勒为其内应,杀拉藏汗,囚禁其所立之达赖喇嘛于札克布里庙,并大肆抢劫各大寺院的金银。在此情况下,康熙皇帝为维护西藏地方安宁,于康熙五十九年(1720 年)命皇十四子允禵、将军延信率兵平乱。拉藏汗属下官员康济鼐、颇罗鼐在西藏阿里、日喀则发起反抗,阿尔布巴则在工布地区起兵。最后驱除了入藏为乱的准噶尔军。乱平后,清朝废除独揽藏政大权的第巴,建立僧俗贵族联合掌政的四噶伦制,任命康济鼐为首席噶伦,阿尔布巴、隆布鼐、扎尔鼐为噶伦(以后又升任颇罗鼐为噶伦)。① 雍正五年(1727 年)八月,噶伦阿尔布巴等发动叛乱,在大昭寺内乱刀杀死首席噶伦康济鼐。次年春,清廷再度派大兵分别从西宁、四川甘孜和云南三路入藏平息。在西藏地方,噶伦颇罗鼐在后藏起兵,并在雍正六年(1728 年)七月擒获阿尔布巴等人。清军抵拉萨后,查郎阿和迈禄会同驻藏大臣僧格、玛拉,将阿尔布巴、隆布鼐、扎尔鼐三噶伦及其家属、支持者计十七人处以极刑。② 后来册封平乱有功的颇罗鼐为郡王,极尽宠幸。继承其位的儿子珠尔默特那木扎勒在乾隆十五年(1750 年)年发动叛乱,被驻藏大臣傅清、拉布敦处死,两位大臣也为其部下所害,清朝由此废除了郡王制度。接着,乾隆皇帝决定建立由达赖喇嘛领导的噶厦政府来管理西藏地方事务,七世达赖喇嘛对入藏查办藏事的钦差大臣、四川总督策楞说:“大皇帝乃天下之大父大母,胞与万物,惟我达赖喇嘛系诸儿女中受恩最重之第一人。先因珠尔墨特那木扎勒暴虐乖张,心实焦闷;嗣两大臣又被逆党戕害,彼时未能救护,更为惶恐。自蒙皇上颁发三次恩谕以来,我心神已宁,如在黑暗中得睹天日矣。”③这里把对皇帝的感恩和自责真实地表达出来。这样的例子,在清朝治理西藏的历史上可以说是俯拾皆是,不胜枚举。

---

① 《清圣祖实录》卷二九一,康熙六十年二月己未;《清世宗实录》卷三八。
② 《清世宗实录》卷七三。
③ 《策楞奏抵藏日期及会见达赖喇嘛与班第达情形折》,见《元以来西藏地方与中央政府关系档案史料汇编》(2),中国藏学出版社 1994 年版,第 532—533 页。

3. 重视交通和驿传,加强西藏和内地政治经济联系,保证政令畅通

西藏由于地域辽阔,地理环境险恶,交往不便而和内地之间联系不畅,并因此造成隔膜是一个客观事实,为了加强对西藏地方的管理,保证政令畅通,增强西藏和内地的联系,历代统治者都十分重视建立驿站,并采取各项措施来维护驿站畅通。《元史》称:"元制站赤者,驿传之译名也。盖以通达边情,布宣号令,古人所谓置邮而传命,未有重于此者。"①元世祖至元元年(1264 年)答失蛮受命入藏置驿,结果从汉藏交界处起直至萨迦,共计建大驿站(vjam-chen)二十七处。计:朵思麻役户支应之驿站七处,乌思藏(dbus-gtsang)驿站十一处,其中乌思(dbus)役户支应的有索(sog)、夏克(zhag)、孜巴(rtsi-bar)、夏颇(sha-pho)、工(rkong)、官萨(dgon-gsar)、甲瓦(gya-ba)等七处,藏(gtsang)地役户支应的有达(stag)、春堆(tshong-vdus)、达尔垅(dar-lungs)、仲达(grom-mdav)等四处。并规定各个万户供应驿站之办法。《汉藏史集》所记载有 27 个大的驿站,包括:其中朵甘思有 7 个,朵思麻有 9 个,乌思藏有 11 个。乌思人支应的大站有 11 个,即索(sog,今索县)、夏克(zhag 夏曲卡)、孜巴(rtsi-bar)、夏颇(sha-pho)、贡(rkong,今当雄贡塘)、官萨(dgon-gsar,)、甲瓦(gya-ba)。藏地方支应的 4 个大站是:达(stag)、春堆(tshong-vdus)、达尔垅(dar-lungs)、仲达(grom-mdav)。② 桑哥平息贡噶桑布叛乱后,在西藏留下驻军,并改革驿站支应制度,有效维护了驿站的正常运行。

明朝建立以后,即开始着手恢复驿站系统。永乐五年(1407 年)三月丁卯,谕帕木竹巴灌顶国师禅化王吉剌思巴监藏巴里藏卜(grags pa rgyal mtshan dpal bzang po)同护教王、赞善王、必里公瓦国师、川卜千户所、必里、朵甘、陇答三卫、川藏等族,复置驿站。同时令洮州、河州、西宁三卫,以官军马匹给之。并派遣陕西行都司都指挥同知等人赴乌思藏等

---

① 《元史》志第四十九兵四,站赤。
② 达仓宗巴・班觉桑布:《汉藏史集》,藏文本,四川民族出版社 1985 年版,第 274—275 页;陈庆英汉译本,西藏人民出版社 1986 年版,第 167—169 页。

处,"设立站赤、安抚军民"①。永乐十二年(1414年),遣中官杨三保携敕
书往谕乌思藏及甘肃、青海、四川等地藏区大小首领,以及川卜、川藏、陇
答、朵甘、答笼(即达隆)、匝常、刺恰、广选、上下邛部、陇卜等处大小头,
"令所辖地方,驿站有未复归者,悉如旧设置,以通使命"。"自是道路毕
通,使臣往还数万里,无虞盗贼矣!"②

清朝时期,西藏的驿站达到前所未有的规模,从内地通往西藏的大
道有三条:即从西宁到拉萨的青藏道;从打箭炉(近四川康定)到拉萨的
川藏道;从云南中甸到西藏洛隆宗(县)的滇藏道。在这三条驿道中,"惟
云南中甸之路峻险重阻,故军行皆由四川、青海二路。而青海路亦出河
源之西,未入藏前,先经蒙古草地千五百里,又不如打箭炉内皆腹地,外
环土司,故驻藏大臣往返皆以四川为正驿,而互市与贡道亦皆在打箭炉
云。"③事实上,清朝在西藏重大用兵时,往往采取三路齐发、联合围攻的
策略,从而真正给西藏地方的反叛势力造成巨大的震撼力,最终赢得战
役的胜利。清朝根据实际需要或者传递文书的缓急情形,在驿站之外还
设立有军台、腰站、塘等,乾隆年间为了镇压四川西部的叛乱,就曾在"所
设驿站内,两驿之间适当添设腰站,其口外未设驿站处,安设马步二十四
塘,每塘马十二匹,马夫六名,挂号兵一名,蛮夫三名"。随后,又"自打箭
炉至德格设军台,每台安设马六匹,蛮夫四名,又于理塘、巴塘、杂烩能够
谷、甘孜设粮务官,添汉塘及蛮塘,每塘安设马四至五匹,蛮夫二名,其拨
土兵二百名。"④而且根据文件的紧急程度规定驿站文书的传递速度,一
般分为每日六百里、五百里、四百里和三百里四等。

驿站是历代中央政府加强和西藏地方联系的政治、经济、军事联系
的生命线,同时也是连接西藏和内地文化往来的重要纽带,意义重大,倍
受重视。

---

① 《明太宗实录》卷六五。
② 《明太宗实录》卷一四七;《明史》列传第二百十七西域三。
③ 黄沛翘:《西藏图考》,西藏人民出版社1982年版,第78页。
④ 《清高宗实录》卷三二六,卷二五二。

4．因势利导、适时改革，通过颁布章程加以确定

西藏的重大改革必须慎重，这是客观形势和西藏地方特殊的地位和情况所要求的，但是从历史的经验来看，历代中央政府在变革西藏行政体制，出台重大举措时刻，如果能够因势利导，抓住时机，适时加以改革，往往会取得突破，为西藏的稳定开辟广阔的前景。

元朝时期，在西藏设立的最高机构是管理全国佛教和西藏地方事务的总制院，实际上是把西藏的事务作为宗教事务的一个组成部分来实施管理的。随着在西藏建立行政体制即千户万户制度，加强西藏地方的管理的重要性也逐渐凸现出来。在这一背景下，当时担任尚书右丞相的桑哥上奏忽必烈皇帝，"以总制院所统西蕃诸宣慰司，军民财谷，事体甚重，宜有以崇异之，奏改为宣政院，秩从一品，用三台银印"①。第一次把管理西藏地方的机构提高到前所未有的位置，从而为后代重视处理西藏问题提供了一个范例，这一适时的改革举措既有巨大现实意义，更具深远历史影响。元朝在白兰王恰那多吉去世后，改革管理体制，事实郡县制，放弃原先的白兰王管理西藏地方行政的构想，以及桑哥在利用平息贡噶桑布之乱，在西藏驻扎军队，改革驿站等，②都是抓住机遇，适时改革的成功事例。

清朝在西藏的几次重大政治体制改革，也都很好利用了西藏地方出现的一些突发性事件，进行体制和制度上的调整，为西藏地方的安定和平稳发展，以及加强西藏和中央政府关系创造了良好条件。清朝早期，当第巴桑吉嘉措和和硕特蒙古汗王拉藏汗矛盾激化，并在康熙四十八年（1709 年）被杀后，清朝廷认为"西藏事务不便令拉藏汗独理"，遂派遣侍郎赫寿赴藏"协同拉藏汗办理事务"，初步确立了驻藏大臣制度。③ 康熙五十六年（1717 年），准噶尔部策妄阿拉布坦派兵入藏为乱，清朝派兵平

---

① 《元史》卷二〇五《桑哥传》。

② 张云：《元代吐蕃地方行政体制研究》，中国社会科学出版社 1998 年版；张云：《元朝中央政府治藏制度研究》，黑龙江教育出版社 2003 年版。

③ 《清圣祖实录》卷二三六，康熙四十八年正月己亥。

息,战后在西藏废除第巴主政制度,建立四噶伦联合执政体制,而在康熙五十九年(1720年)、乾隆十五年(1750年)先后发生阿尔布巴、珠尔默特那木扎勒叛乱后,清朝则相继废除了噶伦主政制度和郡王制度,并订立章程,使西藏的管理体制制度化。最具代表性的是乾隆五十八年(1793年)在彻底打败入侵西藏的廓尔喀军之后,乾隆皇帝针对西藏地方出现的各种问题,大刀阔斧地进行改革,并形成了具有重大影响《钦定藏内善后二十九条章程》。① 虽然这次事件的起因是一次外敌入侵事件,但是乾隆皇帝看到的是,在事件发生及处理过程中反映出西藏地方内部存在的严重问题,除处理了包括西藏地方官员在内的失职和违法官员之外,他更用心解决一些深层次的问题。制定了包括驻藏大臣办理西藏事务地位与达赖喇嘛、班禅额尔德尼地位平等,通过金瓶掣签解决活佛转世问题,驻藏大臣掌管西藏地方军事、财政和外交大权等在内的"二十九条章程"。成功地解决了当时西藏地方内部存在的各种问题,并为而后西藏的稳定和发展奠定了良好的基础。

在重大改革措施出台之际,重视前期的舆论准备和赢得西藏地方的呼应与支持,也是治藏体制和制度改革取得成功的一个要素。乾隆皇帝为了改革颇为敏感的活佛转世制度,还亲自撰写了《喇嘛说》为其张目。在该文中,他首先指名朝廷重视黄教的用心,以及活佛转世制度产生的由来与目的,同时一一针砭其当时存在的诸多弊端,最后提出通过金评掣签解决活佛转世的方式。为了贯彻好《钦定藏内善后二十九条章程》,福康安等一方面和西藏地方上层反复协商,力求达成一致,乾隆五十八年二月二十四日,福康安等上奏称:"昨臣等将订立章程翻成唐古特字,同至布达拉面见达赖喇嘛,与之逐条详细讲论,并传集各呼图克图、大喇嘛等及噶布伦以下番目,⋯⋯将藏内一切章程详细训示。我等现已遵旨查明藏地情形,逐条熟筹,妥议具奏。"另一方面则做到家喻户晓,人人皆

---

① 见《元以来西藏地方和中央政府关系档案资料汇编》(3),中国藏学出版社1994年版,第825—834页。

知,诚如福康安奏折所说那样:"应俟臣等节次奏折奉到训谕后,由驻藏
大臣衙门翻写番字,刊刻出示,在前后藏各处张挂,晓谕穷乡僻壤,咸使
周知,以仰副圣主卫法定制、爱育番黎至意。"[1]从而使一次重大改革顺利
进行,获得成功。

(二) 历代中央治理西藏的主要教训

历代中央政府在处理西藏问题方面也存在一些失误和教训,概括起
来主要有以下几点。

1. 衰落时期大肆改革西藏地方管理体制与制度更易加剧局势动荡

在西藏这样一个宗教政治合一、民族风俗习惯显著的边疆地区进行
改革,并非轻易之事,因此必须有必要的条件和充分的准备。西藏的稳
定固然与西藏地方的和谐和中央各项方针政策的很好执行有关系,但是
更为重要的是,必须在广大的内地有一个强大有力的中央政府和全国的
政治局势稳定。西藏的重大政治体制与制度改革必须在强有力的中央
政府的支持下,在西藏僧俗官民的拥护下才能获得成功。与此相反,如
果在中央政权衰微时期进行改革,往往遭遇重重阻碍,甚至不免失败的
命运,清朝末期的改革大致如此。

清朝末年张荫棠、联豫相继对西藏政治体制与制度进行改革,确实
出于形势危机的需要,而且,应该说这些改革措施总体上符合西藏客观
实际,特别是张荫棠的改革措施切中当时西藏存在的各种问题的要害,
能够对西藏局面的扭转和中央政策在西藏的贯彻,以及加强中央对西藏
的管理,加强西藏与祖国内地的政治、经济和文化联系,推动西藏地方经
济社会的发展发挥积极的作用。光绪三十二年(1906 年),清朝感到西藏
地方积弊至深,遂撤换了驻藏大臣有泰,任命联豫为驻藏办事大臣,张荫
棠以副都统作为帮办大臣,查办藏事。张荫棠首先解决的是吏治问题,

---

① 见《元以来西藏地方和中央政府关系档案资料汇编》(3),中国藏学出版社 1994 年版,第
  822 页。

他认为"安边之要,首在察吏,必大吏廉洁,率属办事,乃能刚正而服远人"①。而查办藏事,"首以启发民智,日进富强为唯一之目的"②。接着,提出了改革西藏积弊的"新政"二十四条,其核心内容包括:维护主权,即西藏是中国领土,西藏百姓与中国血脉一线,如同胞兄弟,不许外国插手干涉;西藏居英、俄两大国之间,切勿听人教唆指使,违者可杀。改革西藏行政体制,"拟设西藏行部大臣,以崇体制而重事权也"。对于达赖、班禅拟请赏加封号,优给厚糈,专理黄红教事务;在行部大臣衙署内设立财政、督练、交涉、学务、巡警、裁判、农工商、路矿、盐茶九局,分管各项事宜。练汉兵以加强控御能力,拟照陆军部练军新章,改练洋操队六千名,在打箭炉、雅州府等处招募四千名,在西藏招募两千名,以壮声威。废酷刑、舒民力,革除西藏官员往来随意征用百姓乌拉的制度,设立乌拉公司,按照市价使用;废除酷刑,按照大清律例斟酌制订宽厚简易之法。振兴农工商业,开展对外贸易,富民强边。兴办教育,开启民智。③ 这些政策和措施,无疑是解决西藏地方当时存在的诸多根本问题的有效途径和方针。如果放在乾隆皇帝时期,毫无疑问会得到很好的贯彻落实,并发挥积极的社会影响,但是在清朝走向衰落的光绪三十二、三十三年,这些措施不仅不能得到切实执行,还引起西藏地方的巨大恐慌,一个良好的改革措施,很遗憾地在几年后成为清王朝走向灭亡的陪葬品。这可以说是治藏政策中的一个教训。

2. 求稳定有余,求发展不足

历代中央政府在西藏推行的政策大多侧重政治和军事层面,以维主权、求稳定为最高目标,这无疑是正确的,但是从史料记载来看,关注西藏经济方面的内容相对欠缺。应该说自从元朝以来历代中央政府在加

①《致外部电请代奏参藏中吏治积弊请旨革除惩办》,《清季筹藏奏牍》,第三册,《张荫棠奏牍》卷二,第 17 页。
②《传谕藏众善后问题二十四条》,《清季筹藏奏牍》,第三册,《张荫棠奏牍》卷二,第 38—48 页。
③《清季筹藏奏牍》,第三册,《张荫棠奏牍》卷二,第 38—48 页;《奏复西藏情形并善后事宜折》,《清季筹藏奏牍》,第三册,《张荫棠奏牍》卷五,第 1—10 页。

强西藏和内地多方面交流方面,都多所用心,取得了一定的成效。经济
上的联系也一直持续着,元朝时就曾在西藏减免赋税,为西藏和内地政
治与文化关系的加强、为西藏地方生产的恢复发挥了促进作用。但是,
西藏地方的经济长期处于后进状态,是一个现实,造成这一现状的因素
很多,西藏地方的自然地理环境是一个因素,西藏几乎全民信教的现实
是一个因素,西藏的内部社会组织结构也有影响,同时历代中央政府的
治藏政策导向也是一个因素。元朝在西藏的改革,清朝颁布西藏善后章
程,也涉及经济方面的措施,但是往往只限于赋税和差役的调整,发展生
产,积极推动西藏经济贸易,促使西藏经济全面发展的措施很少。明确
对此予以关注的措施,出现在清朝末年驻藏大臣张荫棠的"新政"十九条
中和温宗尧、联豫的筹办西藏事宜奏折中。① 在张荫棠的新政措施中,涉
及发展西藏经济的条文包括"赶修打箭炉、江孜、亚东能行牛车之路,以
便商运。俟矿多畅旺,再修铁轨"。"现与商上议定,藏属除封禁各雪山,
凡五金煤矿,准中国西藏军民人等报明矿务局开采,出矿石,官家收十之
一税。"此外还有教民种植茶叶,以抵制印茶销藏、免除差徭,开展对外贸
易等。在温宗尧、联豫的宣统三年(1911年)五月的奏折中除开辟商埠之
外,还提到"筹垦荒地"和"开采矿山"两项。自然,这些好的措施却因为
清王朝走向衰落而无法实施。

3. 过分注重笼络上层统治者,而对赢得西藏百姓的拥戴重视不够

历史上西藏地方是一个宗教信仰浓厚,社会等级严格的地区,上层
宗教领袖和贵族首领在地方事务中具有特殊的地位。元朝以来的各朝
统治者对西藏地方上层贵族和僧侣进行笼络,在维护国家统一和地方稳
定,更好地贯彻中央政府的各项方针政策方面产生了积极的效果,西藏
地方僧俗贵族为此也做出了有益的贡献,这个是客观事实。但是,我们
也可以看到,在历代中央政府的治藏政策中,尽管有免除赋税差役等舒

---

① 《宣统政纪》卷一三,宣统元年五月戊午条;《清季筹藏奏牍》,第三册,《张荫棠奏牍》卷二,第
38—48页;《奏复西藏情形并善后事宜折》,《清季筹藏奏牍》,第三册,《张荫棠奏牍》卷五,第
1—10页。

缓民力的措施,甚至有十分关心民瘼的一些举措案,诸如:和琳(1753—1796 年)在驻藏大臣任上改良风俗,教民如何治疗痘症,从而使百分之九十的患者得以治愈,并在乾隆五十九年(1794 年)树立石碑以纪其事。①和宁(？—1821 年)、松筠(1754—1835 年)在乾隆六十年春,"奏准豁免前后藏民本年应交粮石及旧欠钱粮,并捐银四万两,抚恤失业穷民,酌定章程十条"②;等等。这样全面关心下层百姓生存状况的事例还是少数,和对西藏僧俗贵族所给予的各种特权相比,存在着天壤之别。因此,在重大变革时期,西藏的普通百姓往往会被西藏地方心怀叵测的某些上层势力操纵,威胁到地方的稳定,在近代中国进入半殖民地半封建社会以后,由于帝国主义的插手,甚至还威胁到国家的主权和领土完整。

历史的经验值得继承和借鉴,历史的教训值得汲取,客观地评价历代中央政府的治藏政策,既是历史研究的基本原则所要求的,也是历史发挥借鉴作用的前提条件。不能科学求实地对待历史,就无法继承前人的智慧和经验,甚至可能重蹈历史覆辙,更无法面对未来。

---

① 《卫藏通志》卷四《抚恤上》。
② 同上。

五 古代历史上西藏地方政权兴衰与中原王朝兴衰的关系问题

研究古代西藏历史或者中央与西藏地方关系史,经常会涉及一个时代和历史内容的关联性和对等性的问题。当前客观的现状是,藏族学者所撰写的历史著作一般采用传统的方式,如,恰白·次旦平措等先生编写的《西藏简明通史》就是代表,它分七章:即"西藏远古历史"、"悉补野王统世系"、"吐蕃赞普王统"、"西藏分裂时期"、"萨迦巴统治西藏时期"、"帕木竹巴统治西藏时期"和"甘丹颇章政权统治时期"。[①] 另一种是由中国社会科学院民族研究所"藏族简史编写组"编写的《藏族简史》为代表,它以"五种生产方式"划分为线索,把西藏历史划分为"奴隶社会"(即吐蕃时期)、"封建社会"(即元朝、明朝、清朝时期)、"半殖民地半封建社会"(即 1840—1949 年)。[②] 由于对历史上西藏地方社会性质认识上存在差异,这种划分自然没有获得普遍的认同。但是它所涉及的内容和叙述历史史实的顺序,却基本上是按照朝代进行的,重大事件的历史脉络是清晰的。客观地说,这两者都有优点和不足:前者的优点,一般认为是相对容易贯通,而且易于为广大藏族学者和读者所接受。其不足则是很难反

---

① 恰白·次旦平措等:《西藏通史》,西藏古籍出版社、中国西藏杂志社 1996 年版,2004 年再版。
② 中国社会科学院民族研究所藏族历史编写组:《西藏简史》,西藏人民出版社 1985 年版。

映出西藏历史所处的大背景,特别无法体现西藏地方与中央政府的关系等。后者虽然视野广阔,并照顾到中央在西藏的政策,但是由于"五种生产方式"理论在西藏是否完整得以体现,学术界存在不同看法,而且我们的理论研究还不足以由此建构一种体系。此外,还有一种方式,就是直接按照内地中央王朝的朝代为线索,以马克思主义历史唯物主义思想为指导,全面客观地论述西藏历史。也就是目前由拉巴平措研究员主持的多卷本《西藏通史》所采取的撰写体例。

有些研究者不禁要问,《西藏通史》为什么要采取这种方式,以中原王朝的线索贯通西藏历史,甚至也有人会担心这样撰写历史,会出现脱离西藏历史客观实际与规律的问题。这里就涉及一个十分重要的问题:西藏地方历史发展和中国内地政权或者中央王朝更迭有着什么样的关系呢? 我们这里略加探讨,不仅要看在时间的对应上是否衔接,而且还要看在内涵上二者有着什么样的联系。

一、吐蕃王朝的兴衰与唐朝的关系

1. 从时间上看,吐蕃王朝的建立和瓦解与唐朝的建立和瓦解时间相接近

唐朝建立于唐高祖武德元年(公元 618 年),而吐蕃王朝,按照比较流行的说法建立时间说法略有分歧,王忠先生认为吐蕃王朝的建立者是松赞干布的父亲囊日论赞(论赞弄囊),而具体时间是在松赞干布三岁(他认为松赞干布诞生于隋炀帝大业十三年,即公元 617 年)的武德三年,即公元 620 年,①如果此说不误,时间几乎相同;而唐朝灭亡于唐哀帝天祐四年,即公元 907 年,吐蕃王朝最后一位赞普达玛被杀是在唐武宗会昌二年(842 年),而彻底崩溃大致在唐懿宗咸通七年(866 年)以后,和唐朝灭亡相距仅 40 年时间。吐蕃王朝灭亡后,除了存在阿里地区的古

---

① 王忠:《松赞干布传》,上海人民出版社 1962 年版,第 12 页。

格等小王朝之外,本部地区一直处在分裂状态,而唐朝晚期也处在混战和军阀割据状态,青藏高原地区出现的军阀混战和割据的局面,和唐朝末年内地藩镇混战与割据的情况又十分近似,从时间来看,吐蕃王朝史称为唐代吐蕃史也无不可。

2. 吐蕃王朝的崛起、繁荣和瓦解与唐朝的影响有着密切的关系

不唯时间相当,吐蕃的发展、繁荣和走向衰落也与唐朝历史密切相关。吐蕃王朝建立之前,青藏高原地区各个邦国大多都和唐朝发生过联系,用隋朝时官员裴矩的话来说:当时"发自敦煌,至于西海,凡为三道,各有襟带。……其三道诸国,亦各自有路,南北交通。其东女国、南婆罗门国等,并随其所往,诸处得达"①。事实上,青藏高原地区的各个部族很早就参与到当时繁荣的"丝绸之路"贸易之中,也参与到和祖国内地的经济文化往来当中,青藏高原北部、东北部地区的吐谷浑、党项、苏毗,乃至于象雄(羊同),正是因这种联系才奠定了其不断发展的基础,从而在客观上为吐蕃王朝的统一创造了有利条件。

吐蕃王朝与周边的友好交往主要是以和唐朝的政治联姻及密切的经济文化交流为主要内容,既是高原畜牧业和内地农业经济互补的需要,也是相对后进的吐蕃政治和文化制度吸收唐朝先进文明的需要,又是吐蕃通过加入"丝绸之路"贸易,参与当时国际贸易大循环的需要。从另一方面来看,吐蕃王朝的建立是以吞并苏毗、象雄为基础的,而吐蕃王朝的强大则和它的四面扩张密切相关。由于地理和其他因素的作用,吐蕃的四面扩张仍然以向唐朝内地的扩张为主要目标,而其早期扩张的直接目的就是掠夺财富,在唐朝发生"安史之乱"以后,吐蕃逐渐改变方式,直接统治原来属于唐朝的今河西陇右、青海、剑南西川、西域等广大地区,在与这些地区发生密切交流的同时,也掠夺了大量财富。从这个意义上,我们也可以说,唐蕃之间的经济交往和唐朝时期兴盛的丝绸之路贸易支撑了吐蕃的经济发展与不断对外扩张,而对河西陇右等地的直接

---

① 《隋书》卷六七《裴矩传》。

统治,以及对内地不断发动的旨在抢劫财富和资源的战争,为维系和加强吐蕃王朝的政治基础发挥了重要的作用;唐朝衰亡后,失去重要经济支持的吐蕃王朝也不断走向衰落,虽然其内部的矛盾斗争占据特殊位置,但是失去唐朝事实上所给予的强大的经济支持,则是重要因素之一。

二、青唐唃厮啰兴衰与北宋的关系

在祖国内地出现五代十国和宋朝的部分统一时期,西藏地方处在四分五裂的割据状态,宗教派别不断出现,地方世俗政权各自为政,互为雠仇,又无法统一。在今河、湟地区出现了由来自芒域高昌(即今吉隆县)的吐蕃赞普后裔唃厮啰,他是被在西藏经商的河州大贾何郎业贤带到河州(今甘肃临夏)的,起初安置在剺心城(甘肃临夏境内);不久,又被部落首领耸昌厮均迁到移公城(甘肃夏河境内),"欲于河州立文法"(即建立政权组织)。吐蕃人谓佛为"唃"(rgyal),谓儿子为"厮啰"(sras),遂得名"唃厮啰",又称其所建政权为"唃厮啰"。宗哥(今青海平安)贵族首领李立遵、邈川(今乐都)大首领温逋奇等,得知河州有赞普后人,即在宋真宗咸平五年(1002 年)以武力将唃厮啰劫持到廓州(今化隆境),立文法,尊之为"赞普"。李立遵将王城迁到经济比较发达的宗哥城,自立为相(论逋),挟"赞普"以令诸部,"论逋(blon po)者,相也。立遵贪,且喜杀戮,国人不附,……厮啰遂与立遵不协,更徙邈川,以温逋奇为论逋,有胜兵六七万"[1]。青唐地区自然环境优越,逐渐成为河湟一带政治、军事、经济、文化和宗教活动中心,故唃厮啰政权又称青唐吐蕃政权。

从时间上看,从宋朝建立(960 年),或者从唐朝灭亡(907 年)到蒙元经营西藏(1239 年)这一时期,祖国内地是一个分裂时期,前期五代十国是分裂状态,北宋建立以后同样是分裂状态,即除北宋之外,还有西夏、辽,以及唃厮啰政权,南宋时期则有大蒙古国和金。西藏地方的分裂状

---

[1]《宋史》卷四九二《吐蕃》。

况远甚于内地。内地和西藏的基本情况，以及历史命运相同。

从内涵上看，一方面，西藏地区和内地的联系由于宗教上派别林立，政治上各自为政而联系减少了，另一方面也限于资料缺乏，两地之间的诸多联系被淹没在历史的沉积之中，还有待发掘。但是，从唃厮啰政权和内地的关系来看，可以反映出吐蕃和内地关系之一般。

唃厮啰是吐蕃王室后裔，既出自利益需要，也出自感情，对于宋朝如吐蕃对待唐朝一样，以外甥自任，称宋朝皇帝为舅，宝元元年（1038 年），宋朝屯田员外郎刘涣使唃厮啰，"厮啰冠紫罗毡冠，服金线花袍、黄金带、丝履，平揖不拜，延坐劳问，称'阿舅天子安否'。道旧事则数十二辰属，曰兔年如此，马年如此"①。在政治上，宋朝不断册封唃厮啰及其子孙职官名号，加强与唃厮啰的联系，在吐蕃遭遇瘟疫时，宋朝赠送医药帮助。而唃厮啰则也表达了同样的愿望，频繁朝贡，加强和宋朝的政治联系，吐蕃人把对宋朝的"贡献谓之'般次'，自言不敢有贰心则曰'心白向汉'"。同时增进和宋朝的经济联系，积极主动学习宋朝内地的汉族文化。宋朝曾经封唃厮啰嫡曾孙陇拶"为河西军节度使、知鄯州，封武威郡公，充西蕃都护，依府州折氏世世承袭。寻赐名曰赵怀德；其弟邦辟勿丁呕曰怀义，为廓州团练使、同知湟州；加征检校太傅、怀远军节度使"。加征时期，②获得宋朝皇家姓氏。

唃厮啰政权和宋朝联合对付西北地区强盛一时的西夏政权方面也多有成效，事实上它的兴衰和宋朝的兴衰，特别是宋朝在西北地区的施政存在着密切的关系。如果按照历史先后顺序把这一时期的吐蕃历史称作宋朝西藏历史，或者分裂割据时期，应该是没有矛盾和歧义的。

三、萨迦地方势力兴衰与元朝的关系

元朝建立以后，西藏地方和内地中央王朝的关系发生了重大的转

---

① 《宋史》卷四九二《吐蕃》。
② 同上。

变,即西藏地方直接纳入中央政府的行政管辖之下,西藏的历史命运和祖国内地的联系更加紧密,称这时期的历史为"元朝西藏历史"更无任何疑义。

元朝在中央设立宣政院(初期叫总制院),全面负责吐蕃事务,当时把吐蕃人聚居地区划分为三路宣慰司,即吐蕃等处宣慰使司都元帅府、吐蕃等路宣慰使司都元帅府和乌思藏纳里速古鲁孙等三路宣慰使司都元帅府,后者大致即是今西藏地方。由萨迦地方政权具体负责管理,设立十三万户组织。

从时间来看,萨迦地方政权的出现和元朝元朝的兴衰大致相同,而从内涵上讲,把西藏地方历史纳入元朝历史的一个组成部分更是合乎客观实际,并能够真正体现这一时期西藏历史本质规律的。我们可以肯定地说,萨迦地方势力是在元朝的直接授意和支持下建立起对西藏地方的统治的,它的发展、强大从根本上来说是元朝支持的产物。

蒙元早期,在西藏推行分封制度,根据《朗氏宗谱》记载:"此时,西藏由在凉州的王子阔端治理,由阔端阿哈(蒙古语兄长)那里迎取应供喇嘛;蒙哥汗管理止贡派;忽必烈管理蔡巴噶举派;王子旭烈兀管理帕木竹巴派;王子阿里不哥管理达垅噶举派。四位王子分别管辖各个万户。"[1]把西藏地方各个重要政教势力直接纳入王室主要成员分地范畴。不仅如此,西藏地方各个政教势力的兴衰都和中央王朝的政策调整密切相关,对此,帕木竹巴万户长降曲坚赞在后来同止贡首领交谈中有明确表白,他说:"由于蒙哥皇帝的恩泽和法令,才有你们止贡人的名号和教法;仰仗薛禅皇帝的恩泽和法令,才有萨迦派和蔡巴的权势和教法;仰赖旭烈兀的恩泽,才有帕木竹巴的政权和安定。"[2]更具体地说明,西藏地方各个政教势力的兴衰和王室内部大汗位置更迭之间存在着密切关系。

---

[1] 大司徒·降曲坚赞:《朗氏宗谱》(一作《朗氏家族》),藏文本,西藏人民出版社 1986 年版,第 109—110 页,赞拉·阿旺、余万治译,陈庆英校,汉译本,西藏人民出版社 1989 年版(书名《朗氏家族史》),第 75 页。

[2] 《朗氏宗谱》藏文本第 203—204 页,汉译本第 143 页。

　　当时占据西藏地方首领的萨迦地方势力,一直受到元朝在政治上、经济上和军事上的大力支持,根据藏文史书记载,元世祖忽必烈曾经一度试图统一西藏地方佛教派别,让其他各个宗派改宗萨迦派,只是由于萨迦派领袖八思巴的委婉劝说才使皇帝改变了态度。① 但是当其他各政教势力试图挑战萨迦派的领袖地位时,元朝中央政府却始终是萨迦派坚强的后盾,对其予以坚强有力的支持。正是这样,萨迦派政教势力的衰落也是在元朝走向衰落时候发生的,当元朝末年统治阶级内部腐朽没落,内地不断出现反对阶级压迫和民族压迫的农民起义时刻,在西藏地方走向分裂的萨迦派也遭遇到其他政教势力,特别是来自帕木竹巴万户的强烈挑战,元王朝由于自身的衰落而减弱了对萨迦派支持的力度,最后导致萨迦派为帕木竹巴所取代。值得注意的是,崛起的帕木竹巴万户依旧接受元朝的统治,是一个地方政权。帕木竹巴在军事上取得萨迦派政教势力是在元顺帝至正十四年(1354 年),而元朝封赐帕木竹巴万户长降曲坚赞"大司徒"印信与名号,则是在至正十七年(1357 年)。② 十年后,明朝取代元朝,说明萨迦派政教势力几乎是和元朝的存在相始终的,元朝西藏史即是西藏地方萨迦派地方势力执政时期的历史,两者毫无二致。

四、帕木竹巴噶举派和噶玛噶举派政权兴衰与明朝的关系

　　明朝时期,中国历史又进入一个曲折发展时期,在今新疆地区是亦力把里,而在蒙古高原地区则有鞑靼和瓦剌两个地方政权,当时的中国依然处在中原一统和边疆分治的状态,明朝中央和他们都保持着密切的政治、经济和文化往来。

　　元朝末年帕木竹巴万户长降曲坚赞是在请示朝廷,并获得封赐后拥

---

① 阿旺贡噶索南:《萨迦世系史》,藏文本,民族出版社 1986 年版,第 160 页,陈庆英、高禾福、周
　润年汉译本,西藏人民出版社 2002 年版, 第 112 页。
②《朗氏宗谱》藏文本第 289 页,汉译本第 198 页。

有"大司徒"名号的,尽管他在西藏拥有很大的权力,但是从未反对元朝廷。元朝灭亡后,明朝派遣使者前往西藏和其他藏区招抚元故官归附,赢得西藏地方政教首领的归心,明太祖颁布诏谕曰:"我国家受天明命,统驭万方,恩抚良善,武威不服,凡在幅员之内,咸推一视之仁。近者摄帝师喃加巴藏卜以所举乌思藏、朵甘思地面故元国公、司徒、各宣慰司、招讨司、元帅府、万户、千户等官,自远来朝,陈请职名,以安各族。朕嘉其诚达天命,慕义来廷,不劳师旅之征,俱效职方之贡,宜从所请,以绥远人。以摄帝师喃加巴藏卜为炽盛佛宝国师,给赐玉印;南哥思丹八亦监藏等为朵甘、乌思藏武卫诸司等官,镇抚军民,皆给诰印。自今为官者,务遵朝廷之法,抚安一方;为僧者,务敦化导之诚,率民为善,以共乐太平。"①西藏地方的各个主要政教势力都接受明朝的任命,成为地方官员,而明朝也得以在西藏建立行政制度,实施管理。当时西藏地方最大的政教势力是帕木竹巴,此外还有大大小小的其他政教势力。

帕木竹巴地方政权的建立者降曲坚赞去世后,他的儿子释迦坚赞(章阳沙加监藏,章阳国师)即位。明朝洪武五年(1372年),明朝仍依元之旧,封其为灌顶国师。明成祖永乐四年(1406年),明朝封其第五任执政扎巴坚赞为"灌顶国师阐化王",②后代阐化王承袭都要向明朝廷请封,帕木竹巴地方政权也积极执行明朝在西藏的各项制度和政策。作为西藏地方当时最大的政教势力——帕木竹巴政权实际存在135年时间(1354—1490年),其他各个大小不等的政教势力也各自为政,受到明朝的重视和册封。

在帕竹地方政权晚期,不断崛起的帕竹各宗宗本相继发展起来,割据称王,各霸一方。其中最具势力的仁蚌巴与噶玛噶举派红帽系联合起来加强扩张,从公元1490年开始仁蚌巴措杰多吉实际上以摄政官"替东"(意为丹萨替寺京俄派遣的)的名义在管理帕竹第悉的政务。公元

①《明太祖实录》卷七九。
②《明史》卷三三一《西域三》。

1548 年,辛厦巴才旦多吉被仁蚌巴任命为卡桑珠孜(日喀则)的宗本,他的势力也迅速发展起来。1557 年,仁蚌巴和辛厦巴双方因为襄·顿热巴的土地和属民问题发生剧烈冲突,结果其属民土地等转交辛厦巴,辛厦巴取代仁蚌巴家族的地位,控制后藏大部分地区。1611 年,辛厦巴·丹松旺波之子噶五彭措南杰继任后藏地区的第司,史称第悉藏巴。此后的1612 年和 1613 年,第悉藏巴彭措南杰进兵前藏,攻占了澎波和内邬宗等地,史称"鸡牛年战乱",到 1618 年时第悉藏巴基本上统治了前后藏地区。同时又进兵雅隆、达波等地,击败各地贵族首领。这样,第悉藏巴成为从西部冈底斯山到东部工布额拉山(在朗县境内)之间的前后藏各地包括北方牧场和止贡、达隆、拉嘉里、浪卡子等自管贵族和大小首领的主宰,被康区和前后藏的人称为"藏堆杰波"。[①] 第悉藏巴噶玛丹迥旺波统治整个西藏整整 20 年,最后于 1642 年被蒙古卫拉物固始汗击败。被噶玛噶举派倚为靠山的第悉藏巴在 1618 年即藏历第十饶迥的土马年建立了统治前后藏的政权。其政治中心在桑珠孜(今日喀则)。

这样,明朝时期的西藏地方,除各个政教势力各自为政之外,即使最有影响的地方政权也几度更替:帕木竹巴政权在 1354 或 1357—1490 年实际统治地方,仁蚌巴在 1490—1557 年实际控制地方,而 1557—1642年先后由辛夏巴和藏巴汗统治。这一时间即 1354 或 1359—1642 年,和明朝存在的时间即 1368—1644 年大致相合。而且因为明朝中央对边疆地方的行政管辖不像元朝那么直接,影响力也没有那么巨大,所以西藏地方也相应地处在各个政教势力各自为政的状态,说明西藏地方的政治局势也和内地存在着密切的联系。

五、甘丹颇章政权兴衰与清朝的关系

清朝和西藏地方的关系更为紧密。1642 年和硕特蒙古首领固始汗

[①] 恰白·次旦平措等著,陈庆英等译:《西藏通史》,第 636—649 页。

应格鲁派宗教领袖之邀派兵消灭了藏巴汗，西藏开始了在蒙古和硕特部的军事控制之下，在蒙古军队的支持下，格鲁派（黄教）迅速发展起来，并取得绝对优势地位的进程。1651年，五世达赖喇嘛朝清，清朝政府根据当时西藏的实际，敕封阿旺洛桑嘉措（即五世达赖）为"西天大善自在佛所领天下释教普通瓦赤喇怛喇达赖喇嘛"；敕封和硕特蒙古领袖固始汗为"遵行文义慧敏固始汗"，让他以汗王身份代表清朝中央管理西藏地方；①不久又敕封罗桑益西（即五世班禅）为"班禅额尔德尼"，确定"达赖喇嘛""班禅额尔德尼"两大活佛传承系统的名号及其宗教领袖地位。随着五世达赖喇嘛地位的加强，原来由和硕特部蒙古汗王控制的行政长官"第巴"一职，转而由达赖喇嘛的亲信来担任。蒙古汗王与黄教集团之间，逐渐产生矛盾。1679年，五世达赖信任的桑结嘉措继任第巴，决意将蒙古势力驱逐出境，双方矛盾激化。1705年，桑结嘉措为蒙古汗王拉藏汗执杀，桑结嘉措所立的六世达赖喇嘛仓央嘉措也被废除。

拉藏汗剪除桑结嘉措，改变了西藏地方政教分治的局面。清朝认为"西藏事务不便令拉藏汗独理"，便在1709年遣侍郎赫寿赴藏"协同拉藏办理事务"，②这是清朝直接管理西藏事务的开端。1717年准噶尔部扰乱西藏，清朝分别在1718年和1720年两次出兵，驱逐准噶尔部，并结束了蒙古和硕特部在西藏的统治。1721年，清廷废除了西藏的第巴职位，任命四名噶伦共同管理西藏事务。1727年正式在西藏设立驻藏大臣办事衙门，派遣办事大臣和帮办大臣二人常驻拉萨，督办西藏事务。1750年珠尔墨特那不扎勒叛乱，被驻藏大臣傅清、拉布敦所剪除，两位大臣又被珠尔墨特那木扎勒余党杀害。珠尔墨特那木扎勒之乱被平息后，1751年改革西藏地方管理体制，正式授权达赖喇嘛管理西藏地方行政事务，并建立噶厦政府。由此产生了黄教格鲁派治理西藏的"政教合一"制度。

从事实来看，噶厦政府是在清朝皇帝的授意下建立起来的，达赖喇

①《清世祖实录》卷七四。
②《清圣祖实录》卷二三六。

嘛的宗教名号是皇帝封授的,政治权力更是皇帝给予的;达赖喇嘛灵童的选择认定都要通过皇帝颁布圣旨恩准、由驻藏大臣主持抽签决定,新达赖喇嘛坐床要向皇帝所在的东方行三嗑九拜大礼;西藏地方的军事、财政和外交等重大事宜由驻藏大臣掌握,西藏地方高级官员任命,行政区划改变,都由朝廷决定,西藏所发生的一切重大事件都和朝廷有密切的关联。从和硕特蒙古汗王统治西藏到清朝灭亡正好和清朝的建立到灭亡在时间上相互吻合,两者之密不可分于此可见。

六、民国时期西藏和内地的关系

西藏和历代中央政府之间的关系存在各种状态,中央在西藏地方的行政影响也有强弱之分,但是,西藏是中国领土一部分的地位却从来没有改变过。民国时期是中国历史上的一个特殊时期,这个时期中国内地处在军阀各自为政、混战不已的状态,加之日本帝国主义发动企图灭亡中国的侵华战争,给中国人民带来深重的灾难,直接影响到中央政权在边疆地区的施政,因此造成对西藏地方的管理相对松散的局面,西藏地方噶厦政府和内地的军阀割据势力有类似的特征,也有自身的特点。在西藏地方,由于英国、俄国在西藏的侵略活动,特别是英国殖民主义势力在西藏鼓动“西藏独立”,使彷徨无主的十三世达赖喇嘛试图改变西藏地方的现状,借助英殖民主义势力而扩张权力。在 1914 年“西姆拉会议”之后,西藏地方的亲英势力和独立暗流不时在涌动,威胁到西藏地方和民国中央政府的关系。但是,不管他们怎么努力,也没有改变西藏是中国领土不可分割一部分的事实,即使在中国历史最艰难曲折的时期,也没有一个国家承认“西藏独立”,包括英国政府。民国中央政府在十分艰难的条件下坚持加强西藏地方和中央政府的联系,为此颁布了一系列政策法规,采取了多种方式,并取得了一定的成效,而西藏地方广大僧俗百姓也在表现出对祖国的倾心和爱国热情,以九世班禅为代表的上层始终坚持爱国立场,坚持与制造“西藏独立”的势力作斗争。十三世达赖喇嘛虽然一度迷失在错误的道路上,但是最终还是清醒认识到和中央政府及内地关系的重要。而西藏的宗教界也在重大历史关头表现出反对独立的立场。西藏广大群众和全国各族人民拥护祖国统一,反对西藏独立的鲜明态度,也有力遏止了独立势力的活动。民国时期,"西藏独立"只是少数反动分子的一场黄粱美梦,并没有改变西藏是中国历史一部分的事实。

但是,民国时期,西藏和中央政府及祖国内地之间这种并非正常的关系,却为许多人在西藏问题上制造事端提供了空隙,很多别有用心的人也把十三世达赖喇嘛通过这一时期特殊状况而扩张并膨胀起来的权力,诡称为历辈达赖喇嘛固有的权力,从而把民国时期内地军阀混战和国民党统治乖方,政治上缺乏安定,经济发展缓慢,以及在西藏地方由于帝国主义插手、分裂主义嚣张,导致内地和西藏,民国中央政府和西藏地方政府关系不很正常的状态,说成"西藏事实独立",或者认定中央政府和西藏地方关系的一般特征,甚至把中国人民解放军进入西藏,驱除帝国主义势力出西藏,并行使合法主权说成是"侵略",严重颠倒了是非,造成极大的误解,这是应该认真澄清的一个原则问题。

从辛亥革命到西藏和平解放时期,西藏地方艰难的命运和民国中央政府统治时期特殊的状况密切相关,也与祖国内地军阀割据,帝国主义势力插手密不可分。

综上,我们可以看出,西藏地方的历史和祖国内地的历史发展进程是息息相关的,经济交往、宗教文化交流,特别是行政管辖造就了西藏地方和中央政府关系史的紧密互动。从吐蕃王朝时期开始,西藏地方政权的兴起、发展、鼎盛和衰落、灭亡,都和内地中央政权密切关联。西藏的经济、文化、宗教的发展、繁荣也离不开和祖国内地的密切交流。元朝以后,西藏地方纳入中央王朝行政管辖之下,这种联系进入一个全新的阶段,因此,西藏地方政权和内地中央政权的息息相关更是昭著史册的。正是因为这样,按照内地朝代更迭来反映西藏历史发展进程,也符合西藏历史发展过程的实际,并能从一个全局的高度认识西藏历史的一些本质问题。

应该指出的是，在西藏历史研究中，有很多研究者动辄使用"王朝"一词，其实是很大的误解。"吐蕃王朝"是名副其实，它是中国历史上一个与唐朝并存的分治政权，此后的萨迦地方政权、帕竹地方政权和噶厦政府，都是属于历代中央政府管辖的地方政权，称作"王朝"缺乏事实根据，也容易造成误会，这是应该引起注意的一个问题。

六 甥舅关系、贡赐关系、宗藩关系及"供施关系"——历代中原王朝与西藏地方关系的形态与实质

西藏地方和内地中原王朝关系的形态有多种,除直接隶属的行政管辖关系之外,甥舅关系、贡赐关系、宗藩关系及所谓的"供施关系"是比较引人关注的形态,这些关系的内容和实质是什么,由这些关系引发的历代中原王朝对西藏的治理又有什么特点,以及这些关系类型的探讨对于研究中国古代边疆理论和边疆政策究竟有着何种意义,都是值得探究的问题。本文试就此略陈管见,并就教于专家读者。

一、甥舅和亲关系

政治和亲在人类历史上有着十分悠久的历史,在中国历史上,传说时代部落首领为了自身的发展和利益,即采取和亲的方式来建立政治同盟和利益共同体。先秦时代,列国争雄,和亲一直是各国统治者分化敌方阵营,扩大自身联盟的政治手段之一。作为一项倍受学术界关注的政策,西汉高祖刘邦对匈奴的和亲政策,成为历史上统一的中原王朝与周边兄弟民族政治联姻的发端。

唐朝时期,作为和亲双方的唐朝和周边地区民族政权——吐蕃,都对政治联姻不陌生。就唐朝而言,中原王朝自西汉算起,政治和亲的实

践已有 800 余年之久,而唐朝甫一建立,即采取和亲政策,积极笼络周边各兄弟民族上层,为建立统一帝国和安定边疆而积极努力。与吐蕃邻近的突厥、回纥、吐谷浑等都得以尚公主,与唐朝结亲。从吐蕃方面来看,对于政治联姻也了如指掌,深谙其中奥秘,吐蕃悉补野王室在兴起和发展过程中,很早即采用和亲手法,联络邻近的部落贵族,结成政治同盟,扩大自己的势力与影响,在吐蕃名主松赞干布统一青藏高原地区,建立吐蕃王朝的过程中,和亲手段依旧是运用娴熟、屡试不爽的政治策略。松赞干布即位之初,父之属民怨,母之属民反,姻亲羊同、犛牛苏毗、聂尼、达布、工布、娘布全都反叛,说明与赞普家族通过婚姻关系结亲的就有羊同、犛牛苏毗、聂尼、达布、工布、娘布等。[1] 再以松赞干布本人而论,他娶有五位妃子,据《智者喜宴》记载,她们是羊同公主李娣蔓(Zhang zhung bzav Li tig man)、泥婆罗公主赤尊(Sras mo Lha gcig Khri btsun)、蒙妃赤江(Mong bzav Khri lcam)、党项公主茹雍妃洁莫尊(Ru yongs bzav rgyal mo btsun)及唐文成公主(Lha mo Mun sheng kong jo)。[2] 吐谷浑、苏毗、勃律等都与吐蕃有联姻关系,通过这一系列的联姻,吐蕃即与高原上的诸部,以及唐朝、泥婆罗建立起密切联系,也正是以联姻为契机,兼之以长期经营,吐蕃相继将羊同、苏毗、吐谷浑、党项、勃律等纳入治下,扩大了其辖土。

　　吐蕃和唐朝的联姻,是最为重要也较为曲折的一次。《旧唐书》记载:"贞观八年,其赞普弃宗弄赞始遣使朝贡。弄赞弱冠嗣位,性骁武,多英略,其邻国羊同及诸羌并宾服之。太宗遣行人冯德遐往抚慰之。见德遐,大悦。闻突厥及吐谷浑皆尚公主,乃遣使随德遐入朝,多赍金宝,奉表求婚,太宗未之许。使者既返,言于弄赞曰:'初至大国,待我甚厚,许嫁公主。会吐谷浑王入朝,有相离间,由是礼薄,遂不许嫁。'弄赞遂与羊同连,发兵以击吐谷浑。吐谷浑不能支,遁于青海之上,以避其锋。其国

① 王尧、陈践译注:《敦煌本吐蕃历史文书》(增订本),民族出版社 1992 年版,第 165 页。
② 巴卧·祖拉陈瓦:《智者喜宴》,藏文本,民族出版社 1986 年版;黄颢译文,《西藏民族学院学报》1981 年 2 期第 29 页。

人畜并为吐蕃所掠。于是进兵攻破党项及白兰诸羌,率其众二十余万,顿于松州西境。遣使贡金帛,云来迎公主。又谓其属曰:'若大国不嫁公主与我,即当入寇。'遂进攻松州,都督韩威轻骑觇贼,反为所败,边人大扰。太宗遣吏部尚书侯君集为当弥道行营大总管,右领军大将军执失思力为白兰道行军总管,左武卫将军牛进达为阔水道行军总管,右领军将军刘兰为洮河道行军总管,率步骑五万以击之。进达先锋自松州夜袭其营,斩千余级。弄赞大惧,引兵而退,遣使谢罪。因复请婚,太宗许之。"[1]

关于吐谷浑是否梗阻吐蕃与唐朝联姻事,学者有不同意见。事实上,吐谷浑切身见证了吐蕃扩张的野心,阻碍其与唐朝结亲以扩大势力即在情理之中,而吐谷浑是否从中作梗,吐蕃都要寻机侵略吐谷浑。还有一点,便是被国外某些学者大肆渲染的唐朝与吐蕃和亲是畏惧吐蕃压力而被迫就范的问题。实际上,稍微用心分析上一段文献是不难得出结论的,吐蕃陈兵松州,确实具有胁迫唐朝的用意,但是,后来以唐朝派大兵打败吐蕃,取得军事胜利而暂告一个段落,在此情况下唐朝又为什么同意吐蕃请婚呢?道理很简单,正处于强盛时期的唐朝,为了维护尊严和利益,她不可能接受武力重压下的屈辱和亲,那样的和亲,如西汉匈奴不断索求的故事,是后患无穷的,西汉初年是迫不得已,而初唐时期完全不同,唐朝兵强马壮,正在用兵戡定边疆,自然不会屈和结亲。同时,从后来的事实看,唐朝与吐蕃和亲的主动权完全掌握在唐朝手里,而且是按照唐朝设计的方向发展的,如果是乞和结亲,肯定不会出现很长一个时期唐朝和吐蕃之间有利于唐朝的、不平等的交往关系。至于唐朝同意和亲,既是唐朝重视吐蕃崛起的产物,也是通过和亲实现控制与吐蕃未来关系发展走向的一种努力。

唐朝和吐蕃的和亲,所建立的是一种舅甥关系,也有学者认为是兄弟关系。[2] 这种关系的建立,双方有不同的出发点和目的,在唐朝方面,

---

[1] 《旧唐书》列传第一四六《吐蕃》。

[2] 林冠群:《唐代吐蕃对外联姻之研究》,《唐研究》第 8 卷,北京大学出版社 2002 年版。事实上,尽管形式上有兄弟关系的部分特征,但是,实质仍是舅甥关系。

通过和亲使唐朝和吐蕃建立一种政治上的隶属关系,或者依附关系,进而试图把握吐蕃王朝的发展趋向;而在吐蕃方面,则想通过和作为泱泱大国的唐朝之间的联姻,提高赞普的地位和吐蕃王朝的影响,巩固内部,进而对外和唐朝开展经济文化交流,学习先进的科技文化与制度。

从史书记载来看,吐蕃是唐蕃联姻的主要受益者,其主要表现在:首先,通过政治联姻抬高并巩固了赞普王室的地位,增强了吐蕃统治者的自豪感与自信心。松赞干布统一青藏高原腹心地区,建立吐蕃王朝之后,出于进一步扩张势力的需要,同时也为了提高自身地位,并巩固对已征服各邦国的统治的需要,主动与唐朝结亲,通过简洁的途径,实现多种政治目的。因此,松赞干布十分看重与唐朝的结亲,史书记载,其迎娶文成公主"归国,自以其先未有昏帝女者,乃为公主筑一城以夸后世,遂立宫室以居"①。其次,通过政治联姻打通了青藏高原腹心地带与当时世界文明中心之一的唐朝中原地区密切联系的通道,使青藏高原地区与中原地区的经济文化交流上升到一个多层次、全方位、大规模的全新状态。文成公主入蕃后,唐朝与吐蕃之间建立起密切的往来联系,作为交通纽带,即后世著名的"唐蕃古道"它东起长安,中经西宁,西达拉萨,在唐朝与吐蕃之间发挥了很好的桥梁作用。嗣后,吐蕃多次请婚,唐中宗时,金城公主再次出嫁吐蕃,吐蕃更私下里厚贿唐朝送亲使者杨矩,"请河西九曲为公主汤沐,矩表与其地。九曲者,水甘草良,宜畜牧,近与唐接。自是虏益张雄,易入寇。"再次,中原的物质文明因和亲之故,源源不断传入吐蕃,推动了吐蕃王朝的发展与繁荣。文成公主入蕃时带有大批工匠和技术人员,大昭寺、小昭寺的修建更是在文成公主的设计、指导和唐朝工匠的协助下完成的,既有唐朝建筑的风格,也包含着唐朝内地建筑的技术。赞普又请蚕种、酒人与碾硙等诸工,唐朝均许之。金城公主入蕃,"帝念主幼,赐锦缯别数万,杂伎诸工悉从,给龟兹乐"。唐朝的建筑技术与风格,植物物种,通过公主和使者相继传入高原地区。唐朝医学、历算

---

① 《旧唐书》列传第一四六《吐蕃》。

等科学技术,也随着两位公主出嫁,双方人员往来,以及吐蕃派遣留学生前往长安国子监学习等途径得以传入吐蕃,对百业待兴的吐蕃王朝产生巨大而积极的影响。此外,唐朝的精神文明和制度文明,诸如,通过文成公主而传入吐蕃的佛教,以及被吐蕃借鉴并付诸实施的三省制度等。最后,唐人的生活方式也随着赞普的仰慕而影响到青藏高原地区吐蕃人。文成公主入蕃,"弄赞率兵次柏海亲迎,见道宗,执婿礼恭甚,见中国服饰之美,缩缩愧沮。……公主恶国人赭面,弄赞下令国中禁之。自褫毡罽,袭纨绮,为华风"①。穿唐装、欣赏唐朝乐舞,特别是从唐朝内地传入茶叶,学习唐人饮茶习惯,乃至沾染唐人的赌博风气,都是文化影响具体的例证。

政治和亲,也使唐朝从中获得好处,主要有三点:第一,政治上的优势地位,即通过政治联姻而建立的舅甥关系,事实上是一种不平等的关系。从而就有了赞普受"擢驸马都尉、西海郡王"和"賨王"的史事,以及后来吐蕃要求平等相待的名分之争。第二,文化的化导作用。主要有佛教文化的化导作用和儒家文化的化导作用两方面内容。佛教通过出嫁吐蕃的唐朝两位公主的积极推动在吐蕃王室获得巨大的发展,而相继应邀前往吐蕃的唐朝僧人,更使中原佛教,特别是禅宗的思想在吐蕃扎下根来,金城公主还通过佛教把中原的人死七七之祭的习俗传给吐蕃人,被翻译为藏文的汉文佛经更成为藏文大藏经的组成部分之一,而五台山则成为吐蕃僧人心目中的圣地,是观世音菩萨的道场。在吐蕃占领河西陇右后,河西地区特别是敦煌地区已经成为吐蕃佛教和中原佛教相互交流的重要舞台。儒家文化同样深入影响到吐蕃人的精神世界,文成公主入蕃后,松赞干布就迷上中原文化,立即"遣诸豪子弟入国学,习《诗》、《书》。又请儒者典书疏。"②第三,吐蕃文化无疑也是一股春风,给唐朝多元文化增添新的内容,吐蕃人的赭面受到唐朝仕女的特别喜欢,并形成

①《旧唐书》列传第一四六《吐蕃》。
②《旧唐书》列传第一四六《吐蕃》。

"元和妆",可见一斑。

唐蕃政治联姻的结果是密切了两地、各族人民之间的联系,打破了唐蕃双方心理和文化上的壁垒,提高了唐朝对青藏高原地区的关注程度,也进一步刺激了吐蕃王朝向中原地区扩展,以及吐蕃文明东向发展的欲望。同时,在唐朝方面,也极大地冲击了所谓"夷夏之辨"的传统观念,我们知道唐太宗的民族政策是倍受学界赞誉的,他的所谓"自古皆贵中华,贱夷狄,朕独爱之如一"的宣言,更成为古代"华夷一家"的经典名言。但是,从实际史实来看,不论是唐朝宰臣,还是皇帝,都很难摆脱传统的偏见,在唐朝历代皇帝的讨伐吐蕃檄文中,在唐朝的谋臣上书奏议中,处处都流露着大民族主义的偏见。①

但是,随着文成公主、金城公主相继出嫁吐蕃赞普,唐人对吐蕃歧视性的观念,应该说,也在逐渐发生着变化,从情理上讲,对吐蕃赞普的恶意贬低和歧视,即是对贵为公主的王室成员的损伤,也是对唐朝自身所采取的和亲决策的讽刺,因此,在继续保存民族偏见的同时,唐朝内部坚持儒家文化化导立场的大臣,不断发挥作用,使我们从唐蕃关系的发展中,看到唐人不断由蔑视、仇视、怀疑到重视吐蕃,最后出现欣赏吐蕃风俗(如赭面习俗)的情况,使平等意识和华夷一家的思想在处理对蕃关系中凸现重要位置。这是一个艰难的过程,却一直朝着好的方向发展。玄宗开元十七年,朝廷派遣忠王友皇甫惟明和内侍张元方充使往问吐蕃,既见赞普及公主,具宣上意。赞普等欣然请和,尽出贞观以来前后敕书以示惟明等,并令其重臣名悉猎随惟明等入朝,上表曰:"外甥是先皇帝舅宿亲,又蒙降金城公主,遂和同为一家,天下百姓,普皆安乐。中间为张玄表、李知古等东西两处先动兵马,侵抄吐蕃,边将所以互相征讨,迄至今日,遂成衅隙。外甥以先代文成公主、今金城公主之故,深识尊卑,岂敢失礼!又缘年小,枉被边将谗构斗乱,令舅致怪。……"②时吐蕃使

---

① 唐太宗《宣慰剑南将士诏》,《全唐文》卷八;唐玄宗《亲征吐蕃制》,《全唐文》卷二一;陆贽《论抵御吐蕃策》,《旧唐书》卷一三九《陆贽传》。

② 《旧唐书》列传第一四六《吐蕃》。

奏云:"公主请《毛诗》、《礼记》、《左传》《文选》各一部。"制令秘书省写与之。正字于休烈上疏请曰:"臣闻戎狄,国之寇也;经籍,国之典也。戎之生心,不可以无备;典有恒制,不可以假人。《传》曰:'裔不谋夏,夷不乱华。'所以格其非心,在乎有备无患。昔东平王入朝求《史记》、诸子,汉帝不与。盖以《史记》多兵谋,诸子杂诡术。夫以东平,汉之懿戚,尚不欲示征战之书,今西戎,国之寇雠,岂可贻经典之事!且臣闻吐蕃之性,剽悍果决,敏情持锐,善学不回。若达于书,必能知战。深于《诗》,则知武夫有师干之试;深于《礼》,则知月令有兴废之兵;深于《传》,则知用师多诡诈之计;深于《文》,则知往来有书檄之制。何异借寇兵而资盗粮也!……"最后"疏奏不省",玄宗没有采纳他的主张。[1] 因为支持皇帝的赐书的朝臣为数更多,他们认为:"西戎不识礼经,心昧德义,频负盟约,孤背国恩。今则计穷,求哀稽颡,圣慈含育,许其降和。所请书随事给与,庶使渐陶声教,混一车书,文轨大同,斯可致也。休烈虽见,情伪变诈,于是乎生,而不知忠信节义,于是乎在。"[2]显然,主张用儒家经典和思想化导吐蕃的观点占据主流,并影响到决策。

由于唐蕃联姻和儒家文化源源不断传入吐蕃,吐蕃人不仅接受了舅甥关系的尊卑之序,而且也接受了中原文化的正统观,在武则天与李唐王室之间的皇位之争中,他们坚定地站在李氏一方,反对武则天篡权。[3]唐蕃之间战和无常,正是这种和亲政策和日渐增进的舅甥关系,帮助唐蕃双方度过了关系最困难的日子,时时弥合着双方之间的裂痕,同时也让后世的赞普子孙不能忘怀。宋朝时期,在河湟地区建立的唃厮啰政权依然以外甥自居,借舅甥关系与宋朝发展经济、文化关系,即是明证。

元朝时期,蒙元王室也采取和亲的策略,下嫁公主给萨迦地方世俗首领,并封授吐蕃驸马为"白兰王"。其中第一位白兰王是元朝西藏地方

① 《旧唐书》列传第一四六《吐蕃》。
② 《全唐文》卷二九九裴光庭《金城公主请赐书籍议》。
③ 蔡巴·贡噶多吉著,东噶·洛桑赤列校注,陈庆英、周润年译:《红史》,西藏人民出版社 1988 年版,第 17—18 页。

著名政治家和宗教领袖八思巴的弟弟恰纳多吉,他1244年随同伯父贡噶坚赞前往凉州以后,阔端令其改着蒙古服装,学蒙古语,尚墨卡顿公主,封白兰王,所颁八思巴字玉印至今犹存。嗣后继封白兰王的有琐南藏卜、贡噶勒贝迥乃赞贝桑布、扎巴坚赞,他们均尚公主。《萨迦世系史》宣称,恰纳多吉获得"白兰王"封号,对整个西藏以及萨迦派来说,是最早获得"王"封号的人。[1]　他的儿子达玛巴拉也娶诸王只必铁木儿的女儿为妻。[2]

另外三位白兰王,分别是桑波贝的长子索南桑布(《元史》英宗本纪作唆南藏卜,释老传作琐南藏卜),格坚皇帝(即元英宗)封他为白兰王,并将公主门达干(一作"布达干")嫁给他。桑波贝的小儿子贡噶勒贝坚赞,妥欢贴木儿(元顺帝)封他为白兰王,赐给金印和管领吐蕃三个却喀的诏书,并将以前的白兰王索南桑布的妻子门达干公主嫁给他。[3]　喇钦索南洛追(即帝师索南洛追)的弟弟扎巴坚赞,皇帝妥欢贴木儿封他为白兰王,置同知左右衙署,颁给他管领西土的诏书。[4]

我们看到元朝西藏地方纳入蒙元中央王朝的行政管辖之下,对西藏实施了有效的行政管辖,并没有通过这种和亲来建立舅甥关系,或者利用和亲加强对西藏地方的管理,这和唐朝存在的情况有很大不同。

二、贡赐(贸易)关系

贡赐关系或者贡赐贸易关系,是西藏地方和中原王朝之间事实存在的一种关系,在不同时期,其内涵有所不同,前后有所变化。这种方式恰

---

[1] 阿旺·贡噶索南著,陈庆英、高禾福、周润年译:《萨迦世系史》,西藏人民出版社1989年版,第171页。

[2] 达仓宗巴·班觉桑布著,陈庆英译:《汉藏史集》,西藏人民出版社1989年版,第208页。

[3]《元史》卷一三泰定帝二,记载:三年五月"乙卯,以帝师兄琐南藏卜领西番三道宣慰司事,尚公主,锡王爵"。达仓宗巴·班觉桑布著,陈庆英译:《汉藏史集》,西藏人民出版社1989年版,第209—213页。

[4] 达仓宗巴·班觉桑布著,陈庆英译:《汉藏史集》,西藏人民出版社1989年版,第213—214页。

恰是中原王朝或者中央政权对西藏地方或者藏族先民所建地方性政权没有实施直接行政管辖,或者管辖比较松弛的时候发生的,比如唐朝时期,吐蕃王朝与唐朝并存,宋朝时期与唃厮啰政权并存,以及明朝时期对西藏和藏区的行政管辖相对松散管理,等等。这种贡赐关系有政治内容,也有经济含义,是一种复杂的关系,在不同时期政治与经济内涵的比重有差异。

唐朝和吐蕃的关系实际上存在着前后不同的变化,应该说两者都是当时中国并存的政权,吐蕃并不臣属唐朝,但是在早期由于政治联姻的缘故,双方建立的舅甥关系本身就是政治上不平等的关系,唐朝从而也把吐蕃视为属部,这一时期史书使用的"朝贡"容或有其合法理由。随后,伴随着军事势力走向鼎盛,吐蕃改变了这种关系的实质,唐朝依然使用"吐蕃使者朝贡"则完全是天朝至尊思想在作祟。到唐德宗时期,吐蕃赞普明确向唐朝提出这一问题,唐朝满足了吐蕃的要求,双方以平等关系处理,也就是兄弟关系。唐朝末年唐蕃关系的天平又倾向到唐朝一方,唐朝的册封认可对吐蕃地方首领的继承具有特殊意义。

宋朝时期,西藏本部地区政教势力割据,没有统一政权,在今甘肃青海地区则有传为吐蕃王室后裔唃厮啰政权。由于自托为赞普后裔之故,便也欣然继承了唐朝和吐蕃之间的舅甥关系,对宋朝以"外甥"自居,不断派遣使者前往内地"朝贡",并获得朝廷的"赏赐",以获得经济和政治上的利益。

元朝时期,西藏地方纳入元朝中央王朝行政管辖之下,西藏地方政教首领前往元朝大都,不再使用"朝贡"两字,元朝帝师抵达元朝首都,史书使用"还京""至京"等,[①]是西藏在元朝治下,此时不存在所谓"朝贡"关系可以明确。

明朝时期,西藏地方政教首领应明朝之召请,纷纷上缴元朝故官印,

---

① 《元史》卷二九泰定帝二,记载:三年"九月辛亥,命帝师还京,修洒静佛事于大明、兴圣、隆福三宫"。《元史》卷三六文宗五"三年三月庚午朔,帝师至京师"。等等。

接受明朝的官印,担任明朝的官员,史书再次使用"朝贡"来表述明朝和西藏地方的关系,因此其朝贡具有真实的政治隶属含义。这和唐朝时期的"朝贡"又不尽相同。

明朝初年采取招降的方式吸引西藏和其他藏区的政教首领,放弃元朝封号与印信,接受明朝统治,并取得巨大成效。"洪武初,太祖惩唐世吐蕃之乱,思制御之。惟因其俗尚,用僧徒化导为善,乃遣使广行招谕。又遣陕西行省员外郎许允德使其地,令举元故官赴京授职。于是乌斯藏摄帝师喃加巴藏卜先遣使朝贡。五年十二月至京。帝喜,赐红绮禅衣及鞋帽钱物。明年二月躬自入朝,上所举故官六十人。"①

在西藏地方政教首领相继归附的基础上,明朝开始在西藏建立行政区划和行政管理体制,任命当地官员实施管理。洪武六年"置指挥使司二,曰朵甘,曰乌斯藏,宣慰司二,元帅府一,招讨司四,万户府十三,千户所四,即以所举官任之"。并降诏曰:"我国家受天明命,统御万方,恩抚善良,武威不服。凡在幅员之内,咸推一视之仁。乃者摄帝师喃加巴藏卜率所举故国公、司徒、宣慰、招讨、元帅、万户诸人,自远入朝。朕嘉其识天命,不劳师旅,共效职方之贡。已授国师及故国公等为指挥同知等官,皆给诰印。自今为官者务遵朝廷法,抚安一方。僧务敦化导之诚,率民为善,共享太平,永绥福祉,岂不休哉。"②

"锁南兀即尔者归朝,授朵甘卫指挥佥事。以元司徒银印来上,命进指挥同知。已而朵甘宣慰赏竹监藏举首领可为指挥、宣慰、万户、千户者二十二人。诏从其请,铸分司印予之。乃改朵甘、乌斯藏二卫为行都指挥使司,以锁南兀即尔为朵甘都指挥同知,管招兀即尔为乌斯藏都指挥同知,并赐银印。又设西安行都指挥使司于河州,兼辖二都司。已,佛宝国师锁南兀即尔等遣使来朝,奏举故官赏竹监藏等五十六人。命增置朵甘思宣慰司及招讨等司。招讨司六:曰朵甘思,曰朵甘陇答,曰朵甘丹,

---

①《明史》卷三三一列传二一九西域三。
② 同上。

曰朵甘仓溏,曰朵甘川,曰磨儿勘。万户府四:曰沙儿可,曰乃竹,曰罗思端,曰列思麻。千户所十七。以赏竹监藏为朵甘都指挥同知,余授职有差。自是,诸番修贡惟谨。""八年置俄力思军民元帅府。寻置陇答卫指挥使司。十八年以班竹儿藏卜为乌斯藏都指挥使。乃更定品秩,自都指挥以下皆令世袭。未几,又改乌斯藏俺不罗卫为行都指挥使司。"[1]

　　明朝尽管在西藏地方采取建立行政区划、任命官员、恢复驿站等各项措施,但是毕竟没有像元朝那样在西藏派遣军队,实施全面的直接行政管辖,因此采取"多封众建,贡市羁縻"的策略,是维护政治统一和对西藏管理的有效手段。明朝西藏地方的朝贡,首先具有特殊的政治意义,相对分裂的西藏地方政教首领需要中原王朝的册封来取得合法的身份和地位,我们看到在明朝封授的众多法王中,既有失去权力,但依旧拥有势力的萨迦派宗教首领,也有拥有权势的噶玛巴和帕木竹巴派首领,同时也有新兴的格鲁巴宗教势力;既有这些在西藏社会政治生活中扮演关键角色的宗教领袖,也有掌握实权的世俗首领。其次,朝贡毫无疑义也有经济意义。由于西藏地方百姓"宁可三日无粮,不可一日无茶",对茶叶和内地日用产品的依赖很重,而明朝政府加以利用,采取"赐大于贡"的方法,吸引西藏地方政教首领纷纷来朝,保持和朝廷的隶属关系。但是朝贡的次数、人数、年限,乃至朝贡的路线,是由朝廷决定的。"初,成祖封阐化等五王,各有分地,惟二法王以游僧不常厥居,故其贡期不在三年之列。然终明世,奉贡不绝云。"三岁一贡为当时成例,特殊情况又特殊处理。对于法王继承的任命,也并不总是听由地方宗教首领做主,弘治三年,"辅教王遣使奉贡,奏举大乘法王袭职。帝但纳其贡,赐赍遣还,不命袭职"[2]。"弘治八年,王葛哩麻巴始遣使来贡。十二年两贡,礼官以一岁再贡非制,请裁其赐赍,从之。""正德五年遣其徒绰吉我些儿等,从河州卫入贡。礼官以其非贡道,请减其赏,并治指挥徐经罪,从之。"[3]可

---

① 《明史》卷三三一列传二一九西域三。
② 同上。
③ 《明史》卷三三一列传二一九西域三,"乌思藏大宝法王""大乘法王"。

见,朝贡是否合法,其控制权在明朝手中。

由于利之所在,西藏地方的朝贡过于频繁,乃至其他藏区商人巧借"朝贡"之名以获取厚利之实的情况也时有发生,朝廷不得不采取金牌制,设立检查机构等,分别真伪,限制不法活动。正统初,以供费不赀,稍为裁损。"成化六年,申诸番三岁一贡之例,国师以下不许贡,于是贡使渐希。"①

明朝和西藏的"贡赐关系",在明朝洪武、成祖两朝统治者看来,首先是消除边疆地区的动乱和不安定因素,即所谓"太祖以西番地广,人犷悍,欲分其势而杀其力,使不为边患,故来者辄授官"。并利用"其地皆食肉,倚中国茶为命,故设茶课司于天全六番,令以马市,而入贡者又优以茶布。诸番恋贡市之利,且欲保世官,不敢为变"。其次,建立行政区划,任命当地首领,实施羁縻管理。最后,封授法王及大国师、西天佛子等,"俾转相化导,以共尊中国"②,以达到预期的目的。

三、宗藩关系

关于"藩属"和"宗藩"两词的来源,近来已有学者进行正本清源的辨析工作,厘清了"宗藩"的本意和用法,及其与"藩属"的区别。③ 对于正确使用这两个词汇,提出了有益的见解。"宗藩"使用最多的应是所谓"宗室藩属",系指被大宗分封、屏藩王室的血亲兄弟及其势力,所谓"封建亲戚,以藩屏周"的意思。从周朝开始,历代宗室受封藩王,都被称为"宗藩"即是如此。《史记·太史公自序》有:"汉既谲谋,禽信于陈。越荆剽轻,乃封弟交为楚王,爰都彭城。以强淮泗,为汉宗藩。"《元史·明宗本纪》有:"帝谓中书左丞跃里帖木儿曰:'朕至上都,宗藩、诸王必皆来会,非寻常朝会比也,诸王察阿台今亦从朕远来,有司供张皆宜豫备,卿其与

---

① 《明史》卷三三一列传二一九西域三,"朵甘乌斯藏行都指挥使司"。

② 《明史》卷三三一列传二一九西域三。

③ 刘志扬、李大龙:《"藩属"与"宗藩"辨析——中国古代疆域形成理论研究之四》,《中国边疆史研究》2006 年第 16 卷第 3 期。

中书臣僚议之。'"明朝"初,太祖大封宗藩,令世世皆食岁禄,不授职任事,亲亲之谊甚厚"。① 是"宗藩"主要作"宗室藩王"来解释。

但是,"宗藩"也可以作为宗室(主)和藩属的简称,我们所谓的宗藩关系就是宗主与藩属关系。《诗·大雅·板》:"大邦维屏,大宗维翰。"毛传:"王者天下之大宗。"郑玄笺:"大宗,王之同姓之嫡子也。"王国维说:"……天子诸侯虽无大宗之名,而有大宗之实。笃公刘之诗曰:'食之饮之,君之宗之',传曰:'为之君,为之大宗也'。板之诗曰:'大宗维翰',传曰:'王者天下之大宗'。又曰:'宗子维城',笺曰:'王者之嫡子,谓之宗子'。……惟在天子诸侯,则宗统与君统合,故不必以宗名。"②也就是说,作为"王者"的皇帝即是天下的大宗,宗室家族成员可以成为宗藩,"藩部"和"属国"是不能称为"宗藩"的。但是作为"藩属"即"藩部"和"属国",其职责同样在于屏藩王室,维护国家边疆安定。这样,他们和王室或者朝廷之间形成的关系,可以称为"宗藩关系"。这种关系应该是"宗藩"一词延伸到非血缘的政治隶属关系,即宗主和屏藩对举的关系。皇帝是天下宗主,王朝核心地区的外围是藩部,再外围则是属国。

"藩属"包括藩部和属国两部分。③ 诚如学术界所说的那样,藩部是中国的一部分,如新疆、蒙古、西藏等,其疆域包括在中国的版图之内,其行政系统归中央政府管辖,其内部事务纯属中国内政。属国的领土不在中国的版图之内,它有自己独立的行政系统和政治制度,它们同中国保持着一种从属的关系。根据《大清会典》所列属国表等,鸦片战争前中国的属国有:安南(即越南)、缅甸、锡金、尼泊尔、暹罗(即泰国)、南掌(即老

---

① 《明史》卷八二《食货志六》。
② 王国维:《殷周制度论》。
③ 我们赞同李大龙先生的意见,这里不能用"宗藩",我们改用"藩属"。

挝)、高丽(即朝鲜)、琉球、苏禄(即菲列宾)等。① 前者事务归理藩院管理,后者归礼部。

清朝的"西藏"属于"藩部",《清史稿》在列传三百十二藩部八列有"西藏"。史籍载:"王会司掌朝贡、会盟、聘享、武备诸政。令藩王凡充补近侍者岁一朝,余则三岁一朝,各于岁终分班入觐,分其名位,给以廪膳。凡朝,郎官领入大内,位宗室王公下,朝见如仪,元旦、上元复如之。岁朝上宴诸藩于紫光阁,郎官领进,自阳泽门入,宴于阶次,奏乐,拜谢如仪。……典属司掌外尼堪四部落,北入瀚海,西绝羌、戎,凡青海、西藏诸土属焉。"②

西藏为清朝藩部,属中国领土是极为明确的。乾隆年间,廓尔喀侵扰后藏,朝廷派将军(后为大将军)福康安率兵驱敌,廓尔喀首领和福康安的对话,都清晰地表明了这一点。

乾隆五十七年三月,拉特纳巴都尔谨禀钦差公中堂大将军(福康安)台前:"……我们原知道藏里是大皇帝的地方,原不敢滋扰,因藏里大人们没有把这些情由奏明大皇帝,我们想着若发兵边界来,藏里大人自然是要奏的了。所以上次才到协噶尔来的,并不是要抢占藏地。……求大将军查一查,到底谁是谁非。""大将军檄谕廓尔喀拉特纳巴都尔知悉:……尔岂不思卫藏之地,即天朝之地,岂容尔等作贼。况尔得受大皇帝封爵,宠荣逾格,乃尔竟全不知感激天朝恩典,反复无常,负恩蔑法,实属罪大恶极,为覆载所不容。今本大将军奉命亲统大兵,问尔廓尔喀之罪,惟有将尔部落一举荡平,申明天讨。"③

我们知道,尽管哈萨克、缅甸、锡金等曾经要求归入清朝版图,康熙、

① 陈芳芝称:"满洲以外,诸游牧部落统称藩部。漠南说内蒙古,漠北曰外蒙古,漠西及西南曰厄鲁特。天山南路曰回部,西藏曰唐古特。"见《清代边制述略》,《燕京学报》第三十四期,1948年6月。金启宗认为,"藩部,在清代一般是指蒙古、新疆和西藏等少数民族边疆地区。"见《清朝藩部要略稿本·序言》。谢俊美《宗藩政治的瓦解及其对远东国际关系的影响》,《华东师范大学学报》1999年第5期。张永江、叶子民《略论清代的属国》,《清史研究》1999年第4期。
② 昭梿:《啸亭杂录》卷一〇《理藩院》。
③ 《卫藏通志》卷一三中。

乾隆等贤明皇帝并没有贪图扩大领土而接纳他们,但是对西藏地方则完全不同。乾隆五十七年八月二十二日内阁奉上谕,内称:"朕临御五十七年,平定准噶尔、回部、大小金川,拓土开疆,不下二万余里。区区廓尔喀,以后藏边外弹丸,朕岂值利其土地,为穷兵黩武之举?第以卫藏为皇祖、皇考勘定之地,僧俗人众沾濡酝化百有余年,讵容小丑侵扰,置之不问。此朕不得已用兵之苦心,当为天下臣民所共知共见者。"①乾隆《会典》明白表述:"承平以来,怀柔益远,北逾瀚海,西绝羌荒,青海厄鲁特、西藏、准噶尔之地咸入版图。其封爵、会盟、屯防、游牧诸政,事厥有专司。"②清朝末年,《清德宗实录》载:光绪三十年八月庚午,谕军机大臣等,"西藏为我朝二百余年藩属,该处地大物博,久为外人垂涎。近日英兵入藏,迫协番众立约,情形叵测。亟应思患豫防,补救筹维,端在开垦实边,练兵讲武,期挽利权而资抵御,方足自固藩篱"③。

因此,清朝和西藏之间的所谓"宗藩关系"实际上即西藏是清王朝版图的一部分,是清朝行政管辖下的一个地方。

四、供施关系

供施关系是一个宗教用语,即供应和施舍,也叫檀越关系,藏文称作"yon bdag dang mchod gnas"(施主与福田),或者简称为"yon mchod"(供施)。在僧人看来,他们给施主讲授佛法,精神上给予解脱,并因此获得施主物质上的馈赠,从而建立一种供施关系。这种关系又被一些人加以利用,用以解释西藏地方和中央政府的关系,特别是元朝和清朝时期西藏地方和内地中原王朝(或中央王朝)之间的关系,它的用意并不是在于说明历史真相,而在于否认中央政府对西藏地方的行政管辖。

---

① 《元以来西藏地方与中央政府关系档案史料汇编》(3),中国藏学出版社1994年版,第761页。
② 乾隆《大清会典》卷九八,《理藩院·典属清吏司》。
③ 《清德宗实录》卷五三四。

　　西藏历史和史学有一些特点：一个是宗教在西藏地方历史发展过程中扮演着十分重要的角色，特别是自分裂时期（即宋朝）以来，西藏的政治和社会生活无不留下宗教影响的烙印。在公元 1751 年清朝政府授命七世达赖喇嘛建立噶厦政府以后，更形成政教合一的局面，宗教对社会的影响达到无以复加的地步。一个是知识的教授、传播都是在寺院，并有僧人来完成的，西藏历史著作也几乎都是由僧人，按照佛教神学史观来撰写的。基于上述两点，用佛教的观点来看待事物，解释历史现象反倒是最正常，也是合理的事情。在这样的背景下，高僧大德使用"供施"一词，并用"供施关系"来表述世俗统治者和僧主之间的关系，甚至表述达赖喇嘛和中原王朝之间的关系，也是可以理解的。但是，西藏地方的世俗统治者，包括达赖喇嘛等宗教首领等在内，都十分清楚这是一种政治隶属关系，而不是一般意义上的施主与福田关系。这是历史，我们只在于说明或者略加分辨，无意苛求于古人。

　　问题是，自从 20 世纪初在帝国主义入侵条件下出现"西藏独立"活动以来，所谓"供施关系"不断被赋予新的内容，在十四世达赖喇嘛集团叛乱失败、逃亡国外以后，更大肆鼓吹"西藏独立"，所谓"供施关系"几乎成了他们制造历史上"西藏独立"的理论根据和救命稻草。达赖喇嘛宣扬独立的演说如此，夏格巴的《西藏政治史》如此，就连黎吉生、范普拉赫等这些反华分子的著作，也奢谈"供施关系"的特殊意义。[1] 可见，就是这样一种并不复杂的历史现象居然能被翻出如此之多的花样来。

　　最近，达瓦诺布新近出版的《中国政府的西藏政策》一书，[2]依然用所谓"供施关系"来解释中央政府和西藏地方的历史关系，虽然这样做确实有其不得已的地方，因为他们实在无法否定元朝以来中央政府对西藏地方的行政管辖的事实了。但是，为什么还有那么一些人相信这样的说

---

[1] 黎吉生《西藏简史》(*A Short History of Tibet*；1962)、范普拉赫《西藏的法律地位》(Michael C. van Walt van Praag, *The Status of Tibet*, *History*, *Rights and Prospects in International Law*. Colorado 1989.）

[2] 达瓦诺布《中国的西藏政策》(Dawa Norbu,*China's Tibetan Policy*,*Curzon Press*，2001.）

法呢?

我们即以最有权威的达赖喇嘛为例,说明"供施关系"到底是一种什么关系。首先,达赖喇嘛名号是由朝廷封授的,他的政教权力来自皇帝的任命。因此,在达赖喇嘛不能履行皇帝授予的使命时,朝廷可以废除其名号,六世达赖喇嘛和十三世达赖喇嘛都曾经遭遇此等命运。其次,达赖喇嘛灵童的寻访、转世、认定要中央政府批准,按照朝廷颁布的活佛转世制度办理,在达赖喇嘛受命坐床时刻,要向皇帝所在的方向磕头谢恩。再次,以达赖喇嘛为首的噶厦政府是清朝中央政府授命建立的,是清朝的地方行政组织,噶伦等各级官员,都是朝廷任命的地方官员。最后,清朝在西藏地方派驻驻藏大臣、驻扎军队、建立塘讯,驻藏大臣受命管理达赖喇嘛和班禅额尔德尼商上支出、对外交往、军队指挥等重大事宜。

我们知道,达赖喇嘛不是一个普通的僧人(如果他是一个普通僧人,也不可能获得皇帝如此特殊的礼遇),他是朝廷钦命的西藏地方政府的首领,在清代西藏地方政教合一的行政体制中,他是拥有权力的行政官员,有品级,有下属,自然也有主人的,他的主子就是清朝皇帝,他的一切政教权力来自皇帝的任命。

从一个细小的问题同样也可以看出这种关系的内容究竟是什么性质,这就是达赖喇嘛等向朝廷进"丹书克"制度。清朝时期达赖喇嘛、班禅额尔德尼等大活佛要在皇帝"万寿圣节"或者登基之际,向皇帝进呈"丹书克"(brtan bzhugs,意思是"长寿永生"),从它的用纸(规格大于达赖喇嘛和班禅)、折叠方式(跪拜顶礼格式)、称谓(称皇帝为文殊菩萨,自称"小僧"或"奴婢")、内容(向皇帝恭谨上奏西藏事务)等等所有细节来看,无一不体现达赖喇嘛对清朝皇帝的恭顺臣属,[1]难道这就是所谓的"供施关系"? 其实早在元朝时期,根据西藏地方纳入元朝中央政府行政管辖之下的现实,以及西藏地方首领呈奏皇帝奏疏的需要,国师八思巴就把内地对皇帝奏疏使用"抬格"以示敬重的格式带回西藏,他说:"呈递

---

[1] 桑丁才让:《略述清代西藏丹书克的有关问题》,《中国藏学》1997 年第 1 期。

大皇帝的奏书,遇到皇帝的名字时需要向前抬格,抬格的幅度大约二指长。"①可见,用"供施关系"来解释西藏地方归属元以来中原王朝的历史,无异于缘木求鱼。

五、不同关系形态与相应治策

通过以上分析,我们可以看到,和亲是双方都需要和认可的手段,在不同时期、不同状态下,目的有差异,西藏地方和中原王朝之间和亲关系既出现在唐朝时期,也出现在元朝时期,内涵并不相同;朝贡关系同样既出现在唐朝时期,也出现在明朝时期,意义并不一致,唐朝只是一种调节手法,尽管也有政治上尊卑高低的内容,但更多是天朝至尊思想的反映,而明朝则上升为一种治策;宗藩关系存在于清朝时期,其实质既和传统的宗室藩王不同,也和近代以来西方殖民体制下形成的宗藩关系存在很大差异;至于供施关系,虽然在一些藏文佛教史书中不绝如缕,并被用来为制造"西藏独立"张目,但是丝毫无法改变西藏地方是清朝版图,属清朝地方一级行政组织的性质。据此,我们可以说,和亲是手段,朝贡是形式,供施是现象,宗藩关系则是政治隶属的一种形态,而不断加深的全方位交流,直至产生共生、依赖的局面才是西藏地方与中原王朝关系的实质。

历史时期,西藏地方和内地中原王朝关系的不同形态,部分地反映了当时历史发展的一些特点,而内地中原王朝依据这些特点所采取的政策,则更具体和全面地展示了这些关系的本质。唐朝时期,针对吐蕃王朝利用政治联姻来提高政治地位,获得广泛认可,巩固其内部统一的需要,以及渴望和唐朝加强政治、经济和文化联系,获得更大发展机遇的迫切需求,采取了政治上抑制其上升势头,利用新建立的舅甥关系保持在和吐蕃交往中的优势地位;经济上满足其迫切要求交往,参与和唐朝以及当时中西丝绸之路贸易的要求,并在一定程度上,利用控制贸易,乃至

---

① 卫巴·木湃达瓦:《书信格式》,青海人民出版社 1986 年版,第 16 页。

中断交流的手法,抑制吐蕃军事上不断扩张的企图;军事上由于自然地理因素,以及军事决策、将领使用等多方面因素的制约,唐朝一直和吐蕃处在时和时战状态,终唐之世,未能很好地解决对吐蕃战争的完全主动权问题;文化上,唐朝对吐蕃采取了积极引导的策略,不仅在物质文化交流方面给予积极支持,而且在精神文化上给予大力引导,除了内地的佛教传入吐蕃,给吐蕃带去佛教文明之外,作为唐朝经国之术的儒家经典也源源不断地传入吐蕃,在整个吐蕃王朝时期始终沐浴着儒家文化的雨露阳光,既为唐蕃两地人民之间心灵的沟通发挥积极作用,也为双方日渐加深的民族认同搭建一个广阔的平台。元朝的和亲和唐朝有所不同,它是蒙元王室为了笼络新被确立的西藏地方政教领袖昆氏家族而采取的一项策略,尽管起初具有分别扶持八思巴担任萨迦派,乃至西藏地方和蒙元王朝佛教领袖,恰那多吉担任未来西藏地方行政首领的用意,但是随着蒙古王室内部汗权(从窝阔台系到拖雷系)的更替,以及恰那多吉的较早过世,他所获得的白兰王封号只是一个享有崇高荣誉的虚衔,并无裂土受封之实,而在他之后,这一封号的三位继承者,其地位更不可与恰那多吉相比拟。元朝通过设在朝廷的总制院(后改为宣政院)以及下辖的三路宣慰使司都元帅府来管理吐蕃地方,乌思藏宣慰使司(管辖今西藏地方)只是其一,萨迦派政教首领占据重要位置,其中作为国师(后为帝师)的萨迦派宗教领袖和作为乌思藏宣慰使的历代萨迦本钦,在西藏地方事务的管辖方面最具实权。

朝贡关系在明朝被赋予新的内涵,这就是以建立行政区划为基础,以分封政教首领为依托,以驿站和茶马(贸易)为纽带,而确立的新型的统治关系。这项措施能够得以实施,既与西藏地方政教分裂的局面有关,也与明朝在西北和西南藏区的经营有关联。当然,应该说,这些措施和元朝相比是退步了,它与明朝相对萎缩的控制范围和政治、军事影响力有关。明朝能够在如此条件下实现对西藏的羁縻管辖,并保持和西藏地方密切的政治和经济联系,以及对明朝的归属,说明其治策是成功的。

清朝在西藏地方采取的政策有一个发展过程,起初"兴黄教即所以安众蒙古",待五世达赖喇嘛朝清后,西藏问题的解决被摆上了重要议事日程,封授硕特蒙古汗王和五世达赖喇嘛分别管理地方行政和宗教,是初步的策略。在西藏地方蒙藏首领发生激烈冲突,第巴桑吉嘉措被杀、和硕特蒙古汗王掌管地方政务之后的1709年,清朝认为"西藏事务不便令拉藏汗独理",特派侍郎赫寿赴藏协同拉藏汗管理西藏事务,[①]开始直接插手西藏事务。18世纪初,西藏发生准噶尔势力扰乱西藏地方的严重事件。清朝分别在1718年和1720年两次出兵,驱逐准噶尔部,并结束了蒙古和硕特部在西藏的统治。1721年,清朝建立四名噶伦共管西藏制度。1727年,正式设立驻藏大臣办事衙门,派遣办事大臣和帮办大臣二人常驻拉萨,督办西藏事务。1751年,授命七世达赖喇嘛建立噶厦政府。1757年,确立摄政制度,解决了由于达赖喇嘛去世以及年幼而带来的位置空缺问题。1791年,廓尔喀入侵西藏,乾隆皇帝命福康安率大军驱除,并以此为契机整肃西藏地方,于1793年颁布《藏内善后章程二十九条》,明确通过金瓶掣签确定达赖喇嘛和班禅额尔德尼等大活佛的转世灵童,确定驻藏大臣办理西藏事务,其政治地位与达赖喇嘛和班禅额尔德尼平等,如此等等一系列重大原则,以及驻藏大臣掌控西藏地方财政、军事和外交等事宜,西藏行政体制和管理制度由此臻于完善。值得关注的是,清朝选择由达赖喇嘛掌管的噶厦政府来管理西藏地方,是有所用心的:一则是因为格鲁派势力日渐上升,并有五世达赖喇嘛奠定的参政基础,由他们来管理西藏地方,具备客观条件和社会基础;一则时值郡王珠尔墨特那木扎勒叛乱之后,乾隆皇帝对世俗贵族反复叛乱心存戒备,所以,他没有答应公班智达渴望封王的请求,也放弃了有内地派官直接管辖的念头,而接受了章嘉国师若必多吉祥的建议,选择不关注世俗权力、清心寡欲的出家人——七世达赖喇嘛做西藏地方政府噶厦的首领。[②]这一策略确实给西藏地方带来了相对长久的安定局面,但是,在一百多年以后,

---

① 《清圣祖实录》卷二三六,康熙四十八年正月己亥。
② 土观·洛桑却吉尼玛著,陈庆英、马连龙译:《章嘉国师若必多吉传》,民族出版社1988年版,第211—212页。

达赖喇嘛利用群众的宗教信仰来搞"西藏独立"却也是乾隆皇帝无法预料的。

六、余论

从西藏与内地中原王朝关系的上述几种形态及相关史事来看,第一,它是一个曲折复杂的发展过程,并与中原王朝的稳定与否、强盛与否和控制范围大小、能力强弱有密切的关系。这就应了康熙皇帝谆谆教导子孙的那句话:"外藩朝贡,虽属盛事,恐传至后世,未必不因此反生事端。总之,中国安宁则外衅不作,故当以培养元气为根本要务耳。"①第二,与近代西方巧取豪夺的殖民政策及其武力征服相比,西藏地方与中原王朝之间的和亲关系、贡赐关系、宗藩关系,包括别有内涵的所谓"供施关系"等,都是一个自然历史过程,由交流、沟通乃至武力对立,逐渐发展成为共生、依赖和融合。第三,这些关系的产生和存在与中原王朝占主导地位的儒家思想及"大一统"观念与"怀柔""羁縻"政策存在密切关系。第四,与边疆民族入主中原地区,以及他们所采取的特殊而行之有效的政治、宗教和民族政策有密切的关系,特别是元朝和清朝成功的民族和宗教政策有关。第五,与中国的自然地理和政治、宗教及文化生态环境有关系,高原自然地理环境对西藏的政治、宗教和文化发展方向产生了巨大的影响;而中原王朝和以汉族为主的中原文化"和而不同"的主导原则和"兼容并畜"的博大精神,为西藏政治文明和文化融入中华文化提供了坚实的基础。由此可见,西藏和中原王朝千丝万缕的联系和不断加深的政治、经济、文化交流才是西藏纳入中央政府行政管辖之下,以及成为中华民族多元一体中的重要组成部分之一的最坚实的基础。

原载《中国边疆史地研究》2007年第1期

---

① 《清圣祖实录》卷一六〇,康熙三十二年十月丁酉。

七 西藏参与、认同中国"大一统"的历史及其启示

中国是一个统一多民族国家,学术界公认边疆少数民族在中华民族多元一体历史发展进程中所发挥的巨大作用,以及对中华民族的形成所做出的突出贡献。同时,大家也充分认识到:在当前国际形势极为复杂的条件下,要实现中华民族的伟大复兴,增强中华民族凝聚力是其中至关重要的一个环节,因此,弄清楚边疆民族参与中华民族形成和发展的历史进程,考察其发挥作用的细节原委,从而总结历史经验并为现实服务,就显得十分必要。从学术界目前的研究来看,对作为中华民族主体的汉族在"大一统"进程中所扮演的角色的分析相对充分一些,对边疆民族在这一进程中所发挥的作用也已引起足够的重视,但是,边疆民族在这一进程中究竟发挥了哪些作用,以及如何发挥作用,还缺乏细致和深入的分析。笔者拟就西藏参与并认同中国"大一统"的有关问题作一些分析,由此窥见一斑。

一

西藏参与、认同中国"大一统",有一个持续发展、不断增强的过程。唐朝至元朝时期是一个重要的发展阶段,这一历史时期的主要特点,用

简单的话来概括就是：政治交往频繁密切、军事上焦灼争锋与思想文化上的积极回应。

吐蕃王朝的建立是中国西南边疆地区开发史，乃至中国古代历史上十分重大的一个事件，它不仅改变了藏民族的发展命运，也对活动在青藏高原地区的各个民族的历史发展、对高原周边地区的政治格局，以及中国西部边疆地区的民族关系产生了深刻的影响，甚至直接影响到中原王朝的发展轨迹。吐蕃王朝建立以后，青藏高原地区结束了长期以来缓慢发展的状态，进入一个全新的快速发展时期。在吐蕃王朝的管辖或者名义之下，存在着大批种类不同、风俗各异的民族和部落，吐蕃统治者通过统一文字、统一行政管理体制与军事、法律等各项制度，使青藏高原地区成为中亚地区令人瞩目的政治军事舞台。吐蕃王朝出色的军事和文化成就，既与其对内整合诸部、增强内部凝聚力有关，又与其对外加强同周边各政权，特别是和唐朝之间的全方位交往有关。这些都是西藏参与、认同中国的重要基础，或者说是其重要组成部分。

吐蕃对高原地区各族各部的融合，主要是依赖军事征服来实现的，青藏高原上的各个邦国，诸如象雄（羊同）、苏毗、吐谷浑、党项、白兰、多弥、附国、女国等，莫不如此。征服这些民族和部落为吐蕃向青藏高原周边地区扩张奠定了坚实的基础，每次作战吐蕃统治者都将这些被征服的各部役为前驱，作为敢死队冲锋陷阵。这些民族和部落同吐蕃核心部落之间的关系比较复杂：一方面，他们受吐蕃贵族的役使，有不满情绪和反抗活动。同时，双方也有利益一致的一面，即在对唐朝及其他地区的掠夺中虏获战利品，共同分享。早期，他们曾经对吐蕃的统治进行过激烈的反抗，但是经过长期的统治，这些部族最终都程度不同地融合到吐蕃之中，使他们丧失或者部分丧失了原有的民族成分，也使"吐蕃"作为一个政治和民族共同体有了不同的、较前更加丰富的内涵。

为了确认吐蕃征服高原诸部这一事实，并对高原诸部融入吐蕃制造理论根据，在后世的藏文史书中出现了高原各部同一起源，甚至是同一血缘亲族的说法，这就是吐蕃人来自"六氏族"或者"六人种"的说法。这一说法的意义即在于给通过武力征服而建立起来的吐蕃王朝制造一种合法的理论根据,也就是为吐蕃王朝在高原地区的一统伟业而张目。①该说有多个版本,如:或者是:董(ldong)、噶(lga)、查(dbrav)、祝(vgru)、韦(dbas)、达(bsdav);或者是:董(ldong)、塞(se)、东(stong)、穆(rmu)、韦(dbas)、达(bsdav);或者是:董(ldong)、塞(se)、祝(stong)、穆(rmu)、韦(dbas)、达(bsdav)。但是其主要内容近似,文谓:高原人类是由土、水、火、风、空五大元素之精华形成的卵生成的,最初生活在天界,接着来到人间。后来形成了同一父亲所生的六兄弟:董(ldong)、塞(se)、祝(stong)、穆(rmu)、韦(dbas)、达(bsdav),由他们分别形成了六个大的氏族,并不断繁衍,形成了藏族。②经过学者考证,事实并非如此,被认定为原始祖先的这些部落并不活动在吐蕃核心部落的发祥地山南地区,而大多是在藏东、川西民族走廊地区,而且"董"(ldong)即是"党项";"塞"(se)则是"吐谷浑";"东"(stong)指苏毗;"穆"(rmu)指象雄。③也就是说,它们都是被吐蕃征服的一些部族。他们不仅和吐蕃核心部落,即雅隆河谷的悉补野部落没有任何血缘关系,而且和作为扩大的吐蕃核心部落森波等部落也没有什么瓜连。这样说,并不代表我们认为这些说法是无中生有,恰恰相反,尽管它缺乏真实的事实依据,但却反映了另外一种历史的真实,即留在青藏高原的各部,大多都在吐蕃王朝统治之下逐渐和原始吐蕃人融合为一个民族共同体,他们也确实是藏族的来源之一,只是为了当时大一统的需要,或者是民族认同的产物,被人为地前后倒置了。

吐蕃王朝和唐朝关系的内容十分复杂,既包括政治交往、军事冲突、经济贸易往来、宗教文化联系,也包括民族心理壁垒的打破与认同。这里我不打算对唐蕃关系进行全面的评述,只想从政治文化心理角度作简

---

① 张云:《古代藏族"四氏族"、"六氏族"传说的形成及其文化内涵问题》,《蒙元史暨民族史论集》,社会科学文献出版社 2006 年版。
② 大司徒·降曲坚赞:《朗氏家族(宗谱)》,藏文本,西藏人民出版社 1986 年版,第 6—7 页;赞拉·阿旺、余万治汉译本,西藏人民出版社 1989 年版,第 5—6 页。
③ [法]石泰安著,耿昇译:《川甘青藏走廊古部族》,四川民族出版社 1992 年版。

要的分析。文成公主出嫁吐蕃赞普松赞干布之后，吐蕃和唐朝之间的关系开始了一个新的发展时期，根据史书中所吐露的信息，我们可以把唐朝和吐蕃的政治关系划分三个阶段：从唐太宗贞观十五年（641年）到唐德宗建中二年（781年），是唐朝和吐蕃的舅甥关系时期；唐朝以吐蕃赞普为外甥，松赞干布见护送文成公主的礼部尚书、江夏王道宗，"执子婿之礼甚恭"。太宗伐辽东凯旋，松赞干布派遣大臣禄东赞奉表祝贺，内称："奴忝预子婿，喜百常夷。"太宗去世，高宗即位后，"授弄赞（松赞干布）驸马都尉，封西海郡王，赐物二千段"。后来进封为宾王，赐杂彩三千段，并刊其石像与昭陵玄阙之下。① 由此可见，不论是在吐蕃赞普方面，还是唐朝方面，都把双方的关系定位为舅甥关系，也就是说，它不是一种平等的政治关系，唐朝皇帝对吐蕃赞普使用的是"赏赐"和"封授"，而赞普对唐朝皇帝则是"贡献"。这正是唐朝所理解和所需要的舅甥关系，新建立的吐蕃王朝为了得到唐朝在政治上的认可，以及获得经济文化上的支持，也默认了这种并不平等的关系。后来，唐朝和吐蕃不断发生武装冲突，战争给社会生产和百姓的生命财产带来巨大的破坏，同时，战争也在客观上打破了唐朝和吐蕃之间存在的心理壁垒，使双方都能逐渐正视对方，特别是唐朝开始重视吐蕃的存在和强大。

唐德宗建中二年（781年）至唐武宗会昌二年（842年），是唐朝和吐蕃政治上的平等对待时期。史书记载，建中二年十二月，唐朝入吐蕃使者常鲁与吐蕃使论悉诺罗等至自蕃中。当初，常鲁与其使崔汉衡至列馆，赞普令止之，先命取国信敕，既而使谓汉衡曰："来敕云：'所贡献物，并领讫；今赐外甥少信物，至领取'我大蕃与唐舅甥国耳，何得以臣礼见处？……乃邀汉衡遣使奏定。鲁使还奏焉，为改敕书，以'贡献'为'进'，以'赐'为'寄'，以'领取'为'领之'。且谓曰：'前相杨炎不循故事，致此误尔。'"②显然，唐朝和吐蕃方面都没有明白说出真相。事实是，吐蕃从

① 刘昫等：《旧唐书》卷一九六上《吐蕃传》上。
② 同上。

起初就明白唐朝和吐蕃之间舅甥关系的内涵即包含着不对等的关系,只是后来吐蕃强大了,不断求敌国礼,要求和唐朝在政治上平起平坐,此时时机成熟,唐朝也承认了吐蕃已经强大这一客观事实,并不像唐武宗所说的那样,是宰相杨炎"不循故事"所致,杨炎恰恰是遵循了"故事"的。

唐武宗会昌二年(842年)至唐朝灭亡即唐哀帝天祐四年(907年),唐朝和吐蕃的关系逐渐发生微妙变化,由于吐蕃王朝的瓦解,唐朝在政治上真正处在对吐蕃具有优势地位的一个历史时期。唐蕃关系的一个重要里程碑是长庆元年至二年(821—822年)的长安和拉萨会盟,在该盟文中,双方确认"社稷叶同如一"的欢好局面。① 会昌二年赞普死,无子,立妃琳氏兄尚延力子、三岁的乞离胡为赞普,未报请唐朝"册命",大臣尚恐热说:"贼舍国族立琳氏,专害忠良以胁众臣,且无大唐册命,何名赞普!"②会昌三年(843年)尚婢婢也反对论恐热自封宰相,他说:"我国无主,则归大唐,岂能事此犬鼠(指尚恐热)乎?"③唐宣宗大中五年(851年),尚恐热言于众曰:"吾今入朝于唐,借兵五十万来诛不服者,然后以渭州为国城,请唐册我赞普,谁敢不从?"④从对立的几方的观点来看,获得唐朝皇帝的册封已经是赞普取得合法资格的重要条件了。论恐热和尚婢婢在争辩中,反复强调的一点就是唐朝册命的权威性和归附唐朝之大势所趋。不仅河西、陇右地区原来归吐蕃统治的地区和百姓相继归附唐朝,即使是在吐蕃本部地区的割据势力也有倾心唐朝,或者借唐朝以自重的态势,他们在心理上也具备了接受唐朝政治统治和文化的充分条件。

综上,我们可以看到,唐朝时期,吐蕃王朝实现了青藏高原地区的统一,为西藏地方加入中国多民族大家庭作好了十分重要的准备,在思想文化领域出现了一种理论,就是藏族来自"六氏族"或"六人种"的说法,

---

① 王尧编著:《吐蕃金石录》,文物出版社1982年版,第3页。
② 司马光:《资治通鉴》卷二四六。
③ 司马光:《资治通鉴》卷二四七。
④ 司马光:《资治通鉴》卷二四八。

它是作为吐蕃对青藏高原地区的一统之理论依据出现的,目的也是服务于吐蕃王朝的统一和藏族的统一。而吐蕃和唐朝的密切交往,开始了另一种民族和国家认同的先河,在思想意识领域,西藏认同中国大一统的基础在唐朝时期应该已经初步奠定。

二

西藏地方在思想领域认同中国大一统的进程是在元朝时期完成的。蒙元时期,大蒙古国统治者通过阔端和代表西藏地方各个政教势力的萨迦派宗教领袖萨迦班智达(简称"萨班")的凉州会晤,约定西藏地方归附大蒙古国统治之下的条件。元朝建立以后,西藏正式纳入中央政府的行政统治之下,从而在政治上为西藏地方在思想意识领域认同"中国"大一统奠定了坚实基础。

元朝中央政府在西藏地方建立行政管理体制,设立驿站,采取括户、征兵、征税等一系列政策与制度,充分实施了有效管理。[①] 通过这些措施,西藏地方和祖国的政治联系进一步加强,经济、宗教、文化等方面交流的规模进一步扩大。在行政统一的条件下,西藏地方思想界认同大一统的意识在原来的基础上也空前增强。

从元朝开始,藏文史家开始关注中原王统和蒙古王统,知识视野明显扩大。在思想界,开始认可元朝大一统的政治框架。西藏地方一些政教领袖开始为元朝的统一进行理论上的建设工作,八思巴就是最杰出的代表人物之一。他和祖父萨班等一起为西藏纳入大蒙古国和元朝中央政府统治之下做出了卓越的贡献,元朝在西藏地方推行各项政策和制度,都有八思巴及其萨迦派政教势力的积极配合与具体落实。他的《彰所知论》虽然是从佛法的立场来讨论问题的,但是也深含着政治的寓意。他在该文中创造了宗教和王统两个新的谱系,从宗教上说,他把蒙古佛

---

① 张云:《元朝吐蕃地方行政体制研究》,中国社会科学出版社 1998 年版;张云:《元朝中央政府治藏制度研究》,黑龙江教育出版社 2003 年版。

教和吐蕃及印度佛教联系起来,说明其中存在一脉相承的法统;从王统上,他把蒙古王统和释迦王统、吐蕃王统联系起来,证明其毋庸置疑的合法身份,从而开启了蒙古史中有关蒙藏同源说的先河,对后世蒙古史家产生了广泛的影响。[①] 八思巴有关蒙藏王统一体的说法,也为后世藏族史家的著史立说提供了重要的理论依据,从而对元明藏族史学的发展起到积极的促进作用。

在这样的背景下,西藏思想界出现了"蒙藏汉同源"的说法。《汉藏史集》即记载了这样一种说法,该说谓:"外部四族系是草山沟里的鼠、有皮膜的青蛙、猿、猴等四种;内部四族系是格向汉人、金尚蒙古人、卡勒巴蒙古人、悉补野吐蕃人等四种。其中汉人又分为两系,即穆氏和格拉氏;蒙古人也分为两系,即森察和拉察;门巴人生出三支,一支是门巴本身的族系,另有汉藏交界处的木雅人和工布人。吐蕃人的族系分为六支的说法是:最初,在玛卡秀雅许的上部,有斯巴的王子亭格(ting gi),生有三子,即汉、藏、蒙古(霍尔)三者。吐蕃人叫赤托钦波,他生有六子,即查、祝、董、三者,加上噶为四兄弟,及韦、达二弟,共六人。"[②]后者形成了吐蕃六人种。

如果从民族渊源上看,汉族和藏族无疑存在着血缘、语言和文化上的密切联系,但是把藏、汉、蒙古和门巴人说成是一母所生的兄弟,这一说法只能是元朝西藏地方纳入中央王朝行政管辖之下后才会有的,而且是西藏地方认同元朝中央政权、认同古代中国的一个具体例证。元朝的政治统一在吐蕃人眼里,就是藏、汉、蒙和门巴等的一家亲,它通过通俗和易于人们接受的方式传达一种理念:中国是各族人民的中国,而各族人民是亲如一家的兄弟。

---

① 陈寅恪:《彰所知论与蒙古源流》,见《金明馆丛稿二》,上海古籍出版社 1980 年版。

② 达仓宗巴·班觉桑布:《汉藏史集》,藏文本,四川民族出版社 1985 年版,第 12—13 页,陈庆英汉译本,西藏人民出版社 1986 年版,第 12—13 页。

三

通过以上分析,我们可以得出这样几点认识:

第一,政治统一是边疆民族认同的重要条件,而中国边疆地区的局部统一是中国大一统的重要组成部分,或者必要条件。

第二,吐蕃王朝的统一同样需要也曾经存在着一个为统一服务的理论,这就是"六人种"或"六氏族"说,其中既有幻化的历史,也有历史的升华。唐朝时期,吐蕃完成了对青藏高原地区主要部族的认同,并形成了自己独特的理论,同时开始了和中原王朝之间认同的历史进程。

第三,元朝将西藏地方纳入中央政府行政管辖之下,具有划时代的意义,它为西藏地方认同中国大一统奠定了坚实的基础,而蒙元统治者重视西藏地方政教领袖、调动地方积极应和的策略也取得了巨大的成功,从而实现了元朝中央和西藏地方之间的相互认同。

第四,元朝时期,由八思巴《彰所知论》开创的大一统理论,在有关藏、汉、蒙和门巴为一母所生兄弟的传说中得以具体展示,它是元朝西藏地方认同中国大一统的真实写照,标志着西藏对大一统中国认同过程的基本完成。

第五,在中国多民族统一国家的形成和发展过程中,边疆民族做出了巨大的贡献。历史上中国民族的认同方式多种多样,或者直接认同以汉族为主体的中原王朝,或者认同另一个边疆民族政权,最后认同中央王朝,方式各异但殊途同归,各民族都以自己的方式为中华民族和大一统中国的形成做出了永不磨灭的贡献。

原载《中国边疆史地研究》2006 年第 1 期

八 茶马古道长，藏汉情义深——西藏和内地之间茶马古道探幽

　　一提起茶马古道，人们自然会联想到云南、四川到西藏之间的古代交通和贸易路线，这个没有错，但是却并不完善。事实上，茶马贸易在我国古代历史上有着更宽广的地域空间和更深刻的社会及文化内涵，不仅内地和西藏之间存在茶马贸易，内地与今新疆地区、蒙古高原地区等，都存在着茶马贸易，而且在唐朝时期，内地和回纥之间的茶马贸易远比和西藏地方兴盛。中原农业地区犁田耕地需要马，装备骑兵亦需要马，"马资于国用甚大"(《明仁宗实录》卷六上)，西藏、新疆和蒙古地区的游牧民族食肉饮酪，对茶叶依赖性更强烈，明朝人就指出："茶之为物，西戎吐蕃，古今皆仰给之，以其腥肉之食，非茶不消，青稞之热，非茶不解，故不能不赖于此。"(《明经世文编》卷一四九王廷相《王氏家藏集》卷二"严茶·蜀茶")，随着关系国计民生的茶马贸易的广泛开展，在内地和边疆地区形成了纵横交错的贸易网络，这就是"茶马古道"。茶马古道所传输的并不限于茶叶和马匹，甚至也不仅仅是一种经济联系方式，还包含着极为丰富的政治、宗教和文化等内容。这里就涉及西藏和内地之间"茶马古道"的一些问题略作探讨，以就正于各位读者。

一、汉藏之间茶马古道的开通

西藏和内地之间茶马古道的前身应该是唐蕃丝绸之路或者"唐蕃古道",而茶马贸易也是在丝绸贸易的基础上逐渐产生的。而吐蕃所在的青藏高原地区和祖国内地之间的贸易联系通道也不是从唐朝才开始的,隋朝时期,隋炀帝曾即命裴矩至甘州(今甘肃张掖),招引西域诸国来互市贸易。裴矩根据胡商所述西域各国情况,撰成《西域图记》三卷,内称:"发自敦煌,至于西海,凡为三道,各有襟带。……其三道诸国,亦各自有路,南北交通。其东女国、南婆罗门国等,并随其所往,诸处得达。"(《隋书》卷六七《裴矩传》),说明当时和青藏高原上交通联系已经是畅通的。

唐蕃丝绸之路贸易的繁荣与唐蕃联姻、文成公主进藏有着密切的联系,文成公主进藏时,带去大批的物品、书籍和器皿,根据藏文史书记载,除释迦牟尼十二岁等身佛像之外,还有360卷佛经、两万件丝绸锦缎与服饰、300卷占卜历算书籍、60种工艺书籍、能治疗404种病痛的药物、100种诊断医术、蔓菁等植物品种,还有茶叶茶具等(萨迦·索南坚赞《王统世系明鉴》汉文,第91—93页)。唐高宗即位,授松赞干布驸马都尉,封西海郡王,赐物两千段。接着吐蕃使者献金银珠宝十五种,请设太宗灵座之前。高宗嘉许之,进封松赞干布为宾王,再赐给杂彩三千段。吐蕃使者"因请蚕种及造酒、碾、硙、纸、墨之匠,并许焉"(《旧唐书》卷一九六上《吐蕃上》)。可见,茶叶在这个时候已经传入吐蕃王室,但是双方的贸易仍然以满足贵族需要的丝绸贸易为主,吐蕃输往唐朝内地的主要是一些方物土产,或者经过中亚辗转而来的金银器皿等。

关于茶叶传入吐蕃,藏文史书有一则传说,该说谓:赞普都松莽布支(676—704年)在位时身患重病,吐蕃没有正规医生,赞普只能通过注意饮食来加以调理,忽一日有一只美丽的小鸟口衔陌生树枝而来,赞普好奇,便将树叶含在口重品尝,觉得分外清香,加水煮沸,竟是上好饮料。他命令臣下四处寻访这种树枝的由来,最后在汉地找到了它,并带回到吐蕃,赞普喝了茶使病情迅速得到好转。接着,他命令臣下寻找盛这种饮料的器具,同样是在唐朝才找到茶叶和盛茶的瓷碗。(《汉藏史集》汉译本第 104—106 页)按照这种说法,茶叶和茶具都来自祖国内地,而传入吐蕃的时间在公元 676—704 年。

由于茶叶对于食肉饮酪的西藏百姓有着特殊的意义,茶叶传入吐蕃后,很快为吐蕃君臣所喜欢,吐蕃人对茶叶的知识也进入一个全新的阶段。唐德宗建中二年(781 年),奉使前往吐蕃会盟的唐朝监察御史常鲁公就遭遇到这样一件事,根据史书记载:"常鲁公使西蕃,烹茶帐中,赞普问曰:'此为何物?'鲁公曰:'涤烦疗渴,所谓茶也。'赞普曰:'我此亦有。'遂命出之。以指曰:'此寿州者,此舒州者,此顾渚者,此蕲门者,此昌明者,此'淊湖者'。"(唐李肇《国史补》)

应该说,茶马古道在唐朝时期已经开通了,当时唐朝赏赐给吐蕃赞普和贵族的主要是丝绸,后来也有茶叶,而吐蕃贡献给唐朝的物品,也包含马匹,如高宗永徽五年(654 年)八月辛未,"吐蕃使人献马百匹及大拂庐可高五丈,广袤各二十七步"(《旧唐书》卷四高宗上)。可以说,茶马贸易和茶马古道肇始于唐蕃之间的丝绸贸易和唐蕃古道,但是唐朝时期还不能这样称呼,因为占据主导地位的依旧是丝绸贸易或者绢马方物贸易。然而,由于茶叶不仅是西藏上层贵族王公的日常消费品,而且也是西藏普通百姓不可缺少的日常饮用品,同时,也可能与唐朝禅宗僧人入藏传法,推波助澜有关,唐朝自开元后,禅宗盛行,坐禅者"不寐,又不夕食,皆许其饮茶。人自怀挟,到处煮饮,从此辗转相仿效,遂成风俗"(《封氏风闻录》)。也就在常鲁公入藏的同一年(781 年),唐朝满足了先前吐蕃请求沙门善讲者入藏传法的愿望,"至是遣良、文素,一人行,二岁一更之"(《册府元龟》卷九八○《外臣部·通好》)。他们会影响到信仰禅宗的吐蕃僧人的饮食方式,对吐蕃饮茶风气的形成产生助力。茶叶在吐蕃僧俗官民生活中的作用,无疑远远超过仅仅作为上层王公贵族享用的奢侈品——丝绸,丝绸贸易依旧存在,但是随着时间的推移,它的内涵逐渐发生演变,最终在宋朝时期由丝绸之路("唐蕃古道")变化为"茶马古道"。

茶马古道不像有些学者所说的那样，可以和"丝绸之路"明确区分开来，或者存在鲜明不同，事实上两者在更多的时候是交叉着，甚至是同一的。而且也绝不局限于茶叶和马匹的贸易，很多道路就是由以丝绸贸易，或者绢马贸易为主改为以茶马贸易为主的，只是随着时代的发展，道路呈现出越来越多的趋势。

二、内地和西藏间有几条茶马古道

宋朝时期，名副其实的"茶马古道"出现了，就西藏和其他藏区而言，茶叶开始从奢侈品普及为日常生活必需品，僧俗百姓对茶叶的需求量增加、依赖性增强。从内地来看，宋神宗改革对辽和西夏的纳银输绢求和政策，发展军事并在西北地区频繁用兵，特别是对西夏、辽的战争此起彼伏，而这两个分治政权都以骑兵作战为特色，宋朝为了组建更强大的骑兵队伍以为应对，从西藏和其他藏区获得战马就是一个迫切的问题，对藏区马的需求量迅猛增加，加之使用铜钱铸造兵器，铜钱买马的贸易遭到禁止，鼓励以茶叶、布帛等易马，刺激了茶叶的种植和茶产量的增加，从而推动了茶马交换贸易的快速发展。同时"茶马互市"还通过征收茶马税为朝廷筹集了一笔数目可观的军费，可以说一举多得。茶马贸易的迅猛开展，也促成了茶马古道的快速增加。

从中国内地到西藏地方的茶马古道究竟有几条，大家众说纷纭，莫衷一是。原因很简单，在两地之间阻隔着崇山峻岭，特别是还要穿越横断山地区，因为自然地理环境、地质灾害和和社会动荡等因素，改变线路的情形经常发生，何况马帮行走不须通衢，随处得达，造成道路密布的状况也在情理之中。但是，这样说并不是要否定对茶马古道路线进行宏观把握和勾勒。茶马古道是千百年来形成的，道路的走向在客观上有相对的稳定性，是可以划分的。

我们认为，内地和西藏之间的茶马古道如果从大的方面划分，有以下五条。

滇藏道一条:从云南的西双版纳、思茅、普洱、临沧、保山、大理、丽江,再从丽江石鼓沿金沙江而上到鲁甸,翻越栗地坪雪山垭口到维西城,再逆澜沧江而上至岩瓦,从岩瓦逆澜沧江而上,在德钦燕门谷扎渡江越太子雪山到盐井、西藏芒康、左贡、邦达、昌都,再分为南北两道前往西藏拉萨。其中丽江、迪庆和昌都是重要的中转站和关节点。

川藏线有两条,可以分称为南道和北道。南道,从西康(今四川)雅安翻过二郎山,经康定、昌都将雅安产的砖茶运往拉萨。南道东段从康定经过雅江、里塘、巴塘、芒康、左贡、察雅到昌都。其中康定、昌都是最重要的中转站和关节点。北道,从雅安茶区前往康定,经过道孚、炉霍、甘孜、德格、江达、昌都。其中甘孜、德格和昌都是重要中转站和关节点。从昌都同样也可以分别经由南北二支前往拉萨,北支经过丁青、索县、那曲、当雄(达木),南支经过林芝、山南,或继续前往日喀则,或者直接到拉萨。

青藏道也有两条:一条是"唐蕃古道"即从秦州(治甘肃天水)、渭州(甘肃陇西)、临州(狄道县)、河州(临夏,或者经过兰州到鄯州)、鄯州(今青海乐都)、赤岭(日月山)、大非川城(薛仁贵城、切吉古城)、共和县恰卜恰、大河坝、玉树、唐古拉山查午拉山口、索曲(西藏索县)、那曲、洋八井、拉萨。一条是元朝的"驿道",即从甘肃临洮到青海西宁、玉树,到四川德格、西藏昌都、索县、那曲、当雄,经过洋八井,继续前往后藏,或者直接到拉萨。其中河州、临洮、玉树、昌都和当雄等地是重要关节点。

从拉萨通往南亚、中亚的茶马古道大约有四条:一条从拉萨经过山南、江孜到亚东;一条从拉萨经过日喀则、萨迦、拉孜、定日、聂拉木、樟木到尼泊尔;或者经过吉隆前往尼泊尔;一条从拉萨,经过日喀则、拉孜、萨嘎、普兰到尼泊尔;一条到日喀则、萨噶、扎达、日土、列城(拉达克),到克什米尔,然后再到巴基斯坦、阿富汗等地。

新疆到西藏的通道,吐蕃时代可以称作"食盐之路"或者"麝香之路",由于于阗玉石也通过此道进入西藏,甚至也可以称作"玉石之路",称作"茶马古道",名实不完全相符合,尽管在这条道路上曾经出现过茶叶贸易的情况,但是却并不存在特色鲜明的茶马贸易,故而我们不同意一些学者把此道也称作茶马古道的说法。

在不同时期,各条道路的兴衰有所差异:唐朝时期,是青藏道、滇藏道的繁荣时期;宋朝时期是青藏道和川藏道的繁荣时期;明朝、清朝时期则是青藏道、川藏道和滇藏道齐头发展时期;到民国时期则主要是川藏道和滇藏道的持续发展时期,特别是在抗日战争时期,滇藏茶马古道发挥了重要的作用。

三、丝茶源源入藏,良马纷至沓来

渴求茶叶的西藏和藏区百姓纷纷赶着马匹送往内地。茶马交易的方式有两种,一种是贡马,即西藏和其他藏区的首领向朝廷以朝贡方式贡马,获得茶叶、丝绸和其他珍贵礼品的回赐,这种贸易主要内涵是政治上的,表示西藏地方和内地中央政权的臣属关系,同时也有经济意义,由于朝廷多采取多赐少取,招徕西藏部落首领的羁縻政策,所以,献马朝贡者纷至沓来,络绎于道。另一种贸易方式就是两地事业贸易关系,有民间商人按照经济的规定进行直接贸易,两地都有强烈的市场需求,以藏族为主的各族商人纷纷开始从事这种以马易茶的中间贸易,以从中获取巨额利润。

内地茶产地,唐朝时期有山南、淮南、浙西、剑南、浙东、黔中、江南、岭南八道43州(陆羽《茶经》卷八),东南地区的茶叶和西南川滇茶叶都进入西藏和其他藏区的茶叶市场和百姓的生活之中。而藏区马产地也略有分别,藏族古代有所谓"卫藏法区、朵康人区和安多马区"的说法,宋朝与西藏和其他藏区的茶马贸易所得之马,大致有两类,一是通过茶马贸易得自甘青和西藏那曲等地良马,主要用来充作军马;一是通过贡市羁縻获得的马匹,大多通过川藏道或者来自西南诸部,除了一部分属于良马而外,有不少是普通马,只可作为耕马。可以和安多出良马的说法相互印证。

　　茶马古道既是一条内地和西藏联系的经济之路,也是政治之路和宗教文化之路,即使在宋朝及明清时期,茶马贸易兴盛并成为内地和西藏地方主要贸易活动之后,茶马古道上的商业活动都不限于茶马贸易一项内容,丝绸始终是重要贸易物品之一,从内地运往西藏和其他藏区的物品还有:布帛、马具。而从西藏运往内地除马匹之外,也包括:羊毛羊皮、牛尾、毛毯、氆氇、麝香、药材等。沿着茶马古道前来内地传法西藏高僧和前往西藏担负使命的内地大德同样络绎不绝,通过这条道路,两地的精神文明交流也上升到一个新的层次。藏族民间英雄史诗《格萨尔王传》引用古代谚语说:"来回藏汉两地的犛牛,背上什么东西也不愿意驮,但遇到贸易有利,就连性命也不顾了。""汉地的货物运到西藏(bod),是我们这里不产这些东西吗? 不是的,不过要把汉藏两地人民的心连在一起罢了。"这些语句很形象地反映出茶马贸易在人们生活中的影响,以及对加深藏汉民族友谊、促进民族团结所发挥的积极作用。

四、茶马贸易与治藏政策

　　藏区有"宁可三日不食,不可一日无茶"的说法,说明百姓对茶叶的依赖,而作为内地中央王朝来说,很早也有"国家大事在戎,戎之大事在马"的说法,双方迫切的现实需要成为茶马贸易最坚实的基础。同时由于茶马贸易关乎边疆稳定和国计民生,而且还有着巨大的市场潜力和利润,宋朝以来的内地历代中央政府十分重视茶马贸易,因此也出现管理该项事务的机构和"茶政""马政",并同西藏和其他藏区的治理结合起来。

　　宋朝时期和吐蕃及其他兄弟民族的茶马贸易迅猛扩大,为了适应管理的需要,在四川成都府路设立"茶场司",在秦州、渭州、阶州、文州等地设立招马司。在产茶地区设立"茶司",熙宁八年(1075 年),宋神宗采用李杞建议,茶马并司,令提举买马官兼管买茶,以雅州名山茶专用于熙河博马。茶马司"掌榷茶之利,以佐邦用;凡市马于四夷,率以茶易之"(《宋史·职官志》)。元朝世祖至元五年(1268 年),榷成都茶,在京兆(治西安)、巩昌(治甘肃陇西县)置局发卖,严禁私自采卖。次年设立西蜀四川监榷茶场使试掌之。(《元史·食货二·茶法》)

明朝时期把茶马政策发展到极致,明史称:"番人嗜乳酪,不得茶则困以病。故唐宋以来行以茶易马法,用制羌戎,而明制尤密。有官茶,有商茶,皆贮边易马。"(《明史》卷八〇)洪武年间(1368—1398 年),设茶马司于秦、洮、河、雅诸州,自碉门、黎、雅抵朵甘、乌思藏,行茶之地五千余里。对茶马比较也作了规定:上等马一匹给茶 120 斤,中等 70 斤,小驹50 斤。同时严格限制私自买卖,给西藏和其他藏区的部落首领发给金牌信符,上写"皇帝圣旨",左边写"合当差发",右边写"不信者斩"。明朝还积极打击茶马贸易中的违法现象,明朝法律规定:"私茶出境者罪死,虽勋戚无贷。"(《明史》卷九二《兵志四·马政》)尽管如此,也很难阻止一些商人和官僚枉法牟利的欲望。朱元璋的女婿欧阳伦即是如此,当他私贩茶叶活动被揭露后,朱元璋大义灭亲,处死了这位驸马爷。茶马贸易为推行明朝在西藏实施的羁縻政策,发挥了积极作用,同时也加强了西藏和祖国内地之间的联系。

五、茶庄马帮抗日情

根据有关记载,新中国成立前的专业性马帮都有一套严密的组织机构,一般分为大锅头、二锅头、管事三等。大锅头是整个马帮的领袖,既要智勇双全,熟悉商情、风土人情和道路驿站,又能当家理财,管理好马夫、牲口和财物。马帮的大小按拥有牲口多少区分,5 匹牲口为一把,5把为一小帮,设一小锅头负责。一个马帮少则几十匹牲口,多则成百上千。赶马人与牲口的比例,一般为 4 匹骡马配备 1 名赶马人。(申旭《茶马古道——一段曾经消失的历史》,《人民画报》,2001 年 12 月 7 日)由于茶马古道悠长和险难,常年在古道上跋涉的人都历练出坚忍不拔的性格和善于冒险的精神。而在他们的内心深处却也埋藏着不足与外人道的辛酸，在马帮商人中有种说法："在这条路上赚来的钱，除父母之外，别人是不应该享受的。"（刘伟、陈良杰《亲历茶马古道沧桑》，新华网拉萨4月26日电）

茶庄马帮以谋取商业利益为最终目的，但是在第二次世界大战期间，日本帝国主义入侵中国，中华民族面临存亡危机的关键时刻，茶马古道上这些一向以不畏艰险，置生死于度外的马帮"锅头"和茶庄庄主们，却也以自己独特的方式谱写了一页可歌可泣的感人篇章。缅甸沦陷后，为了阻击日军向怒江以东地区进犯，我军炸毁了惠通桥，截断了当时西南地区唯一的一条国际交通道路——滇缅公路。茶马古道担负起大西南主要国际交通动脉的角色。国外华侨和盟军援华战略物资，包括枪支弹药等，从印度源源不断地进入中国，通过茶马古道上的马帮驮队之手，经由西藏运往滇西前线。马帮成员来自藏族、纳西族、白族、汉族等各民族，他们既是商业上的伙伴，又是抗日战线上的战友。还有许多赶马人直接投鞭从军，成为抗日前线的战士，由于熟悉地形和道路，又会打枪战斗，他们得以在战场上发挥所长，献身国家。当时流传的一支赶马调唱道："马铃儿响叮当，马锅头气昂昂。今年生意没啥子做，背起枪来打国仗。"逼真地刻画出马锅头慷慨赴国的英雄气概。悠悠千年、绵延万里的茶马古道上，不仅树立起汉藏两地人民的亲密一家的不朽丰碑，而且谱就了各族兄弟爱国团结的动人华章。

最近，中央电视台《茶马古道》摄制组经过艰苦努力和精心制作，将滇藏茶马古道上马帮、茶庄参与西南国际通道大运输、支持抗日战争的感人事迹搬上银幕，为人们了解神秘而具有传奇色彩的马帮们的生活，以及他们慷慨许国的英雄事迹，提供了一个良好的机会，也让国际社会支援我国抗日战争、西南地区人民坚持抗战的历史鲜活起来，一定会给人们许多的启迪。

原载《中国西藏》2005年第4期

九　萨班与凉州会谈

　　1247年,西藏地方萨迦派政教领袖萨班与坐镇凉州(今甘肃武威)的蒙古王子阔端(窝阔台子)会晤,商谈西藏地方归附大蒙古国的条件,和平地将西藏地方纳入大蒙古国(1271年改称元朝)行政管辖之下,从而掀开了西藏历史发展崭新的一页。萨班何许人也?凉州会谈何等要事?值得深究,也耐人寻味。

一、萨班——学贯五明的班智达

　　萨班(1182—1251年)是"萨迦班智达"的简称,法名萨班·贡噶坚赞(庆喜幢),是著名的"萨迦五祖"之一。古印度把"通达五明(即声明、工巧明、医方明、因明和内明)的人"称为"班智达",意为"大学者"。萨班意即萨迦派的大学者,他是西藏地方藏传佛教历史上获此殊荣的第一人。

　　萨班不仅智慧超群,而且博闻强识,勤勉有加。萨班幼年从伯父札巴坚赞(称幢)受"沙弥戒",出家后改名为"贡噶坚赞"。后从卡且班钦达纳西拉学习"声明学"和"注释"等。天资聪颖的萨班9岁就开始为人讲经说法。18岁研读世亲撰写的《阿毗达摩俱舍论》。23岁从迦湿弥罗国班智达释迦室利(1027—1125 年)及其弟子僧伽师利等上师,学习法称的《量释论》等 7 部"因明"论著,以及《现观庄严论》,"正确证悟声明、因明、修辞、韵律、词之修饰、密宗、般若波罗蜜多、论部、律部等诸经教和道理之精要,获得诸藏无畏之辩才,得神鬼人三者之慈心"。25 岁从释迦室利受比丘戒,取法名"萨班·贡噶坚赞"。

学习方法得当,天分高,兼之以勤勉,使萨班的学习之路顺畅而通达,很快就成为通晓五明、享誉西藏地方乃至印度佛教界的大学者。《萨迦世系史》在记载萨班求学经历时,说他依止高僧大德,求学一切知识;知难而进,融会贯通,达到炉火纯青、出神入化的境地。萨迦班智达在总结自己的学习经验说:"我之所以精通因明、声明等五明以及般若、俱舍等五部大论、密续,人神共敬,并且元朝皇帝等许多有权势的人也向我求法,敬重我,都是源自我视师如佛、如法学修所致。"萨班没有去过印度,但由于他超群的学术造诣,他的名言被悬挂在印度佛教名刹那烂陀寺(Narlanda)的门口。

萨班也是一位个性鲜明、非常自负的学者。他曾宣称自己精通声论,可谓人师;通晓韵律,明于诗词;讲述词藻,无人匹敌;内明外明遍知,智慧无与伦比。"凡此种种,皆为萨迦之人,其余学者不过吾之形影。"如此自负的自我评价也给他招徕为数众多的挑战者,其中一位名叫措杰噶瓦的外道,即前来济咙(今西藏吉隆县)要与萨班辩论。双方约定,辩论中输掉的一方要皈依对方教派。结果萨班不负重望,赢得了辩论。按约定措杰噶瓦皈依佛法,成为了萨迦班智达的弟子。不仅保全,而且弘扬了藏传佛教。

萨班勤于著述,著作等身,不乏开山之作。声明类论著如《入声论》,因明类如《正理宝藏论》,韵律类如《韵律之花束》,词藻类如《词汇之宝藏》,音乐类如《乐器论》,工巧类如《佛像量度论》,医方类如《八支摄义》,佛学类如《释迦牟尼赞》、《三律仪论》等。萨班所著《萨迦格言》,更是西藏格言体文学的开创之作,富于哲理而脍炙人口,在藏族文学史上享有崇高的地位。

二、凉州会谈——历史性壮举

1206 年,成吉思汗统一了亚洲大陆北方草原各部,建立了蒙古汗国。此后数十年间,成吉思汗及其后继者不断扩展蒙古汗国的统治势力,形成了横跨欧亚大陆的庞大帝国。元太宗窝阔台(1186—1241 年)在位期间(1229—1241 年)派王子阔端驻守凉州(今甘肃武威),经营西藏。1239年,阔端令大将多尔达率军万人进入乌思藏(今西藏)侦察虚实。多尔达报告阔端:"现今藏土以噶派丛林最多,达隆派法王最有德行,止贡派京俄大师最具法力,萨迦班智达学富五明最有学问。"阔端经过权衡,决定邀请萨班前来凉州会谈。于是,阔端向萨班发出了具有最后通牒性质的邀请书。

萨班面对西藏地方百姓安危和个人年迈体弱的抉择,毅然决然地选择了前行之路。1244 年,年届 63 岁的萨班带着两个年尚冲幼的侄子八思巴(1235—1280 年)和恰那多吉(1239—1267 年),从萨迦寺动身前往凉州。启程前,他委任乌由巴日贝森格为萨迦法相法会官,香尊多丹班为密宗法会官,其近住弟子格西释迦桑波为总管。萨班伯侄沿途走访西藏高僧大德和政教领袖,了解其立场观点,历经两年长途跋涉于 1246 年抵达凉州。

1247 年在凉州与阔端会晤。阔端钦佩萨班智慧、学识与品德,承诺放弃武力进攻西藏,并邀请萨班前去蒙古传授佛法。双方经过协商,确定西藏地方和平归附大蒙古国条件。其内容以萨班致西藏各地方政教首领一封信(即《萨班致蕃人书》)的方式保留下来。其主要内容有:第一,归附者官仍原职;第二,缮写各地官员姓名、百姓数目、贡品数额等各三份,一送阔端,一送萨迦,一由各长官收执;第三,绘制一份归附者与未归者之地图;第四,一切都须与萨迦金字使者商议而行。

经过争议,西藏地方各政教势力达成一致,接受双方达成的条件。藏文史书《贤者喜宴》记载,1251 年蒙哥汗(1208—1259 年)即位后,吐蕃译师及僧人大多前来蒙古地区。他们凭借各自所联合的力量寻求"桂本"（sgos dpon，拥有私有庄园的农奴主）之职，止贡派和古尔摩瓦依靠蒙哥汗本人；萨迦派之拉德雄巴（lha sde gzhung pa）等依靠阔端；蔡巴派依靠忽必烈；达隆派依恃阿里不哥；雅桑、帕木竹巴、汤波且三者依靠旭烈兀，总共有十一个势力集团。大蒙古国统治者根据这一情况，在西藏清查户口，推行千户万户制度，通过十余年的努力，在西藏地方建立起完整的行政管理体制与制度。凉州会谈揭开了西藏历史发展新的一页，为西藏纳入元朝中央政府行政管辖之下奠定了基础。

凉州会谈之后，萨班留在凉州，不仅为阔端治好了多年不愈的顽疾，还扮演了供应上师的角色。同时，萨班也十分留意培养他的两位侄子，以接替自己的政教职位。他让长侄八思巴学习佛法，幼侄恰那多吉学蒙古语，娶蒙古公主，继承其行政职权。1251年藏历十月十四日萨班卒于凉州，终年70岁。

三、余论——七百余年直接行政管辖从未间断

中统元年（1260年），忽必烈即大汗位，封八思巴为国师，赐玉印，命其统领天下释教。至元元年（1264年），立总制院管辖全国释教和吐蕃僧俗政务，以国师领之。同年，八思巴回到乌思藏，完善了西藏地方行政管理体制，设置宣慰司等机构后，返回中都（燕京）。1269年，八思巴创制成以藏文字母为基础的蒙古新字（后人称为八思巴字），元世祖下诏颁行。

1271年忽必烈依《易经·乾卦》"大哉乾元，万物资始，乃统天"之意，改国号为"元"。西藏地方随之归属元朝中央政府管辖之下，元朝在中央设置总制院（1288年改为宣政院），在地方设立乌斯藏纳里速古鲁孙等三路宣慰使司都元帅府管理今西藏自治区，吐蕃等路宣慰使司都元帅府管理藏东、滇西北、川西、青海南部等地，吐蕃等处宣慰使司都元帅府管理今青海、甘肃等省部分地区。元朝在西藏地方清查户口、设立驿站、派驻军队、征收赋税，实施了充分有效的统治。

　　1274 年,八思巴再度返回萨迦,处理西藏地区政教事务,忽必烈皇太子真金随行,八思巴为其讲授佛法与俗世法的关系,形成名著《彰所知论》。在该书中,八思巴从佛教立场提出了为元朝统治者正名,及维护元朝在全国大一统地位的理论。

　　自蒙元时期西藏纳入中央政府直接行政管辖之下以来,历经七百余年,明清和民国政府均沿袭这一统治,期间有松有密,但从未间断。回顾历代中央政府对西藏行使行政管理的历程,考察西藏地方与祖国内地密切交往的历史,人们不能忘记萨班这个杰出的政教领袖人物,也不能忘记影响了整个西藏历史发展轨迹的凉州会谈。

原载《人民论坛》2008 年第 8 期

十　元朝西藏地方纳入中央政府直接行政管辖之下的史实

一、蒙元对西藏的经营与早期施政

（一）大蒙古国将西藏地方纳入管辖之下

1. 阔端派多答率兵入藏

吐蕃王朝瓦解后的数百年间，西藏地方处于教派分立，政治势力割据的状态，内部缺乏统一的政权，社会经济几乎陷于崩溃边沿，军事力量处在极端虚弱状态。面对这种历经数百年分裂和战乱困扰的地区，坐镇凉州的蒙古王子阔端只派出了一万多人的兵力前往震慑，由多答率领的这支军队越过祁连山、柴达木盆地、唐古拉山进入藏北地区。藏文史书记述说："蒙古人多答那波担任将军，率部在藏北热振寺屠杀僧人五百，全藏为之震惊。其后，多答在蒙古和热振之间设置了驿站（以马匹传送公文）。"

2. 西藏地方畏威归附

藏文史书记载，"当时京俄大师前往拉顿塘（la-dun-thang）地方时，多答逮捕贡巴释仁（sgom-pa），准备杀害，（京俄）祈祷度母，天空降下石头雨。多答说：'脱因，您是好人。'说罢，向京俄大师顶礼，赦免了贡巴。

京俄把西藏装有木门的户口名册献给了他。(多答)接受了,(对京俄)照看情面。他捣毁了下至东方工布地区、东西洛扎(lho-brag)、洛若(lo-ro)、加波(byar-po)、门贝卓(mon—dpal—gro)、洛门(lho-mon)和尼婆罗边界以内的坚固堡寨,以蒙古法令进行统治,地方安宁。"同书还补充说道:"……多答那波来西藏,大概是在成吉思汗之子窝阔台时期。"①

多答所率领的蒙古军队显然显示了无比的神威,让早已名闻欧亚,自然也波及藏区的、有关蒙古大军势不可挡的传说再次得到印证。多答率兵入藏为四分五裂的西藏地方实现统一,开辟了新的前景,同时也揭开了蒙藏关系史崭新的一页。

3. 选择政教势力

大蒙古国统治者在军事震慑发挥作用之后,也充分意识到在宗教派别林立,封建势力割据的西藏地方实施统治并非易事,他们英明地采取了自唐朝以来中央在边疆多民族聚居地区普遍实施的羁縻政策,选择宗教和政治相结合、具有实力和影响的地方势力作为代表,来实现大蒙古国统一西藏地方的目的。这些地方势力领袖人物个人的学识、威望和个人素养也成为他们选择地方代理人十分重要的依据。多答在受命率军入藏震慑的同时,也肩负着了解和物色代理人的责任。他不辱使命,成功地完成了军事和政治这两项任务。根据他的汇报,阔端王子和蒙古统治者了解到:"在边野的藏区,僧伽团体以噶当派为大;善顾情面以达垅法王为智;荣誉德望以止贡京俄大师为尊;通晓佛法以萨迦班智达为精。"②由此,可见,僧伽团体的大小,僧主个人的协调能力,以及威望和学识之渊博等,都是大蒙古国统治者考量的因素,而且,被列为候选者名单的教派和政治势力,至少应该包括噶当派、达垅派、止贡派和萨迦派四者。

多答给阔端的汇报提供了四个候选者名单和基本情况,但是究竟选择哪个教派或者哪位宗教领袖作为代理者,是阔端应该确定的问题。从

---

① 《朗氏宗谱》藏文本第 109 页;汉译本第 74—75 页。
② 五世达赖喇嘛:《西藏王臣记》,藏文本民族出版社 1981 年版,第 90 页;郭和卿汉译本,民族出版社 1983 年版,第 88—89 页。

几个教派的实际情况来看,噶当派僧伽势力最大,但是,该教派不很主张
过问和参与政治,显然不适合作为未来西藏地方的管理者;就达垅派而
言,其法王个人有其突出的优点,但是该派的政治和宗教实力与影响,在
当时的乌思藏地方却并未处于举足轻重的位置。最有实力的应该是止
贡派和其德高望重的领袖,然而,在多答率军入藏的过程中,遭遇抵抗的
是该派,而受到冲击的也是该派,甚至止贡派的行政首领(sgom-pa 贡巴)
还被多答抓了起来险些杀掉,于是止贡派京俄也不大可能接受阔端的邀
请,而这位王子也不可能把止贡派作为未来管理西藏的代理人。这样,
最合适的人选只有萨迦派及其学识渊博的宗教领袖萨迦班智达。

4. 阔端约请萨迦班智达叔侄凉州会晤

阔端确定萨迦派政教势力作为未来西藏地方的代理者之后,就向萨
迦派领袖萨迦班智达发出了一封邀请信,该信函是以皇帝圣旨而赏颁布
给萨迦班智达的,原文说:

> 长生天气力里,大福荫护助里,皇帝圣旨:
>
> 晓谕萨迦班智达贡噶坚赞贝桑布,朕为报答父母及天地之恩,需
> 要一位能指示道路取舍之喇嘛,在斟酌之后选中了汝萨班,故望汝不
> 辞道路艰难前来。汝若以年迈(而推辞),那么,往昔佛陀为众生而舍
> 身无数,此又何为? 汝是否与汝所通晓之教法誓言相违背? 我今已将
> 各地大权在握,如果我命令大军(前往),伤害众生,汝岂不惧乎? 故今
> 汝体念佛教和众生,尽快前来! 我将令汝管领西方众僧。
>
> 赏赐之物有:白银五大升,镶嵌有六千二百粒珍珠的袈裟,硫磺
> 色锦缎长坎肩,靴子,整幅花绸二匹,整幅彩缎二匹,五色锦缎二十
> 匹等。着多尔斯衮(rdor-sri-mgon)和本觉达尔玛(dbon-jo-dar-ma)
> 二人赍送。
>
> 龙年八月三十日写就。①

---

① 阿旺贡噶索南:《萨迦世系史》藏文本,民族出版社 1986 年 2 月版,第 118 页,陈庆英、高禾福、
周润年汉译本,西藏人民出版社 1989 年版,第 80—81 页。

龙年就是 1244 年。从这件圣旨中,我们可以看到大蒙古国朝廷是在权衡了西藏地方的各政教势力之后,慎重选择了萨迦派作为未来西藏地方的代理者的。而这样的选择是单方面作出的决定,然后在这里以圣旨的形式颁布给萨迦派,让其接受。名义是邀请萨班担任供应上师,许诺将来管领西藏地方僧众,但又没有回旋余地,并明确表示不服从便招致蒙古军的武力征服。

5. 萨班征询西藏各政教势力的意见

萨班自然意识到这件圣旨的分量,所以不顾 63 岁的高龄,在 1244 年,他任命释迦桑布为内务总管,负责萨迦的各项事务,并让除了负责宗教事务的伍由巴·索南僧格(vo-yug-pa-bsod-nams-seng-ge)和夏尔巴·意希迥乃(shar-pa-sher-vbyung)之外所有高僧大德,都要接受释迦桑布的管束。[①] 在交代完各项大事后,他携带其年在冲幼的侄子八思巴和恰那多吉前往凉州。沿途他会见名僧大德,一方面研讨佛法,另一方面也有征询意见的用意,在多康(mdo-khams)地方会见了敦巴罗追塞(ston-pa-blo-gros-rab-gsal),在多麦(mdo-smad)会见了瑜伽行者楚玛巴(rnal-vbyor-pa-phru-ma-pa)等,[②]他在路上辗转的时间达二年之久,反映了对此事的慎重。1246 年 8 月他们伯侄一行到达凉州,次年与参加忽里台大会返回的阔端在凉州举行了具有重大历史意义的会见,确定西藏地方正式纳入大蒙古国的行政管辖之下。萨班留在凉州,担任了阔端的祭天长老,最后于 1251 年在这里的幻化寺圆寂。

对于萨班伯侄前往凉州与蒙古王子会晤商讨西藏地方归附大蒙古国的问题,当时西藏地方有一部分人持有异议,他们攻击说"萨迦巴被天子魔所迷,与蒙古发生联系",《萨迦世系史》的作者驳斥了这种说法,他从宗教立场出发谈了自己的看法,文谓:"出现在蒙古人面前的出家人,多少要符合蒙古人之行为,如果萨迦巴不按照蒙古人的思想,要使其入

①《汉藏史集》藏文本第 323 页,第 357 页;汉译本第 201 页,第 224 页。
②《萨迦世系史》藏文本第 119—121 页;汉译本第 81—82 页。

教是不可能的。正像释迦牟尼为使佛教流转世间亦善于迎合世间一样。若不使(蒙古人)入教,即会出现如前所述之罪孽。若要遮止此罪孽,即需要花费很大气力。此乃为菩提勇识大菩萨之稀有之事迹。所谓'难得愚昧者之赞同',正是此义。"①从适应历史发展潮流来看,萨迦派领袖的行为也代表了广大藏族人民渴望统一与和平安宁的共同愿望。

6.《萨班致蕃人书》——凉州会谈及其主要内容

邀请信中,阔端已经提到了大蒙古国对西藏未来政治体制的初步安排,就是让萨迦派领袖来管理西藏地方宗教事务。凉州会谈后,对西藏政治体制的设计方案更加清晰起来。双方会谈的成果,反映在"萨班致乌思藏地方各大德书"中,其要点主要有四:首先,若能惟命是听,则西藏各地首领可以官仍原职;其次,任命萨班为西藏地方的达鲁花赤,地方官员有事必须与萨迦金字使者商议而行;再次,为举荐官员,西藏地方应将各地官员姓名、百姓数目、贡品数量等缮写三份,一份送交阔端,一份存放萨迦,一份由各该长官收执;最后,绘制一幅标明归降者和未归降者方位的地图,以防止归降者受到牵连。②　在这里,就确立了两大原则,即萨迦派地方势力作为元朝在西藏地方行政事务的代理者,而其领袖萨班受封为西藏的达鲁花赤;西藏地方的其他势力,继续保持原有的辖区和职位,听命于大蒙古国统治者和萨迦地方首领的节制。于是,以萨迦为首,各地方势力并存的行政建制初步形成。

为了说服西藏地方认清潮流,接受蒙元统治,萨班在他的信函中提出了以下几点:其一,阔端对萨迦的积极归附予以充分肯定,并对他和两个侄子各有很好的安排与照顾,称赞萨班以年幼的八思巴兄弟来凉州会见,是"眷顾于我","汝以头来归顺,他人以脚来归顺,汝系因我召请而来,他人是因恐惧而来,此情我岂能不知! 八思巴兄弟先前已习知吐蕃教法,可仍着八思巴学习之,着恰那多吉学习蒙古语言。"其二,阔端敬信

----

① 《萨迦世系史》藏文本第 124—125 页;汉译本第 84—85 页。
② 《萨迦世系史》藏文本第 135—140 页;汉译本第 91—94 页。

三宝,对佛法十分虔诚。他许诺供给萨班生活与修法所需,令其引导吐蕃部众传习佛法,为汗王和王室成员之长寿祈祷祝福,并声言"如我以世间法护持,汝以出世间法护持,释迦牟尼之教法岂有不遍弘于海内者欤!"其三,当今之世,蒙古军多至不可胜数,整个瞻部洲已尽在其控制之下,与彼同心者,则苦乐与共;违逆者,自取灭亡,畏兀、西夏、汉地等已有前车之鉴。白利土司等随我一起归附,已经深受其益,故阿里、乌思、藏等地部落纷纷归附,反抗者遭到毁灭打击,"与蒙古交兵者,往往恃地险、人勇、兵众、甲坚、弓马娴熟,希冀战胜,但终致覆亡。"因此毋存侥幸心理。其四,蒙古对其他部落所征收的赋税差役,并不比其本部更重。在信函的最后,他还细心地为西藏地方各地首领开列了一份蒙古人喜欢的贡品名单。[①] 这份说理透彻的信件,对观望中的西藏各地领袖接受蒙元统治产生了巨大的影响。西藏地方各主要政教派别,纷纷派遣使者前往蒙古汗廷,寻求"桂本"(sgos-dpon)职位,以期得到大蒙古国统治者的保护。

(二)蒙哥分封西藏地方

1. 蒙哥汗授命忽必烈经营西藏

1248 年贵由汗去世,蒙古黄金家族内部为汗位展开激烈的争夺。1251 年,蒙哥汗继任大汗,大汗位置从窝阔台系统转移到拖雷系统,在蒙古王室内部引起一系列变化,这些变化也直接影响到蒙元统治者在西藏地方的施政。首先是负责经营西藏的王子不再是阔端,而变成为受命经营大漠以南和汉地的忽必烈;其次,蒙哥采取蒙古的传统制度——诸王分封制,改变了阔端一统西藏地方经营事宜的局面;第三,蒙哥时期,萨迦虽然保持着受命掌管西藏地方宗教事务的名义,但是显然逐渐失去了原有的西藏地方为首势力的地位,萨迦领袖担任地方的达鲁花赤设想还未落实,西藏地方政教势力的地位也出现新的变化,噶玛噶举派由于受

---

① 《萨迦世系史》藏文本第 94 页;汉译本第 140 页。

到大汗保护,地位明显突兀出来,而萨迦则面临严重的危机。总之,纳入蒙元统治下之后,西藏地方的变化都必然会受到内地中央王朝的变化之影响,在很多方面随着内地政局的改变而发生改变。

2. 在西藏括户

括户是蒙古统治者在新征服地区征收赋税、实施管理所采取的一项重要措施。公元1252年2月3日,八思巴从凉州王宫自佛殿写信给西藏的聂塘巴·扎巴僧格(snye-thang-pa·grags-pa-seng-ge)请他前来授戒的信中谈到:"现金皇帝安居于索申(so-zin)地方,汗王以当前事务系于心中,下令对僧人、方士等敬神之人一概免除兵差,使其安居,并命萨迦派管理所有执事及僧众。为赍送此项诏书、清查人户及迎请上师(有缺字)周前来。"①与此同时,八思巴也向萨迦派的僧人写了一封信,其中谈到:"皇子蒙哥现已即位,对我等甚为关怀。蒙哥汗即位之诏书已向各方宣布,境内各处平安。尤其是向各地方宣布了'对僧人免除兵差、劳役、贡赋,使臣们不得在僧舍住宿,不得向僧人们摊派乌拉,使僧人们依照教法为朕告天祝祷,所有僧人之事俱由萨迦派掌领'之良善诏书。皇帝并宣谕于我:'已派金字使臣前往吐蕃各处清查户口,划分地界,汝可遣僧人同往。'为此,我已派遣格西多吉周与格西松巴等率领随从前往,详细情形可询问彼等。对此事虽有各种流言传播,汝等不必惊惧,各地都将获得安乐。……"写信的时间是藏历阳水鼠年(1252)春二月五日。②

3. 在西藏推行分封制度

在1252年这次括户之后,蒙哥汗在西藏地方推行千户万户制度,建立了西藏地方较早的一批万户。与此同时,开始在西藏地方推行诸王分封制度。藏文史书称,此时,西藏由在凉州的王子阔端阿哈(蒙古语兄长)那里迎取供应喇嘛,蒙哥汗管理止贡派;忽必烈管领蔡巴噶举派;王子旭烈兀管理怕木竹巴派;王子阿里不哥管领达垅噶举派。四位王子分

---

① 《萨迦世系史》藏文本第169页;汉译本第119页。
② 《萨迦五祖全集》,德格木刻版第15函第320页;陈庆英:《雪域圣僧—帝师八思巴传》,中国藏学出版社2002年版,第45—46页。

别管辖各万户。他们在自己的辖区里驻扎蒙古军队,设立有守土官(yul-bsung-pa)行使管理职权。除了上述几位之外,还有忙哥剌王子,他管辖拉萨、竹巴(vbrug-pa 今不丹)和拉堆塘琼(la-stod-thang-chung)三地;管理嘉玛氏族嘉玉人的斯噶汗(si-ga-gan),以及管辖格岗(ki-kam-pa)、察沙(khra-sa)和阿拉巴(ngab-pa)的格杜拉(gal-du-la)王子等。[①]

诸王分封制度的实施,既在于推行大蒙古国的一项习惯性制度,又在于削弱窝阔台系的阔端在经营西藏事务中的权力,同时也与适应西藏地方各个政教势力分立局面实行管理的需要有关。在当时的条件下,体现了客观的需要,而且具有现实可能性,是一个过渡性的、比较重要的一项制度。

二、元朝加强对西藏地方事务的管理

忽必烈继承大汗位以后,采取了一系列措施加强中央集权,相应地,也在西藏地方结合实际情况,推行郡县制。在中央建立专门的管理机构,处理吐蕃(西藏和其他藏区)事务,继续完善在西藏地方推行的千户万户制度,形成一个完整行政管理体系。

(一)行政体制

1. 中央管理西藏地方的机构

1260 年,忽必烈即大汗位之后,即任命八思巴为国师,授以玉印,统释教。[②] 初步明确了建立中央机构管理全国宗教和西藏地方事务的原则。大约在 1264 年,建立总制院,设立总制院使,受帝师节制。

1288 年,为了适应形势发展需要,改总制院为宣政院。史书记载,至

[①]《朗氏宗谱》藏文本第 109—110 页;汉译本第 75—76 页。藏文本第 449 页;汉译本第 302—303 页。张云:《元代吐蕃地方行政体制研究》,中国社会科学出版社 1998 年版,第 15—21 页。

[②]《元史》卷四《世祖一》。

元二十五年十一月,改释教总制院为宣政院,秩从一品,印用三台,以尚书右丞相桑哥兼宣政使。① 这样的工作大约在三年后的 1291 年最后完成。② 以身为尚书右丞相的桑哥来担任宣政院使,已经足以说明吐蕃在当时元朝统治者心目中的地位。宣政院,"其为使位居第二者,必以僧为之,出帝师所辟举,而总其政于内外者,帅臣以下,亦必僧俗并用,而军民通摄。"③

宣政院掌管西藏地方的军事、行政、司法和宗教等各项事务,是西藏和其他藏区的最高管理机构。西藏地方官员的举荐、任用,以及在西藏地方调解纠纷、审理案件,完善驿站体系、实施户口调查等等,都是在宣政院的主持下进行的。宣政院的院使和高级官员经常前往西藏地方办理各项事务,考察调研,以为施政之资。有元一代,宣政院在处理佛教和吐蕃地方事务中,发挥了十分重要和积极的作用。

2. 西藏地方行政管理体制

元朝在西藏地方所建立的行政体制,是以阔端和蒙哥所采取的重用萨迦派,确立千户万户制度为基础的。元朝将包括西藏在内的三个区域统一起来,采取了大致近似的管理体制与制度,当时的三个区域名曰"却喀",关于"却喀"的含义,《汉藏史集》解释说,"'却喀'这个词,是对蒙古皇帝作为接受灌顶的供养而奉献给上师的朵甘思、脱思麻、乌思藏三个地区的称呼。在汉地和蒙古地方,除了行省、万户、千户以外,没有'却喀'这个称呼。"④

我们讨论的主要重点是乌思藏地区,也就是今天的西藏地区。在这一地区,元朝基本采取三级管理体制,一是以萨迦为代表的地方势力,是这个"却喀"的最高管理阶层。也就是元朝设立在西藏地方的乌思藏纳里速古鲁孙等三路宣慰使司,以及以萨迦本钦或者乌思藏本钦为首的西

① 《元史》卷一五《世祖十二》。
② 《元史》卷一六《世祖十三》记载,二十八年夏四月,并总制院入宣政院。
③ 《元史》卷八七《百官三·宣政院》。
④ 《汉藏史集》藏文本第 272—273 页;汉译本第 166 页。

藏地方统治集团。一是以各个万户为代表的地方骨干势力集团,也就是所谓的"乌思藏十三万户"。一个是各个万户势力内部最基层的管理者阶层。

(二) 职官体制

1. 管理西藏事务的中央官员

宣政院的一个特殊的官员是国师和帝师。八思巴时期,他的活动很能反映出这一特殊职位所具有的影响。为了照顾自己的生活起居,同时也方便参与各项社会活动,八思巴在 1267 年返回大都时,仿照蒙古的制度建立了十三怯薛组织。[①]

关于宣政院的职官设置情况,汉文史籍有明确记载,至元二十五年(1288)设立的职官包括院使、同知、副使、参议、经历、都事、管勾、照磨等,次年(1289)又增加断事官(后又罢);二十八年(1291),增金院、同金,协理院事。元贞元年(1295),增院判一员,位在同金之下。职位和官员的数目常在变化之中,机构也相当庞大。[②]

2. 西藏地方的职官体系

《汉藏史集》在谈到元朝乌思藏地方情况时说道,"至于各级官职,有十夫长、五十夫长、百户、千户、万户、路达鲁花赤。若管辖三个路,则称为路军民万户,赐给水晶印。在吐蕃,此官职曾封给本钦释迦桑布。对其他大多数本钦,赐给的是'等三路军民万户'的官职、六棱银印、虎头牌等。"[③]

元代西藏地方最大的官员,应该是萨迦本钦,或者乌思藏本钦。《汉藏史集》说,"'本钦'这个词,是吐蕃人对上师的近侍所起的专门名称。"[④]

[①]《萨迦世系史》藏文本第 174—175 页;汉译本第 123 页。

[②]《元史》卷八七《百官三·宣政院》;张云:《元代吐蕃地方行政体制研究》,中国社会科学出版社 1998 年版,第 81—90 页。

[③]《汉藏史集》藏文本第 271—272 页;汉译本第 166 页。

[④]《汉藏史集》藏文本第 272—273 页;汉译本第 166 页。

这里的本钦特指萨迦本钦,或者乌思藏本钦。关于本钦,学术界有不同看法,我们倾向赞同本钦就是受命管理整个乌思藏纳里速古鲁孙等三路宣慰使司为首宣慰使的说法。[①] 关于这个宣慰司的职官设置情况,汉文史书也有记载,文谓,该宣慰司设立宣慰使五员,同知二员,副使一员,经历一员,镇抚一员,捕盗官一员。[②] 本钦是乌思藏宣慰司为首宣慰使,也就是所谓的"大官"(本钦)。其他宣慰使包括宣慰司的都元帅等,这些职官藏文史书都有相应地反映。

萨迦囊钦负责萨迦地方势力的内部事务,无权命令其他万户,是与其他万户长类似一级的职官。乌思藏十三万户的万户长,是乌思藏地方的核心力量,他们听命于朝廷,并受萨迦本钦节制,但是在其万户内部享很大的自主权。元朝的各个万户长都是由朝廷任命的,在其下,则有千户(长)、百户(长)、五十夫长和十夫长,他们是一些大小不等的部落首领和地方领袖。[③] 而且他们的活动都和各自教派的活动密切结合在一起,教派领袖在涉及本万户利益和命运的重大决策中,扮演着重要的角色。

(三)加强管理政策

1. 加强制度建设

忽必烈当政时期,积极采取措施完善对西藏地方的管理。1260 年,他任命八思巴为国师;1264 年在西藏地方置驿,加强内地与西藏之间的往来联系;1265—1268 年派八思巴和恰那多吉入藏并建立行政体制(以十三万户为核心的行政管理体制);1269 年受命为大蒙古国创制"国书"(即八思巴字)。

[①] 图齐(G. Tucci):《西藏画卷》(Tibetan Painted Scrolls)第一卷,1949 年,罗马;陈得芝:《关于元代乌思藏宣慰使的设置年代》,《元史及北方民族史研究辑刊》第 8 期,1984 年;陈得芝:《再论乌思藏"本钦"》,台湾《蒙元的历史与文化》文集第 213—244 页。
[②]《元史》卷八七《百官三·宣政院》。
[③]《汉藏史集》藏文本第 271—272 页;汉译本第 166 页。

2. 加强宗教思想建设

1271 年元朝建立,西藏在元朝中央政府的行政管辖之下。同年八思巴前往西藏,并为同行的真金皇太子说《彰所知论》,其中包含着为元朝大一统服务的内容。

1277 年(丁丑)元月,由八思巴发起,在后藏曲弥仁莫(chu-mig-ring-mo,今西藏日喀则县曲弥区)举行有卫藏各地僧人参加的大法会。皇太子真金以其父忽必烈的名义担任施主,给与会的 7 万僧人每人布施黄金一钱,袈裟一套。①

3. 加强驿站和军事管理

1279 年,西藏发生原任本钦贡嘎桑布叛乱,元世祖忽必烈派总制院院使桑哥(sang-gha)率领蒙古军 7 万入藏,攻打原萨迦本钦贡噶桑布所据甲若宗,蒙古军先破朗卓康马(lang-vgro-khang-dmar,今江孜专区康马县)城,炮轰甲若宗,城破后执杀贡噶桑布,将支持贡噶桑布的八思巴弟子喇嘛衮曼(bla-ma-kun-smon)、衮噶则(kun-dgav-mdses)兄弟流放江南。桑哥于军事行动结束后往萨迦拜见八思巴,还改动乌思藏驿站管理办法,命蒙古军士接管藏北驿站,由各万户供应物资。桑哥还在乌思藏各要地留蒙古军驻守,警戒西蒙古海都及喜马拉雅山南麓的冬仁部落对乌思藏的侵扰,并派蒙古军担任八思巴之侄达玛巴拉的警卫。②

综上,西藏地方纳入中央政府统治之下始于大蒙古国窝阔台汗时期(即 1247 年代表大蒙古国的阔端和代表西藏地的萨班之间的凉州会谈),1271 年忽必烈汗改国号为"元",直接继承了大蒙古国对西藏的统治。因此,我们说,蒙元时期西藏纳入中央政府的行政管辖之下。元朝在西藏地方采取了括户、置驿、建制、征兵、征税、任官等各项措施与制度,实施了有效统治。

---

① 《汉藏史籍》藏文本下册 19 页;汉译本第 205—206 页。
② 《汉藏史集》藏文本上册 208—210 页;汉译本第 180—181 页。

十一 乾隆皇帝治藏宗教政策的思想基础——以《喇嘛说》为中心

乾隆皇帝(1736—1795 年)时期,是清朝中央政府治理西藏政策的成熟时期,清朝管理西藏地方的许多重大措施与制度都相继产生在这一时期,比如废除郡王制,建立由达赖喇嘛掌管的甘丹颇章政府管理体制;在达赖喇嘛圆寂和年幼时期作为过渡形式、维护地方政教稳定的摄政制;以及出台旨在提高驻藏大臣地位,加强对活佛管理,全面整顿和规范西藏政教一切事务的《钦定藏内善后二十九条章程》,规范活佛转世程序的金瓶掣签制,等等。这些制度在当时以及后来的历史实践中,发挥了巨大的作用,也体现了乾隆皇帝杰出的政治领导和管理才能。就治理西藏的宗教政策而言,也是如此。他通过扶持宗教来达到实施行政管理的政策无疑是成功的,能够把扶持藏传佛教与加强对藏传佛教的管理如此完美地结合在一起,这在元代以来各个朝代的历史上,是十分罕见的,值得认真总结和研究。本文试图以乾隆皇帝的《喇嘛说》为中心,仅就其治藏宗教政策的思想基础做一些分析,敬请批评指正。

一、《喇嘛说》产生的特定历史背景和基础

乾隆五十七年(1792)乾隆皇帝为了改革西藏的活佛转世与管理制

度,专门撰写了《喇嘛说》一文。①

乾隆皇帝撰写《喇嘛说》,与当时西藏佛教在活佛转世方面存在的种种流弊有关,对此,他在文章中已经做了详细说明,前七世达赖喇嘛和前六世班禅额尔德尼,他们的出生地互不同,血缘上相异,是依照传统的转世制度选择的结果,而"自前辈班禅额尔德尼(即六世班禅)示寂后,现在之达赖喇嘛(八世达赖喇嘛)与班禅额尔德尼之呼必勒罕,及喀尔喀四部落供奉之哲布尊丹巴呼土克图,皆以兄弟叔侄姻娅递相传袭,似此掌教之大喇嘛呼必勒罕皆出一家亲族,几与封爵世职无异"。这类例证不胜枚举,它直接影响到黄教在人们心中的地位,也直接威胁到地方的政治稳定,改变活佛转世制度中存在种种弊端,成为客观上的需要和迫切的事情。而促使乾隆皇帝下决心解决这一问题的重要机缘,是已故六世班禅额尔德尼弟弟沙玛尔巴贪图兄长遗产和扎什伦布寺财产,勾引廓尔喀入侵西藏、祸乱地方事件。

六世班禅额尔德尼来京为乾隆皇帝祝贺五十大寿时,不幸患痘症圆寂,②皇帝赐给的大量金银财帛俱为他的哥哥仲巴呼图克图所占有,班禅的弟弟沙玛尔巴由于信奉红教而未能分到任何财产,心中不平,就暗地里勾结廓尔喀王,怂恿其趁藏内防御空虚之机,抢劫扎什伦布寺的金银财宝。廓尔喀军的入侵给西藏地方带来巨大的灾难。最后,乾隆皇帝派将军福康安等率大军入藏,驱逐入侵者,使地方获得安宁。随后对勾引廓尔喀入侵者祸乱地方的沙玛尔巴等僧人进行了严肃的处理,沙玛尔巴畏罪自杀,朝廷下令废止其活佛转世,将其寺庙财产没收,充作军饷强迫僧人改宗黄教格鲁派。班禅的哥哥仲巴呼图克图,也因为"不思率兵保护庙宇,辄收拾细软物件,先期逃遁"之罪,被解赴京城治罪,其财产也被

---

① 乾隆皇帝(清高宗弘历)《喇嘛说》一文,撰写于五十七年(1792年),原碑保存在北京雍和宫,系用满、汉、蒙、藏四种文字书写。此引张羽新著《清政府与喇嘛教》附录"清代喇嘛教碑刻录",见本书第339—343页。

② 嘉木样·久麦旺波:《六世班禅洛桑巴丹益希传》,许得存、卓永强译,祁顺来、李钟霖校,西藏人民出版社1990年版,第507页;中国第一历史档案馆、中国藏学研究中心合编:《六世班禅朝觐档案选编》,中国藏学出版社1996年版。

没收充公。① 对于在廓尔喀兵大肆抢劫时,假借神意,托言不可抵抗的济仲喇嘛,被押至前藏,对众剥黄正法。这一系列举措,表示了乾隆皇帝大刀阔斧改革藏传佛教的决心。

在这样的背景下,为了使宗教改革迈出切实的一步,乾隆皇帝提出了自己对活佛转世的系统看法,这就是《喇嘛说》。这篇文章的撰写是乾隆皇帝对藏传佛教长期而深入研究的结果,也是他深思熟虑的产物。他在《喇嘛说》中明确指出,"夫定其事之是非者,必习其事,而又明其理,然后可。予若不习番经,不能为此言。始习之时,或有议为过兴黄教者,使予徒泥沙汰之虚誉,则今之新旧蒙古畏威怀德,太平数十年可得乎?"只有通过对喇嘛教精心钻研和深刻把握,才有掷地有声的真知灼见。

乾隆皇帝对藏传佛教的深入了解与章嘉国师有密切的关系。他和这位国师在佛法方面发生密切联系的过程,既是他研究藏传佛教理论和教义的过程,同时也是乾隆皇帝信仰藏传佛教的一段历程。是他本人主动向章嘉国师提出学习黄教密法要求的,章嘉国师首先给皇帝传授了《自我皈依指导》,同时教皇帝学习藏文的楷书、草书和正字法,接着学习佛法。对此,《章嘉国师若必多吉传》有比较详细的记载,文称:国师按照皇帝的提议,先后讲授了宗喀巴的《菩提道次第广论》、金刚持官却坚赞的《道次指导偈颂》、《章嘉阿旺却丹全集》,学习了宗喀巴的"中观"学说。为了便于理解,章嘉国师还遵旨撰写了《甚深中观修习明炬》,还献上《供奉上师指导》、《无量光卧修法》、《药师佛供奉仪轨集要》、《佛菩萨赞颂》、《祈祷文》等诸多经书的部分章节。后来乾隆皇帝又听受了《吉祥轮胜乐深奥二道次教授及分支》、《空行修习金刚法指导》、《速作智慧六臂怙主随许法》、《上师怙主无分别法》、《三要义》、《补充直接传授》等密法。在学习藏传佛教经典和密法的同时,章嘉国师也向乾隆皇帝传授该教的密法,如"吉祥轮胜乐灌顶法"等,史称:大皇帝在听受"吉祥轮胜乐深奥二

---

① 中国藏学研究中心等编:《元以来西藏地方与中央政府关系档案史料汇编》(3),中国藏学出版社 1994 年版,第 775 页。

道次教授及分支"等密法时,"坚持每天上午修证道次,下午修证胜乐二次第。每月初十举行坛城修供、自入坛场、会供轮、供养等活动。"①从乾隆皇帝的自述来看,这些行为当时就遭到了一些人的非议。不管怎么样,他由此对喇嘛教的理论和仪规有个非常清楚的认识,知道其中的得失,撰写《喇嘛说》时,也才能切中要害。

二、《喇嘛说》是乾隆皇帝治藏宗教思想的理论基础

《喇嘛说》这篇文章字数不多,但是主旨明确,条理清晰,和盘托出了他对藏传佛教以及活佛转世问题的看法,值得认真体味。

第一,乾隆皇帝在文章的开始一部分,陈明清朝对藏传佛教之所以予以重视,是因为"中外黄教,总司此二人(达赖喇嘛和班禅额尔德尼)。各部蒙古,一心归之。兴黄教,即所以安众蒙古,所系非小,故不可不保护之,而非若元朝之曲庇谄敬番僧也。"开宗明义,既说明重视黄教的特殊意义,尤其是安定社会的意义,又申明它和元朝过分放纵西藏僧人的本质不同。

第二,说明采取活佛转世办法是不得已而为之的权宜之策,并非这项措施如何神明和有利于找到真身。"其呼土克图之相袭,乃以僧家无子,授之弟,与子何异,故必觅一聪慧有福相者,幼而皆习之,长成乃称呼土克图。此亦无可如何中之权巧方便耳。"采取金瓶掣签的要害是杜绝世袭传承,用一个相对公允的方式把聪明、很有天资和智慧的儿童选作呼图克图。

第三,活佛转世的问题还不仅在于它是一种解决寺院住持位置的办法,根本的原因还在于它的腐败,在于"所生之呼必勒罕,率出一族"。与世袭爵禄完全一样,这是作为最高统治者的乾隆皇帝不能接受的做法。政治和宗教的这种结合势必危及地方的安定。但是,如果没有了转世的呼图克图,则数万名僧人即无所皈依,又禁止其继续存在。

第四,必须对这一制度进行改革,办法就是"金瓶掣签"。这种方式本

---

① 土观·洛桑却吉尼玛:《章嘉国师若必多吉传》,陈庆英、马连龙汉译本,民族出版社 1988 年版,第 181—185 页。

身就是对藏传佛教活佛转世神圣性的一种讽刺，也是对其神秘性的一次揭露。客观上却对藏传佛教活佛转世的健康发展起到积极的促进作用，如果放任自流，纵容不良风气就蔓延，最终它会被历史的洪流所淘汰。

上述几点，清楚地表明了乾隆皇帝对待藏传佛教的思想与态度，用金瓶掣签来解决活佛转世本身，也是这一思想的最好注释。推行金瓶掣签制度，并不在于它更加符合神灵的旨意，而在于它"较之从前一人之授意，或略公矣"。这无疑是一项制度创新，很好地解决了活佛转世中所出现的种种弊端，为在西藏推行宗教和社会改革奠定了良好的基础。

三、乾隆皇帝治藏宗教思想与其先祖的影响密切相关

清朝入主中原以前，为了加强满蒙之间的联系，吸引蒙古各部落的归附，并最终实现统一全国的目的，采取了扶持黄教的政策。努尔哈赤和皇太极都扮演了优礼僧人、保护寺庙、崇信释教者的角色，赢得了蒙古众王公、贝勒、台吉和广大部落牧民的信赖和归依，由此也逐渐形成了"兴黄教之所以安众蒙古"的成熟方略。清初统治者无疑采取了扶持黄教的政策，但是其目的是借助蒙古王公百姓信奉的喇嘛教来实现对蒙古地区的统治，而不是为了信仰黄教。

最突出的例证是，清初的几位统治者都明确地反对他们自己本部和辖区的百姓信仰黄教，而且对黄教的消极影响有着清醒地认识。清太祖天命七年（1622年）二月，努尔哈赤在宴请归降的蒙古贝勒、台吉时说道："我国风俗所尚，守忠信，奉法度，贤而善者，举之不遗；悖且且乱者，治之不贷……尔蒙古诸贝子，自弃蒙古之语、名号，俱学喇嘛，卒致国运衰微。"天聪十三年（1636年），皇太极也告谕诸臣："喇嘛等口作讹言，假以供佛持戒为名，潜肆淫邪，贪图财物悖逆造罪，又索取生人财帛牲畜，诡称使人免罪于幽冥，其诞妄为尤甚。喇嘛等不过身在世间，造作罪孽，欺讹无知之人耳。至于冥司，熟念彼之情面，遂免其罪孽乎？今之喇嘛，当称为妄人，不宜称为喇嘛。乃蒙古等深信喇嘛，靡费财物，忏悔罪过，欲

求冥魂超生福地。是以有悬转轮、结布幡之事。甚属愚谬。嗣后俱宜禁止。"①当他发现许多人出家为僧是为了逃避繁重的兵役、劳役和差役,甚至有些是以反清复明为目的的间谍分子时,他发出了"尔喇嘛等又不出征从猎,除徒弟外多畜人何为?"的责难,②严令禁止新建寺院,限制人们出家为僧为尼。雍正初年,青海地区的一些大喇嘛"竟纠合数千喇嘛,手持兵刃,公然抗拒官兵"③,为罗卜藏丹津叛乱给予支持和声援。这些都有助于他们认识宗教,具体来说,就是喇嘛教的本质。康熙皇帝就曾明确说过:"一切僧道,原不可过于优崇。若一时优崇,日后渐加纵肆,或别致妄为。"④可见,清朝初期的几位皇帝对藏传佛教尽管采取了扶持和崇奉的政策,但是他们不是黄教的崇拜者,对黄教消极一面有着十分清醒的认识,甚至在内心深处怀有"信教误国"的见解。这看起来是一对矛盾,实际上有个根本原则,就是统治者的政治利益和需要。在这一点上,清朝统治者吸取了喇嘛教在导致元朝灭亡中所产生推动作用的前车之鉴,此后,在对藏传佛教采取一些怀柔笼络政策的同时,也保持了相对清醒的头脑。努尔哈赤和皇太极对喇嘛教的这一基本认识,对乾隆皇帝这位有所作为的皇帝应该产生了深刻的影响。

四、藏传佛教政和教合一的特征以及藏传佛教干预地方政治,尤其是活佛参与叛乱,造成不良影响的事实,增强了乾隆皇帝对藏传佛教上述认识,也使他在治藏宗教政策方面保持清醒的头脑

藏传佛教参与政治由来已久,而且愈演愈烈,西藏的寺院大多都有自己的武装,而且高级喇嘛大多都热衷于政治,这既是本门教派存在和发展的需要,也是佛教关怀社会现实的一种体现。应该说,它确实发挥过积极的作用。但是,随着它的社会作用的增强,对这股社会势力的控制也变得异常重

---

① 《清太宗实录》卷二八。
② 王先谦:《东华录》崇德三。
③ 《清世宗实录》卷一五。
④ 蒋良骐:《东华录》卷一二。

要了。尤其是对喇嘛的违法活动的制裁，同样不能忽视。清朝初年几位皇帝的做法，已经提供了具体的答案，这就是崇奉黄教，却绝不姑息僧人犯法。

康熙三十六年(1697年)，在理藩院同三法司会审藏传佛教喇嘛参与噶尔丹反清活动后，康熙皇帝下令"集诸王以下蒙古王、文武大臣、官员、喇嘛等于黄寺"，将违法喇嘛伊拉古克三呼图克图凌迟处死，次年又将其他几位"大喇嘛"革去名号。① 五十九年(1720年)，清朝军队入藏驱除准噶尔军队后，逮捕了占据西藏各大寺庙的喇嘛101人，并将其中被准噶尔授予总管职位的为首喇嘛"即行斩首"，"其余九十六名准噶尔之喇嘛尽行监禁"。② 这些措施所表示的态度是鲜明的，立场也很坚定。

雍正皇帝被认为是清朝皇帝中最崇信佛法的，《清凉山志》说："有清诸帝，悉信佛法。其悟入最深者，唯世宗为第一。"雍正皇帝本人也说："朕少年时，喜阅内典，惟慕有为佛事。"但是，当雍正二年(1724年)罗卜藏丹津叛乱后，郭隆寺的住持活佛竟然纠集数千喇嘛，手持兵器与官军对抗，使雍正皇帝大怒，对其予以严厉打击。而且，他认为西宁的各个喇嘛寺庙已经成为"藏污纳垢"之地。廓尔喀侵藏为乱事件的发生，也与六世班禅的弟弟、红教活佛沙玛尔贪图财富、勾引外敌有关。福康安率领大军击溃入侵者、平定叛乱之后，沙玛尔巴的寺庙被没收，财产被充公，信徒被强令改宗黄教，其活佛转世也被禁止。一些谣言惑众的僧人活佛被剥黄正法。

清朝重用黄教固然与崇奉佛教的政策有关，但是更主要是与安定地方的政治考虑有关，用王先谦的话来说就是："惟喇嘛虽富而弗传子，虽有功而无后患。无事则无患，有事则可用，此列圣尊崇黄教微旨也。"③

五、乾隆皇帝对藏传佛教的态度，有他个人不盲从他人，能够精于思考、勤于学习和探讨的因素

乾隆皇帝确实和藏传佛教发生过密切的关系，并表示过特殊的关

---

① 王先谦：《东华续录》康熙朝卷五六。
②《清圣宗实录》卷二八九。
③ 龚自珍：《与人论青海书》，见《定庵全集》。

照。乾隆九年(1745年),把雍正之藩邸雍和宫改为喇嘛庙,为父祈求冥福;十八年(1753年)重修北京妙应寺白塔,为母祝寿;他还亲自手书《般若波罗蜜多心经》一卷,和其他宗教圣物一起用作镇寺之物。(1978年考古已经发现上述诸物)乾隆皇帝还曾经由六世班禅为其授戒,雍和宫今存乾隆受戒时所用的一套器具和一幅写实画《乾隆受戒图》。如上文所引,乾隆皇帝还随章嘉国师认真学习藏传佛教密法,接受密宗灌定,俨然一个藏传佛教的崇拜者了。这些反映了封建帝王精神世界复杂的一面。①

但是,我们认为乾隆皇帝信佛,既有满足个人精神需要的一面,更是政治需要的表现,其核心和最终目的还在于为实现其政治统治服务。也就是说,他是一位清醒的政治家,而不是沉溺于幻梦中的宗教信徒。其实,当时的人们对黄教在国家政治生活中的地位已经有着清楚的认识,清朝宗室昭梿就直接指出:"国家宠信黄教,并非崇奉其教以祈福也。只以蒙古诸部敬信黄教已久,故以神道设教,借使诚心归附,以障藩篱。"②乾隆皇帝本人也有明确的表述,他说:"本朝之维持黄教,原因众蒙古素素皈依,因示尊崇,为从俗从宜计。"③崇奉黄教"匪尊不二法,缘系众藩情"④。

他在《喇嘛说》中,有一句十分简明的表白,即:"佛本无生,岂能转世?"这种认识出自一位封建帝王之口是极为难得的,而且,他是用心思考得出的结论,既非信口说出,又不是出于对佛教的个人偏见,而是理性思考的结果,其识见实在有过人之处。其实,这种思想几乎一以贯之的,他在处理政治与宗教的关系方面头脑是清醒的,对宗教的在社会生活中的消极作用也有充分的了解,用他自己的话来说,就是:"夫一夫不耕,或受之饥,一女不织,或受之寒,多一僧道,即少一农民。乃若辈不耕而食,

---

① 张羽新:《乾隆与喇嘛教》,见《西藏民族学院学报》1985年第1期。
② 昭梿:《啸亭杂录》。
③ 《清高宗实录》卷一四二七。
④ 乾隆皇帝:《诣安远庙作》诗碑,乾隆四十一年(1776年)撰,现存承德安远庙。

且食必精良,不惟不织,且衣必细美,市庐器用玩好,百物争取华靡,计二农夫三肉祖身耕,尚不足以给僧道一人,不亦悖乎?"①崇奉黄教,礼敬僧人,有不放纵僧人违法乱纪,在大局上,把宗教与政治的关系处理得如此巧妙而得体,确实体现了乾隆皇帝高超的政治艺术水平和杰出的驾御能力。

他在这篇文章的最后一段说道:"夫定其事之是非者,必习其事,而又明其理,然后可。予若不习番经,不能为此言。始习之时,或有议为过兴黄教者,使予徒泥沙汰之虚誉,则今之新旧蒙古畏威怀德,太平数十年可得乎?且后藏煽乱之喇嘛,即正以法。元朝曾有是乎?"道出了自己的心迹,和盘托出了自己学习藏文佛教经典的原委和用心。

六、宗教政策的形成是成熟的理论和社会实践相结合的产物,但是,它是否能够取得成功,还与高超的处理手法和很好地把握机遇有关

乾隆皇帝为了深入探悉藏传佛教的内在奥秘而认真研究佛教经典,甚至作为一个信徒听受佛法,接受灌顶。他用心学习民族语言也是非常具体的表现,用他自己的话来说:"余自乾隆八年(1743年)习蒙古语;二十五年(1760年)平回部,习回(畏吾尔)语;四十一年(1776年)平金川,习番语(金川藏语);四十五年(1780年)因班禅来谒,并习唐古忒语。"②从而做到"对语不须资象译,通情恰惠系深恩"③。这是乾隆皇帝宗教政策能够取得成功的因素之一。

善于把握机遇,并把理论付诸于实践并指导实践活动,实现管理宗教、安定一方的目标,意义更为巨大。他说:"盖举大事者,必有其时与会,而更在乎公与明。时会至而无公与明以断之,不能也;有公明之断,

---

① 王先谦:《东华续录》乾隆朝卷一。
②《热河志》卷四七。
③《清高宗诗文十全集》卷一〇。

而非其时与会,亦望洋而不能成。兹之降廓尔喀,定呼必勒罕,适逢时会,不动声色以成之。去转生一族之私,合内外蒙古之愿,当耄近归政之年,复成此事,安藏辑藩,定国家清平之基于永久,予幸在兹,予敬益在兹矣。"(《喇嘛说》)

乾隆皇帝决心改革西藏地方的管理体制和各项制度,具有明确的目标,其中包括十分关键的活佛管理制度。这一意图贯穿到后来颁行的《钦定藏内善后二十九条章程》中,该章程涉及藏传佛教管理的内容不少,如第一条、第八条、第十条、第十二条、第十四条、第十八条、第二十一条、第二十二条、第二十三条、第二十四条、第二十八条等,都是调整活佛地位和管理权限的,其中最核心的是第一条,即关于金瓶掣签确定转世活佛,包括达赖喇嘛和班禅额尔德尼等大活佛的转世认定。该条指出:"依照藏人例俗,确认灵童必问卜于四大护法,这样就难免发生弊端。大皇帝为求黄教得到兴隆,特赐一金瓶,今后遇到寻认灵童时,邀集四大护法,将灵童的名字及出生年月,用满汉藏三种文字写于签牌上,放进瓶内,选派真正有学问的活佛,祈祷七日,然后由各呼图克图和驻藏大臣在大昭寺释迦牟尼佛像前正式认定。"[①]从而把活佛管理纳入法制化轨道。

采取金瓶掣签确定活佛转世的做法,以及颁布《钦定藏内善后章程二十九条》是清代治理西藏历史上最为重大的举措之一,为西藏地方的稳定和发展发挥了十分显著的作用,而这些措施的出台,都与乾隆皇帝的《喇嘛说》有着密切的关系,后者就是乾隆皇帝对藏传佛教认识的总结,也是他管理西藏地方宗教的思想和理论集中反映,很值得认真研究。而《喇嘛说》中所反映的思想,如果用马克思主义哲学来分析的话,其中既有朴素的唯物主义成分,也有辩证法的闪光点,耐人寻味。

原载周伟洲主编《西北民族论丛》(第一辑),中国社会科学出版社2002年版

---

① 牙含章:《达赖喇嘛传》,人民出版社1984年版,第62—71页。

十二 钦定藏内善后章程二十九条的形成与版本问题

钦定藏内善后章程二十九条(以下简称"钦定二十九条")是由乾隆五十三年(1788年)和五十六年(1791年)廓尔喀人两次武装侵藏及其被逐出而引起的,而导致廓军侵藏的主要原因却是贸易争端。

西藏地方与廓尔喀的直接贸易由来已久,廓尔喀所铸货币(章嘎),也在藏内畅通无阻。以此之故,廓尔喀的部分不法商贩即私铸掺假章嘎,鱼目混珠,冒充纯银章嘎。既使西藏地方在贸易中蒙受巨大损失,造成白银大量外流,也给廓尔喀政府造成金融上的混乱。于是,廓尔喀政府决定另铸新的纯银章嘎,规定一枚新币兑换两枚旧币,并将此通知给西藏地方。这种直接损害西藏地方利益的行径,自然遭到西藏地方政府的拒绝。而刚刚吞并各部,统一尼泊尔,在军事上处于上升状态的廓尔喀当政者,决定以黩武方式解决贸易争端,企图迫使西藏地方就范。

乾隆五十三年(1788年),廓尔喀方面终于找到了借口。这一年五月,廓方向八世达赖喇嘛写信,要求西藏地方与之兑换新旧货币,达赖喇嘛未予答复。六月,廓方即以后藏聂拉木地方的西藏税官增加对廓尔喀商人的课税数额并殴打商人为由,派苏尔巴尔达布率兵入侵西藏,并乘虚直进,占领济咙、聂拉木和宗喀三地。①

廓军入侵的另一条理由是,西藏地方在先前发生的廓尔喀与不丹的冲突中曾支持后者。但是,这些显然都只是一些托辞,其真正的目的不外乎两条:一是向西藏地方施加军事压力,迫使其在对廓贸易上作出退缩与让步,以维护其在贸易中的有利地位;一是企图劫掠后藏地区,尤其是札什伦布等寺院的财富。后一种阴谋又与业已圆寂的六世班禅之弟沙玛尔巴有关。乾隆四十五年(1780年)十一月,六世班禅在京患痘病圆寂,他留下的丰厚财物均为其兄仲巴呼图克图运回西藏,并据为己有。因隔于教派,以羊八井寺为驻锡地、身为噶玛噶举派红帽系第十世法王的沙玛尔巴未分得分文,心怀怨恨,遂借机向廓方告以札寺财富之巨,边防之空虚,怂恿其出兵抢劫。②

廓尔喀第一次侵藏事件发生后,驻藏大臣庆麟即刻上奏朝廷,以"卫藏兵力不敷,咨请四川总督调派兵一千名,由成德带往协剿"。乾隆皇帝即命四川总督李世杰、提督成德,从四川绿营兵及明正、里塘各土司兵内就近调动三四千人,由成德和建昌镇总兵穆克登阿率领,迅速入藏驱敌。同时,谕令成都将军鄂辉准备带兵入藏。③ 廓军先攻克聂拉木,又在攻占宗喀后,围攻胁噶尔。朝廷命庆麟固守后藏,雅满泰在前藏督办军粮,八世达赖喇嘛也在积极为进藏兵丁筹办口粮。为周密计,乾隆皇帝又特派理藩院侍郎巴忠前往后藏督办各事。④

巴忠自作主张,既不遵循乾隆皇帝的旨意,又不接受八世达赖喇嘛的劝告,竟听由沙玛尔巴缀合,派丹津班珠尔等与廓方谈判,约定由西藏地方向廓

①《福康安奏查明廓尔喀两次滋事实情折》,乾隆五十七年(1792)正月二十二日。见第一历史档案馆藏宫中朱批奏折,下未注明之奏折出处均同此。参见中国藏学研究中心等编《元以来西藏地方与中央政府关系档案史料汇编》(以下简称《汇编》,中国藏学出版社1994年版,第708—711页。下引此书,不一一注出。
②《福康安等奏报廓尔喀遣大头人乞降送出丹津班珠尔等折》,乾隆五十七年(1792)六月二十八日。附二:《译出贼酋拉特纳巴都尔来禀》,军机处录副奏折;《清史稿》卷五二五《藩部·西藏》。
③《寄信鄂辉等廓尔喀抢占济咙等地调川兵赴藏堵剿》,乾隆五十三年(1788)七月二十八日,军机处上谕档;《清高宗实录》卷一三〇九。
④《谕巴忠等前往后藏办事》,乾隆五十三年(1788)九月初九日;《清高宗实录》卷一三一二。

方每年提供300个元宝(约合9600两白银),作为换取廓方撤出所占诸地的条件,并立下字据为证。① 同时上报乾隆皇帝,谓"已将聂拉木、宗喀、济咙等地方次第收复"。接着,还让廓方派遣大头人进表纳贡,以示归降。②

噶伦丹津班珠尔等答应廓方要价后,先从札什伦布、萨迦寺,以及后藏贸易商人那里借来300个元宝,作为第一年的赔偿金交给廓方。回到拉萨后,向达赖喇嘛禀知详情,并"恳将所借后藏银两在商上清还"。③

乾隆五十五年(1790年)秋天,廓尔喀派人催要第二笔款目。达赖喇嘛派人带去150个元宝(后补足为300个),欲"以此银付给,将所立合同撤回,永断葛藤,嗣后不得再索要前项"。到边界后,廓方强行劫夺了180个元宝,然后将丹津班珠尔等扣作人质,④并在乾隆五十六年(1791年)七月第二次出兵入侵西藏。

面对廓军入侵,怯懦无能的驻藏大臣保泰十分惊慌,即请将达赖、班禅移居泰宁。受命带兵前往驱敌的鄂辉、成德等人,行兵迟缓,坐失机会,加重了西藏地方局势的危机。这让乾隆皇帝极为失望。五十六年十一月初二日,遂授福康安为将军(后加封大将军),海兰察、奎林为参赞,统率官兵进剿。福康安不负重托,率兵逐出入侵廓军,并深入廓境,直逼阳布(加德满都)。后因天气转寒,士兵们不服水土,以及廓王先后多次请和,送还所俘人质,交出沙玛尔巴尸骨及其妻子、札寺被劫财物和先前所立赔金字据,遂请旨许和,退兵返藏。⑤

驱逐廓军入侵的战斗取得了胜利,但是,通过此次事件也暴露了西藏地方事务中所存在的诸多问题。

首先是防务上的空虚。廓军两次侵藏,很少遇到强有力的抵抗,除

---

① 《福康安奏查明廓尔喀两次滋事实情折》。
② 《兵部录抄内阁抄出鄂辉等奏廓尔喀复遣大头人进表纳贡事折给稽察房移会》,乾隆五十四年(1789)七月;《明清史料》庚编下册,中华书局1987年版,第820—821页。
③ 《福康安奏查明廓尔喀两次滋事实情折》。
④ 同上。
⑤ 《福康安等密陈军行困阻宜早受降完局情形折》,乾隆五十七年(1792)七月十九日,军机处录副奏折。

了都司徐南鹏在日喀则宗城堡固守而外,廓军一路畅通,直抵萨迦和札什伦布,遂得劫掠大量财宝。

第二,驻藏大臣的无权和无能。从廓军第一次侵藏时担任驻藏大臣、御敌无方的庆麟、雅满泰,到第二次侵藏时仓皇失措的保泰、雅满泰(第二次任职),莫不如此。加之驻藏大臣权力有限,就使西藏地方的抵抗活动处于瘫痪或紊乱状态。

第三,受命查办藏事的理藩院侍郎巴忠,竟违逆圣旨,默许沙玛尔巴说和,同意噶伦丹津班珠尔等人与廓方私立字据,致使朝廷两度调兵入藏,耗费巨资与民力,而遵旨率兵入藏的军事大员鄂辉、成德竟"每日只行一站,并不趱程进发",坐失良机,使驱敌之行虎头蛇尾。

第四,噶厦政府内部也存在诸多问题。达赖喇嘛不能约束其弟,使其弟罗布藏根敦扎克巴贪污商上财物,占人地亩,为所欲为。而噶伦们也借达赖喇嘛专心宗教、不问政务之机,擅权妄为,竟然向廓方私许赔偿,并从商上支取,目无法纪。

第五,萨迦寺喇嘛堪布等,在廓军入侵时,屈从压力,献上哈达,而札什伦布寺的仲巴呼图克图,在敌至之前携资逃窜;该寺的降神喇嘛竟占卜惑众,散乱人心。更有甚者,沙玛尔巴身为呼图克图,居然以未分得财物之怨,即行勾引敌人入侵藏内,怂恿敌人抢劫札寺财物,足见僧界上层中存在问题同样不少。

乾隆皇帝针对西藏地方业已出现的问题,一经查明,即予以严肃处理。乾隆五十三年(1788年)十月,以驻藏大臣庆麟听任萨迦呼图克图及达赖喇嘛之言,私与巴勒布(即廓尔喀)讲和,诏革其公爵,降为蓝翎侍卫。十二月,将其革职,枷号三年,仍留西藏效力。次年二月,又以其抵藏后任意修饰房屋,怠于公务,并听信索诺木旺扎勒(尔)之言,隐匿巴勒布呈进表文不奏,将其解赴打箭炉枷号三年,让往来西藏的大臣官员触目惊心,以昭炯戒。①

_____

① 《清高宗实录》卷一三一四、一三一九、一三二三等。

　　乾隆五十四年(1789 年)二月,将雅满泰贬阿克苏领队大臣。次年五月,因舒濂办事不协,雅满泰再度出任驻藏大臣。五十六年(1791 年)廓军侵藏,督办不力,先被革职枷号,后被拿解至京。驻藏大臣普福被革去侍郎,在三等侍卫上行走;保泰被革职留藏效力;巴忠则在其所办诸事被揭发后畏罪自杀;鄂辉、成德等钦命大臣,几乎无例外地受到降职处分。①

　　对于畏罪自杀的噶伦索诺木旺扎尔和红教喇嘛沙马尔巴,均被革去名号,抄没家产,收归达赖喇嘛商上公用。前者子孙不准承袭,后者活佛系统不准"转世",且由红教(噶玛派)改宗黄教(格鲁派)。将祷验龙单、妖言惑众的降神喇嘛,为首者(罗布藏丹巴)剥黄正法;其余四人,遵旨解京。对于临阵逃跑的仲巴呼图克图,念其系前世班禅之兄,姑从宽典,拿解至京。②

　　乾隆皇帝大刀阔斧的整肃,使西藏地方局面获得新的转机。为了革除积弊,从根本上实现西藏地方的长治久安,清朝中央政府结合西藏地方实际,因地制宜,制订出办理藏内事务的纲领性文件——钦定二十九条。

　　总括藏内事务的钦定二十九条,是清代中期以后,中央政府治藏政策方面的一个纲领性文件,也是一份细密而又具体的地方性法规。它的出现,标志着清朝中央政府治藏基本政策的最后形成。这一章程直接指导了清朝中期以后,中央政府在西藏地方的施政活动,并维护了西藏地方以政教合一为特色的封建农奴制的统治制度,其意义和影响十分巨大,学术界议之者也甚多,此不赘述。今就钦定二十九条的形成过程与依据论列如下。

　　首先,钦定二十九条是依据成例,并吸收自清初以来百余年在治藏方面的成功经验形成的,它并非是瞬间出现的。乾隆十五年(1750 年),

①　松筠:《卫藏通志》卷一三上,见《西藏志·卫藏通志》,西藏人民出版社 1982 年版,第 359—360 页。

②《谕令送仲巴呼图克图至京安插并派岁本堪布返札什伦布寺安辑僧众》,乾隆五十六年(1791)十月二十二日。

负责西藏地方军政事务的郡王珠尔默特那木扎勒叛乱失败,乾隆皇帝派四川总督策楞人藏,处理善后事务,并明确指出:此措置唐古忒(特)一大机会也,若经理得宜,自可永远宁谧,否则久复别生事端。珠尔默特那木扎勒敢怀逆志,由于地广兵强,事权专一。嗣后,唐古忒(特)应多立头目,以分其势,尔等共详议善后事宜,为一劳永逸计。"①最后便形成了清代中央管理西藏地方事务的第一个较系统的重要文件——"钦定藏内善后章程十三条"。它的贯彻和执行,是成功的,有利于地方的安定与发展。

第二,廓尔喀第一次侵藏事件发生后,乾隆皇帝即针对当时边防空虚的状况,在乾隆五十三年(1788年)十月十三日,谕内阁,著巴忠传旨申饬驻藏大臣庆麟,"此事完结之后,交界地方如何安置唐古特兵丁防守,如何操练及一切应办事件,着交巴忠于办理善后时,务与鄂辉尽心商办,以期永远奉行,实有裨益。"②

乾隆五十四年(1789年)二月十七日,在廓军撤出后藏以后,乾隆帝又谕令成都将军鄂辉:"兹虽事竣,撤兵后藏内诸务,倘不订立章程,复有贼匪入侵,无所防备,又需大张办理,藏众亦不得长享安全。以前补放藏地噶伦、戴本、第巴,均由达赖喇嘛专办,驻藏大臣竟不与闻。倘达赖喇嘛明理,择优补放,于事犹有裨益。现在达赖喇嘛朴实无能,不能掌事,仅仗近侍喇嘛办事,凡有噶伦、戴本、第巴缺出,未免轻听属下人等情面补放,譬如噶伦索诺木札勒、第巴桑干等,即为明证也。……(嗣后)专责驻藏大臣拣选藏地噶伦、戴本、第巴拣选请补,方为于事有益。并著驻藏大臣等,平素先将众噶伦、戴本、第巴,或优或劣,悉心查察,俟缺出拟补时,更自有主见,不为属众所惑,而于偶遇紧急事件差遣,亦可期得力。驻藏大臣内或有不肖者,每年达赖喇嘛、班禅额尔德尼遣使呈进丹书,顺

---

① 《谕军机大臣等措置西藏事宜基本政策著详悉定议并备细传谕策楞等》,乾隆十五年(1750)十一月十七日;《清高宗实录》卷三七七。

② 《谕内阁听从抄玛尔巴与廓尔喀私和甚属错谬著巴忠传旨申饬庆麟等》,乾隆五十三年(1788)十月十三日,内阁杂册。

便将驻藏大臣错谬之处据实陈奏,亦无不可,朕即重治其罪,决不宽恕。"① 已经提出了订立章程,解决西藏地方官员选择任用权和驻藏大臣的地位问题,同时还对练兵、驻防及确定军需供应等提出具体要求。②

依据这一要求,成都将军鄂辉、参赞大臣成德、御前侍卫侍郎副都统巴忠和驻藏大臣舒濂等,提出了"藏地善后事宜十九条",在乾隆五十四年(1789年)六月二十七日,经由军机处大臣和珅等商议后,上奏乾隆皇帝,内容有:(一)在后藏酌拨绿营官兵以资防御,并于拉子、萨喀、胁噶尔等要地驻扎藏兵;藏兵按期训练;西藏粮台应建立仓贮,以济缓急;立赏奖励藏兵。(二)驻藏大臣与达赖喇嘛公办事件应酌定章程;补放第巴,无论缺之好坏,均应亲往办事,不得派人代替;驻藏大臣应每年亲历后藏巡查,并就地检阅驻兵,噶伦每年也应亲往巡查;两位驻藏大臣应同居一处,遇事商同办理;对于噶伦、戴本的选择应慎重。(三)对在藏贸易的外番,应令噶伦等公举可靠能干的第巴,协同该处派来的番目善为抚驭;酌量减少后藏抽收巴勒布的税项;藏地销售的食盐应分别质量高低,酌定价格。(四)驻藏理藩院司员及驻藏游击,应请发给关防,以昭信守;胁噶尔新设戴本,请援例赏给号纸。(五)四川至西藏的台站应分东西两部分管理;派驻台站的文武官员,三年期满,请援两金川屯员边俸之例,量予升擢,并拣干练官兵换班驻防。此外,还对军饷运输、驻藏官兵的军纪等提出要求与意见。③ 这可以说是钦定二十九条出台的先声。

第三,廓尔喀第二次侵藏后,善后应办事宜急剧增多。乾隆皇帝先后处理了办理不力或失职的在藏大员和札寺占卜惑众的喇嘛、仲巴呼图克图等,命令福康安率军人藏驱敌并办理善后事宜。乾隆五十七年(1792年)正月,福康安抵达拉萨后,即面告达赖喇嘛、班禅额尔德尼:"将来剿平贼匪后,一切善后事宜,必须另立章程,逐一筹办,务使边圉谧宁,

---

① 《谕鄂辉等事竣之后应订立章程》,乾隆五十四年(1789)二月十七日,军机处满文巴勒布档。
② 《谕鄂辉等事竣之后应订立章程》。
③ 《和珅等遵旨议复藏地善后事宜十九条折》,乾隆五十四年(1789)六月二十七日;《清高宗实录》卷一三六二。

永除后患。"达赖和班禅均表示:"将来应办事宜,悉听裁酌主持,永远遵奉。"①

同年同月,乾隆帝又颁布圣旨,认为:"卫藏一切事务,由达赖喇嘛与噶布伦商同办理,不复关白驻藏大臣,相沿已非一日。但达赖喇嘛系出世之人,岂复经理俗务?噶布伦等因达赖喇嘛不复措意,遂尔从中舞弊,以至屡次滋衅。鄂辉办理藏务,仍事事令噶布伦干预,积习相沿,不可不大为整顿。嗣后遇有应办事件,驻藏大臣与达赖喇嘛商同办理,噶布伦等应与在藏章京会办,不得稍有专擅。或驻藏大臣办事偏私,达赖喇嘛原可据实参奏,朕必当严行惩治。若达赖喇嘛虑及参劾驻藏大臣,派出审办大臣不免袒护,此尤事之必无。朕办理庶务,一秉至公,达赖喇嘛更可毋庸过虑。"福康安接到谕旨,即遵令告知达赖喇嘛,达赖喇嘛及摄政济咙呼图克图等,均表示积极拥护。②

第四,廓尔喀入侵军被彻底驱逐出西藏以后,班师回藏的大将军福康安,先后会见班禅与达赖,并再次提到善后章程等事。至拉萨后,即受命与四川总督孙士毅、驻藏大臣惠龄、和琳等"公同详酌","另立章程,务期经久无弊,一劳永逸"。乾隆皇帝还为其提出了七条改革内容,其要点有:(一)改革活佛转世方法,防止出现活佛"世职"现象,"嗣后应令拉穆吹忠四人认真作法,降神指出,务寻实在根基呼毕勒罕姓名若干,将其生年月日各写一签,贮于由京发去金奔巴瓶内,令达赖喇嘛等会同驻藏大臣公同念经,对众拈定具奏,作为呼毕勒罕。"(二)驻藏大臣不仅拣放商卓特巴、噶伦、第巴、戴本等官出缺,而且要综核商上收支。但又不能挪用商上钱财,也不能限制达赖喇嘛、班禅额尔德尼例需各项开支。(三)此后商上若有羡余,达赖喇嘛、班禅额尔德尼不可视为己有,且不得专给喇嘛,必须普及民众,使僧俗联为一体,同心保卫西藏地方。(四)撤兵后查明藏内边界,一一设立鄂博,不许私立越界。驻藏大臣按四季二

①《福康安奏报抵藏后达赖喇嘛班禅面宣谕旨情形折》,乾隆五十七年(1792)正月二十二日。
②《福康安奏达赖喇嘛遵旨嗣后藏务由驻藏大臣与伊酌商妥办不许噶伦专擅折》,乾隆五十七年(1792)正月二十六日。

人轮流亲往济咙、聂拉木、宗喀等边地稽查。①

以上各条虽不完善，但也足以表现出乾隆皇帝和清朝中央政府对改革西藏地方管理制度及加强驻藏大臣督办藏内一切事务的职能之主要意图。

第五，福康安在接到乾隆皇帝的谕旨后，与孙士毅、惠龄、和琳等人，征求达赖喇嘛和班禅额尔德尼的意见，给合西藏地方的当时实际情况，积极工作，连续呈上奏折并获得乾隆皇帝的细密批示，最后终于形成了钦定二十九条的全部内容。

乾隆五十七年（1792年）十月二十三日，福康安等奏，拟将即将送来的钦颁金瓶供奉拉萨大昭寺内，并奏周边国家商人在藏交往贸易必须立法稽查折。② 十一月初二日，奏酌定稽查商上收支，并劝谕达赖喇嘛蠲免租赋，减轻人民负担折，同日奏复酌定额设藏兵及训练事宜六条折。二十一日，奏"拟卫藏善后章程六款"折。十二月十一日，奏"尚有应行办理章程十八条"折。③ 从而完成钦定藏内善后章程的制订工作。

钦定二十九条包括这样几个方面的内容：（一）关于驻藏大臣的地位及其与达赖、班禅的关系，噶厦官员的任免、升降与待遇等问题。（二）用金瓶掣签确定达赖喇嘛、班禅额尔德尼及其他主要活佛的转世，以及寺庙管理、堪布任免，蒙古信众迎请西藏活佛的手续问题。（三）货币改革、地方政府税收、乌拉差役及减免负担、旧欠赋税等问题。（四）建立正规额设藏军问题。（五）关于外事、外侨及外贸管理等问题。④ 各项改革措施的核心是：在行政上加强驻藏大臣督办藏内一切事务的权力，宗教上以金瓶掣签形式严格活佛转世管理制度，军事上加强边防力量和维护地

① 《谕军机大臣传知福康安等所指各条著详酌妥办》，乾隆五十七年（1792）八月二十七日；《钦定廓尔喀纪略》卷四〇。
② 《福康安等拟将钦颁金瓶在大昭寺内供奉事折》；《福康安等奏周边国家商人在西藏贸易交往须立法稽查折》，以上均为乾隆五十七年（1792）十月二十三日。
③ 《福康安等奏藏内善后条款除遵旨议复者外尚有应行办理章程十八条折》，乾隆五十七年（1792）十二月十一日；张其勤：《清代藏事辑要》，西藏人民出版社1983年版，第332—341页。
④ 参阅牙含章编著：《达赖喇嘛传》，人民出版社1984年版，第62—72页。

方安全,财政上完善管理手续,防止贪污与铺张浪费。其中前两点尤为重要,为此,乾隆皇帝除了三令五申地强调驻藏大臣在督办藏内事务中的重要性之外,还亲自撰写了《喇嘛说》一文,明确他对佛教的态度,文说:"兴黄教即所以安众蒙古,所系非小,故不可不保护之,而非若元朝之曲庇谄敬番僧也。""近世其风日下,所生之呼必勒罕,率出一族,斯则与世袭爵禄何异?予意以为大不然。盖佛本无生,岂能转世,但使今无转世之呼土克图,则数万番僧无皈依,不得不如此耳。……兹予制一金瓶送往西藏,于凡转世之呼必勒罕,众所举数人,各书其名置瓶中,掣签以定。虽不能尽去其弊,较之从前一人之授意者,或略公矣。"[1]从而,使指导西藏地方各项事务的政教大政方针确定下来。

钦定二十九条的版本问题是应该予以关注的重要问题。我们现在看到的钦定二十九条是藏文本,对于它的来源,以及是否存在汉文本或其他文体的钦定二十九条章程,我们也拟予探讨。

钦定二十九条,就目前所见,只有藏文本一种文本形式,而藏文本可以见到的,至少有三种大同小异的抄本。[2] 但是,尚未见到汉文本的"钦定二十九条",并不是说汉文中不存在二十九条章程的内容,更不能说钦定二十九条的藏文本是孤立存在的。恰恰相反,钦定二十九条章程的藏文本不是由汉文(或者也有满文)翻译而来的,汉文本才是它的原始形式,只不过汉文本不是以二十九条方式,而是以福康安、孙士毅、惠龄、和琳等人的奏折和乾隆皇帝的朱批谕旨表现出来的。

钦定二十九条章程的藏文原件(文),见于西藏自治区档案馆所藏《水牛年(1793)文书》,汉译文见牙含章编著《达赖喇嘛传》,[3]现结合汉文档案材料,[4]对其一一勘定,明其来历。

---

① 勒文石碑今存北京雍和宫,文用满、汉、蒙、藏四体,参见张羽新:《清政府与喇嘛教》,西藏人民出版社 1988 年版,第 339—343 页。
② 参阅蔡志纯、黄颢编著:《活佛转世》,中国社会科学出版社 1992 年版,第 235 页。
③ 牙含章编著:《达赖喇嘛传》,人民出版社 1984 年版,第 62—72 页。
④ 见中国藏学研究中心等编:《元以来西藏地方与中央政府关系档案史料汇编》,中国藏学出版社 1994 年版。

（1）钦定二十九条中，第一条有关金瓶掣签确定达赖喇嘛、班禅额尔德尼及其他主要呼图克图转世灵童的内容，出自乾隆五十七年八月二十七日乾隆皇帝谕军机处传知福康安等，详酌妥办七条事务之第一条，① 以及同年十月二十三日，福康安等奏拟将钦颁金瓶在大昭寺内供奉事折。②

（2）第二条有关廓尔喀及克什米尔等外番与西藏贸易及边境设卡稽查等内容，出自乾隆五十七年（1792）十月二十三日福康安等奏周边国家商人在西藏贸易交往须立法稽查折。③

（3）第三条有关币制改革的内容，出自乾隆五十七年（1792）十二月初六日乾隆皇帝谕传福康安等颁发藏币钱式等。④ 其详细内容又见张其勤《清代藏事辑要》一书。⑤

（4）第四条有关藏兵额设数目、驻防地点等事；第五条有关藏军的建制及所辖人数、军官的迁升等事；第六条有关藏军官兵的粮饷问题；第七条有关藏军的武器装备等，出自乾隆五十七年十一月初二日福康安等奏复酌定额设藏兵及训练事宜六条折。⑥

（5）第八条有关驻藏大臣审核达赖喇嘛与班禅额尔德尼商上用度；第九条有关达赖喇嘛及噶厦应减免平民租赋差徭等事，出自乾隆五十七年十一月初二日福康安等酌定稽查商上收支，并劝谕达赖喇嘛蠲免租赋等事折。⑦

---

① 见《元以来西藏地方与中央政府关系档案史料汇编》第 763—764 页；《钦定廓尔喀纪略》卷四一〇

② 见《元以来西藏地方与中央政府关系档案史料汇编》第 776—777 页，又见张其勤《清代藏事辑要》，西藏人民出版社 1983 年版，第 298、346 页；《清高宗实录》卷一四一一；《卫藏通志》卷五等。

③ 见《元以来西藏地方与中央政府关系档案史料汇编》第 777—779 页，又见张其勤《清代藏事辑要》第 342—344 页等。

④ 见《元以来西藏地方与中央政府关系档案史料汇编》第 759 页。

⑤ 张其勤《清代藏事辑要》，西藏人民出版社 1983 年版，第 325—327 页。

⑥ 见《元以来西藏地方与中央政府关系档案史料汇编》第 783—788 页，又见张其勤《清代藏事辑要》第 320—324 页；《钦定廓尔喀纪略》卷四七。

⑦ 见《元以来西藏地方与中央政府关系档案史料汇编》第 780—783 页，又见张其勤《清代藏事辑要》第 308 页等。

（6）第十条有关驻藏大臣议事与达赖喇嘛、班禅额尔德尼地位平等问题；第十一条由驻藏大臣和达赖喇嘛拣选噶伦、戴本、商上仔本、商卓特巴等下属官员；第十二条有关达赖喇嘛、班禅额尔德尼的亲属不得参与政事；第十三条有关驻藏大臣每年应亲身巡查前后藏，督察练兵等内容，出自乾隆五十七年十一月二十一日福康安等奏拟卫藏善后章程六款折。①

（7）从第十四条有关达赖喇嘛、班禅额尔德尼与外番通信应告知驻藏大臣详为商酌，到第二十九条有关杜绝各村庄提前征收百姓赋税，或将逃户赋税转嫁给其他百姓的错误做法等，计十六条，出自乾隆五十七年十二月十一日福康安等奏藏内善后条款除遵旨议复者外，尚有应行办理章程十八条折。②

从以上对比中，我们可以看到，除第一条、第二条、第三条、第八条和第九条等之外，其余各条主要来自乾隆五十七年十一月初二日酌定额设藏兵及训练事宜六条折、同年十一月二十一日的卫藏善后章程六款折和同年十二月十一日的尚有应行办理章程十八条折这三条奏折，但是，又并没有照抄原奏折的所有内容，而是有所取舍的。

乾隆五十七年十一月初二日的六条折中，钦定二十九条取其前四条，分别形成了第四、第五、第六和第七各条。没有被抄录的另两条是：（一）济咙、聂拉木等处边界毋庸另设番兵驻守。（二）严禁将备弁兵欺凌番兵并役占番兵，以实营伍。前者由于无须另设藏兵驻守，说明前议业已解决，自然毋庸列进章程；后者是军纪问题，只需训令明白，也无须纳入关乎西藏地方大政的二十九条章程。

在乾隆五十七年十一月二十一日的六款折中，钦定二十九条也取其前四条，分别形成章程中的第十、第十一、第十二和第十三各条。没有抄

① 见《元以来西藏地方与中央政府关系档案史料汇编》第788—791页，又见张其勤《清代藏事辑要》第327—330页。

② 见《元以来西藏地方与中央政府关系档案史料汇编》第795—802页，又见张其勤《清代藏事辑要》第332—340页；《清高宗实录》卷一四二一。

录的另两条是：（一）驻藏文员应请添设。（二）驻藏大臣衙门及文武各员酌定听差兵丁数目，以实操防。这两条在乾隆五十七年十二月二十八日阿桂等遵旨议奏福康安等酌定善后事宜各款中已经提到，在乾隆皇帝的朱批奏折中，也涉及驻藏属官人员的增减问题，故也无须再写入章程。

在乾隆五十七年十二月十一日的十八条折中，钦定二十九条取其前十六条，分别形成该章程的第十四条到第二十九条。未收入章程的两条是：（一）驻藏大臣衙门应设译写廓尔喀番字通事人役。（二）廓尔喀贡使往来应酌派文武官员护送。这两条同样可以通过简单的行政手段加以解决，自然也不会受到军机大臣们的格外重视，更不足以纳入指导西藏地方大政方针的钦定二十九条章程之中。

据此，我们可以说，钦定二十九条已经包括了福康安等所奏各项改革事宜的基本内容。这些内容有的为乾隆皇帝的指示，但大多数为福康安等依据皇帝圣旨精神，并结合西藏地方实际新提出来的，都毫无例外地要经过军机大臣会同大学士、议政九卿等的商议，最后报请乾隆皇帝批准的。

钦定藏内善后章程的各项内容形成后，被翻译为藏文，即形成钦定二十九条，并于乾隆五十八年（1793 年）颁布执行。这一年是藏历水牛年，故藏文也称其为"水牛年文书"（chu glangwang shu tshur：phul gyi deb），钦定二十九条是其中之一。

据档案资料记载，乾隆五十八年（1793 年）二月二十三日，福康安等令人"将定立章程翻出唐古特字，同至布达拉面见达赖喇嘛，与之逐条详细讲论，并传集各呼图克图、大喇嘛等，及噶布伦以下番目，谕以大皇帝振兴黄教，保护卫藏，焦劳宵旰，上廑圣怀，总期边境无事，达赖喇嘛等得以奉教安禅，僧俗人等咸资乐利，是以屡奉谕旨，将藏内一切章程详细训示。我等现已遵旨查明藏地情形，逐条熟筹，妥议具奏。达赖喇嘛等当知感激圣恩，遵依办理，方于藏地有益，不可狃于积习，日久懈弛"①。

────────────

① 《福康安等奏藏事章程已定阖藏欢欣遵奉折》，乾隆五十八年（1793）二月二十四日。

达赖喇嘛、摄政及各大喇嘛呼图克图等，表示完全拥护钦定二十九条。达赖喇嘛合掌告称："我自幼仰蒙大皇帝天恩，至深极重，不啻如父之爱子。……所议各条，皆系怜爱僧俗，体恤番情，实可垂之永久。……从此谨守章程，事事与驻藏大人会商办理。我惟有习静修持，虔诵万寿经典，仰报大皇帝高厚鸿恩，断不敢稍有格碍。"①

该章程对"所有从前五十四年、五十五年鄂辉等两次所议章程，今已另加更改，应照现定条款遵行，以昭划一"②。它得到了西藏地方僧俗群众的真诚支持与积极响应。

那么，钦定二十九条章程是否存在一个汉文本呢？对此，我们有这样几点认识：

第一，我们既然已经确认了藏文本来自汉文奏折，并对其来历进行了一一勘对，证明其准确无误，而藏文本的钦定二十九条全部存在于汉文奏折之中，并构成其最根本的内容，汉文奏折是由乾隆皇帝钦定的，译自汉文奏折的藏文二十九条章程自然也是钦定的，那么，是否存在汉文本二十九条这一文本形式，已不复重要，它丝毫不会影响到钦定二十九条内容的真实性和它来自汉文的确定性。

第二，诚如我们上文所言，藏文本的钦定二十九条，业已包括了汉文奏折中最核心的，或者说是全部较为重要的内容，而未被采纳入藏文本钦定二十九条的，则是少数次要的，或者已经得到解决，或者可以通过简单的行政手段立即获得解决的问题，如果去掉这些内容，则汉文奏折应该说就是汉文本的钦定二十九条，无须在上奏朝廷并获得皇帝批准的各项奏折之外，再形成一个所谓的汉文本"钦定二十九条章程"，然后再报请皇帝批准，这样做既无必要，目前也无史料证据可以为之说明。

第三，据福康安、孙士毅、和琳、惠龄等人在乾隆五十八年(1793)二月二十四日所奏"藏事章程已定，阖藏欢欣遵奉"折中所言，对于善后章

---

① 《福康安等奏藏事章程已定阖藏欢欣遵奉折》。
② 同上。

程，"应俟臣等节次奏折奉到训谕后，由驻藏大臣衙门翻写番字，刊刻出示，在前后藏各处张挂，晓谕穷乡僻壤，咸使周知，以仰副圣主卫法定制、爱育番黎至意"①。即福康安等人是将先后各次所奏章程，在获得皇帝的批准后，直接译成藏文本，并形成钦定二十九条的，并没有由奏折组成一个汉文本的钦定二十九条，然后再译之为藏文，形成藏文本的钦定二十九条章程。因而，所谓的钦定二十九条章程的汉文本也许并不存在，即使有人发现了这样一种汉文本的钦定二十九条，那也只是为了方便翻译而使用的一个底稿而已，它对说明钦定二十九条并无突出的意义。人们自然也无须为它之不出现会对钦定二十九条真实性制造什么影响或遗憾而担心。

原载《民族研究》1997 年第 5 期

---

① 《福康安等奏藏事章程已定阖藏欢欣遵奉折》。

十三　乾隆皇帝处理廓尔喀侵藏善后事务的一些基本思想

　　廓尔喀入侵西藏被驱除，以及乾隆皇帝颁布《钦定藏内善后二十九条章程》，是清朝西藏历史上的重大事件。通过这些事件，人们可以看到当时西藏地方所面临的各种问题，看到清朝是如何调整治藏政策，规范地方管理的。作为这些重大变革中的决策者，乾隆皇帝的治藏思想无疑具有特殊的地位，本文试图就此略加探讨，期有助于相关研究的深入。

　　从乾隆处理善后事务，以及改革西藏地方管理制度的一些列谕旨来看，乾隆皇帝既注意到全局的、根本的问题，同时也十分重视一些细节问题；既注意表层问题的处理，也重视深层次问题的解决；就社会群体来说，既注意照顾上层贵族利益，也注意关切下层百姓的疾苦；既加强朝廷对西藏地方的掌控，又注意地方作用的发挥；既注意发挥达赖、班禅等上层宗教势力的作用，又重视增强世俗阶层的管理能力，从而为西藏地方的稳定和减轻百姓负担，创造了良好的条件，很值得认真总结。依据我们的分析，乾隆皇帝处理善后事务的基本思想主要有这样几方面内容。

一、提高驻藏大臣地位,增强操控地方能力

1. 规定驻藏大臣办理西藏事务,其政治地位与达赖喇嘛、班禅额尔德尼平等

乾隆十五年(1750 年),驻藏大臣傅清、帮办大臣拉布敦为叛酋珠尔墨特那木扎勒所害。朝廷出兵平息,接着废除君王制,在西藏地方建立达赖喇嘛领导下的噶厦管理体制,任命四噶伦(三俗一僧),明确达赖喇嘛与驻藏大臣的最高权力。四川总督策楞等拟定,并经乾隆皇帝批准的《西藏善后章程》(即十三条)明确了西藏地方的行政、宗教、经济和军事管理原则。其核心在于加强达赖喇嘛的政教地位,以及确认驻藏大臣的同等权力。[①] 我们从这十三条的内容来看,其中涉及驻藏大臣权力的有七条(二、三、四、七、八、九、十三),而涉及达赖喇嘛权力的则有十二条(二、三、四、五、六、七、八、九、十、十一、十二、十三),相比之下,显然,该章程注重加强达赖喇嘛的政教权力。尽管在当时是一项务实而有效的章程,强调了驻藏大臣办理西藏地方各项事务与达赖喇嘛同等的权力,如:第二条:"凡地方之些小事务,众噶隆秉公会商,妥协办理外,其具折奏事重务,并驿站紧要事件,务须遵旨请示达赖喇嘛并驻藏大臣酌定办理,钤用达赖喇嘛印信、钦差大臣关防遵行。"第三条:"嗣后凡遇补放碟巴头目等官,噶隆等务须秉公查办,公同禀报达赖喇嘛并驻藏大臣酌定,俟奉有达赖喇嘛并钦差大臣印信文书遵行。"第七条:"嗣后凡遇调遣兵马,防御卡隘,均应遵旨,听候达赖喇嘛并驻藏大臣印信文书遵行。"但同时也存在缺陷,那就是驻藏大臣主宰地方军政事务的权力没有得以体现。

《钦定藏内善后二十九条章程》颁布后,这一局面得到根本性的扭转。《卫藏通志》卷一二章程"镇抚"记:"驻藏大臣督办藏内事务,应与达

---

① 《酌定西藏善后章程十三条》,《清高宗实录》卷三八五;又见张其勤著,吴丰培辑:《清代藏事辑要》,西藏人民出版社 1983 年版,第 179—184 页。

赖喇嘛、班禅额尔德尼平等。自噶布伦以下番目及管事喇嘛,分系属员,事无大小,均应禀明驻藏大臣办理。至札什伦布诸务,亦俱一体禀知驻藏大臣办理。仍于巡边之便,就近稽查管束。""达赖喇嘛、班禅额尔德尼之呼毕勒罕,以及前后藏大小呼图克图之呼毕勒罕,察木多、类乌齐、乍丫、萨喀、西宁等处呼图克图之呼毕勒罕,一经呈报出世,指出数名,均由驻藏大臣将其姓名生年月日,用清汉唐古忒三样字缮写牙签,贮于钦颁金本巴瓶内,先期传唤喇嘛齐集大昭诵经七日,届期,驻藏大臣亲往监同抽掣。""前后藏遇有噶布伦、戴本、商卓特巴以下大小番目等缺,统归驻藏大臣会同达赖喇嘛拣选,分别奏补拣放。其达赖喇嘛、班禅额尔德尼之亲族人等,概不准干预公事。"①

乾隆五十七年"十一月,大学士公福康安等会奏,卫藏一切,本应驻藏大臣管理,乃向来驻藏大臣惟资坐镇,不复预闻。积习相沿已久,噶布伦等因达赖喇嘛清净焚修,不能留心公事,遂假借达赖喇嘛声势,营私舞弊,诸事擅专。前此驻藏大臣又复不谙大体,一切委之达赖喇嘛,转付噶布伦等,任所欲为,以致藏务日就废弛。今当严定章程之时,必须革除积弊,方可大加整饬。查,回疆驻扎大臣,一切皆归衡夺,其阿奇木伯克等遵照奉行。驻藏大臣职分相同,嗣后驻藏大臣督办藏内事务,应与达赖喇嘛、班禅额尔德尼平等。自噶布伦以下番目及管事喇嘛,分系属员。事无大小,均应禀驻藏大臣办理,以肃纪纲。至札什伦布诸务,现因班禅额尔德尼年幼,系岁本堪布代管。凡遇一切公事,亦令一体禀知驻藏大臣办理,并于巡边之便,就近稽查管束,庶卫藏事权归一,积弊可以永除矣。"②这里关键一条是加强驻藏大臣全面掌管西藏地方事务的权力,以保障西藏地方管理体制的正常运转。

---

① 《西藏志卫藏通志》合刊,西藏人民出版社1982年版,第333页。下文简称《卫藏通志》合刊"。
② 福康安等奏酌拟卫藏善后章程六款折,乾隆五十七年(1792年)十一月二十一日;《卫藏通志》合刊第317页。

2. 改变选择"中才"出任驻藏大臣之时弊,选择优秀人才主持西藏事务

边疆远离朝廷,是民族聚居和宗教信仰浓厚之地,历代多实行羁縻或相对特殊的管理政策,下情的上传,中央旨意的下达,管理是否有效,关键在用人,用什么人直接影响到边疆是否安宁、人民是否安乐、中央政令是否畅通这样一些大问题。应该说,清朝早期派往西藏办事的驻藏大臣大多堪当大任,恪尽职守。如首任驻藏大臣僧格、玛拉,以及危难之际舍身平逆的驻藏大臣傅清、拉布敦等,都在此列。但是,由于体制上的扞格和管理上的松懈,在用人上也出现一些问题。文献记载:"乾隆五十七年八月二十七日,奉上谕:向来大臣内才堪办事之人,多留京供职。其从前派往驻藏办事,多系中材谨饬之员。该大臣等前往居住,不过迁延岁月,冀图班满回京,是以藏中诸事,任听达赖喇嘛及噶布伦等率意径行,大臣等不但不能照管,亦并不预闻,是藏驻大臣竟成虚设。"[①]要真正使好的政策发挥作用,改变用人政策是一个关键环节,善后章程颁布后,乾隆皇帝也试图改变优秀人才只留京师,委任"中才"掌管边疆的用人的传统,而选择优秀人才担任驻藏大臣,以确保边疆稳固,社稷安宁。基于这种管理理念上的转变,乾隆皇帝撤换并革职查处了先前的驻藏大臣巴忠、普福、鄂辉等人,先后任用心细、识大体的干练之才和琳和久任封疆大吏、业绩卓著的松筠等担任驻藏大臣,给西藏地方兴利除弊和恢复发展产生了积极而重大的影响。

3. 要求驻藏大臣处理好个人信佛与履行职责之间的关系

边疆大吏和地方宗教领袖的关系是处理中央政府与地方政府关系中十分重要的一个方面,清朝尽管在西藏、蒙古和新疆等重要边疆地方设置了职责近似的驻藏大臣、伊犁将军和库伦大臣,但是他们与地方宗教首领之间的关系却存在某些明显差别,以同样信奉藏传佛教的西藏和蒙古而言,驻藏大臣地位与达赖、班禅平等,而库伦大臣则要在会晤哲布

---

① 《卫藏通志》合刊第 315 页。

尊丹巴呼图克图时行跪拜礼(晚清才有所改变),而按照黄教的等级,哲布尊丹巴呼图克图还低于达赖喇嘛和班禅额尔德尼。尽管如此,乾隆皇帝没有触及库伦大臣与哲布尊丹巴呼图克图之间的关系,却不断调整了达赖喇嘛、班禅额尔德尼与驻藏大臣的关系,主旨只有一个,就是要逐步提高和加强驻藏大臣的地位。

关于驻藏大臣与达赖喇嘛的关系,乾隆皇帝曾在谕旨中指出:"达赖喇嘛系主持黄教之人,藏内蕃众及蒙古诸部落莫不尊崇敬奉。驻藏办事大臣,亦应稍加优礼,因谕以对于达赖喇嘛不可不过于崇奉,俾擅专权;亦不可微露轻忽,致失众望。务虚留心体察,处置得宜。"①然而要真正处理妥当,却也并非易事。普福等人在藏办事,惟达赖喇嘛之命是听,甚至自作主张,奏请八世达赖喇嘛之弟办理掌办达赖喇嘛日常事务,导致政令松弛、贪污丛生等弊端。

在善后二十九条章程中,乾隆皇帝再次强调要处理好驻藏大臣与达赖喇嘛和班禅额尔德尼之间的关系。乾隆五十七年闰四月壬辰(1792 年6 月13 日),乾隆皇帝就提醒刚到西藏办事的和琳,指出:"和琳平素敬佛,此次到藏见达赖喇嘛、班禅额尔德尼自必照常瞻礼致敬,于佛法固当如此。"②但是,由于过于谦逊便和所属无异,地位竟同噶伦一样。"鄂辉、和琳均系钦差大臣,除拜佛瞻礼之外,其办事原应与达赖喇嘛、班禅额尔德尼平等。"③要力矫积习,从而使事权归一,实现"抚御番民,永绥卫藏"目标。五十九年八月丙寅(1794 年9 月5 日),乾隆皇帝谕军机大臣等,根据成德的奏折,"和琳办事甚妥,且见达赖喇嘛不行叩拜,达赖喇嘛惟命是听。"④"现派松筠赴藏办事,伊系蒙古,素遵黄教,倘不知自重,恐将来办事仍虞掣肘。著传谕松筠,抵藏后接见达赖喇嘛等不可叩拜,即使

---

① 《清高宗实录》卷一三一四。
② 《清高宗实录》卷一四零三。
③ 同上。
④ 《清高宗实录》卷一四五八。

遵奉黄教,俟年满回京之日再行礼拜,亦无不可。"①从礼仪上调整两者的关系,以使名实相符。

4. 建立驻藏大臣操控地方财政、军事、外交,以及稽查达赖喇嘛、班禅额尔德尼商上用度的制度

提高驻藏大臣政治地位,加强其掌控西藏地方财政、军事、外交职能,是钦定藏内善后章程的重要内容。乾隆皇帝谕令福康安等"布达拉、札什伦布两处商上,向不归驻藏大臣经管,达赖喇嘛、班禅额尔德尼平素自奉,以及例需应用各项,俱听其自便。今改隶驻藏大臣总理,亦不可过于严切。应如在京派令经管阿哥等位家务大臣相似,不过代其稽查出纳,不至如从前为达赖喇嘛、班禅额尔德尼弟兄亲族,暨商卓特巴等藉端侵渔。至达赖喇嘛、班禅额尔德尼自行支用,不可管束太过,以示体恤"②。

驻藏大臣负责审核达赖喇嘛、班禅额尔德尼商上收支。"前后藏所出租赋,向归达赖喇嘛、班禅额尔德尼收用,又众蒙古平素崇信佛教,乐施喜舍,是以布拉达、札什伦布两处商上,蓄积稍裕,驻藏大臣向不过问。其商卓特巴、噶布伦等任意侵蚀。如商卓特巴及丹津班珠尔、札什敦珠布等,皆家计富足。皆从何来,若非侵渔积累,何由各拥厚资。嗣后商上一切收支,应令驻藏大臣总核。凡换班官兵,以及驻藏大臣官用己用,皆不得于商上稍有侵挪。其两处商上出息,养赡喇嘛番众外,或有赢余,不妨于唐古忒兵丁添补养赡之用。"③既防止噶伦、达赖喇嘛和班禅额尔德尼近侍侵吞商上财产,又将财政的稽查大权收归驻藏大臣手中。

驻藏大臣考核军备。"唐古忒兵丁,责令该管将备,督同番目,常川操演,驻藏大臣亲为校阅。技艺纯熟者,酌加奖赏,并将该管之番目记名升擢。技艺生疏者,严加责惩,屡教不悛,即行斥革,该管之番目亦分别责降示惩。驻防将备俱以所管番兵优劣为等,由驻藏大臣于伊等年满

---

① 《清高宗实录》卷一四五八。
② 《卫藏通志》合刊第 315 页。
③ 《卫藏通志》合刊第 316 页。

时,查优等者,咨送本省总督、将军、提督,准予保题,仍照旧例升用。次等者,咨部议叙。劣等者,即行参革。"①使驻藏大臣担负其维护地方安宁的指责,并掌握军事管理大权。

驻藏大臣管理西藏对外交涉,以及达赖喇嘛、班禅额尔德尼与外通讯事宜。"达赖喇嘛、班禅额尔德尼与外番通信,应告知驻藏大臣,详细商酌也。……平日如有关系地方事件,俱应听驻藏大臣办理。其余通问布施书信,亦应报明驻藏大臣查验。……嗣后各外番部落差人来藏者,由边界营官查明人数,禀报驻藏大臣,验放进口。并令江孜定日驻扎备弁,实力稽查。到藏赡礼后,所有各该部落禀驻藏大臣者,由驻藏大臣给谕。其呈达赖喇嘛等禀帖,俱应呈送驻藏大臣译出查验,由驻藏大臣与达赖喇嘛将谕帖酌定发给,查点人数,再行遣回。至噶布伦系达赖喇嘛管事之人,不准与各部落私行通信。即各部落有寄信与噶布伦者,亦令呈送驻藏大臣,与达赖喇嘛商同给谕,噶布伦等不准私行发信。庶内外之防,益昭产密。"

"藏内喇嘛前往各外番朝山礼塔者,由驻藏大臣给与照票,限以往还日期,回藏之日,仍将照票缴销,不得逗留边外;如有潜行私越者,即行究治。外番人等来藏布施瞻礼者,由边界营官查明人数,禀明驻藏大臣,验放进口,事毕后,查点人数,发给照票,再行遣回。廓尔喀、布鲁克巴、哲孟雄、宗木等外番部落,如有禀商地方事件,俱由驻藏大臣主持。其与达赖喇嘛、班禅额尔德尼通问布施书信,俱报明驻藏大臣,译出查验,并代为酌定回书,方可发给。"②防止外部势力渗透,或者西藏地方宗教首领受人诱惑的事件发生。

西藏喇嘛在清朝境内不同地区之间的行动,也受到驻藏大臣的严格约束。"蒙古延请喇嘛诵经,应由驻藏大臣给照前往,以资查考也。……其前往各处外番朝山礼塔喇喇,及赴蒙古地方募化者,亦必须禀明驻藏

---

① 《卫藏通志》合刊第 306 页。
② 《卫藏通志》合刊第 334 页。

大臣领照，方准前往。设有私往者，将该管之嘛喇堪布等一体查究。"①试图从源头上杜绝僧人利用传教而串连滋事的可能。

5. 抑制噶伦势力膨胀，防止其左右地方局势

噶伦利用达赖喇嘛不理政事，滥用权力的情况曾经是导致西藏地方管理松弛的一个重要因素。钦定善后章程，也对此加大力度，予以解决。乾隆五十七年八月二十七日，奉皇帝圣旨："……嗣后藏中诸事，皆当隶驻藏大臣管束料理。如遇出有噶布伦、商卓特巴、第巴、戴本等缺，皆应归驻藏大臣秉公拣放奏补。自当妥立章程，俾资经久。不得仍前任听达赖喇嘛、噶布伦等专擅，以致滋生弊端！"②确立驻藏大臣选择包括噶伦、商卓特巴等在内的地方高级官员的地位。

收回噶伦选择地方官员的权力。"向例，惟办事之噶布伦暨管兵之戴本等，系由驻藏大臣拟定正陪，请旨补放。其余管辖地方之营官、职掌事务之第巴等，俱听商上自行拣用。自乾隆五十七年议定章程，并赏给顶带，分隶职司，俱由驻藏大臣主持升调，其品级、考铨、选法，实与内地官阶无异。"③乾隆五十七年十一月，大学士公福康安等具奏筹议卫藏章程。"查，噶布伦、戴本等向虽由驻藏大臣具奏，其余商上仔本、商卓特巴、业尔仓巴、协尔帮、希约第巴、朗仔辖密本第巴、噶厦中译、小中译、卓尼尔、各察落大小营官，系噶布伦等酌拟数人，由达赖喇嘛挑定，驻藏大臣并不过问。大缺营官，尚由达赖喇嘛与驻藏大臣发给执照。（今后）以上各缺，均由驻藏大臣会同达赖喇嘛挑选。……此外如管门、管草、管糌粑、管帐房、管牛羊厂头人等缺，均无关紧要，应听达赖喇嘛自行拣补。……所有后藏之商卓特巴、岁本、森本各大缺及管地方营官，均照前藏之例，由驻藏大臣会同班禅额尔德尼补放给照。其余各缺，不过管茶叶柴草等事，极为琐屑，俱非紧要，应听班禅额尔德尼自行补放。"达赖喇嘛和班禅额尔德尼也职能选择一些地位不很重要的低级官员，"至噶布

---

① 《卫藏通志》合刊第 320 页。
② 《卫藏通志》合刊第 315 页。
③ 《卫藏通志》合刊第 299 页。

伦等，不得与外番私行发信"①。严格剥夺噶伦的外事活动权。

二、约束僧俗贵族，控制活佛转世

1. 解决达赖喇嘛、班禅额尔德尼等高级活佛亲族、上层世俗贵族、吹忠等控制活佛转世的问题

关于此前活佛转世中出现的问题，乾隆皇帝在其所著《喇嘛说》中讲得清楚明白："孰意近世，其风日下，所生之呼必勒罕，率出一族，斯则与世袭爵禄何异，予意以为大不然。……（……自前辈班禅额尔德尼示寂后，现在之达赖喇嘛与班禅额尔德尼之呼必勒罕，及喀尔喀四部落供奉之哲布尊呼图克图，皆以兄弟叔侄姻娅递相传袭，似此掌教之大喇嘛呼必勒罕，皆出一家，亲族几与封爵世职无异。即蒙古内外各札萨克供奉之大呼必勒罕，近亦有各就王公家子弟内转世化身者，即如锡呼图呼图克图，即系喀尔喀亲王固伦额驸拉旺多尔济之叔；达克巴呼图克图，即系阿拉善亲王罗卜藏多尔济之子；诺尹绰尔济呼图克图，即系四子部落郡王拉什燕丕勒之子；堪布诺们汗札木巴勒多尔济之呼必勒罕，即系图舍图汗车登多尔济之子，似此者难以枚举。又从前哲布尊丹巴呼图克图圆寂后，因图啥图汗之福晋有娠，众即指以为哲布尊丹巴呼图克图之呼必勒罕，及弥月，竟生一女，更属可笑，蒙古资为谈柄，以致物议沸腾，不能诚心皈信。甚至红帽喇嘛沙玛尔巴垂涎札什伦布财产，自谓与前辈班禅额尔德尼及仲巴呼图克图同系弟兄，皆属有分，唆使廓尔喀滋扰边界，抢掠后藏。今虽大振兵威，廓尔喀畏罪降顺，匍匐乞命，若不为之剔除积弊，将来私相授受，必致黄教不能振兴，蒙古番众猜疑轻视，或致生事。……我朝虽护黄教，正合于王制所谓修其教，不易其俗；齐其政，不易其宜；而惑众乱法者，仍以王法治之，与内地齐民无异。）"②采取这一重大举措的直接原因当然是多位活佛参与廓尔喀入侵有牵连，而更深的用

①《卫藏通志》卷七番目，《卫藏通志》合刊第 299—301 页，第 334 页。
②《卫藏通志》卷首"御制喇嘛说"，《卫藏通志》合刊第 149—150 页。

意在于解决世俗贵族控制活佛转世,形成僧、俗贵族勾结,影响地方安定的大问题,驱除廓尔喀,制定善后章程为解决这些问题提供了一个难得机遇。

2. 确立金瓶掣签办法解决灵童转世的制度

乾隆皇帝针对西藏地方确定转世灵童办法中存在的种种弊端,在不改变传统的前提下,创造性地使用金瓶掣签的办法来确定达赖喇嘛和班禅额尔德尼等大活佛的转世灵童真身。乾隆五十七年十月二十三日,福康安等会奏:为遵旨设立金本巴瓶、拈定呼毕勒罕、以兴黄教事。……仰蒙圣主振兴黄教,颁发金本巴瓶一件,令将吹忠四人所指之呼毕勒罕姓名及生年月日,各写一签,贮于瓶内,对众拈定,实足以防弊窦,而惬众心。……向达赖喇嘛、班禅额尔德尼、济咙呼图克图大喇嘛及吹忠等宣示圣谕,无不感激悦服。兹复钦遵训示,公同筹议,嗣后拉穆吹忠、内噶、瓦东、萨穆叶等四人,俱令其熟习经典,试演降神之法。……凡达赖喇嘛、班禅额尔尔德尼之呼毕勒罕,即仿互为师弟之义,令其互相指定,如吹忠四人所指皆同有一呼毕勒罕出世者,拟写名签一枝,另加空签一枝,入于瓶内,如法两经,若对众掣出空签,则名签之呼毕勒罕并非确实,是以不为佛佑,即别寻呼毕勒罕,另行签掣,以杜吹忠等串通妄指之弊。签上须写清汉唐古忒三样字,使大众一望而知,不致为所蒙混。至前后藏各大呼图克图之呼毕勒罕,亦令驻藏大臣,监同达赖喇嘛照例掣签,方可定准。其余如察木多、类乌齐等处呼毕勒罕,距藏较远,所出之呼毕勒罕,非大呼图克图可比,向来不由藏地吹忠指认,仍照旧令其徒众自行寻觅。再藏内向来讽诵伊罗尔经之处,即系大昭,……①

乾隆五十七年十一月二十日,御前侍卫惠伦、乾清门侍卫阿尔塔锡第恭赏金本巴瓶来藏,敬谨赉到。福康安等率官员官兵、济咙呼图克图率领各寺呼图克图大喇嘛,及噶布伦以下西藏地方首领远出祗迎。② 与

---

① 《卫藏通志》卷五喇嘛,《卫藏通志》合刊第 263—264 页。
② 《卫藏通志》卷五,《卫藏通志》合刊第 264—265 页。

此同时,驻藏大臣和琳遵照乾隆皇帝的旨意,让吹忠护法等屡次试验,证明其并非神明灵验,这让他们心悦诚服地接受金瓶掣签选择转世灵通的做法,从而为实施金瓶掣签扫除了一切障碍。

对于不遵谕令,仍然擅自指认灵童的拉穆吹忠,清朝中央也给予严肃处理。"前因喀尔喀三音诺彦部落额尔德尼班第达呼图克图圆寂后,其商卓特巴那旺札什,有意营谋汗王子弟为呼毕勒罕,代求达赖喇嘛,拉穆吹忠附会妄指,已分别治罪,并明降谕旨通饬各蒙古番众矣。""是以制一金本巴瓶,派员赍往,设于前藏大昭,俟将来藏内或出达赖喇嘛、班禅额尔德尼及大呼图克图呼毕勒罕时,将报出幼孩内择选数名,将其生年月日名姓,各写一签,入于瓶内,交达赖喇嘛念经,会同驻藏大臣,公同签掣。并于京城雍和宫内亦设一金本巴瓶,如蒙古地方出呼毕勒罕,即报明理藩院,将年月姓名缮写签上,入于瓶内,一体制签。其从前王公子弟内私自作为呼毕勒罕陋习,永行停止。"①通过这一重大改革,把蒙藏地区大活佛灵童的选择权牢牢掌握在中央政府的手中,避免了地方僧俗贵族勾结,在一定程度上消除危害社会安定的部分隐患,为中央政令的畅通,西藏各项改革事业的推进,奠定了良好的基础。

三、重视世家贵族,体恤普通百姓

1. 重视世家贵族,又给平民以迁升的机会

在官员选拔任用中,既重视发挥贵族子弟的作用,又采取选贤与能的措施,给普通百姓以立功晋升的机会。

章程明确"严禁袭充番目之弊以励人材"的原则。西藏世家子弟(称为东科尔)在地方官员的选拔中一直处在绝对有利位置,"凡遇挑取大小番目,必于东科尔中通书算者补放。其余番民中,即有妥干之人,并无进身之路,间或拔补定本小头目,亦不能再有升转。虽番民积习相沿,悉皆

① 《卫藏通志》卷五,《卫藏通志》合刊第267—268页。

推重世家,各安本分,尚无觖望,而若辈以门第相高,彼此接引,躐等超迁,势将无所底止。"①通过改革,给普通百姓立功迁升的机会,"如充当兵丁之番民,果能奋勇出力,技艺娴熟,即非东科尔出身,亦准由定本荐擢至戴本。其余办事之番目等,仍于东科尔内,拣其端谨历练之人,按等补用,但不准袭充伊祖父职分,以致冒滥过甚。""东科尔中如有情愿充当番兵及定本兵目者,准其充伍,按次升用,不许躐等超拔。番兵中如有材技出众者,不但拔补定本,仍一体按次升擢至戴本,不得以非东科尔世家阻其上进之路。"②这样,既照顾了传统,让贵族子弟发挥自己的作用,又让平民百姓看到发展的希望,激励士气,提高西藏地方军队的战斗力。

2. 体恤百姓,关心民生

西藏地方百姓沉重的负担和劳役差役压力,导致大多家庭破产,贫民流离失所,而廓尔喀的入侵更加重了他们的灾难。战后,清朝政府采取一列惠民政策,试图与民休息,改善民生。

首先,减免历年百姓所欠债务。达赖喇嘛从驻藏大臣那里获得皇帝"今岁普免天下漕粮,复豁免各省节年民欠"的情况下,恍然觉悟表示:"唐古忒百姓即系大皇帝之百姓,我受大皇帝栽培覆育之恩,至优极渥,意欲推广大皇帝普惠百姓之皇仁,将所属唐古忒百姓本年应纳粮石,及旧欠各项钱粮,概行豁免,以期恭祝大皇帝圣寿无疆。""除商上必需之草料柴薪及牛羊猪等项照旧交纳外,所有应交各项粮石本色折色钱粮,普免一年,并将所有百姓,自乾隆五十六年至五十九年之旧欠粮石、及牛羊猪各项钱粮四万余两,概行豁免,业经出示各处,通行晓谕。""班禅额尔德尼闻知达赖喇嘛普免粮石之信,即遣商卓特巴具禀,将后藏所属百姓本年应交粮石,豁免一半,旧欠粮银,概行豁免;间有失业番民及坍坏房间,亦同达赖喇嘛一体资养修理。"(乾隆六十年二月初十日奏)乾隆皇帝获得消息,十分高兴,"著赏给达赖喇嘛、班禅额尔德尼哈达各一方、紫金

---

① 《卫藏通志》卷五七番目,《卫藏通志》合刊第301—302页。
② 《卫藏通志》卷八番兵,《卫藏通志》合刊第304页。

珷玛无量寿佛各一尊、碧玉朝珠各一盘、大荷包各一对、小荷包各三对。……达赖喇嘛等既能仰体德意,抚恤唐古忒百姓,竟可毋庸出其己资,著加恩动用该处正项,赏给前藏银三万两,后藏银一万两,交松筠等务须尽心妥办,勿使一夫失所。"①

其次,抚恤贫苦百姓。乾隆六十年办理抚恤款项,鉴于"唐古忒百姓本来穷苦,百姓内除出花亡故外,又因差事繁多,逃散甚众,倘若不行查办,优加抚恤,不但商上百姓日渐逃亡,且百姓缺乏衣食,所住房屋,必然破坏,今欲招回百姓人等,给予银两,补修房屋。再有投入世家人户之百姓,亦当令归本处安置,商上给予口粮籽种,各务农业,三年之内,免其交纳钱粮,不派各项乌拉差事,用示体恤。"②

再次,均摊差役徭役。"藏内凡大族人户,及大寺喇嘛、各处免差照票,一概停止。务使阖藏徭役均平,不致穷番苦累。如实有劳绩者,达赖喇嘛告知驻藏大臣,方准给票。至新设番兵,于挑补兵缺时,仍准发给照票免差,出缺缴销。喇嘛番目人等私事往来,不得擅用乌拉,亦不得私发信票。如遇因公差遣,有必须乌拉之处,须禀明驻藏大臣及达赖喇嘛,发给用印照票,编定号数,始准应付。""各处营官属下世家人等,有不当差者,往后听从营官派拨,如有丝毫抗违者,一经查出,定行重处。所有各项乌拉,自应不分世家穷民,均各一体当差。"③实际上减轻了贫苦百姓的差役负担。

四、建立正规藏军,维护地方安宁

1. 建立正规藏军,镇守前后藏地方

西藏原无正规军队,廓尔喀入侵使清朝廷开始认真考虑建立军队,戍守地方的问题。乾隆五十七年十一月,大学士公福康安等联合上奏,

①《卫藏通志》卷一四上抚恤上,《卫藏通志》合刊第 449—452 页。
②《卫藏通志》卷一四上抚恤上,《卫藏通志》合刊第 454—455 页。
③《卫藏通志》卷一四上抚恤上,《卫藏通志》合刊第 455 页。

提出了"唐古忒番兵训练事宜",内容包括:"(一)唐古忒兵丁分设前后藏地方,应酌定数目以肃兵制也。……今请额定数目,于前后藏各设番兵一千名。此外冲途要隘之定日、江孜地方,安设番兵各五百名。共额设三千名实兵。前藏原设戴本二人,即令各管新设兵五百名。后藏原设戴本三人,以二人驻扎后藏,以一人分驻定日,均各管该处新设兵五百名。再添戴本一名,分驻江孜,亦管新设兵五百名。各处俱有原设新设之驻防将备弁兵,即令督率管束,教演技艺。前藏番兵,归游击统辖。后藏及江孜定日番兵,归后藏都司统辖。所有挑补番兵,造具花名清册,交该管游击、都司、及戴本稽查外,仍另缮名册二本,一呈驻藏大臣衙门,一交噶厦公所。(二)核定管兵番目,以专责成也。……今于原设戴本五名外,添设戴本一名,自应仍照旧制设立大小番目,逐层管束。于戴本之下,设立如本十二名,每名管兵二百五十名。如本之下,设立甲本二十四名,每名管兵一百二十五名。甲本之下,设立定本一百二十名,每名管兵二十五名,与绿营兵目相似。以上大小番目,俱由驻藏大臣会同达赖喇嘛拣选年力精壮之人充补,发给委牌。倘敢虚应故事,废驰军律,即行革退,并将本管番目从严惩治。(三)唐古忒番兵及管兵番目,应分别酌给钱粮口粮以资养赡也。(四)唐古忒兵丁应给与军器火药,认真操演,明示赏罚,以肃军纪也。(五)济咙、聂拉木等处边界,毋庸另派番兵驻守也。(六)严禁将备弁兵欺凌番兵,并役占番兵之弊,以实营伍也。"[1]此外,还确定了西藏官兵所需火药,应就本地配造的原则,以便节约成本,减少军费开支。由此,经过训练,获得保障的正规藏军就建立起来,并担负起守卫西南边陲西藏的任务。

2. 建立驻藏大臣巡边检查制度

在善后章程中确定,驻藏大臣每年应亲身巡查边境以重地方;驻藏大臣衙门及文武各员,酌定听差兵丁数目,以实操防等事项。五十九年五月,工部尚书和琳、内阁学士和宁会奏查阅过前后藏汉番官兵及地方

---

① 《卫藏通志》卷八番兵,《卫藏通志》合刊第303—308页。

宁谧情形夹片,根据乾隆五十七年福康安等奏定章程中关于"每年春秋二季,驻藏大臣分往各边界巡阅一次,顺道阅兵"一条,经过进一步调查研究后,认为:"卫藏地方较冷,三四月间方始播种,八九月内收割,凡巡阅之期,正番民农忙之候,虽减从轻骑,一切照例发与价值,而所用乌拉人夫,在所不免。况边境俱极宁谧,卫藏凛奉约束。"建议"嗣后驻藏大臣,每年于五六月间农闲之时,阅边看兵一次,既不致营伍废弛,亦不致有妨农业"①。既切合实际,又照顾了军事保障和农业生产两不误。

五、划定边界,巩固西南边防

1. 划定边界,设立鄂博

乾隆五十七年十二月,"大学士公福康安等会奏章程内开:查西藏边界,如济咙、聂拉木、绒辖、噶尔达萨喀、昆布等处,均与廓尔喀道路相通,臣福康安等于济咙外之热索桥,聂拉木外札木地方之铁锁桥,及绒辖边界,均已设立鄂博,厘定疆域"②。

五十八年七月,"驻藏大臣工部尚书都统和琳、副都统成德具奏:查阅帕克哩、定结各卡隘情形,所噶尔达地方卡隘二处,一名萨迦岭,一名春堆,此二处均与廓尔喀相通,又定结地方卡隘一处,各擢拉山,此处与廓尔喀、哲孟雄相通。又帕克哩地方卡隘三处,一名哲孟山,与布噜克巴相通,一名哈尔山,与布噜克巴小路相通,一名宗木山,与宗木相通。以上卡隘六处,均归江孜前后藏大道,为总汇要隘。臣成德亲赴各处,逐一查勘,俱极严密。"③

五十九年正月,"驻藏大臣工部尚书都统和琳、副都统成德等具奏:为筹办藏界、补立鄂博、以期久远事。……五月,驻藏大臣工部尚书都统

---

① 《卫藏通志》卷八番兵,《卫藏通志》合刊第 313 页。
② 乾隆五十七年十二月十一日福康安等奏藏内善后条款除遵旨议复者外尚有应行办理章程十八条折第二条"各处边界均应设立鄂博以清疆界",《元以来西藏地方与中央政府关系档案史料汇编》(3),中国藏学出版社 1994 年版,第 797 页。
③ 《卫藏通志》合刊第 312—313 页。

和琳奏：为定日阅兵完竣，随带游击张志林、噶布伦丹津那木结，戴本拉旺策卜丹等，携带噶厦底案，由萨迦、宗喀、聂拉木、绒辖、定结、帕克哩沿边一带，率同该处营官，悉心讲求，查对底册，张志林所拟应立鄂博处所，均与噶厦底册及年老番民禀告相符。"①通过连续三年的勘察和设立鄂博，使南部部分边防线粗具规模。

2. 严格边境管理

加强边境管理，是乾隆皇帝采取的又一项措施。乾隆五十七年九月，"奉上谕：立定地界一事，已有旨令福康安等，应于藏内边界，一一设立鄂博，毋许私行偷越。……嗣后以济咙、聂拉木以外为界。尔部落人等，不得尺寸擅越，如有私行偷越者，一经拿获，即行正法。"

"济咙、聂拉木、绒辖、喀尔达、萨喀、昆布、定结、怕克哩沿边一带，均已设立鄂博，驻藏大臣于巡查边界之便，随时派人堆砌石块，不得日久废弛，致有偷越。江孜地方与定结、怕克哩、喀尔达相通，为布鲁克巴、哲孟雄等处部落来藏要路；定日地方为聂拉木、济咙、绒辖要路等，均驻防备弁管束。"②从根本解决类似廓尔喀入侵事件的发生。

六、严明规章，体察人情

1. 通过制定善后章程来规范地方行政体制与制度

乾隆皇帝处理西藏善后事宜，继承了先辈的良好传统，十分重视建立规章制度，通过拟订章程来加强和完善管理制度。在钦定二十九条章程的制定过程中，又极为重视调查研究，重视与西藏地方官员的沟通协调，赢得以达赖喇嘛为首的噶厦政府的拥护，从而为该章程的贯彻落实打下坚实基础。

乾隆五十七年十月十六日具奏：十五日福康安等行抵前藏在甲木参罗卜登庙内与达赖喇嘛相见。并面告，"惟藏中事务，向来毫无制度，达

①《卫藏通志》合刊第 192—194 页。
②《卫藏通志》卷二疆域。

赖喇嘛惟知坐静安禅,不能深知外事,噶布伦等平时任意舞弊,有事又不能抵御,必当更定一切章程,俾知遵守。今蒙大皇帝训谕周详,逐加指示,交本大将军等详细筹议,以期经久无弊,藏番永资乐利。……现在孙士毅业经到来,臣等已与孙士毅、和琳会面,论及善后事宜,意见均属相同,容即遵旨悉心会商,陆续具奏。务期周详明备,事事尽善,永远可行,仰副圣明委任。"①

大学士公福康安、孙士毅、工部尚书和琳、四川总督惠龄会办善后章程。"九月初十日。奉上谕:据孙士毅、和琳奏会商凯旋事宜一折,诸凡皆妥。但藏内善后事宜,专交福康安、孙士毅、惠龄、和琳四人会商妥办,前此已逐件指示,连日又有陆续寄谕,将来撤兵后必当妥立章程,以期永远遵循,……会办章程条款,及钦奉谕旨,悉分载镇抚、营制、番目、贸易、钱法、租税、差徭各门。"②形成一套完备的政策法规和制度。

2. 对达赖班禅既保护,又批评教育

乾隆皇帝一方面加强对达赖喇嘛和班禅额尔德尼商上财物收支的清查,同时又提醒驻藏大臣:"布达拉、札什伦布两处商上,向不归驻藏大臣经管,达赖喇嘛、班禅额尔德尼平素自奉,以及例需应用各项,俱听其自便。今改隶驻藏大臣总理,亦不可过于严切。应如在京派令经管阿歌等位家务大臣相似,不过代其稽查出纳,不至如从前为达赖喇嘛、班禅额尔德尼弟兄亲族,暨商卓特巴等藉端侵渔。至达赖喇嘛、班禅额尔德尼自行支用,不可管束太过,以示体恤。"③

廓尔喀入侵后藏时,掠夺大批金银财物,其中包括乾隆皇帝赏赐给刘世班禅的金册。乾隆五十七年九月初十日。"奉上谕:……金册系前辈班禅进京时,经朕特行赏给,其徒众人等,自应奉为世宝,谨守勿失,譬如内外大小官员等,各有印信,若致遗失,即应重辟,等而上之;至于王爵,即用金印,若印信遗失,不特不能承袭爵职,并当从重治罪。……宜

---

① 《卫藏通志》合刊第 442—443 页。
② 《卫藏通志》合刊第 433 页。
③ 《卫藏通志》卷九职掌。

面向达赖喇嘛、班禅,及岁本、堪布等详细谕知:以尔等不能保守金册,本有应得重罪,今思班禅年幼,仲巴又已解京治罪,是以大皇帝加恩免其究治,仍将贼匪缴出金册,赏给班禅,俾在札什伦布安奉。嗣后尔等务宜加意保护,以冀永承恩宠,勿得再有疏虞,致干谴责。"①是非分明,宽严有度。

3. 严肃处理不法活佛

廓尔喀入侵西藏原与贸易纠纷有关,但是也与六世班禅的弟弟、羊八井(阳八井)寺噶玛噶举红帽系活佛沙玛尔巴勾结有关。沙玛尔巴系噶玛噶举红帽系十世活佛,是六世班禅的弟弟。六世班禅在为乾隆皇帝祝寿时获得大量的赏赐,却因出痘在北京不幸圆寂,他的私人财物大多为其兄仲巴呼图克图所得,心生怨恨,遂"唆使廓尔喀滋扰边界,抢掠后藏"②。沙玛尔巴逃往廓尔喀,在福康安大军追讨下畏罪自杀。驻藏大臣、工部尚书和琳于乾隆五十七年八月初八日受命驰抵羊八井,"查抄沙玛尔巴家产,及拿获依什甲木参。沙玛尔巴庄田及物件变价归公,阳八井庙宇交济咙呼图克图住持,派黄教喇嘛焚修"③。由此,废除了噶玛噶举派红帽系的转世,并将羊八井寺由噶举派改为格鲁派。

廓尔喀侵掠后藏期间,"仲巴呼图克图既先期逃避,而大喇嘛、济仲、札苍等,遂托占词为不可守,以致众喇嘛纷纷逃散,于是贼匪始敢肆行抢掠,因即令将为首之济仲拿至前藏,对众剥黄正法,其余札苍及仲巴呼图克图,俱拿解至京,治罪安插"④。让这些违反大清法律,平时又依靠宗教神圣性和特殊地位谋取利益的活佛受到严厉惩罚,既体现了法律的尊严,同时也有巨大的警示作用。

---

①《卫藏通志》合刊第 431 页。

②《高宗纯皇帝御制喇嘛说》,《卫藏通志》合刊第 150 页。

③《西藏志卫藏通志》合刊,拉萨:西藏人民出版社 1982 年版,第 415—417 页。

④《高宗纯皇帝御制喇嘛说》,《卫藏通志》合刊第 150 页。

十四　和琳驻藏——清朝驻藏大臣的一个典型性分析

　　和琳(1753—1796 年)是乾隆时期比较重要的驻藏大臣之一,在紧要关头受命负责粮饷运输、协助将军福康安(1754—1796 年)入藏驱除廓尔喀入侵者,接着担任驻藏大臣,具体实施了由福康安牵头拟定、与西藏地方协商,并得到皇帝批准的《钦定藏内善后章程二十九条》,以和琳为例来研究清朝驻藏大臣是可行,而且有代表性的。藏文史书中关于和琳在藏活动的记载并不多,《八世达赖喇嘛传》只提到福康安与和琳等会晤达赖的史实;而学术界对其也缺乏系统全面和深入的研究(除了对其所立拉萨的痘症碑及防痘惠民史事有所论列之外)。本文以汉文档案和文献记载为主,试图对和琳在藏活动进行较为全面的分析,以便更清晰地认识和琳驻藏活动,并通过和琳对清朝的驻藏大臣及相关制度有更进一步的了解。

一、和琳的家世与进藏前之经历

　　和琳,字希斋,钮祜禄氏,满洲正红旗人。出生于一个贵族世家,父常保,兄和珅(1750—1799 年),均任要职。和珅更是权倾朝廷。早年,和琳与哥哥和珅靠祖上积荫获三等轻车都尉。兄弟两人一起在私塾接受启蒙,后来双双被选入咸安宫官学就读。史料记载:"雍正中,设八旗官学,凡三品。设有咸安宫官学在西华门内,择八旗子弟之尤俊秀者,充补学弟子,……其教习皆用进士,或参用举人,非旧制也。其次曰景山官学,在景山内,皆内务府子弟补充。"①和琳与和珅天资聪颖,潜心读书,深受赞誉,当时著名诗人袁枚(1716—1797年)曾赋诗颂扬这对兄弟:"少小闻诗礼,通侯即冠军。弯弓朱落雁,健笔李摩云。……擎天兼捧日,兄弟各平分。"②在哥哥和珅被史部录用后不久的乾隆四十三年(1778年),和琳也由文生员补吏部笔贴试。乾隆五十一年(1786年)五月,经和珅推荐并受乾隆帝派遣,和琳随军机大臣阿桂赴浙江查询杭州织造盛住贪污案,因办事妥帖,受到器重。乾隆五十四年(1789年),湖北按察史李天培假公济私,用官船运送私人木料给福康安,和珅授意和琳向乾隆弹劾李天培。大学士、军机大臣阿桂(1717—1797年)受命查办此事,和琳先期查明李天培之子李洵曾用官家运粮船给当时的两广总督福康安送植木800件等事,李天培被"褫职遣戍",福康安也因纵容部下而受到乾隆皇帝指责。和琳在这桩案子中显示出卓越的处事才能,乾隆帝"嘉和琳伉直,下部议叙,由是遂见擢用"。"乾隆五十六年二月初八日(1791年3月12日)内阁奉上谕,巡漕给事中和琳已降旨补授内阁学士。"同日,"上谕福康安前因木植一案罚总督养廉三年以示惩儆"③。九月,命巡视山东漕运,颇有建树,为乾隆皇帝所赏识,后官至兵部、工部侍郎。五十七年(1792年)正月,授正蓝旗汉军副都统。由此看来,和琳早年的仕途以查办官员贪污和负责山东漕运而颇著功绩,赢得乾隆皇帝赏识。

---

① 昭梿:《啸亭杂录》卷九,"清代史料笔记丛刊",中华书局1980年版,第287页。
② 袁枚:《小仓山房诗集》卷三五,见《袁枚全集》第一册,江苏古籍出版社1993年版,第850页。
③ 赵尔巽、柯绍忞等:《清史稿》,列传一〇六,和珅,附弟和琳,中华书局1977年版,第35册,第10758页。中国第一历史档案馆,《乾隆朝上谕档》,档案出版社1991年版,第16册,第152—153页。

二、和琳驻藏事迹

1. 协助运送粮草、军火物资进藏

乾隆五十七年(1792年)二月,廓尔喀侵扰后藏,朝廷派遣将军福康安等统师进剿,因为粮运为军行首务,而台站乌拉(驿站负责传送公文,支应过往官员食宿、马匹等,这种支应差役,突顾语称之为"乌拉")最关紧要。朝廷命和琳驰驿经理藏务,督办前藏以东台站乌拉等事。其时,经福康安与达赖喇嘛(1758—1804年)、济咙呼图克图(1759—1810年)等札商,为了军需运输创造了良好条件,使各站俱有受雇牛只,照例给价,到站即行。① 为了加强军需运输,朝廷还采取分段督办的方法:起初确定济咙(今西藏吉隆县)以内粮运乌拉等事,由和琳在藏督办,鄂辉(?—1798年)往来穿梭催查。而济咙以外,及大兵所到之地的粮运乌拉事务由四川总督惠龄(1743—1804年)办理。不久,协办大学士署四川总督孙士毅(1720—1796年)亲自前往昌都(察木多)催办粮饷,形成四位大员办理粮饷运输的局面,有力地保障了军需运输的顺利畅通。②

和琳于乾隆五十七年四月初四日(1792年4月24日)出打箭炉,十五日至巴塘西之竹巴笼地方。军需运输贵在神速,当时牛马皆系各土司营官备办,照例给价;督办的委员,都是按照朝廷委任文件添派。当时行程,人夫日行二三十里不等,牛马日行四五十里不等,每起军需到台,须得等候齐集,方可发给乌拉,速度甚慢。和琳加以改革,"立定限期,申明赏罚",斟酌定拟,"险阻之区,每日限行八十里,漫坡之路,每日限行九十里;凡一起军需到站,不必俟其齐集,各台员立即分派乌拉,武职拨兵护送,随到随行下站,查明时日,折算限期。"延误期限者,除微末员弁从严究办外,其沿途总理道府、副参、游击等员,亦应一并严参治罪。③ 从而大

---

①《卫藏通志》卷一三中"纪略中",《西藏志·卫藏通志》,西藏人民出版社1982年版,第382页。

②《卫藏通志》卷一三中"纪略中",第383页;第392页。

③《卫藏通志》卷一三中"纪略中",第381—383页。

大加快了军需运输速度。同月,驻藏帮办大臣额勒登保(1748—1805 年)出征御事,和琳抵藏继任驻藏帮办大臣。乾隆皇帝又特别颁布谕旨,谓:"和琳平素尊佛,此次到藏,见达赖、班禅,自必照常瞻礼,其办事原与达赖、班禅平等,应加意整饬,力矫从前积习。"①从而保持身份,维护体制。

由于和琳督办台站乌拉等事颇为得力,在他即将到达西藏时刻,乾隆皇帝令驻藏大臣惠龄领兵剿贼,而不必再回前藏,其一切藏务,令和琳妥为经理。五十七年闰四月十三日(1792 年 6 月 2 日)和琳到藏。五月十九日(1792 年 7 月 7 日)奏上,朝廷著加恩赏给都统衔,并著加赏御用大荷包一对、小荷包四个、玉扳指一个,以示优眷。乾隆皇帝十分满意和琳的工作,声言:"至和琳此次前往西藏,系朕特简,和琳未经先行奏恳,朕之用和琳,初不过以其人尚细心,遇事奋勉,是以派往,实不料其如此能事。朕深庆得人,国家得一好大臣,实自幸大功或易就也。"②也就在这时(闰四月初七、十六日,即 1792 年 5 月 27 日、6 月 5 日),乾隆皇帝鉴于"大臣中如和琳细心晓事者,即不可多得,将来事定后,派往驻藏大臣"。同时确定两位驻藏大臣都驻前藏地方,当前要务是"先将济咙贼匪剿尽,克期攻捣阳布(今尼泊尔加德满都),扫穴擒渠,为一劳永逸之举计"③。

福康安所部大军进入西藏后,从前藏到廓尔喀前线的运输问题,依然是乾隆皇帝十分关心的大事,他亲自安排和琳、鄂辉、惠龄三人担负此责:"所有济咙以内粮运乌拉等事,节经降旨令和琳在藏督办,鄂辉往来梭织催查。但伊二人所办,同系一事,断不可稍分畛域,致滋推诿。务须互相商酌,彼此关照,两人共事,如同一人。若和琳在藏驻扎时,鄂辉即至沿途催查趱运;如鄂辉回至前藏时,和琳即赴后藏,至济咙一带督率催查,总期军粮转运迅速无误。至济咙以外,鞭长莫及,非二人经理所能周到。今思惠龄本系参赞大臣,又系本省总督,一切呼应较灵,所有济咙以

---

① 《清高宗实录》卷一四〇三,乾隆五十七年闰四月壬辰,《清实录》,第 26 册,中华书局 1985 年版,第 852 页。
② 《卫藏通志》卷一三中"纪略中",第 392 页。
③ 《卫藏通志》卷一三中,"纪略中原目作方略",第 381 页。

外,及大兵所到地方,需用军粮,竟著惠龄专办,不必同福康安带兵前进。将来大功告竣,惠龄转输之功,即与战胜之功无异,朕必与福康安、海兰察(? —1793 年)一体加恩,并不因伊未曾督战稍存歧视。惟自济咙以外,粮运设有缺误,则惟惠龄是问。"①

驻藏大臣和琳遵照皇帝嘱咐,认真核实运到军营饷银数目。乾隆五十七年闰四月二十七日(1792 年 6 月 16 日),驻藏大臣兵部侍郎和琳、鄂辉等具奏:"和琳到藏后,半月以来,统计陆续到藏者,火药重五千三百余斤,大小铅子四万六千六百余颗,火绳四百六十斤,劲弓五百张,箭三万枝,饷银二起,共十五万两,又军装靮鞋二千双,均经臣和琳在途派留弁兵勒限押送前来,俱能如期而至,当将解弁营官等分别奖赏,以示鼓励。……各台运送药弹、弓箭、饷鞘、军装等项,臣和琳经过后,截至闰四月初十日(1792 年 5 月 30 日)止,计已过察木多者十七起,过恩达者十一起,过拉里者八起,抵前藏者六起。……至前藏采办粮石,臣和琳亦曾询之济咙呼图克图等。据称实有十二万六千八百余石,均系分派番民寨落,随时炒磨,于附近粮台交纳滚运。日来官兵云集,所需口粮甚多,先经臣鄂辉与达赖喇嘛商酌,严饬办理粮石济仲喇嘛、第巴头人,务于本月内全数磨出,交与站员滚运,赶赴军营。盖粮不难于采买,而难于挽输。查,济咙、聂拉木等处进兵之路,山程险隘,牛马多不能行,早经伤令前后藏预派人夫一万名,在拉孜、定日两处,伺候大兵前进,随往大营,一俟官兵深入,凡系粮石军火,均可用夫背运。……臣即与济咙呼图克图商酌,又于各粮台附近地方,每处酌量添雇番夫二三百名,以资背送。"②

与此同时,和琳很好地利用班禅的影响和威望,使之在地方安定和军需运输方面发挥建设性作用。五十七年五月二十九日(1792 年 7 月 17 日),驻藏大臣和琳具奏,班禅额尔德尼(1782—1853 年)移驻前藏已经十月之久,其札什伦布庙宇,遭劫之后均已修理完整,百姓生产得以恢

---

① 《卫藏通志》卷一三中"纪略中",第 381 页。
② 《卫藏通志》卷一三中"纪略中",第 385—386 页。

复。他曾与福康安协商,鉴于后藏由岁本(gsol-dpon)堪布一人料理,尚不能安抚众心,如果请班禅额尔德尼回札什伦布安住,对督促运送军粮军火、支应乌拉等项必有帮助,而且此时痘症疫情已除,福康安收复吉隆(济咙)后,卫藏僧俗人心牢固,班禅额尔德尼返回,实属两有裨益。①

八月初七日(1792年9月22日),在剿除廓尔喀入侵者取得全胜的条件下,乾隆皇帝嘉奖有功之臣,福康安著加恩实授大学士、孙士毅实授大学士。"和琳身到藏后,催办粮运,实心整顿,设法劝惩,俾该处疲玩积习,日有起色,昨经奏请驰赴宗喀、济咙一带,与福康安所奏适合,现今奏报即日迅赴该处,赶紧催趱,俾军食接济充裕,无误师行,奋勉可嘉,所有吏部满尚书员缺,著金简调补,其工部尚书员缺,即著和琳补授,和琳未到京以前,工部尚书事务,仍著金简兼署,吏部尚书汉员缺,著刘墉调补。"②

在八月十八日,和琳详细汇报了三月十七日到八月十七日之间(1792年4月8日至10月2日),自前藏至后藏直至乃安塘一路,运送粮饷的具体数目,并对尚未运到军营的数十万两饷银,"现在何处停搁,何处截留过多"等,据实查办。当从前藏运送饷银已足敷军营支应后,他立即建议朝廷,将陆续运到的饷银留存前藏,以供回兵各站支放,以节省运脚。八月二十五日,和琳致书四川总督孙士毅,将出口各项军需,就近于里塘、巴塘、察木多、拉哩四台停贮。其饷银一项,除已拨出口者,仍应赶运,以备回兵使用。③

可以看出,和琳尽职守责,认真筹划,精心算计,圆满地完成了军火粮饷运输任务,赢得了乾隆皇帝和进藏同僚的赞赏。

2. 参与制订与实施《钦定藏内二十九条章程》

乾隆五十七年九月初十日(1792年10月25日),福康安等接到圣旨,乾隆皇帝肯定了孙士毅、和琳奏会商凯旋事宜一折的建议,同时指出

---

① 《卫藏通志》卷一三中"纪略中",第391页。
② 《卫藏通志》卷一三中"纪略中",第413页。
③ 《卫藏通志》卷一三中"纪略中",第421—422页。

藏内善后事宜,专交福康安、孙士毅、惠龄、和琳四人会商妥办,将来撤兵后必当妥立章程,以期永远遵循。诸大臣按照圣旨初步确定,会办章程条款应包括:镇抚、营制、番目、贸易、钱法、租税、差徭各门。[①]

  档案资料显示,由福康安、孙士毅、惠龄、和琳联合上奏,经过朝臣商议,乾隆皇帝批准,最后出台了一系列涉及西藏政治体制改革、宗教管理、噶伦等各级官员拣选、商上收支稽查管理、驻军及训练管理等措施和制度,如乾隆五十七年十月二十三日(1792 年 12 月 6 日)"奏拟将钦颁金瓶在大昭寺供奉折"、"周边国家商人在西藏贸易交往须立法稽查折",十一月初二日(1792 年 12 月 15 日)"奏酌定稽查商上收支并劝谕达赖喇嘛蠲免租赋折"、"奏复酌定额设藏兵及训练事宜六条折",等等。[②] 其中很重要的一项内容就是,藏内大小官员缺出,应行定立等级,统归驻藏大臣会同达赖喇嘛拣放,也就是驻藏大臣和达赖喇嘛共同掌握着西藏地方官员的任免权。而作为驻藏大臣的和琳,不仅亲自参与了这些政策和制度的制订,而且在福康安等率军离藏、诸大臣返回内地后,具体落实了二十九条章程中所规定的各项措施与制度。诸如,乾隆五十八年(1793 年)九月,由工部尚书和琳、副都统成德(? —1802)具奏,新造乾隆宝藏银钱,酌量变通、以利番民的建议等,[③]都是由担任驻藏大臣的和琳领衔提出,并相继落实的。

  3. 严格活佛管理

  乾隆五十八年八月初六日(1793 年 9 月 10 日)接到乾隆皇帝圣旨,内称:沙玛尔巴在羊八井(阳八井)地方的旧有庙宇,不能再由其噶玛噶举派红帽系徒众继续安居,命令福康安等,于事定后,将其庙宇改给黄教喇嘛居住;所有沙玛尔巴徒众,概勒令还俗,分发闽粤等省安插。[④]

---

① 《卫藏通志》卷一三中"纪略中",第 433 页。
② 中国藏学研究中心等:《元以来西藏地方与中央政府关系档案资料汇编》(4),中国藏学出版社 1994 版,第 776—821 页。
③ 《卫藏通志》卷一〇,钱法,第 327—328 页。
④ 《卫藏通志》卷一三中"纪略中",第 413 页。

　　八月十四日(1793年9月18日)，驻藏大臣和琳上奏，提出对沙玛尔巴寺庙和相关遗物、属民田产等的处理意见，内容包括：(一)阳八井庙内所供、重约二百余斤的前辈红帽喇嘛江阿娃镀金大铜佛一躯，销毁变价；内供沙玛尔巴画像数轴，亦应销毁。(二)寺内103名徒众由委员分起解赴前藏，如果勒令他们还俗，反而担心其妖言惑众，别滋事端，不如将其改为黄教，分与前藏各大寺堪布等严加管束。(三)沙玛尔巴家私，如僧衣、幔帐、金银铜铁器皿、妇女首饰等约略值数千金；其各处庄田所交青稞、麦子、豌豆、酥油等项约值二千余金；奶牛委人牧放，按年征收酥油，计值五百余金；现存青稞、麦豆、茶油、食盐、约值二万金。可补充军需，或入藏库充公备用，以节省正项。寨落庄田收入青稞按年征收，交纳噶布伦变价，解交粮务，以充兵丁盐折、口粮折色之用。(四)阳八井庙内一座，共楼房七百七十八间，又僧房三百五十七间，又山下小庙一座，计三间，其中大小佛像甚多，必须有人经管。可赏给颇著功绩的济仲呼图克图，使其香火不致毁坏，寺内属民也归其节制，俟济咙呼图克图离藏后，再行请旨定夺。乾隆皇帝基本采纳了和琳的意见，以沙玛尔巴之寺属财物充作添补防兵钱粮盐菜之用。对销毁沙玛尔巴大小画像数轴作出新的指示，"如业经销毁则已，若尚未销毁，亦著送京"。该寺僧人若情愿改归黄教，仍可在藏焚修，如不愿改归黄教，即将其一并解京。① 从此，该活佛转世系统停止，信仰由噶举改宗格鲁。

　　在钦定二十九条章程颁布后，和琳按照新的规定处置与活佛转世有关的问题。五十八年二月十三日(1793年3月24日)，和琳等上奏，涉及处理西宁及科尔沁等处送到各呼毕勒罕、遵旨入瓶签掣事宜。这是办理活佛转世新办法颁布后的首次金瓶掣签仪式。当时送到的呼毕勒罕有九名。按照惯例，"所有各呼毕勒罕俱非大呼图克图，向来转世，并不报明理藩院具奏，亦不由吹忠指认，惟将本处所出之呼毕勒罕名字，送交达赖喇嘛、班禅额尔德尼诵经指定，历来俱系如此办理"。和琳认为，"钦颁

---

① 《卫藏通志》卷一三中"纪略中"，第417页。

金本巴瓶今既供奉在藏,自应将送到之呼毕勒罕,各按名字人数,分别入瓶试掣,因先期令济咙呼图克图等,带同喇嘛于大昭宗喀巴前虔诚诵经。二月十一日(1793 年 3 月 22 日),达赖喇嘛下山前至大昭,臣等亲往监视,写签入瓶,公同抽掣。"其中逊巴呼图克图、达喇嘛罗卜藏多布丹之呼毕勒罕各有三名,分别掣出一名。而达喇嘛罗卜藏丹津、罗卜藏达布凯、伦珠布班珠尔三人之呼毕勒罕送来者每人只各一名。是以写名签三枝,各配空签一枝,分三次入瓶抽掣。后者掣出空签,另行寻觅。和琳同时指出,嗣后西宁地方距藏较近,将所出之呼毕勒罕就近送藏,入瓶抽掣。各蒙古地方所出之呼毕勒罕,俱应遵照圣旨,由理藩院行文,令其将名字送京,在雍和宫金本巴瓶内签掣,以别真伪。①

为了揭露吹忠降神的虚假性,并为金瓶掣签制度的推行铺平道路,和琳受命让吹忠当众演试,授以刀剑,而神汉们俱各战栗,不攻自破,顿失神秘与权威,这就为落实金瓶掣签提供契机,并通过实践建立新的机制和制度。

乾隆五十九年正月二十六日(1793 年 2 月 25 日),和琳上书,认为卫藏地方,虽皆属达赖喇嘛管辖,如察木多、类乌齐、乍丫、萨喀等处,各有呼图克图管理,一切事件,从不关白藏中。而各呼图克图中,又有红黄黑三种,各行其教,各子其民。"自去年臣等行文各处,令将所有呼图克图,无论大小有名无名,俱著将转世辈数开列呈报,以凭咨明理藩院立案去后。昨据陆续报到。嗣后遇有呼图克图圆寂,即令随时呈报,不必俟其出世,以凭一体办理等。"②

和琳还命人清查了历辈达赖喇嘛、班禅的生长地方,父母姓名,圆寂年貌地名,某年差过堪布进贡,某辈某年蒙皇上赏过敕书等情况,以备朝廷咨询。③

通过和琳的整饬和初次按章寻定转世活佛,并统一化管理,影响西

① 《卫藏通志》卷五,第 265—266 页。
② 《卫藏通志》卷五,第 269—270 页。
③ 《卫藏通志》卷五,第 270—272 页。

藏地方政治和社会生活的重要因素活佛管理问题,开始步入新的轨道。

3. 划定边界

乾隆五十七年(1792 年)八月,乾隆皇帝谕令福康安等,与廓尔喀划定边界,"查系藏内边地,一一设立鄂博",不久,福康安等"于济咙外之热索桥,聂拉木外扎木地方之铁索桥,及绒辖边界,均已设立鄂博,厘定疆域"①。五十八年(1793 年),清朝政府批准了这次划界。廓尔喀认为,此次"定立地界极为公道",表示"两家照旧和好,永远不敢滋事",对于"所立地界,永远遵奉,不敢丝毫有违"。②

五十九年(1794 年),驻藏大臣和琳以"藏界西南通外番地方,如萨喀、定结、帕克里等处,均未定有鄂博,难保日久不无事端",遂派游击张志林(?—1821),"会同各营官,自萨喀起,酌于紧要处所,将应立鄂博地方,绘图贴说",在福康安划界基础上,补充划界。同年五月,和琳奏报划界过程与结果:"定日阅兵完竣,随带游击张志林、噶布伦丹津那木结、代本拉旺策卜丹等,携带噶厦底案,由萨迦、宗喀、聂拉木、绒辖、定结、帕里克沿边一带,率同该处营官,悉心讲求,查对底册。张志林所拟应立鄂博处所,均与噶厦底册及年老番民禀告相符。查各处路径崎岖,雪山重叠,臣分派营弁,跟同各该处营官,将旧有玛尼堆者,加高添砌;其全无形迹者,一律堆设整齐。所有唐古忒西南,与外番布鲁克巴、哲孟雄、作木朗、洛敏汤、廓尔喀歌交界处,均已画然清楚。"③

"自札什伦布西行,由拉孜至协噶尔、定日、宗喀、萨喀,通狭巴岭山、锅拉纳山、毕都纳山、朗古山顶、纳汝克喀山顶、朗杂山顶,均设立鄂博,此内为唐古忒境,此外为洛敏汤、作木郎二部落境。又自宗喀通济咙,至热索桥,设立鄂博,此内为西藏境,此外为廓尔喀境。又自定日通聂拉木,至铁锁桥,设立鄂博,此内为西藏境,此外为廓尔喀境。又自拉孜通绒辖,至波底山顶,设立鄂博,此内为西藏境,此外为哲孟雄境。又自定

①《清高宗实录》卷一四一一,《清实录》,第 26 册,第 977 页;《卫藏通志》卷二,第 187 页。
②《卫藏通志》卷二,第 188 页。
③《卫藏通志》卷二,第 193—194 页。

结至萨热喀山顶、卧龙支达山顶、羊玛山顶,设立鄂博,此内为西藏境,此外为哲孟雄境。又自干坝至洛纳山顶、丈结山顶、雅纳山顶,设立鄂博,此内为西藏境,此外为哲孟雄境。又自帕克里至支木山顶、臧猛谷山顶、日纳宗官寨,设立鄂博,此内为西藏境,此外为哲孟雄、布鲁克巴二部落境。又臧曲大河南,本系哲孟雄地界,被廓尔喀侵占已久,臧曲大河以外,俱系廓尔喀境。"①

通过前后两次划界,西藏与"外番"布鲁克巴(不丹)、哲孟雄(后之锡金)、廓尔喀(尼泊尔)等的边界初步得以明确。

4. 练兵、加强边防

乾隆皇帝对和琳在藏的成绩做了充分的肯定,并在批文中强调指出:"和琳奉差以来,办理一切卫藏边疆军需各事宜,定立章程,抚辑各部落,训练蕃兵,均能实心整饬,经理妥协。"②这里提到了他在练兵和加强边防方面的活动。

史书记载,福康安等针对两次廓尔喀战争中,"藏内番兵乘间即逃、遇敌即退,不能守御出力"的情况,分析了藏兵缺乏战斗力的原因,认为此"固由番兵怯懦性成,亦因平日练兵之道,毫无法制,势难使之振作"。提出了"酌定额设藏兵及训练事宜六条折",内容包括:确定西藏前后藏各驻兵一千,定日、江孜各五百,形成三千人的藏军队伍,"以肃兵制";核定军兵等级,"以专责成";藏军官兵,分别酌给钱粮、口粮,"以资养赡";发给军火武器,认真操练,明示赏罚,"以肃军纪";以及严禁军官欺凌士兵和役占士兵,"以实营伍"等,③由此建立起一支比较正规的藏军。

乾隆五十八年(1793年)四月,工部尚书和琳、副都统成德具奏,为前藏新设番兵挑选足额,一律操演,并赴后藏校阅。五十九年(1794年)五月,工部尚书和琳、内阁学士和宁(? —1796年)根据西藏地方局势发展需要,对驻藏大臣的巡视和阅兵制度提出改革意见。先前福康安(包括

---

① 《卫藏通志》卷二,第194—195页。
② 《清高宗实录》卷一四五七,《清实录》,第27册,第428页。
③ 《卫藏通志》卷八,"兵制原目作番兵",第303—309页。

和琳本人)等奏定章程中每年春秋二季,驻藏大臣分往各边界巡阅一次,顺道阅兵,完全合理的,而现在时过境迁,周边诸部畏服,边境安宁,各处堆立鄂博,境界分明,而"卫藏地方较冷,三四月间方始播种,八九月内收割,凡巡阅之期,正番民农忙之候,虽减从轻骑,一切照例发与价值,而所用乌拉人夫,在所不免"。特建议,嗣后驻藏大臣,每年于五六月间农闲之时,阅边看兵一次,既不致营伍废弛,亦不致有妨农业。①

我们知道,这些措施的形成,是以福康安为首的进藏大军首领共同调查、协商确定的,但是它的落实,却是由驻藏大臣和琳来实施和完成的。应该说,和琳对清朝藏军的建立,对士兵的早期的训练,以及加强清代的西藏边防,颇著功绩。

5. 拉萨痘症碑与改良风俗

这一时期,西藏发生天花疫情,受当时落后的医疗条件和人们错误观念的影响,"凡遇番众染患痘疹,皆逐赴山谿躲避。而被逐之人,家道可度者,日食饱暖,尚可将息,望其全可;若贫苦之家,一经被逐,口食不资,露处山谿,父子兄弟夫妇至亲,两不相顾,任其冻饿,无人照管,因至多有病毙者"。和琳闻其情状,十分怜惜,当即于浪荡山谷找一空寨,"捐廉购办酥油、糌粑、茶叶、柴薪,专派弁兵,及已出痘之番民,早晚散给,以资养赡。半载以来,该出痘贫民等,得有口食,痊愈者已有数百余人"。他还致书给达赖喇嘛、班禅采取同样办法。"嗣后凡遇痘疹被逐之人,必须首领倡率,捐给酥油、糌粑、茶叶、柴薪,派人前赴避痘之处,早晚照管给散,俾有口食,以免冻馁之虞,则活人性命,功德无量矣。"获得了巨大成效,百分之九十的患者存活下来,深受西藏百姓感念。② 五十九年(1794年),和琳立"永远遵行"碑以纪其事,该碑至今保留在大昭寺前。③

改革西藏丧葬风俗,严禁碎割死尸,以重人伦、以厚风俗。和琳担任驻藏大臣以来,力图对西藏的旧有风俗进行整顿,首先面对的是"天葬"

---

①《卫藏通志》卷八,"番兵",第310—311页。

②《卫藏通志》卷一四上,"抚恤下",第495—496页。

③ 西藏自治区文物管理委员会,《拉萨文物志》(内部资料),拉萨,1985年,第120页。

习俗,从中原传统出发,他认为"所有宰割尸身、喂鹰喂狗一事,尤为天理之所不容,王法之所必加"。规定:"嗣后如有人死,概不许割裂尸身,喂鹰喂狗,自己有庄田者,于本庄田内,择地安葬;如无庄田贫民,由达赖喇嘛、班禅额尔德尼于前后藏拨出空地两三处,作为义冢公地,报官掩埋。倘有无知番民,仍敢不知悛改,一经本部堂查出,即令在藏文武官员,将死者之子孙,凌迟处死,并将在旁助恶动手之人,正法示众。"①这项措施虽经严厉申明,但是由于违背西藏民俗,并没有达到预期目的,天葬、水葬习俗在此后依然得以保持下来。可见,风俗改革必须因地制宜,因势利导,单凭良好愿望,并不能达到设计目标。

6. 处理与外藩的关系

福康安率领大军驱敌,原由廓尔喀的入侵引起,战争之际及战后,如何处理好与西藏南部的诸"外番"的相互关系,也是要事,他首先遭遇到的如何处理曾经协助参与剿灭廓尔喀入侵者的哲孟雄部落的"讨要赏项"问题。根据乾隆五十七年六月十九日(1792 年 8 月 6 日)奏折,和琳曾就此事与达赖喇嘛商议,达赖喇嘛"竟无主见",惟听和琳定夺。和琳认为,福康安未曾深入之先,曾檄调该哲孟雄和布噜克巴进兵,以分其势,那时他们都以不服水土为辞,退守边界。现在讨赏,纯属贪心。何况已经朝廷对有功的头人赏过银牌、缎匹、茶叶等项,不应再有奢求,同时谕令他们严兵坚守。朝廷肯定了和琳的做法,并传谕福康安等,"如该部落有似哲孟雄之请兵讨赏者,福康安等亦当照和琳所办,严辞拒绝,酌赏缎匹、茶叶等物。"②同时谕令各部落,积极效力,待将来荡平贼境,将被廓尔喀侵占土地,归还给各部落,否则别指望收复失地。

和琳还详细查明了乾隆五十五年(1790 年)十月廓尔喀派大小头人三名来藏的有关情形,据此知,廓尔喀使者呈递谢恩表贡,并带银钱式样,禀请与唐古特(西藏)通商买卖,结果被噶厦喇嘛噶布伦(噶伦)令人

---

① 《卫藏通志》卷一四上,"抚恤下",第 497—498 页。
② 《卫藏通志》卷一三中"纪略中",第 395—396 页。

收下,内有毡裹匣、白布包、皮裹包共十五件,白布包内还有信字。和琳命人译出,表内并无讨要地土俸禄之语。① 说明讨要"地土俸禄"应是后来之事。

7. 查处驻藏大员

和琳直接办理了查处副都统衔鄂辉和前任驻藏大臣俘习浑(即保泰)、雅满泰(? —1812 年)渎职等案件。

鄂辉,碧鲁氏,满洲正白旗人。乾隆五十二年(1787 年),署四川总督。廓尔廓尔喀侵西藏,据济咙、聂拉木诸地。乾隆皇帝命令鄂辉还四川,与提督成德率师赴援,又命侍郎巴忠(? —1791 年)前往处理纠纷。巴忠先前曾经担任驻藏大臣,熟悉藏事,他擅自示意噶布伦,采用贿赂方式让廓尔喀军退出所侵占地区。鄂辉等遂与议和,疏陈善后事。朝廷授其四川总督。五十六年(1791 年),廓尔喀因未获贿金,再次侵入济咙、聂拉木等地。乾隆皇帝命将军福康安督师讨廓尔喀,责鄂辉误用巴忠议致复生事,夺官,予副都统衔驻藏,听福康安指挥,福康安令其督饷。工部尚书和琳劾鄂辉得廓尔喀贡表不以上闻,命夺副都统衔,逮赴前藏荷校示罚。五十八年(1793 年),命还京师,授拜唐阿。加员外郎衔,迁热河总管。②

在查处俘习浑、雅满泰案件中,和琳依据在廓尔喀使者寄呈将军、提督、总督的信内,均有"要照大人以许的话行就是了"等语,进行彻底调查,亲自提审俘习浑、雅满泰,并与打完胜仗归来的大将军福康安一同质审。和琳认为,雅满泰系乾隆五十五年十月二十日(1790 年 11 月 26 日)到藏,俘习浑系乾隆五十五年十一月二十九日(1791 年 1 月 3 日)到藏,普福(? —1802 年)系十二月初三日(1791 年 1 月 7 日)起身进京,而廓尔喀头人系十月初来藏,冬底方回,所以俘习浑、雅满泰不得将责任推委给普福一人承担。乾隆皇帝依据和琳调查结论,降旨著福康安、孙士毅、

①《卫藏通志》卷一三中"纪略中",第 434—435 页。
②《清史稿》,列传卷一一五,"鄂辉",第 36 册,第 10901—10902 页。

和琳、惠龄即将鄂辉革职,同俘习浑、雅满泰三人,亲提究诘,严切刑讯,毋任稍有遁饰。对于和琳在处理本案坚持原则,乾隆皇帝给予很高评价,"普福系和珅保举之人,和琳并不因系伊兄所荐,稍存回护,据实查奏,甚为公正,著赏给御用玉扳指一个,大荷包一对、小荷包四个,以示奖励。"同时又强调指出,若和琳此时隐庇不奏,将来别经发觉,恐和琳等亦不能当其咎也。① 应该说,和琳是否公正查实案情,也直接担负着巨大的责任。

三、驻藏时期的人际关系

和琳在藏的时间为 1792 年 3 月 22 日至 1794 年 8 月 14 日,在这一时期,有几个人与他有着密切的关系,并有可能影响到他的驻藏大臣职责的履行。

1. 和琳与和珅的关系

和琳与和珅是骨肉兄弟,他的成长和后来仕途上的发展都与哥哥有一定的关联。乾隆五十六年(1791 年)二月,和琳被擢升为内阁学士。同年十一月,又兼署工部左侍郎。乾隆五十七年(1792 年)正月,和琳又任正蓝旗汉军副都统,担任驻藏大臣。驱除廓尔喀战争胜利后,福康安、和琳等受到嘉奖,和珅也受奖,并兼任翰林院掌院学士。接着和琳被任命为四川总督。有些研究者认为,和琳担任驻藏大臣是和珅刻意安排的结果,而他的仕途的进步主要受影响于和珅的得势与弄权。但是,我们从史书中有关和琳史事的记载以及乾隆皇帝对和琳的评价来看,和琳个人的品格、素养和细心勤勉办事,以及政绩才是更重要的因素。因为在涉及重大军事、刑事案件问题的处理,缺乏才能,不能取得圆满的结果,在乾隆皇帝时代,也许可以因特殊姻亲关系免除罪责,却很难获得奖励和迁升的机会。和琳的迁升无疑与担任军机大臣的兄长和珅有关,乾隆皇

---

①《卫藏通志》卷一三中"纪略中",第 436—438 页。

帝在封授和琳都统衔时,就告知达赖喇嘛和西藏地方,和琳是他特派之人,又是大学士和珅弟弟,其身份自然非同一般。同时,又申明"至和琳此次前往西藏,系朕特简,和珅未经先行奏恳"①。真正获得升迁的原因,还在于和琳自己建立功业,特别是在西藏两年多时间作出的出色成绩,乾隆皇帝喜欢和琳主要是因为他的个人才干和勤勉工作。

和琳和和珅兄弟情深意笃,和琳在镇压苗民起义中身亡,和珅伤心万分,曾做诗十五首悼念胞弟。和珅在诗序中写道:"希斋(和琳字希斋)弟督军疆受瘴而卒,痛悼之余为挽词十五首。言不成声,泪随笔落,聊以当歌。"情真意切,见诸笔端:"看汝成人瞻汝贫,子婚女嫁任劳顿。如何又为营丧葬,谁是将来送我人。"②

2. 和琳与福康安的关系

福康安,富察氏,满镶黄旗人。乾隆时任侍卫,授户部尚书、军机大臣。福康安的父亲傅恒(? —1770 年),是乾隆之后孝贤皇后的兄弟,而福康安则是孝贤皇后的亲侄子。民间有福康安是乾隆皇帝与傅恒妻私生子的传闻。福康安生于乾隆十八年(1754 年),自幼乾隆即将他带到内廷,亲自教养,待之如亲生。福康安十九岁时,即以头等侍卫统兵随定西大将军温福征剿大金川,此后担任过吉林将军、盛京将军、成都将军、四川总督、陕甘总督、云贵总督、闽浙总督、两广总督、武英殿大学士等要职。参加过平定大小金川、镇压台湾林爽文起义、击退廓尔喀入侵等重大战役。福康安去世的时候,乾隆悲泪长流,赐谥文襄,追赠嘉勇郡王,配享太庙。③

和琳与福康安发生直接的联系主要有三次,第一次是乾隆五十七年(1792 年)初,他自笔帖式累迁湖广道御史。劾湖北按察使李天培私交粮艘带运木植,鞠得两广总督福康安寄书索购状,帝嘉和琳伉直,下部议

---

① 《清高宗实录》卷一四〇五,乾隆五十七年五月丙辰,《清实录》,第 26 册,第 8875—876 页。
② 和珅,《悼亡诗》,"希斋弟督军首疆受瘴而卒,痛悼之余,为挽词十五首"之一,见《嘉乐堂诗集》,嘉庆刻本,卷一,页 31B。
③ 《清史稿》,列传卷一一七,福康安,第 36 册,第 10917—10918 页。

叙,由是遂见擢用。自吏部给事中超擢内阁学士,兼礼部侍郎衔。这次被认为是协助他的哥哥和珅打击政敌一个组成部分。福康安因此被罚俸三年,直到受命前往平定廓尔喀之乱,才被乾隆皇帝免除尚未缴纳的罚金。①

第二次是他受命入藏与福康安共事。应该说,这段时间两人相互配合默契,和琳积极地支持了福康安所部大军的后勤运输保障工作,而福康安也对和琳的工作赞赏有加。乾隆五十七年七月十二日(1792 年 8 月 29 日),大学士署四川总督孙士毅抵前藏,八月初七日(9 月 22 日),接到乾隆谕旨,内言:"昨据福康安奏,鄂辉办事稍软,和琳能驾驭番民,实力振作,飞咨和琳前往济咙一带,督办粮饷。适和琳奏到,亦恳请前往,与福康安相奏恰合,当经降旨嘉奖。今和琳接到福康安咨,即于十八日(10 月 3 日)起程驰往,计此时早抵济咙,定能赶紧趱办,以济军营应用。"②从乾隆皇帝谕旨中可以看到两人相互支持、配合默契的情况。

关帝庙碑文显示,福康安见扎什城关帝庙"堂皇湫隘",故在磨盘山修建新的关帝庙,驻藏大臣和琳在驱廓战争胜利后又重修了札什城关帝庙,"卑者崇之,隘者拓之,有庑有堂,有严有翼",之所以要重建该庙,用和琳在所撰碑文中的话来说,就是清兵大胜"固圣主(乾隆)庙谟广运,指示机先,大将军(福康安)运筹帷幄,靡坚不破,然究属帝君(关羽)威灵呵护之所致也。"③这里实事求是,同时也比较充分地肯定了福康安的首功。

第三次两人共事是镇压贵州苗民起义。五十九年(1794 年),和琳被任命为四川总督。六十年(1795 年),贵州苗石柳邓叛清,波及正大、嗅脑、松桃等地,湖南苗吴半生、石三保应之,围永绥,乾隆皇帝命已担任云贵总督的福康安带兵镇压。和琳此时正准备入京,行至卬州,松桃的反叛军已阑入秀山境。和琳得到消息立即带兵前往,督参将张志林、都司马瑜击走之;后复败苗民造反军于晏农,进攻砲木山黄陂,通道松桃,颇

_____

① 中国第一历史档案馆:《乾隆朝上谕档》,档案出版社 1991 年版,第 16 册,第 561 页。
②《卫藏通志》卷一三中"纪略中",第 414 页。
③《卫藏通志》卷六"寺庙",第 279—280 页。

有功绩,乾隆皇帝赏其双眼花翎。当时福康安已解正大、嗅脑、松桃之围,攻石柳邓于大塘汛,和琳率兵与之会合,朝廷便任命和琳参赞军事,和琳率部屡建战功,受到乾隆皇帝赏赐嘉奖,先后封一等宣勇伯、加太子太保。嘉庆元年(1794年),福康安战死,乾隆皇帝命和琳督办军务。八月,进围平陇,卒於军。晋赠一等公,谥忠壮,赐祭葬,命配飨太庙,祀昭忠、贤良等祠,准其家建专祠。四年(1799年),其兄和珅被诛,朝廷有人论和琳藉势邀功,嘉庆皇帝"亦追咎其会剿苗匪,牵掣福康安,师无功,命撤出太庙,毁专祠,夺其子丰绅伊绵公爵,仍袭三等轻车都尉"①。

3. 和琳与孙士毅的关系

孙士毅,字智冶,一字补山,浙江仁和人。乾隆进士,原为文官,后因功封一等谋勇公,授兵部尚书,军机大臣。乾隆五十六年(1791年)摄四川总督,督办粮饷。五十七年(1792年),廓尔喀入侵之乱平息,获授文渊阁大学士,兼礼部尚书。与福康安、和琳等一起驻前藏,处理善后事宜。福康安率金川土司入觐,朝廷命孙士毅再度担任四川总督。福康安转任云贵总督后,以和琳代旗为四川总督。乾隆皇帝命孙士毅留四川办理廓尔喀之役军需奏销,孙士毅希望留福康安、和琳一同办理,乾隆皇帝没有同意。孙士毅与和琳共同受命负责粮饷运输,而且与和琳哥哥权臣和珅有很深交情,所以他无疑是此时和琳交际圈中重要人物之一。在孙士毅的《百一山房赴藏诗集》中有多首诗歌是与和琳唱和而作,如"西招送春,和希斋司空"、"寄希斋司空西藏"等均属此例。②

4. 和琳与和宁的关系

和宁,字太庵,额勒德特氏,蒙古镶黄旗人。乾隆五十八年十一月甲午(1793年12月7日),被授予副都统衔,前往西藏办事。五十九年(1794年)抵藏,继成德为驻藏帮办大臣。不久授内阁大学士兼礼部侍郎衔,仍兼副都统。六十年春间,会同驻藏大臣松筠奏免前后藏百姓赋税

---

① 《清史稿》,列传,卷一〇六,和珅,附弟和琳,第35册,第10757页。
② 孙士毅:《百一山房赴藏诗集》,见吴丰培辑《川藏游踪汇编》,四川民族出版社1985年版,第
　219、242—243页。

钱粮,酌定章程十条,督率办理前后藏东南北各属。

和琳乾隆五十七年(1792年)二月至乾隆五十九年(1794年)十二月担任驻藏大臣。和宁乾隆五十九年三月以内阁学士、副都统衔担任驻藏帮办大臣,至嘉庆六年(1801年)调回北京。① 两人合作共事有9个月之久。如前引,和琳与和宁联合上奏改革了驻藏大臣巡边和检阅士兵操练的制度等事项。

和琳在其《甲寅仲冬余奉诏东旋,留别太庵四律,聊作骊歌一阕耳》中写道:"半载追随互见招,深谈不惜坐通宵。灯明客馆杯浮蚁,月转碉楼句入瓢。治藏有经烦手纂,理以无策代梅调。重牢小队旗亭饯,一派离情系柳条。"②和宁也写有多篇诗作酬和和琳,如:"一剑寒霜兴不群,新论拜仰列星文。黑头方伯虚谈政,白发儒生壮统军。敢信文章夸异俗,漫劳弓矢建殊勋。冰衔此去清凉界,天语回春入梵云。"③在和宁的《易简斋诗抄》中,与和琳的唱和之作有二十余首之多,④如《送别和希斋(琳)制军之蜀十首》,包含深情厚谊,而和琳的和诗如《春堆却寄太庵》、《江孜归次却寄太庵》、《江达寄太庵》等都反映出和琳对和宁的惜别之情。足见,两人在藏合作愉快,感情深厚。有研究者认为:"《卫藏通志》原为驻藏大臣和琳根据乾隆皇帝指令,为向新任驻藏大臣松筠办理交接事宜,命帮办大臣和宁根据驻藏大臣衙门档案编撰的。"⑤足见,和琳与和宁在西藏不仅是同僚,和衷共济,而且是诗道同好和情谊深厚的朋友。

5. 和琳与松筠的关系

松筠(1752、1754—1835年),字湘浦,玛拉特氏,蒙古正蓝旗人。乾隆四十八年(1783年),破格提拔为内阁学士兼副都统。五十九年(1794

---

① 《卫藏通志》卷九,第324页。

② 和琳,"甲寅冬仲,余奉诏东旋,留别太庵四律,聊作骊歌一阕耳",《芸香堂诗集》(上下卷),嘉庆刻本,卷下,第18页A。

③ 和宁(和瑛),"冬至月奉命以内阁学士兼副都统充驻藏大臣恭纪",《易简斋诗抄》四卷,道光三年刻本(四卷),卷一,第27页B。

④ 张羽新:《〈卫藏通志〉作者是和宁》,《清代治藏要论》,中国藏学出版社2004年版,第434页。

⑤ 同上书,第435页。

年),任吉林将军。不久受命往荆州督察税务,道出卫辉,大水环城,率守令开仓赈恤。诏嘉奖,授工部尚书兼都统。① 乾隆五十九年至嘉庆四年(1794—1799 年)就任驻藏大臣。松筠改革西藏赋税等制度,减免赋税债务及差役负担,休养生息;赈济百姓,扶助逃亡户恢复生产;限制使用乌拉,有偿支付雇费;严禁霸占水渠、农田和乘机敲诈勒索等,颇有政绩。他还勤于著述,有《西藏巡边记》、《西招图略》、《西招秋阅记》、《西藏图说》等大量作品存世。②

松筠是和珅的政敌,清朝宗室昭梿在《啸亭杂录》中说:"自和(珅)相秉权后,政以贿成,人无远志,以疲惫为仁慈,以玩愒为风雅,徒博宽大之名,以行徇庇之实,故时风为之一变。其中行不阿者,惟松相公筠一人而已。"③《清实录》本传也记,松筠"充驻藏大臣,抚番多惠政。和珅用事,松筠不为屈,遂久留边地。在藏凡五年"④。恰巧,在那里松筠又是接替和珅弟弟和琳而担任驻藏大臣的,史书没有明确记载他们两人的关系,但是乾隆五十九年(1794 年)十二月松筠接替和琳,双方有职责交接方面的密切接触。有学者认为,和珅和松筠为宿敌,必欲除之而后快,"乾隆五十九年(1794 年)松筠被任命为驻藏大臣,实际是这场斗争的一个小插曲。和珅是利用这种手段,将权势日益增长的松筠排挤出军机处。同时又可从西藏调回自己的弟弟和琳,为其在权力阶梯上向上爬创造条件"⑤。和琳和松筠之间的关系,因为其兄长和珅之故,并不十分融洽。⑥

但是,从和琳、松筠的为人处事,以及史书中没有出现他们在藏的负面报道来看,两人的关系还是和睦的,至少没有因为和珅的原因而出现公开纷争的情况,甚至还存在融洽合作的局面,乾隆五十九年(1794 年)

---

① 《清史稿》,列传卷一百二十九,松筠,第 37 页,第 11113—11114 页。
② 吴丰培:《卫藏通志》著者考,《西藏志·卫藏通志》,第 568 页。
③ 昭梿:《啸亭杂录》卷四,中华书局 1980 年版,第 109 页。
④ 《清史稿》,列传卷一百二十九,松筠,第 37 册,第 11114 页。
⑤ 张羽新:《〈卫藏通志〉作者是和宁》,《清代治藏要论》,中国藏学出版社 2004 年版,第 425 页。
⑥ 同上书,第 425—426 页。

七月，朝廷命令松筠接替和琳担任驻藏大臣，同时谕令："卫藏地方，经和琳悉心整顿，定立章程，一切驾御各部落、训练番兵，所办俱有条理。仍著和琳再向松筠将巨细事宜面为告知，俾得照成规经理，倍臻妥协，以副委任也。"①松筠于乾隆五十九年十二月五日（1794 年 12 月 26 日）抵达西藏，"和琳将此数年谨遵训喻办定各项事件，阖藏各地黄黑人等习俗、廓尔喀等恭顺情形、交界地方所设各卡情势、每年操演兵丁巡边事项、达赖喇嘛以下众呼图克图、噶伦等如何相见等项，一一详密告知"。松筠、和琳等在一起三日，详细面议，凡宜交代事项，和琳明白交代完毕后，于十二月十三日（1795 年 1 月 3 日）遵旨赴京入觐。而松筠也表示要留意遵照执行，表示要与和宁一起，"慎守钦定章程，不负圣上倚重之恩，慎之又慎"。这一过程和相关活动由松筠、和琳、和宁三人联名上奏乾隆皇帝。②

四、从和琳看清朝鼎盛时期驻藏大臣的地位与作用

1. 驻藏大臣应具备的素质

关于驻藏大臣所应具备的素质，清朝文件并无明确规定，我们只知道驻藏大臣是一个有副都统衔的钦命边疆大员。但是，我们却可以从乾隆皇帝对驻藏大臣和琳的肯定性评价中，看到驻藏大臣所应具备的良好素质，同时也可以从前任驻藏大臣受查办的缘由，及乾隆皇帝对其失职之责备言辞中，看到担任驻藏大臣应禁止的行为。

就和琳本人而言，保留在《卫藏通志》中的乾隆的评语已有鲜明的反映，乾隆五十七年二月三十日（1792 年 3 月 22 日）上谕："此时正届大兵进剿，一切军需要务，均资妥办，和琳人本细心，遇事尚有主持，在藏驻扎，于筹办粮运，接济官兵，及查办整饬诸事，自所优为。"《清实录》收录

---

① 《清高宗实录》卷一四五七，《清实录》，第 27 页，第 432 页。
② 《元以来西藏地方与中央政府关系档案资料汇编》(4)，中国藏学出版社 1994 年版，第 1640 页。

乾隆皇帝谕旨中说明任命驻藏大臣的一些条件:"今思鄂辉人本软弱,成德遇事粗疏,二人驻藏未能得力。侍郎和琳心思详细,堪以管理藏务。"①这里提到并受到乾隆肯定的良好素质是"细心"、"心思详细"、"有主持"等,并与不堪担任驻藏大臣的"软弱"、"粗疏"禀赋相对应。乾隆五十七年闰四月初七(1792 年 5 月 27 日)、十六日(1792 年 5 月 6 日)上谕:"现因西藏办理军务,一切粮运乌拉,关系紧要,且当诸务废弛之后,亟资整顿,是以特派和琳前往督理。但大臣中如和琳细心晓事者,即不可多得,将来事定后,派往驻藏大臣。"这里提到和琳的优点,以及将来拟作为驻藏大臣遴选重要条件的是他的"细心晓事"。乾隆五十七年五月十九日(1792 年 7 月 7 日)上谕:"至和琳此次前往西藏,系朕特简,……实不料其如此能事。朕深庆得人,国家得一好大臣,实自幸大功或易就也。"对和琳进行综合评价,特别提出他"如此能事"即办事能力极强。此外,乾隆皇帝还肯定了和琳在查办官员贪污、渎职过程中表现出来的坚持原则、"公正"无私,以及在帮助百姓解除天花灾害中表现出的爱民如子,在改良风俗习惯中展出的强烈的社会责任感(尽管并没有达到预期的目标)。和琳和接替他的松筠都信仰佛教,可以说具有一定的宗教知识,这也成为部分驻藏大臣所具备的一个条件。结合其他驻藏大臣的情况来看,还应包括临危不惧、果断勇敢,以及熟悉藏情等。而软弱、粗疏、无能和怠惰等则是驻藏大臣不应有的品质。

　　由于廓尔喀入侵西藏而导致的西藏边疆地区的危机,也为清朝在用人制度方面忽视边疆大员的选拔使用敲响了警钟。乾隆五十七年八月二十七日(1792 年 10 月 12 日),乾隆皇帝颁布谕旨指出:"向来大臣内才堪办事之人,多留京供职。其从前派往驻藏办事,多系中材谨饬之员。该大臣等前往居住,不过迁延岁月,冀图班满回京,是以藏中诸事,任听达赖喇嘛及噶布伦等率意径行,大臣等不但不能照管,亦并不预闻,是藏驻大臣竟成虚设。嗣后藏中诸事,皆当隶驻藏大臣管束料理。如遇出有

①《清高宗实录》卷一三九七,《清实录》,第 26 册,第 766 页。

噶布伦、商卓特巴、第巴、戴本等缺，皆应归驻藏大臣秉公拣放奏补。自当妥立章程，俾资经久。不得仍前任听达赖喇嘛、噶布伦等专擅，以致滋生弊端。"与这样的改革相配套就是，要在驻藏大臣的选择方面，使用优秀人才，从而确保对西藏地方的掌控和各项政策的贯彻。①

驻藏大臣还须具备的一个条件，就是驾御全局、主持一切的能力。乾隆皇帝反复说明自己使用和琳进藏办事，原来不过是因为其处事细心，而在实践中和琳所表现出的突出才能，逐渐让乾隆皇帝不断委以重任。用乾隆皇帝的话来说，就是"朕之用和琳，初不过因其人尚细心，遇事奋勉，是以派往。实不料其如此能事，朕深庆得人，国家得一好大臣，大功可易就也"②。最后选定和琳担任驻藏大臣，处理驱除廓尔喀入侵、各项善后章程完善与执行的各项事务。乾隆五十七年十一月丙申/元日（1792 年 12 月 14 日），在考虑和琳之后的驻藏大臣人选时，乾隆皇帝想到的是刚担任库伦大臣七年、刚刚卸任休息的松筠，并谈到了为什么没有考虑担任驻藏帮办大臣的成德继承驻藏大臣的理由，即"成德才具，亦止可在藏帮办，不能总理一切"③。可见，驾御全局的才能也是选择驻藏大臣十分重要的一个条件。

2. 驻藏大臣的主要职责和权力

和琳担任驻藏大臣是在西藏地方发生廓尔喀入侵及被驱除、清朝中央政府颁布"二十九条章程"并调整西藏地方管理体制之际，"二十九条章程"对他履行驻藏大臣职责的规定具有重要的指导作用。

《钦定藏内善后章程二十九条》规定，西藏地方一切权力由驻藏大臣操控，驻藏大臣办理西藏地方事务，地位与达赖喇嘛和班禅额尔德尼平等，驻藏大臣负责督办西藏一切政务；噶伦及以下各级官吏及各高僧活佛均为属下，其任免、升迁由驻藏大臣会同达赖、班禅负责；驻藏大臣负责西藏防务，统率绿营兵弁、指挥操练地方军队，每年定期轮流巡察边

---

① 《卫藏通志》卷九"镇抚"，第 315 页。
② 《清高宗实录》卷一四零五，《清实录》，第 26 册，第 875—876 页。
③ 《清高宗实录》卷一四一六，《清实录》，第 26 册，第 1046 页。

界;稽察财政收支,督察地方司法、户口、差役;办理一切涉外事宜,主管对外贸易及铸造钱币;监督主持达赖班禅等高僧转世灵童掣签和坐床等。由于达赖喇嘛和班禅额尔德尼两位活佛,均系出家之人,除了章程赋予驻藏大臣独揽的军事、财政和外交大权之外,事实上,驻藏大臣已经成为西藏地方的最高行政长官。

而和琳作为"二十九条章程"颁布后的首位驻藏大臣,其扮演怎样角色、发挥何等作用,同样对驻藏大臣履行职责具有一定的影响。和琳入藏之际,乾隆皇帝深知他信仰佛教,顾虑他因敬信佛教而不能恰当处理好与达赖喇嘛的关系,而影响到朝廷的治藏体制的建立。从事实来看,和琳经受了这一考验。他遇到涉及西藏地方重大决策,先征求达赖喇嘛和班禅的意见,在两大活佛主动让度决策权的情况下,他出台了一系列重大决定。从驻藏大臣制订与实施《钦定藏内善后二十九条章程》,处理违法活佛、规范活佛转世制度、划定边界、设立鄂博,练兵、加强边防,改良风俗、救济贫民,以及办理对外藩关系来看,他很好地行使了"钦定章程"赋予的权力,充分履行了西藏最高行政长官的职责。《卫藏通志》卷七"番目"门按语谓:西藏地方官员"自乾隆五十七年(1792 年)议定章程,并赏给顶戴,分隶职司,俱由驻藏大臣主持升调,其品级、考铨、选法,实与内地官阶无异"。卷九《镇抚》门按语谓:"卫藏事务,向由商上自行经理,自乾隆五十七年(1792 年)钦定章程,一切大小事件,统归驻藏大臣办理,责任极重。"①反映的就是这一重大转变。

3. 驻藏大臣与达赖喇嘛及噶厦政府的关系

在和琳驻藏时期,由于时值廓尔喀入侵西藏被驱逐之际,对于这一事件的发生,作为西藏地方政教首领的达赖喇嘛也有督责不严的责任,当然,最主要的原因是达赖喇嘛用心于宗教,不谙世俗事务,于是,和琳新任之际,在就西藏重大问题征询达赖喇嘛意见时,达赖喇嘛主动放弃决策权,虽然是就处理对待廓尔喀而言的,但是,在涉及达赖喇嘛和班禅

---

① 《卫藏通志》卷九"镇抚",第 315 页。

个人住锡地转换,乃至亲属违法问题等方面,驻藏大臣都有权裁决。按照钦定藏内善后章程的规定,驻藏大臣办理西藏地方事务,其地位与达赖喇嘛、班禅额尔德尼平等,在实际操作中,由于达赖喇嘛和班禅潜心于宗教,以及驻藏大臣握有西藏地方的军事、财政和外交大权,并负责向皇帝转奏达赖喇嘛、班禅的奏折,下传皇帝旨意,事实上,在和琳担任驻藏大臣时期,驻藏大臣的行政权力的影响要大于达赖喇嘛。而作为噶厦政府高级官员的噶伦等,其地位在驻藏大臣之下,这是钦定章程规定了的。在实践中,如划定边界等重大活动中,噶伦均听命于驻藏大臣和琳,是其属下官员。

任用怎么样的驻藏大臣,其资历背景如何,都会在西藏地方上层产生影响。对此,连乾隆皇帝本人也有清晰认识,他曾言:"和琳系朕特派前往之人,又系大学士和珅胞弟,即达赖喇嘛亦必待和琳较优,是以该处番俗人众见和琳到彼,均知所惩劝。……鄂辉曾经获咎,若复在前奏事,不特伊心有所不安,众番见事权无所统摄,于公务转属无益。"所以,加恩赏给和琳都统衔,奏事名列鄂辉之前,"以资事权归一,呼应更灵"。①

驻藏大臣熟悉西藏事务,甚至信仰佛教,对于办理西藏地方政教事务是一大优势,但是,与此同时,也出现了信仰和职责上的不协调问题。对此乾隆皇帝一直比较重视,乾隆五十七年闰四月壬辰(1792 年 6 月 13日),乾隆皇帝就提醒刚到西藏办事的和琳,听说"和琳平素敬佛,此次到藏见达赖喇嘛、班禅额尔德尼自必照常瞻礼致敬,于佛法固当如此"。但是,由于过于谦逊便和所属无异,地位竟同噶伦一样。"鄂辉、和琳均系钦差大臣,除拜佛瞻礼之外,其办事原应与达赖喇嘛、班禅额尔德尼平等。"②要力矫积习,从而使事权归一,实现"抚御番民,永绥卫藏"目标。

通过两年多的实践,和琳很好地处理了信仰佛教、尊敬达赖喇嘛、班禅与履行驻藏大臣职责的关系。五十九年八月丙寅(1794 年 9 月 5 日),

---

① 《清高宗实录》卷一四零五,乾隆五十七年五月丙辰,《清实录》,第 26 册,第 875 页。
② 《清高宗实录》卷一四零三,《清实录》,第 26 册,第 852 页。

乾隆皇帝谕军机大臣等,根据成德的奏折,"和琳办事甚妥,且见达赖喇嘛不行叩拜,达赖喇嘛惟命是听",他认为和琳如此举动甚为得体。"现派松筠赴藏办事,伊系蒙古,素遵黄教,倘不知自重,恐将来办事仍虞掣肘。著传谕松筠,抵藏后接见达赖喇嘛等,不可叩拜,即使遵奉黄教,俟年满回京之日再行礼拜,亦无不可。"①于此可见,处理驻藏大臣与达赖喇嘛关系的重要意义,以及当时的一般状况。

在涉及接待外番使者方面,驻藏大臣有责任提醒达赖喇嘛、班禅注意外交事宜。乾隆五十七年(1792年)十月,就廓尔喀派遣其噶箕人等前往布达拉宫谢过,达赖喇嘛、班禅如何应对问题时,和琳建议必须"词严义正",乾隆皇帝认为,这一点最为重要。同时提醒和琳转告达赖喇嘛、班禅,对廓尔喀贡使礼物"酌量收存,加倍酬给回赏,不可为廓尔喀所轻"②。

4. 驻藏大臣在清朝中央对藏决策和落实中央对藏政策中的实际作用

按照规定,驻藏大臣只能转奏西藏地方实情,并贯彻皇帝旨意,但是实际情况是,西藏远在西南边陲,和内地往来沟通全依驻藏大臣的汇报,更多的情况下,是驻藏大臣依据西藏的事情草拟相应对策呈报朝廷,由皇帝最终决定,或者交由朝廷大臣商议对策,最后由皇帝裁定。和琳以其细心认真而赢得了皇帝的信赖,从而也使他的诸多建议得到采纳,上升为清朝中央政府治理西藏的政策。

按照规定,达赖喇嘛和班禅额尔德尼无权直接向皇帝奏呈折子,而只能通过驻藏大臣转奏,他们有关西藏问题的所有建议、意见和情况反映,都只能通过驻藏大臣这一个途径。因此,驻藏大臣在西藏地方和清朝中央之间的决策和执行方面,扮演着至关重要的媒介角色。这种角色,可能会因为驻藏大臣的优秀和尽职而促成政令畅通、地方安定局面

---

① 《清高宗实录》卷一四五八,《清实录》,第 27 册,第 462—463 页。
② 《清高宗实录》卷一四一四,《清实录》,第 26 册,第 1017 页。

的出现,同时,也可能因为驻藏大臣的无能和无为而导致西藏地方和清朝中央关系紧张、地方各项事业废弛。从史书记载和实际情况来看,和琳显然属于前者。

乾隆皇帝在处理驻藏大臣的人选时,既意识到选择优秀人才的重要性,同时也注意到制度建设的特殊意义。乾隆五十八年(1793 年)七月,乾隆皇帝曾经谈到驻藏大臣对西藏地方局面的驾御,既要依赖可信的优秀人才,同时从长远来看,也要有制度保障,这就是对达赖喇嘛商上各项用度的稽查。"现在藏内值甫经整顿之后,是以仍留和琳在彼办理,以资驾御,将来系松筠前往接办,亦属可信之人。但松筠亦不能久驻藏内,嗣后接手者岂能尽如伊二人之足资倚任?"解决的办法就是让驻藏大臣稽查商上用度形成制度,以后的继任者遵照执行。①

原载《法国汉学·边臣与疆吏》第十二辑,中华书局 2007 年版

---

① 《清高宗实录》卷一四三二,《清实录》,第 27 册,第 142—143 页。

十五　论历史上的"安藏必先安康"

一、为什么说"安藏必先安康"

（一）康区是西南地区地理上的交通孔道,扼守西藏和内地交往的咽喉,直接影响中央政府对西藏和其他藏区的经营

康区是一个地理概念,它包括今西藏自治区的昌都地区、云南的迪庆藏族自治州、四川的甘孜藏族自治州和阿坝藏族羌族自治州西部南部、青海的玉树藏族自治州和果洛藏族自治州等地区,地理范围广阔。

从地理上看,康区的显著特点就是:位于青藏高原的边缘地带、扼守西南西北地区,也是传统上内地入藏的交通孔道。唐朝时期唐朝与吐蕃之间交往的官方大道"唐蕃古道",以及与之近似、至今依然发挥重要作用的青藏道;元明时期因为内地与西藏茶马贸易的扩大而不断繁荣的川藏道;西藏与西南各个民族进行贸易和文化交流的古道——滇藏道都是经过康区,并在这里形成交会点。西藏的昌都,四川的甘孜、康定、德格,以及青海的玉树等,都成为康区控扼内地与西藏联系的重镇。历史上,内地中央王朝对西藏用兵,首先要经过这些地区,往来贸易的货物和人

员也必须经过这里,康区很自然地成为关乎西藏地方安定,以及西藏与祖国内地关系的重要地区。

康区也是藏族聚居的三大区地理上的连接点,从卫藏到安多,或者从安多到卫藏都要经过康区,康区的玉树、德格和昌都等,是其中的重要交通枢纽。在藏区的内部联系中,也处在十分突出的地理位置。因此,就自然交通而言,就存在着康区治,则西藏治;康区乱,则西藏孤悬在外,往往乱的情形。

(二)康区地处横断山区,自然地理形势复杂,易守难攻,常为动乱的渊薮之地

康区地处青藏高原的东南部、东部、东北部边缘地带,是青藏高原隆起过程中与大陆板块挤压形成的断裂地带,由西向东依次排列着高山与河流,形成两山夹一涧,两涧夹一川的局面。这些地区与外界的交通联系相对困难,地理环境十分复杂,常常成为叛乱者或者反抗者藏匿与自卫的地方,而且易守而难攻,便于自我防御。古往今来,康区一直是军事上的难点地区,朝廷用兵此地多为地理限制,难获其功;而反叛部落则藏身其地,如鱼得水,游刃有余。

就康区内部而言,由于这种复杂的地理形势,部落之间各筑壁垒,借险峻地势以自重,不服王化,叛服无常,朝廷无可奈之何。以此之故,在康区的许多地方,人们的建筑多采取碉楼式,首先具有军事防御的功能。这种建筑大大增强了处在多事之地的康区自我防御能力,同时也为他们进行反抗或者叛乱活动,提供了更有利的保障。因此,在康区所采取的军事行动往往都会必须考虑该地区复杂的环境,甚至包括这种具有鲜明军事功能的居室建筑。乾隆皇帝时期平息大小金川地区的叛乱,就花费了巨大的人力财力,一直未能解决,最后还在北京郊区修建碉楼,从民族地区招募来兵勇在这里练习攻战,以为进攻金川等地叛乱的准备。足见康区地理之复杂,经营之艰难。

（三）康区自古即是多民族和多部落居住地区，各种问题突出，民族矛盾复杂；草场和水源之争长期存在，由此产生部落矛盾与冲突

历史上，康区就是部落和民族的杂居之地，在大大小小的山谷分布着许多不同语言，或者同一语言不同风俗习惯的民族和部落，上古时期，这里是古带氏羌等的活动地区，汉代时期，部落杂居的状况史书已经有明确的记载，《史记·西南夷列传》称："西南夷君长以什数，夜郎最大；其西靡莫之属以什数，滇最大；自滇以北君长有什数，邛都最大；……其外西自同师以东，北至楪榆，名为嶲、昆明，皆编发，随畜迁徙，毋常处，毋君长，地方可数千里。自冉駹以东北，君长以什数，徙、筰都最大；自筰以东北，君长以什数，冉駹最大。其俗或土著，或移徙，在蜀之西。"①这里记载的地区不完全属于康区的范畴，但是也包括了康区的部分地区在内。该地区部落分散的状况早在西汉时期已经见端倪，此后则一直保持下来，尽管居住在这里的部落自身发生了变化，甚至这里完全更换了主人，但是部落分立的格局依旧未变。

唐朝时期，这里的部落和民族分布情况更加清晰而为中原史家所了解。《隋书·西域传》记载了附国的方位与风土习惯，然后记述了地处附国东部的嘉良夷，接着谈到："附国南部有薄缘夷，风俗亦同。西有女国。其东北连山，绵亘数千里，接与党项。往往有羌，大小左封、葛延、白狗、向人、望族、林台、春桑、利豆、迷桑、婢药、大碛、白兰、叱利莫徒、那鄂、当迷、渠步、桑悟、千碉，并在深山穷谷，无大君长。其风俗略同于党项，或役属吐谷浑，或附附国。大业中，朝贡。缘西南边置诸道总管以管之。"②他们在唐朝和吐蕃的争锋过程中，为了求得生存，采取了既结好唐朝，又与吐蕃为友的策略，吐蕃势力强盛时候归附吐蕃，唐朝加大军事控制力度时归唐朝，因此被称作"两面羌"。

---

① 司马迁：《史记》卷一一六《西南夷列传》。
② 李延寿：《北史》卷九六附国，中华书局 1974 年版；魏征等：《隋书》卷八三《西域·女国》，中华书局 1973 年版。

　　元明清各个时期这里一直是部落和民族的杂居地,今天居住在这里的民族有藏族、纳西族、羌族、景颇族、彝族、白族、哈尼族、傈僳族、拉祜族、土家族、普米族、怒族等。由于族属不同,风俗各异,特别是因为有限的草场和水源的争夺,常常引发矛盾与冲突,该地区历史上始终无法形成统一局面。

　　康区地处中国西部的民族走廊地带,上古时期,是民族迁徙的通道,北方民族南下常常通过这里,内地民族和部落进入青藏高原地区,或者青藏高原地区民族与部落进入内地,往往都在这里停留下来,适应自然和人文环境,以便求得更大的发展。这里可以说是民族迁徙和移动的中转站,也是一个避难场所。而在民族的迁徙和移动过程中,常常是在战争和相互推动中行进的,因此,是民族交往最为密切的地区,也是民族矛盾和冲突相对集中的地区。羌族民族自述传说中的"羌、戈大战"就是比较典型的代表。在《太平经》《车经》中说道:他们的祖先车吉葛布被父母生下后,"头如斗大,耳如扇形,两目如环,齿粗如指,臂长八尺,身高丈二,足长三尺。一岁吃母乳,与母亲另一乳搏战;两岁坐父怀,手足不停作战;三岁持棍棒,在外指天触地而战;四岁在屋内呼跃而战;五岁泼水为战;六岁与家神战;七岁在独木梯上跳跃八跳;八岁耕田,与土地战;九岁牧羊,与草地战;十岁播种,十一岁向所遇到的人挑战;十二岁骑牦牛应战;十三岁从赐支南下",一路作战,来到岷江上游。[①] 这一则传说,既反映了羌族先祖是从中国西北部地区沿着民族走廊南下的历史,也反映出居住和迁移在民族走廊的各个民族不断面对战争,而且只有拥有作战本领才能求得生存的事实。

　　藏族英雄史诗"格萨尔王传"中也有类似的反映。该史诗中反映了大量的、有关康区部落之间战争的历史,诸如,《霍岭大战》《英雄诞生》等格萨尔的故事最流行的地区就是康区,而它反映的重要也是以康区为主的牧区部落战争的现实,甚至连这些故事的版本都出自康区。在全国格

---

① 马长寿:《氐与羌》,上海人民出版社 1984 年版,第 167—168 页。

萨尔办公室已分别搜集的25部《格萨尔》木刻本中,除去相同的部外,不同的共7部,这7部木刻本就是原邓柯林葱土司家刻印的《天岭卜筮》、《英雄诞生》、《赛马称王》、德格印经院刻印的《卡契玉宗》;八邦寺刻印的《大食财宗》、江达县波鲁寺刻本《分大食财宝》,江达瓦拉寺刻本《地狱救母》。很显然,这7部木刻本均出自康地。[①] 有限的资源和无限增长的人口的矛盾导致了民族和部落之间无休无止的争夺战争,战争又不断加深着人们之间的仇恨,形成恶性循环的状况。

(四)康区长期以来就是一个多宗教地区,宗教纷争突出

康区是西藏宗教教派最为集中的一个地区,这里是苯教最为集中的一个地区,藏传佛教的各个教派几乎都在这里占据重要位置,除了影响最大的格鲁派之外,像宁玛派、噶举派、萨迦派都有自己的活动地盘。教派的分支小派也相当齐全,比如,像噶举派中的一些小支系拔戎噶举等即是。除了藏传佛教之外,这里还有回教和西方宗教传播如天主教传播。

不同宗教和同一宗教的不同教派之间经常会因为争夺信众、属民、牧场水源等涉及自身利益的问题而发生矛盾和争执,乃至引起武装冲突。近代以来,西方的传教士在康区活动就遇到同样的问题,多次教案就发生在这里。同治元年(1862年),法国人丁司铎、圣保罗等在巴塘建立天主教堂。同治四年(1865年),天主教士苏罗被任命为西藏教区主教,时值西藏驱逐传教士,无法进藏,遂留在打箭炉。同治十二年(1873年),巴塘藏兵围攻天主教堂。光绪七年(1881年),巴塘天主教堂法国司铎梅玉林,携带物品13驮往盐井,途中被杀,随从六人也身亡。光绪十三年(1887年),巴塘教堂被焚毁。[②] 这些事件的发生,除了当地百姓反对外来入侵,以及当地民风剽悍的因素之外,毫无疑义,也有宗教矛盾的

---

① 德格·扎茨:《格萨尔与康巴文化》。
②《清穆宗实录》《清德宗实录》等。

因素,教派争夺无疑是影响康区社会稳定的一个因素。历史上如此,今天也是如此。

(五) 康区在行政上是周围各省区的分界地区,划界纠纷常常引发矛盾与冲突,并且波及西藏和其他地区

康区和其他藏区在行政区划上被明确起来,是在元朝时期。元朝为了加强对西藏和其他藏区的统治,在这里设置了由中央机构宣政院掌管下的三路宣慰使司都元帅府,即乌思藏纳里速古鲁孙等三路宣慰使司都元帅府,吐蕃等处宣慰使司都元帅府(朵思麻宣慰司)和吐蕃等路宣慰使司都元帅府(朵甘思宣慰司)。后者所管理的地区,大致上就是我们所说的康区。明朝时期,由于行政管辖范围的缩小,在康区采取了相对松散的管理方式,设立"朵甘都司"管辖,下设"陇答卫指挥使司"、"朵甘宣慰使司"、"董卜韩胡宣慰使司"、"长河西鱼通宁远宣慰使司"、"朵甘招讨司"、"朵甘陇答招讨司"、"朵甘丹招讨司"、"朵甘仓溏招讨司"、"朵甘川招讨司"、"磨儿勘招讨司"、"朵甘直管招讨司"和沙儿可、乃竹、罗思端和别思麻四万户府等。[①] 这些地区大致在今四川甘孜藏族自治州和西藏昌都地区和青海的部分地区境内。不是康区的全部,但是却也是其主要组成部分。

清朝建立以后,先后在康区用兵,平息地方的叛乱活动,并试图解决西藏和相邻地区的纠纷问题。康熙三十九年(1700 年),西藏驻打箭炉(康定)营官昌侧集烈杀明正土司奢扎察巴,并占据大渡河以东乌泥、若泥、岚州]檬道等地,四川提督唐希顺率兵讨之。次年正月平之。[②] 这是川藏边界纠纷的鲜明例证之一。二十六年后的雍正四年(1726 年),朝廷派员划定川、滇、藏界线,宁静山以东归四川,以西归西藏,中甸、巴塘、阿墩子属云南[③],使诸省区的边界得以明确下来。

---

① 《明史》卷九〇,志第六六,兵二。
② 《清圣祖实录》卷一九四—二〇三。
③ 《清世宗实录》卷三八、卷四三。

同治年间,瞻对发生叛乱,四年(1865 年),川藏会攻中瞻对。道员史致康畏缩不前,藏兵捷足先登,占据其地,索要兵费 30 万两银子,但是川省饷项超支,无力偿付,川督骆秉章乃奏请朝廷将瞻对赏赐给达赖喇嘛管理,朝廷允之。① 于是瞻对归西藏地方政府管辖,但是由于西藏官员的管理失当,瞻对民众起来反抗,重新引发边界纠纷。光绪十五年(1889 年),瞻对民撒拉雍珠聚众数千人,赶走驻瞻对的藏官,杀其随从,请求内附。清军镇压了这次武装活动。② 后来这一问题的争执持续存在。光绪二十二年(1896 年),川督鹿传霖派提督同万顺率兵攻克瞻对,驱走藏官,准备在那里进行改土归流。二十三年(1897 年),成都将军恭寿奏请将瞻对仍然交给达赖喇嘛,获得恩准。③

清末民初,由于英国的殖民势力的插手,西藏和周邻省区的边界纠纷趋向严重。1914 年"西姆拉会议"上,在英印政府的干涉下,出笼的"西姆拉条约",把西藏和其他藏区划分所谓"内藏"和"外藏"两部分,所谓"外藏"是指拉萨、日喀则和昌都地区,"内藏"是指巴塘、理塘、打箭炉(康定)及西藏东部一大部分地区。英国方面在"承认中国对于全藏之宗主权"的同时,又要中国政府承认"外藏"自治。事实上就是要在西藏地方制造分裂,制造矛盾。1917 年,川藏双方就在康区发生武装冲突。由于有英国方面支持五千支枪和五百万发子弹,有恃无恐的藏军就因为双方在类乌齐割草引发的矛盾而发动进攻,很快夺取川军在金沙江以西的各个据点,并迫使驻扎在昌都的川军缴械投降。接着,藏军越过金沙江,相继攻陷德格、邓柯、石渠、白玉、贡县、武城、宁静七县。④ 此后川藏双方一直在金沙江两岸地区交相攻击,康区很少安宁。

西藏方面不久即和四川,而且和青海地方军阀发生武装冲突,并在 20 世纪 30 年代掀起一个新的高潮。1930 年,驻守德格的藏军借口大金

---

① 《清穆宗实录》卷一四九——五二。
② 《清德宗实录》卷二八三。
③ 《清德宗实录》四一〇—四一三。
④ 朱绣:《西藏六十年大事记》,1925 年,第 50—57 页。

寺和白利土司之间的纠纷,向驻守甘孜的川军发动攻击,当时由于四川军阀忙于混战,撤出甘孜和瞻化,并请求国民党政府派员和达赖方面交涉,停止进攻,随后变有唐柯三和达赖代表琼让代本之间的停战协议。[1] 1932年初,藏军再次借青海玉树噶丹寺和得塞召寺之间因大小苏尔莽草地之争,与青海军阀展开武装冲突,最后被青海马家军打败。[2] 西康军阀刘文辉在解决好西康内部冲突之后,与青海方面相互配合,进攻甘孜、瞻化,相继收复金沙江以东各县城,把藏军赶到江西。最后由刘文辉方面的代表邓竣等和达赖方面代表琼让代本等达成"岗拖停战协定",才使争斗暂时告一个段落。康区的部落分界、省区界纠纷无疑是影响该地区稳定的重要因素之一。

(六) 康区自古以来就是多事之地,历史上各个时期几乎都发生过起义或者叛乱活动

吐蕃王朝末年发生的平民大起义就首先出现在这一地区,藏文史书记载:"土牛年(869年)起,境内相继发生属民及奴隶大起义,犹如一鸟腾空,众鸟影从,初由韦氏(dbas)于朵甘思(mdo khams)率领奴隶造反,复以(吐蕃)本土中心没庐氏(vbro)与末氏(sbas)两贵族间长期混战,当地韦氏亦有奴隶起义。此后约茹(gyo ru)地区上层贵族之间不和,琛氏(mchims)等六家族乘机煽动奴隶聚众造反,工布地区(kong po)亦相继叛离吐蕃。"[3]正是因为兴起于康区的奴隶起义,波及中部西藏,最终导致吐蕃内讧加剧,王朝瓦解。

元朝初年,蒙古军在进入西藏的时候,也首先平息了这里的白利土司的反抗活动;元朝时期在康区发生了长期和顽强的反抗活动,最为突出的一次是建都蛮的反抗活动,一次是参卜郎的武装反抗活动,这些反抗和暴动严重影响到元朝在康区的施政。特别是元朝末年,康区持续不

---

① 洪涤尘:《西藏史地大纲》,正中书局,南京,1936年版。
② 高长柱:《边疆问题论文集》,中华民国三十年四月,第349—359页。
③ 巴卧·祖拉陈瓦:《智者喜宴》下册,藏文本,民族出版社1986年版。

断的反抗耗费了元朝大批的军事资源和精力,直到元朝灭亡,依然没有能够彻底平息这里的动乱局面。①

清朝时期初年,格鲁派宗教领袖邀请和硕特蒙古部进藏攻击藏巴汗势力,同样没有忽视在康区的敌对势力。明崇祯十三年(1640年),固实汗先行消灭了在康区的白利土司,然后才顺利进入西藏,灭亡藏巴汗和噶玛噶举派政权,取得西藏地方控制权的。根据《清实录》等资料记载,②清朝在经营西藏的过程中,一直为康区的反抗势力所困扰,也一直在康区用兵平息叛乱。例如:乾隆九年(1744年),瞻对盗匪抢劫从江卡(西藏芒康)撤回台站兵丁行李。上瞻对土目四郎、下瞻对土目班滚拒不交出人犯和赃物。次年,陕西总督庆复、提督李质粹发兵讨之。四郎投降,清军围攻班滚。乾隆十一年(1746年),清兵焚烧泥日寨,班滚逃匿。大金川土司莎罗奔滋事。次年清兵讨之。乾隆十四年(1749年),莎罗奔投降,清朝宽待之,仍让其做土司,也宽恕了班滚的罪行。但是却以庆复贻误军机罪,赐自尽。次年,将李质粹斩首。乾隆三十六年(1771年)大小金川土司攻掠邻部,清朝派兵讨之。四十一年平息。嘉庆二十年(1815年),中瞻对长官司罗布匕力滋事,四川总督常明、提督多隆武、重庆镇总兵罗思举领兵讨伐,未能得手。道光二十八年(1848年),中瞻对长官司罗布匕力之子工布郎结兼并上、下瞻对,骚扰邻境,川督琦善率兵讨之,未能平息。不数年,工布郎结侵占霍尔五家、德格、西宁所属迭木齐二十五族,并深入到察木多(昌都)、乍雅(察雅)等地。同治元年(1862年),工布郎结之子东登工布率兵围攻里塘正土司官寨,阻塞川藏大道。后来因为瞻对士兵染天花,才解围而去。同治四年(1865年),川藏会攻中瞻对。道员史致康畏缩不前,赃兵捷足先登,占据其地,索要兵费30万两银子,但是川省饷项超支,无力偿付,川督骆秉章乃奏请朝廷将瞻对赏赐给达赖喇嘛管理,朝廷允之。光绪十二年(1886年),丹巴邛山农奴暴动。一

① 张云:《元朝中央政府治藏制度研究》,黑龙江教育出版社2003年版,第145—151页。
②《清高宗实录》《清仁宗实录》《清宣宗实录》《清文宗实录》《清穆宗实录》《清德宗实录》等。

千农奴在瓦萨西的领导下攻入巴底宣慰司的堡寨,活捉女土司,并杀死她的哥哥,最后打箭炉同知镇压了这次起义。光绪三十一年(1905年),驻藏帮办大臣凤全在巴塘被伏击身亡。最有名的就是持续很久、十分艰难地平定大小两金川战争。

西藏和平解放以后,康区的民主便遭遇到巨大的阻力,而1959年西藏上层贵族反动武装叛乱,康区既是武装叛乱活动的源头,也是其中的中坚,西藏地方上层已经看到这一点,并加以利用。十四世达赖喇嘛的经师,在参加北京和平谈判,签署十七条协议返回西藏的途中特意经过康区,和当地上层宗教和部落首领接触,鼓动他们反对十七条协议。作为历史上一个多事之地,康区一直处于动乱状态,这些首当其冲地影响到西藏的稳定。

(七)历史上中央王朝对康区大多采取了因俗而治的方针,因其宜而不易其制,地方土司拥有巨大的权力,因而在一定程度上使之成为一个执行王朝法律的薄弱地带,导致违法行为猖獗的局面

康区在历史上既然是一个部落和民族分立的地区,社会制度和风俗习惯各不相同,早期基本上是部落邦国统治,归属中央政府节制,或者在内地分裂时期处于自主状态,在元明以后逐渐形成了土司统治的局面。土司在自己的辖区内即是土王,目无国法,肆意妄为,杀人越货,联手对抗朝廷的事件时有发生。清朝末年,熟悉康区事务的川边大臣赵尔巽,就意识到改变土司统治对维护地方安定的重要意义,他采取恩威并举、以威为主的策略,在康区推行"改土归流",他与赵尔巽联合上奏朝廷,设立安康道,改打箭炉为康定府,设河口县、里化同知,稻成县、贡噶岭县丞,巴安府三坝通判,定乡县,盐井县。在解决德格土司纷争后,赵尔巽分其地为五区,设登科府德化、白玉两州,石渠、普同两县,置边北道。1910年,赵尔巽巡视各地,经贡觉、乍丫、江卡三部落时,当地官民请求征讨以掠夺为业的三崖(三岩)部落。赵尔巽派知府傅嵩崍率兵五路进攻,苦战两月,尽克上中下三崖全境,设官治之。1911年(宣统三年),赵尔巽和代理边务大臣傅嵩崍巡视川边,绕道北路,先至孔撒、麻书,设甘孜委员,灵葱、白利、倬倭、东科、单东、鱼科各土司缴印改流,接受色达及上罗科等部归附,瞻对藏民纷纷归附。接着,赵尔巽至打箭炉,收明正土司地及鱼通、冷边、沈边、咱里等土司印,皆改流官。史书称:"(赵)计尔巽所收边地,东西三千余里,南北四千余里,设治者三十余区。"①这样才改变了康区在管理体制上存在的漏洞,只是清朝已经走到末路,这一成果没有很好地保存下来,康区又陷入新的混战之中。

(八) 文化心理和风俗习惯方面也形成某些特征,成为影响社会稳定的部分因素。康区民风尚武,不以劫夺和偷盗为耻辱,反以为荣耀;在面对强大压力时候往往采取两面手法;很多民族和部落都有集体械斗的习俗,号称"打冤家";在建筑风格上多采用碉堡式建筑,防止随时可能出现的冲突

活动在这一地区的古代民族,如党项、吐谷浑等,都是以善战而闻名,这是他们的生存之道,也是康区动乱的一个因素。

《旧唐书》记载:"东女国,西羌之别种,以西海复有女国,故号称东女焉。俗以女为王。东与茂州、党项接,东南与雅州接,界格罗女蛮及白郎夷。"贞元九年(793年)七月,与东女国国王汤立悉与哥邻国王董卧庭等一同前往唐朝朝贡的有白狗国王罗陀忽、逋租国王弟邓吉知、南水国王侄薛尚悉囊、弱水国王董辟和、咄霸国王董藐蓬,他们各率其种落至唐朝剑南西川内附。唐朝和吐蕃对立时期,都把对康区部落的争取作为重要任务,这些部落在吐蕃王朝扩张以前,大多属于内地中央王朝的边疆郡县所管辖,他们的祖父辈,照例都接受唐朝封授的将军、中郎、果毅等官;自从中原地区发生各种政治变故,特别是诸如"安史之乱"这样大的动乱以后,他们皆为吐蕃所役属。其部落,大者不过三二千户,各置县令十数人理之。土有丝絮,岁输于吐蕃。重新归附唐朝后,他们拿出了天宝年间朝廷所赐给他们的官诰等表达归顺朝廷之意。但是出于保护自身利

① 柯绍忞等:《清史稿》列传二百五十六。

益的需要,这些部落首领在归附唐朝,接受唐朝封号的同时,也往往在暗地里同与唐朝对抗的吐蕃接触,因此,被称为"两面羌"。[1]

为了应对随时可能发生的武装冲突,他们的碉堡式建筑,成为最有特色的民居建筑,《隋书》记载,附国南北 400 公里,东西 750 公里,没有城栅,依山险近川谷而居,习俗好复仇,所以人们垒石为室居之,以避其患。屋高者十余丈,低者五六丈,每级丈余,以木格之。在最底下一层开小门,从里面登梯而上,夜必关闭,以防盗贼。[2] 东女国"所居皆重屋,王九层,国人六层"[3],最主要的目的就是为了抵御来自各方面不安全的风险。在昌都的三岩、凉山彝族、青海果洛等地区都有这样的遗风,以好勇斗狠尚,不以抢劫和偷盗为耻辱,结帮械斗之风十分普遍,这些因素也影响到康区的安定。

二、历代中央政府在康区所采取的政策

历代中央政府在康区采取的政策是多方面的,但是主要有以下几点。

(一) 因俗而治

针对康区各部地处横断山脉高山峡谷之间,长期以来形成的部落分立,各自为政的局面,历代中央政府都采取因俗而治的羁縻政策,在这些部落内部土司或者部落酋长即是最高领袖,家族内部世代承袭不替,他们掌握着部落成员的生杀予夺大权,部落习惯法是为根本大法。朝廷给他们颁布委任书,他们承诺接受中央王朝管理,在一定时期向朝廷进贡表示臣属身份即可,并不改变其内部管理体制和组织功能,形成外则王

---

[1]《旧唐书》卷九七列传第一百四十七《南蛮·西南蛮·东女国》;《新唐书》卷二二一上《西域上·东女》。

[2]《隋书》卷八三《西域·附国》。

[3]《新唐书》卷二二一上《西域上·东女》。

法,内则习惯法两治局面,和平盛世相对安宁,王朝更迭时节,一派混乱。

因俗而治的政策既因地方首领、土司自行建政设制、制订法律、使用刑狱之俗,也因地方首领利用宗教身份或者结合宗教势力实施统治之俗,从而使康区事实上成为一个疏于管束的地方,经济长期停滞,文化持久后进与政治上的土司专制结合起来,严重影响到社会的文明进步。

清朝末年,针对康区长期动乱的局面,开始在康区进行历史性的改革,这就是"改土归流"。光绪三十一年(1905 年)发生凤全事件,赵尔巽在攻占巴塘后乘势攻克乡城、稻坝和贡噶岭。三十二年(1906 年)赵尔巽被任命为川滇边务大臣,首先在巴塘、理塘改土归流。三十四年(1908 年)赵尔巽为驻藏大臣兼边务大臣,大规模在川边(今甘孜州及西藏昌都地区)改土归流,先后将巴塘、理塘、德格、春科、高日、林葱、纳夺、孔萨、麻书、白利、东科、朱倭、单东、余科、明正、鱼通、绰斯甲、咱里、冷边、沈边、崇喜、毛丫、曲登等土司改为流官管辖,隶于新设的二道、四府、一州、二厅、二十五县。清朝灭亡后,这一成果没有很好地巩固下来,北洋军阀统治时期,康区旧有的习惯势力重新以新的方式抬头。事实上,旧的习惯势力一直在康区具有较大的市场,成为影响日常生活与社会活动的诸多因素之一。

(二)恩威并用

对于这些分散居住在中原和青藏高原之间高山峡谷地带的康区部落,历代中央政府采取以恩德怀之,以武威震慑之的策略,恩威并用,软硬兼施。一方面对其贵族和上层政教领袖颁布诏书诰命,委以职官和名号,在政治上对其职权给予认可;在经济上通过朝贡贸易等方式加以笼络,促成其归心,并保持管下安定。另一方面,对他们的劫掠活动,特别是反抗朝廷统治的反叛活动给予严厉镇压,汉唐以来的历代中央政府都曾经在这里不断用兵,打击该地部落上层和土司的反叛。唐朝时期,康区的以古羌人余裔为主的各族部落,在唐朝和吐蕃的争夺中,随势叛附,被唐人称为"两面羌",唐人既封授其首领职官,给以印信、诰命,用其对抗吐蕃,又对这些部落投靠吐蕃示以厉色。元朝时期,康区部落一直进行反叛活动,元朝也一直在这里用兵平息。清朝时期,更大规模在康区用兵,平息该地区的武装叛乱活动。恩威两手,是一种政策的两个方面,这既取决于封建统治阶级的本质,也与康区长期不宁的局势有关。同样,恩威并举并没有从根本上解决康区的动乱问题,只是在一定程度上缓解了地方的局势,实现暂时和局部的稳定。

(三)崇教礼僧

元朝以来的历代中央政府也十分重视宗教,特别是藏传佛教在管理康区事务中的作用,通过在该地区具有重大社会影响的宗教及其领袖来安定地方,也是一项有力举措。康区是藏传佛教较为繁盛的地区之一,元朝国师八思巴在经过康区时,曾经得到康区地方政教首领的归附,并在这里新建萨迦派寺院,或者使其他宗派改宗萨迦教法。《汉藏史集》记载,藏历阳火龙年(应为土龙年,公元 1268 年)八思巴途经康区,在朵甘思卓多新寺(gtso mdo gnas gsar)接受了以大近侍顿楚(ston tshul)为首的众多信众庶民贡献的一千五百函珍贵经籍、土地、寺院、属民、财宝,然后前往乌思藏。[①]相传,四川甘孜地区第 27 代德格土司乌金巴的弟弟索朗仁青即曾担任过八思巴的侍从,由八思巴举荐受封多麦千户,管辖今巴塘、宁静、白玉等地,他在白玉和巴塘之间的萨玛村修建寺院作为自己的宫殿,人称"萨玛政权",有研究者认为此即是《元史》中的"亦思马尔甘军民万户府"。[②] 康区的地方政教势力如此看中八思巴,自然与朝廷礼重萨迦派及其法主八思巴有关。

明朝时期,康区的宗教势力已经十分强大,在明朝封授的"八大法王"中就包括康区的"护教王"和"赞善王"。"护教王者,名宗巴斡即南哥

---

① 达仓宗巴·班觉桑布:《汉藏史集》藏文本,四川民族出版社 1985 年版,第 327—328 页,陈庆英汉译本,西藏人民出版社 1986 年版,第 205 页。

② 格勒:《甘孜藏族自治州史话》,四川民族出版社 1984 年版,第 82—83 页。

藏巴卜,馆觉僧也。成祖初,僧智光使其地。永乐四年遣使入贡,诏授灌
顶国师,赐之诰。明年遣使入谢,封为护教王,赐金印、诰命,国师如故。
遂频岁入贡。""赞善王者,灵藏僧也。其地在四川徼外,视乌思藏为近。
成祖践祚,命僧智光往使。永乐四年,其僧著思巴儿监藏遣使入贡,命为
灌顶国师。明年封赞善王,国师如故,赐金印、诰命。……初入贡无定
期,自永乐迄正统,或间岁一来,或一岁再至。而历朝遣使往赐者,金币、
宝钞、佛像、法器、袈裟、禅服,不一而足。至成化元年始定三岁一贡之
例。"①重视僧主,并通过他们的影响来安定康区,在明朝时期已经成为一
项政策,并且在后世一直相沿不改,形成康区具有地域特色的政教合一
局面。可以说,康区宗教繁盛的状况影响到中央王朝对康区的决策,而
中央王朝"崇教礼僧"政策,转而也强化了宗教对地方政治的控制能力。

三、"安藏必先安康"的借鉴意义

康区百姓热情奔放,英勇顽强,善于经营,在维护西南边疆稳定和建
设西南边疆的历史进程中、在加强内地和西藏的联系方面都做出过巨大
的贡献。元朝时期平息西藏地方出现的叛乱,特别是南部地区的部落叛
乱,康区的军民发挥了关键作用;元朝在西藏用兵也多有康区军民参与,
直到清朝在西藏平息叛乱始终都有康区军民的付出。如乾隆五十四年
(1788年),廓尔喀因为西藏地方征收廓商税为由,派兵千人入侵后藏,乘
虚占领济咙(吉隆)、聂拉木、宗喀三个宗,并包围协噶尔宗。八世达赖喇
嘛强白嘉措、驻藏大臣庆麟禀告乾隆皇帝,请朝廷速派入援。朝廷命令
驻藏大臣雅满泰速往后藏地方驻扎,与仲巴呼图克图等商量对策应急,
驻藏大臣庆麟在前藏地方注意防范,同时派遣理藩院侍郎巴忠、四川总
督成德、成都将军鄂辉等,率领明正、里塘、巴塘、德格等地兵丁三四千人
进藏御敌。西藏的和平解放也与康区百姓的支持密切相关。历史的经

---

① 《明史》卷三三一《西域三》。

验值得记取,应该重视康区的稳定和发展,相信康区的稳定必将会促进西藏和其他藏区的安定,而康区的发展也一定会对西藏和其他藏区的发展发挥积极作用。既然康区的稳定对藏区的稳定有如此巨大的作用,就必须给予特殊关注,而所谓"安康",并非仅仅把康区作为一个动乱源,更应该从实际出发,积极利用康区在藏区稳定中发挥积极作用的优势,扩大稳定因素,解决康区动乱的一些深层次问题与矛盾,使康区在加强内地与西藏政治、经济、文化交流中积极扮演更重要的角色,积极在安定西藏地方局势方面发挥更大作用。基于这样的认识,就不能忽视康区的基础建设,不能忽视康区的经济与社会协调发展问题。这是康区历史发展的一个启示。

应该说,新中国建立以来,康区的政治形势发生了很大的变化,导致康区出现动乱的许多根本性因素已经得到解决,诸如,采取了平等的民族政策、搞好了民族关系、发展民族经济等,但是有些问题则依然存在,还会在一定的条件下影响地区稳定、民族团结,甚至直接影响到西藏和其他藏区的稳定与发展,乃至国家的统一。康区和西藏地方存在着千丝万缕的联系,在西藏和康区之间存在不同多种群体多种方式的交流,主要包括:第一,朝佛的信众群体,大批的康区百姓在稍有积蓄后,都把到拉萨朝圣作为最大愿望之一,从而形成一支队伍庞大的群体;其次,学经的僧侣,大批康区的僧侣前往拉萨三大寺学习佛教经典,接受系统知识,同时也构成一个有影响的康巴僧众群体;第三,前来西藏经商的康巴商人群体也十分庞大,康巴人善于经营,在拉萨经商有悠久传统,现在在西藏依然存在一个对全局具有巨大影响的康巴商人群体;第四,从另一个角度看,康巴人天生的好勇斗狠、仗义疏财的传统,也对西藏社会安定产生一定影响。"安藏必先安康"是一句古代箴言,对今天也有很大启发意义,归根结底是要解决康区自身存在的一些问题。

我们认为搞好康区的稳定必须解决这样几个问题:第一是发展经济,解决康区的贫困问题,让康区百姓过上安定富裕的日子,这个是解决康区稳定最关键的条件。历史上的统治阶级都从稳定的角度出发,采取恩威并举的措施,目的也只是实现康区的安定,从而保障藏区的安定,它忽视了一个最关键的问题,就是发展,特别是经济发展对安康的主导作用,只要康区还没有脱离贫困,实现安定的目的就还没有达到。应该认识到,稳定的出路在发展,只有解决了经济和社会发展问题,才真正解决了康区,以及藏区稳定的关键问题,康区人民安居乐业是实现安定最坚实的基础。第二,加快康区的交通等基础建设,加强康区和内地之间的经济文化交流,是实现康区安定的重要条件。地处交通孔道,却和内地联系不畅是康区面临的诸多难题之一,改变交通落后局面,促进康区与外界,特别与四川核心地区的联系,是实现康区安定和发展的必由之路。第三,加强康区的科技教育和法制建设,改变该地区教育落后、习惯法盛行的局面,促成康区文明进步和社会风气的转变,使精神文明在康区稳定中发挥积极作用。第四,康区是一个多民族聚居和杂居地区,除了藏族之外,还有彝、汉、羌、纳西等众多民族,搞好民族团结既是我们这样一个多民族统一国家的重大任务,在康区更具有特殊的意义,民族团结和睦无疑是康区稳定的重要因素之一,应该特别重视。第五,加强基层组织建设,夯实康区稳定的政权基础。第六,消除达赖集团对康区的消极影响,坚决依法打击危害国家安全统一和民族团结的刑事犯罪活动,也是不容忽视的一个方面。总之,如何加快康区的经济建设、促进康区的社会文明进步,加强康区和内地之间的联系和交流,增进康区各民族之间的友好沟通,并加强康区的基层组织建设,都是解决这些问题的重要环节,解决了这些问题,康区的稳定就会有了坚实的基础,从而也能够为西藏和整个藏区的稳定发挥积极的促进作用。

十六　西藏传统文化的内在魅力与历史命运

　　中国是一个多民族统一国家,中国境内的各个民族都为中国历史的发展做出了自己应有的贡献,中国的民族文化交往史是中华文明不断丰富、不断走向成熟和辉煌的历史。离开了少数民族文化,中国文化就不可能有今天的斑斓多姿,它的历史也不会如此悠久,它的生命力也不会如此旺盛和充满激情。

　　西藏是中国西南地区一颗璀璨的明珠,藏族是中国多民族大家庭中的优秀成员之一,为中国历史的发展和西南边疆地区的开发和稳定做出了杰出的贡献。在漫长的历史发展过程中,藏族人民依靠自己的勤劳和智慧,依靠同汉族和其他各个兄弟民族,以及周边地区国家交往中的不断学习和虚心借鉴,创造了具有浓郁高原特色和鲜明民族风格的传统文化。西藏地区是以藏族为主、各兄弟民族共同居住的美好家园,藏族文化占据着十分突出的位置。[①] 西藏传统文化是中国传统文化宝库的一个有机组成部分,有许多值得认真发掘的思想和智慧,蕴藏着丰富的、可资借鉴的经验和知识,有着十分巨大的开发价值。

　　毫无疑义,西藏的传统文化和其他各个民族的传统文化一样,也存

---

① 张云:《青藏文化》,辽宁教育出版社 1988 年版。

在着这样或那样的问题,特别是面对着改革开放和快速发展的国际国内局势,它的消极面逐渐地显露出来,影响到西藏走向现代化的发展进程。更为复杂的是,它常常和积极的东西混杂在一起,使去粗取精、去伪存真的工作变得极为困难。因此,人们对西藏传统文化的认识就出现了各种不同,甚至完全相反的看法。我们认为,全盘否定和全盘肯定的做法都是不科学的,也是不可取的态度。那么,究竟应该怎样对待才能做到客观公允和对历史负责呢? 唯一可行的办法,就是不断地学习和深入地研究它,对它进行理性地批判和扬弃,并在实践中不断地检验、丰富和发展它。本文仅就此谈点管窥之见,以就教于同行专家和广大读者。

一、西藏传统文化的构成

要研究和认识西藏传统文化,首先必须弄明西藏传统文化包括哪些内容? 这就是西藏传统文化的构成问题。我们认为,它主要应该包括以下内容。

1. 历史文献典籍

藏文文献就数量而言仅次于汉文文献,在我国各个民族文献中排第二位,位列少数民族文献之首。就内容而言,藏文文献的价值也十分巨大,蕴藏着极为丰富的内容。这是藏族人民聪明才智的具体结晶,也是西藏文化经久不衰的魅力所在。卷帙浩繁、有多种版本的藏文大藏经《甘珠尔》(经部)和《丹珠尔》(论部),还有世界上绝无仅有的英雄史诗《格萨尔王传故事》,大量的教法史、寺庙志、高僧传、王统记、世系史、地理志、史册、格言诗、道歌、小说、神话传说与故事等等。文献典籍就是西藏传统文化的主要载体之一,是研究、继承和发展西藏传统文化取之不尽和用之不竭的宝库。

2. 建筑和各种文物

(1) 寺院和宫殿

有形文化遗产也是传统文化重要组成部分之一。在西藏传统文化中，千百年保留下来的寺院经堂和宫殿建筑，无疑是珍贵的传统文化遗产。西藏地区有 1700 多座寺院，宗教包括佛教、苯教、伊斯兰教、道教和天主教等。这些宗教都有自己的教堂和相关的有形文物遗产。作为最具特色的藏传佛教，其绝大部分寺院都有悠久的历史，并且收藏着大批有很高艺术鉴赏和历史价值的文物。西藏的历史文献典籍主要就是通过寺院这个载体产生、发展、传承和保留下来的；西藏的寺院建筑吸收了内地汉族和其他各个兄弟民族的建筑形式，吸收了印度、尼泊尔和中亚古代建筑艺术的部分内容，结合本民族的文化特征和审美要求，经过再创作，形成自己的建筑文化特色，是对中华文化，乃至人类建筑文化的一份独特的贡献。人们已经熟悉的有：始建于公元 7 世纪、举世闻名的大昭寺，重建于清朝初年、富丽堂皇的布达拉宫，以及西藏最早的正规寺院山南扎囊县的桑耶寺，庋藏丰富的后藏萨迦寺，享有盛名的拉萨甘丹、哲蚌、色拉三大寺，日喀则扎什抡布寺，昌都强巴林寺，宛如艺术宝库的江孜白居寺，后藏夏鲁寺等等。

吐蕃最早的王宫雍布拉康、最负盛名的布达拉宫，以及西藏的民居建筑，都是适合西藏地区高原自然环境和人民审美心理而不断发展和完善的，凝结着智慧和感情。

（2）塑铸人像、佛像与各式法器、佛塔

公元 7 世纪初期，吐蕃与尼泊尔和唐朝联姻，尼泊尔赤尊公主和唐朝文成公主相继携带镀金释迦牟尼佛像入藏，在把佛教传入西藏的同时，也把佛像的铸造工艺传入了吐蕃。随着佛教在西藏的兴起和巨大发展，佛像的铸造技术也日益得到完善。在西藏地方，各个时代都塑铸过形式各异的佛像，从时代较早的松赞干布与尼泊尔赤尊公主、唐文成公主；松赞干布与噶尔、吞弥·桑布扎；松赞干布与赤松德赞；密宗大师莲花生铸像。元朝时期，铜铸萨班像、八思巴像。民国时期扎什伦布寺的强巴佛像，等等。其中最著名的是至今供奉在大昭寺、据说是文成公主带往西藏释迦牟尼佛像。

西藏的各个寺院都有数量不等、时代不同、价值各异的宗教法器。

其中不少就是珍贵的工艺品和稀世文物。例如萨迦寺保存的元朝皇帝赐给帝师八思巴的珍珠诏书、大白法螺等；哲蚌寺的塑铸佛像就有上千件之多，其他历史悠久的寺院都有自己的镇寺宝物，布达拉宫还收藏有历代皇帝赐予西藏地方和达赖喇嘛的珍贵礼物和宗教用品，价值甚高。

历代高僧的肉身舍利塔，特别是历世达赖喇嘛和班禅的灵塔尤称奢华，既是价值连城的宝物，又是具有浓厚民族特色的艺术品，不仅用大量的金银为之镶嵌，而且上面缀满了珍珠宝石。布达拉宫里耸立的八位前世达赖喇嘛的灵塔即是一个集中表现，特别是五世达赖喇嘛和十三世达赖喇嘛的灵塔，最为雄伟气派，前者高 14.85 米，使用黄金 3 724 公斤，在塔座、塔瓶上镶嵌的金刚钻石就有 1 500 颗；后者 14 米高，镶嵌的各种珠宝数十万件，此外，在灵塔的前面还另外装饰有由 20 万颗珍珠串成的珍珠串，用来包裹灵塔金顶的黄金就有 2 万余两。

（3）金属和其他工艺

西藏的金属工艺品很早就享有盛名。公元 7 世纪，吐蕃使者至唐，往往多带着珍贵的民族工艺品，其中有些是从中亚、南亚地区传入的，有些则是吐蕃人自己铸造的，其铸造技艺之精湛，令人叹奇。如唐太宗时，吐蕃使者为了对太宗东征高丽表示祝贺，就献上一只用黄金铸成，高 7 尺，里面可以盛下三斛酒的金鹅。① 公元 657 年（唐高宗显庆二年），吐蕃使者献金城，城上有狮子、象、驮马、羊等。同时也进献金瓮、金颇罗等。赤松德赞时进献用金银制作的"假山"，唐德宗十分喜欢，将此物陈列在太极殿，供贵戚达官们观赏。吐蕃使者每至唐朝都带有特色礼品，其中不乏金属器皿，诸如金盘、金碗、银盘等。赤祖德赞时向唐朝进献过"印铸犀牛、牛、羊、鹿各一"②，可知其工艺品之精美。

保存千余年的铜铸大钟，如吐蕃时代保留下来的大钟就有桑耶寺

---

① ［后晋］刘昫等撰：《旧唐书》卷一九六《吐蕃传》，中华书局 1975 年版；［宋］欧阳修、宋祁等撰：《新唐书》卷二一六《吐蕃传》，中华书局 1975 年版。
② 王钦若、杨亿编撰：《册府元龟》卷九七二《外臣部·朝贡五》。

钟、耶尔巴寺钟、崩塘寺钟和昌珠寺钟。① 这些都有很高的文物价值和研究价值,其制作工艺也极为精湛。

(4) 壁画、唐卡画与岩画

西藏的古代壁画文物资源很丰厚,著名的有布达拉宫、大昭寺、桑耶寺等地方的大型壁画,都是难得的上乘之作。其内容也极为重要,如大昭寺壁画中的《文成公主进藏图》;桑耶寺壁画中的《修建大昭寺》;布达拉宫壁画中的《顺治皇帝会见五世达赖喇嘛》,以及大量的历史画传、宗教人物故事等等,都有独到的价值。

西藏的唐卡画颇有民族特色。它主要分为两种,一类是用丝绸锦缎等材料绣制或编制的"国唐",如寺院中用于"晒佛"的巨幅唐卡就是,其经典之作有布达拉宫的无量寿佛像,长约 55.8 米,宽约 46.8 米,气派宏大,精美异常;一类是用颜料绘制在画布上的"止唐",主要有金色、红色和黑色等类型。现在保留下来的唐卡画以明清时期为多,其中也不乏价值连城的精品。

西藏岩画分布区域广泛,它的内容大多是西藏地区原始居民日常生产生活和精神文化活动的写照,是上古时代的艺术文化遗产,也是研究当时人们生产生活可资借鉴的资料。藏北地区的岩画,特别是阿里日土地区的岩画尤其具有代表性,比如藏北的加林岩画群、日土的任姆栋岩画群和齐吾普岩画群即是。从某种意义上说,这些岩画群是那个时代藏北和藏西北牧民社会生活的一个侧面剪影,保留了没有文字记载时期人们的历史。

(5) 碑铭石刻

吐蕃时代的著名碑铭石刻相当丰富,包括纪功碑(如赤松德赞时期的达扎路恭纪功碑)、墓碑(如赤德松赞墓碑)、会盟碑(唐蕃长庆会盟碑)、兴佛证盟碑(赤松德赞时期的桑耶寺兴佛证盟碑等)、建寺纪念碑(如赤德松赞时的噶迥寺建寺碑)等等。唐代吐蕃的摩崖石刻保留下来

----

① 王尧:《吐蕃金石录》,文物出版社 1982 年版。

的也不少,如第穆摩崖石刻、丹玛摩崖石刻、协拉康石刻等。① 其在历史研究中的文献价值和对西藏文字发展和书法艺术演进过程的认识,都有参考意义。

3. 知识与技术

(1) 语言文字

关于藏文创制的时间,学术界目前还存在一些分歧,依照有文献记载和多数学者的说法,它产生于公元 7 世纪,至今也有 1300 多年的历史了。从产生之日起,藏语文就在传播民族文化,凝聚民族心理,加强与其他兄弟民族之间的文化交流等方面,扮演了无法替代的角色,丰富的藏文典籍文献就以此作为基础形成的。在藏文的发展过程中,逐渐形成了一整套的语法规范,从早期的《三十颂》和《性入法》,到后世不断完备,藏语文按照比较严格的模式传承着、发展着。学习藏语言文字,在漫长的历史时期一直是西藏寺院和社会上层重要的一门知识,也是晋身的基本技能。随着接受文化者群体的扩大,藏语文的作用更加突出。尽管改革藏语文的教育体制和传统模式已经取得了很大的成就,但作为历史上长期存在的藏语文传承的知识,其合理性还不能完全抹杀,对它的研究和发掘继承,依然有工作可做,也必然会有新的收获。

(2) 历史

西藏地区有文字记载的历史大约有两千多年,但是从考古发掘来看,它的历史要悠久得多,内容也要丰富得多,因此,重视吐蕃文献记载和民间传说,并且与考古史实相印证,对于认识西藏地区的历史来说,已经是一件很有意义的事情。从吐蕃王朝时期西藏始有文字开始,撰写历史的过程也就开始了,如今保存下来年代信实可靠的第一部历史书,是《敦煌本吐蕃历史文书》,②它以大事记年和人物传记的方式记述了吐蕃时期的重大历史事件和历世赞普的丰功伟绩。后世逐渐形成良好的著

① 王尧:《吐蕃金石录》,文物出版社 1982 年版;张云:《丝路文化·吐蕃卷》,浙江人民出版社 1995 年版。
② 王尧、陈践:《敦煌本吐蕃历史文书》(增订本),民族出版社 1992 年版。

史传统,使历史知识的传承井然有序,历史著作的撰述代不乏人,历史文献的收藏蔚为大观。我们可以看到的历史著作自然多与教法史结合在一起,但也不难看到其中较高的史学素养和客观精神,如大家熟悉并有较高学术价值的著作《巴协》(巴塞囊著,约公元12世纪)、《五部遗教》(掘藏文献)、《王统世系明鉴》(萨迦·索南坚赞著,1283年)、《红史》(蔡巴·贡噶多吉著,1363年)、《汉藏史集》(达仓宗巴·班觉桑布,1434年成书)、《智者喜宴》(巴卧·祖拉陈瓦著,1564年)等等,记载着西藏先民的足迹,也记录着他们的知识和智慧。

(3)文学

西藏古代文学方面的遗产也十分丰厚,吐蕃时代就出现广泛流传,并可以用来传唱的古体诗歌。元朝时期有大家熟知的格言体诗歌《萨迦格言》,后世则有《水树格言》等;讲述高僧修法经历感受的《米拉日巴道歌》;脍炙人口的《仓央嘉措情歌》;长篇英雄史诗《格萨尔王传》;以及大量的从上古流传下来,或者由佛经故事改编而来的民间故事。西藏的话本小说,是说唱形式,人们熟悉的有:《文成公主》、《诺桑王子》、《赤美衮登》、《白玛文巴》、《苏吉尼玛》、《卓娃桑姆》、《囊萨姑娘》、《顿月顿珠》等,这些相继被改编为剧本,成为藏戏的经典剧目。清朝时期,才仁旺杰所著的《宣努达美》,曾是西藏百姓十分喜爱的一部小说。① 随着人们研究工作的深入,西藏丰富典籍中的文学资源和知识,会越来越受到人们的重视,其价值也逐渐被人们所发现和认可。

(4)医学

在西藏传统学问"大五明"中有所谓"医方明",就集中反映了藏医学方面的成就。藏医学起源很早,它的巨大发展时期是在吐蕃王朝时期。当时,吐蕃积极学习内地的汉族医学、西方的波斯和阿拉伯医学,南部的印度医学等,引进人才、医疗技术和医学书籍,结合自己的医学基础,逐渐建立起新的医学体系。这时期出现了著名的医学著作《四部医典》(即《居

---

① 马学良、恰白·次旦平措、佟锦华主编:《藏族文学史》,四川民族出版社1994年修订版。

希》),在理论上对西藏医学做了概括。也出现非常有名的医生宇妥·云丹贡布。后世学者不断地在这块土地上耕耘,使藏医学不断获得进步与发展。如五世达赖喇嘛时期的第悉·桑吉嘉措(1653—1705 年)的《医学史》就是比较典型的一部。藏医学作为中华医学的重要组成部分之一,其对胚胎发育过程的认识,人体解剖等方面有自己的特殊之处;在治疗高原地区疾病,以及一些疑难杂症方面有特殊的疗效,很有发展前景。

（5）天文历算

西藏最早的历法是所谓"物候历",民间谚语说:"观察禽鸟和植物是珞、门法,观察雪和冰是等巴法,观察星和风是藏北法,观察日和月是岗卓法。"就是西藏各地百姓对天文的认识,以及最早使用的历法。后来从内地和印度传入了时宪历、时轮历,使之趋向科学化,由此成为"小五明"中的"算明"。西藏学者也在学习借鉴外来历法知识的同时,开始了相关的研究工作,深化了认识,撰写了不少有关天文历算方面的著作,虽然里面也包括五行占和音韵占等荒诞不经的东西,但是在天文历法的科学研究方面,也取得了一定的成就。

（6）工艺技术

工艺技术主要包括在西藏传统学问"大五明"中的"工巧明"之中,主要包括建筑工艺和各种制作工艺。西藏高超的建筑艺术是与代代相传的建筑理论和技术有关联的,一般的藏文史书在介绍重要寺院的建筑工程时,多会涉及殿堂的建筑工艺和特色。如萨迦·索南坚赞的《王统世系明鉴》就详细地介绍了大昭寺、小昭寺的建筑工艺和特色。达仓宗巴·班觉桑布的《汉藏史集》对桑耶寺等的建筑风格和工艺予以细致描写。然而,有关建筑和其他工艺最集中的知识还是来自藏文大藏经《丹珠尔》中的"工巧明",以及各个寺院和各专门工艺技术的专论。这些知识是代代相传和不断丰富和发展的。

西藏的其他制作工艺种类不少,包括纺织、木雕、制陶、印刷、金属制作和佛像度量等工艺。《汉藏史集》一书就记载了西藏的刀剑分类和陶器瓷器制作工艺,反映了西藏先民学习外来先进工艺技术,特别是学习内地汉族地区的各种工艺技术,然后再重新创造的事实。又如藏纸的制作,就是唐朝时期文成公主进藏后从内地传入的,后来在西藏地区发展为藏纸的制作工艺。此外,在藏刀、藏毯、木雕等制作方面,都是出色的成就,值得继承和发扬。

4. 宗教哲学与智慧

在西藏地区,人们最熟悉和最难忘的莫过于洋溢在每个角落,乃至空气中的宗教气息。作为西藏地区最有代表性的藏传佛教,它的理论和观念很早就融化到人们的血液中,也表现在人们的行动上。佛教是一个有思想、有理论体系的宗教,佛教传入西藏时期是吐蕃王朝不断发动征服和向外扩张战争时期。而佛教在吐蕃获得巨大发展,则是公元 10 世纪以后,西藏地方处于分裂割据和动荡不安的时期。佛教以它所宣扬的众生平等,善恶有报,六道轮回等理论抓住了人们祈求安宁的心灵。在安定地方,抚慰饱经战乱的人们的痛苦心灵方面,在安定地方,打破封建割据势力之间的壁垒,以及促成共同民族心理素质的形成,积累、发展和传播西藏文化等方面,都发挥过积极的作用。

对佛经的学习和辩论,训练了人们的形象思维和逻辑思维能力,讲经、注释经典、辩论经典中的疑点难点,增强了古代西藏地区人们追求知识,追求真理的愿望。人们通过学习、通过修行和思考,不断地探讨人生的真谛。西藏的传统文化遗产能够如此丰厚,与佛教有着密切的关系。佛教也教导西藏的知识分子和广大群众一起思考问题,关注许多人类都共同面对并在苦苦探索的一些问题。佛教关注自然,关注众生的理念,关注人与自然和谐统一的理念,对西藏地区生态环境的保护都产生过积极的影响。在对待生命的归宿,虽然有其偏颇乃至错误的成分,但是,西藏百姓对待死亡的坦然和安详,无疑是很难得的和值得肯定的做法,也是一种相当崇高的精神境界。

5. 制度与风俗习惯

(1) 行政管理制度

西藏地方的行政管理制度有个历史发展过程,在吐蕃王朝时期,实行的是赞普王权管理体制,赞普之下设立有"九大论",对此汉藏文史书都有记载,《新唐书》说:"其俗谓强雄曰赞,丈夫曰普,故号君长曰赞普,赞普妻曰末蒙。其官有大相曰论茝,副相曰论茝扈莽,各一人,亦号大论、小论;都护一人,曰悉编掣逋;又有内大相曰曩论掣逋,亦曰论莽热,副相曰曩论觅零逋,小相曰曩论充,各一人;又有整事大相曰喻寒波掣逋,副整事曰喻寒觅零逋,小整事曰喻寒波充:皆任国事,总号曰尚论掣逋突瞿。"[1]藏文史书《智者喜宴》等对此有类似的记载。[2] 这一制度大致上是仿照了唐朝的尚书、中书和门下三省的管理制度,分别负责行政、司法和监察。在地方上采取军政合一、生产与作战合一、行政区划和部落组织合一的管理制度,有效地维系了王朝的统治。

元朝以来,西藏正式纳入中央政府的行政管辖之下,西藏的基本制度是内地中央王朝行政制度的地方化形式。例如,元朝就是采取了宣政院领导下的三路宣慰使司都元帅府,和下设的千户万户管理等制度。[3]清朝初年,曾经在西藏实行郡王管理制度,珠尔墨特那木扎勒的叛乱迫使朝廷废除这一制度,并在公元1751年授命七世达赖喇嘛建立甘丹颇章政府,由达赖喇嘛直接掌管地方政教事务,标志着西藏政教合一制度的最后形成。在政教合一制度下,人们的思想和行动都被禁锢起来,宗教干预政治的程度达到了登峰造极的地步。当然,这一制度本身也在发展。1793年,乾隆皇帝在派遣福康安率兵驱逐廓尔喀入侵者后,清朝中央政府重新改革西藏地方管理体制和制度,加强了驻藏大臣的权力,从而最后完善了西藏地方的行政管理体制与制度。

新中国建立以后,1951年西藏实现和平解放。1959年3月10日,西藏上层集团在拉萨发动了全面的武装叛乱,最后以失败而告终。经过民主改革,彻底摧毁了封建农奴制度,百万农奴翻身得解放,西藏的旧制度已经成为历史故物,显然很难称得上是优秀文化遗产,但是与封建农

---

① 《新唐书》卷二一六上《吐蕃上》。
② 巴卧·祖拉陈瓦:《智者喜宴》,藏文本,民族出版社1986年版。
③ 张云:《元代吐蕃地方行政体制研究》,中国社会科学出版社1998年版。

奴制社会相适应的管理体制与制度,却还值得认真研究和分析。

(2)法律制度

西藏的法律制度主要包括政府官方成文法和民间习惯法两大部分。比较成熟的成文法出现在吐蕃王朝建立初期,由松赞干布的大臣噶尔等人制定的。按照藏文史书中的一般说法,松赞干布参照佛教的十善律制定了吐蕃的"六大法"。在赤松德赞时期,吐蕃的法律进一步得到完善。元朝时期,在西藏地方推行的是元朝的法律。明朝时期,帕木竹巴地方政权的建立者降曲坚赞对西藏旧有的法律做了改革和完善,形成了很有特色的法律"十五条"。清朝乾隆五十八年(1793年)在西藏颁布的《钦定藏内善后二十九条章程》是西藏地方的根本大法,具有指导性的作用。

习惯法也是西藏地区长期存在,并有广泛影响的法律,在民间,特别是广大牧区很有影响力。尽管它主要依靠"神断"等落后的方式,民间却信之不疑。这些内容缺乏科学依据,但是,它是长期形成的,而且至今还在影响着人们的心理和行为,认真加以对待却是十分必要的。

(3)民间衣食住行与婚丧嫁娶习俗

西藏的饮食文化,相对而言比较简单,但它的内容却别具一格,比如人们熟悉的青稞酒、糌粑、酥油茶,都很有特色。而青藏高原地区丰富的植物和动物资源都是西藏饮食文化能够存在和发展的坚实基础。

西藏的服饰文化内涵丰富,各个地区都有自己的服饰:阿里地区的普兰服饰,日喀则的后藏服饰,拉萨地区的前藏服饰,昌都地区的康巴服饰,林芝地区有代表性的工布服饰,以及门巴、珞巴族服饰等,可以算得上是高原服饰文化的大观园。

西藏的婚姻习俗比较独特,传统的婚姻和家庭形式多样,历史上,除了一夫一妻制之外,还有一夫多妻和一妻多夫,后者相当流行。西藏人十分讲究礼仪,重视亲情友情,热情好客,礼貌待人。用哈达这种形式表达相互之间的敬意是西藏文化的独特贡献,洁白的哈达已经成为西藏人民礼仪文化的象征性符号。

西藏的丧葬文化也很有特色,在西藏比较盛行的是天葬,还有塔葬、火葬、水葬、土葬和树葬等等。根据死着的身份地位和死亡原因的不同而选择不同的丧葬方式,丧葬活动有着深厚的历史渊源和文化内涵。

6. 传统体育运动与歌舞艺术

西藏传统的形体运动和艺术方面的遗产也十分丰厚,在传统体育运动项目方面,有赛马射箭、拔河举重、掷石,以及马球、棋艺、藏密气功、登山运动等。对这些项目的重新发掘和认识,有助于提高民族身体素质,发展竞技运动,以及促进地方旅游事业的发展。

西藏的歌舞驰名中外,音乐有宗教宫廷音乐和民间音乐;舞蹈有歌唱合一的"谐卓"、以舞为主的"卓"和宗教面具舞蹈"羌姆"等。西藏各个地区的歌舞又别具一格,如拉萨地区的"羌姆"、宫廷"供云乐舞"、"堆谐"、"囊玛"、"拉姆"和"稀荣仲孜"等。昌都地区就有"锅庄"、"弦子"和"热巴"等多种艺术形式。山南地区的"谐钦"、"卓谐"、"卡尔"、"贡噶尔鼓舞"、"阿嘎谐"和"果谐"等。藏北的"果谐"、"阿谐"、"热巴"和"格萨尔舞"等。日喀则地区的"谐钦"、"色玛谐"、"结谐"、"梗"等。阿里地区的"卓果谐"、"鲜"和"玛恰霞布卓"等。林芝地区的"米那羌姆"、"南伊噶尔"、"恰巴博"、"达谐"等。[①] 这些是西藏舞蹈艺术获得新生和巨大发展的坚实基础。

二、西藏传统文化的独特价值和所面临的挑战

西藏的传统文化的价值是多方面的,人们对它的认识和研究还远远不够,如果要作出全面准确的评价,还为时尚早,这里谈几点个人的粗浅认识和大家一起讨论。

我们认为它的独特价值主要有这样几个方面。

1. 丰富和发展了作为世界三大宗教文化遗产的佛教文化,为人类文化做出了自己的贡献。西藏的佛教是外来的一种宗教,但是经过千余年

---

① 阿旺克村编著:《西藏舞蹈通史》,湖南文艺出版社 1995 年版。

的演化与发展,它已经成为西藏文化的核心内容之一,其中凝聚着西藏人民的心血和智慧。藏传佛教是佛教传入西藏后,同西藏地方的原始宗教——苯教,以及西藏地区的文化结合而形成的,它有许多独特的东西,在作为佛教发源地的印度失去佛教文化传统之后,由藏传佛教保留下来的众多佛教文化内容,就显得尤其珍贵和难得。更为重要的是,藏传佛教丰富和发展了佛教文化,为之增添了许多新的内容,例如,藏传密宗、活佛转世理论与制度,以及藏传佛教寺院建筑和佛教艺术,等等,其最丰硕的成果就是内容宏富的藏文大藏经。

2. 在凝聚西藏民族心理和提高民族整体素质方面发挥了十分重要的作用。在佛教传入初期和兴盛之前,西藏和整个青藏高原地区尽管曾经出现过统一的吐蕃王朝,但是,其内部是各自为政的民族和部落,以及不完全相同的经济生活方式。吐蕃王朝的建立,为藏族的形成奠定了基础,但是,藏传佛教文化的形成才最后促成了民族凝聚力的形成。

3. 在相对缺乏文化积淀的游牧文明走出文化发展瓶颈方面,提供了比较成功的范例。在西藏地区,游牧经济占据着很突出的位置,从人类文明发展历史来看,游牧文明的积累由于受到自然环境和生产方式的限制,有一定的局限性。和我国历史上的北方游牧民族相比较,西藏地区所形成的传统文化之丰厚和繁荣,是无与伦比的,值得肯定和认真总结。

4. 为人类认识世界和自身做出了可贵的探索。第一,对自然的认识。西藏传统文化很尊重自然,比较注意人和自然的和谐,尽管采取了神秘的和宗教的方式,但是在这个生态环境比较脆弱的地区,人们如何保护自然,最终保护自己,传统文化给出了相对令人满意的答案,人们在崇拜自然的同时,也为自己赢得了良好的生存环境。第二,对社会人生的认识。西藏传统文化很重视对人的精神上的关怀,重视协调社会群体和成员之间的关系,西藏地区醇厚的民风和良好的礼貌习惯,都与这种文化影响不无关系。

5. 对各门知识和学问的贡献。如果我们参照历史和古代各个民族的发展状况,就不难发现,西藏地区自吐蕃王朝以来所创造的文明成是极其巨大的,在各个知识领域都有全新的发展和进步。特别是在历史学、文学、藏医学、建筑工艺和技术、天文历算、佛教因明学等方面,尤为突出。

6. 丰富了中华民族文化的内涵,影响了周边的兄弟民族。西藏传统文化在形成和发展过程中就与中原地区的汉族和各个兄弟民族保持着密切的联系,这种联系和交流推动了藏族传统文化的形成与发展,同时,西藏传统文化也为中华传统文化增添了新的光彩。它对西北、西南地区的各少数民族,对汉族、蒙古族等都产生了积极的影响。在中华民族文化的形成中发挥了重要的促进作用。

毋庸讳言,西藏的传统文化也存在着不少消极的东西,在新的历史时期,也出现了很多与社会进步,以及西藏地方发展需要不相适应的情况:一方面,有些落后的东西已经阻碍着文明发展的步伐,面临着被淘汰的命运。另一方面,也有很多优秀成果还需要拂去尘灰,使之重现光明,为民族新文化和中华文化复兴增添动力。可以说,在大浪淘沙的时期,西藏的传统文化也面临着严峻的挑战。那么,它的缺陷究竟有哪些呢?我们也在这里做一些初步的分析。我们认为主要有这样几点。

1. 在它形成的早期就已经存在着某些缺陷,这就是它的单一性。西藏传统文化建立的重要立足点是吐蕃王朝时期的吐蕃文化,这一文化遗产无疑是很宝贵的。但是,在分裂割据时期,西藏文化的复兴工作是由佛教来完成的,它不可避免地带有自身的局限性,突出一点就是遏制了世俗文化的活力和多样化发展趋势,从而影响到西藏文化发展的格局和基本特征,单一性是其一。

2. 在西藏传统文化发展过程中也有某些偏差,这就是其封闭性。西藏地处青藏高原的腹心地区,四面被大山所包围,与外界联系相对不便。如果缺乏开放精神和积极与外界联系的机制,就很容易陷入保守封闭的状态,这对文化的健康发展极为不利。藏传佛教形成并一统西藏思想和文化界以后,西藏的宗教文化虽然与内地保持比较密切的交流,但是交流的内容却主要局限在宗教文化方面,除了单一之外,就是自我封闭,也影响到接受外部文化的深度和广度。

3. 传统文化中也存在一定的偏颇性。西藏传统文化有很多优良的品质,但是也有偏失。例如,重视神的至高无上,忽视人的存在和价值;重视来世的幸福,忽视现实的追求;重视精神追求,忽视物质向往,甚至把两者割裂开来、对立起来;淡泊名利,也淡泊人生;既很讲究温良恭俭让,也忽视积极进取精神;追求自我反省,却也自我封闭;因循守旧有余,而开拓创新不足等。

4. 忽视对自然科学的认识、积累和探索,神学色彩过于浓厚。由于佛教追求精神上的和来世的福祉,往往忽视甚至漠视许多应用科学技术的探索和发展。几乎作为西藏唯一正规教育场所的寺院,除了医学和历算等少数学科之外,很少研究有关自然科学的学问,就是教学中涉及的自然科学知识与学科,也只是作为佛学的工具和附庸而已,很难真正具有科学精神,并使之真正发展起来。这就使西藏传统文化的知识结构比较单一,有残缺的部分。与此同时,宗教神学的立场、观点和方法充斥几乎所有的知识领域,使人们对科学真理,对相关知识,乃至对史实是非的分辨工作变得异常困难,影响到学术事业的进步和民族文化迈上更高的台阶,影响到对自然、对社会本质和规律性的探讨。

三、西藏传统文化的出路与历史命运

应该说,我们今天看到的、以藏传佛教为核心并作为主流的西藏传统文化,也是一定历史时期的产物。熟悉西藏上古历史的人不难发现,唐朝时期的吐蕃文化有着完全不同的景象,它是充满活力的、开放的和蓬勃向上的一种文化。虽然佛教也在其中扮演着一个日益重要的角色,但是,并不能左右西藏文化的命运,更没有一统天下,唯我独尊。佛教"后弘期"以后,情况就完全不同,明显出现了佛教文化主导整个社会文化的局面,佛教文化在推动西藏文化发展的同时,其负面影响也存在和发展起来,直到西藏地方和平解放。民主改革以后,西藏传统文化中的许多腐朽没落的东西大多被清除出去,特别是制约西藏地方社会发展的政教合一制度、封建等级制度、法律制度等,并为之注入了无产阶级和广大人民群众的新文化,使之焕发出青春的活力。

当前,西藏传统文化又处在一个重大历史转折时期,如何对待传统文化,既影响到西藏传统文化的命运,也关系到西藏民族文化未来的发展,必须认真对待。面对机遇与挑战,我们认为,西藏文化必须迈出积极主动的一步,为自己赢得一个广阔的空间。

1. 认真继承优秀的传统文化

肯定西藏传统文化的巨大价值,不仅仅是为了满足于已取得的成就,也不仅仅为了欣赏,而是为了继承祖先留下的这份丰厚遗产,造福当代,嘉惠后人。要继承优秀传统文化遗产,首先要先努力学习传统文化,掌握其精髓,发掘蕴藏在传统文化中闪光的金子;要持续不断地研究传统文化,借鉴前人的经验与智慧;要出版优秀传统文化成果,传播优秀传统文化精神,并保护和宣传传统文化,让它转化为促进社会文明进步的动力。西藏的传统文化和珍贵的自然文化资源结合起来,是得天独厚的一笔财富。它们都具有色彩艳丽、直观鲜明的特点,很有感染力,有着很强的视角效果,很适合于影视这种表现形式,可以通过电视、电影来再现它的魅力,触摸它的真谛,达到既展示它的价值,更发现它的潜在价值的目的。西藏传统文化在西藏的旅游开发、对外开放和经济建设方面可以扮演特殊的角色。

2. 勇于抛弃传统文化中落后的东西

能够抛弃落后和阻碍文明进步的东西,是对西藏传统文化充满信心的一种表现,也是对西藏传统文化的一个考验。我们认为,西藏传统文化完全有能力超越自我,摆脱受传统文化中消极因素困扰的阴影。抛弃是为了更大的获得;抱残守缺、孤芳自赏则是缺乏信心和畏葸不前的表现;守旧退缩可能失去今天,也很难把握明天。西藏传统文化的自我扬弃和洗心革面,是一个艰苦的工作,这项工作需要大家齐心协力来完成,特别需要西藏广大群众的积极参与配合。最根本的一点,是要在思想和观念上解决问题,正确认识传统文化中的优劣得失,本着对历史负责,对民族负责,对国家负责,对人类文明成就负责的态度。抛掉沉重的包袱,带上祖先留下的精华,阔步迈向更加灿烂辉煌的明天。

3. 积极吸取外来文化,不断创新,再造一个充满活力的西藏民族新文化

传统文化不能放在博物馆里或者花瓶里,而应该赋予它新的生命,必须不断地发展和创新,没有发展和创新,传统文化就会逐渐失去光泽,就不会有光明的前景;传统文化不仅存在于过去,更应该属于未来。

要创新就必须在继承优秀民族文化传统的同时,学习和借鉴兄弟民族的文化,学习借鉴国外的先进文化,只有拥有人类最优秀的文明成果,才能为西藏的传统文化供给丰富的养分。要创新就要求西藏的广大百姓能有一个不断创新的意识和精神状态,必须学习科学文化知识,提高民族文化素质,立足西藏、走出西藏、迎接八面来风。

当前,中国已经加入世界贸易组织,对外开放进入一个崭新的历史时期,学习借鉴外来优秀文化,时机大好。国家正在实施西部大开发的伟大战略,不断加大全国支援西藏发展的力度,对兄弟省市和兄弟民族文化的交流更加频繁和密切。西藏人民的文化知识和受教育水平在大幅度提高,关注西藏文化命运的热情有增无减,中国的藏学研究事业正方兴未艾,都为建设西藏新文化提供了良好的条件。开拓进取,弘扬民族优秀传统文化,创造一个更加文明进步、蓬勃向上和充满青春活力的西藏新文化,恰逢其时。

原载《思想战线》2004 年第 5 期

十七 民族学与当代民族的历史命运——以西藏的发展与问题为中心

民族学是以考古学和人类学为基础发展起来的,传统的民族学十分重视研究原始社会自然历史,重视对后进民族的现状和风俗的实地调查,重视利用考古资料来研究史前人类和民族的文化遗迹。因此,民族学被认为是主要研究简单的、没有文字记载的原始社会历史民俗的一门学科。作为以研究古老民族的文化残余为基础兴起的一门学科,民族学在新的时期也面临着许多有待于解决的突出问题。而是否关注当代民族历史命运,已经直接影响到民族学自身的发展前景乃至未来的命运。我们以西藏的民族发展和现实存在的一些问题为例,来探讨一下这一方面的问题。

西藏地区的民族问题很有典型性,对于探讨民族学的任务和发展命运来说,颇具理论意义和实践价值。西藏地区位于青藏高原的主体部分西藏高原上,周围为巨大山脉所阻隔,是一个相对封闭的地理单元;作为西藏地区主体民族的藏族,长期生活在这块神奇土地上,和自然界结下了千丝万缕的联系;藏族有自己独特的以宗教文化(苯教、佛教文化)为核心的民族文化,这种文化具有顽强的生命力和巨大的影响力;西藏的封建农奴制长期存在,直到20世纪中期方始完结,其形态完整,很有典型意义;西藏与外界,尤其是中国内地汉族和其他各个兄弟民族,以及周边的印度、尼泊尔一直保持着密切的经济和文化往来关系,这种交流不断地丰富着西藏文化的内容,为之注入巨大的活力;西藏社会形态由农奴制到社会主义的变革是人类历史上前所未有的伟大事件,又是 40 年前新近发生的,有很多问题值得回顾和总结;西藏当前又面临着把一个经济上依然落后的地区在短期内改造成为相对发达地区的艰巨任务,西藏的传统文化也同样面临着走向现代化的重要使命。应该说,既是历史学家、社会学家、经济学家要研究的课题,也是民族学家、人类学家要研究的课题,对于我们进一步认识民族学和人类学的使命也很有启发作用。本文选择其中几个方面的问题加以探讨,并就教于各位同仁。

一、西藏民族与中华民族的关系问题

在"民族"这个术语的使用方面,多年来学术界花费了很大的精力来为之甄别,但是尚未取得统一的认识。就中国而言,"民族"按照时段和相应的内涵来划分,主要包括四个方面的内容:一是古代民族,即近代资产阶级革命以前的民族,它是由部落,经过部落联盟发展而来的;一是近代民族,即汉、满、蒙、回、藏五族;一是新中国建立以后,通过民族识别而确立的 56 个民族;一是包含中国境内所有民族和人们共同体的"中华民族"。就一般意义来看,近代民族的划分明显缺乏应有的科学依据,是特殊时代的特殊产物,它用当时中国境内 5 个大的民族来代替全体中国民族显然存在偏颇之处。其他几种划分方法,或者是历史上长期形成的,如古代民族的划分就属于这一类型,或者是通过一定的科学考察与甄别得以确定的,解放后 56 个民族的划分则是其产物。而就藏族而言,问题相对简单,尽管她的内涵前后存在着一定的变化,但是古代藏族、近代藏族和新中国建立以后的藏族三者基本内涵是相同的,或者说是一脉相承的。应该说它们之间的联系不难理解。我们认为,当前值得探讨的问题,是西藏的民族,特别是居住在西藏的主体民族藏族和中华民族的关系问题,其中最重要的又是藏族的语言、传统文化、民族风俗乃至地理上的特殊性和中华民族的统一性方面的区别与联系问题。

　　1. 西藏民族自古和祖国内地的汉族和其他民族在人种、血缘、语言、文化等方面存在千丝万缕的联系,它是西藏与中华民族连接的纽带,也是西藏融入中华民族的重要渠道。

　　西藏的藏族和作为中华民族文化主体成分的汉民族文化之间存在着千丝万缕的联系,从人种、民族来源、原始语言和文化关系等方面来看都是如此。古代羌人既是汉族的主要来源之一,也是后世藏族的基本来源,她是汉族和藏族在民族和血缘上,以及文化上的根本契合点,关于这一点史书记载很多,如传说时代以治理洪水而知名的共工氏,据汉代经学家贾逵考证,为"姜姓"之人(《周语注》);发明农业的"神农氏"炎帝,也是羌(姜)姓。《国语·晋语》说:"昔少典娶于有乔氏,生黄帝、炎帝。黄帝以姬水成,炎帝以姜水成,成而异德,故黄帝为姬,炎帝为姜。"就是和黄帝、炎帝长期作战的蚩尤,宋代有学者考证其为"姜姓炎帝之裔也"(罗泌《路史》)。夏朝的建立者启的父亲大禹"兴于西羌"(司马迁《史记六国年表》)。"昔有成汤,自彼氐羌,莫敢不来享,莫敢不来王。"(《诗·商颂》)记述了商朝时期和羌人的密切关系。周人的先祖母是姜嫄,即是羌人,古公亶父时,又与姜女结婚,更加密切双方的血缘关系。[①] 从这个意义上说藏族和汉族都是炎黄子孙是合适的和有历史根据的。历史语言学界的相关研究成果表明,原始汉藏语是同源的。[②] 相同的种族、相同的原始语言,以及血缘上和文化上的密切联系,使汉藏两族存在千丝万缕的联系。

　　西藏地区的藏族和国内其他兄弟民族之间的联系,加速了中华民族形成发展的进程,同时也密切了藏族、汉族和各个民族之间的关系,使中国民族在古代历史时期就呈现出不断趋向统一整体的倾向。历史上,藏族和西南地区的彝族、白族、纳西族、普米族等各族都在血缘、宗教、文化

---

① 张云:《党项名义及族源考证》,《中国藏学》1996 年第 1 期。
② 原文初刊于《北京师范大学学报》1980 年第 1 期;又见《俞敏语言学论文集》,商务印书馆 1999 年版,第 204—208 页。

等方面密切联系;同西北地区的维吾尔祖、土族、回族等也多所联系,相互借鉴;和先后入主中原,建立统一王朝的蒙古族、满族的关系尤其密切,这种网络状的民族交往关系,为中国境内各个民族之间的相互认同,奠定了坚实的基础。

2. 西藏与祖国内地关系历史的发展,为藏族融入中华民族大家庭开辟了无限广阔的前景。

在吐蕃王朝的扩张以及后世藏传佛教的广泛传播过程中,藏族及其文化同汉族以及中国西部地区各个民族发生了多方面、大规模和十分密切的联系。特别是自元朝以来,西藏地方正式纳入中国中央政府的行政管辖之下,在融入中华民族大家庭的进程中迈出了重大而喜人的一步。西藏地方从此和祖国的历史命运紧密地连接在一起,在政治和制度上同内地的中央政权统一起来,在经济和文化的联系上更加紧密。

西藏民族和中华民族关系另一个新的发展时期,是在新中国建立以后出现的。社会主义制度建立以后,中国共产党人废除了历史上的民族不平等和压迫政策,实行民族平等政策,并通过推行民族区域自治制度来贯彻执行这一方针政策,产生了良好的效果。共产党人针对历史上忽视少数民族历史地位和作用的做法,进行了民族识别划分工作,确定了我国的 56 个民族,为民族的团结奠定了良好的基础,为解放以来民族平等、团结与和睦,以及边疆地区的稳定和发展产生了积极的影响。

当前,随着改革开放的深入,特别是国际局势的变化,民族问题又引发新的矛盾和冲突,成为影响地方稳定与发展的重要因素之一,民族主义思潮不断泛滥,直接危害到统一多民族国家的稳定和领土完整问题,也时常成为招致国际霸权主义势力干涉本国内政的因素之一。我国的西藏问题,再次凸现出来,成为西方遏制中国发展的一个切入点,在流亡国外的达赖集团在各种反华势力的支持下活动日趋频繁。在这样的背景下反思民族关系,尤其是增强各个民族之间凝聚力的问题就显得十分重要而迫切。从另一个角度来看,整个中华民族的复兴有赖于中国各民族的共同发展与繁荣,有赖于中华民族的大团结,如何好解决好各个民族与中华民族的关系问题意义重大。

3. 新的历史时期加强西藏和内地和其他各个民族之间的联系,增强中华民族凝聚力既然是十分重要的理论问题,也是极为重要的现实问题。

(1)大力发展西藏地方经济,提高人民群众物质文化水平,不断促进西藏社会的文明进步,使西藏接近并最终赶上全国的发展水平,为民族平等奠定坚实的经济基础。没有经济的一体化,没有人民群众物质文化生活水平的整体提高,就很难要长久地加强这种联系只能

(2)加强西藏同内地及其他各个民族地区的经济、交通、文化等各个方面的联系,增强联系纽带,深化联系层次,形成水乳交融的局面。

(3)积极做好藏民族文化的宣传普及工作,增进汉族和其他各民族兄弟对藏族和西藏历史、宗教、风俗、文化,以及西藏和各民族关系的了解,不断地消除隔膜与隔阂,增进西藏各族人民对祖国内地各民族发展历史、中华民族共同历史命运和责任的认识,扩大相互了解与相互认同的基础。

(4)加强新时期民族理论研究,尤其是各民族与中华民族关系,以及增强中华民族内在凝聚力等重大问题的研究,用正确的理论来指导新时期西藏和其他民族地区稳定与发展工作。

(5)完善民族区域自治法,加强其他有关西藏和民族地区的立法,维护西藏民族团结和睦,共同繁荣的大好局面,促进民族大团结,中华民族全面复兴局面的形成。

二、西藏民族在文化、心理上认同中华民族的历史进程与途径

中国是一个多民族大家庭,在中华民族的发展历史上,各个民族都做出了自己独特的贡献,同时都和作为人口最多,凝聚力核心的汉族发生了密切的联系。民族认同是相互交流、相互学习和不断趋同的历史产物,是中国境内各个民族之间的相互认同,既不是单向的,也不是唯一

的。民族之间的相互交往和联系是的方式是多样的,也是全方位的,但是,最核心和集中的体现无疑却是民族文化和心理上的认同。应该承认,在这一历史进程中,作为权力核心的中央王朝和主体民族的汉族,在较长的历史时期扮演了更为突出的凝聚力核心的角色,其他各个民族都发挥了十分重要的历史作用。以此之故,民族认同既是各民族之间的认同,也是各个民族与中原王朝政权,各个民族与汉族、蒙古族和满族等的相互认同。西藏对中华民族大家庭的这一认同也是有迹可寻的。

1. 唐代时期唐蕃联姻形成的舅甥关系及其政治内涵与民族文化、心理认同

唐朝初年,吐蕃名王松赞干布向唐太宗皇帝请婚,太宗以宗室女封文成公主许嫁,唐蕃结成姻亲关系,吐蕃赞普对唐朝皇帝以外甥自居,称唐朝皇帝为娘舅。唐高宗即位,授松赞干布为驸马都尉,封西海郡王。唐中宗景龙四年(710年),唐朝再次答应吐蕃请婚,嫁金城公主给吐蕃赞普。[①] 在此后的岁月中,唐蕃双方发生了多方面的交往和联系,吐蕃派遣贵族子弟到唐朝国子监学习儒家经典和各种专门知识,随后还不断把儒家经典引进吐蕃,用以教化人民,再就是经过吐蕃丝路而进行商业贸易,使西藏和内地在经济上联系起来,形成一种依赖关系。唐蕃双方也发生过激烈军事争夺和战争,残酷的战争使社会生产和普通百姓的生命财产受到很大的损害,但是,战争也在一定程度上打破了双方之间存在的壁垒,这一点在相互会盟誓约中可以清晰看到,到唐穆宗长庆会盟中就体现得十分明显。通过唐蕃的长期交往,唐朝文化已经在吐蕃王朝中留下深深的烙印,无论是政治制度、文物典章制度,还是军事制度都受到唐朝的影响,而吐蕃的一些风俗习惯,比如赭面也传到了唐朝长安,影响到当时贵族仕女的装束。到了唐朝末年,唐蕃已经出现甥舅和好、"社稷叶同如一"的局面。[②] 这个就是后来西藏地方不断密切和内地的联系,在元朝

---

① 《旧唐书》卷二一六《吐蕃传》;《新唐书》卷一九六《吐蕃传》。
② 王尧编著:《吐蕃金石录》,文物出版社1982年版,第3—12页。

直接纳入中央政府行政管辖之下的重要基础。

2. 元朝时期大一统局面的出现，以及大一统理论的形成

元朝时期，西藏正式纳入中央政府的行政管辖之下，中国历史进入一个新的高度统一时期。在这一背景下，维护和巩固大一统局面成为上层统治者十分关切的事情。西藏纳入中央政府直接的行政管辖之下后，在西藏地方理论界和史学界出现了一种理论，认为藏族和蒙古族、汉族、门巴族是一个母亲所生的血亲兄弟（《汉藏史集》），事实上它是人民文化核和心理认同的一种具体表现。[①] 而大元帝师八思巴不仅积极参与了忽必烈皇帝的统一事业，为元朝在西藏地方施政立下了汗马功劳，而且也为元朝的政治大一统在宗教上和民族族源上寻找依据，他为真金皇太子所讲授的《彰所知论》就是大一统思想的具体反映。[②] 元朝时期西藏和内地联系更加密切了，统一的政治制度，畅通的驿传系统，密切的经济文化往来，特别是藏传佛教在元朝廷和内地的广泛传播，大大加强了藏族和蒙古族、汉族和其他民族之间的关系，民族认同具有了更深刻的内涵。

3. 清朝时期扶持黄教的政策所产生的积极影响与《钦定藏内善后二十九条章程》颁布后出现的民族文化与心理认同

清朝继承了明朝在西藏的政策，并在新的大统一的前提下，使中央政府治理西藏的政策和制度更加完善起来。1793年，清朝乾隆皇帝在派大军驱除入侵西藏的廓尔喀之后，开始整顿西藏地方事务，制定规范西藏地方各项政教大事的"二十九条章程"，它具体而微地明确了驻藏大臣的权力责任，驻藏大臣与达赖喇嘛、班禅额尔德尼的关系，以及西藏地方各级官员的职责等，它的颁布和实施，进一步密切了西藏和内地之间的联系，也促进了民族认同向纵身的发展。

4. 中华民国的五族共和与民族认同的曲折发展

民国时期是中国历史上的一个艰难时期，中国内地长期处于军阀割

---

① 达仓宗巴·班觉桑布原著，陈庆英译：《汉藏史集》，西藏人民出版社1986年版，第11—13页。
② 张云：《元代西藏地方的政治一统与文化认同》，刊王尧主编《贤者新宴》第3辑，河北教育出版社2003年版。

据与混战状态,西藏地方也在帝国主义的插手之下,出现一股"西藏独立"的逆流,虽然它与当时各个地方军阀割据的状况有着类似的背景,但是作为地处西南边疆,具有鲜明文化特征的民族地区,西藏地方的割据存在着很大的隐患,它的历史进程也要曲折和复杂得多。尽管管理的方式相当的松散,但是这一时期的西藏地方依然是中国领土的一部分,噶厦政府是民国中央政府管理之下的一个地方政权,包括广大西藏人民在内的全国人民都承认西藏是中国的领土,世界各国也都承认中国中央政府在西藏的主权,就连在西藏制造事端的英国政府,也没有否认中国对西藏的主权完整。在这样特殊的历史时期,西藏和祖国内地的人民在艰难时刻逐渐认识了共同命运,正是这种民族心理上的相互之间认同,使西藏和祖国内地各族人民之间的联系经受住了考验,并得到了充分的印证。在十分艰难的历史时期西藏没有被分裂出去,既与民国中央政府所提出的"五族共和"的主张和种种努力密切相关,更与西藏和内地长期的联系和民族文化和心理认同密不可分。

5. 新中国建立以后民族文化与心理认同的新发展与新境界

西藏和平解放,特别是民主改革为民族心理认同开辟了广阔的前景,首先是把外国帝国主义势力驱除出西藏,为实现民族平等和睦创造了外部环境;其次,铲除了导致民族不平等的阶级基础,即旧的人剥削人、人压迫人的制度,为民族和睦奠定了社会基础;第三,实行了民族区域自治制度,为西藏民族自身的发展繁荣提供了有力的保障;第四,党和国家采取了一系列发展西藏地方交通、经济、文化、医疗卫生和各项措施,为改变西藏地方旧面貌,改善人民的物质和文化生活条件起到积极作用。通过党和政府的各项政策与制度的正确引导,西藏和全国各族人民的积极努力,西藏的各项事业获得前所未有的发展,西藏在各个方面和祖国内地及其他地区的联系都日益密切,民族文化和心理认同也达到崭新的高度。

历史上,民族文化与心理民族认同的途径很多,就西藏对中华民族的认同而言,主要有这样几种方式与途径:第一,宗教信仰与影响途径,如元朝、明朝、清朝都是通过重用西藏地方某个或者某些教派,封授西藏地方宗教领袖来建立、加强和密切和西藏地方联系的,并且产生了积极的影响。第二,文化联系与交流途径,唐朝时期,中原的汉族文化对吐蕃发生了巨大而深远的影响,这种影响一直存在和持续发展下来,成为联系西藏和内地和其他兄弟民族地区的纽带。第三,经济往来与商业贸易途径。历史上西藏和内地存在的以丝绸之路贸易、茶马贸易等为标志的经济和商业联系,在连接西藏和内地关系,促进民族文化和心理认同方面,同样具有无法替代的作用。第四,政治制度一体化的推动。这一方面的突出例证是元朝、清朝和西藏民主改革以后这三个历史时期。

民族认同的方式多种多样,既有直接的,也有间接的,还有迂回的方式;有自然认同,也有强迫认同,后者随着历史的发展和进步已经被淘汰。民族认同也有层次上的划分,包括不同文化成分的群体向一个民族个体的认同,各民族之间的相互认同,以及各民族对中华民族的认同等,保持民族文化个性和推动中华民族认同,并使二者统一起来,是应该认真加以研究和对待的重要问题。

三、民族学应该关心西藏民族的发展命运和西藏传统文化的继承与再度辉煌问题

西藏地区有着独特的自然和人文资源,有数百万勤劳、朴实而充满智慧的藏族和其他各族人民,也有国家的大力支持和全国人民的无私援助,西藏的发展前景是十分美好的,对此,人们满怀信心。但是,作为研究者不能只看到积极和光明的一面,更重要的是要善于发现影响发展进步的一些关键性问题,并寻找解决问题的出路,从而为西藏的发展和进步作出更加积极和巨大的贡献。因此,探讨制约西藏发展的因素,寻找解决问题的突破口,应该是民族学义不容辞的责任。

西藏发展面临的问题不少,有自然的、历史的,也有社会人文的;有国内的,也有国际的,而且往往是纠缠在一起,如果形容为困难重重,也不为过分。就自然因素而言,西藏地处青藏高原的腹地西藏高原,海拔

高,气候复杂,土地贫瘠,农牧业生产条件差,现有的基础十分薄弱,改造工作难度巨大。就历史而言,旧西藏为我们留下的包袱相当沉重,物质方面一穷二白,群众的精神枷锁重重在肩,思想禁锢,缺乏入世进取意识,淡泊名利,也淡泊人生。西藏的生产活动方式简单,粮食作物种类少,广大牧区食品结构单一,人民的物质生活质量不高。宗教气氛浓厚,藏传佛教影响到人们的整个精神状态,以及生活的方方面面,群众的知识文化水平,尽管通过五十年来的发展有了巨大变化,但是依然无法适应发展的要求,和沿海发达地区存在差距,更无法紧跟国际潮流。西藏的稳定形势也不容忽视,它直接关系到西藏的民族团结、经济发展和人民生活的提高,同时也关系到中国西南边疆的稳定,乃至国家主权、领土完整。达赖集团的分裂活动不会终止,西方打"西藏问题"牌来遏制中国发展的念头在不断升温。随着经济的发展,一些新的社会问题和民族问题,都需要及时地予以应对和处理。要在这样复杂的条件下发展西藏的经济,提高人民的物质文化水平,实现西藏民族文化的全面复兴,需要付出艰苦的努力。为此,应该关注一下几个问题。

1. 如何振奋民族精神是民族学在西藏问题上所应该探讨的重要课题

藏族是我国多民族大家中的优秀成员,为中国历史的发展,文明的进步,中华民族多元一体格局的形成,做出了卓越的贡献。藏族人民勤劳、淳朴、不畏艰难、百折不挠的精神已经彪炳史册。但是,如果仔细翻阅西藏的历史,细观西藏的社会现实,也会发现另一些引人深思的问题,自从吐蕃王朝灭亡、佛教后弘以来,西藏的思想界完全陷入宗教的香烟迷雾之中,除了皓首穷经的高僧大德之外,真正的思想家已经成为凤毛麟角;人们的精神面貌也发生了巨大的变化,吐蕃王朝时期宽阔的胸怀,以及海纳百川的气势没有了,梵呗之声掩盖了求真知、学技艺的梦想;普通百姓逐渐被带入淡泊今生,看重来世,不思劳作,但求修行的歧途。毫无意义,佛教为凝聚西藏的民族精神,为西藏文化的繁荣,为民族整体素质的提高,为培养良好的社会风气,缓解人们精神上的痛苦与烦恼等,都产生了积极而巨大的影响,这是应该充分肯定的。但是,它也是人们失去了曾经有过的勃勃热情,由于受到佛教思想的禁锢和约束,进取精神和创造性活力明显淡化了,从而也为农奴制度的长期存在,提供了有力的保障,直接导致了西藏社会经济陷入停滞状态的局面。在旧西藏,奴隶都必须用一种方式来思考问题,那就是放弃今生追求幸福的幻想,做一个逆来顺受的顺民,辛勤努力,为来世积福积德。这个问题其实是长期困扰西藏社会经济和文化发展的根本性问题,禁锢的思想和缺乏自由的人,无法构成先进的生产力,创造出超过先辈的物质文明来。

西藏和平解放,特别是民主改革,埋葬了旧西藏政教合一的农奴制度,使百万农奴获得人身解放和物质生产资料——土地,从而焕发出无限的生机,这是具有划时代历史意义的事件,它为西藏生产发展、社会进步开辟了广阔的前景,西藏 50 年来的成就都与此有着密切的关系。同时,我们也应该注意到思想领域的革命不是一件容易的事情,西藏的农奴制思想和意识在人们的脑海里根深蒂固,近千年的封建残余通过 50 年的努力究竟清除去了多少,是应该冷静分析和客观对待的。振奋民族精神,首先应该弘扬先辈伟大的爱国主义精神,积极维护民族团结,把藏族的利益和整个中华民族的利益统一起来,凝结为一体;大力开展思想解放运动,使最广大人民群众从旧的思想观念的束缚中解放出来;大力弘扬积极进取、勇于开拓、不断创新的现代精神,思想解放,进取精神的培植依然是长期的任务,它是直接关系到西藏的改革开放与跨越式发展能否实现的大问题,甚至也关系到西藏民族复兴的命运。

2. 怎样从实际出发,大力发展西藏地方经济、提高人民物质水平,是民族学在西藏问题上不能回避的历史责任

当前,西藏面临着各种各样的问题,其中发展问题是核心问题,而经济发展则是最核心的问题。一方面,发展经济是社会进步的物质基础,也是其他各项事业发展的根本保证;另一方面,发展经济也是提高人民物质文化生活水平的有力保证,集中地体现着人民群众的最高利益与要求。西藏经济发展面临的问题很多,有些需要经济学家来解决,但是也

有许多需要民族学家和人类学家来加以解决的问题,比如制约西藏发展的因素,除了自然地理和历史因素之外,不乏社会和民族文化心理的因素,这些问题的解决可以直接为西藏的发展发挥促进作用,民族学家和人类学家就可以从西藏的民族特殊性出发,探讨具有西藏地方特色的发展模式,尽可能地减少阻力,避免不必要的失误,使决策和各项措施的落实更加科学合理,发挥最大的效益。西藏农牧民生活的改善是西藏发展的根本立足点,如何根据西藏地方实际,找到切实可行的途径来提高西藏农牧民的实际收入,使他们踏上富裕之路。

发展自然会引起西藏面貌的变化,包括自然环境、社会风气、人们的精神面貌,乃至人们内心深处的思想观念和意识的变化。毫无疑义,积极方面肯定是主要的和本质性的,西藏的自然和社会面貌因此会变得更加美好。同时,也不要忽视它的消极方面。比如,发展对生态环境的影响,对西藏传统习惯和风俗的冲击。变革也会给人们的思想和精神带来压力,影响到人们的价值观和人生观,从而有可能引发新的问题。关键的一条是防止和杜绝一般社会问题民族化的倾向,探讨在经济大发展时期社会的平稳过度问题,为西藏的稳定和发展,人们生活的提高,以及藏民族文明的延续,贡献智慧和力量。

3. 如何继承民族文化的优良传统,繁荣民族文化事业,探索创造藏民族新文化的道路,是民族学的主要使命

西藏传统文化的特殊性与西藏地理环境、生产生活方式、历史发展进程、社会制度、对外交往、文化传统和民族风俗等都有着密切的关系,地理上西藏位于号称地球第三极的青藏高原的主体部分西藏高原上,自然环境赋予藏民族许多独特的东西,特别是对宗教文化的形成与发展,以及对外的经济文化交流的程度和规模;在经济上,西藏以粗放的高原畜牧业经济为主,直接影响到人们的日常活动,也影响到文明的积累和传播。

从西藏文化发展的历史进程来看,大体可以分为三个历史阶段:一是吐蕃文化的发展与辉煌时期,它也是西藏民族形成和奠定基础的重要历史时期,约当公元 7—9 世纪。吐蕃文化是在本民族古老文化,特别是

民间传统文化和以苯教为核心的宗教文化的基础上,学习、借鉴中原地区的汉族文化和青藏高原地区及周边的各个兄弟民族文化,南亚地区的印度、尼泊尔文化,西亚地区的波斯和阿拉伯等文化形成的,吐蕃文化是开放的和斑斓多姿的,充满无穷的活力与魅力。二是藏传佛教文化,它是以公元 10 世纪以后不断兴起的教派文化为核心内容的。这一时期西藏地方处于四分五裂的状态,宗教成为安定人心、凝聚人心的一股社会力量。这一时期持续了数百年之久,直到 19 世纪上半叶,逐渐形成以黄教格鲁派为支柱的佛教文化体系。这一时期,出现了探讨佛学理论和修行实践、寺院胜迹、高僧事迹等内容的著作,也出现了一大批以佛教为指导思想的史学和文学著作,丰富了西藏传统文化的内涵。这一个时期是发展最为迟缓的一个历史阶段,以藏传佛教为核心的西藏传统文化在这一时期获得长足发展并得以定型。也是在这一时期,西藏的封建农奴制度走过了形成、发展、繁荣和没落的整个历史过程。三是西藏和平解放和民主改革以后新文化的形成与发展时期。它是以马克思主义、毛泽东思想为指导的无产阶级人民大众的新文化,这一文化的建设还是一个长期而艰巨的任务。它以马克思主义科学理论为指导,以西藏的优秀传统文化为基础,学习借鉴汉族和其他各个兄弟民族文化,学习借鉴国外的优秀文化,不断创新形成具有鲜明的时代特征、浓郁的民族特色和灿烂辉煌的新文化。

如何看待西藏的传统文化、传统文化与现代化的对立状况,传统文化和现代化的结合点有哪些,传统文化走向现代化的途径何在,是民族学家和人类学家应该关注的问题。

本文认为,在飞速发展的当代,民族的存在、发展、未来命运,以及民族之间的关系,应该是民族学十分关心的问题之一,民族学如果局限于原始社会的研究,不仅不能体现民族学作为一门学科的存在价值,而且难以满足社会对它提出的诸多要求。它完全可以大有作为,而且是别的相关学科所无法替代的,具有无限广阔的发展前景,但前提是,它应该关注民族的现实和未来发展命运,关注民族的现实和未来也就是关注民族学自身的现实和未来命运。

十八　西藏历史研究法的困惑与出路

　　随着我国藏学研究的不断深入，尤其是不断走向世界，我们愈来愈面临着研究方法方面所遇到的一些问题，西藏历史研究就是这样。由于历史的原因，近代以来，我国的西藏历史研究相对落后，研究的方法单一，成就十分有限，这与在其他某些学术研究领域的情形类似，而与我们的主人身份很不相一致。学术研究，需要有一定的社会环境和必要的条件，也需要一批有志于学术研究者的矢志投入，并按照正确的研究方法进行努力钻研。就当前的现状而言，我国社会处在一个新的发展时期，西藏历史研究也面临着难得的历史机遇和激烈的挑战，如何使研究工作迈进一步，开辟一个新的局面，确实值得我们认真反思。本文所涉及的研究方法问题，即是其中的一部分内容。此仅就管见所及，简要论列如下。

一、中国传统史学方法在西藏历史研究中的应用及其得失评估

　　中国传统史学的对西藏历史研究的借鉴意义：

　　1. 传统史学强调基本功训练的做法，在西藏历史研究中仍然具有明显的借鉴意义，如历史文献学、古文字学、目录学、历史地理学、典章制度

沿革等方面的基本训练,对于清理西藏历史线索、重大事件、重要历史人物和重要制度依然是最基本途径,并能够在西藏历史研究中发挥极为重要的作用。

2. 传统史学对史学工作者个人素质有着较高的要求,唐代史学史家刘知己提出的史家应该具有史才、史学、史识"三长",以及章学诚强调"史德";中国传统史学著作体裁多样,研究方法细密;讲求以史为鉴、经世致用、服务社会。

3. 清代"乾嘉学派"重视音韵、训诂,遵从"实事求是"、"无征不信"的治学方法等,在剥离繁复的神话传说和迷离的宗教色彩,恢复藏文史料的本来面目方面,具有十分重要的意义。在培养求真务实的良好学风方面,也可起到积极的促进作用。

中国传统史学存在的不足之处:

4. 传统史学缺乏对边疆民族史学应有的重视,以及对其内在规律的深入探索。在这一方面,既有客观的因素,如生产生活方式的差异、深入实地考察不足等,也有主观的因素,如民族偏见和主观臆断等。近代以来,在民族危机加剧的背景下,中国史学界开始关注边疆问题和民族、宗教问题,有一定的学术积累,但是也存在一定局限,在西藏问题上,存在类似的情形。

5. 对藏族语言的研究相对缺乏,藏语文献的利用十分有限,所以,涉及西藏历史的内容往往显得单薄而枯燥。传统史学主要依赖汉文文献资料,对丰富的藏语文献缺乏应有的重视,许多历史细节被忽视,民族特点的真实内涵被部分歪曲的情形多有存在,从而限制了其所达到的境界。

6. 传统史学不可能,也没有能够利用地下考古资料与文献资料相互印证来揭示历史的真相,同时对于域外资料的利用也极为有限,其在手段上就不免有局限性,对于西藏历史,特别是早期历史的认识必然受到种种影响。依靠文献孤证,或者汉文献一种证据,很多问题只能存疑,或者无法深入。

7. 和近代西方史学相比,中国传统史学的研究视野不够开阔,理论探索缺乏,涉及的领域有一定的限制,在比较研究方面存在缺陷。特别是利用科学手段明显缺乏,而且由于学科分类单一,科学成就相对滞后,中国传统史学能够从其他学科,特别是自然科学中汲取的营养十分有限,导致其自身的萎缩。

二、西方史学研究方法的引入与西藏历史研究的规范化

1. 中国的近代史学是从学习西方的过程中逐渐形成的,西方先进的科技和研究手段、研究方法,特别是以兰克(Leopold von Ranke,1795—1886)为代表的德国普鲁士学派,亦即历史语言学派重视考据,重视历史语言的方法。兰克主张:"赤裸裸地记述往事;不加任何藻饰。详细研究各个史事,不知道的存疑,切戒加以臆造与杂以浮辞,再由各个史事的连贯中,了解他们间相互的关系。"兰克与乔治·尼博尔(1776—1831)创立了"语言文字的批评方法",瑞士学者费特尔(1876—1928)在评述尼博尔对史学的贡献时说:"从前的学者,拘守旧闻,不知搜求材料,征引古书,也常说明出处;但他们志在夸示博学,拉古人替自己圆谎,并不注意批评选择的工夫。志在欣赏文辞的优美、情节的新奇,并不问记事是否可信与可信的程度。语言批评派的史学家,受近代科学的指示,完全不是如此。他们对史料,不但不杂宗教、种族与文学的偏见;并且对史料常持寻源、怀疑与批评的态度。第一,要问材料的来源如何? 即是史料本身是否是原手的史料? 第二,要问所用材料是否掺杂有后人的意见? 曾否被人修改? 第三,原手史料不存,方许用最早的副料(转手的史料),但副料不能代替原料。第四,原料与副料价值的判断,依时间、地域、亲见或传闻为主;不偏重文辞的是否优美与形式的是否完备。第五,要注意记载人记载事实的动机与态度。尼博尔即是这一派的开创人。"这种学风的熏陶和训练,启迪了前往西方求学问求真知的中国历史研究者,使他们在思想上和研究方法上获得营养和力量。陈寅恪、于道泉、韩儒林等许

多知名史学家,都是实践这些理论和方法的成功代表,开启了西藏历史研究的一代新风。

2. 马克思主义的辨证唯物论和历史唯物论的传入,引起世界观和历史观的根本性变革,也使中国的史学研究进入一个崭新的时代。马克思主义辨证唯物主义和历史唯物主义十分重视物质对意识的决定作用,生产力发展对社会关系变革的支配作用,经济基础对上层建筑的决定作用,肯定人民群众在历史上的作用,用阶级分析的方法来研究历史等,抓住了人类历史发展的一些根本性原则,使西藏历史研究步入一个崭新的发展阶段。马克思主义理论是科学方法,不是机械的教条;马克思主义理论还必须同中国历史,特别是西藏地方历史发展的实际相结合,而不能生搬硬套;在西藏史学研究领域,马列主义的基本立场观点和方法应该坚持,同时也需要不断丰富和发展。

3. 在当前的形势下,继续学习和借鉴西方史学和相关学科的优秀成果,对于规范我们的学术研究,开阔我们的眼界,提高我们的理论水平和科研成果的质量,依然具有极其重要的意义。西方史学界受到重视的计量史学、口述史学、文化形态史观、分析的历史哲学、比较史学、法国年鉴学派、西方马克思主义史学等理论都应该予以关注,批判地继承其优秀成果,同时关注当代自然科学和哲学、民族学等领域的最新成就,为西藏历史研究在方法上取得新的突破服务。

三、当前西方西藏历史研究方法中的误区

西方史学界情形各不相同,但是以下几点我们认为是其存在的主要误区:

1. 极端政治化和庸俗化西藏历史研究的现象日益抬头,为了在所谓的"西藏问题"上遏制中国,给中国政府和人民制造麻烦,达到某种政治目的,许多研究者不惜牺牲历史研究的科学性和客观性。"西藏自古独立说""民国西藏独立说""满蒙非中国说""西藏传统文化遭受毁灭说"等

等,都是不顾事实的部分论点,其宗旨只在破坏中国的国家统一与民族团结,给中国政府和人民制造麻烦,从而阻止中国的发展进程。

2. 在历史研究方面,出现了过度热衷于宗教史,轻视世俗文化史;重视近现代史,轻视古代史的问题。这些问题既反映了时代的需要,也有明显的政治意图,甚至一些学者可以完全不用了解西藏古代历史的发展过程,而大谈近现代史,得出似是而非的结论。更有甚者,西方的某些人还试图通过淡化政治史,强化宗教史来否认历代中央政府管理西藏的历史,以及我国西藏地方的建设成就,从而达到美化达赖喇嘛的形象,不适当地强调其历史地位和作用的目的。

3. 在研究方法上,西方相当一部分学者都能够有限度地利用藏文资料来研究西藏历史问题,这无疑是正确的;但是,却很少有学者像他们的前辈那样精通汉文,扎实地利用汉文史料,不仅如此,他们往往以这样的研究条件去涉足西藏的政治史,或者西藏地方与中国中央政府的关系史,其立论基础之薄弱不言自明。

4. 把西藏的历史,尤其是把西藏的古代政治史"现代化",把宗教概念"政治化",把东方的制度"西方化"等,使原本清楚的历史概念和史实变得含糊,事实上造成了对历史的曲解。包括西藏历史在内的中国历史,十分悠久,中国境内民族众多,文化相互依赖相互补充,是中华文明绵延不断的重要因素之一。中华历史文明的成就在世界上是独一无二的,缺乏对这种文化背景和复杂历史的深刻认识,简单比附,或者随意解释,永远无法获得其中的真谛与奥秘。而从"现代化"或者"西方化"的立场去看待西藏历史,也只能是雾里看花,水中望月。

5. 在西方藏学研究领域,也存在一种试图从学术上和学者中间制造藏、汉民族矛盾,在方法上将两者对立的倾向,在涉及中国国家主权、西藏历史地位等问题上不尊重客观事实;在近现代西藏历史问题研究中,听任达赖喇嘛及流亡集团歪曲性的解释,更有甚者借用所谓"西藏问题"给中国政府和人民制造麻烦,破坏中国的国际形象,达到阻碍中国经济发展、社会文明进步的目的。国际藏学界以学术为旨趣的趋势日益增强,但是也不时夹杂着与学术研究不和谐的声音,使藏族历史研究不免带着政治色彩。

四、中国西藏历史研究方法之我见

当前,中国的西藏历史研究,取得了有目共睹的成就,同时,也遇到了一些问题,包括研究方法单一,甚至落后的问题,直接影响到出人才、出成果的伟大构想。因此,必须在学习和借鉴一切科学成就的基础上,探索自己的发展之路。因循守旧,没有前途;照搬或者模仿别人,也只能永远落后,甚至会陷入泥潭,同样不会有好的出路,我们只能开拓创新。就当前的形势、西藏历史研究者队伍构成和藏史研究的现状来看,我们有能力,也有条件探索自己的发展之路,开辟西藏历史研究的新时代,兹就此略陈管见如下。

1. 中国的西藏历史研究必须要坚持以科学的马克思主义辨证唯物论和历史唯物论为指导,自觉为维护祖国统一、加强民族团结服务;要有鲜明正确的政治立场、观点和方法;要有使命感和历史责任感。任何学术研究不可能没有自己的立场观点和方法,也不可能没有自己的目的与宗旨,西藏历史研究同样如此。

2. 认真总结和吸取中国传统史学的优秀经验,包括史学理论、史书体例,以及辨异勘同等方面的经验;认真研究、领会西藏地方史学的独特魅力,探索其内在规律和潜在价值,充分吸收其优秀与合理部分;积极吸收国外史学研究领域,尤其是西藏历史学研究领域的优秀成就,以充实自身,使自己站在更高更开阔的起点上向前迈进。西藏史学研究还必须积极借鉴其他相邻学科已有的成就,诸如:突厥学、西夏学、蒙古学、满学、敦煌学、中亚学、印度学等,同时也应该从民族学、社会学、经济学、宗教学,乃至自然科学中学习新的方法,借鉴新的成就,为自身的发展服务。

3. 西藏历史研究必须要以熟悉中国历史的发展为前提,必须掌握相关的中国历史基本知识,脱离中国历史发展的大背景而孤立地研究西藏地方历史,往往会陷入困境,或者难于抓住许多重大历史问题的本质。此外,还须掌握周边地区的历史和相关知识,做到触类旁通。井底观天无法研究西藏历史,就西藏历史论述西藏历史很难得出科学公允的结论。西藏历史是中国历史的有机组成部分,西藏历史发展一刻也没有脱离中国中原地区历史发展的影响,不仅西藏地方纳入中央政府行政版图之下以后如此,即使是在吐蕃政权分治状态的唐朝,也是如此。西藏历史上的所有重大历史事件,都和内地的变革存在直接和间接的关系。元朝以后就更为明显,脱离中央王朝的历史谈西藏历史,只能是只见树木不见森林,很难抓住要害与根本。西藏历史也与周边国家、地区和民族的历史发展存在密切的关系,了解这种关系就会从更多角度、更深层次来分析研究西藏历史,避免简单化复杂的历史联系。

4. 西藏历史研究必须充分掌握语言工具,尤其是古代藏语、古代汉语,善于发掘和利用文献资料,做到充分占有资料。同时,尽可能全面地掌握相关领域一切有价值的学术信息资料,尤其是国外的信息资料。并且,认真勘对历史资料。其中,藏、汉文资料的对勘互证,是最为有效和成功的做法,是恢复西藏历史本来面目的关键环节。此外,藏文、汉文文献资料和诸如突厥、回鹘、西夏、蒙古等兄弟民族,以及域外文献资料的相互对照利用,能够为西藏历史研究开辟更广阔的空间。这也就是陈寅恪先生在王国维遗书的序言中,概括王国维治学方法时所总结的"三重证据法":"一曰取地下之实物与纸上之遗文互相释证。……二曰取异族之故书与吾国之旧籍互相补正。……三曰取外来之观念,与固有之材料互相参证。"(陈寅恪为《王国维遗书》刊行所写序言)他还说:"一代之学术,必有其新材料与新问题。取用此材料以研求问题,则为此时代学术之新潮流。"史料是史学的生命,而对勘考证史料,使之真实可信更是第一位的任务。

5. 使西藏历史研究走向科学化、规范化是当前西藏历史研究的一项重要任务,做好这项工作的基本途径和基本做法可以归纳为两个方面:

一方面是从理论上解决西藏历史研究中的重大问题,包括社会制度、经济形态、生存生活方式,以及这门学科所涉及的一些理论问题等,探讨其内在规律,明确学科研究方向;另一方面,要做最为基础的辨异勘同、正本清源的工作,对藏文文献的年代、真伪和异同进行研究,对西藏地方的典章制度沿革、历史地理区划、重要人物和事件等,系统考证,使之逐一得到落实,使西藏历史研究真正脱离神话传说和宗教的纠缠,走向客观科学。

6. 中国的西藏历史研究学者大致有两个来源,一是民族院校专门学习藏语的学者转行从事历史研究,语言是其优势,史学训练相对薄弱是其劣势;一是综合大学历史专业专门研究西藏历史的学者,后者的情形与前者正好相反。此外,研究者队伍是由藏族、汉族及其他兄弟民族学者共同组成的,藏族学者、汉族学者各有自身的研究优势,如何加强不同专业、不同民族学者之间的密切合作,做到优势互补,是我们搞好西藏历史研究工作应该意识到的一个重要问题。今后,随着大家相关知识的水平不断提高,趋同的现象将日益突出。

7. 西藏历史研究必须面对现实、关注社会,研究影响我国西藏政策和地方稳定发展的热点、难点和焦点问题,发挥史学经世致用职能,增强自身的活力;把调查与研究有机地结合起来,使史学回归社会,服务于社会,真正实现自身鉴古证今知兴替的价值。当前,西藏经济社会处在一个巨大发展时期,经济的快速发展必然导致西藏社会各个方面产生变革的需求,西藏史学家有责任承担起自己的义务,为这一过程的实现发挥积极推动作用。西藏史学家应该像明末清初思想家黄宗羲所说的那样,做一个"通天地人"的"大儒",而不只是沉溺在古字堆里自我满足和自我陶醉。

8. 西藏历史研究要取得突破,要有巨大的发展,研究者必须要有创新意识,在学术研究中要有陈寅恪先生等先辈学者所倡导的"独立之精神,自由之思想",如果因陈守旧、故步自封,则很难有所创获。

9. 要培养和造成求实创新的学术研究风气。西藏历史研究既是一门古老的学科,更是一门年轻的学科,培养良好的学风,对于它的健康成长至关重要。提倡求真务实,锐意创新;杜绝浮夸邀宠和因循守旧的习气。

　　西藏历史研究是藏学研究一个基础领域和重要组成部分,发展历史悠久,学科队伍庞大,研究成果众多,这些都是极为良好的条件,但是,在当前市场经济前提下,西藏历史研究也面临一些具体问题,如何在新的条件下继承、发展西藏历史研究,促进这个学科的繁荣,使之为西藏的经济跨越式发展和社会的长治久安发挥应有作用,是西藏历史研究者共同的责任。只要我们大家齐心努力,相信西藏历史研究一定会有一个更加美好的明天。

十九　西藏历史研究的责任与使命问题

一

　　藏学是一门实践性很强的综合性学问,西藏历史研究是藏学研究的基本内容之一,它同样具有鲜明的阶级属性:研究者不可能没有自己的立场、观点、方法和目的,这是问题的一个方面。另一方面,学术研究必须客观平实才具有生命力,它必须从事实而不是从需要出发,研究活动是依据史料而不是依据某个人的意志,其目的是为了得出科学的、可供人们汲取的经验或教训,而不是为了从历史上寻找适合自己需要的所谓"证据",来注释某个经典与教条。

　　从反面例证来看,在国外影响较大、宣扬"西藏独立"的几部著作都存在这样或那样的问题。例如,荣赫鹏(F. E. Younghusband)是 1904年英国第二次武装入侵我国西藏 、屠杀西藏同胞的刽子手,他的《印度和西藏 》一书是直接为其野蛮行为辩护的。[1] 它的要害不仅在于其殖民者的立场,更在于其荒谬的强盗逻辑 。贝尔(C. Bell)和他的《西藏的过

---

[1] F. E. Younghusband, India and Tibet. London 1910. [英]荣赫鹏著,孙煦初译:《英国侵略西藏史》,内政研究会边政丛书之三,上海商务印书馆 1934 年版。

259

去和现在》①；黎吉生（H. E. Richardson）的《西藏简史》②等，都存在着同样的问题。他们都是英国侵略西藏的代表者，并直接参与了分裂我国西藏的阴谋活动，他们的著作均回避西藏地方与中国历代中央政府之间的关系，抹杀或者曲解藏族和汉族及我国其他兄弟民族之间的友好关系，恶意丑化我国政府和人民的形象，产生了极坏的影响。夏格巴·旺秋德丹（W. D. Shakabpa）是原西藏地方政府的一名孜本（rtse-dpon），40年代末期，积极从事"西藏独立"活动，是一名不折不扣的分裂分子。他写作《藏区政治史》目的③，就是要号召藏族的青年人像他那样，做一个背叛祖国、背叛人民的历史罪人。他的这部书，除了其反动的立场和险恶的用心之外，最大的问题是断章取义、任意阉割历史。④仔细审读原书，不难发现他的卑劣手法，他很少完整地使用一条史料，或者正确地理解史料本意。这当然不是一个从事历史研究者应有的态度（事实上，他也并未想客观和科学地看待西藏历史）。对于这些反动著作，我们必须在揭露其反动立场、荒谬逻辑和险恶用心的同时，要做正本清源的工作，从史料入手，以确凿的历史事实为依据，釜底抽薪，瓦解其基础。

应该承认，这些人对于西藏历史并非完全不了解，尤其是像黎吉生这样的人，他对吐蕃时期的历史文献还有比较系统的研究，正因为如此，他们的谬论往往会披上一层"学术"的外衣。同时，他们也懂得怎样剪辑历史资料，为其不良用心服务。这些，并不是一般读者所能够识破的，也不是用一般性的批判文章就可以轻易揭穿的，甚至没有深入研究这一时期历史及相关问题的专家，也难以抓住其要害，还历史以本来面目。

从正面来看，我们在研究西藏与祖国内地、西藏地方与历代中央王

---

① C. Bell，*Tibet，Past and Present*. Oxford 1924；*Portrait of the Dalai Lama*，London 1946.

② H. E. Richardson，*A Short History of Tibet*［Tibet and its History］，New York［Oxford］1962. 黎吉生著，李有义译：《西藏简史》，中国社会科学院民族研究所印，1979 年 7 月。

③ W. D. Shakabpa，*Tibet，a Political History*，Yale University Press 1967. 藏文本为：Bod kyi srid don rgyal rabs，2 vols.，Delhi 1976.

④ 西藏自治区《西藏整治史》评注小组编写：《夏格巴的〈西藏整治史〉与西藏历史的本来面目》，民族出版社 1996 年版。

朝的关系方面,在发掘历史上汉藏两族人民友好交往的史事方面,以及在反对分裂、维护国家主权与领土完整方面,确实也做了大量的、很有成效的工作,成绩是主要的,应该充分肯定。同时,也存在许多不足,主要问题是,我们在多数情况下还只满足于一般性的批判与论辩,忽视了从学术上和理论上做正本清源的工作;经常处于消极的应变位置,而很少积极主动地出击;在国际学术界,我们既缺乏拳头作品,也缺乏我们有力的声音,面对这一状况又缺乏相应的、切实有效的对策;有时存在实用主义倾向,结果又使自己陷于被动的位置,等等。这样,我们在对达赖集团和其他民族分裂分子造谣活动的揭露,以及对各种反华势力在西藏问题上的歪曲性宣传的遏制等方面,便存在着一定缝隙,或者事实上留有余地,对国际公论的影响也就不免有限。

　　客观地讲,西藏的历史,以及西藏与历代中央政府的关系史,是任何人都无法篡改的客观事实。自远古时代起,青藏高原地区的部落和民族即与中国内地发生了密切的文化联系,藏族在人种、血缘、语言和文化上,与汉族存在着十分紧密的联系。自元朝以来,西藏地方正式纳入中央政府的行政管辖之下,元朝中央政府在西藏和其他藏区,建立行政管理体制,括户、置驿、征兵、征税,充分行使了主权。[①] 元朝以后,历朝历代的中央政府不断加强这种关系,其史实俱在,铁证如山,这是任何人都无法改变的客观事实。[②] 从本质上来看,我们既没有任何回避历史的理由,更没有掩饰史实的必要(这样做也不可能达到最终的目的)。我们真正需要而目前还有些缺乏的是客观、平实又有重大学术价值与现实意义的作品。它不可能从天上掉下来,只能来自我们辛勤而富有创造性的劳动,来自一种为国家、为人民尽心尽力的责任感和使命感。只有这样,西藏史研究才有可能迈上一个新的台阶,也才能适应我国政府和人民维护国家统一、领土完整和民族团结,反对分裂的需要,才能在

---

① 张云:《元代西藏地方行政体制研究》,中国社会科学出版社 1998 年版。
② 中国藏学研究中心、中国第一历史档案馆等合编:《元以来西藏地方与中央政府关系档案史料汇编》,中国藏学出版社 1994 年版。

国际上产生更大的影响。

二

就目前国际国内西藏历史的研究状况而言,业已出现一些好的迹象,具体而言,在国家的大力支持和学者们的共同努力下,国内的学术研究水平显著提高,影响力逐渐扩大。而另一方面,国外藏学界,尤其是藏史研究领域也出现一些新的情况,很多人把精力投入到新的研究领域,藏史研究不复有昔日强劲的势头。中国藏史研究有机会和条件引领藏史研究新的潮流。

当然,国外藏学界也出现了一种值得注意的现象,这就是重视西藏近现代史和当代史的研究,其中有些人更把藏学研究作为一种工具,用来进行反华宣传,以至于影响其本国政府的对华政策;有的更进一步,大肆制造谣言,企图为分裂我国西藏,破坏我国各民族之间的团结提供所谓"依据";还有的把这一问题作为遏制中国发展的一个低成本的砝码,为中国的发展和繁荣设置障碍。

但是,国际藏学界却也并不是铁板一块,尽管程度不同地存在着对中国历史以及西藏与历代中央王朝关系史缺乏了解的情况,但确实存在着是学术上的还是政治上的,是善意的还是恶意的区别。我们必须做到充分了解、心中有数。比如,像《西藏的国际法地位》①的作者范普拉赫(Michael C. van Praag)这样所谓的"学者",对西藏历史缺乏真正的了解,对中国历史及中国历代中央政府和西藏地方的关系史完全不了解,或者有意曲解的人,必须用事实进行彻底地批驳。对另外一些人,比如像戈尔斯坦(M. Goldstein)这样的学者,对他的观点,我们应该从学术上入手,提出我们自己的看法或不同意见。他的《西藏现代史 1913—1951

---

① Michael C. van Praag, *The Status of Tibet*: *History*, *Rights and Prospelts in International Law*. Colorado 1989.

年——喇嘛王国的覆灭》一书，①确实花费了大量的心血，也取得了不小的成就，但是，从他的观点、方法到史料的使用等方面来看，都存在不少的问题。首先，他的观点是先验的和主观的，用他自己的话来说，就是他试图在中国中央政府与达赖集团之间寻求新的"第三种观点"，这一立场，在国外一部分学者中具有很大的市场，是否存在这"第三种观点"，应该依据事实而不是从历史中为自己寻找有用的材料，来"证明"自己的观点，这样做的结果，很可能是把一些重要的史料抛在一边，又把另一些非主要的材料大加发挥，从而影响结论的客观性。第二，他的研究方法，以文献和调查为主这一点并没有错，但是如何进行调查，如何对待和处理这些调查资料，其实更为重要，恰恰在这个问题上，该书的作者出现了一些问题：他大量调查和引证了达赖集团成员的口述材料，而对中国国内大量存在的相关资料却重视不够，可以说存在一定的政治倾向性，这样做不符合客观公正的科学原则。第三，对于当时帝国主义对中国西藏领土的侵略，以及包括藏族在内的中国各族人民反对外来干涉的大背景、大的历史环境，未予足够的说明。这一点，也许是作为一个未曾遭受欺凌与压迫的美国人的作者所难于理解的吧，所以他才那么不予重视。第四，该书是讨论西藏近现代史的，从1913年开始似乎并没有什么大的问题（其实，这里面也有作者有意淡化中国中央政府更迭这一重大历史事件的意义，而强调十三世达赖喇嘛自身活动的影响的问题），但是，面对这样重大的政治性论题，作者既没有对自元朝以来中国历代中央政府管理西藏的历史事实做一些必要的交代，也没有对辛亥革命以后，整个中国国内政治格局所发生的变化给予简要的说明，是认为没有必要呢，还是另有用意？我们认为上述问题是研究近代西藏史所应具备的常识与进行立论的前提 。第五，在史料的运用方面，该书作者无疑做了大量的工作，尤其在藏文资料的使用和国外档案文献的利用方面，成绩应该说

---

① M. Goldstein, *A History of Modern Tibet*, 1913—1951. *The Demise of the Lamaist State*. University of California Press. 1989—1991. ［美］梅·戈尔斯坦著，杜永彬译：《喇嘛王国的覆灭》，时事出版社 1994 年版。

是不小的。但是,作者不懂也没有很好地重视和利用汉文文献资料,这是一个致命的弱点。研究中国的西藏历史、试图说明西藏的历史地位,以及西藏地方和中国中央政府的关系,却又不能、也不重视利用丰富的汉文资料,而要得出客观公正的结论,这是相当困难的。在这里,我想特别强调的是,研究西藏历史应该充分利用藏文文献资料,这是正确的,但是也必须充分利用汉文史料,尤其是研究西藏地方政治史,中央政府和西藏地方关系史,如果没有利用汉文文献资料,其难于得出科学而平实的结论,这是不言而喻的。就目前而言,国外藏学界(不仅是藏史学界)程度不同地存在这一方面的问题,在这一点上,他们和他们的前辈相比,有不少差距。尽管他们中的一部分人,试图通过"国际藏学"活动限制、分化中国学者,但是,中国藏学走向世界、影响世界学术导向的时间不会太久远了,这一点是可以预见的,也是任何人都无法阻挡的。

三

对于中国藏学研究的光明未来,我们充满了信心。摆在我们面前的任务是,我们如何做好我们当前的工作,明确我们明天的任务。

我国的改革开放和现代化建设事业正处于一个重要的历史时期,国家决定开发西部地区,实现经济发展重心的战略性转移,这对本来就具有重大现实意义的藏学研究来说,更赋予新的使命。

历史是一面镜子,总结历史上正反两个方面的经验与教训,既有利于我们今天的工作,也有利于我们更好地迈向未来。西藏地处西南边疆,涉及问题较多,诸如民族问题、宗教问题、边境和对外交往问题,与西部其他省区的统一协调问题,此外,还有环境保护问题和可持续发展问题,等等。如果这些问题解决得好,就会成为促进我国经济发展、民族团结和边疆巩固的伟大事业的一股动力,反之,就会影响我们的伟大目标的实现。学术研究工作者,应该投身于这一伟大事业中去,为国家开发西部献计献策,力争减少决策上的失误。学术研究又不能等同于具体的经济或技术工作,它是间接的(有时也可能是直接的),却也是持久的。

一方面,我们要优先研究一些与国家当前建设需要关系密切的课题,比如历史上历代中央政府在西藏的施政措施和制度,认真总结其中的经验与教训、成败得失;充分了解西藏地方的民族、宗教和地区特点的成因和存在依据;民族关系、民族文化和民族宗教在开发西藏中的地位与影响;开发西藏与保护和发展传统文化的关系问题;历史上西藏地区及其与周边地区的经济往来问题;西藏地方经济的传统特色在哪里,有哪些区位优势,是如何加强它与内地经济联系的,采取了哪些成功的、可资借鉴的措施;历代中央政府怎样管理藏传佛教、活佛、活佛转世的;为什么说西藏是中国不可分割的一部分是历史上形成的,有哪些信实可靠的依据;国外分裂分子和达赖集团宣扬所谓"西藏独立"的依据是什么,为什么缺乏事实基础;如何以学者为主、通过学术方式来宣传我们具有充分事实依据的观点,扩大我们的声音和影响力,给世界一个客观的、真实的西藏和西藏历史,消除国外反华势力和达赖集团长期歪曲性宣传所造成的不良影响,等等。

另一方面,我们要一如既往地搞好西藏历史的基础性学术研究工作,提高我们的学术水平,培养更多高水平的研究人才,多出一些卓有成就的藏学家,占领国际藏学研究的前沿阵地。这样,既有利于扩大我国的国际影响,扭转国际藏学界的某些不良倾向,促进和繁荣我国的民族文化事业,也可以为我们在西藏和其他地区民族问题上的科学决策,提供更充分的理论保证。要实现这一目标,我们认为应该注意以下几个问题:首先,要在我国建立一个藏学学术资料中心,面向全国也面向世界各国学者。第二,培养严谨务实,开拓创新的良好学术风气。第三,重视基础研究,着眼长远,着眼未来,史学研究非朝夕之功,切忌急功近利。第四,重视学术人才的培养。学术人才的培养周期较长,耗时较多,民族问题方面的研究人才更是如此 。重视现有人才使用,不断培养新的人才,中国的藏学研究事业才会有希望,才会出现繁荣局面。第五,加强与国际藏学界的联系和交流,广交朋友,增进学术与友谊,同时也要抵制国际藏学界存在的一些不良风气。诸如某些人有意排斥中国学者,或者在中国的藏族和非藏族学者之间制造矛盾的倾向。我国藏学界各族学者是团结的,也具能够分辨是非的,但是,却不能低估这种不良用心的消极影响。第六,加强国内藏学界的联系,形成合力,共同推动中国藏学研究事业的发展进步。只要我们有创新的意识、创新的勇气,并且善于把理论与实践结合起来,开展创造性的研究工作,我们就有可能占领西藏历史研究的前沿阵地,在学术上取得更大的成就,进而影响国际藏学研究的发展趋势,为繁荣我国的学术文化事业,为西藏的经济发展和社会文明进步做出自己可贵的贡献。

原载《边疆经济与文化》2004 年 02 期

二十 藏传佛教活佛管理的历史定制与制度创新

　　西藏是一个边疆和少数民族聚居地区,也是藏传佛教盛行的一个地区,在西藏地区谈稳定,谈发展,都会涉及宗教问题。寺庙是藏传佛教僧人修法习经的场所,也是传承佛教文明的大本营,同时,西藏的个别寺院也是达赖集团分裂祖国活动的重灾区,是西藏地方滋生政治与社会不稳定因素的重要温床。达赖集团把寺庙作为与我们争夺群众、实施分裂阴谋的前沿阵地,把认定活佛作为插手西藏地方事务的主要突破口。他们公然表示,认定一个活佛就等于控制一座寺庙,控制一座寺庙就等于控制共产党的一个地区。为此,达赖集团采取多种办法在西藏认定活佛,并且直接或者间接地干预地方事务,已经造成了很坏的影响。在十一世班禅转世灵童的认定问题上,以及十七世噶玛巴活佛出逃事件中,十四世达赖喇嘛都扮演了一个极不光彩的角色。反过来,我们也应该认真检讨一下在管理上存在的问题。本文拟就宗教管理工作中的一个方面,即活佛管理问题谈一点看法,不妥之处请指正。

一、"活佛转世"的由来

　　"活佛转世"一词是藏文"珠古"(化身)的意译。用活佛转世来确定教派领袖,解决寺院住持位置的继承问题,是藏传佛教的一项发明,也是藏传大乘密宗不断发展的一种产物。大乘佛教与小乘佛教有所不同,它在承认释迦牟尼佛的同时,也承认世间一切佛的存在,如本初佛、过去佛、未来佛、燃灯佛、弥勒佛,以及四方诸佛。不仅如此,它还认为,众生通过修行均可成佛,这样就大大地拉近了佛与俗世众生之间的距离。大乘佛教讲究"普度众生",正是为了完成普度众生的使命,"佛"才要转世到人间。藏传密宗十分重视上师,敬上师(喇嘛)如敬佛,上师接近"佛"的身份为这一制度的产生创造了良好的客观条件。

"活佛转世"最早出现在公元 13 世纪,它的发明者是噶玛噶举派黑帽系的创始人噶玛拔希(1204—1283 年)。他修炼噶举派的"拙火定"、"大手印"等密法达到炉火纯青的地步,是当时知名度很高的一位僧人,被称为"珠钦"(意思是"大成就者"),印度僧人萨罗诃的化身,或者噶玛噶举派名僧都松钦巴的转世者。1253 年,噶玛拔希曾应邀会见了南征大理、途径康区的忽必烈王子,但是,他拒绝跟随忽必烈左右、担任供奉上师,却又北上灵州、甘州,在 1256 年得到蒙古大汗蒙哥的召见,并接受邀请担任大汗的供应上师,据说蒙哥可汗还赠给他一顶黑色金边僧帽,由此便有了"黑帽派"的名称。

学术界许多研究者往往过多地从宗教的角度来考察活佛转世问题,其实,它与当时的教派和政治斗争有着极为密切的关系。一方面,它是噶玛噶举派与萨迦派,以及蒙哥汗与忽必烈王子之间斗争的具体反映。另一方面,则是噶玛拔希对噶玛噶举派黑帽系未来发展所做的创造性的安排。蒙哥和忽必烈时期,在统治者内部发生了激烈的汗权之争,噶玛拔希自然对此有所了解,他没有答应忽必烈的要求转而跟随蒙哥即是最好的证明,蒙哥是大汗,自然比忽必烈更有势力来保护噶玛噶举派的利益。但是,1259 年,蒙哥在南征南宋的军中不幸病逝,局势为之一变。噶玛拔希却坚持其固有的立场,在不久发生的忽必烈与阿里不哥兄弟之间更加激烈的汗权之争中,噶玛拔希依然站在忽必烈的对立面,甚至与忽必烈发生过正面的争锋。① 1264 年汗权之争有了结果,阿里不哥以失败投降而告终,忽必烈的地位得以巩固,他在西藏地方大力扶持和重用萨迦派地方势力,用以管理地方事务。早在 1260 年,当他称大汗时,即任命萨迦派年轻的教主八思巴为国师,授以玉印,"任中原法主,统天下教门"②。与汗权之争相表里,在西藏地方发生了萨迦派与噶举派的激烈角逐,后者自然也以失败而告终。忽必烈把噶玛拔希关押起来,并用严酷的刑法来惩治这位顽固的对手,据说噶玛拔希依靠自己出色的法力经受住了这场考验,最后忽必烈释放了他。③ 但是,他和他的教派无疑已经被排除在受重用的范围之外,可以说,噶玛拔希虽然有过人的本领,却由于自己在选择靠山上的失误,始终处在一个不受重视的地位。采取活佛转世与他卓越的"法力"和成就有关,也与他的这一不幸经历有关。他试图通过这一方式改变噶玛噶举派消极被动的地位。晚年的噶玛拔希一直居住在该派的主寺楚布寺,临终前对他的弟子邬坚巴说:"拉多方向必定会出现一位黑帽系的继承者,在此人未至之前,你当代理一切。"并将黑帽交给邬坚巴,不久圆寂。邬坚巴依照噶玛拔希的预示,在后藏贡塘地方找到了转世灵童让迥多吉,1288 年将灵童迎接到楚布寺。这就是藏传佛教的第一位转世活佛。我们可以说,用活佛转世的方式来确定教派领袖或者寺院住持的做法,与其说是大乘佛教有关"化身理论"不断发展的产物,毋宁说是现实需要的必然结果。嗣后,其他各个教派相继仿照这一做法确定其寺院住持或者教派领袖。其中格鲁派的活佛转世影响较大,达赖喇嘛和班禅喇嘛这两大转世系统尤甚。

　　早期的活佛转世很不规范,选择活佛转世灵童的方法也五花八门,如抓阄法,第五世达赖喇嘛阿旺罗桑嘉措即由此法得以产生;降神指定法,西藏有所谓"四大护法":乃琼护法、拉穆护法、噶东护法和桑耶护法,其中乃琼护法最为有名,寻访达赖喇嘛、班禅喇嘛以及较大级别的活佛

---

① 巴卧·祖拉陈瓦:《智者喜宴》,藏文本,民族出版社 1986 年版,下册,第 894 页。
② 王磐:《八思巴行状》,见《佛祖历代通载》卷二一。
③ 对此藏文史书多有记载,如《红史》《智者喜宴》等均有记述。

时,往往都要请求这几位护法神降神指定;此外,还有达赖喇嘛、班禅喇嘛指定转世灵童,世俗统治者或者僧俗共商确认转世灵童,以及通过自修并得到社会公认产生"活佛"等多种方式。①

随着佛教对西藏社会政治与地方稳定的影响不断扩大,中央政府相应地加大了对藏传佛教的扶持与管理力度,高僧参与政治的趋势日益突出,政教合一制度逐步完善,活佛这一特殊的现象从而也倍受人们的重视,同样,上层贵族势力插手活佛转世的问题也愈演愈烈,僧俗贵族互相勾结操纵活佛转世,从而形成世代姻亲相袭、家族垄断的局面,危害社会安定,危害信众,也危害藏传佛教自身的存在和发展,加强管理成为当务之急。

二、活佛管理的发展历程与历史定制

自元朝西藏地方纳入中央政府直接行政管辖之下以来,元明清各朝对西藏高僧与活佛采取了不尽相同的管理方法,简而言之,元朝扶持和重用萨迦派来实施管理措施,封萨迦法主为帝师;明朝依据西藏地方出现的新局面,以及控制能力有限的状况,采取了多封众建的措施,相继封授八大法王,各个大的教派都受到礼重,使之互相牵制,共尊朝廷。但是,这些措施在长期的实践中,一方面发挥了积极的作用,另一方面也暴露出许多问题,必须及时地改革和调整,以适应形势发展的要求。这一项伟大的改革任务,在乾隆皇帝时期得以完成,并形成比较完善的制度,为西藏地方后来的稳定与发展发挥了十分积极的促进作用。

1788 年,廓尔喀(今尼泊尔)头目苏尔巴尔达布,以不满西藏聂拉木税官对廓尔喀商人增加课税为由,出兵占领了济咙(今吉隆)、聂拉木、宗喀等三个地方。清朝调军拉萨,廓尔喀通过六世班禅的弟弟宁玛派活佛沙玛尔巴讲和,钦差理藩院侍郎巴忠为了息事邀功而暗订赔银条约,谎

---

① 蔡志纯、黄颢编著:《活佛转世》,中国社会科学出版社 1992 年版,第 54—60 页。

称收复失地，导致廓尔喀在 1791 年索银不得而再次入侵西藏。这一次，身为六世班禅之弟的沙玛尔巴活佛，又在其中扮演了一个有失体统的角色。

1780 年六世班禅进京拜谒乾隆皇帝时，获得大批馈赠，在他不幸患痘症圆寂以后，这些资财全部留给了班禅的另一个弟弟、代管扎什伦布寺政的仲巴呼图克图，沙玛尔巴由于信奉噶玛噶举（红帽派）而未得分文，遂怀恨在心，潜赴廓尔喀，怂恿廓王趁藏内兵力缺乏，扎什伦布寺金银很多，而前往劫夺，成为廓尔喀再次侵藏的重要因素。廓尔喀入侵后大肆掠夺扎寺金银财物，给后藏地区带来巨大的灾难。乾隆皇帝接到报告后即命令四川总督鄂辉和成都将军成德，率领川军 4 000 人由打箭炉（康定）入藏。两将军行军迟缓，乾隆皇帝很不放心，遂又在 1791 年冬，派将军（后改授大将军）福康安和参赞大臣海蓝察带领英勇善战的索伦兵 2 000 人，从西宁进藏，前后调兵 1.7 万人。福康安不负重托，在 1792 年 8 月直捣廓尔喀腹地，9 月凯旋。

福康安班师回藏后，首先严办祸首，沙玛尔巴活佛已经畏罪自杀，福康安传令废止其转世系统，并将其财产全部充公，寺内僧人强迫改宗黄教。当时，乾隆皇帝即指示福康安："将来撤兵后，必当妥立章程，以期永远遵循。"这样就产生了著名的"钦定藏内善后章程二十九条"。它既是治理西藏地方的一个施政方略，也是一项行动准则，标志着治藏政策的成熟和完善。

通过这一事件，乾隆皇帝深刻认识到加强对活佛管理的重要性和迫切性，为了给自己即将出台的政策张目，他专门撰写了十分著名的一篇文章《喇嘛说》①，在这里系统阐述了他对活佛以及如何管理活佛问题的看法。他说，当时之所以重视达赖喇嘛和班禅喇嘛，"盖中外黄教，总司以此二人。各部蒙古，一心归之。兴黄教，即所以安众蒙古，所系非小，

---

① ⑥原碑现存雍和宫，用满、汉、蒙、藏四体文字书写。录文参阅张羽新《清政府与喇嘛教》，西藏人民出版社 1988 年版，第 339—343 页。

故不可不保护之,而非若元朝之曲庇谄敬番僧也。其呼图克图之相袭,乃以僧家无子,授之徒,与子何异?故必觅一聪慧有福相者,俾为呼必勒罕。幼而皆习之,长成乃称呼土克图。此亦无可如何中之权巧方便耳。其由来已久,不可殚述。熟意近世其风日下,所生之呼必勒罕,率出一族,斯则与世系爵禄何异?予意以为大不然。盖佛本无生,岂能转世?但使今无转世之呼土克图,则数万番僧无所皈依,不得不如此耳。"⑥他还列举了大量事例来说明这一问题,如当时的七世达赖喇嘛、班禅额尔德尼和喀尔喀蒙古四部落供奉的哲布尊丹巴呼图克图,皆以兄弟叔侄姻娅递相传袭,已经与封爵世职无异。甚至出现王公贵妇刚刚怀孕,其腹中之子即被人指定为转世灵童,结果生下来的是女孩的笑话。采用金瓶掣签确定灵童,"虽不能尽去其弊,较之从前一人之授意者,或略公矣。"由此可见,乾隆皇帝对于佛教、对于活佛转世,以及对采取这一措施的作用等问题,有着十分清醒的认识,既没有过高估计这项政策的出发点,也没有渲染它的特殊作用。

值得称道的是,乾隆皇帝在这一篇短文中还提出了两个发人深思的问题:其一,"夫定其事之是非者,必习其事,而又明其理,然后可。"他以自己专心研究西藏佛教经典对处理这一事件所发挥的积极作用为例,说道:"予若不习番经,不能为此言。"说明深入了解佛教经典,才能得出准确判断的道理。其二,他在处理由廓尔喀侵藏引起的各项复杂问题时,毅然决然地将蛊惑人心的后藏喇嘛剥黄正法,这是元朝时期从来没有的事。由此可见,"盖举大事者,必有其时与其会,而更在乎公与明。时会至而无公与明以断之,不能也;有公明之断,而非其时与会,亦望洋而不能成。"说明历史际遇与公明决断在处理西藏政教大事中缺一不可的重要作用,实在是智慧与经验的精辟总结。

以这一篇短小而意义深远的文章作为理论基础,"钦定藏内善后章程二十九条"中的许多重大举措有了明确的目标和方向,各项制度贯彻执行有了可靠的保障。

《钦定藏内善后章程二十九条》中的第一条,即对活佛转世管理这一重大问题作了明确规定,文称:"关于寻找活佛及呼图克图的灵童问题,依照藏人例俗,确认灵童必问卜于四大护法,这样就难免发生弊端。大皇帝为求黄教得到兴隆,特赐一金瓶,今后遇到寻认灵童事,则邀集四大护法,将灵童的名字及出生年月,用满、汉、藏三种文字写于签牌上,放进瓶内,选派真正有学问的活佛,祈祷七日,然后由各呼图克图和驻藏大臣在大昭寺释迦佛像前正式认定。假若找到的灵童仅只一名,亦须将一个灵童名字的签牌和一个没有名字的签牌共同放进瓶内,假若抽出没有名字的签牌,就不能认定已寻得的儿童,而要另外寻找。达赖喇嘛和班禅额尔德尼如同父子一样,认定他们的灵童时,亦须将他们的名字用满、汉、藏三种文字写在签牌上,依例进行。大皇帝这样做的目的,都是为了黄教的兴隆和防止护法弄虚作假。这个金瓶置于宗喀巴佛像前,需要保持净洁并勤加供养。"①

这样,清朝中央政府管理活佛的重大原则就由此得到确定,其核心内容有这样几点:

1. 金瓶掣签确定活佛转世灵童,禁绝拉穆吹忠降神指认转世灵童,并且禁止在达赖喇嘛、班禅喇嘛,以及王公贵族的亲族子孙中指认转世灵童。西藏各地方和青海蒙藏地区的转世灵童,均由驻藏大臣会同达赖喇嘛缮写名签,入于大昭寺供奉的金瓶内,当众共同掣定。蒙古地区的转世灵童则呈报理藩部(院),由理藩部(院)会同掌印喇嘛活佛缮写名签,入于雍和宫供奉的金瓶内,当众共同掣定。② 上报朝廷批准。

2. 驻藏大臣总办全藏事务,与达赖喇嘛、班禅额尔德尼地位平等,噶伦及以下僧俗官员,无论大小事务,均要禀明驻藏大臣核办。驻藏大臣不仅管理前后藏的军政、财务和对外交往事宜,而且也管理喇嘛活佛的选择与任命。

3. 颁布喇嘛行为准则和法律法规,以俾严格遵守,违者必究。第一,

---

① 《钦定理藩部则例》卷五六—六二,喇嘛事例、西藏通制条。
② 《钦定理藩部则例》卷五八喇嘛事例三。

各个寺庙的喇嘛僧众人数均有明确规定,造册登记在案,除院册有名外,不准自行增设。第二,禁止喇嘛活佛私自往来。其喇嘛外出必须请领路票,无路票私行往来者,交该管区官员治罪;青海蒙古延请喇嘛赴该游牧诵经教经者,必须呈明西宁办事大臣行文,再由驻藏大臣给予执照允其前往。第三,喇嘛不许以扩建寺庙为由侵占民田;不得擅宿民家;不得容留无籍之僧人;不得留妇女于寺庙;不得私自外出为人看病念经等,否则治罪。第四,喇嘛因事牵涉诉讼,先要革除其喇嘛身份,有罪者依法治之,无罪者再恢复其喇嘛身份;喇嘛容留犯罪盗窃者要治罪,等等。

至于喇嘛活佛的衣着、言行、待遇等问题,均有明细的规定,从而彻底改变了无法可依的局面。尽管其中存在许多不足和错误,但是,其基本内容是合乎实际和行之有效的,对西藏地方的稳定和宗教活动的正常开展起到一定的积极作用。为了解决达赖喇嘛圆寂、灵童转世期间,以及达赖喇嘛幼年不能理事的问题,清朝采取了任命摄政暂代达赖喇嘛职权,掌办商上事务的摄政制度,作为达赖喇嘛掌政制度的一种补充,保持下来,直到西藏平息叛乱、实行民主改革后被终止。

三、活佛管理必须进行制度创新

活佛的存在以及活佛转世制度是长期发展的产物,自从其产生之日起,在为藏传佛教各宗派解决教主职位继承发挥重要作用的同时,其自身也获得了巨大的生命力,直接和藏传佛教的存在和发展紧密联系在一起。因此,在承认藏传佛教的合法性的同时,就必然要承认活佛转世的合法性,作为影响寺院,乃至整个藏传佛教发展命运,同时也影响社会现实生活,乃至政治局势稳定的一股重要实力,活佛的管理问题,在藏传佛教事务管理中无疑是应该高度重视,并必须切实加以解决的问题。

今天的中国是共产党领导下的社会主义制度国家,共产党人是彻底的唯物论者和无神论者,如何对待藏传佛教的活佛转世,以及如何落实对活佛和寺庙僧众的管理,本身就存在一个制度创新的问题。我们党采取政教分离和宗教信仰自由的政策,在保障公民宗教信仰自由权利的同时,依法加强寺庙管理工作,切实开展寺庙爱国主义教育,积极引导宗教与社会主义社会相适应,有效地解决了这一问题。当前关键的问题在于,如何采取积极可行的措施与制度,进一步贯彻落实上述指导方针,真正达到规范宗教活动,管好活佛、寺院和僧众的目的。我们认为,在制定藏传佛教活佛管理政策时,应该引起注意的问题有以下几点:

第一,低起点、严要求原则。基于西藏地方长期的封建农奴制统治,相对封闭的社会环境和后进的社会生产力发展水平,以及藏传佛教千余年来对人们生产生活和精神世界的全方位的、深刻的影响,基于佛教自身存在的长期性和复杂性特点,以及佛教与我们共产党人在理想信念等重要问题上事实存在的巨大差距,和共产党人以解放全人类为己任的崇高目的,必须客观、理性地对待我们所面临的问题,切实担负起自己的历史责任,必须做好这项工作。而做好活佛的管理工作,目的是则为了建立最广泛的统一战线,调动一切积极有利因素,为维护祖国统一,加强民族团结,反对分裂,实现西藏地方的稳定发展服务。为此,一方面,我们不能抱怨活佛们思想觉悟低,操之过急地对其进行思想改造,甚至要求活佛按照共产党员和无神论者的标准来要求活佛,那就进入了误区。另一方面,我们对他们却有明确而严格的要求,必须首先做一个爱国守法的公民,既不违背释迦牟尼佛的戒律,也不违背社会主义国家的法规制度,把自己的修行和最广大人民的根本利益统一起来,也就是爱国护教、利乐有情。这是我们制定活佛管理政策的出发点,也是目的。我们不期望也并不要求他们信仰共产主义,但是,他们必须做爱国的公民,遵守国家的法律,不能危害国家的统一、领土完整,危害民族团结,不能反对社会主义制度,违者必须严肃查处。

第二,把握连续性与平稳性原则。社会意识总是落后于社会实践,佛教有许多可以为构建和谐社会发挥建设作用的地方,特别是佛教的道德原则很多契合人类追求真善美的良好目标,与此同时,佛教的又以消极的世界观和人生观来对待万事万物,很多方面不能很好地适应社会的进步与发展,在当前全国支援西藏和实施西部大开发、西藏社会加快发展的特殊时期,这种不适应会更为明显,面对日新月异的形势和社会的全面变革,活佛僧侣自然会有无所适从的感觉,也有价值判断标准发生变化,心理承受能力降低的问题,固守传统也就成为其本能的一种反应(也可能被理解为消极抵抗)。藏传佛教由于其存在发展的地理环境、历史背景和民族文化的诸多特点,因循守旧的特色更为明显。要善于借鉴历史上管理藏传佛教行之有效的方法,在遵循传统的基础上,进行创新。只有加强社会教育,提高全民族素质,才是解决藏传佛教实现由传统向现代转变的根本途径。同时也要保持宗教和活佛管理政策的相对连续性和平稳性,使其在经济社会不断进步的同时,逐渐实现自我调整,避免幅度过大的跳跃迈进和力度巨大的改弦易张,减少人为的不稳定因素,要多做安定人心的工作,力争实现大发展时期的平稳过渡。

第三,坚持政教分离原则,同时保障活佛参政议政的渠道畅通。藏传佛教最大的特点之一就是政教合一,在西藏民主改革以后,这一制度尽管已经被铲除,但是其影响依然存在,解决好政教合一在人们观念上的残留问题,值得引起注意,而如何在制度上真正解决政教分离,使脱胎于封建农奴制体制之下的活佛转世制度真正与社会主义社会相适应,则更加不可忽视。要把爱国的高僧活佛参政议政与旧制度下的政教合一严格区分开来,切实解决好活佛和僧众参与的渠道,以及建言献策的途径问题,让他们能够讲知心话,愿意讲真心话,关心国家和西藏及其他藏区的稳定、发展和进步,以自己独特的方式做一个西藏和其他藏区发展进步的建设者和主人翁,而不是局外人,同时要杜绝活佛通过不合法渠道干预行政、教育和司法等现象,要从管理体制和制度上认真加以解决。

第四,规范活佛转世与活佛活动。活佛是特殊身份的人群,但是首先是享有权利并承担社会义务的合法公民,其活动首先要受国家法律的约束,同时活佛转世又是历史产物,也应该尊重历史定制,接受传统上合理的管理制度的约束。对于原则性的问题必须管实、管细,比如对达赖喇嘛在西藏认定的为数甚多的活佛的处理问题,对于一些地方自行认定活佛导致活佛数目过多过滥的问题，对于某些活佛目无法纪、素质过低的问题，以及对与达赖集团相勾结、从事分裂活动的活佛如何处理等问题，必须严肃对待，问题严重者，绝对不可姑息。应该对遵规守法的活佛及其寺庙和不守法纪的活佛及其寺庙严格区别对待，不能让寺院成为散布分裂祖国、破坏民族团结言论的场所，更不能使之成为滋生危害西藏和其它藏区稳定发展的温床。与此同时，也要重视提高管理者素质与水平的问题，多和僧人做真诚友善的沟通和交流，听取他们的意见和建议，尊重他们正常的信仰和宗教活动，创造条件解决他们所面临的实际困难，创造性地搞好藏传佛教的管理工作，变消极应付为积极管理，主动化解矛盾，多做疏导梗阻的工作。同时，为活佛服务社会、服务广大群众提供更多的机会与空间，使之成为一支培育良好道德和优良社会风尚的促进力量。

第五，把握根本原则，严格区分重大是非界限。对严重触犯刑法者，首先要剥夺其活佛身份，以一个公民的身份承担刑事责任，使之不能有任何的侥幸和特殊。严格区分是非曲直，区分宗教与民事刑事纠纷，区分活佛个人过失与僧众集体责任问题，防止混淆不清或者被坏人所利用。当前，尤其要区分是否通过宗教参与达赖集团分裂祖国、破坏民族团结的阴谋活动这一重大是非问题，堵塞达赖集团利用宗教进行分裂渗透活动的路径，不给别有用心者留下空隙，坚决维护法律尊严。

第六，养寺有保障，管理有措施。要探讨新形势下寺院的自养和社会信众及团体的捐助新模式，必须在废除旧的寺院经济基础的条件下，让寺院的存在和发展有新的经济依托。缺乏经济基础，寺院不仅不能发展，还会面临严峻的生存考验，在此条件下，势必引发活佛及寺院身份和功能上发生某些变化，甚至走上经济来源的无序和无法掌控的局面出现。积极解决活佛和寺院存在和面临的现实困难，使之更多的关注佛教经典、教理和文化的传承，满足信教群众的精神需求，同时不断关注社会人生，有心愿也有能力关注社会慈善事业，为和谐社会建设发挥推动作用，而不是唯利是图或者追名逐利的市侩的代名，以维护活佛和寺院团结在人们心中的良好形象,使其成为党的统一战线上的协作伙伴,共同为西藏和藏区的社会主义建设而尽心尽力,努力奋斗。

第七,藏传佛教要不断适应人类文明进步、适应当前社会的原则。藏传佛教是从印度和内地传入西藏后,与西藏地方宗教文化与社会相适应的产物,它不仅要适应当时西藏地方的社会,同时也要随着西藏地方社会的发展而不断发展,以适应新的社会的需要。元朝时期,萨迦派领袖、著名社会活动家八思巴就根据西藏纳入元朝中央政府行政管辖之下、元朝中国大一统的社会现实,提出了新的道统与王统,把蒙古统治者塑造为王统和法统的继承者,并为元朝的政治统一进行理论上的阐释,①后世新兴的黄教格鲁派能够迅速崛起,除了宗教一改当时藏传佛教界不重戒律的陋习、赢得良好声誉之外,很大程度上是适应了当时社会的发展需要,并获得清朝统治者大力支持的结果。佛教追求理想,关注社会人生,为社会稳定发展,为百姓的幸福安乐谋福祉,从而也获得了广阔的发展空间、旺盛的生命力。可以说,佛教的兴衰除了自身因素之外,也与是否适应社会存在着巨大关系。

当前,藏传佛教要与社会主义社会相适应,首先必须与西藏社会的不断发展进步相适应,在实践中不断思考和解决新问题,国家积极鼓励高僧活佛主动探讨藏传佛教与社会主义社会相适应问题,探讨在坚持中国共产党的领导、坚持社会主义制度、坚持民族区域自治制度的条件下,实现佛教自身的发展弘扬与西藏社会的文明进步双推动的新途径。藏传佛教管理者应该不断提高自身的管理水平,既要提高掌握党的宗教政策的水平和管理能力,又要提高自身的藏传佛教知识,懂得管理者也是一个服务者,要多点尊重、理解和沟通,而不是居高临下,指手画脚。宗教管理部门也要尽力做好活佛们的思想工作和沟通感情的工作,鼓励他们不断接受新知识、新事物,了解国内外大事,关心社会,关爱人生。把

---

① 张云:《元代西藏地方的政治一统与文化认同——以八思巴及其所著"彰所知论为中心"》,王尧主编《贤者喜宴》第 3 辑,河北教育出版社 2003 年版,第 65—74 页。

佛教中的精华和智慧运用到西藏地区的发展进步、中华民族的伟大复兴之中去,把藏传佛教以及本教派的利益和命运,同祖国和人民的利益和命运紧密地结合起来。藏传佛教界也应该积极参与西藏的稳定、发展和构建和谐社会伟大工程的建设,爱国爱教,爱好和平,利乐有情,坚决杜绝违法乱纪、不守戒律的行为发生,积极为西藏和其他藏区的物质文明、精神文明和制度文明建设发挥促进作用,不断使藏传佛教由传统走向现代,适应社会进步,真正成为护国佑民、文明进步的人间宗教。

本文与杜恩社合著,原载《藏传佛教活佛转世制度研究论文集》,嘎·达哇才仁主编,中国藏学出版社 2007 年版

二十一 论所谓的"供施关系"

西藏历史研究,因为存在着达赖集团和国外反华势力借以从事"西藏独立"问题,而变得异常复杂。一些本来比较明确的问题,也变得模糊起来,任何经不起验证的事实,都可以贴上"西藏独立"的标签,用来为割裂西藏地方和中国中央政府关系服务。把元朝以来西藏和中央政府的隶属关系,说成是喇嘛和施主的"供施关系"即是其中的一种手法。本节对此略做分析。

一、藏文史书中大量存在有关西藏地方和中央政府关系是"供施关系"的说法是事实,而这样的记载并非客观史实同样也是事实

吐蕃王朝时期灭亡以后,西藏地区出现了数百年的政治动荡,封建分裂割据势力相互战争,给社会带来极大的灾难。佛教就在这样的环境中逐渐从上、下两路弘传开来,形成燎原之势。公元 11 世纪以后,西藏本部地区出现了宁玛、噶当、噶举和萨迦等宗教派别,它们各以某一个寺院为中心不断扩大起社会影响。这些宗教势力往往和某一个有实力的封建家族结合起来,从政教两个方面影响人们的精神和物质活动。"到十二世纪,宗教掌握人心到如此程度,贵族不得不披上僧侣的外衣来追

求自己新的威望。"①从而出现了"万般皆下品,惟有僧侣高"的社会局面,这是问题的一个方面。另一方面,西藏的文化学习、继承和传播等事业逐渐由僧侣所掌握,寺院成为唯一的正规受教育场所,而僧人几乎成为最基本的知识分子队伍,在此后出现的著述中,非僧侣作家的著作可谓凤毛麟角,于是,他们的观点也就成了西藏社会的主流观点,而他们的是非观也似乎成了西藏社会的一般是非观。

在神学思想和唯心史观的主导下,西藏的高僧大德从维护佛教利益的立场出发,不免出现掩饰历史真实,或者重新阐释历史史实的问题,把西藏民族来源和西藏王统来源追溯到佛教的诞生地——印度,就是他们典型的改篡历史的做法,甚至在一般藏文佛教史书中,还把西藏人类的起源也归结为佛祖释迦牟尼的点化,事实上,在西藏历史著作中用佛教观点来重新改造历史的事实很多很多。② 所谓"供施关系"说,也是其中比较有代表性的一个。

所谓"供施关系"是佛教的一个术语,藏语称作"mchod-yon",即福田和施主,或受施者与施主。信佛的世俗财主向寺院、高僧经常施舍钱物,受施高僧则优先满足施主们的诵经、超度等佛事活动要求,由此形成彼此间固定的檀越关系。

自从吐蕃王朝灭亡,西藏进入分裂时期以后,佛教在西藏地方获得巨大的发展,这个时期也被佛教史家称作是"后弘期"。佛教的迅猛发展改变了西藏历史发展的进程,也改变了西藏文化的基本面貌,同时给西藏地方政治史注入新的内容。因此,当元朝将西藏地方纳入行政管辖之下,实施管理时,就根据西藏地方的客观实际,采取了礼重僧人、崇尚释教的政策。正如明修《元史》所说的那样:"元兴,崇尚释氏,而帝师之盛,尤不可与古昔同语。维道家方士之流,假祷祠之说,乘时以起,曾不及其

---

① 图齐(G. Tucci):《西藏画卷》(*Tibetan Painted Scrolls*,2 vol. Rome 1949),李有义、邓锐龄节译《西藏中世纪史》,中国社会科学院民族研究所印本 1980 年版,第 5 页。
② 张云:《佛教史观与西藏古史再塑造》,王尧主编《贤者新宴》第 2 辑,河北教育出版社 2000 年12 月版。

什一焉。"①其中对藏传佛教尤其重视:"元起朔方,固已崇尚释教。及得西域,世祖以其地广险远,民犷而好斗,思有以因其俗而柔其人,乃郡县土番之地,设官分职,而领之于帝师。乃立宣政院,其为使位居第二者,必以僧为之,出帝师所辟举,而总其政于内外者,帅臣以下,亦必僧俗并用,而军民通摄。于是帝师之命,与诏敕并行于西土。百年之间,朝廷所以敬礼而尊信之者,无所不用其至。虽帝后妃主,皆因受戒而为之膜拜。正衙朝会,百官班列,而帝师亦或专席于坐隅。且每帝即位之始,降诏褒护,必敕章佩监络珠为字以赐,盖其重之如此。其未至而迎之,则中书大臣驰驿累百骑以往,所过供亿迎送。比至京师,则敕大府假法驾半仗,以为前导,诏省、台、院官以及百司庶府,并服银鼠质孙。用每岁二月八日迎佛,威仪往迓,且命礼部尚书、郎中专督迎接。及其卒而归葬舍利,又命百官出郭祭饯。"②元朝时期,因为萨迦派在西藏纳入蒙元统治之下发挥重要作用之故,遂授命萨迦派主持西藏地方事务。元朝在西藏地方建政立制,设官分职,并采取括户、置驿、征兵、征税等一系列措施,实施了有效统治。一方面,西藏地方和元朝中央的隶属关系是确凿无疑的事实,这是稍微了解元朝西藏历史的人都无法否认的。另一个方面,由于西藏地方当政者萨迦地方历史的政教合一性质,元朝统治者支持萨迦派的统治,不仅在政治上,而且在经济上和文化上,这就出现另一种情况:元朝给萨迦派领袖赠送大量的财金玉帛,甚至授命萨迦派管理西藏地方,也被认为是一种"布施"行为。最著名的便是,八思巴三次为忽必烈灌顶,而忽必烈分别向八思巴布施乌思藏(卫藏)十三万户、吐蕃三区喀(路)和废止在汉地以人填河政策等。关于这种说法的谬误,学术界早已有人指出,如著名藏学家图齐教授就曾说过:"忽必烈给大住持八思巴的所谓十三万户和三个区喀的供养问题,实际上不像藏文文献要我们相信的那样一个给予八思巴的真正供养,无宁是为了皇帝而特设的对西藏土

---

① 《元史》卷二〇二列传八十九释老。
② 同上。

地名义上的代理总督权。一句话,住持们并不是国王或者王公,而是官员,是每次都须经过皇帝下诏颁赐印信加以任命的官员。"①

　　元朝时期,包括以后历史时期,皇帝和西藏地方宗教领袖是否存在"供施"问题呢? 我们认为,这种关系是存在的,如元世祖忽必烈以大量财物作为布施赐给萨迦法王八思巴,赏赐他黄金及珍珠装饰之袈裟、长坎肩、珠宝装具、法衣、帽、靴、坐垫等,以及黄金一大锭、银四大锭、乘驼、骡、全套黄金鞍辔等。对其他高僧也多有赏赐,或者是出于对该教派的经济支持,或者出于自己信仰佛教的缘故。较著名的则是至元十四年(1277 年)八思巴在西藏曲密举行一次据说有七万僧人参加的大法会,忽必烈的皇太子代表皇帝本人向与会每个僧人布施黄金一钱。同时,信仰萨迦派教法的皇帝和其他皇室成员也在精神上需要萨迦派不断祈福、消灾,乃至为国家重大活动做法事。因此,元朝皇帝和西藏萨迦法王之间确实存在有"供施关系"或"檀越关系"。但是这种关系,是次要的和表象的,其实质则是政治隶属关系。"供施关系"实际上是为政治隶属关系服务的,前者是手段之一,后者才是根本目的。

　　元朝末年噶玛噶举派活佛•若必多吉(1310—1383 年)前往朝廷,据说皇帝父子再三请求若必多吉留在皇宫,对他说:"以前八思巴与忽必烈结为供施关系,现在我们也想与你结为供施关系。"而若必多吉回复皇帝父子说:我来皇宫的目的是为大皇帝父子诵经祈祷,并不是为了获得干涉国政的权力。僧人不管到哪里,都应该从事宏法利生事业。如果能够不贪恋任何名利地位,那才是一个好宗教徒。② 这一则说法反映一个客观事实:所谓的"供施关系"实质上是皇帝和臣下的隶属关系,即由皇帝委任高僧为国师或者其他高级行政官员,八思巴和忽必烈皇帝之间的关系即是这样,名义上是供施,实质上是君臣关系。

---

① 图齐(G. Tucci):《西藏画卷》(*Tibetan Painted Scrolls*, 2 vol. Rome 1949),李有义、邓锐龄节译《西藏中世纪史》,中国社会科学院民族研究所印本 1980 年版,第 24 页。
② 巴卧•祖拉陈瓦:《智者喜宴》(一作《贤者喜宴》)下册,藏文本,民族出版社 1986 年版,第962—963 页。

二、西藏地方是中央管辖下的一个行政区,而不是一个置身于化外的教区

自从元朝时期西藏地方正式纳入中央政府的行政管辖之下以后,西藏地方就是中央管辖下的一个行政区,元朝在包括西藏地方在内的广大藏族地区建立行政体制,实施有效统治,这是众所周知的事实。明朝初年,在西藏的招抚怀柔政策获得巨大成功,西藏地方的各个政教势力纷纷响应明朝的号召,前往内地接受新朝的任命,而上缴元朝颁布的诏书与任命。接着,明朝在西藏建立行政区划、任命官员,并建立驿站。这些政策体现了内地中央政府对西藏的行政管辖和合法统治。清朝时期,中央政府对西藏地方的管理更为加强,设立驻藏大臣,颁布治藏章程,管理包括达赖喇嘛和班禅额尔德尼在内的所有大活佛的转世认定、坐床和亲政等重大活动,驻藏大臣办理西藏地方事务,其地位与达赖喇嘛和班禅额尔德尼平等,并掌管西藏地方的军事、财政和外交大权。这些事实,也是任何人都无法否定的。既然史实如此,怎么会存在一个治外的教区呢?

元朝以来的历代中央政府都十分重视通过宗教来管理西藏地方事务,但是也都十分重视宗教对政治的消极影响。即使从过分优崇藏传佛教的元朝来看,其治理西藏的过程也明显表现为不断加强行政管辖的过程,从总制院到宣政院,从括户、置驿到建立十三万户管理体制,都以完成行政建制与管辖为宗旨。清朝初年,五世达赖喇嘛朝清后,顺治皇帝颁赐金册、金印,敕封五世达赖为"西天大善自在佛所领天下释教普通瓦赤喇怛喇达赖喇嘛",正式确定达赖喇嘛封号。同时,又遣使敕封固始汗(一作顾实汗)为"遵行文义敏慧顾实汗"。① 一个是"所领天下释教"的宗教领袖,一个最高政治首领"汗"(王),明显具有政教分治的用意。后来,鉴于西藏地方世俗领主滥用权力,乾隆皇帝时接受章嘉呼图克图等人的

---

① 《清世祖实录》卷七四,顺治十年四月丁巳(1653 年 5 月 18 日)。

建议,授命七世达赖喇嘛建立噶厦政府,从而为西藏建立起政教合一的地方政权。随着时间的推移,朝廷也发现这一政权存在自身的缺陷,即达赖喇嘛过于淡泊俗世事务给地方政治,特别是行政管理造成被动和混乱局面,甚至出现噶伦肆意干涉地方大政的问题。在平息廓尔喀入藏为乱以后,乾隆皇帝整肃西藏地方管理体制,核心内容是加强行政管理,特别是提高驻藏大臣的地位,并加强对高级活佛和噶伦等官员的管理。这些措施都雄辩地说明,西藏并不是所谓可以自行其是的教区,而是历代中央政府管辖之下的一个行政区。

三、西藏地方的政教领袖是行政职官系统中有官阶的官员,而不只是教派领袖

作为西藏地方政教合一领袖的历代达赖喇嘛或者其他领袖人物,他们不是纯粹的教主和精神领袖,而是地方享有政教大权的统治者。元朝以来的西藏地方政教领袖与皇帝地位不可同日而语,不管是元朝崇奉的萨迦派喇嘛还是清代优礼的黄教领袖,他们的权力不管有多么大,地位有多么崇高,却都是有官阶的,都必须听命于朝廷与皇帝,而他们的生杀予夺大权也都掌握在皇帝手中。

皇帝给喇嘛施舍的是什么,又从喇嘛那里得到什么,这个问题应该弄清楚。阔端给予萨班的职位和权力是什么? 忽必烈封授八思巴的职位和权力是什么? 而顺治皇帝封授给五世达赖喇嘛的名号和权力又是什么呢?

根据藏文史书记载,阔端确实迎请萨班为供应喇嘛,而且授予萨班的宗教名号是祭天长老。但是,任何人都知道,他授予萨班的行政权力就是西藏地方的达鲁花赤(管民官)。而他接受邀请前往凉州的根本目的,并不是像藏文佛教史籍所说的那样,是由于得到先辈的预言,前往北方传播佛教(尽管事实上存在这种功能),而是代表西藏地方归附大蒙古国,并接受其统治。蒙哥汗时期,在西藏地方推行诸王分封制度,这样一项措施,在藏文佛教史家的笔下,也变成了"供施关系"。尽管它具有普

遍性,但这种做法却并不是藏文史籍中的一致做法。元代西藏著名政治家降曲坚赞的《朗氏宗谱》就是鲜明例证,他在该书中就明确记载,此时,西藏由在凉州的王子阔端阿哈(蒙古语兄长)那里迎取供应喇嘛,蒙哥汗管理止贡派;忽必烈管领蔡巴噶举派;王子旭烈兀管理怕木竹巴派;王子阿里不哥管领达垅噶举派。四位王子分别管辖各万户。他们在自己的辖区里驻扎蒙古军队,设立有守土官(yul-bsung-pa)行使管理职权。①

在元朝时期,保存了许多由皇帝和帝师颁发给某个寺院或者某个高僧个人的免除赋税的诏书、法旨,这里面清楚地表明西藏地方寺院僧主所享受的哪些特权,再清楚不过的事实是,这些特权是皇帝赐给的,而不是他们自己与生俱来即享有的。皇帝可以颁赐,当他们违法时候,也可以剥夺他们的这种权利。

我们前文已经提到元朝在西藏地方推行的"僧俗并用,而军民通摄",这些被任命为官员的僧人是有官阶的,包括作为国师的八思巴本人,也是有官阶的朝廷官员,而不是不受管束的僧主。明朝时期,西藏大八大法王地位有高低差别,也都是朝廷封授的。达赖喇嘛、班禅额尔德尼的名号是朝廷赏赐的,他们的转世认定都要通过朝廷制定的合法程序,并在坐床、亲政等重大典礼中,向朝廷和皇帝所在东方磕头礼拜,摄政制度也是朝廷钦定的,摄政的任命同样要通过朝廷。既然是朝廷任命的僧俗官员,那么他们就必须受到朝廷法律的约束,很多高级僧官被免职和处决的事例更证明了朝廷对他们的管束权力。阿尔布巴等因为叛乱而被剥黄正法,而噶玛噶举派红帽派活佛因为在廓尔喀之乱中助纣为虐被判处死刑,并被朝廷下令禁止该派活佛转世,大量的事实都证明了包括达赖喇嘛在内的西藏地方高级僧侣都是朝廷任命的地方官员,而不是不受王法约束的治外法王。

————————————

① 大司徒·降曲坚赞:《朗氏宗谱》,藏文本,西藏人民出版社 1989 年版,第 109—110 页;赞拉·阿旺、余万治汉译本,西藏人民出版社 1989 年版,第 75—76 页。张云:《元代吐蕃地方行政体制研究》,中国社会科学出版社 1998 年版,第 15—21 页。

四、没有事实依据,不合客观实际,严肃的古代藏汉史家都并不采纳的"供施关系"的说法,为什么今天的政客、"学者"却大肆鼓吹呢？他们的意图是什么？

我们前文已经提到,像降曲坚赞等著名政治家和其他很多史学家,已经客观地记述了西藏地方和中央政府之间的隶属关系,其他人物传记资料,如多喀尔·策仁旺杰的《噶伦传》、噶细瓦·丹增班觉《多仁班智达传》等等,都包含着客观反映清朝中央和西藏地方隶属关系的丰富资料。关于摄政第穆呼图克图的任命,《噶伦传》记载:七世达赖喇嘛圆寂的消息经过驻藏大臣上奏给乾隆皇帝,皇帝颁布诏书说:"持金刚达赖喇嘛肩负佛教事业,乃众生一切圣贤崇奉及希望之所在,不但给西藏百姓以幸福,其佛法及政治业绩也甚合朕之心意,特加恩褒扬。现今突然圆寂,朕心焦虑甚重,悲伤万分。追荐活动已另加安排。朕以为卫藏事业极为重要,于金刚持达赖喇嘛之呼毕勒罕尚未找到之前,暂由一大呼图克图负责藏内事务,则于卫藏百姓极为有利,现委任第穆呼图克图为总首领,且赐予'执掌黄教吉祥诺门汗'名号。尔第穆呼图克图务须担负起达赖喇嘛之一切事务,弘扬黄教,为西藏百姓谋求幸福,符合朕于普天之下众生大慈大悲之意愿。呼毕勒罕未明之前,悉遵朕之谕旨办事,不得有误。诸噶伦亦须努力尽职,按照达赖喇嘛在世时之良好制度办事,不许使它受到削弱。"①这里十分清楚地反映了朝廷在西藏地方至高无上的权力,以及对西藏上层宗教官员的最终任命权。

就是在藏文佛教史家的许多著作中,也包含着真实反映这一客观事实的资料,特别是历代达赖喇嘛传记中,都保留下大量有关反映"供施关系"实质的资料,以十三世达赖喇嘛的转世认定为例:根据"诸活佛和神灵的预言,以及各种吉祥吉兆等都十分奇异,经汉藏官员会商,拟呈奏大

---

① 多喀尔·策仁旺杰:《噶伦传》,四川民族出版社 1981 年版,藏文本,第 98—99 页;周秋有译,常凤玄校,汉文本,西藏人民出版社 1986 年版,第 49—50 页。

皇帝圣聪……"班禅大师和摄政达擦通善呼图克图,色拉、哲蚌、甘丹三大寺和札什伦布寺,以及西藏僧俗官民一致认为,利乐雪域众生之怙主转世灵童已经出现,无须再经过金瓶掣签。"这一共同愿望经过驻藏大臣松(凇)大臣奏呈圣上天命文殊菩萨光绪皇帝,皇帝闻后降旨:'贡噶仁钦之子罗布藏塔布开甲木错,即作为达赖喇嘛之呼毕勒罕,毋庸掣签,钦此!'"接着,"按照九世达赖喇嘛以来的惯例,在由天命大皇帝之钦差驻藏大臣的主持迎请下,达赖喇嘛转世灵童于日光城面向东方,坐于垫子之上……与此同时,(达赖喇嘛)为感谢皇帝隆恩,行三叩九拜之礼,然后足莲登上宝座。"①达赖喇嘛的权力怎么来,以及他对皇帝的恭敬程度应该是非常清楚的。

应该说,藏文史书中有关西藏地方和中央政府关系的记载是不胜枚举的,只要本着客观的态度,就不难得出公正的结论。同时,我们也可以看到,尽管藏文史书中对佛教自身多所回护,甚至存在篡改历史,或者按照佛教的观点重新解释西藏历史,特别是西藏与历代中央政府关系史的问题。这些都是可以理解的,随着我们以事实为依据不断深入研究,许多历史真相都能大白于世人面前。我们能够理解,从信仰出发并为了维护佛教自身的利益、发展和尊严对历史的解释,甚至改篡,但是我们却无法理解一些并不信仰佛教,也不尊重历史事实的所谓学者对西藏历史的恶意歪曲。他们为了达到分裂中国的目的,在西藏历史问题上不负责任的随意篡改,黎吉生的《西藏简史》是这样一部书,夏格巴所撰写的《西藏政治史》也是这样的一部书,②他们都在玩弄"供施关系"这一词汇,试图从中找到能够挽救制造"西藏独立"者命运的东西。到了20世纪80年代末期,有位荷兰人范普拉赫又开始玩弄这一把戏,他甚至宣称:"西藏和满清皇帝之间的唯一关系,是达赖喇嘛和皇帝之间的供施关系","这

---

① 《中国西藏地方历史资料选辑》,西藏人民出版社 1986 年版,第 870—872 页。
② W. D. Shakabpa, *Tibet, a Political History*. Yale University Press 1970.

种关系不含有任何从属意义"。① 如果不是出于对西藏历史的无知的话，范普拉赫先生不会说出这样荒谬绝伦的话语的。

"供施关系"的说法不可能帮"西藏独立"论制造者的忙，因为它脱离事实，歪曲历史真相，因而不会有任何生命力的。尽管可以蒙骗一时，却无法蒙骗一世。

① Michael C. van Walt van Praag, *The Status of Tibet*, *History*, *Rights and Prospects in International Law*. Colorado 1989.

二十二 "大西藏"与"西藏独立"的梦想

　　达赖喇嘛及西藏流亡集团在西藏问题上制造了一系列背离史实的不实之辞,用以欺骗对西藏历史和现状缺乏了解的人们,在国际舆论界产生了很坏的影响,所谓的"大西藏"问题就是其中之一。对于这一谬说,学术界已有相关的论著予以驳斥,本文拟在前人研究基础上,再做探索,希望能有助于人们弄清楚,所谓的"大西藏"究竟是史实还是谎言,达赖喇嘛鼓吹这一谬说的目的究竟何在。

一、所谓"大西藏"的说法缺乏依据

　　藏族是我国多民族大家庭的 56 个成员之一,主要聚居在西藏自治区,以及青海、甘肃、四川和云南等省,如众所知,行政区区划和民族居住区是两个既有关系却又互不相同的概念,西藏和藏族居住区不能等同。比如,我国有五个民族自治区,在这些自治区内既聚居住着实行区域自治的民族,也居住着汉族和其他民族,而在其他各个省市,同样居住着包括这五个自治区实行区域自治民族在内的各个民族,56 个民族共同生息繁衍在 960 多万平方公里的土地上。在西藏地区,也居住着藏、汉、回、门巴、珞巴等十多个民族,西藏地区的藏族和其他民族和睦相处,情同手足,相邻省区的藏族和兄弟民族也不分一家,血浓于水。这是达赖喇嘛和西藏流亡集团的分裂势力所不愿意看到的局面,他们总是想法设法加以破坏,就从历史的尘迹中找到了所谓的"大西藏"谬说。

所谓"大西藏"问题和"西藏问题"一样,是近代以来帝国主义侵略中国条件下的产物,它的出笼,可以上溯到 19 世纪上半叶,即由当时英帝国主义者直接插手的"西姆拉会议"时期,在这次会议上,在英帝国主义者授意下出现了旨在制造中国分裂和"西藏独立"的"内藏"与"外藏"划分。民国时期,以达赖喇嘛为首的西藏地方政府曾经与四川和青海地方军阀为争夺管区发生过武装冲突,尽管如此,也不存在所谓的"大西藏"的问题。1959 年西藏发生武装叛乱后,达赖集团在西方反华势力的支持下,迈上"西藏独立"的道路,宣扬所谓"大西藏"问题,并且希望使其成为的独立国家。数十年来在国际上做了许多歪曲历史的宣传,造成很恶劣的国际影响。

1978 年以后,中国开始实行改革开放政策,同时开启了中央政府与达赖喇嘛的接触商谈,邓小平在会见美联社记者斯蒂尔时说:"达赖可以回来,但他要作为中国公民","我们的要求就是一个——爱国,而且,我们提出爱国不分先后",明确表达了对达赖的态度与立场。1979 年以来,中央政府有关部门多次接待达赖喇嘛的私人代表,但是,达赖喇嘛的代表秉承其旨意,始终提出历史上并不存在也没有任何依据的"大西藏"问题。在 1982 年、1984 年等多次对话中,反复提出这一问题①,但是,这些谈判都是在私下进行的,并未公诸于世。

1987 年 9 月 21 日,第十四达赖喇嘛在西方某些反华势力的支持下,公开抛出了所谓的解决"西藏问题"的"五点和平建议",其中就提到了"大藏区"问题,他希望"把整个西藏,包括东部的康区和安多,变成一个

---

① 达娃诺布著,肖蓉译:《中国与达赖喇嘛的对话(1978—1990):是谈判前的准备还是死胡同?》,《国外藏学译文集》第十集,西藏人民出版社 1993 年版,第 488—514 页。

和平区",并且认为"西藏历来是亚洲大陆大国之间的缓冲国"。① 1988年6月15日,他在法国的斯特拉斯堡欧洲议会大厅举行的记者招待会上,把"五点计划"补充为"七点新建议",再次鼓吹所谓"大西藏"问题。② 1990年出版的《达赖喇嘛自传》,扉页上更标明了一幅他自己所幻想中的"西藏国"的地图,依然把其他藏区纳入他的"西藏国"之中,并声言他自己从50年代就开始,就"思谋着如何使大西藏获得独立"。③ 看来,"大西藏"问题是他谋求"西藏独立"重要手段之一。

达赖喇嘛提出这一问题的依据是西藏和其他藏区的民族、宗教和语言文化相同,最直接的动因是他的流亡集团的许多得力干将来自康区和安多地区。不管是从主观的愿望上还是客观的要求上来看,他都以"大西藏"作为旗号,而把"西藏独立"作为终极的目标。

用民族、宗教和语言文化相同为理由来变更行政区划没有道理,在世界上的多民族国家里,同一民族居住不同地区,一个地区居住不同民族的情形十分普遍。它是人类文化多样性、丰富性的重要成因之一,也是文明进步的一种表现。历史上藏族和汉族,以及其他兄弟民族之间有着和睦相处与十分友好的交往关系,这个是任何人也不能抹杀和歪曲的,达赖集团的破坏阴谋同样也不能得逞。从另一方面看,如果没有了青藏高原地区早期各个民族、部落的相互交往,以及相互融合,也很难有藏民族今天这样繁荣与兴旺的局面。汉族和其他民族的形成与发展莫不如此。

如果就行政区划而言,从来就不存在由西藏地方管理的"大西藏"的问题;如果从宗教上言,达赖喇嘛管辖"大西藏"的说法更缺乏依据,达赖喇嘛只不过是西藏黄教格鲁派的两大活佛之一,不仅其他的宁玛派、萨迦派、噶举派、噶当派和苯教等不归属他节制,在历史上,就是班禅管辖

---

① "对西藏的五点和平计划",达赖喇嘛1987年9月21日在美国国会热那委员会会议上的发言。
② "特拉斯堡建议",达赖喇嘛1988年6月15日在法国斯特拉斯堡对欧洲议员的谈话。
③ 《达赖喇嘛自传》,1990年,达兰萨拉。

的地区也不能容忍他插手。更为主要的是,达赖喇嘛管辖西藏的权力也来自清朝中央政府的封授,离开了这个前提,从何谈自己的行政权力呢?从民族上来看,青藏高原地区是一个多民族杂居地区,除了藏族之外,还有汉、回、蒙古、土等十多个其他民族,他们同样是这块土地上的主人。因此,"大西藏"的说法,于情于理于史实一无所通。

二、西藏历史上行政区划的客观实际

达赖喇嘛的所谓"大西藏"说,主要涉及西藏的行政区划问题,那么历史上,西藏和其他藏区的行政区划究竟如何呢? 我们可以来看看历史上的客观实际。

1. 青藏高原地区自古以来就是多民族聚居的美好家园

从行政区划沿革来看,并不存在一个"大西藏"问题。青藏高原地区自古就是多民族共同居住的家园,作为这里的主要民族之一,藏族先民和居住于此的各个民族、部落,在血缘上、语言上、文化上和经济生活等方面发生着千丝万缕的联系。也可以说自远古以来就是你中有我,我中有你,密不可分的。

根据考古发掘和文献资料显示,青藏高原地区很早就有人类居住,而且表现为文化的多样性。目前发现新石器时期遗址表明,西藏东部昌都地区的"卡若文化"、拉萨附近的"曲贡文化"和藏北地区的"细石器文化"之间,既存在着相互联系,也存在着诸多的不同,反映出地域上和民族上的差异性。[①] 汉文史料记载,夏商时期,在青藏高原的东北部,活跃着种类繁多、部族复杂的"西羌"人,她与包括藏族、汉族在内的青藏高原及其周临地区的其他民族都有密切的血缘和文化联系。[②] 两汉时期,在

---

① 石硕:《西藏时期时代的考古发现对认识西藏远古文明的价值》,《中国藏学》1992 年第 1 期,等。

② 李绍明、冉光荣、周锡银:《羌族史》,四川民族出版社 1983 年版。张云:《党项名义及族源考证》,《中国藏学》1996 年第 1 期。

青藏高原边沿地区分布着众多的古代羌人部落,他们是青藏高原地区的主要居民。

隋唐时期,青藏高原地区依然是一个民族杂居地区,当时存在着诸多的民族和部落政权,主要有:

(一)羊同,或者藏文中的象雄,有大小羊同,或上下象雄之分,史书记载:"大羊同,东接吐蕃,西接小羊同,北直于阗,东西千余里。"①其地处今西藏自治区西部和西北部,即今阿里地区。

(二)苏毗,即藏文中的孙波。史载:"苏毗,本西羌族,为吐蕃所并,号孙波,在诸部最大,东与多弥接,西距鹘莽峡,户三万。"②其地位于羊同以东,今西藏自治区北部那曲地区、东部昌都地区和青海玉树藏族自治州一带地区。

(三)雅隆吐蕃,主要活动在今西藏自治区山南乃东、琼结等县地区。

(四)附国,史称:"附国者,蜀郡西北二千余里,即汉之西南夷也。……其国南北八百里,东南千五百里,无城栅,近川谷,傍山险。"③其地在今四川西部、西藏昌都地区。

(五)多弥,即难磨,西羌族,位于金沙江上游通天河一带地区。④

(六)党项,亦西羌人。史记:"党项羌,在古析支之地,汉西羌之别种也。……其界东至松州,西接叶护,南杂春桑、迷桑等羌,北连吐谷浑,处山谷间,亘三千里。"⑤这一时期在今甘肃南部、青海东南部和四川阿坝等地区活动。

(七)白兰,史记:"白兰羌,吐蕃谓之丁零,左党项,右与多弥接。"⑥在吐谷浑南部,大约相当于今天巴颜喀拉山东段地区,青海省东南部和四川省西北部地区。

---

①《通典》卷一九〇边防六"大羊同"条。
②《新唐书》卷二二一西域下"苏毗传"。
③《隋书》卷八三西域"附国传"。
④《新唐书》卷二二一下西域"多弥传"。
⑤《旧唐书》卷一九八西戎"党项传"。
⑥《新唐书》卷二二一上西域"党项传"。

（八）吐谷浑，鲜卑人所建立的邦国政权，史记："吐谷浑居甘松山之阳，洮水之西，南抵白兰，地数千里。"①在今青海积石山以北、青海西宁和甘肃临洮以南地区。

（九）西山八国，即哥邻国、白狗国、逋租国、南水国、弱水国、悉董国、清远国、咄霸国等八个古代羌人部落邦国。② 它们与东女国、党项都有密切的族属关系，其居住地在今四川西北部、西藏东部地区。

（十）松赞干布建立的吐蕃王朝，也是这一时期中国境内一个多民族的分治政权，除了雅隆吐蕃人之外，还有羌、鲜卑、汉、月氏，以及门巴、珞巴等族种不同，语言相异的其他民族，其中很大一部分在后来融入吐蕃人之中，也有相当多的一部分一直保持着其自身的民族属性，或者融合到汉族和其他兄弟民族之中了。

2. 今西藏自治区作为一个行政区域是在长期的历史发展过程中形成的，有其自然和历史内涵，不是人为的产物，从而也不能以某个人的意志随意加以改变

吐蕃王朝时期，是西藏历史上一个独特的历史时期，青藏高原及其周边广大地区都在吐蕃的军事势力的统治或者影响之下。但是，在吐蕃王朝的境内，事实上存在大小不同许多民族和部落，它应该是居住在这一广大地区的各个民族和部落的联合体，是一个与唐朝、回纥、南诏等并存的区域性分治政权，与当时内地的唐朝政权并立，具有一定的独立性，但是它并不是一个现代意义上的独立国家，也不能把吐蕃王朝的政治概念和民族概念完全等同起来，尽管他们存在着密切的联系。西藏地方属于吐蕃王朝的本部和主要辖区，其他地区则是各个民族共同聚居和杂居的地区，而不意味着青藏高原及其周边都是藏族地区。元朝时期三个"区喀"的划分，事实上已经大致明确是今天西藏的行政区划。③ 明朝时期基本上延续了元朝的这一划分，虽然局部调整，却没有根本上的不同。

---

① 《新唐书》卷二二一上西域"吐谷浑传"。
② 《旧唐书》卷一九七"南蛮""西南蛮""东女传"；《新唐书》卷二二一上西域"东女"。
③ 《元史》卷八七百官三"宣政院"。

这一划分基本为明朝所沿袭。

清朝雍正四年(1726 年),朝廷进一步明确划分了西藏与四川、云南的辖区界线,分别将昌都、洛隆宗、桑昂曲宗等地划给西藏管辖;将中甸、阿墩子(德钦)、维西划归云南省管辖;巴塘、理塘、康定、德格等地仍归四川省管辖。同年,四川、云南、西藏三方派员会勘了地界,在金沙江以西的宁静山头竖立界碑,以金沙江为界确定川藏线、滇藏线。1731 年,清朝政府又划分驻藏大臣和青海西宁办事大臣的辖区界线,将原来属于蒙古和硕特部落管辖的藏北和黄河源以南的七十九族游牧部落分割,其中三十九族划归西藏,这就是霍尔三十九族;四十族部落归青海,即形成后来的玉树藏族自治州。从此,形成藏区行政区划被明确地确定下来。[①]1751 年,清朝授命第七世达赖喇嘛建立噶厦政府。1793 年颁布《钦定藏内善后二十九条章程》,该章程确定,朝廷钦命的驻藏大臣办理西藏地方事务,其地位与达赖喇嘛、班禅额尔德尼平等,并且掌管西藏地方的军事、财政和外交等重大事项。西藏地方的行政区划与管理范围十分明确。

3. 自公元 13 世纪以来,甘、青、川、滇等地藏族聚居区从未归属西藏地方政权管辖

元朝时期,西藏地方纳入中央政府直接的行政管辖之下,元朝在西藏地方建政立制,任命官员,括户置驿,征兵征税,行使充分有效的管理。在行政区划上,元朝中央设立总制院(后改为宣政院)来管理西藏和其他藏区及相关地区的行政事务。这就是:吐蕃等处宣慰使司都元帅府,吐蕃等路宣慰使司都元帅府,乌思藏纳里速古鲁孙等三路宣慰使司都元帅府,后者的管辖范围就是今西藏地区,乌斯藏宣慰使无权管理其他两路

[①]《清实录》卷三八、卷四三"世宗实录";松筠《卫藏通志》卷二"疆域"条。张其勤原稿,吴丰培增辑《清代藏事辑要》(1),西藏人民出版社 1983 年版,第 109—110 页。中国藏学研究中心等编:《元以来西藏地方与中央政府关系档案史料汇编》(2),中国藏学出版社 1994 年版,第364 页。

的军政事务,他们各司其职,互不统属,而共同处在宣政院的管辖之下。①明朝时期,限于当时的政治势力,以及西藏地方的实际情形,明朝没有在西藏驻军和实施征税等各项措施,但是依然设立行政区划、封授官员、颁发印信,并通过使者往来,特别是经济上的茶马互市来密切西藏与中央政府的关系。衰弱的西藏地方各个政教势力,也程度不同的认可和接受了明朝的这种管理。在宗教上,明朝分封各个主要教派的首领为"法王",通过具有较大影响的地方政教势力来管理地方。今甘、青、川、滇等地藏族基本都不受西藏地方政权统治,而分别属于临近的各个省份,或者自成管理系统。藏区的行政区划应该是比较明确②,不应该有更多的歧异。

清朝时期,中央政府对西藏地方的管理加强,建立了一整套完善的管理体系和制度,西藏地方和其他藏区的区域划分十分明确,尽管曾经出现过许多争端,也采取过一些特殊的管理措施,但是藏区各省份的管辖权是完全明确的,西藏地方的噶厦政府无权管辖今甘、青、川、滇等地藏区。自从 20 世纪初期出现"西藏独立"的逆流以来,鼓吹"大西藏",实现分裂祖国的活动也开始在酝酿,虽然曾经嚣张一时,却始终也没有得逞。西藏的行政区划大致上从元代以来就一直保持了下来,辖区大小前后略微有变化,但是没有影响西藏和其他藏区各属不同行政区划的基本局面,西藏地方政府从未管辖及其他藏区的事务。

三、达赖集团搞"大西藏"居心何在

藏族是我国多民族大家庭中的优秀成员之一,在开发、建设和保卫祖国的西南边疆方面做出了不朽的贡献,西藏地方自远古以来就在血缘、族源、语言、经济、风俗文化等方面和祖国内地的汉族和其他民族发生了密切的联系,西藏自古就是中国的一个组成部分,尽管历史上存在

① 张云:《元代吐蕃地方行政体制研究》,中国社会科学出版社 1998 年版。
② 陈庆英、冯智:《藏族地区行政区划简说》,五洲出版社 1995 年版。

着统一和分裂,大一统和各个政权并立,存在着各个民族之间的联合统
治和分治,但是都无法割舍西藏和祖国内地的血肉联系。

青藏高原自古就是多民族的聚居地,藏族也是在融合各个民族的基
础上逐渐形成的,西藏的藏族和西藏地区的其他民族之间,长期以来形
成了水乳交融的局面;西藏地区的藏族和青藏高原地区的其他兄弟民族
也和睦相处;西藏地区的藏族和其他民族与青藏高原周边地区的各个民
族相濡以沫,和汉族之间在长期的历史发展进程中更结下了深厚的友
谊,可以说情同手足。达赖喇嘛为什么要制造一个历史上并不存在的
"大西藏"呢? 他要歪曲历史的用心究竟何在? 我们以下稍加分析。

1. 搞"大西藏"目的是为了制造"西藏独立"

达赖喇嘛制造历史上并不存在的"大西藏",主要的目的就是为了制
造"西藏独立",把中国藏族居住的地区从中国的版图中分裂出去。除了
吐蕃王朝时期,吐蕃的统治范围十分辽阔,一度占据青藏高原及其周边
广大地区之外,历史上就不存在一个包括今藏族居住的所有藏族的"大
西藏"的行政区划。元朝把当时主要以藏族为主的居住区划分三个
"路",由设在朝廷的总制院(后改为宣政院)来统一管辖。明代对西藏的
管辖虽然松散,但是也产生了积极的影响。清代时期,明确了西藏的行
政区划,此后相沿不断,为各个时代所承袭,就行政划分来说,应该是符
合实际需要的,也起到稳定一方、促进发展的作用。

20 世纪初期,在英国帝国主义的积极策动下,西藏地方的极少数分
裂势力开始出现,并利用当时特殊的国际国内形势,把"大西藏"的问题
推了出来。因此,所谓"大西藏"问题其实是以"西藏独立"为目的的。它
并不仅仅是改变行政区划的问题,而且是试图改变西藏地方历史地位的
问题。关于这一点达赖集团的言论已经有明确的表现,事实上,制造"西
藏独立"的活动过去有过,不成功,今天无论怎么努力,也是无法如愿的。
民国时期,在中国历史上一个纷乱时期,内忧外患相加,民族危机空前的
背景下,搞"西藏独立"也没有得逞,在今天无论多么猖獗,其最后都只能
以失败而告终。藏族人民不支持,全国人民不支持,国际上没有哪个政

府支持"西藏独立","西藏独立"的闹剧无法避免灭亡的下场。

2. 搞"大西藏"是为了煽动民族仇恨

目前在世界上,单一民族国家毕竟是极个别的例外,绝大多数都是多民族共同组成的国家,既然如此,多民族杂居就是一个十分普遍的问题,它是人类文化多样性形成的重要因素之一。那么,在多民族杂居地区,民族之间究竟是和睦相处好呢,还是相互仇视好? 一般人是不难给出正确的答案的。但是,令人十分费解的是,一向以和平宽容自居的达赖喇嘛,却大放厥词,肆意破坏中国青藏高原地区各个民族间相互和睦友好的关系,煽动极端的民族主义情绪,把其他民族视为藏族的敌人,刻意挑拨民族之间的不和与仇视,所谓的"大西藏"谬说,显然就包含了这个不良用心。历史的经验证明,视其他民族为仇雠的人,绝对不会为本民族谋得福祉,也无法赢得国际社会的最终认可。他们的这种行径不仅得不到中国境内汉族和其他各个少数民族认可,也得不到广大藏族同胞的认同,甚至也得不到国际社会爱好和平、主张民族平等的人民同情的。少数极端民族主义的妄想根本不可能实现。

中国实行民族平等团结的民族政策,在少数民族聚居区推行民族区域自治制度,数十年的实践取得了伟大的成功。尽管过去曾经出现过,将来也可能会出现这样和那样的问题,但是它的基础是牢固的,它的方向也是正确的,它体现了各个民族的利益,反映了各个民族和睦、平等和希望保持民族文化传统,不断求得发展的愿望。通过"大西藏"来煽动民族仇恨,并企图引发民族仇杀,同样最终注定要失败的。

3. 搞"大西藏"也是为了笼络流亡国外的各地藏族同胞

毫无疑义,其他藏区藏族和西藏藏族尽管在地域上、方言上,乃至文化习俗上存在某些差别,但是他们都是不能分割的藏族的组成部分,各个地区的藏族作为一个民族整体为创造中华民族历史的辉煌历史做出了巨大的贡献。没有人希望藏族分裂,也没有人能够阻止藏民族的团结进步,而且全国各族人民都在支持着西藏和其他藏区的发展进步事业。青海、四川、甘肃、云南地区的藏族都有自己形成与发展的历史过程,由于地理、历史、行政制度和习惯等各个方面的原因,这些地区的藏族分别属于不同的省份管辖,这个是自然的历史发展过程,并没有特别之处。但是,自从出现"西藏独立"问题以来,这一问题也被分裂主义者所利用,试图以民族为旗号,破坏国家领土完整,从事分裂祖国的阴谋。西藏和平解放以后,一方面,西藏地方上层一部分分裂势力积极拉拢其他藏区的部落首领和分裂分子组成更大的分裂集团。达赖喇嘛的经师赤江活佛在四川西部藏区的煽动性宣传就是其具体表现。另一方面,其他藏区的分裂分子也试图利用达赖喇嘛的政治地位和宗教威望,达到分裂祖国的目的。1957 年 7 月 4 日,反动组织"四水六岗"向达赖喇嘛献"金宝座",请求达赖喇嘛领导"四水六岗"地区,反对当地进行的民主改革①,最后铤而走险,则是它的具体体现。于是,西藏发生武装叛乱,既是民族分裂势力相互勾结的产物,又是他们重新联合的重要转折点。达赖集团在国外的分裂活动必须有一个旗号,"大西藏"就是其中之一。

流亡印度后,达赖集团内部存在着各种矛盾,较为突出的,如各个藏区贵族首领之间的矛盾、各个教派之间的矛盾、新老贵族之间的矛盾,以及达赖家族和其他贵族之间的矛盾,等等,这些矛盾都对达赖集团的分裂活动产生消极影响,为了消弭这些矛盾,团结各种分裂主义势力,在他们看来最有效的手法之一就是宣扬"大西藏"。达赖集团为此成立了许多组织②,进行了一系列分裂活动。这一旗号,从长远来看,是他们为了实现"西藏独立"目标服务的;从现实来看,又是他们联合各种势力,促成内部团结的应对措施。因此,尽管达赖喇嘛在西藏问题上提出过许多所谓的建议、计划和方案,前后都有变化,但是不变的一点就是主张"西藏独立"和变相独立。

---

① 西藏自治区党史资料征集委员会编:《中共西藏党史大事记(1949—1994)》,西藏人民出版社 1995 年版,第 76 页。

② 为了消弭内部矛盾,达赖集团相继建立了一系列所谓代表整个藏区的团体,诸如"西藏三区团结会"(1965 年成立)、"西藏青年大会"(1970 年成立)等,但是,同时也有像"藏民福利协会"(即"十三集团",1966 年成立)等不和谐的声音。

但是,历史事实是改变不了的,只要中国各个民族追求平等、团结、和睦的局面不会改变,中国经济发展、社会进步、国力日益增强的趋势不会改变,西藏和其他藏区经济发展、人民生活改善、社会稳定繁荣的势头不会改变。那么,达赖集团试图通过鼓吹"大西藏"来实现"西藏独立"的梦想也就永远不会实现。

原载拉巴平措、格勒主编《真实与谎言——西藏的民族宗教问题与文化发展》,署名"金旻",中国藏学出版社2004年版

二十三　再论西藏行政区划与"大西藏"问题

　　我们曾经就达赖集团提出的"大西藏"或"大藏区"问题进行过讨论，认定达赖集团提出这一问题别有用意，即试图通过"大西藏"来搞"西藏独立"。[①]　尽管他们变换花样，提出什么"高度自治"，或者"中观道路"，但是万变不离其宗，并没有走出"西藏独立"的构想。本文我们将从另一个角度简要分析，为什么中国政府没有也不能搞行政上的"大西藏"的问题。

一、历史上不存在一个作为地方行政区划的"大西藏"，因而建立"大西藏"这一行政建制缺乏历史依据

　　诚如大家所熟知的那样，在西藏和其他藏区的行政区划沿革史上，并不存在一个"大西藏"的政区。唐朝时期，吐蕃王朝是与唐朝并立的一个分治政权，它是由吐蕃联合居住在青藏高原及周边地区的各个民族、部落共同组成的多民族分治政权，当时不存在所谓"大西藏"的行政区划。吐蕃王朝灭亡以后，居住在青藏高原地区的吐蕃人和其他各族杂

[①] 张云：《"大西藏"与"西藏独立"梦想》，拉巴平措、格勒主编《真实与谎言——西藏的民族宗教问题与文化发展》，中国藏学出版社 2004 年版。

居,并无统一政权。蒙元时期,西藏地方纳入中央政府的行政管辖之下,元朝在西藏地方设立乌思藏纳里速古鲁孙三路都元帅府,亦即乌思藏宣慰司来管理西藏地方,而在其他藏区分别设立吐蕃等路宣慰使司都元帅府和吐蕃等处宣慰使司都元帅府,分别管理朵甘思和脱思麻地区。这三者并列,统属中央管理机构宣政院(初为总制院)。① 明朝时期,在西藏设立乌思藏卫指挥使司和俄力思军民元帅府,后升级为乌思藏都指挥使司。在朵甘思地区则设有朵甘指挥使司(后升为朵甘都指挥使司)。② 清朝雍正四年(1726 年),清朝中央政府针对西藏地方出现的政治动乱,直接调整西藏与周边川、滇、青等省区的行政区划,明确将久入四川版图的巴塘(今四川巴塘)等地划归四川,而将靠近中甸、原来属四川巴塘管辖的奔杂拉(奔子栏)、祁宗、喇普、维西、阿墩子等处划给云南管辖,使阿墩子与里塘、打箭炉(今四川康定)彼此犄角,控制康藏局势。③ 这一调整也形成有清一代管理西藏和其他藏区行政区划的基本格局。民国时期,尽管国难加剧,中国内部军阀混战不已,但是始终也没有出现一个"大西藏"的行政建制。因此,在今天要人为地建立这样的"大西藏"首先就缺乏历史依据。今天藏区的行政建制是漫长历史发展过程中形成的,有其合理性与科学性。至于"大西藏"的构想,实际就是"西姆拉会议"提出的内外藏划分的一种翻版,虽然时代变了,但是有些人的某些梦想并没有变,由此也可知,谈"大西藏"是手段,并非真正目的,所谓"醉翁之意不在酒"。

达赖集团及其国外个别人不尊重西藏历史事实,毫无根据地宣称"西藏自古是独立国家",歪曲元朝以来历代中央政府管理西藏地方的客观事实,甚至把中国共产党领导的中国人民解放军驱除帝国主义势力,恢复行使完全主权污蔑成侵略,那么,人为地制造一个并不存在的行政

---

① 宋濂等:《元史》卷八七百官三"宣政院",中华书局 1976 年版。
② 张廷玉等:《明史》卷三三一西域三"朵甘乌斯藏行都指挥使司",中华书局 1974 年版。
③《清世宗实录》卷三八,雍正三年十一月乙未(1725 年 12 月 5 日)条;卷四三,雍正四年四月癸亥(1726 年 5 月 2 日)条。

上的"大西藏"以为"西藏独立"张目,也就不是一件稀奇的事情了。要知道,即使在中国积弱积贫、内战不已的中华民国时期,也没有哪个国家承认西藏是独立国家,而不是中国领土的一个组成部分。在 1943 年美国政府给英国的一份外交备忘录中对其在西藏问题的立场做了如此表白:"就美国而言,美国政府深知中国政府一贯坚持对西藏地方拥有宗主权和中国宪法将西藏列入中华民国版图这一事实。美国政府对此从未提出过任何异议。"①就是当时侵藏最烈的英国殖民主义政府,尽管做了许多妨害中国统一的坏事,却也没有否认中国政府对西藏的"宗主权",既然如此,中国人民解放军进藏岂不成了中国自己"侵略"自己了么?天下哪有这样的逻辑?

二、中国实行的是符合中国民族历史发展特点和现实国情的民族区域自治制度,而非民族共和国联邦制,搞"大西藏"既不符合新中国的根本制度,也不利于民族团结

中国共产党人在用马克思主义理论指导中国民族问题实践中,并没有教条地照办一切,而是针对中国民族问题的实际,创造性地走出自己的发展道路,这就是民族区域自治制度。关于这一点周恩来总理讲得很清楚,他说:"在我国,不能死套斯大林提出的民族定义。那个定义指的是资本主义上升时代的民族,不能用它解释前资本主义时代各个社会阶段中发生的有关的复杂问题。尤其在我国,封建社会历史很长,汉族和非汉族的冲突斗争很多,这说明民族之间的界限是存在着的。""从通过《共同纲领》的时候起,我们就根据马列主义关于民族问题的一般原理和我国民族关系的实际情况,采取了民族区域自治政策。我们不主张民族分立,也没有采用联邦制。我们采取这样的政策,主张合,不主张分,是

---

① The United States of America, Department of State, Foreign Relations of the United States, Dilomaticaers, 1943, China, 630, The Department of State to the British Embassy, May 15, 1943. 谭·戈伦夫著,伍昆明、王宝玉译:《现代西藏的诞生》,中国藏学出版社 1990 年版,第 124—125 页。

适合我国的历史情况和社会环境的。"①中国民族的情况和前苏联完全不同,中国各个民族在长期历史发展过程中,形成了互相杂居,在政治、经济、文化、宗教信仰等方面,相互依赖、相互联系的局面,这和苏联广大地区为沙皇新征服徒弟的情形完全不同。另一方面,"在我国,汉族人口多,占的地方少,少数民族人口少,占的地方大,悬殊很大;俄罗斯人口多,但占的地方也大。中国如果采取联邦制,就会在各民族之间增加界墙,增加民族纠纷。因为我国许多少数民族同汉族长期共同聚居在一个地区,有些地区,如内蒙古、广西、云南等省区,汉族都占很大比重,若实行严格的单一民族的联邦制,很多人就要搬家,这对各民族的团结和发展都不利。"②

中国是一个多民族统一国家,中国民族早已形成一种小聚居、大杂居的分布格局,藏族居住区虽然相对集中一些,但是和其他各族杂居的情况也颇为明显,中央政府正是从各民族大团结的角度出发来确定自治民族行政区划的,因此,不可能从"分"的角度、完全按照民族类别来划分行政区划,建立行政管理区域,如果只照顾某一个民族的利益,而伤害到其他民族的利益,破坏在漫长历史发展过程中形成的相互杂居、和谐相处的局面,不仅不能有益于民族团结,反而会人为地制造出无数错综复杂的民族矛盾,这样做遭受破坏的不只是藏族,或者汉族,而是中国境内的各个民族,从而也就破坏了中华民族的根本利益。如果是这样,不仅中国各族人民不会这样做,事实上,世界上任何希望民族和睦的人,也都不会这样做。

青藏高原地区的情况大致也如此。历史上这里一直是多民族大杂居地区,在新中国建立初期,居住在青藏高原地区的仍然有十多个民族,他们同样是这里的开发者和主人,如果搞单一的藏族自治区,则必然要

---

① 周恩来:《民族区域自治有利于民族团结和共同进步》,周恩来在中国人民政治协商会议第二届全国委员会召开的关于建立广西壮族自治区问题座谈会上的讲话,1957年3月25日,见《周恩来与西藏》,中国藏学出版社1998年版,第155—165页。
② 同上。

让世代居住在这里的其他民族或者搬迁离开故土,或者影响到他们的政治权益。实行民族区域自治制度,既照顾到青藏高原上人数最多的藏民族的自治权利,同时又照顾到居住在青藏高原地区的其他各个民族的权利。在西藏周边的青海、四川、云南和甘肃等藏族聚居区,中央政府同样采取民族区域自治的政策,使这些地区的藏族的自治权得到充分的保障,从而从根本上消除了民族之间互相矛盾和冲突的基础。除了西藏自治区之外,国家建立的藏族自治地区还有:青海省的海北、黄南、海南、果洛、玉树几个藏族自治州和海西蒙古族藏族自治州,甘肃省的甘南藏族自治州和天祝藏族自治县,四川省的阿坝、甘孜两个自治州和木里藏族自治县,云南省的迪庆藏族自治州。

民族区域自治制度,是中国共产党和新中国解决民族问题所采取的一项根本制度,搞"大西藏"则是违背了这一基本制度,完全脱离实际地把藏族从各民族中孤立地独立出来,这样必然破坏青藏高原地区各民族友好相处的局面,导致民族矛盾和冲突的发生,最终也不利于藏族的团结与发展。如果现在倒退回去,放弃在中国推行了数十年的民族区域自治制度,而搞单一民族高度自治,或者民族联邦制,则中国各民族团结和睦的局面将遭受重创,并导致中国各民族的分裂和冲突,这是任何有良知的中国人都不愿意看到的。这不是藏族利益或者汉族利益的问题,而是全中国各民族共同利益的问题。

中国共产党人在中国历史上第一次把民族平等的原则贯彻到民族工作中去,切实保障包括藏族在内的各个少数民族的利益,在西藏地方推翻了落后的封建农奴制度,使百万农奴翻身得解放,实现了西藏历史上前所未有的伟大变革。尽管在社会主义建设实践中出现过一些偏差,特别是十年"文革",给全国各族人民造成了巨大的灾难,但是这些错误做法在拨乱反正和改革开放以后逐渐得到纠正。党的民族宗教政策得到恢复和贯彻,民族区域自治制度逐步完善和发展,应该说西藏的民族工作可能还会存在这样或那样的不足,但是把共产党的民族政策说成是民族压迫政策,或者汉族对藏族的压迫政策,毫无疑问是一种信口雌黄的歪曲和不怀善意的离间行为,没有任何事实依据。随着西藏经济的发展、社会的进步,民族团结的增强,民族区域自治制度在西藏和其他藏区必将焕发出无限的生命力,而试图以"大西藏"为幌子制造民族隔阂的不良用心,也很难再有什么市场,破坏中华民族团结的愿望也必定会落空。

三、从行政区划和管理角度来看,建立"大西藏"也不是一个明智的举措

影响行政区划划分的因素很多,主要包括自然地理、人口、经济和文化等因素,现在的西藏自治区是一个相对完整的地理单元,人口相对稀少,经济并不发达,但是文化独特,是一个以藏族为主的特殊地区,历史上一直在西藏建立行政区划进行管理。西藏地方面积 120 万平方公里,人口只有 261.63 万(2001 年第五次人口普查),按照行政区划的一些基本原则,西藏地方已经是一个地域辽阔的行政单元,是继新疆之后全国第二个面积巨大的行政区,如果再扩大其辖区范围,必然不利于行政管辖,同时必然增加管理层次,提高管理成本,并降低管理效率。这对于西藏的经济发展、社会稳定,以及人民物质和精神文化的提高都不是促进,相反还会产生消极的制约作用。

从交通的联系来看,目前西藏到阿里地区有两条道路,北路 1 760 公里,南路 1 190 公里;拉萨到昌都 1 211 公里。这些都在客观上增大了西藏地方因为行政区域辽阔而带来的管理上的高成本,大大增加了西藏的经济发展和社会稳定的难度。如果搞"大西藏"这样一个行政区划,则自然地理上西藏与四川、云南藏区和青海、甘肃藏区近 2 000 公里的路程,以及高山峡谷所造成的交往困难,必然使管理成本成倍增加,人为地增加制约西藏和其他藏区经济发展、社会文明进步的成本,乃至消极因素,搞"大西藏"这样一个行政建制,显然是一个并不明智的想法。

四、从经济联系来看,建立"大西藏"必然削弱藏区和其地区经济上的联系,使藏区在经济上陷入更加孤立的境地

由于自然地理、历史因素,以及西藏地方长期受封建农奴制和政教合一制度统治等影响,西藏和其他藏区经济长期处在落后状态,相对单一的经济形态也直接影响到区域经济迈上新的台阶,国家在西藏地方建立民族区域自治区,在其他藏区根据实际情况建立藏族自治州或自治县,既考虑到政治因素,同时也考虑到地区经济因素,目的是为了促进各该地区经济发展、民族团结和睦。如果建立一个由单一民族组成的"大西藏",就会使西藏与内地,及周边民族地区日常的大量联系减少,而且使联系的层次降低。

我们应该看到,藏区以游牧和传统农业为主,在经济上和内地存在巨大的互补性,相互依赖,相互补充,相互交流十分重要,商业贸易联系极为紧密。历史上的吐蕃丝绸之路(唐蕃古道)、茶马古道等等,无不反映出相互交流的客观需要。西藏和其他藏区只有加强和内地的经济联系,改变西藏地方经济单一和封闭的局面,才能为西藏的发展创造一个新的平台,才会在和内地及其他相邻地区的交往中增强自身的实力,步入快速发展的轨道。而建立单一民族的"大西藏",则不仅主观地分割了这种密切联系,人为地增加了西藏和藏区与内地之间的壁垒,直接影响到西藏经济发展的势头,而且也会对藏民族自身的发展,以及藏族与其他各个民族的关系产生消极的影响。

把民族因素作为划分行政区划的唯一标准,只是达赖集团方面的一厢情愿和不切合实际的幻想。事实上,西藏和其他藏区的根本问题同样是发展经济,提高人民物质和文化生活,促进社会文明进步的问题,而不是搞"大西藏",制造民族纠纷问题。

五、从民族文化交流的角度看,搞单一民族的"大西藏"只能增加民族交流壁垒和成本,而限制了民族之间的沟通与相互借鉴

中华民族之所以能够生生不息,中华文化之所以绵延不断,很重要一个原因是相互交流,互相借鉴,相互融合。没有各民族文化上密切交往和相互吸收,就不可能有今天多元一体的大好局面。作为个体民族也是如此,汉族是这样,藏族也是这样,其他兄弟民族同样是这样。

从历史的经验来看,民族之间的互相交往有利于消除民族之间的心理隔阂,促进民族之间的友好往来和融合。唐朝时期,吐蕃王朝不断向唐朝派遣使者,请求开展贸易,借鉴唐朝的先进文化与技术成果,为吐蕃自身的发展带来巨大的好处,唐蕃联姻,全面带动了双方经济、宗教、文化的交流与人员往来,密切了两地人民之间的关系,最后造成"叶和一家"的良好局面。

与此相反,历史上搞民族隔离政策都往往会增加民族之间的仇恨,引发民族矛盾与冲突,其最终也多以失败而告终,无法逃脱被历史潮流淹没的命运。元朝采取的把国内各族分为蒙古、色目、汉人、南人四等的做法,只能引起各族的反对,激化民族矛盾,为埋葬元王朝造就了掘墓人。

民族文化之间只有不断沟通、相互学习、相互借鉴才能消除隔膜,才能增加共识,只有消除壁垒才能获得新知,丰富自身,共同繁荣。藏族和汉族及其他民族有着上千年友好交往的历史,佛教最初是由尼泊尔和祖国内地相继传入西藏的,内地的科技、经典、物种和典章制度从唐朝开始就源源不断地传入西藏地区,打破了民族和文化上的心理壁垒。元朝以来,西藏地方纳入中央政府的行政管辖之下,两地开始更加密切地全方位交流,使双方形成你中有我、我中有你的局面。一些"西藏独立"论者往往无视或蔑视这些客观事实,无原则地夸大西藏文化的特殊性,以及藏族与汉族及其他民族文化的差异性,制造藏族和汉族之间的对立。建立行政区划上的"大西藏"主观上有联合国内藏族,壮大势力的用意,客

观上必然在藏族和高原地区其他兄弟民族之间制造矛盾与壁垒,这是包括藏族在内的各族都不乐于看到的局面。民族矛盾和分裂的制造者以制造民族仇视开始,最后也必然以此终结。而中华民族和睦,各民族文化相互沟通、交流不断加深的潮流则浩浩荡荡,一往无前。

六、从西藏和其他藏区民族区域自治制度实施数十年来的实践来看,这一制度,以及当前的行政区划有利于西藏和其他藏区的经济社会发展与文明进步,是一项切实可行的合理制度

和缺乏历史依据、不切合中国实情的"大西藏"设想相比,中国政府实行的民族区域自治制度体现了中国共产党人实现民族平等、构建各民族共同繁荣社会的美好理想,它借鉴了中国历史上各个民族友好相处的经验,并适应中国民族分布、民族关系的现实需要,是一项保障各族权益,维护各民族团结的根本制度。

1949 年 9 月,在中国人民政治协商会议上,根据中国共产党的建议,各民族、各党派代表共同协商决定,建立统一的多民族的中华人民共和国,并通过了《中国人民政治协商会议共同纲领》,这个纲领确定把民族区域自治确定为一项基本国策。其主要依据是:中国历史上长期存在着统一的多民族国家是历史依据;近代以来在反抗外来侵略斗争中形成的爱国主义精神,是政治基础;各民族大杂居、小聚居的人口分布格局,各地区资源条件和发展的差距相互补充,是现实条件等。根据这一基本原则确定民族区域自治的权力包括:自主管理本民族、本地区的内部事务;享有制定自治条例和单行条例的权力;使用和发展本民族语言文字;尊重和保障少数民族宗教信仰自由;保持或者改革本民族风俗习惯;自主安排、管理、发展经济建设事业;自主发展教育、科技、文化等社会事业等。[1] 这些政策充分有效地保护了少数民族当家作主的权利,以及发展经济、提高人民物质文化的权利,同时也尊重了少数民族继承发扬民族

---

[1] 中华人民共和国国务院新闻办公室:《中国的民族区域自治》,2005 年 2 月·北京。

文化传统,以及宗教信仰的权利。

通过这一政策的贯彻落实,解放前中国境内各民族之间相互隔阂,激烈冲突的问题得到解决,中国各民族之间的团结空前增强,包括西藏和其他藏区在内的少数民族地区的经济社会获得长足发展,人民物质文化水平有了较大提高,这是有目共睹的,也是在新中国实行民族区域自治制度的伟大实践中取得的。藏族是一个信仰佛教、心胸广阔的民族,他们热爱和平,珍惜和其他民族和睦相处、亲如一家的美好局面。那些口口声声责备中国政府,攻击中国民族政策的人,总是以"西藏人民的代表"自居,以西藏宗教文化的保护者自诩,事实上,他们只是十分孤立的一个小群体,历史上没有真正代表过西藏人民的利益,今天也只以此作为招牌,除了煽动"西藏独立",鼓动民族仇视,制造民族矛盾,污蔑中国的国际形象之外,何曾为西藏人民、为中国各民族的团结进步做一点好事?且不说所谓"大西藏"和"高度自治"背后隐含的不良用心,就这一主张来看,也并不符合中国民族发展的现实,不利于西藏和其他藏区的发展,不利于藏区的文明进步,也不利于中华民族的和睦相处和大团结,从而也缺乏任何现实可能性,只是一个不切合实际的幻想。

二十四　评"蒙古满洲非中国"说

在黎吉生的《西藏简史》(H. E. Richardson, *A Short History of Tibet: Tibet and its History*, New York Oxford 1962)和夏格巴的《西藏政治史》(W. D. Shakabpa, *Tibet, A Political History*. New Haven and London, Yale University Press 1967.)中,都把制造"西藏独立"作为其宗旨与目标。为了达到这一目的,他们采取了许多手法,其中之一就是宣称所谓"蒙古满洲非中国"说。因为他们无法改变元朝、清朝管理西藏地方的客观事实,只有在元朝和清朝统治者的民族身份上做文章。事实上,他们这一手法同样不能奏效,篡改历史只能被历史所抛弃,元朝和清朝是中国历史不可分割组成部分的事实,是任何人也不能改变的。

一、民族和国家是两个不同的概念,不可混同

正如学术界所公认的那样,在中国古籍中并没有用"民族"来指涉人群共同体的用法。中文的"民族"一词是在 1874 年左右才第一次出现,而且是由日文移植过来的,甚至直到 20 世纪初年的时候,这个词汇才开

始被广泛传播与运用。①

而英语中的被译作"民族"的"nation"一词,其含义也前后有所差异,葛林费尔德将 nation 这个字的含义划分五个阶段:(一)在罗马时代,nation 指的是一群从同一个地域来的外国人(a group of foreigners);(二)在中世纪的大学兴起以后,nation 的意义变成了一个意见的社群(a community of opinion);(三)接下来,nation 的意义又和教会委员会(church council)的参与者有了连结关系,而有了精英份子(an elite)的意涵;(四)在 16 世纪初期的英国,nation 的意义又有了变化,变为对具有主权之人民(a sovereign people)的指涉;以及(五)一直到其他的国家和人民也用 nation 这个字来指涉他们自己以后,nation 的指涉对象再度转变,成为一群独特之人民(a unique people)的意思。②

中文"民族"一词,系梁启超在 20 世纪初年(1903 年)把瑞士—德国政治理论家、法学家 J. K. 布伦奇利的民族概念介绍到中国以后,"民族"一词才在中国普遍使用起来。布伦奇利认为民族有八种特征:(1)其始也同居一地;(2)其始也同一血统;(3)同其肢体形状;(4)同其语言;(5)同其文字;(6)同其宗教;(7)同其风俗;(8)同其生计(经济)。孙中山在《民族主义》第一讲里指出形成民族的五个因素:第一血统、第二生活、第三语言、第四宗教、第五风俗习惯。可见,"民族"的概念,古今有差别,中外有歧义。③

汉语中"中国"的概念在不同的历史时期和不同的场合也存在较大差异。春秋时期的中国,主要指黄河中下游地区,以后逐步扩大到长江流域、珠江流域,并且包括了少数民族建立的政权。例如匈奴等民族建

---

① 沈松桥:《我以我血荐轩辕:黄帝神话和晚清的国族建构》,《台湾社会研究季刊》28:1—77,1997,3;陈奕麟:《解构中国性:论族群意识作为文化作为认同之暧昧不明》,《台湾社会研究》33 民 88. 03,页 103—131;Gladney:Ethnic Diversity in China:Recognition and Resistance,Asian Studies 469,Spring 1997,85;《维基百科全书》"民族"。
② Greenfeld, Liah:*Nationalism-Five Roads to Modernity*(Harvard University Press),4—9,1992;《维基百科全书》"民族"。
③《中国大百科全书》"民族"条,中国大百科全书出版社 1986 年版,第 302 页。

立的十六国,鲜卑人建立的北魏,到唐朝时已经被认为是中国的一部分了。从史实来看,古代中国更多的是一种地域和文化的概念。《诗经·民牢》注:"中国,京师也。"《史记·武帝本纪》曰:"天下名山八,而三在蛮夷,五在中国",系指汉民族直接统治的地区;《三国志》称:"若能以吴越之众与中国抗衡,不如早与之绝",指中原地区。

可见,不仅"民族"和"国家"的概念存在差别,不能混同,而且现在的"中国"和古代"中国"概念有分别,不能用近现代的中国套用古代概念中的"中国",它们之间有联系,有区别。元朝不等于"蒙古人的国家",而是以蒙古族贵族为主、联合汉族和其他各民族共同建立的中央政权;而清朝也不等于"满族的国家",它是满族、汉族和其他各族统治者联合建立的中央政权。在两者政权中,以汉族为主体的各族人民和以儒家为核心的中原传统文化都发挥着十分重要的凝聚作用,包括蒙古、满族、藏族、维吾尔在内的全国各族人民及其文化都扮演了极为重要的角色。仅仅依靠统治者的民族属性来判断否认元朝和清朝与传统"中国"的关系,无疑是简单粗暴而缺乏根据的。

二、中国自古就是一个多民族统一国家

中国是一个多民族统一国家,在中国境内生活着 56 个民族,各个民族在中国历史的发展进程中都发挥了积极而重要的作用。除了以汉族为主的历代中原王朝之外,边疆少数民族如蒙古族、满族先后入主中原,建立了中国历史上十分重要的两个中央王朝:元朝和清朝,而在历史上边疆少数民族曾经建立许多具有重大历史影响的分治政权,诸如北方地区历史上的汉魏时代的匈奴政权、鲜卑政权,唐朝的突厥汗国、回纥汗国,宋朝时期的辽、西夏及唐吐蕃政权等。

中国人自远古就出现了统一思想的萌芽,并在历史发展过程中逐渐成为全国人民共识。三皇、五帝都是为华夏族的发展做出巨大贡献的人,也都是上古时代国家统一的象征性人物。在春秋战国时期,统一问

题依然是社会关注的重大问题。《诗经·小雅·北山》中的"溥天之下，莫非王土;率土之滨，莫非王臣"。《孟子》记载梁惠王问孟子:"天下恶乎定?"孟子回答说:"定于一。"王又问:"孰能一之?"孟子回答说:"不嗜杀人者能一之。"①"一"就是"统一"。秦始皇统一中国，实际上反映了那个时代普遍的愿望。

中国的统一，不仅是中原地区的统一，也不只是地理上的统一，还包括边疆兄弟民族地区的统一，还包括文化上的统一。"中国"一词的含义，也随着时代的演变赋予新的内涵，即不只为中原汉族所独享，边疆地区少数民族政权，同样也自称为"中国"。这个变化出现在汉朝以后，"中国"一词语义中的民族意义削弱，地理和政治意义加强。少数民族入主中原之后便以中国自居，如鲜卑人建立的北魏自称中国，将南朝叫作岛夷;同时汉族建立的南朝虽然迁离了中原，仍以中国自居，称北朝为索虏、北魏为魏虏。到辽宋和金宋对峙时期，"中国"一词的政治意义明显突出:辽与北宋、金与南宋彼此都曾自称中国，且一度互不承认对方是中国。

由于"中国"主要是地理、文化和政治概念，所以和民族的关系甚小。历史上夏商周三代无不出自"蛮夷戎狄"，华夏族本身就是夷夏不断融合的产物。魏晋南北朝时期，匈奴人刘渊建立后汉政权，即认汉高祖刘邦为太祖，宣称:"昔我太祖高皇帝(刘邦)以神武应期，廓开大业。""吾又汉氏之甥，约为兄弟，兄亡而弟绍，不亦可乎。"②夏政权的建立者匈奴人赫勃勃也说:"朕大禹之后，……今将应运而兴，复大禹之业。"③五代时吴越王钱镠临终时要子孙"善事中国"，此"中国"是指沙陀族在中原建立的后唐。五代有三代(后唐、后晋、后汉)是少数民族建立的，新旧《五代史》都把他们视为正统，而把南方汉人政权放在次要地位，只称梁、唐、晋、汉、周为中国，却不称南方立国的各汉族政权为中国，欧阳修在《新五代史·

---

① 《孟子·梁惠王上》。
② 《晋书·刘元海载记》。
③ 《晋书·赫连勃勃载记》。

十国世家年谱》言"十国非中国之有也"。南宋时，女真控制中原地区，陈亮在上孝宗书中说，不能"置中国于度外"，要经营荆襄"争衡于中国"，前者指中原地区，后者指占据中原的金国，因此中国不仅是汉族的中国，也是各族人民的中国。①

诚如著名学者张岱年先生所说的那样："中华民族是一个多元融合的统一体，其中人数最多的是汉族。与汉族和睦共处的有 50 多个少数民族。而汉族本身也是历史上许多族融合而成的。汉族的前身是华夏族，在春秋时期，华夏族与戎狄等族逐渐融合；其后经过魏晋南北朝时代，又与匈奴、鲜卑、氐、羌等族融合而成为汉族。在宋元明清时代，汉族又与契丹、女真等族结合；进入 20 世纪，汉族与满、蒙、维吾尔、苗、藏、彝、壮等等少数民族汇合而为中华民族。""中华民族包括 50 多个民族，但中国文化却是统一的。中国文化是中国各民族共同创造的，也涵盖着众多民族，而具有统一的民族心理。中华民族精神是中华民族凝聚力的思想基础。"国家的统一是中国传统政治所追求的最高目标，交流与融合是中华民族形成的主要渠道，统一的文化和统一的民族心理是中华民族凝聚力最深厚的基础。以元朝、清朝非汉族所建立政权而把他们排除在中国历史之外，缺乏历史常识，也有悖于中国历史文化传统。

三、中国文化是多民族文化组成的，具有巨大的包容性和亲和力

中国有俗语说："海纳百川，有容乃大。"所谓"百川"实际指的就是"不同"，而"纳"字就是吸纳，也就是"和"。中国文化之所以能够绵延五千年，生生不息地存在着，与中华文化巨大的包容性，也就是"和而不同"的思想有着密切的关系。西周末年，郑国的史伯就提出了"和实生物，同则不继"②的思想。春秋末期，齐国的晏婴也比喻说："若以水济水，谁能

---

① 《维基百科全书》"中国"。
② 《国语·周语》。

食之？若琴瑟之专一，谁能听之？同之不可也如是。"①孔子以认为"君子和而不同，小人同而不和"②。

"中国传统文化思想的一大特征，是讲平衡和谐，讲人己关系，提倡天人合一。刻写在山东孔庙大成殿上的'中和位育'四个字，可以说代表了儒家文化的精髓，成为中国人代代相传的基本价值取向。""这个'和为贵'的观念，是中国社会内部结构各种社会关系的基本出发点。在与异民族相处时，把这种'和'的观念置于具体的民族关系中，出现了'和而不同'的理念，这一点与西方的民族观念很不相同。"③历史发展和不同民族之间交流充满了矛盾和曲折，在如何解决这些矛盾的问题，中国传统思想中的"和而不同"提出了一个很好的出路。中国传统政治和文化讲究统一，但是却不追求消除差别，承认文化的多样性。在中国历史的鼎盛时代，都曾经出现过既统一又多样的情形：政治上，汉唐时代在内地实现统一行政管辖，却在边疆实施属国制度和羁縻政策；在文化上提倡儒家的主导地位，同时却积极吸纳外来文化，唐朝更出现儒、道、释共荣的局面。不仅以汉族为主体的中原文化如此，我国其他兄弟民族在和汉族和其他民族的交往中，也具有了"和而不同"的思想。元朝初年，忽必烈皇帝鉴于西藏地方教派多样的情形，曾试下令禁止其他教派传播，而独尊萨迦一派教法，后来为萨迦法主八思巴所劝阻。④ 从而为西藏地方其他教派的存在和发展，形成各教派互动共荣提供了良好的条件。中华文化的亲和力和包容性，造就了中华文化的深厚博大与宽广，它是中华民族形成多元一体格局，以及中华民族生生不息，能够经受各种考验的最重要的因素之一，也是中华文化优良品质之一。

以蒙古、满族非汉族，他们所建立的元朝、清朝即非中国这种狭隘和偏私的见解，和中华文化博大宽广的胸襟和高远的视角相比，岂只是天

---

① 《左传·昭公二十年》。
② 《论语·子路》。
③ 费孝通：《论"和而不同"》，《人民日报海外版》，2000年11月15日第3版。
④ 阿旺贡噶索南：《萨迦世系史》，藏文本，民族出版社1986年版，第160页。

壤之别!

四、元朝的蒙古皇帝和清朝的满族统治者都以华夏正统自居，从未自外于中国

元朝是由入主中原的少数民族——蒙古族联合汉族和其他兄弟民族共同建立的大一统中央政权，元朝时期中国的疆域和版图达到前所未有的地步，对中国历史乃至世界历史的发展都产生了深刻的影响。同时元朝统治者也实行了一些受到后世指责的政策，民族歧视政策即是突出的一条。不管元朝的蒙古族统治者如何努力保持大蒙古国时代的制度和游牧文化传统，但是要成为华夷共主，必须在文化上继承中原的文化传统，并以中原合法正统的继承者自命。这在忽必烈《中统建元诏》中反映得十分明确，该诏称："稽列圣之洪规，讲前代之定制，建元表岁，示人君万世之传；纪时书王，见天下一家之义。法《春秋》之正始，体大《易》之乾元。炳焕皇猷，权舆治道。可自庚申年五月十九日，建号为中统元年"[1]其中道理就像当时的翰林学士徐世隆所说的那样，欲"帝中国，当行中国事"[2]。至元八年（1271 年），元朝灭南宋，统一全国后，元世祖忽必烈因耆宿刘秉忠等之请，按照儒家经典《易经》中"大哉乾元"之意，建国号曰"大元"。

元文宗时官修的《经世大典》更明确地指出："我国家之有天下也，上配邃古之圣神，继天立极，非若后世之兴者也。尧以唐侯兴，虞夏禅殷周，由契稷起，盖有所因而进者也。三代而下，莫盛于汉、唐、宋。汉起亭长，则已微矣。唐起晋阳之谋，宋因陈桥之变，得国之故，其亦未尽善者乎？其余纷然。窃据一隅，妄立名字，以相侵夺，历年不多者，何足算哉！自古有国家者，未若我朝之盛大者矣，盖闻世祖皇帝，初易大蒙古之号而为大元也，以为昔之有国者，或以所起之地，或因所受之封，为不足法也，

---

① 《元文类》卷九《中统建元诏》。
② 《元朝名臣事略》卷一二《太常徐公》；《元史》卷一六〇《徐世隆传》。

故谓之元焉。元也者,大也。大不足以尽之,而谓之元者,大之至也。"①

清朝统治者同样十分重视作为中原人口众多的汉族及传统文化的学习,康熙皇帝本人就深爱汉族文化,对儒家经典和历史著作中的治国方略兴趣尤其浓厚。他在十五年内通过经筵日讲的方式系统地学习了"四书"、《尚书》、《通鉴纲目》、《通鉴》等儒家经典和历史著作,他把孔孟之道和程朱理学作为官方正统思想加以推崇。铲除鳌拜集团后,为了笼络汉族官吏、士大夫,他改"内三院"为内阁,设翰林院,宣布恢复八股文取士制度;宣扬"满汉一体",划一满汉官员的品级,把满汉官员的其他待遇也等同起来;承认清朝对明朝的继承关系,下令对明皇陵和王墓一律加以保护,并多次祭拜明孝陵。康熙十七年(1678年),他命令开设"博学鸿儒科",网络社会上的硕彦鸿儒入馆编修《明史》。康熙三十八年(1699年),康熙帝第三次南巡到南京,他了解到明末遗民以明孝陵为象征进行反清活动,不仅未加禁止,反而亲自到明孝陵祭奠,特地书写了"治隆唐宋"四个大字,评价明太祖朱元璋统一全国的功勋超过了唐宗宋祖,并立石纪念。康熙帝强调理学的君臣、父子,以君臣关系驳斥前人所谓的"华夷之辨"。雍正帝亲撰《大义觉迷录》一书,提出"有德者可得天下大统"的观点:"夫天地以仁爱为心,以覆载无私为量,是以德在内近者则大统集于内近,德在外远者则大统集于外远。……上天厌弃内地无有德者,方眷命我外夷为内地主。"雍正帝认为,"本朝之为满洲,犹中国之有籍贯"。② "我朝肇基东海之滨,统一诸国,君临天下。所承之统,尧舜以来中外一家之统也;所用之人,大小文武中外一家之人也;所行之政,礼乐征伐中外一家之政也。内而直隶各省臣民,外而蒙古极边诸部落……孟子曰:'舜,东夷之人也;文王,西夷之人也。'舜,古之帝圣帝,孟子以为夷;文王,周室受命之祖,孟子为周之臣子,亦以文王夷,然则'夷'之字样,不过方域之名,自古圣贤不以为讳也。……夫满汉名色,犹直隶之各

①《元文类》卷四〇《经世大典序录·帝号》。
②《大义觉迷录》卷一。

有籍贯,并非中外之分别也。"①

清朝统治者很看中罗贯中的《三国演义》,曾派人同《四书》一起译成满文,并对作为"忠"、"义"化身的关羽大加赞扬。1791年,在清军剿灭入侵廓尔喀人的过程中,据说出现许多护佑清兵的异常现象,清军将士认为这是关圣大帝显灵保佑,因此在拉萨、日喀则、江孜、定日和工布江达等地建起关帝庙以为供奉。其中由福康安主持修建的拉萨关帝庙,修建在磨盘山上,大殿内塑有关羽、周仓和关平的像,庙前房檐下悬挂有数十块匾额,其中正匾题字为乾隆皇帝御笔。

不论是建立元朝的蒙古族统治者,还是建立清朝的满族统治者,他们都始终把自己作为中国王朝的合法继承者,从来没有自外于中国。尽管元朝和清朝都存在有民族统治的特征,但是本质上是各族统治者联合统治政权。岳飞是抗金英雄,而建立清王朝的满族人正是金人后裔。然而,清朝政府清初顺治年间就有政府官员出资修建岳墓。康熙、雍正、乾隆三朝清政府地方官员屡次修建岳庙。其中雍正九年(1731年),浙江总督李卫重修岳庙,并在庙前建石牌坊额题"碧血丹心",褒扬岳飞的民族精神。在文化上走"汉化"或者"儒化"之路,是元朝和清朝共同的特征,这是为了继承中华正统,以及统治在人口上占绝大多数的中原地区所必要的,也是吸收汉族文化以巩固政权,推动经济社会稳定发展所必须的途径。

五、元朝和清朝这两个政权得到包括汉族、藏族在内的各个民族的承认

在汉族历史上,曾经流传过所谓的"尊王攘夷"的思想,但是它并不居主导地位,而且随着时代的发展而发生变化。早在春秋战国时期就出现了用文化来划分"夷"、"夏"的观点,孔子作《春秋》曰:"夷狄入中国,则中国之,中国入夷狄,则夷狄之。"经过魏晋南北朝的民族大融合,唐朝时

①《清世宗实录》卷一三〇。

期,统治者对汉族和少数民族的关系的认识更进一步。唐太宗宣称"天之生人,本无蕃汉之别"①;强调"自古皆贵中华,贱夷狄,朕独爱之如一"②。"诸侯用夷礼则夷之,进于中国则中国之。"③作为少数民族统治者的清朝雍正皇帝一再主张不能"有华夷中外之分"④,可见,在存在"夷夏之辨"的同时,"夷夏无别"也是古代中国的基本传统思想,而划分的标准即是文化。

何炳棣先生指出:"强调元朝、清朝是外来的统治,这一点是用现代的民族主义眼光提出来的。从先秦以来.中国人鲜明地区分'中国'或'华夏',与'夷狄',这当然是事实,但是这种区分是从文化上来强调的,不是从种族上来强调的。中国人历来的传统看法是,有三种生灵:华夏、夷狄、禽兽。华夏当然最开化,其次是夷狄,禽兽则完全未开化。蒙古人和满人征服了中国的时候,他们早已在很大程度接受了中国文化。他们在政治上统治中国,中国在文化上统治他们。中国人最关切的是中国文化和文明的继续和统一,而蒙古人和满人并未使之明显中断或改变。所以在传统上,中国人认为,元代和清朝,只不过是中国历史上前后相继的许多朝代之中的两个朝代而已。这一点可以从官修的各朝历史看出来。例如,明朝在一定意义上代表着反元的民族革命,可是明朝官修的《元史》,把元朝看作是继承纯是中国人的宋朝正统的朝代。同样,在黄宗羲(1610—1695年)编著的《宋元学案》中。并没有从道德上訾议诸如许衡(1209—1281年)、吴澄(1249—1333年)这些学者,他们虽是汉人,却在元朝做了高官,而黄宗羲本人则是最有民族气节的反满的学者之一。民国也有一部官修的《清史稿》,把清朝看作继承明朝正统的朝代。……就传统的观点而论,元朝、清朝正如其他朝代一样,都是'正统'。人们或许说中国人缺乏民族主义,但是我认为这正是要害。中国人缺乏民族主义

---

① 《李卫公问对》卷中。
② 《资治通鉴》卷一九八,太宗贞观二十一年。
③ 《韩昌黎文集》卷一《原道》。
④ 《大义觉迷录》卷一。

是因为他们惯于从天下即世界的范围看问题。"①

不仅元朝的蒙古族、汉族承认元朝,清朝的满族、汉族承认清朝的统治的合法性,当时境内的其他各兄弟都予以承认。以西藏地方为例,元朝西藏地方纳入元朝中央政府的行政管辖之下以后,在西藏地方思想界出现了以八思巴为代表的维护元朝大一统局面,并提出大一统思想的集团。在元末明初的一些藏文历史著作中,更直接提出了藏、汉、蒙古和门巴等是一母所生亲兄弟的民族起源说法,②表现出当时西藏地方和藏族对蒙古统治者作为中央王朝的合法统治者的认定与拥戴。

六、古今中外的没有人否认元朝和清朝是中国历史的一部分, "蒙古满洲非中国"是分裂主义分子别有用心的

在中国历史研究中,如果不是仅仅从民族角度出发来看待历史,如果能够客观地尊重历史事实,就不难在这个问题上得出正确认识。古今中外所有严肃的学者,没有人否定元朝和清朝是中国历史不可分割的组成部分。在历史上,特别是重大变革时期,中国内地一少部分汉族民族主义思想家曾经对元朝和清朝的统治,从民族角度进行过猛烈地抨击或者极端地指责,其用意主要是对这两个历史时期某些民族压迫政策的强烈不满,以及唤起汉族反对异民族统治的意识,但是却没有否认这两个朝代是中国历史的组成部分。在学术界还曾经出现过"外族非中国民族"论,认为秦汉时的匈奴,两晋两北朝时的五胡,隋唐时的突厥、回纥、吐蕃,两宋时的辽金夏蒙古,明朝时的后金及满洲人,是非汉族的外族,他们所建立的政权就非中国。这种说法完全从狭隘的汉族的立场去看问题,既不符合历史实际,也明显具有极端民族主义的思想。另外一种

---

① 何炳棣:《我对汉化问题的再思考:对罗斯基"再观清代"一文的答复》(Ping-ti Ho, In Defense of Sinicization: A Rebuttal of Evelyn Rawski's "Reenvisioning the Qing", in: *Journal of Asian Studies* 57, Nr. 1 (1998), 123 - 155.)
② 张云:《元朝西藏地方的政治一统与民族认同——以八思巴及其所著"彰所知论"为中心》,王尧主编《贤者新宴》第 3 辑,河北教育出版社 2003 年版。

"外族非中国"论,则把文化作为标准,接受中国文化,即为中国,这种说法则可作为学术界的一种认识,这种观点同样认为,接受中国文化的吐蕃、回纥、突厥和后来的蒙古、满族等属于"中国"的一个组成部分。

制造"满蒙非中国说"并非出于历史依据,也并非关注学术问题,而从本质上说是一种险恶的政治企图。当年的图谋吞并中国领土的日本帝国主义者就在这个问题上下功夫,制造中国分裂,最终达到灭亡中国的目的。国外反华势力和达赖集团的代言人们又在这个问题上没有依据的立论上做文章,为了说明西藏自古是独立的,或者在元朝和清朝时期不归中国管辖,就肆意歪曲历史。过去的"满蒙非中国"论者没有达到分裂中国的目的,今天的后继者的阴谋同样也不能得逞,只要中国各民族相互团结,只要中国稳定发展,中华民族的凝聚力只会更为加强,这都是不以分裂者的意志为转移的。

二十五　评夏格巴的《藏区政治史》一书

夏格巴的《藏区政治史》是在国际藏学界很有影响的一本书，它是由流亡在国外的分裂主义分子撰写的、极力制造"西藏独立"的一部书，曾经产生过很大的消极影响，同时也给西藏历史学界带来许多值得思考的问题。这本书初版至今已经有 35 年时间，增补本的刊行也过去了 26 个年头，在国内外广泛流传，遭到学者们的有力批判，但至今余毒仍在。如何深入地剖析和评价本书，清楚地看到其发挥影响的内在原因，并揭示其反动本质所在，是我们不能回避的工作，也是藏史学者义不容辞的责任。本文试图在这一方面略做探讨，从而使相关问题的研究深入一步。错谬之处，尚请识者指正。

一、夏格巴其人

1. 出身及其早年活动

夏格巴全名夏格巴·旺秋德丹（Zhwa sgab pa dbang phyug bde ldan，1907—1989 年），出生在一个西藏贵族家庭。曾经担任过噶厦政府的孜本（rtsis dpon）。1939 年 10 月，作为随从官员前往那曲，参加了迎接十四世达赖喇嘛灵童进藏的工作。

夏格巴自称自己从小喜欢阅读历史、教法史、名人传记、《格萨尔王传》等，尤其喜欢历史书籍。从 30 岁那年，接受叔父的影响，开始从事西藏政治史的资料收集和研究工作，历时 30 年。1946 年 1 月，他和家人到印度、尼泊尔朝圣，在孟买参加了有尼赫鲁等人演讲的当地群众集会，回到拉萨后，他极力鼓动西藏上层要抓住机会，开展独立活动，争取和相关国家建立联系，造成"西藏独立"的事实。①

1947 年 10 月，噶厦政府派出旨在从事"西藏独立"活动的所谓"商务考察团"到世界各地游说，希望英、美等国承认西藏是一个"独立国家"，夏格巴则是这个"考察团"的团长。但是，根据 1945—1948 年担任英属印度派驻锡金行政长官阿瑟·J. 霍普金森（Arthur J. Hopkinson）的看法，这个使团的唯一目的就是去买金子和白银。这是夏格巴一年多来一直想办成的一件大事——主要是"为了寻欢作乐"。同时出游各国也是当时富商邦达仓的主意。它又和新独立的印度政府总理尼赫鲁的想法不谋而合，当时的一印度官员就告诉美国大使说："在他们看来，使团出使的唯一目的是代表们为自己捞一把，他们关心的是把能够买到的黄金再设法从西藏抛回印度，以看涨的有利价格在黑市上倒卖出去。"②

他们首先前往印度，在那里拜会印度圣雄甘地和总理尼赫鲁。为了获得出国活动的护照，他们从印度出发，经过香港、上海，于 1948 年 1 月 31 日，到达国民政府首都南京，希望获得护照。中央政府不反对代表外出考察，但是必须持合法护照。国民政府外交部认为该团的任务可能有：想在国际间表示"西藏独立"的身份；想不受中国中央政府限制与各国自由交往；想争取英国美国等的帮助。便没有给这个代表团签发护照。由美国驻香港总领事在他们的旅行证明上签字，从而使这个代表团在 1948 年 6 月来到美国。经过中国驻美大使顾维钧的交涉，美国表示向来承认中国在西藏的主权，只是在一张旅行证明上签字，没有损害中

---

① 夏格巴：《藏区政治史》前言，藏文本上册第 2—13 页；汉译本第 4—10 页。
② 谭·格伦夫著，伍昆明、王宝玉译：《现代西藏的诞生》，中国藏学出版社 1990 年版，第 130 页。

国对西藏的主权完整。代表团在顾维钧的带领下拜会了美国国务卿马歇尔；在伦敦活动后，经过法国、瑞士、意大利、埃及和印度返回西藏。

这个代表团在外交上的努力没有取得任何成就，夏格巴的叙述完全是自己捏造的谎言，连英国政府都明确表示，英国将把这个代表团作为"一件私人商业事务，不具任何官方意义"。他们在瑞士等活动莫不如此。美国同样没有因此而改变西藏是中国一个省份的立场。① 他们一路上及时向噶厦汇报自己的行踪和活动情况，并听取指示。回到拉萨后，他们把"商务考察团"的全部活动情况写成书面材料，通过噶厦报告给摄政达扎活佛，并在西藏会议核心扩大会上传达。② 除了个人利益得到满足外，商务代表团的其他活动没有什么大的意义。

1950 年，当人民解放军做好进军西藏部署的同时，要求西藏地方政府派员前来北京谈判和平解放西藏的问题。噶厦则派遣夏格巴和孜恰列空（rtse phyag las khungs，布达拉宫物资局）堪穷土登杰布（thub bstan rgyal po）作为代表前往北京，向"中国共产党当局解释与说明独立"的立场，夏格巴在印度同中国驻印大使袁仲贤会晤过三次，未能取得一致。夏格巴等人关于"西藏独立"的要求既遭到中央政府坚决反对，也没有得到印度政府的支持，只能以破灭而告终。1951 年，《中央人民政府和西藏地方政府有关和平解放西藏办法的协议》签定以后，西藏和平解放，夏格巴坚持其搞分裂的反动立场，留在印度继续从事制造"西藏独立"活动。

2. 流亡外国时期的分裂活动

来到印度后，住在噶伦堡的夏格巴，收到拉萨发来的电报，内容是递交给联合国的呈文，经过夏格巴修改后即发送给当时的联合国秘书长哈马舍尔德和英、美等国。与此同时，也开始了他的旨在歪曲西藏地方和历代中国中央政府关系的《西藏政治史》的撰写活动，此外，依然积极参

---

① 谭·格伦夫著，伍昆明、王宝玉译：《现代西藏的诞生》，中国藏学出版社 1990 年版，第 130—133 页。
② 夏格巴：《藏区政治史》前言，藏文本下册第 392—405 页；汉译本下册第 221—227 页。

与分裂西藏的社会活动。

1956年，十四世达赖喇嘛和十世班禅大师应印度政府和菩提大会的邀请，经过中央政府同意，参加了在印度举行的纪念释迦牟尼佛圆寂2500周年大会。根据夏格巴本人的说法，在他拜见达赖喇嘛并试图劝说其以避难为由逃亡国外时，达赖喇嘛鼓励他把这本《西藏政治史》写完。

1959年，西藏上层贵族武装叛乱失败，大批受挟裹和蒙骗的藏胞随着叛乱分子一起逃往印度、尼泊尔和不丹，这时达赖喇嘛任命夏格巴为驻德里的代表，组织"西藏福利会"，负责所谓"外交和安排投奔者们的生计、定居和学习等方面的工作"。1959年底，又受命与达赖喇嘛的哥哥嘉乐顿珠（rgya lo don grub）、三都仁钦（sa vdu rin chen）一起作为代表经过英国伦敦前往美国纽约，敦请联合国召开会议来讨论"西藏问题"，继续他分裂祖国的活动。

3. 为制造"西藏独立"而写作

夏格巴把写作这本书的缘起追溯到1931年他的叔父赤门巴·诺布旺杰（khri smon pa nor bu wang rgyal）的嘱托。用他自己的话来说，他的叔父曾经作为西姆拉会谈西藏方面全权代表司伦夏扎·班觉多吉的助手参加了这次会谈，并且把"作为第一手资料使用的全部文件的整理草稿及证明文件的抄件，草约、地图等重要文件"交给了他本人，嘱咐他："要仔细地研究和学习这些文件，然后写一部《藏区政治史》，这对藏人是一件功德无量的事。"（夏格巴书前言）夏格巴铭记住了叔父的教导，并在后来完成了这部著作的撰写工作。

夏格巴写作本书的目的，是为了让"对藏族历史素有印象的友邻国家和各国读者准确无误地了解藏区的政治情况，特别是能对旅居外地和留驻本土的藏族年轻一代明白自己的历史，从而走向恢复独立之路时起到引路作用"。也就是怀着制造"西藏独立"的愿望，为实现"西藏独立"的目标而写作的。对此，他在本书的最后作出了更为明确地表白："读者们如果从头至尾很好地研究了这本书，毫无疑问会清楚地了解西藏的政治状况。但是，具有爱国精神、正在成长的青年们仅仅了解政治史还是不够的。要与实际情况结合,要发扬不屈挠的精神,一步一步地迈出独立的实际步伐。"一句话,撰写历史书是假,而煽动西藏青年步他们少数人的后尘,走上背叛祖国、制造分裂的道路是真。

二、《藏区政治史》的产生背景、版本、流传与社会影响

1. 本书产生的背景

（1）国际背景

夏格巴撰写《西藏政治史》自然不仅仅是为了研究西藏历史,撰写本书有着比较复杂的原因,国际背景是其中的一个因素。当时国际上存在着意识形态领域的激烈对抗,以美国为首的资本主义阵营和以苏联为首的社会主义阵营开始了长期的经济、军事等领域的竞争与对立。在这样的背景下,美国等西方国家就一直在酝酿着扼杀社会主义中国的阴谋。西藏地方的一小撮分裂主义势力,就幻想通过为美国所控制的联合国来使西藏问题国际化。在 1959 年武装叛乱失败之后,大批藏胞随着达赖集团逃亡国外,产生了较大的国际影响,也促使更多的国家和个人关注"西藏问题"。最直接的因素就要向联合国说明西藏为什么是"独立"的问题,在这样的国际背景下,夏格巴就撰写了这本意图鲜明的《西藏政治史》一书。

（2）国内背景

国内背景也是夏格巴撰写本书的一个重要因素。1951 年,西藏和平解放以后,西藏的历史进入了新纪元。一方面,1959 年平定叛乱之后,开始了民主改革,推翻了严重阻碍生产力发展、愚昧落后的封建农奴制度,使百万农奴翻身获得解放,成为国家的主人;1965 年,西藏自治区成立,西藏的经济建设和各项事业取得前所未有的进展。被推翻的封建农奴主阶级自然不会善罢甘休,试图通过制造"西藏独立"来夺回自己失去的天堂。另一方面,我们工作中出现的一些失误,成为分裂主义分子借以攻击的口实,比如先后发生的"大跃进"和"反右"扩大化,以及导致国家

走向崩溃边沿的十年"文革",社会经济、政治生活中出现了各种困难与问题。夏格巴撰写本书也有蛊惑人心的作用,尤其是挑起民族不和,乃至造成民族间相互仇恨的险恶用心。

（3）达赖集团的大力支持和鼓吹

达赖集团自从逃亡国外以后,头等大事就是鼓吹"西藏独立",使西藏问题国际化。为了给自己的独立活动制造舆论,撰写一部"西藏独立"的历史是就成为至关重要的事情,夏格巴就担负起了这个使命,完成了这部书的写作。如前文所引夏格巴本人自述,早在1956年参加纪念释迦牟尼圆寂2500周年的大会期间,十四世达赖喇嘛就鼓励他完成这部旨在制造"西藏独立"的著作。1967年该书出版后,流亡国外的十四世达赖喇嘛致信作者,称赞这部书是藏人自己写的第一部英文版的、有关西藏政治地位的王统历史著作,"在急需弄清楚藏区正确地位的至关紧要的时刻,本书无疑具有极其重要的作用"[1],从而扩大了它的影响。

（4）夏格巴个人背景

夏格巴出身一个贵族家庭,本人又是旧西藏噶厦政府的一名官员,曾经担任过负责财政审计事务的孜本(rtsis dpon),应该说对西藏的历史和宗教,尤其是近代以来西藏地方的政治制度比较熟悉的,再加上他本人就是一个大半生从事分裂活动的急先锋,通过多次出国活动,在国际上有一定的知名度,具备撰写这本书的主、客观条件,加之达赖集团和以美国为首的西方反华势力的大力支持,从而完成了这本书的撰写工作。

2. 本书的版本与流传情况

本书的初稿完成后,在1963年,夏格巴一度辞去自己的工作,在亚洲基金会的资助下,到美国耶鲁大学委托自己的孩子和罗斯金·邦德将本书从藏文翻译为英文,并且由美国藏学家魏里(T. V. Wylie)担任编辑校订工作,在1967年由耶鲁大学出版社出版。当时,十四世达赖喇嘛亲自致信作者给以赞许和鼓励,并要求他进一步充实内容,加强近代部

---

[1] 夏格巴《藏区政治史》前言,藏文本上册第2—13页;汉译本第4—10页。

分的分量;十四世达赖喇嘛经师赤江活佛也致信作者,声称:"目前写作的藏文版如更详尽一些,对政教大业,以及流落外地和住在本土的正在成长的年轻一代将会有更大的裨益。"鼓励他为制造"西藏独立"的论据再立新功。夏格巴"不负众望",通过几年的努力,大大补充了近现代部分的内容,更加明确了"西藏独立"的主线,完成这部书的增补工作,形成藏文本的《藏区政治史》的最后版本,并在 1976 年于印度德里出版。本书的出版在国外产生了一定的影响,许多鼓吹"西藏独立"的人把它视为法宝,大肆赞扬和宣传,而当时正处于冷战时期,西方国家利用这一点来攻击中国的民族政策,并歪曲中国的历史,特别是历代中国中央政府与西藏地方关系的历史,而不了解历史真相的西方一般群众也因此受到误导,对西藏历史形成诸多错误的认识。因此,该书的消极影响是长期存在的,要真正肃清它的流毒,任务依然艰巨。

三、对《藏区政治史》的几点评述

1. 本书获得巨大反响的主、观因素

(1) 宣扬狭隘的民族主义情绪,煽动民族仇恨,迎合了某些人的需要和愿望

本书打着唤起民族情绪,保持民族宗教和历史文化传统的旗号,大力宣扬极端的民族主义。书中时时处处都流露出强烈的民族自豪感和忧患意识,很容易激发起民族主义情绪,也很容易博得人们对处于流亡状态的弱者的同情心理。热爱本民族、关心民族的发展和命运是人之常情,可是本书从头到尾都在兜售自己"西藏独立"的观点,都在以歪曲事实为代价来宣扬民族仇恨,从整体来看,该书更像一部政治宣言书,而不是严格的历史书。在那个特殊的历史背景下,国际上是相互叫骂的冷战双方,国内是动乱的十年"文化大革命",因此,一种非理性的幽灵在盘旋着,同样也萦绕在这本书的上面,影响到阅读本书的读者,转而给本书以巨大的鼓励和热情,助长了歪曲历史、虚夸事实的风气,使本书有了一定的市场。

（2）藏文史料丰富

用夏格巴自己的话来说,本书的写作是以过去的学者们所撰写的各种教法史、王统史、高僧传、佛历、史籍文献中有关政治史料为基本依据的。在此基础上,辅以他的叔父噶伦所给予的重要文件、条约、噶厦的礼宾志、各种政府公文、碑文抄件等文献,中国的唐书、敦煌文献,印度、中国、蒙古、尼泊尔、不丹、拉达克、锡金等的王统历史资料,英国、泰国、阿拉伯等国的图书档案中有关西藏的资料。此外,还有闻人政要们亲历的弃之可惜的逸闻掌故等。在 1967 年的英文版出版前言中,美国藏学家威利也说,该书参考了 57 种藏文原始资料,其中许多是别人没有利用过的,而 1976 年的藏文版又增加了许多新的资料,这个藏文本征引的参考资料就有 216 种(部)之多,而且主要是藏文资料。

（3）有关西藏和藏族历史和宗教、文化具体内涵充实

本书名为《藏区政治史》,其实,主要谈论的还是西藏地区的政治史,而且,也没有完全限定在政治史的范围,它比较全面和系统地介绍了西藏的自然地理、物产、语言、宗教、文学艺术、衣食住行、文物制度、建筑风格、民族工艺、交通与商业贸易,乃至民族性格,等等。应该说对具体历史的叙述是花费了不少心力的,也是本书仅有的学术价值所在。对西藏有兴趣的普通读者,从中可以获得许多前所未有的有关西藏和藏族文化方面的知识,因此,该书很容易在更广大的读者群体中引起共鸣,而隐含在对宗教、历史、文化和习俗叙述背后的他的政治观点,也就通过潜移默化进入读者的脑海,左右人们的立场和观点。

（4）中西结合的写作手法,生动平实的叙述方式,为本书赢得了一定的声誉

本书采用了西方的著史方式,避免了西藏传统著史上的"述而不作"和宗教充斥笼罩一切的现象,在技术上也有明显的变化,诸如史料的引证方式,注释的使用,对其他资料的"处理",等等,使之更加符合现代学术写作规范,从而为西方人所接受,并产生更大的社会影响。作者常常采取自身介入的方式,给人们以亲切和生动的感觉。有时又努力把自己

装扮成客观公允者的形象,让读者相信他所表述的史事。

本书在宏观和主旨上虽然更像一部政治宣言书,但是,在具体的表述时则十分灵活多样,他力图把西藏历史的介绍和西藏风俗文化的展示结合起来,抓住一般读者的兴趣点和兴奋点,叙述中不忘记读者,把史事密切地同读者所熟悉的现实事物联系起来,加深人们的印象,从而为本书赢得了更多的读者,并为自己的观点赢得了更多的支持者。

2. 本书中存在的几个错误的理论

本书的写作目的在于鼓吹"西藏独立",这种思想首先体现在对西藏的历史地位和西藏地方与中央政府关系问题的论述上,从这一方面的论述来看,作者完全丧失了一个史学家应有的态度和原则,肆意裁减史料、杜撰史实、歪曲事实,制造出许多没有根据的所谓"理论",主要包括以下几点。

(1)西藏"自古独立"说

"西藏独立"活动是从近代外国帝国主义入侵以来才出现的,是英帝国主义殖民分子亲手制造的一大阴谋。这一活动在中国历史上最为艰难的近代时期一直存在着,却并没有得逞。但是,这一活动也在西藏培养起一批从事分裂活动的人物,夏格巴就是其中比较有代表性的一个。为了给"西藏独立"制造依据,他在本书中提出了"雪域藏地三大区,从来就是一个独立自主的国家"的荒唐论断,熟悉西藏地方历史的人都不难看出:这完全是缺乏根据的不实之辞。作为中国历史上分治状态的吐蕃王朝,把它看成一个古代概念中的"国家"是可以的,但是宋代时期西藏处于一种四分五裂的状态;从元朝开始,西藏地方正式纳入中央政府的行政管辖之下,此后的各代中央政府在西藏地方采取了一系列的管理措施与制度,①这是举世公认的事实,为了搞分裂而篡改历史,除了可以制

---

① 王辅仁:《论西藏地方政权的历史地位》,《藏族学术讨论会论文集》,西藏人民出版社 1984 年版;邓锐龄:《元明两代中央与西藏地方的关系》,中国藏学出版社 1989 年版;张云:《元代吐蕃地方行政体制研究》,中国社会科学出版社 1998 年版;余万治、阿旺:《事实胜于雄辩——评夏格巴对元末西藏历史的歪曲》,《青海民族学院学报》1987 年第 2 期;阿尊:《谈元代西藏政务——兼评"西藏政治史"一书》,《西藏研究》藏文版 1991 年第 2 期,等。

造混乱以外，其实是无法达到最终目的的。古代历史上从来就不存在"三大藏区组成一个国家"的事实，也不存在"西藏独立"的问题，从近代以来亲帝分裂势力开始的分裂活动，尽管猖獗一时，却仍然以失败而告终，搞"西藏独立"是一条死胡同和不归路。历史事实可以一时被恶意涂抹，但是永远不会被改变。事实胜于雄辩，谎言最终必然会被揭穿的。

（2）关于所谓的"供施檀樾关系"

宗教是一种社会历史现象，它不能离开社会经济和政治的支持，作为以政教合一为特征的藏传佛教尤其如此，甚至可以说，没有统治者的支持就不可能有它的存在和发展：没有松赞干布和吐蕃王朝各位赞普的支持，佛教就很难传入西藏并战胜当地原始宗教——苯教；同样，没有历代中央政府的支持，就不会有元朝萨迦派的辉煌、明代"八大法王"的迅猛发展。没有乾隆皇帝改革西藏地方管理体制，授命七世达赖喇嘛建立噶厦政府，就不可能有直到民主改革前依然存在的政教合一的管理体制和制度。达赖喇嘛转世是通过金瓶掣签来确定，他的行政权力来自中央政府的封授，各种文献和实物斑斑俱在，是无法否认的。[①] 夏格巴为什么要一再声称，西藏"和中国的关系只是宗教上的供施关系，根本不存在政治上的统属问题"呢？天下有这样的关系么？用夏格巴自己的话来说，他对西藏历史是用心做过研究的，不应该不知道这其中的内涵吧。可见，这种说法当然不是出自幼稚和缺乏常识，而完全是别有用心的。对夏格巴书中这一错误说法，国内学术界已经有多篇专文予以辩驳，[②]相信大家会有一个比较明确的认识。

（3）关于所谓"大藏区"问题

英国人贝尔把藏区划分为"政治的西藏"和"民族的藏区"，前者大体

[①] 西藏社会科学院等编：《西藏地方是中国领土不可分割的一部分》(史料选辑)，西藏人民出版社 1986 年版；黄玉生等编著《西藏地方与中央政府关系史》，西藏人民出版社 1995 年版；王贵、喜饶尼玛、唐家卫：《西藏历史地位辨》，民族出版社 1995 年版。

[②] 汤池安：《评夏格巴"西藏政治史"中所谓的"供施关系"的政治涵义》，《西藏研究》1985 年第 1 期；《浅谈供施关系》，《世界宗教研究》，1985 年第 1 期；《夏格巴自欺欺人之谈可以休矣》，《西藏研究》1987 年第 1 期。洛桑：《论西藏历史上的"供施关系"》，《中国西藏》1990 年第 2 期。

上是指西藏地区,而后者则是指整个藏区。也就是说,政治上的西藏其实就是指西藏自治区。① 夏格巴对这个划分也不承认,径直演绎出一个行政区划上的"大藏区",没有任何根据。历史上,青藏高原地区就是一个多民族聚居区,唐代吐蕃王朝建立以前,分布着数十个民族和部落,他们的族类相近或者不同,以邦国形式活动在广袤的青藏高原地区,囊日论赞和松赞干布通过武力征服,统一青藏高原各个部落和民族,为开发和建设中国的西南边疆建立了不朽的伟业,也为藏民族的形成和发展开辟了新的前景。作为中国历史上一个分治王朝,吐蕃曾经统治着广阔的青藏高原和邻近地区。吐蕃王朝瓦解后,这种局面就不复存在了。元朝时期西藏纳入中央政府的行政管辖之下,西藏地方只是元朝中央机构宣政院直属的藏区三个"区喀"之一。明清时期,大致保持着近似的行政区划,把藏族活动区等同于一个行政区划没有事实依据,无非是制造"西藏独立"的痴人做梦的幻想。夏格巴的《藏区政治史》处心积虑地想制造一个"大藏区",其实,除了全面论述了作为藏族的宗教文化和风俗特征之外,依然是一部"西藏政治史",这就是"大藏区"缺乏依据的一个侧面反映。

(4) 关于所谓"蒙古、满洲皇帝非中国说"

中国是一个多民族统一国家,中国境内的各个民族兄弟都是这个大家庭的优秀成员,中国的历史就是一部各个民族相互交往、相互学习、相互融合、共同开发和保护祖国领土,反对外来侵略,传承中华文明的历史。蒙古族和满族有史以来就是中国的少数民族,元朝和清朝统治者都自认为自己是前朝正统的继承者,从其称号的使用到制度的建设等等,无不体现出中华之主的特征,而且这种统治在阶级社会里都带有鲜明的阶级成分,它是蒙古、满族同汉族和其他各少数民族统治阶级的联合统治。从作为人口最多的汉族来说,确实存在过许多反抗这种少数民族统治的活动,但是他们的活动是反对民族压迫,反对阶级压迫,和历史上反

---

① Ch. Bell, *Tibet, Past and Present*, Oxford 1924.

对汉族王朝统治者的活动没有本质上的区别，但是它们都不是反对外来侵略；是国内矛盾与斗争，不是国际殖民与反殖民斗争。在这个问题上，除了日本帝国主义侵华时期，一些为侵略服务的御用文人曾经试图歪曲中国这段少数民族当政时期的历史之性质外，古今中外的史书和研究论著，很少有把元朝和清朝视为外国统治者。元朝著名的意大利旅行家马可·波罗的《马可·波罗游记》不仅没有否定这一事实，而且确定无疑地称西藏为"中国的一个省"。[①] 夏格巴这种把民族和国家混淆不清的做法，既缺乏史实依据，在理论上也苍白无力，没有任何说服力。

3. 本书在论证方法方面存在的问题

与叙述西藏地方风俗、文化和具体制度方面比较客观和相对平实的做法相比，作者对涉及西藏重大历史背景、政治制度，特别是西藏地方和历代中央政府关系的论述，完全没有任何学术研究和讨论的气息，充满非理性和情绪化的东西，不尊重历史事实，信口开河，随意杜撰。在具体史实上，或者回避不谈许多重要历史事实，或者有意淡化这一方面的内容，失去了历史著作者应有的态度。

夏格巴的《藏区政治史》在论证方法上存在很多问题，诸如：割断西藏历史大背景，孤立地叙述具体的历史事件，使许多重大事实含糊不清；肆意抹杀西藏和历代中央政府的隶属关系，一会儿篡改为"供施关系"，一会儿又炮制"满蒙非中国说"（其实等于承认元朝、清朝对西藏的统治），自相矛盾；为了制造"西藏独立"的需要，任意品评西藏历史事件和人物，比如在清朝西藏历史上迫害七世达赖喇嘛、虐待百姓、残杀兄长、暴戾无常、背叛朝廷的珠尔墨特那木扎勒其人，在夏格巴的笔下被化装成"对下层贫弱民众待以慈悲宽容，在编订差籍、确定差役、支应徭役，以及处罚违法等方面，对他们多予眷顾。对藏区佛教不分派别，一体侍奉供养，就是对蒙古、汉地佛教衰颓之寺庙，也给予极大关怀"（夏格巴藏文原书上册第 572 页，下同）的善人模样，完全违背了真实的历史事实。

---

① Marco Polo，*The Description of the World*，tr. by A. C. Moule and P. Pelliot，London 1938.

《七世达赖喇嘛传》明确记载:"郡王珠尔墨特那木扎勒凭恃大皇帝器重和众人阿谀拥戴,愈发骄横傲慢。其心如同被具花箭者自在魔所迷惑,不顾大皇帝恩德,对达赖喇嘛也行为不检,态度恶劣,干扰正直高僧、格西们的法事,使众人不得安宁,并滥杀无辜,置属民百姓于苦难之中,自己放荡不羁,倒行逆施,浪费公家财物,挥霍无度。特别是用阴谋诡计杀害(他的哥哥)阿里公。"等等,①可以说,罪恶极大,罄竹难书。可见,夏格巴的这些论证方法就很容易把历史的事实当作为他制造"西藏独立"根据的牺牲品。

4. 本书在史实方面存在的问题

本书对许多重大事实的叙述存在明显的错误,诸如本书中说:"整个藏区的政教之主、国家元首和最高掌权者,就是怙主达赖喇嘛。"(原书第119页)而藏文公文文献所记载的事实是:"乾隆十六年(1751年),藏历第13饶迥铁羊年,根据大皇帝诏命,由达赖喇嘛亲自掌管政教事务并任命辅佐随从人员,即四噶伦。"②关于职官,夏格巴书说:西藏"职官的品级:达赖喇嘛作为最高首脑不列品级;摄政、第悉和司伦为一品;噶伦、基巧堪布和达赖喇嘛的父亲等有爵位者为二品;扎萨、公、大喇嘛、台吉、侍从达尔罕等为三品;堪钦堪穷、粮务官、孜本、代本、仁希和贵族少爷以上者为四品;孜和雪的知宾、侍寝官、佛经管事、法器管事、大昭寺管事、布达拉宫内外司库、粮食薪俸管事、审判官、邮政官、工场管事、工匠管事等属于五品知事人员;达赖喇嘛的管马官、噶厦秘书、噶厦传达官、噶厦雪巴、会计员、糌粑管事、草料管事、柴薪管事、有特殊技能和功绩而获得官职的能工巧匠属于六品执事人员;其余僧俗文书、军队的如本和甲本等有仲科尔项带者均为七品官。"(原书第126页),事实上,所谓西藏地方官员的品级就是按照中国中央政府的职官划分的,恰恰是中央政府在西

---

① 章嘉·若必多吉著,蒲文成译:《七世达赖喇嘛传》,西藏人民出版社1989年版,第367页;又见《清高宗实录》第377卷。

② 章嘉·若必多吉著,蒲文成译:《七世达赖喇嘛传》,西藏人民出版社1989年版,第371页;又见《清高宗实录》第385卷"钦定藏内善后章程十三条"。

藏地方行使有效管理的产物,至于夏格巴的官员品级大多是自己编造的,不合事实。藏文《钦定藏内善后二十九条章程》(《水牛年(1793年)文书》)记载:乾隆五十八年正月十日,驻藏大臣和琳等奏:"噶伦、代本等各给品级高低不等的顶带后,仲科尔以上官员不得随意提升委任。得旨:……噶伦、代本等以前未区分品级,竟与百姓无异。查噶伦为主持西藏办事之人,赏给散职三品顶带,代本为领兵之人,赏给散职四品顶带,使藏人中为头之众人便于办事,其下为头之人亦知奋勉,此等事项可照和琳等所请办理为宜。与此相同,赏戴花翎之事,可照大臣、官员实心任事特为赏给花翎之例,实为至要。……今后由驻藏大臣选拔委任之西藏官员及营官(第巴)等,虽不必赏给顶带,但是要由国家支给俸银,故遇有噶伦缺出需要委任时,应从代本之中选任,遇有代本缺出需要委任之时,应从如本及营官中依次提升补任。代本以下之如本及大营官等,如不给顶带,复难以区分,而回疆之伯克等头领,亦有自三品下至七品之顶带,而上述伯克亦与今西藏之如本、宗本、营官、甲本等官职相仿,仿照其例,如视情形给予五品至七品之顶带,可使彼等奋勉办事,且遇有升补官职之事,可依其职位挑选委任。"[1]事实非常明确。西藏噶厦的官员品级制度就是清朝中央政府依照中央官制,参照在新疆地区所推行的制度而建立起来的。夏格巴加上自己的随意伪造,完全曲解了这一制度的本来面目。

元朝时期,西藏地方是宣政院直接管辖的吐蕃"三区喀"之一,由乌思藏本钦,或者萨迦本钦受命负责行政管理事宜,根据《汉藏史集》记载:"上师八思巴时期,依照薛禅皇帝(忽必烈)圣旨,赐给他(释迦桑布)'三路军民万户'的名号和印章,并任命他为乌思藏本钦……""同样,在朵甘思的馆觉和朵思麻的灵藏,每个区喀都设有一个本钦。"[2]夏格巴书中将这一史实说成:"自众生怙主八思巴到大元罗追坚赞的历代座主之间,一

---

[1] 牙含章:《达赖喇嘛传》,人民出版社1984年版,第62—71页。
[2] 达仓宗巴·班觉桑布:《汉藏史集》藏文本,四川民族出版社1985年版,第272—273、278页;陈庆英汉译本,西藏人民出版社1986年版,第166、170—171页。

共产生过 20 名本钦,其中包括有一两位遵旨连任的本钦在内。他们统治着西藏三大区喀的整个国土。"(原书第 302 页)遵谁的"旨"连任的?夏格巴没有说明,至于皇帝任命的事实只字未提,自然不是因为疏忽,而是不愿意看到史实真相。

与此同时,作者还不顾史实,蓄意美化了旧西藏的社会生活和制度,给人旧西藏就是"人间天堂"的错觉。对西藏和平解放以后中国共产党领导下的新西藏则随意加以攻击,甚至恶言谩骂,完全没有学术水准。诸如,谈到拉萨的情况,作者说道:"拉萨常住人口有五六万人。藏历元月,传召法会期间,加上三大寺僧侣和各地来的朝佛者,人口可增加到 10 万—12 万。拉萨市人不论地位高低贵贱都十分悠闲自得。不管是经常性的还是临时性的,只要与佛事有关的节庆活动,他们一到晚上就敲锣打鼓地在八角街跳舞唱歌。乞丐们也是白天乞讨要饭,到夜晚醉醺醺地呆着。人们具有悠闲、舒畅、营养丰富,勿须为生活奔波,一切顺其自然等奇异的天性。"(夏格巴书)这里叙述的也许只是极少数贵族的生活,而不是占人口绝大多数的一般平民的生活,甚至也不是拉萨的情况。

此外,他在严重丑化中国共产党和人民解放军的同时,也在极力丑化中国境内的各族人民,特别是汉族人民。不惜采取歪曲我国历史上汉藏两族人民友好交往的历史,刻意制造汉藏民族之间的不和与矛盾,这种做法是完全缺乏史实依据的,其用心之不良、手段之卑劣可以说是到了令人发指的地步。

5. 史料使用方面的问题

在史料的征引方面,本书确实花费了很大的力气,也做了许多研究和辨证工作,但是很遗憾的是,作者出于明显的政治意图,对史料做了大肆的阉割和断章取义的工作,使史料变得面目全非。首先,是对藏文史料的随意裁剪与歪曲;关于萨班和阔端在凉州会谈后西藏纳入大蒙古国和元朝行政管理之下,元朝在西藏实施有效管理这件事情,藏文史书多有记载。《萨班致番人书》明确记载了蒙古统治者要求西藏各地领主上报官员姓名、百姓数目和供品数量,接受蒙古法律统治的事实。① 《朗氏宗谱》也记:蒙古将领道尔达率兵入藏后,击败抵抗者,迫使止贡京俄把西藏装有木门人家的户口名册献给蒙古统帅,最后"以蒙古的法令进行统治,使地方获得安宁"②。该书还详细记述了蒙哥时期在西藏推行的千户万户制度,以及诸王分封管理制度等。记载了元朝廷大员到西藏审判案件、委任官员、调解纠纷、确定万户辖区大小的事实。《汉藏史集》记载:"萨迦与止贡发生争端之初,为了依法判案,需召集各方显贵到场。本钦释迦桑布、格西仁钦尊追和顿楚仁波且三人,为了喇嘛、佛法和寺院的利益而志愿前往。当事人前往依法判决时,从蔡公塘直到上都宫殿之间,一直负枷而行。双方经过对簿公堂,萨迦派如愿以偿,胜诉而归。他们三位也被称为'劳苦功高者'。"③ 而在夏格巴的笔下,却变成了"火羊年(1247 年)阔端与萨迦班智达会面。当时,西藏须向蒙古献供品,故表面上似乎处在蒙古武力的控制之下,实际上,西藏内部法令的颁行,实施权力仍掌握在藏人手里"(原书 300 页)。又如《五世达赖喇嘛传》记载,固实汗曾经宣布,自水马年起,永久贡献以大宫殿桑珠宫为主的所有属民及王室世族等全部给五世达赖喇嘛。④ 在夏格巴笔下变成了"把东自打箭炉(今康定),西到拉达克的土地、村庄和人民全部供养为法座的属民"(原书 424—425 页),两者相距实在遥远。关于七世达赖喇嘛掌政这一重大历史事实,《七世达赖喇嘛传》有明确的记载,文谓:"此时,皇帝之众大臣奉大皇帝敕谕宣示:'往昔虽由西藏首领管理政务,但不仅不能效力于金刚持达赖喇嘛,而且在行使政令方面多有弊端,与藏民众生亦无实

---

① 阿旺·贡噶索南:《萨迦世系史》藏文本,西藏人民出版社 1986 年版,第 135—140 页;陈庆英、高禾福、周润年汉译本,西藏人民出版社 1989 年版,第 91—94 页。

② 大司徒·降曲坚赞:《朗氏宗谱》藏文本,西藏人民出版社 1986 年版,第 109 页;赞拉·阿旺、佘万治译,陈庆英校汉译本,西藏人民出版社 1989 年版,第 75 页。

③ 达仓宗巴·班觉桑布:《汉藏史集》藏文本,四川民族出版社 1985 年版,第 404 页;陈庆英汉译本,西藏人民出版社 1986 年版,第 246 页。

④ 五世达赖喇嘛:《云裳—五世达赖喇嘛自传》原文第 217 页,陈庆英、马林、马连龙汉译本,中国藏学出版社 1989—1991 年版。

益,因此,此后一切政教事宜均由达赖喇嘛办理。'"①在夏格巴书中变成了"根据西藏全体僧俗的一致请求,藏历铁羊年(公元1751年)达赖喇嘛担负起政教两制的责任"(上册第572—573页)。再如,西藏地方"摄政"的任免问题,原本是由噶厦举荐、朝廷直接任命的,夏格巴完全予以篡改,在谈到第穆活佛担任摄政这一史事时,夏格巴书中说:"噶厦、三大寺卸任和现任轨范师及政府僧俗官员一致请求任命第穆额尔德尼诺门罕土登晋美担任摄政。"(上册第673页)而在第穆活佛自己撰写的《九世达赖喇嘛传》中所说:铁羊年"三月十六日星宿会合恰逢良辰吉日,皇帝大法王降旨,授权嘉勉我出任辅佐达赖喇嘛事业重任的摄政。在接旨庆典上,宣布了圣旨,并颁付了印章"②。这种肆意篡改历史史料,改变事实真相的例证还很多很多,这能说是尊重客观事实么?

其次,对汉文原意的曲解。公元672年农历四月,吐蕃使者仲琮使唐,唐高宗召见,问以吐蕃风俗,仲琮对曰:"吐蕃地薄气寒,风俗朴鲁;然法令严整,上下一心,议事常自下而起,因人所利而行之,斯所以能持久也。""上诘以吞灭吐谷浑、败薛仁贵、寇逼凉州事,对曰:'臣受命贡献而已,军旅之事,非所闻也。'上厚赐而遣之。"③到了夏格巴的书里,变成了:"当皇帝责问为什么接纳诱使吐谷浑人反对唐朝的素和贵时,大臣仲琮面带怒容地说:'我是为了通好而来的,没有担负这类政务方面的任何使命。'"(原书第161页)原文的意思在夏格巴的转述中完全变味了。

夏格巴的《藏区政治史》是花费了不少心力完成的一部著作,如果说它在学术上有自己一定价值的话,主要体现在对西藏许多具体历史事实,以及宗教、文化、风俗等方面的叙述上等。但是,它的出发点是主观的和反动的,完全是为"西藏独立"而制造理论根据而作的。因此,在对重大历史事件的叙述、对人物的评价,乃至对史料的运用等方面明显缺乏科学的和严谨的态度,十分草率地和不负责任地对待客观历史事实,

① 章嘉·若必多吉:《七世达赖喇嘛传》,西藏人民出版社1990年版,第664页。
②《中国西藏地方历史资料选辑》藏文本,西藏人民出版社1986年版,第681页。
③《新唐书》第216卷上《吐蕃传》。

特别是西藏地方与中央政府关系史,对待藏族同汉族和国内其他兄弟民族和睦交往的历史,肆意歪曲,随心篡改,完全缺乏史家应有的态度。此外,作者在全书中大力宣扬极端的民族主义情绪,蓄意制造民族分裂,竭力煽动民族仇恨,这种行为也是一个有责任感的学者所不应取的态度。

原载拉巴平措、格勒主编《当代藏学研究的几个理论问题》,中国藏学出版社 2002 年版

二十六　西藏属于中国的说法不容歪曲

（一）

近日翻阅香港《苹果日报》，看到一篇由林格尔（Christopher Lingle）撰写的、题为《西藏属于中国说法不妥》的文章，有如骨鲠在喉，不吐不快。翻检此文，除了切实感受到作者在所谓"西藏问题"上对中国人民和政府所怀有的极端偏见和敌视情绪之外，能够给人留下的其他印象实在太少。此文作者不负责任、信口雌黄的做法，以及肆意歪曲历史的态度，让人吃惊不已！

该文章的作者开口一个翻阅史籍，闭口一个引证历史，那么历史果真像作者所说的那样吗？我们不妨和大家一起来探讨一下。

第一，西藏属于中国的说法并不是像作者所说的那样，仅仅是依靠某些条约和协定得以确立的。它是西藏地方历史发展的客观结果，是西藏和祖国内地长期密切往来的必然产物，也是历代中国中央政府管理西藏地方的延续，已有千百年的历史，而并不是开始于 20 世纪初或者 20 世纪 50 年代。割断历史就无法谈论西藏问题，断章取义更不是研究历史者所应持有的态度。

第二，作者所谓"翻阅史书，从唐朝文成公主和婚吐蕃开始，以至满清在 1720 年攻占西藏,中国历来对西藏的管治都是基于帝国霸权和武力入侵"的说法,是一种很草率而武断的总结。事实恰恰相反,历代中央政府对西藏地方大多采取了羁縻、怀柔和因俗而治的政策,唐朝是"和亲政策";元朝时期西藏地方正式纳入中央政府的行政管辖之下,元朝统治者因俗设制,建立宣政院管理西藏和其他藏区,并崇奉帝师,大力扶持藏传佛教。明朝则采取多封众建、贡市羁縻的措施,使西藏地方政教首领在政治、经济和宗教等方面获得权益和发展。清朝时期,根据西藏地方实际,大力扶持黄教,抬高达赖喇嘛、班禅额尔德尼等宗教首领的地位。1751 年,授命第七世达赖喇嘛建立噶厦政府,成为西藏地方政教合一制度的最高形式。至于历代中央政府在西藏地方用兵,大多都发生在地方出现严重动乱,或者西藏地方遭受外部入侵的情况下,是中央政府行使有效管理的合理举措,古今中外的任何国家和政府都没有例外的,无从指责。

第三,作者对 1904 年英国与西藏地方之间订立的所谓《拉萨条约》,1906 年的《中英续订藏印条约》和英国、俄国订立的《圣彼得堡条约》的表述,完全是错误的。前两者是英国帝国主义用武力强加给中国西藏地方的,尽管如此,英国殖民主义列强也无法否认中国对西藏所拥有的主权。后者是英国和俄国在中国西藏地方争夺势力范围所达成的一种妥协,它们都是苦难中国不幸历史的一部分,是在中国人民遭受蹂躏和践踏的特殊历史背景下产生的。令人困惑的是,在中国历史最为灰暗的近代,连帝国主义列强都无法否认的中国在西藏的主权,反倒在该文作者的笔下成了值得怀疑的问题,究竟作者有着一种什么样的动机呢?

第四,作者对和平解放后的西藏的认识,以及对中国中央政府在西藏所执行的政策的表述,如果不是出于狭隘的偏见的话,那就是缺乏最基本的常识。中国是一个多民族统一国家,而且是一个在经济上并不发达的发展中国家,中国的民族区域自治制度适合国情,很好地解决了保障国家统一和少数民族权益与发展问题。中央政府通过和平谈判解决了由于帝国主义插手和破坏而引起的西藏问题,最大限度地维护了西藏人民的利益,使西藏从落后的农奴制度下解脱出来,走向文明进步,该文作者有什么资格代表西藏人民表达愿望,说他们希望生活在落后的农奴制体制之下呢? 尽管在中国出现过像"文革"时期那样的不正常现象,但是,西藏一直在向前发展进步。近 20 年以来,中央政府加大对西藏经济与社会发展的支持力度,尤其是近年来,全国对口支援西藏取得了巨大成效,西藏民族传统文化焕发青春活力,社会稳定、经济发展、宗教信仰自由、人民安居乐业,可以说是西藏历史上最辉煌的时期。

西藏地方出现这种大好局面自然有人不愿意看到,他们希望中国永远落后,希望西藏不断出现动乱,人民离心离德。从本文作者所持有的观点来看,大概也属于这一部分人之列。人口普查的资料就在那里,为什么要说西藏的藏族会变成少数族裔? 中国中央政府在青海的经营已经有 2000 多年的历史了,为什么要说中国在 18 世纪将原属于西藏的安多地区收为己有呢? 究竟是中国政府所持有的"历史理据十分脆弱,不堪一击"呢? 还是该文作者的理论依据和事实基础本系子虚乌有,痴人说梦呢? 我想只要读者认真分辨,还是不难得出客观平实的结论的。

原载香港《文汇报》2001 年 6 月 6 日(署名"李云")

(二)

在历史问题上歪曲历代中国中央政府在西藏主权的做法可以说各种各样、五花八门,黎吉生(H. Richardson)是原英印殖民政府驻西藏商务代表,直接从事了分裂中国,制造"西藏独立"的诸多活动,[1]他所著《西藏简史》(H. E. Richardson, *A Short History of Tibet*: *Tibet and its History*, New York Oxford 1962)就是为了达赖分裂势力使西藏问题国际化,并得将其纳入联合国议程而张目的。夏格巴·旺秋德丹(Zhwa

---

[1] A. Tom Grunfeld, *The Making of Modern Tibet*, Armonk, NY: ME Sharpe, Inc. 1987. 谭·戈伦夫著,伍昆明、王宝玉译:《现代西藏的诞生》,中国藏学出版社 1990 年版。

sgab pa dbang phyug bde ldan，1907—1989 年），他本人即是分裂主义骨干分子，参与了诸如所谓"西藏商务考察团"等一系列分裂活动，他所著《西藏政治史》(W. D. Shakabpa，*Tibet，A Political History*. New Haven and London，Yale University Press 1967)直接是为"西藏独立"制造舆论的。担任达赖集团律师的荷兰人范普拉赫撰写的《西藏的法律地位》(M. C. Van Praag，*The Status of Tibet：History，Rights，and Prospects in International Law*，1986)同样怀有不良居心。这些人有一些共同特点：首先，他们都是一些以分裂中国、制造"西藏独立"为目的的一个群体的代言人，有着鲜明的政治立场和目的，他们所研究的东西，与其说是西藏政治史，毋宁说是为制造"西藏独立"寻找所谓"依据"。其次，他们所使用的手法类似，这就是歪曲中国历史，特别是歪曲西藏地方与历代中央政府关系史，以及中国西藏地方与周边国家和地区交往史，把一个事实上是近代外国帝国主义入侵以来才出现的"西藏独立"逆流，追寻到远古时期，甚至制造"西藏自古就是独立"的弥天大谎，诸如用明朝对西藏不感兴趣，以及用清朝末年西藏出现的异常局面来解释整个清朝中央与西藏地方的关系，等等，主观臆断，随意阐释，缺乏学术研究最基本的态度和方法。西藏历史毕竟是一个专门领域，并非一般读者都有机会或者有条件涉猎，这就为那些不怀好意的集团和个人提供了说谎欺骗世人的空间，从而让众多善良的、对西藏历史具有浓厚兴趣的人们在误导中出现认识上的偏差。同时，由于冷战时期特殊的历史背景，以及国外反华势力、达赖集团分裂主义势力先入为主的歪曲性宣传，长期以来在国际上对西藏历史存在不正确认识的情况相当普遍。而以流亡国外的十四世达赖喇嘛本人，以高僧、学者和知名人士身份进行分裂主义宣传，也在国际上，特别是一些国家政府和议会，以及信仰佛教的信众中产生巨大影响，以宗教身份从事政治活动，甚至进行一些歪曲西藏历史发展的说教，同样也起到混乱人们认识西藏历史真相的作用。

中国是一个重视历史传统的国家，中国的许多少数民族都有重视历史文化传统的习惯，藏族就是其中之一，尊重历史事实是中华民族的优良传统。在漫长的历史发展过程中，中国各个民族的文化相互交融，形成相互依赖的局面，不仅从行政管辖的角度，还是从文化交融与认同角度来看，西藏都是中国领土不可分割的一部分。中国是世界文明古国中唯一历史延续不断的国家，中国文化的巨大包容性和亲和力使中华文明生生不息、充满活力，中国境内的各个民族都为中华文明的进步和发展做出过巨大的贡献，相互吸收，相互学习，使中华文明永远充满朝气。即使从行政管辖的角度来看，元朝纳入中国中央政府管辖已有 700 多年历史，看看当今世界，有几个历史或文化持续传承了 700 年的国家？在历史问题上对具有五千年文明传统的中国说三道四、指手画脚的人，除了政治上的不良居心之外，一定也有歪曲历史的勇气，这些都不是真正的学者所为的。

二十七　西方人眼里的西藏封建农奴制

　　1959 年 3 月开始的西藏民主改革,彻底推翻了延续数百年、业已腐朽没落的封建农奴制度,使百万农奴翻身解放,获得了自由和做人的尊严,这是西藏地方历史,乃至现代中国历史上一件具有划时代意义的重大事件。50 年过去了,生活幸福的西藏人民大多已淡忘了那段不堪回首的往事,但是,有一部分人却一刻也没有忘却,他们不仅图谋恢复政教合一的神权统治,还对那种摧残人性的制度加以美化,说它"是一种以佛教为基础、具有高尚和利他之心的制度"。

　　实际上,西藏封建农奴制是一种什么样的制度,年龄稍大的人都记忆犹新,而收藏在西藏自治区档案馆中大量的藏文档案、西藏博物馆的实物资料,以及 20 世纪 50 年代中国科学院组织的西藏社会历史调查所获资料等,都以铁一般的史实充分证明了这种制度的黑暗与反动。近代以来前往西藏的西方传教士、探险家和殖民官员,也大都留下著述,记载了旧西藏封建农奴制度的一般特征,通过这些描述,我们同样可以看到这种制度的本质。

数百年前中世纪的社会

　　根据亲历西藏的英国人的著作记载,20 世纪上半期的西藏呈现中世纪的社会图景。英人埃德蒙·坎德勒著《拉萨真面目》(尹建新、苏平译,西藏人民出版社 1989 年版)记,当时的西藏,"人民还停留在中世纪的年代,不仅仅是在他们的政体、宗教方面,在他们的严厉惩罚、巫术、灵童转世以及要经受烈火与沸油的折磨方面是如此,而且在他们日常生活的所有方面也都不例外"。英人查尔斯·贝尔在他的《十三世达赖喇嘛传》(冯其友等译,西藏社会科学院印,1985 年)一书中说:"西藏仍处在我们几百年前所处的时代。"由于疾病困扰"使得急待发展的人口日益减少。数目庞大的喇嘛大多数是独身,导致了同样的结果。肺病、甲状腺肿、流行性感冒、天花等疾病也很流行,天花尤其可怕。……由于饮食粗糙和其他原因,众多儿童夭折"。显然,这里并不是人们幻梦中的香格里拉,或者世外桃源。

封建农奴制下的阶级划分

旧西藏存在着鲜明的阶级划分,封建农奴主、贵族、上层僧侣和农奴、普通僧侣之间,存在天壤之别,前者掌握大权,后者遭受凌辱。查尔斯·贝尔在《西藏志》(查尔斯·贝尔著,董之学等译,商务印书馆民国 25 年版)里说:"西藏仍在封建时期,其贵族握有大权,势力浩大,贵族与僧侣,共同盘据政府中的重要位置,其财产之巨大,亦不弱于寺院。贵族对于佃农,可以行使官府权力……没收牲口,罚款、笞杖、短期拘禁以及其他一切处罚,贵族皆得随时行之。"俄国人崔比科夫在《佛教香客在圣地西藏》(王献军译,西藏人民出版社 1993 年版)记:"强大的僧侣势力掌管一切,但僧侣也有高低之分,过着天上地下的生活。即使是在寺院里,普通僧人也随时面临着刑罚,甚至死刑……"查尔斯·贝尔《十三世达赖喇嘛传》记:"西藏中部的贵族和一些上层僧侣是西藏的首领。贵族之间差不多都有亲戚关系,因此社会、政治生活中发生的一切主要事件的幕后,便是这些家族的人。"

封建农奴主和农奴的两种生活

在旧西藏,农奴主和农奴的生活是完全不同的两重天。查尔斯·贝尔《西藏人》(牛津克拉伦顿出版社 1928 年版)中记:"另一方面,有钱人却过着花天酒地的生活。……有钱人饱食终日,无所事事,因为他们把政府的公务,甚至庄园的管理都交给了管家去做。"农奴则过着悲惨凄苦的生活。法国旅行家亚历山大·达维·尼尔在《古老的西藏面对新生的中国》一书中说,"在西藏,所有农民都是终身负债的农奴,在他们中间很难找到一个已经还清了债务的人。沉重的徭役还常常迫使他们在农忙时节离开田野,这些无偿的义务,实际与一切压在藏族人头上的其他重负并无区别。到处都在为官府施工、修筑道路、建造房屋等等,五花八门。所有这些繁重的劳役都压在可怜的村民身上,他们既无工资,也得不到饭食。……像所有他们的同类人一样,这些农民都是可怜的农奴,他们没有权利,也根本不可能离开家乡,去寻找另外的土地和不过分苛刻的头人。他们中间有几个人也曾经逃到邻近的地区去,但最后还是被头人从新家抢出来,带回村子,吃了一顿棍棒被判罚巨额罚金。由于非常惧怕头人对其亲属施行的惩罚,那些想逃的人也不敢再逃了。因为一人逃走,所有亲属就得遭殃。头人会谴责他们没有阻拦出逃者,那么,逃跑者的兄弟、叔舅、表亲等人就会被头人抽打一顿,然后再替他偿付罚金。"查尔斯·贝尔爵士《西藏的过去和现在》(伦敦,牛津大学 1927 年版)认为当时的西藏存在奴隶和奴隶买卖:"有时候,小孩被人从父母身边偷走,沦为奴隶,或者父母亲太穷,养不活他们的小孩,于是把他卖给别人,那人向他们付一笔'母亲的奶汁费',把孩子养大,就让他当自己的奴隶或把他卖给别人当奴隶……我看见的两个奴隶……是五岁时被人从他们父母身边偷走的,后来每个小孩以七英镑在拉萨卖掉了。"寺院的普通僧人和高级僧侣之间同样有着巨大的差别。荣赫鹏在《英国侵略西藏史》(孙熙初译,西藏社会科学院印 1983 年版)说,当时"高级僧侣生活极安适,各有私人第宅或庵堂,且有雇佣仆役七八十人者。低级僧侣生活殊恶劣,其穷苦之状信如川口所云,'有非言语所能形容者。'各僧徒须自谋生计,课业又过于繁忙不容更事以供给其日用所需。彼等惟茶不须付资,但无佐饮之品;常两日不能得食,其惨苦有如此也。"

灭绝人性的残酷刑法

旧西藏农建农奴制体制下灭绝人性的法律,给西方旅行家、传教士、殖民官员留下极为深刻的印象,他们用了大量笔墨来描述这种骇人听闻而非人道的法律。彼得·霍普柯克《闯入世界屋脊的人》(向红笳、尹建新译,西藏人民出版社 1989 年版)记载:"惩罚罪犯及拷问嫌疑犯颇为残忍的西藏方式使他恐怖万分。拷打是最常见的惩罚方式,这主要用于较轻的罪行。然而,遭难者可能要挨上三百到七百鞭的鞭笞。拷打之后,人被打得皮开肉绽、鲜血淋漓。犯人常常受到严重的内伤。在拷打之前,男囚犯或女囚犯要被公开示众,戴着手铐、脚镣,还要带上大约三英尺宽的沉重木枷。木枷上面贴着一张纸,过路人由此可以得知囚犯的罪行。"崔比科夫在《佛教香客在圣地西藏》里说:"偷窃所受到的惩处最为残酷,像在世界各地一样,犯这种罪的人多为居民中的穷人。在拉萨,每天都可以看到因贪图别人的财产而受到了惩罚的人,他们被割掉了手指和鼻子,更多的是弄瞎了眼睛的、从事乞讨的盲人。其次,西藏还习惯于让罪犯终身脖套圆形小木枷,脚戴镣铐,流放到边远地区和送给贵族或各宗长官为奴。最重的处罚自然是死刑,办法是将人沉入河中淹死(在拉萨是这样)或从悬崖上抛下去(在日喀则是这样)……"大卫·麦克唐纳在《西藏写真》一书中写道:"西藏最严重的刑罚为死刑,而喇嘛复造灵魂不能转生之臆说,于是最重之死刑外,又加之以解体干颅之惨状。其最普通的刑法,凡遇死罪,能将犯人缝于皮袋之内,而掷于河中,以俟其死而下沉,皮袋在河面之上,约 5 分钟开始下降,后视其犹有生息,则再掷沉之,迨其已死,于是将其尸体,由皮袋取出而肢解之,以四肢和躯体

投之河中,随流而去……断肢之外,又有一种剜眼之凶刑,或用凹形之煨
铁,置于眼内,或用滚油,或开水,倒于眼内,均足使其眼球失去视力,然
后将其眼球用铁钩攫出……即能生存,亦因种种摧残,而损失丧其本原。
罪因及嫌疑犯,常幽于潮湿、黑暗、污秽及有害于卫生之土牢中,永远不
见天日。"《十三世达赖喇嘛传》等书有类似的记载。

无以复加的精神控制

　　精神控制是旧西藏封建农奴制统治的又一大特色,其残酷程度不亚
于经济压榨与人身束缚。《十三世达赖喇嘛传》中说,达赖喇嘛能在今生
与来世里进行赏罚。"你下一辈子是人还是猪,难道对你没什么关系吗?
达赖喇嘛能保你投胎成人,当大官,或者更好一些——在一个佛教兴盛
的国度里当大喇嘛。"埃德蒙·坎德勒在他的《拉萨真面目》说,在西藏
"控制着封建领主的是僧侣。因为西藏人虔信他们那种形式的佛教,强
大的僧侣势力掌管一切。即使是佛陀本人,没有僧侣也无能为力。这个
地方实行的是封建制度,喇嘛是太上皇,农民是他们的奴隶。……这些
穷人和那些小佃农毫无怨言地为他们的精神上的主人干活,对这些人他
们怀有盲目的崇拜。虽然他们要将自己微薄的收入的十分之一强的那
部分交给寺院,但他们并没有不满情绪。"这就是"业报"思想在人们心中
留下的深刻烙印。如《十三世达赖喇嘛传》作者所说:"毫无疑问,喇嘛采
用了精神恐怖手法以维持他们的影响和将政权继续控制在他们手中。"
对此,学者多尔施·玛丽·德·弗在《侗登林事例:西藏难民生活以及有
关改革的建议》(《西藏学会学报》,印第安纳州布鲁明顿,1979 年第 14
期)一文中给予清晰地说明:"如果完全从世俗的观点看,这一说法是设
想出来的一种最狡猾、最有害的社会控制方式。对普通的藏人来说,接
受了这个教义就使他一生都不能改变自己的命运。按照'业'的说法,如
果一个人生下来是奴隶,那不是奴隶主的错,而是奴隶自己的错,因为他
们前世肯定犯了什么错误。而奴隶主则是因为前世做了好事,因此这辈

子受到奖励。对奴隶来说，如果他想砸碎身上的枷锁，那他来世的命运注定要比今世更坏。这些想法肯定不会酿成革命。如果说在西藏没有什么农民暴动，那就不奇怪了，因为人们普遍接受了'业'这一思想。"

日薄西山的西藏封建农奴制

旧西藏僧众群体出现的腐败堕落，预示着封建农奴制重要基础的坍塌。荣赫鹏在《英国侵略西藏史》里引用日本僧人河口慧海《旅藏三年记》中的看法，说当时"藏人作喇嘛之主要目的，不过藉此争名夺利耳。至于寻求宗教真理，从事救人济世，则绝非若辈所愿为。若辈所希求者，无非逃避现实人生之苦痛，而享受今生与来世之逸乐生活耳"。并评价河口慧海"对于西藏宗教生活之观察，真可谓透彻无比，为众生服务之说，在藏僧心目中，实不值一顾也"。他认为河口慧海对当时西藏僧人的道德素养也无好评："终身不娶之僧侣贵族，大都另有所欢，而低级军人僧侣生活之放荡，尤不堪问。普通迎神赛会之场，直是人欲横流之所。……彼贵族僧侣貌似谨愿，而暗中营私舞弊，诡诈多端，盖皆假仁慈之面具以作恶者。"上层贵族激烈而残酷的内讧，更是封建农奴制日趋没落的有力信号。第穆呼图克图事件是西藏地方上层残酷斗争的一个缩影。彼得·霍普柯克《闯入世界屋脊的人》引证了日本入藏僧人河口慧海的记载，说河口慧海有一次见到二十多个西藏人，"他们全都穿着考究，等待着受罚，其中一些人被捆在木桩上。他得知他们都是被指控运用巫术阴谋暗杀达赖喇嘛的主犯。人们告诉他，十六个苯教祭司因尽他们自己职责而被处死。其他的许多祭司和俗人被流放。主要的嫌疑犯仍在被拷问着。他们想让他把寺院的寺主牵连进去，但是到此时为止，他拒绝这样做。他的妻子也同样遭受苦难。当河口慧海看到这个美丽的女人戴着令人恐惧的木枷，双手被铐时，他感到十分惊慌。她的双眼紧闭，面如死灰，仿佛已经失去了知觉。她不久前被鞭子抽打了三百下，已被判决了。在公开示众一周之后，她将被流放到一个荒凉的地方。在那里她的手脚仍然被铐着"。

　　佛教的衰颓,贵族的内讧,刑罚的严酷,农奴的无望,社会生产停滞,人口萎缩……,构成一幅政教合一神权统治的衰亡图,这就是西方人笔下的西藏封建农奴制。

二十八 拉萨"3·14"事件与达赖集团的分裂本质

拉萨"3·14"严重暴力犯罪事件,以及发生在甘肃、四川等省藏区的打砸抢烧暴力事件,境外"藏独"和反华分子冲击中国驻外使领馆事件,破坏奥运火炬传递等事件,既是达赖集团有组织、有预谋破坏活动,也是达赖集团长期从事分裂祖国活动的一个环节,通过这一系列事件,达赖集团的本来面目清晰地暴露在世人面前。

一、不是"和平""非暴力",而是暴力犯罪

2008年3月14日拉萨发生严重暴力事件之后,十四世达赖喇嘛声称此事和他本人无关,同时认为这是"和平"和"非暴力"的示威。20世纪80年代以来,达赖确实经常把"和平"和"非暴力"挂在嘴边,常常微笑着面对国际媒体,大谈他对世界和平和非暴力的"深刻"见解,企图塑造一个世界和平的捍卫者和非暴力的坚定支持者的形象。达赖集团果真与拉萨和其他藏区发生的严重暴力事件无关吗?他的"和平""非暴力"究竟是真实主张还是一种伎俩?

1. 美丽的辞藻

1959年3月10日,西藏上层反动集团,在外国势力的支持下发动武

装叛乱,试图阻挠《十七条协议》的贯彻实施,维护其政教合一的封建农奴制统治。叛逃国外的达赖集团成立所谓"流亡政府",制定了伪"宪法",同时组织武装,进行暴力犯罪活动。20世纪50年代成立的"四水六岗"组织和70年代成立的"西藏青年大会"("藏青会"),都将武装暴力活动作为其图谋"西藏独立"的主要手段。1987年、1989年拉萨发生的骚乱事件,都与他们有着密切的关系。这些组织和他们的代表人物宣扬暴力恐怖的事实如众所知,都得到达赖喇嘛的鼓励和支持。

1987年,达赖提出了所谓"对西藏的五点和平计划",建议把"整个西藏,包括东部的康省和安多省变成一个'阿希萨姆'区"。"阿希萨姆"是印地语"和平与非暴力"的意思。他在接受美国政府颁给的金质奖章时宣称:"我完全坚信'非暴力'(Non-violence),非暴力与和平能结束所有的问题。"他窜访世界上数十个国家和地区,每有演讲总不会忘记提到"非暴力"与"和平"。他领导的"西藏流亡政府"也不断重复他们所谓的"一贯立场",是"持续以和平非暴力方式争取西藏自由,不寻求独立,寻求西藏自治解决西藏问题"。达赖的这一招不仅骗取了为数众多的西方人的信任,还为他带来了许多以"和平"为名的荣誉。且不说这些国家和组织授予达赖喇嘛和平奖的用意何在及其背景之复杂,达赖的"和平"与"非暴力"主张究竟是美丽的辞藻,还是有着其他内容?

2. 真正的意图

口口声声宣扬"和平"与"非暴力"的达赖做过许多让和平人士吃惊的事情。1986年他接待制造"东京地铁毒气案"的主角——日本奥姆真理教主麻原彰晃,接受其捐款,并收其为徒;他曾前往日本参拜供奉着双手沾满亚洲人民鲜血的甲级战犯灵位的靖国神社;他为美国不经过联合国授权发动伊拉克战争回护。这些言论难道符合一个"和平人士"、"非暴力主张者"的身份吗?

在分裂国家的道路上,达赖集团越走越远,完全和他一直标榜的和平解决西藏问题的说法背道而驰。一方面,他和台独分子狼狈为奸,与疆独分子同流合污,试图分裂国家。1997年、2000年、2005年他三次访问台湾。台湾方面还成立所谓"台湾西藏交流基金会"以支持"藏独"势力。与此同时,达赖还和"疆独"分子热比娅打得火热。以美国为后台的热比娅近年来正成为疆独分子中上升的新星。2007 年 10 月 16 日美国总统布什不顾中国的坚决反对接见达赖,并颁发金质奖章。在八国峰会开幕之际,又在欧洲会晤流亡海外的疆独分子热比娅,美国的支持无疑给这些分裂分子注入一剂强心针,也使达赖的所谓"和平""非暴力"伪装不再具有迷人的色彩。看看达赖每年发表的所谓"3·10 声明",以及各种场合的演讲,都不难发现其中包含的"暴力"内容和"西藏独立"的幻想。达赖采取诱惑境内藏族青年越境出逃,加以培养指导,然后打进来,进行分裂活动。他们不断制造事端,破坏西藏和其他藏区安定团结的大好形势。20 世纪 80 年代末西藏拉萨出现的多起骚乱事件,毫无例外地得到达赖的煽动诱导和达赖集团的支持,乃至境外"藏独分子"的直接参与。达赖提出的历史上并不存在"大藏区"方案,以及所谓"高度自治"的主张,就是要改变西藏的地位和西藏现存的民族区域自治制度,为其实现"西藏独立"张目。他不惜制造所谓"西藏宗教文化毁灭论"、"藏族成为西藏人口少数论"、"西藏自然环境遭到破坏论"等等谣言,都是要否定中国共产党的领导,否定我国社会主义建设成就,妄图恢复其政教合一的统治。

事实上,达赖美化西藏旧的封建农奴制制度,美化其分裂本质的做法,已经被越来越多的人认识清楚。德国《世界报》刊登文章,介绍了德国宗教学家对达赖试图扮演"和平者"和"非暴力者"的看法,慕尼黑藏学家沃克尔·考曼(Volker Caumanns)指出:"佛教认为,人应该和平地度过一生。佛教拒绝暴力,也从来没有过以佛教为名义的'十字军东征'。……西藏的历史其实并非一部平和的历史,它充满了以宗教名义而进行的无休止的暴力、战乱和争权夺利。这与其他国家没有什么两样。"旧西藏喇嘛政权主张农奴制度,其宗教审判与天主教的宗教审判毫无二致,包括使用酷刑。西藏刑法集中世纪之大成,并且一直延续到 20 世纪中叶。达赖把西藏描写成世界屋脊上的"和平国度",其所用词句与西方“香格里拉之谜”很相似。藏学家亚历山大·贝尔津（AlexanderBerzin）指出，达赖反复宣讲的《时轮大法》中描述的“香巴拉大战”，与伊斯兰关于圣战的讨论有明显相似之处。尽管面对激烈的批评，但达赖对这段带有明显战争色彩、歧视其他宗教并且与释迦牟尼佛的“非暴力原则”相违背的经文至今未作出任何表态。至于达赖在历次演讲中煽动分裂，煽动群众与政府对抗，挑拨民族关系，鼓动民族仇视的内容可以说比比皆是。2008 年 3 月 10 日达赖喇嘛发表了煽动性的演讲，在他充满敌意的蛊惑下，随之而来便出现了西藏和其他藏区出现的由他们制造的暴力事件。

　　3. 血腥的事实

　　2008 年 3 月 14 日，西藏首府拉萨发生了少数分裂分子打砸抢烧的恶性暴力事件。少数不法分子打出“雪山狮子旗”在八廓街聚集，一边呼喊“西藏独立”等反动口号，一边打砸抢烧。在场的西方记者和游客目睹了暴徒们光天化日之下烧杀劫掠的惊人场面。香港《文汇报》3 月 18 日报道，来自瑞典的游客扬内说：“这些人手持木棍、铁棍和刀械等器物，背包里有装好的石块。可见，这完全是有组织的。”接着，少数分裂分子又在四川甘孜、甘肃南部和青海等地藏区制造打砸抢烧暴力事件。国外的“藏独分子”更是冲击中国 17 个驻外使领馆，气焰十分嚣张。难道他们的活动是偶然的吗？究竟谁是幕后的策动者和罪魁祸首？明眼人一看就知道，这就是达赖集团及其流亡政府，以及西方少数反华势力。是达赖 3 月 10 号发表的旨在煽动暴乱的演讲，宣称这是他们进行破坏活动的最后一次机会，致使境内极少数分裂分子和潜藏在境内的“藏独分子”，纠合一些不法之徒，制造了震惊中外的暴乱事件。暴乱的总后台不是别人，就是一向微笑着宣称自己是“和平人士”和“非暴力”主张者的达赖。暴乱事件发生后，达赖不仅不对这些暴行加以制止和谴责，还声称这是“和平示威”，甚至假惺惺地声明，如果这些人再继续采取暴力行动，他就辞职，以示其与暴乱活动无关。实际上，司马昭之心，路人皆知。

　　拉萨 3 月份发生的事情使世人清晰地看到，达赖集团不是“非暴力”

的主张者与"和平"的维护者,而是暴乱分子;他们的行为不是"和平"、"非暴力",而是暴力犯罪!

二、"和平"是伪装

达赖喇嘛及其流亡集团一直把"和平"挂在嘴边,利用四处窜访、兜售其政治主张之机,总不免要提及"和平"二字,唯恐世界各国人民不能领会他的"和平"主张和对人类未来命运的关注。给"西藏独立"活动贴上"和平"的标签,确实欺骗了为数众多的善良人士,可联系他们的所作所为,达赖集团的"和平"怎么总是让人困惑不已呢?

1. 1959 年武装叛乱是"和平起义"吗?

西藏上层反动集团为了维护政教合一的封建农奴制制度,在外国势力的支持和操纵下,亲自谋划导演了一场反改革、反人民的武装叛乱,图谋实现"西藏独立"。早在 1957 年,川、甘、青三省藏族地区的少数分裂分子聚集拉萨,并与哲蚌、色拉、甘丹三大寺的代表秘密聚会,签订了正式盟书,决定把叛乱的武装力量全部统一在"曲细岗珠"组织之内,还划分了将来叛乱时各自承担的任务。在叛乱过程中,他们使用了极为残忍的暴力手段,不断袭击人民解放军驻地和车队,截断公路,炸毁桥梁,伏击车辆,袭击兵站,甚至抢掠财物,奸淫妇女,杀戮无辜,破坏寺庙,毁坏法器。山南凯松溪长全村仅有 50 户人家,卫教军杀进村庄之后,洗劫了每户家庭,奸污了全村妇女,从 10 岁小姑娘到六七十岁的老太太无一逃脱叛匪的蹂躏。3 月 10 日,发动叛乱时,还打伤西藏军区副司令员桑颇·才旺仁增,杀害西藏自治区筹备委员会官员、爱国人士堪穷·索郎降措,并拖尸示众,高喊"西藏独立万岁"等反动口号。人们能从中看到"和平"的影子么? 达赖喇嘛居然面对世界媒体宣称 1959 年的武装叛乱是"和平起义",这真是匪夷所思!

2. "四水六岗"和"藏青会"是和平组织吗?

达赖集团叛乱失败逃亡印度之后,继续从事暴力活动,妄图武装暴动实现"西藏独立"的图谋。1957 年成立并在 1959 年叛乱中干尽坏事的"四水六岗卫教军",在美国中央情报局的资助下,于 1960 年在尼泊尔木斯塘秘密建立了游击基地,继续骚扰边界,破坏与尼泊尔交界地区藏族百姓的生产生活。十多年间曾对西藏派遣小股人员,但并没有达到他们所期望的目的。相反,他们在尼泊尔、不丹等国的烧杀抢掠,乃至颠覆政府的活动遭到极大的愤慨。1972 年中美关系改善,中央情报局中止了对游击基地的资助。1972 年,尼泊尔派兵取缔木斯塘基地,基地首领旺堆在冲突中被尼政府军打死,"四水六岗卫教军"瓦解。1980 年代以来,又死灰复燃,重新活动。"藏青会"即"西藏青年大会",成立于 1970 年 10 月,是达赖集团内部一个主张暴力,追求"西藏独立"的激进和恐怖组织。暴力恐怖活动被写进其章程之中,该组织成了近 40 年来,不断鼓吹"西藏独立",诋毁我国的内外政策,纠集流亡藏人和国外不明真相者骚扰我国驻外使馆,在领导出访时滋事,渗透境内从事分裂活动并煽动群众对政府对抗,同时还与国际恐怖组织联络,进行暴力恐怖活动。"藏青会"的头子公然宣扬暴力,声称"武装斗争和使用暴力是西藏获得完全独立的必由之路"、"恐怖活动可以用最低成本获得最大效果"、"恐怖活动可以获得广泛影响,吸引国际社会对'西藏问题'的关注"等。在 2003 年 7 月 3 日,"藏青会"前主席格桑平措在达兰萨拉接受记者采访时就扬言"只要是为了我们的事业,我们是不惜使用任何手段,无论是暴力还是非暴力"。达赖的弟弟丹增曲杰公开说:"只有武力,才能迫使中国人离开西藏。"2006 年 11 月 14 日,达赖一位亲信人物在华盛顿布鲁金斯学会发表讲话说:"只需要少数几个绝望的个人和团体,就会造成大规模的不稳定。"近年来,"藏青会"连续举办包括"爆破技术培训班"在内的各种培训班。2007 年 1 月,达赖集团"自由西藏学生运动"在北美举行了第八届"解放西藏行动营",自称已经培训了 450 名活动骨干。值得注意的是,"藏青会"已经成为达赖集团中的重要组织,他们中的不少人进入"流亡政府"担任要职,如首席噶伦桑东即出自该组织,他们还控制着达赖集团内的非政府组织,乃至操控着"流亡政府"的运作和将来的发展方向,"西藏独立"却是他们始终不变的追求目标。

3. 拉萨暴力事件是"和平示威"?

此次发生拉萨和其他藏区的严重暴力事件,是达赖集团长期从事暴力活动的一部分。1987年9月21日达赖在美国发表演讲,宣称"西藏不是中国领土的一部分,西藏是一个独立国家"。"藏青会"等组织积极策划,9月27日拉萨就发生了严重的骚乱事件。暴徒在"西藏独立"的口号下,冲击政府机关,砸毁汽车,抢劫财物,焚烧商店和公共建筑,并打伤值勤干警多人。1989年,在达赖集团的煽动和蛊惑下,少数僧人和不法分子又在拉萨制造了严重的骚乱,他们冲击政府机关,打伤无辜群众,焚烧商店,用暴力活动破坏了西藏的和平局面。2008年3月14日,达赖集团召开会议,决定由"西藏流亡政府财政部"负责调集资金,为"与中国政府的决战提供足够的经费支持"。达赖集团"藏青会""藏妇会""九·十·三运动""四水六岗"等紧急调动力量,深入到印度、尼泊尔藏人聚居区,动员流亡藏人通过电话、互联网等方式尽快与国内藏区的亲戚、朋友取得联系,"以达赖喇嘛的名义"鼓动境内藏区群众响应拉萨的抗议活动,"勇敢地走上街头"。3月20日,"藏青会"主席次旺仁增在达兰萨拉召开的会议上,声称"暴力活动基本达到了唤醒国内藏区反抗意识、引发国际社会对西藏问题高度关注的预期效果,但反抗活动不会停止,此次活动只是今年反抗活动的序曲"。面对暴徒惨无人道的手段,面对惨死的无辜者,面对被烧得面目全非的学校、店铺和被砸坏的汽车和交通设施,面对斑斑血迹、滚滚浓烟,还能认为是"和平示威"吗?

4. "诺贝尔奖"是对和平的奖赏吗?

1989年12月11日达赖喇嘛在接受"诺贝尔和平奖"时的演讲中,说道:"诺贝尔奖对藏人是一件大事,因为此奖是对藏人推崇自由、正义斗争的认可,这个认可重新坚定了我们依靠正义、精神、毅力来解放家乡的信心。""受奖后我要更加坚信,在坚持真理、英勇战斗和不懈的斗争后,西藏一定会独立。"这里清楚地表明,"诺贝尔奖"原来是奖励达赖喇嘛进行"西藏独立"的。达赖喇嘛获奖后的感觉,并不是追求和平,而是"英勇战斗和不懈的斗争"以实现"西藏独立"。"西藏流亡政府"的首席噶伦桑东也说：达赖"获得此奖是表明达赖喇嘛领导下的西藏人民的合法性"，这"对每天进行战斗的境内外藏人的勇气进行了褒奖"。"和平"二字被就这样被操纵评选获奖者的人和达赖玷污了。人们不禁要问，"和平奖"是奖励和平，还是奖励达赖及其分裂集团"英勇战斗"追求"西藏独立"？

"和平"与暴力是达赖集团并行不悖的两种手段，是互为表里的，它的根本目的是追求"西藏独立"。达赖喇嘛谈得较多的是"和平"、"非暴力"，而"藏青会"等极端组织则一直主张暴力恐怖，表面上两者之间存在一定的分歧，"藏青会"骨干认为"我们应该永远使用暴力，我们将继续战斗，难道还有别的选择吗?"他们曾与西班牙的巴斯克分裂组织、尼泊尔反政府武装、斯里兰卡泰米尔猛虎组织、阿富汗基地组织等暴力集团联系，还对巴勒斯坦的自杀式爆炸极为赞赏。对此，达赖曾经予以指责，坦陈"严重的是我们内部出现了搞谋杀、放火等暴力事件的危险分子"。但是，他并没有真正阻止"藏青会"和其他暴力组织的发展与活动。他的演讲中还蕴含着对他们的支持和欣赏。2003 年 8 月 25 日，达赖在接受法国《费加罗报》记者采访时说："如果两三年内谈判没有结果，我就很难向年轻人解释我的'中间道路'比要求西藏独立更加有效。""如果我的方法失败了，这些年轻人就有权拿起火炬，要求独立。"这再清楚不过地表明达赖在玩弄"和平"手腕，事实上他的许多充满仇恨和煽动性的言论，已经把境内外的分裂分子指向暴力。

正因为这样，达赖喇嘛一说"和平"，境内外的分裂分子就心领神会地开始暴力犯罪活动。当达赖号召"和平"行动的时候，境内的"藏独"分子和境内的极少数分裂分子就心领神会地进行打砸抢烧暴力活动。这就是达赖集团"和平"的含义，四处宣讲的"和平"原来是幌子，原来包含着不便与外人道的深刻含义——暴力，不管是"和平"招牌还是打砸抢烧，核心目的只有一个，这就是他们永远不能释怀的"西藏独立"。

三、"民族"旗号是招牌

达赖集团口口声声宣称自己是"西藏人民的代言人",诬称"境内西藏人民没有言论自由"只好由他们代为表达。达赖能否代言藏族人民?达赖集团是否在为西藏人民利益着想?我们不仅要听其言,也要观其行。看看达赖集团的一切活动,结果发现并非如此,事实恰恰相反。达赖集团不是藏族人民的代言人,更不是藏族人民利益的维护者,他们是假借民族外衣从事"西藏独立"的反动组织。

1. 达赖集团不是藏族人民的代表者,而是藏区局势稳定的破坏者

2008年3月14日发生在拉萨的打砸抢烧严重暴力事件,已有充分证据证明是由达赖集团一手组织策划的。暴乱发生前,达赖喇嘛煽动说:"2008年是关键的一年,奥运会也许是藏人的最后机会了",并呼吁有关国家在与中国打交道时,把"西藏问题"与北京奥运联系起来,要求其支持者在北京奥运会期间举行游行示威,并借此"宣扬藏人的请求"。暴乱发生后,面对如此惨无人道的暴行,面对惨不忍睹的劫后景象,作为一个慈悲为怀,"如法受戒的比丘",达赖喇嘛并没有表现出应有的关怀,就在"3·14"拉萨事件发生当天,达赖即发表声明称:"这些抗议是西藏人民对当前统治方式的刻骨仇恨情绪的发泄。"3月16日,达赖又在记者招待会上称:"拉萨抗议是中国多年来在西藏有意或无意推行文化清洗政策的必然结果。""尽管中国动用军队镇压此次行动,但拉萨及其他地方的藏人也将决意抗争到底。"这样的语言出自一个口口声声主张"非暴力""和平"的僧人之口,确实是让人难以置信的。

事实上,他们一直是藏区社会正常秩序的破坏者。在20世纪50年代,达赖集团为了维护政教合一的封建农奴制度,维护他们永远不变的既得利益,阻挠西藏的民主改革,不惜发动武装叛乱,破坏了1951年和平解放后西藏刚刚获得的安定平稳的好日子,叛乱给西藏人民的生命财产安全带来巨大的损害。叛逃印度后,达赖集团建立"流亡政府",颁布

"宪法",组建武装,进行从事分裂活动,在对边境地区骚扰之外,还不断派人渗透境内,危害西藏人民的平安生活,扰乱社会正常秩序。改革开放以后,国家对达赖喇嘛采取了一系列宽大的政策,提出"爱国一家,爱国不分先后",安排接待达赖亲友团和参观团到藏区考察探亲,他们辜负中央的好意,在藏区大肆宣扬达赖喇嘛的分裂主张,鼓吹"西藏独立",利用参观疯狂搜集情报,煽动群众起来颠覆共产党统治,和政府对抗,"把汉人赶出西藏"等等。返回境内后,在国际散布他们从境内搜集到的阴暗面材料,加以夸大歪曲,污蔑中央的西藏政策。同时加大向境内渗透力度,培养组织分裂分子,从事危害国家安全和西藏地区稳定的犯罪活动。1987年、1988年和1989年的拉萨骚乱,就是他们一手策划的,目的是破坏西藏的改革开放和难得的历史发展机遇。他们的本质至今没有改变,大量的事实表明,他们没有资格作为西藏人民的代言人,而是藏区稳定局势的破坏者。

2. 达赖集团不是藏族人民利益的维护者,而是藏族人民根本福祉的破坏者

2008年3月14日发生在拉萨及其他藏区的打砸抢烧严重暴乱,充分暴露了达赖集团暴力本质和妄图实现"西藏独立"的险恶用心。他们的打砸抢烧暴力活动严重破坏了拉萨正常的社会秩序,给拉萨市人民群众生命财产造成极大的损失。事后数据表明,当日不法分子纵火300余处,拉萨908户商铺、7所学校、120间民房、5座医院受损,砸毁金融网点10个,至少20处建筑物被烧成废墟,84辆汽车被毁。有18名无辜群众被烧死或砍死,受伤群众达382人,其中重伤58人。拉萨市直接财产损失达24 468.789万元。3月14日以来在甘南发生的打砸抢烧事件中,玛曲、夏河、碌曲、卓尼、合作等市县遭受了2.3亿元的公私财产损失,其中玛曲县损失最大,超过1亿元。不法分子在打砸抢烧的同时,对公安民警、武警官兵、干部群众进行了人身攻击,共造成94人受伤,其中受伤公安民警64人、重伤6人,受伤武警官兵27人、重伤4人,受伤干部2人,受伤群众1人。3月16日,四川省阿坝县极少数不法分子在县城以

及部分乡镇打、砸、抢、烧，给当地人民群众造成重大财产损失。

自从 1959 年达赖集团叛逃国外以来，他们没有给西藏的经济发展，人民生活的改善做一点有益的事情，反而设置了许多障碍，制造了很多麻烦。阻挠百万农奴翻身解放的民主改革说明达赖集团是西藏人民获得政治平等和人身自由的最大障碍。在建设社会主义新西藏的过程中，达赖集团不断骚扰破坏边境地区，危及人民的生产生活和生命安全。改革开放以后，国家大力发展西藏的基础设施，改善人民的生活条件，达赖集团四处散布谣言，千方百计破坏西藏经济发展和人民生活的改善。国家引进外资，他们制造谣言，阻挠外资进入西藏；国家投巨资兴建西藏人民盼望已久的青藏铁路，他们蓄意歪曲。国家搞新农村建设，着力改善农牧民基本生活条件，他们利用封建迷信，制造种种谣言加以破坏，甚至连农牧民祖上传下来的裘皮大衣也不能放过，让群众一把火烧掉。西藏人民希望过上安宁祥和的好日子，他们故意制造暴力恐怖活动。可见，他们不是藏族人民利益的维护者，而是藏族人民根本福祉的破坏者。

3. 达赖集团不是民族关系的沟通者，而是和谐民族关系的破坏者

达赖在他的"呼吁书"中宣称："在这里，我向汉族同胞们保证，我绝对没有分裂西藏或者是在汉藏民族间制造矛盾的图谋，相反地，我时常为寻求西藏问题在汉藏民族长久互利的基础获得解决而进行努力。"同是这个达赖喇嘛，在 2008 年 3 月 10 日的"声明"中说："藏人不仅在自己的土地上正在成为无关重要的少数民族，而且……正在无声中被大民族同化。"2008 年 3 月 25 日对美国《新闻周刊》说，尽管他遇到"富裕的藏人，他们经济富足，有好的房子"，但"感受到汉人某种难以形容的歧视"。事实上，达赖每有演讲，几乎都把煽动民族仇恨与民族对立作为主要内容。达赖集团制造历史上并不存在的"大藏区"计划，妄想把世代居住在青藏高原地区的其他民族强行迁移出去，这不仅是痴人说梦，还有制造民族纠纷的不良用意。"3·14"拉萨暴力事件发生时，凡是门口悬挂哈达的商铺都"幸免于难"，而其他一些在门口做了"大起义"英文缩写"T·G·C"标记的店铺则被洗劫一空，甚至付之一炬，其用心之险恶，由此可

见一斑。多年来,达赖集团经常在国际上讲"藏族已是西藏少数民族"、甚至造谣说"中国在西藏杀了120万藏人",而在20世纪50年代,当时管理西藏地方的噶厦政府自己统计上报的人口也仅仅是114万,照达赖集团的逻辑,西藏早已是无人区了。事实上,"到目前为止,西藏的人口结构没有发生任何变化,藏族人口占西藏总人口的92%,门巴族、珞巴族和其他少数民族人口占3%,汉族人口只占5%"。中华人民共和国宪法明确规定:"中华人民共和国各民族一律平等。国家保障各少数民族的合法的权利和利益,维护和发展各民族的平等、团结、互助关系。禁止对任何民族的歧视和压迫,禁止破坏民族团结和制造民族分裂的行为。"西藏和平解放和民主改革以来,逐渐建立了平等和谐的民族关系,形成汉族离不开少数民族、少数民族离不开汉族、少数民族离不开少数民族的和睦友好局面,改革开放以来,西藏地区各民族之间的经济文化联系不断加强,感情更加深厚。达赖集团不愿意看到这种局面,蓄意制造事端,煽动民族仇恨,挑起民族争端。在国际上竭力诋毁中国的民族关系和民族政策,与"藏独""疆独""蒙独"和"台独"势力互相勾结,图谋削弱和瓦解中国。实际上,尽管他们的用心十分险恶,他们的手段十分卑劣,但是他们的目的绝对不可能达到,西藏各族兄弟和睦相处、建设美好家园的步伐,谁也阻挡不住。他们的罪恶图谋必将落空。

4. 达赖集团不是广大藏族人民的代言人,而是没落阶级的代表者

达赖集团代表着一部分从事"西藏独立"、图谋恢复旧西藏实行的政教合一封建农奴制统治的少数人的利益,和广大藏族人民维护国家统一、增进民族团结和睦、追求幸福美满生活的愿望完全格格不入、背道而驰。在旧西藏,占人口95%的贫苦农奴没有土地,没有财产,没有人权,没有任何人身自由。而占人口5%的三大领主占据了95%以上的社会财富。在这种制度下,社会根本无法进步,人民永远看不到光明和希望,达赖正是为了维护这种对农奴进行没有人性地掠夺的制度,才发动武装叛乱的。他们不愿意看到广大百姓摆脱没有人权、没有自由、没有希望的奴隶地位,获得平等自由和尊严。他们叛逃国外以后,建立政教合一

的流亡政府,还给这个落后的体制贴上"民主"的标签,真是滑天下之大稽。在达赖集团上层内部,由少数人把持权力,贪污国际捐款,对普通流亡藏人作威作福,征收包括"独立税"在内的各种苛捐杂税。达赖本人也为其家族谋利益,一人得道,鸡犬升天,并没有彻底改变农奴主的本色。达赖集团一直打着"民族"旗号,把自己装扮成西藏人民利益的代表,却从来没有做过一件有利于藏族人民的好事。他们长期美化、顽固坚持封建农奴制度,借助国际反华势力,出卖祖国,出卖人民,数典忘祖,编造"西藏从来就是一个独立国家"的谎言。一位著名藏学家引用藏族谚语说得好:"贪婪的土狗一次次受骗,智慧的大象不会落入陷阱。"揭开达赖集团披在身上的"民族"外衣,达赖集团不是什么藏族的代言人和藏族人民利益的维护者,而是一个损害藏族和全国各族人民利益,长期进行分裂祖国,追求"西藏独立"的反动组织。

四、"宗教"信仰是幌子

达赖喇嘛是旧西藏政教合一的封建农奴制度的总代表,掌握着政教两重大权,这给他的头上罩上一道神圣的光环并赋予他无限的权力,同时也让他陷入两难境地:必须穿梭于出世与入世之间,神与人之间,甚至诚挚与谎言之间,正义与邪恶之间。当十四达赖喇嘛死心塌地要维护这种制度、反对改革的时候,他就注定要进入这个怪圈。从他的大半生经历来看,他始终没有走出这个怪圈。早在十三世达赖喇嘛执政时期,就有人指出:"由于达赖喇嘛掌握了世俗的统治权,他变得更世俗了;等到他到极乐世界去的时候,就得花大气力来恢复他在精神方面的宝贵地位。"十四世达赖喇嘛由于叛逃国外,谋划"西藏独立"其行为更有过之而无不及。

达赖喇嘛是藏传佛教格鲁派两大活佛转世系统之一,按照佛教对僧人的基本要求,他应该恪守戒律,潜心修法,行善积德,护国佑民。但是,十四世达赖喇嘛并没有这样做。自从 1959 年叛逃国外以来,他建立流亡政府,制定伪宪法,投靠西方反华势力,进行分裂祖国的活动。近些年来,大打"和平""非暴力""人权"旗号,鼓吹所谓"中观道路",贩卖他的所谓"大藏区"和"高度自治"方案;四处窜访,散布谣言,攻击中国共产党的西藏政策,攻击西藏经济社会各项事业的发展进步;和西方反华势力勾结一起,利用一切机会破坏西藏和其他藏区的稳定,丑化中国的国际形象,并试图借西方政治势力给中国政府施压,促成其缺乏诚意的和谈。达赖喇嘛使用了许多伪装,宗教名义是其最主要的手法。尽管他精心掩饰,最终还是未能掩盖住其从事分裂活动的本质。

1. 声称只言宗教,不谈政治,但每有言论,必有政治用心

达赖喇嘛经常宣称他不谈政治,但是他所做的一切演讲与活动,都在宗教背后充斥着政治诉求的货色。世界上大多数国家实行的是政教分离的原则;《中华人民共和国宪法》规定:"国家实行政教分离、宗教与教育相分离的原则",这是达赖集团不能接受,又不便公开指责的国际通则,而且作为出家人过分热衷于政治,乃至干预政治,会破坏佛教出世思想的基本精神,以及在信徒心中的形象。所以,达赖喇嘛总是要反复申明自己只谈宗教,不过问政治,在解释历史时,也会不厌其烦地宣称自己是用宗教的立场来理解,反对别人把它与政治牵扯在一起。但是,实际上截然相反,从达赖集团流亡政府的政教合一体制,到达赖喇嘛一切的讲话、行动,无一不和政治纠缠在一起,甚至在多数情况下,宗教只是一个掩人耳目的幌子,实现政治诉求才是他真正的目的所在。从1960年以来的每年3月10日,达赖喇嘛都要发表所谓"声明",其核心一条就是鼓吹"西藏独立",煽动藏族与汉族及其他民族仇恨,攻击中国共产党的西藏政策,制造谣言诋毁新中国的建设成就,损害中国的国际形象。他的声明不是一个宗教人士的呼吁,而是一个政客的"独立"动员。2007年4月8日,他对印度一家电视台说,半个世纪前"西藏当时是一个既成事实的独立国家"。2008年3月10日,他又在"声明"中说:"藏人不仅在自己的土地上正在成为无关重要的少数民族,而且……正在无声中被大民族同化。""富裕的藏人,他们经济富足,有好的房子",但"感受到汉人某

种难以形容的歧视"。如此挑拨民族关系,是一个宗教人士可以做的事么？达赖喇嘛不仅在口头上而且在行动上大力从事违背时代潮流的政治活动,妄图分裂国家,复辟旧的政教合一的封建神权专制制度。

2. 声言只谈宗教,不谈历史,他却兴味浓厚地口述一部"西藏独立"史

达赖喇嘛常挂在嘴边的是他是出家僧人,不谈历史,历史让历史学家去研究吧,但是他却欣然接受他人采访,把自己关于"西藏自古独立"的看法写成一部专书。面对大量的档案和历史文献资料证明西藏自古是中国一部分的史实,达赖喇嘛可以用回避办法,宣称历史要由历史学家来研究,他不谈历史。也同样是这个达赖喇嘛却接受反华作家托马斯·莱尔德的建议,在三年多时间里对他进行 60 多个小时的采访,并形成一部宣扬"西藏独立"和神学观点的《西藏的历史》一书。他在该书中一如既往地陈述了他的"西藏自古独立"说,试图制造一个自古即有、一成不变的"西藏独立"史;面对元朝和清朝对西藏地方实施完全的行政管辖和有效统治,达赖喇嘛又借用殖民主义分裂中国的陈说,即"满蒙非中国"说,不仅妄图把西藏分裂出去,而且还企图割裂中国历史,把蒙古族和满族也从中国分裂出去,可以说已经达到丧心病狂的地步。此外,他惯用的手法就是用佛教术语"供施"关系来解释历史,这就是所谓"供施关系"说。其实藏汉文史书早已指明了元朝以来历代中央政府对西藏地区实施切实有效的行政管辖,而不是简单的"供施"关系,达赖喇嘛视而不见,充耳不闻,目的只有一个,就是阉割史实,图谋"西藏独立"。他的"1949 年共产党入侵西藏"说更属荒谬,驱除帝国主义势力、粉碎西藏地方少数分裂主义分子的罪恶阴谋,恢复中央政府对西藏地方的完整行政管辖权,是中国共产党和中国人民解放军的神圣职责,也是包括藏族在内的全国各族人民的共同愿望,被他们诬蔑为"入侵",实属一派谎言。在该书中,达赖喇嘛肆意歪曲中央王朝和历代中央政府与西藏地方的关系,歪曲西藏地方历史,从神学观、主观主义和分裂主义立场分析问题,误导和欺骗读者,甚至为武装入侵西藏的英国殖民者进行辩护,美化侵

略者的行为,可以说到了令人发指的地步。

3. 表面传佛教,实质搞分裂

达赖喇嘛借用一个宗教术语"中观"来表述其思想,但其核心实质却是分裂国家,追求"西藏独立"。藏传佛教中有借用宗教术语表达政治关系内容的习惯,在十四达赖喇嘛这里更有了新的发展,最典型者莫过于他的所谓"中间道路"。"中观"思想来源于公元 2 世纪左右古代印度宗教家龙树的"中道",也就是所谓"众因缘生法,我说即是空,亦为是假名,亦是中道义",在他们看来,只有排除了各种因缘关系,破除了执着名相的边见,才能证悟最高的真理——空或中道。"龙树的中道观旨在否定事物本性是有或非有的见地,在坚持佛教作为宗教解脱之道的前提下,龙树宣称涅槃与世间无差异,既体现了菩萨道的理想,又反映了大乘佛教对世俗政治的关心。"而达赖喇嘛的"中观思想"或者"中间道路"却别有含义,其核心内容主要有两条:一是作为领土要求的"大藏区",一是作为制度要求的"高度自治",根本目的依旧是搞"西藏独立"。这些主张具体体现在达赖喇嘛 1987 年提出的"五点和平计划"和 1988 年的斯特拉斯堡"七点建议"中,所谓"五点和平计划"包括:一、中国军队和警察撤出大藏区(包括四川、甘肃、青海等省的自治州),使整个大藏区变成一个非军事区、缓冲区;二、藏族外的异族人全都要撤离大藏区;三、藏族人可以自由选举自己的领袖;四、恢复和保护西藏的自然环境,撤除中国的军事设施,不允许在西藏生产和试验核武器;五、就西藏未来的地位以及西藏人民和中国人民之间的关系问题举行诚挚的谈判。这个"五点计划"本来就是外国人帮助起草的,其核心的一条是"使西藏变成一个和平区"、"缓冲国","要把其军队和军事设施从这个国家撤走"。所谓"七点建议"即:一、西藏应当成为一个由它自己支配的民主的政治实体,同中华人民共和国保持联盟关系;二、由中国政府负责西藏外交事务,但是西藏政府在国外可以设立宗教、文化等方面的外交办事处;三、西藏政府加入世界人权宣言;四、由藏族人通过全民投票选举出大藏区的政府首脑,拥有独立的财政、立法、行政、司法权,政府所在地是拉萨;五、西藏经济、社会体制应根据西藏人民的意愿来决定;六、西藏禁止核武器或其他武器的制造、试验、储存,以及核能的利用;七、应该召开英美等其他国家参与的地区和平会议来保证使大藏区实现非军事化、非核化。按照他们的如意算盘可以分两步走,先搞由单一民族组成的所谓"大藏区",然后再通过全民公决搞"西藏独立"。"中观"不过是一个宗教名词术语而已,却被达赖喇嘛装上新的政治内容,这就是分裂国家,分步骤实现"西藏独立"。

4. 造谣撒谎犯戒,倒行逆施违法

达赖喇嘛于僧界妄语犯戒,于俗世妄行违法,很难逃出历史公正的审判。达赖喇嘛说过很多谎话,有些是受人恩惠、替人消灾,有些则是有心的或者是刻意的。但是,不管怎样,作为出家人造谣、说谎是绝对应该被禁止的,佛教最看重的"四根本戒"是"戒杀、戒盗、戒淫、戒妄语"。达赖喇嘛在历史问题上制造的、以"西藏独立"为主要内容的诸多谎言,在现实问题上制造的所谓"西藏宗教文化灭绝"论、"汉族移民西藏"论、"藏族在西藏沦为少数民族"论等等,无一不是谎言。这些是严重违反戒律的,作为一个"如法守戒的佛教比丘"如此妄语,应该自我反思。从达赖喇嘛的行为来看,不仅不能做到一个合法公民,而且做了许多违反法律、拂逆民意的事情。搞"西藏独立"是神人共怒的第一桩。他还做过许多破坏藏传佛教正常秩序的事情,例如,1995 年当十一世班禅转世灵童即将确定之际,达赖喇嘛公然违背历史定制和第十世班禅大师的遗愿,于 5 月 14 日擅自在印度宣布所谓的班禅灵童,严重干扰了班禅活佛转世的正常进行,给藏传佛教带来巨大的混乱。与此同时,达赖及其集团还以授予学位为诱饵,采取"拉出去、打进来"的办法,吸收境内寺院中的年轻僧人非法越境,前往印度达兰萨拉,给他们灌输独立思想,然后又派回到原来的寺院,制造混乱。达赖喇嘛还对不遵从自己旨意的佛教派别,或者"异端思想"进行残酷镇压、无情打击,"杰钦修丹事件"就是代表。达赖喇嘛禁止该派的理由有两条:一是信仰"多鬼"会有损达赖的身体安康和危害"西藏事业";二说该派修异说、发"恶愿"的教派、"亲汉"。遂大施淫威,禁止该派活动。奥运会是国际上不同国家、地区和不同文化的人民相互交流、增进友谊的盛会,它从一开始就是一项追求非政治化的体育活动,达赖喇嘛也没有放过它,2007 年他在窜访欧美时多次声称:"2008 年是关键的一年,奥运会也许是藏人的最后机会了",并呼吁有关国家在与中国打交道时,把"西藏问题"与北京奥运联系起来,要求其支持者在北京奥运会期间举行游行示威,并借此"宣扬藏人的请求"。从2008 年拉萨"3·14"打砸抢烧严重暴力事件,到甘肃、四川等地少数"藏独分子"的暴力活动,以及围攻我国驻外使领馆、破坏奥运会火炬传递等事件,可以清晰地看到达赖喇嘛及其集团的险恶用心和卑劣残忍的手段。3 月 10 日达赖喇嘛翻来覆去煽动说:"我要对境内西藏人民的赤诚、勇气和决心由衷地表示赞赏。"在他的赞赏和鼓励下,西藏拉萨发生了由"藏青会"等组织具体策划实施的打砸抢烧暴力活动,十多名无辜群众被烧死、砍死或窒息死亡。就在当天达赖喇嘛还说:"不论藏人在何时做何事,我都会尊重他们的意愿,不会要求他们停下来",纵容、支持暴力犯罪的真面目就如此清晰地展现在世人面前。

达赖喇嘛已经进入人生的暮年,应该反思自己一生从事"西藏独立"活动的历程,能迷途知返,为中华民族的复兴做点有益的事情,也为西藏地方的稳定发展,为西藏各族人民追求平安祥和的美好生活做一点有益的事情,藏族人民之幸事,全中国各族人民之幸事,世界和平之幸事。

五、"人权"是外衣

1. 旧西藏政教合一制度下的西藏人权

人权不仅与社会的经济发展、文明进步有关,也是分阶级的。在旧西藏政教合一的封建农奴制统治下,不是大家都没有享受人权,只是那一部分人的数目很小很小。当时只占人口 5% 的世俗贵族、上层僧侣和官员,就非常满意那种体制下的"人权",他们不仅骄奢淫逸,而且作福作威,掌握着占人口 95% 的农牧的生杀予夺大权。

不仅藏文汉文资料对此有大量记载,就连进入西藏的外国人都深切感受到旧西藏人权记录之恶劣。英国人贝尔在《十三世达赖喇嘛传》中称，作为"黄帽僧侣之喇嘛，黑头俗人之主宰"的十三世达赖喇嘛是"名副其实的独裁者，……他比希特勒和墨索里尼有过之而无不及。他不能像他们那样用三寸不烂之舌，更不能用无线广播（即便有广播的这一套东西）来谋取地位。但他有比口才或无线电更厉害的东西，因为他能在今生与来世里进行赏罚"。让你来世当猪或做人，当大官或当大喇嘛。埃德蒙·坎德勒在他的《拉萨真面目》一书中说："喇嘛是太上皇，农民是他们的奴隶。……毫无疑问，喇嘛采用了精神恐怖手段以维持他们的影响和将政权继续控制在他们手中。"查尔斯·贝尔在《西藏志》里说："西藏仍在封建时期，其贵族握有大权，势力浩大，贵族与僧侣共同盘据政府中的重要位置，其财产之巨大，亦不弱于寺院。贵族对于佃农，可以行使官府权力……没收牲口，罚款、笞杖、短期拘禁以及其他一切处罚，贵族皆得随时行之。"大卫·麦克唐纳在他的《西藏写真》里写道，旧西藏刑罚严酷，"其最普通的刑法，凡遇死罪，能将犯人缝于皮袋之内，而掷于河中，以俟其死而下沉，……迨其已死，于是将其尸体，由皮袋取出而肢解之，以四肢和躯体投之河中，随流而去……"法国藏学家亚历山大·达维·尼尔在她的《古老的西藏面对新生的中国》中说，旧西藏，所有农民都是终身负债的农奴，他们身上还有着苛捐杂税和沉重的徭役，"完全失去了一切人的自由"。崔比科夫在《佛教香客在圣地西藏》里说："强大的僧侣势力掌管一切，但僧侣也有高低之分，过着天上地下的生活。即使是在寺院里，普通僧人也随时面临着刑罚，甚至死刑……"人们能从这里看出达赖集团所描述的"香格里拉"图景么？旧西藏分明是农奴主的天堂，农奴们的人间地狱。

2. 达赖喇嘛及其流亡集团控制下的人权

流亡国外的达赖集团所代表的依然是上层农奴主的人权和利益。1959年3月，达赖集团为阻挠民主改革，维护政教合一的封建农奴制永不变革而发动了武装叛乱。1960年9月，叛乱失败并逃往印度的原西藏地方政府官员、贵族，其他藏区的土司头人、上层僧侣和叛乱首领，在印度达兰萨拉召开所谓第一届"西藏人民代表大会",宣告成立"西藏噶厦政府",即"西藏流亡政府",公布所谓"西藏国宪法大纲草案",宣布达赖喇嘛为政府首脑。1963 年 10 月公布"西藏国宪法"(1991 年修改后称"流亡藏人宪法"),尊达赖为"国家元首",其目标是实现"西藏独立"。

首先,他们实行的依然是达赖喇嘛领导下的政教合一的神权专制。达赖集团的伪宪法明确规定达赖喇嘛是流亡政府的最高首脑,"政府的一切职权都属于至尊的达赖喇嘛","政府的一切职能均以达赖喇嘛的名义进行",他们所建立的体制是政教合一的农奴主专制体制。尽管贴上"三权分立"的标签,但是完全保留着"甘丹颇章""噶厦""噶厦官员会议""译仓""摄政""摄政会议""甘丹赤巴""三大寺""乃琼护法"等政教合一组织。其次,这个流亡集团保持着僧俗农奴主掌权的固有形态,并维护农奴主利益。达赖集团由以达赖家族为代表的上层僧俗贵族组成,只代表少数人的利益。他的家族成员都在其政府中占据要害部门,其中有 5人担任过噶伦、首席噶伦。其他贵族如索康、宇妥、凯墨、桑都、帕拉、詹东等家族也多有机会把持噶伦和达赖秘书长等重要职位,并利用职权攫取更多的不正当收益。最后,普通流亡藏人依旧处在被奴役的地位。除了少数移民西方国家者之外,流亡藏人大多居住在达兰萨拉的贫民窟,不能加入印度国籍,只能寄人篱下,饱受语言不通、情感隔膜之苦,还要向流亡政府交纳"独立捐"等,根本没有什么人权可言。

3. 从拉萨"3·14"严重暴力事件看达赖集团的"人权"

"人权"首先讲的是人民的生存权和发展权,达赖集团叛逃印度近五十年来,不仅没有为西藏社会进步、人民生活水平的改善做任何有益的事情,反而做了大量危害境内西藏各族人民权益的事情。早年,他们武装骚乱边民生产生活,近年来则渗透破坏,乃至策动严重暴力事件,直接威胁到西藏和其他藏区人民生命财产的安全,扰乱了正常的社会秩序,制造麻烦。1987 年到 1989 年拉萨骚乱,是他们长期渗透、破坏及直接导演的闹剧,严重干扰了西藏各族人民追求发展,追求美好生活的步伐。1995 年达赖喇嘛擅自认定班禅转世灵童,直接破坏了藏传佛教的历史定制、宗教仪轨,班禅灵童转世工作制造了巨大麻烦,伤害了信教群众的感情。由他们长期预谋,精心策划和组织的 2008 年"3·14"拉萨严重暴力事件,以及在甘肃、四川等地发生的打砸抢烧暴力事件,冲击中国驻外使领馆,破坏奥运生活传递等事件,再次证明了达赖集团无视全中国、全世界爱好和平人民权利的丑恶本质。特别是,在拉萨严重暴力事件中,煽动暴徒杀人放火,肆意妄为,并不加制止,还进行鼓励,难道这是讲人权么? 用极端残忍的方法剥夺他人生命,是对人性的蔑视,这是哪里的人权?

4. 达赖集团奢谈"西藏人权"的真正意图

达赖集团奢谈的"西藏人权"十分虚伪,而且用意不良。一个昔日政教合一农奴制体制的总头子,摇身一变转而大肆奢谈"西藏人权",进而指责中国政府和人民践踏人权、谎称"西藏人民没有人权",甚至还获得了西方主子赏赐的"人权斗士"的封号,这本身就是古今中外头一桩奇事。如果名副其实的话,自然应该大书特书。然而,事实并非如此,达赖集团口口声声喧嚣的"西藏人权",不仅手法不可能高明,而且其目的更不可告人。

达赖集团对中国共产党西藏政策的指责,大多建立在谎言和造谣的基础之上,在 1988 年达赖喇嘛发表的所谓"施特拉斯堡声明"中,造谣说中国政府践踏"西藏人权",向西藏迁移人口。甚至说,在西藏地方藏族变成少数;西藏人民没有言论自由,只好由他们来代言等等。1955 年曾经应邀到过西藏,亲历西藏政教合一农奴制状况的《俄罗斯报》资深评论员奥夫钦尼科夫指出,把十四世达赖喇嘛说成是"人权保护者"的论调"绝顶荒谬且极端无耻","达赖对惨无人道的封建农奴制度应负有不可推卸的责任,有人把他说成是'人权保护者',诬陷中国共产党在西藏推行汉化和种族灭绝政策,类似言论中只有三种成分:无知、无耻或出于私利背叛公正"。可以说一语中的,直击要害。德国周刊《我们的时代》刊登的题为《这并不关系到人权》的署名文章,同样抓住了达赖集团鼓噪"西藏人权"的要害,"这些人,在他们统治期间肆意践踏西藏人民的尊严和人权,今天却装出一副人权的维护者的面孔来"。"他们希望借助西方反华势力,将西藏从中国分离出去。只不过在今天的现实情况下,他们不能大声喊出来,因此只得试图通过要求'高度自治'来维护西藏的'宗教和民族文化'。"由此看来,狐狸再狡猾终究会露出尾巴,更难逃智者的慧眼。达赖集团善于打扮,巧言令色,使尽了浑身解数,也变化了种种手法,但是始终不变的只有分裂祖国、实现"西藏独立"的罪恶梦想。作为西方反华势力工具的达赖集团,他们的这一梦想最终注定要落空的。

六、"西藏独立"是目标

1. 发动叛乱目的在于实现"西藏独立"

1959 年 3 月 10 日达赖喇嘛及西藏上层分裂集团为了维护政教合一的封建农奴制统治,不惜撕毁"十七条协议",发动武装叛乱,谋求"西藏独立"。3 月 29 日逃亡中的达赖喇嘛在西藏山南隆子县宣布"西藏独立",并建立以达赖为首的"西藏临时政府"。进入印度境内后,达赖喇嘛相继发表声明,全盘否定"十七条协议",宣称要恢复"1950 年中国入侵前西藏特有的自由与独立"。1960 年 9 月,达赖集团在印度达兰萨拉召开所谓第一届"西藏人民代表大会",宣告正式成立"西藏流亡政府",建立机构、驻外办事处,公布"西藏国宪法大纲",宣布达赖喇嘛为其最高首脑,"西藏独立"则是其根本目标。

2. 暴力武装活动是达赖集团早期从事"西藏独立"活动的主要手段

1957 年成立的"四水六岗"武装组织,及 1958 年组建的"四水六岗卫教军"在武装叛乱中扮演了重要角色。"四水六岗卫教军"主要在尼泊尔木斯塘中尼边界地区进行武装骚扰活动,由美国提供武器战备及经费物资支持。1962 年在印度的支持下成立的"印藏边境特种部队",至今仍有一万人的编制。与此同时,培育宣传"西藏独立"思想是达赖集团长期的工作内容。达赖集团创办学校以培养从事"西藏独立"活动的后备力量,出版刊物报纸为"西藏独立"张目,传播藏传佛教以兜售"西藏独立"主张。1970 年在达赖集团独立思想熏陶下成长、思想激进的"藏独"分子成立"西藏青年大会"(简称"藏青会"),公开主张"西藏完全独立",部分人逐渐进入"西藏流亡政府"的权力核心,现任"西藏流亡政府"首席噶伦的桑东即是其中的一个代表。

3. 暴力活动受挫,降低"独立"调门

20 世纪 70 年代,美国为了加强在欧洲与苏联对抗、在亚洲适当收缩的全球战略的需要,调整对华政策,减少对达赖集团的支持,与中国政府建立外交关系,中国在联合国的合法席位得到恢复。尼泊尔、不丹等国采取措施,打击危害其社会安定的"藏独"武装势力,1974 年尼泊尔政府消灭了长期活动在木斯塘地区的"四水六岗卫教军"。达赖集团的武装活动及生存空间受到极大限制,于是调整策略,降低"西藏独立"的调门,达赖喇嘛主动表示希望与中央接触,放弃分裂祖国的活动,早日结束流亡生涯。

4. 回国参观是假,图谋分裂是真

1978 年 12 月,邓小平在会见美联社记者时表示:"达赖可以回来。但他要作为中国公民。""我们的要求就一个爱国。而且我们提出爱国不分先后。"开启了中央与达赖喇嘛接触商谈的序幕。同时,中央政府邀请达赖派团回国参观。然而,达赖喇嘛辜负了中央的期望。他的参观团在藏区不是参观、探亲,而是来鼓吹达赖"西藏独立"的主张,煽动宗教狂热、刺探境内情报、散布破坏民族团结的言论,公开鼓动"西藏独立不能只挂在嘴边,要记在心上"。回去后即刻将达赖授意搜集到的"阴暗面"经过渲染后在国际上炒作,极力丑化中央政府,恶毒攻击中央的对藏政策。1987 年、1989 年拉萨发生的骚乱事件,正是达赖集团煽动策划的。1989 年北京发生天安门风波,在西方反华势力支持下,诺贝尔和平奖委员会把当年的和平奖授给制造暴乱,鼓吹"西藏独立"的达赖喇嘛。接着的苏联解体和东欧剧变,让达赖喇嘛兴奋不已,不仅不再想同"即将垮台"的中国政府会谈,还做出了种种似乎言之凿凿的预言:例如,1991 年他说"三年内一定要把西藏搞成一个独立国家"。1995 年预言"中国可能发生分裂、瓦解和全面崩溃"。"西藏独立的日子即将来临,我将宣布西藏脱离中国实现彻底独立"。当然,这位大预言家并不高明,中国不仅没有分裂瓦解,而是不断走向繁荣富强。

5. 乔装打扮,粉墨登场

20世纪90年代以来,国际局势发生了巨大变化,苏东事变,让以美国为首的西方国家欢欣鼓舞,他们和平演变、西化分化的矛头指向中国,在西藏问题上不断加大对达赖集团的支持力度。西方一些反华势力紧随其后,相继为达赖推动所谓"西藏问题"国际化大开绿灯。达赖集团抓住这个机会,四处窜访,极力推动西藏问题国际化。高唱"和谈"论调,宣扬达赖的所谓"中间道路"。与此同时,达赖集团对中央的西藏政策进行诋毁和污蔑,制造所谓"西藏环境遭到破坏"、"西藏的宗教和传统文化面临灭绝"、"藏族成为西藏地区少数民族"、"西藏人权"等等。把所谓"西藏问题"和国际上关注的话题结合起来,一个政教合一的封建领主摇身一变,成为关注"人权卫士"、"环保主义者"和传统文化的保护者,一个长期压榨藏族百姓血汗的农奴主忽然成为藏族人民的代言人。这些华丽的外衣也确实给达赖喇嘛带来了诸多的荣誉,也欺骗了为数众多不明真相的西方一般人。

6. 变化的是手法,不变的是本质

达赖喇嘛口口声声宣扬的"中间道路"究竟是什么?其核心内容有两条,一是"大藏区",一是"高度自治",二者紧密相联。其中,"大藏区"是达赖集团的领土要求,"高度自治"是达赖集团的政治制度要求。"大藏区"和"高度自治"是达赖集团政治主张的两块基石。历史上从来不存在一个包括西藏、甘、青、川、滇等地藏区的所谓"大藏区"。从行政区划上看,1959年以前,以达赖为首的原西藏地方政府没有管到西藏以外的地方。从宗教上看,达赖喇嘛只是西藏黄教格鲁派两大活佛之一,不仅其他教派如宁玛派、萨迦派、噶举派、噶当派和苯波教等不归其节制,就是班禅管辖的地区也不容他插手。从民族上看,青藏高原地区是一个以藏族为主的多民族居住的地区。除藏族之外,还有汉、回、蒙古、土、门巴、珞巴等十多个其他世居民族。因此,"大西藏"的说法没有依据。达赖所谓"高度自治"主张的要害:一是企图改变中国的国体与政体,二是企图改变中国现行国家结构制度。这显然是"变相独立""分步骤"实现独立。可见,达赖集团分裂祖国的本质根本没有改变。

7. 暴力恐怖,暗潮涌动

就在达赖喇嘛四处贩卖所谓"非暴力"、"和平"争取"高度自治"和"大藏区"的同时,达赖集团通过各种方式向境内渗透,策动暴力恐怖活动,"藏青会"是其主要代表。达赖喇嘛于2008年3月10日发表声明,同日"藏青会"跟着叫嚣"不惜流血和牺牲生命也要恢复西藏的独立","永远不会放弃争取西藏彻底独立的斗争"。随后"藏青会"等组织筹划所谓"挺进西藏运动",并煽动境内藏区僧俗群众闹事。达赖集团通过各种渠道与境内联系,向这些暴乱分子发布指令,并煽动不明真相的群众"行动起来",在他们的策动下,拉萨及其他藏区相继发生了震惊中外的打、砸、抢、烧等暴力事件,严重损害到西藏及其他藏区的社会局势稳定和人民生命财产的安全,同时也再一次证实达赖集团暴力犯罪,图谋"西藏独立"的本质。

1959年以来达赖集团一直把"西藏独立"作为追求目标;1987年提出了似乎是"半独立"的"五点和平计划";1995年以后提出"自治"与"一国两制"论调;当前达赖集团常挂在嘴边的所谓"中间道路"、"大藏区"和"高度自治"。提法变了许多,唯独不变的是只有"西藏独立"这个终极目标。

本文包含苟天林、袁祥、邢宇皓等先生的心血,文章分别发表在《光明日报》《人民日报》

二十九　民主改革：伟大的变革，不朽的业绩

1. 为什么西藏的民主改革发生在 1959 年——写在西藏百万农奴解放纪念日之际

1951 年 5 月 23 日,《中央人民政府和西藏地方政府关于和平解放西藏办法的协议》(即"十七条协议")签订后,西藏地方历史发展进入一个崭新时期。为落实"十七条协议"的规定,中央政府从西藏具体实际出发,准确研判形势,深入开展工作,采取了一系列政策与措施应对难题和挑战:军事上,中国人民解放军进军西藏,建立西藏军区,驻守边疆,巩固国防;经济上,驻藏人民解放军开展大生产,打通与印度和尼泊尔间的贸易通道以获得补给,加快内地到西藏的川藏和青藏公路建设,从根本上解决进藏人员的物资保障问题;组织上,成立西藏工委保证统一领导;政治上,既慎重稳进,又大胆作为,既建立最广泛的统一战线,又积极同极右反动势力展开坚决斗争,取得了巨大的成就,但是并没有立即进行民主改革。

关于西藏地区的民主改革,"十七条协议"第十一条规定:"有关西藏的各项改革事宜,中央不加强迫。西藏地方政府应自动进行改革,人民提出改革要求时,得采取与西藏领导人员协商的办法解决之。"考虑到西藏地方实际情况,即使面对的是野蛮、残忍和落后的政教合一封建农奴

制度,中央政府仍待以极大的耐心,希望以和平的方式加以实现。但是"十七条协议"的落实从开始就遇到了来自封建农奴主势力的竭力阻挠。毛泽东一再叮咛进藏部队只做生产、贸易、修路、帮群众看病等好事,如果农奴主抵制开办拉萨小学,则小学也可以收场不办。与此同时,受到残酷虐待的农奴渴望获得人身自由、期盼改革,一些干部战士无法容忍农奴主残害农奴也要求开启民主改革。中央始终坚持"慎重稳进"的方针,一则提醒西藏工委要认真调查研究,防止脱离实际和群众的冒进行为;另一方面又多次对西藏地方上层保守势力采取让步政策。根本原因在于西藏工作的经济基础、政治基础和社会基础等均比较薄弱,不能只靠军事优势加以解决,和平实现民主改革是当时的基本选项。

1955 年 9 月,《中共中央关于目前西藏进行的改革属于什么性质问题的答复》指出,在西藏民族中进行的任何改革都是国家过渡时期总任务的一部分,考虑到西藏地区的特殊性,在一定时期还只能是民主主义性质的改革,需要更多时间并采取较特殊的方式进行。1956 年 9 月 4 日,《中共中央关于西藏民主改革问题的指示》发给西藏工委,要求民主改革必须是和平改革,对上层一定要做好两方面的工作准备:一是反复协商,征得他们的真正同意;一是要在政治上和生活上把上层安排好,严格遵守"十七条协议"的规定,不能失信。"从西藏当前的工作基础、干部条件、上层态度以及昌都地区最近发生的一些事件来看,西藏实行改革的条件还没有成熟,我们的准备工作也绝不是一两年内能够做好的。因此,实行民主改革,肯定不会是第一个五年计划内的事,也可能不是第二个五年计划期内的事,甚至还可能要推迟到第三个五年计划期内。应该说这是对西藏上层分子的一种让步。""从现在开始到进行改革这个期间,必须抓紧上层统一战线、培养藏族干部、发展党员和团员、扶助群众生产、尽可能地改善群众生活(包括减轻某些负担)和逐步使自治区政权民主化等项重要环节,努力作出成绩,以便为改革做好准备条件。"1957 年 4 月,根据中央"六年不改革"的方针,西藏大批内撤进藏的军政人员,在藏汉族干部减少了 92%,驻藏部队减少了 70%。这是收缩和稳进的重要表现。

1957 年 5 月，《中共中央关于对西藏进行民主改革和收缩方针的指示》中再度强调指出："西藏的民主改革，是和平解放西藏办法协议的重要内容之一，是迟早一定要实行的。西藏人民必须经过民主改革，才能获得政治的和经济的解放，造成逐步过渡到社会主义的前提条件。""我们主张的民主改革，不管采取多么和平的方式，都不能不触动封建统治的根基，因为它的目的是要把农奴制的西藏改变为人民民主的西藏。""中央在重新考虑了西藏地区的历史的和现实的情况以后，决定从今年起至少六年以内，甚至在更长的时间以内，在西藏不进行民主改革。"直到 1959 年 3 月噶厦（西藏地方政府）撕毁协议，发动武装叛乱，中央提出的公开口号仍只提平息叛乱，不提实行民主改革。具体方针是边打边改，叛乱地区先改，未叛乱地区暂时缓改，拉萨地区可以首先进行改革，接着是山南、昌都和丁青等地，班禅管辖地区应该放在后面进行，昌都由帕巴拉管辖的几个宗，如果不发生叛乱，也要放在后面。并实施了一系列的改革原则和具体措施。比如，对参加叛乱领主的生产资料实行没收，分配给贫苦农、牧民；对于未参加叛乱的领主，采取赎买的政策，国家出钱赎买他们的生产资料，无偿分配给贫苦农牧民，农牧主也分得一份生产资料。自此，封建农奴主所有制被废除，农牧民的个体所有制度得以确立。

1951 年至 1959 年的八年，也让西藏僧俗群众对新旧两种制度"看了八年、比了八年、想了八年"，他们从亲身经历中认识到封建农奴制度的黑暗与反人性本质，认识到改革是西藏社会的唯一选择，这就为顺利进行民主改革奠定了社会基础。毛泽东等中央领导以政治解决为优先处理各项复杂问题；以达赖为重点做好达赖、班禅等上层的统战工作；以做实事做好事为突破口开展群众工作；以西藏组团到内地参观为渠道化解民族间的隔阂；以建立爱国群众团体为抓手打牢良好的群众基础；以打击极少数死硬分裂分子为手段为分裂活动划红线，为平息叛乱和实现民主改革赢得了机遇，创造了条件。1959 年西藏地方反动上层为维护政教合一封建农奴制永远不变而发动武装叛乱,就成为提前进行民主改革的一个历史契机。由此,西藏地方历史揭开崭新辉煌的一页。

原载《人民日报》2016 年 3 月 28 日 9 版

2. 让古老西藏焕发青春

又到了一年一度的盛大节日——"3·28 西藏百万农奴解放纪念日"。半个世纪的飞速发展,让古老的西藏高原焕发出无限的青春活力,经济社会发展、文化事业繁荣、人民安居乐业、环保措施给力,中央关怀、全国支援和西藏地方各族人民的艰苦奋斗,人们有理由相信:西藏的未来会更加美好。

但是,在欢庆节日的同时,也别忘记境外还有一个一直在破坏这一进程的达赖集团和他们身后的支持者势力,他们一刻也没有停止捣乱破坏活动。于是乎,怪现象层出不穷:人民政府搞"安居工程",帮助群众建新房,改善生活,达赖集团说了"今年不适宜盖房";逐渐富裕起来的百姓想过一个吉祥幸福的新年,他们又说了,今年不吉祥,不过节日……

人们在痛恨、厌恶这些丧失人性的卑劣手段的同时,也不禁要问:我们是否应该清算一下远远没有肃清的政教合一封建农奴制余毒的影响?它一直像未散的阴魂一样,在控制着人们的精神,让站立起来的穷苦百姓不能掌握自己的命运,而听人摆布;它让那些号称掌握着百姓"来生"去向大权的"神佛"随意发号施令,作威作福。而让贯彻宗教信仰自由,让藏传佛教彻底摆脱封建迷信的工作,举步维艰。废除政教合一制度半个多世纪以来,尽管具备了良好的条件,但西藏思想意识形态和精神文化领域缺乏一个理性的和深刻的反思,特别是缺乏对政教合一封建农奴制余毒的彻底清算,这对西藏地方经济社会的发展,对振奋民族精神,乃至对西藏的长治久安,均产生了一定的影响。

在欢庆西藏百万农奴解放纪念日之际,不能忘记这一重要议题,只有如此,这一节日才会更有意义,翻身农奴的日子才会过得更安稳,他们的笑容也才会更灿烂。

原载《光明日报》2012 年 03 月 28 日 3 版

3. 西藏社会迈上文明进步的新旅程

西藏是中国西南边疆一块美丽的土地，1959 年的民主改革让它焕发出青春的活力。改革开放 30 多年来，西藏地方在实现从封建农奴制过渡到社会主义制度这一巨大的社会变革之后，迎来一个个惊人的跨越，社会面貌日新月异，正在迈上文明进步的新旅程。

国家的政策怎么样，西藏百姓心中有杆秤。那曲地区巴青县牧民索朗扎巴坐在自己家宽敞明亮的客厅里，喝着醇香的酥油茶。屋子里实木地板、时髦家具和电视、电话等现代化电器一应俱全，这一切得益于国家和西藏自治区政府实施的牧民定居工程。牲畜棚圈、贮草棚、人畜太阳能饮水井"三配套"建设，保护了草原生态，降低了牲畜死亡率，提高了幼畜成活率。政府还为农牧民子女入学、看病就医等提供了良好条件，改变了像索朗扎巴这样的牧民的生活方式和命运。

把国家补助、地方配套、援藏投入、群众自筹和社会捐助资金整合起来，让世代居住阴暗、狭窄、简陋居室的西藏农牧民住上宽敞、明亮的现代化建筑，这就是"安居工程"。数个世纪以来，昌都县乃帕村的百姓都在忍受着大骨节病的折磨。按照西藏农牧民安居工程资金补助标准，政府对地方病重病搬迁户每户给予 2.5 万元的住房补贴，让年近六旬的仁青朗加一家顺利搬迁到金河山谷，住上漂亮的新居，也摆脱了世代困扰他们的大骨节病噩梦，他们的欢喜溢于言表。

国家为促进西藏的发展进步不遗余力。为解决地区发展不平衡问题，国家实施了西部大开发战略；为了重点解决西藏的发展滞后问题，国家出台并持续实施了"全国支援西藏"政策；为了提高西藏各族人民的教育水平，国家在西藏实行了"三包"（包吃、包住、包学习费用），并不断提高标准，扩大范围，将农牧民子女"三包"覆盖到十五年义务教育阶段；为了缩小城乡数字鸿沟,国家实施了广播电视"村村通"、"西新工程";西藏地方还落实"农家书屋建设工程"、"乡镇文化设施建设工程",开通康巴卫视,扩展互联网,让更多的农牧民和僧尼享受到现代文明的成就。经过中央和地方政府的努力,解决了全体西藏城乡百姓的养老、医疗、大病统筹和低保等问题,体现了以人为本、民生优先的理念。

为了保护西藏的自然环境,国家实施退牧还草、天然草场保护、人工种草工程,有效遏制了草场退化、沙化。目前西藏自治区建有自然保护区 47 个,其中国家级 9 个、自治区级 14 个,保护区面积达 41.37 万平方公里,占全区国土面积的 34.47%,居全国省区市之首。中央第五次西藏工作会议提出建立生态补偿长效机制,着力构建国家生态安全屏障。在聂拉木县到日喀则的路上,开了 30 多年车的司机杨师傅不时盯着窗外,感叹光秃的山脊多了绿色,山野多了奔跑的羚羊,那正是生态改善的点滴成果。

国家大力支持传承民族传统优秀文化事业。历时 7 年,总投资达到 3.8 亿元的布达拉宫、罗布林卡和萨迦寺三大重点文物维修工程,让文化遗产换了新颜。2011 年西藏非物质文化遗产保护中心成立,更开启了"非遗"保护的新阶段。西藏目前有各级各类非遗保护项目 800 余个,藏医药、藏纸、唐卡、拉萨囊玛等 76 个项目入选国家级非物质文化遗产名录。格萨尔说唱艺人次仁占堆、藏族唐卡画师丹巴绕旦等 53 人入选国家级非物质文化遗产项目代表性传承人,民族传统文化发展方兴未艾,前景广阔。

中央政府在西藏地方实施的爱民惠民政策,在中国历史上没有过,在当今世界也极为罕见。西藏经济和文化事业发展成就、社会文明进步是有目共睹的,而且是在不断抵御各种破坏势力,特别是西方一些反华霸权势力和境内外分裂势力干扰破坏的条件下取得的,来之不易。

西藏底子薄起点低,发展稳定任务繁重,工作中也难免有不足和失误。但是,日前由"人权观察"发布的《2013 年度世界人权报告》涉华部分,却不顾客观事实,对西藏局势妄加论断,对藏区发生的违法犯罪活动竭力赞赏,对中央政府与西藏百姓的关系肆意挑拨,再度对百姓欢迎的"新农村"建设极力歪曲。这种一叶障目和戴有色眼镜看中国的"观察",不知是何居心?

原载《人民日报海外版》2013 年 2 月 6 日第 6 版

4. 中美废奴比较:不同的时代,一样的伟绩——写在第七个西藏百万农奴解放纪念日

1959 年西藏地方上层为维护政教合一的封建农奴制永远不变而发动武装叛乱。3 月 28 日,国务院宣布解散原西藏地方政府,由西藏自治区筹委会行使西藏地方政府职权。中央人民政府和西藏自治区筹委会领导西藏各族百姓,迅速平息叛乱,实行民主改革,推翻了政教合一的封建农奴制度,废除了封建等级制度和人身依附关系,百万农奴和奴隶获得解放。半个世纪后的 2009 年 1 月 19 日,西藏自治区九届人大二次会议通过决议,决定每年 3 月 28 日为西藏百万农奴解放纪念日。这是个永远值得铭记和庆祝的日子,在这一天百万翻身农奴和各界群众欢庆新生,铭记历史,畅想美好未来。

1959 年的民主改革不仅是西藏地方一次划时代的社会变革,极大地推进了生产力的解放和社会的公平正义。而且与国际社会数百年来的废除奴隶制、农奴制的伟大运动一样,翻开了人类文明进步、人权事业发展的崭新一页。西藏地方由此实现了从黑暗走向光明、从专制走向民主的根本转变。

中国西藏地方废除封建农奴制与美国的废奴运动相比,有多方面的差异:一个出现在 19 世纪中叶,一个发生在 20 世纪中叶,时间上有近一个世纪的差异;一个是全国性的废奴运动并引发全面内战,一个是在国家局部地区废除封建农奴制而平息叛乱,规模上有大小的不同;一个是由新兴的资产阶级领导的,一个则是由无产阶级领导的,主导者有别而目标不尽相同。但是,标志着人类文明进步的中美废奴运动也有不少相

同和相似之处,主要体现在以下几点:

第一,发生在中国西藏地方的废奴和美国的废奴均以暴力方式加以解决,说明蓄奴与废奴是一场激烈的阶级斗争和难以调和的根本性利益冲突。19世纪上半叶的美国,随着国际市场棉花需求量的猛增,南部种植园奴隶制大肆扩张,不断加大奴隶贸易并在新拓展的地区实行奴隶制度,正好与北部工业资本主义的发展产生严重冲突,矛盾无法调和而走向全面战争。20世纪中叶的中国,虽然中央政府与西藏地方政府之间通过协商签订了《十七条协议》,允诺"对于西藏的现行政治制度,中央不予变更。达赖喇嘛的固有地位及职权,中央亦不予变更。各级官员照常供职"。但是,他们希望这一切永远不变,为了反对即将进行的民主改革,他们不惜诉诸武力、发动叛乱。

第二,无论是在中国西藏地方,还是在美国,违背历史潮流的农奴制、奴隶制都危害着国家的统一与团结。美国独立后,南方诸州种植园主实行奴隶制,而北方资产阶级、劳动群众要求废除黑人奴隶制。当1860年主张废除奴隶制的林肯当选总统时,南方奴隶主便发动叛乱,蓄奴的南方各州纷纷独立。内战初期,林肯总统只把恢复南北统一作为目标,担心因触动奴隶制度而将一些蓄奴州推向南方一边,导致北方在军事上连遭失败。事实证明,只有废除奴隶制,让黑奴获得自由,才能赢得战争,维护国家的团结统一。在中国西藏地方,由于近代以来外国势力插手制造"西藏独立",一些上层封建农奴主势力接受蛊惑利诱,一直策动分裂阴谋。1959年发生的武装叛乱,其目的不仅要维持政教合一的封建农奴制永远不变,也试图分裂国家。因此,平息叛乱既在于实行民主改革,也在于维护国家的统一团结。

第三,走向腐朽没落的奴隶制、农奴制都严重阻碍经济社会发展进步。美国通过南北战争消灭了奴隶制,为资本主义迅速发展扫清了道路。《宅地法》的实施,解决了农民的土地问题,加速了西部的开发,为美国一跃而成为世界上最先进的资本主义大国奠定了基础。民主改革不仅实现了西藏社会制度的巨大跨越,建立了自治区人民政府,实行人民当家作主，还让获得土地和牲畜的昔日农奴迸发出巨大的创造活力，深刻影响到藏族及各民族的发展命运。

第四，残酷和非人性的奴隶制、农奴制都严重侵害着人民的基本人权。美国黑奴的悲惨生活，在 1852 年出版的斯托夫人所著《汤姆叔叔的小屋》一书中有较为详尽的描述和揭露。被解放后的黑人尽管仍受到多方面的歧视和剥削，但在政治上取得公民权和选举权，从奴隶的枷锁下解放出来。同样，民主改革前西藏地方农奴和奴隶的非人遭遇，也在中外档案和著述中留下大量记载，例如，英国人彼得·霍普柯克在《闯入世界屋脊的人》中说道：在旧西藏"切断手足，包括挖眼都是惩罚各种罪犯所采用的方式。……虽然很少执行死刑（佛教禁止杀生），但是把犯人推下山崖或把犯人缝进口袋扔进河里则是屡见不鲜的。另一种惩罚只能由达赖喇嘛来执行，那就是宣布一个人的灵魂不能再生"。而在民主改革以后，翻身的百万农奴成为国家和地方的主人，拥有土地和财产，享受充分自由和平等权利，享受前所未有的地位和尊严。

第五，中国和美国废除农奴制、奴隶制都顺应了人类历史发展潮流，改变了社会的发展轨迹，带来了文明和进步。奴隶制和农奴制是人类历史上一种最为残酷和灭绝人性的社会制度，而作为这一制度受益者的奴隶主和农奴主，期望把自己的享受建立在对奴隶和农奴的极端压榨和掠夺之上，为了维护这一制度他们不惜铤而走险、诉诸武力，美国南方的庄园奴隶主是这样，中国西藏地方的封建农奴主也是这样。但是，他们都不能阻挡历史发展的滚滚潮流，都以最终的覆灭而告终。

2015 年 2 月 2 日是美国废除奴隶制 150 周年纪念日，借此纪念林肯总统签署宪法废除奴隶制。2015 年 3 月 28 日，西藏也将迎来第七个"百万农奴解放纪念日"，用以纪念 56 年前那个难忘的时刻。半个世纪以来西藏现代化发展的辉煌成就，已经摧毁了政教合一封建农奴制度赖以存在的基础，但是历史不能忘记。

对比中美废奴运动，人们可以真切地感受到：1959 年的 3 月 28 日对于中国西藏地方的百万农奴来说，就像 1865 年 2 月 2 日对美国黑人一样,同样是一座高耸的丰碑,上面镌刻着人类文明进步和人权发展史上一项不朽的业绩。

原载《人民日报》2015 年 03 月 28 日

5. 历史记忆:让百万农奴站起来的伟大壮举——写在第九个西藏百万农奴解放纪念日之际

1959 年 3 月 28 日是西藏地方历史上一个具有划时代伟大意义的日子,这一天中央政府宣布解散西藏地方政府,由西藏自治区筹备委员会行使其职权,领导西藏各族人民一边平叛一边进行民主改革,彻底废除了存在千年、业已走向腐朽没落的政教合一封建农奴制度,使百万农奴翻身解放、当家作主,西藏地方社会实现了翻天覆地的历史性变革,迎来一个不断走向发展进步富裕文明的新时代。

达赖集团农奴主势力为旧西藏政教合一封建农奴制度做了许多美化工作,最擅长的就是以当时西藏地方几乎全民信教为说辞,把旧西藏描绘成人们追求精神平和、心灵纯净的理想王国。但是,却被无数铁的事实无情打脸。1959 年 8 月到西藏实地采访的美国著名记者和作家安娜·路易斯·斯特朗,在她当年出版的《百万农奴站起来》一书中保留下大量真实案例,说明农奴制度的黑暗和僧侣贵族的龌龊:三大寺之一的哲蚌寺在借给农奴粮食种子时,用能盛 25 斤的小斗称,而收租时则用能盛 32 斤的大斗量。年轻僧人洛桑德烈控诉上层僧人:在讲经时说过大量善待生灵的教诲,却从未见过哪个上层喇嘛对穷困僧人发过慈悲,哪怕是少打穷困僧人几鞭子也好;从未见过有上层喇嘛给挨饿的穷困僧人吃的食物,而他们对待世俗信徒同样没有慈悲,甚至更坏。更令人发指的是哲蚌寺一个名叫钦沛次美的喇嘛,占有一座三层楼房,拥有十个仆人,据他的弟子说,35 年间他强奸妇女成百上千,即使晚年视察庄园时还要求农奴女子陪床,甚至企图强奸其管家的妻子,当管家夫妇指控他时,反而遭到极端报复,给他们实施"剥皮刑",然后将他们流放到荒无人烟的那曲地区。至于砍手、剁足、挖眼、致人残疾则是寺院农奴主处罚农奴常用的手段。号称学经场所的寺院，绝大多数入寺的农奴子弟依然是不识大字的文盲，只是会干活的工具。农奴们无从选择，因为"无主人的农奴无法生存"，谁都逃不出三大领主的掌心。

在西藏进行民主改革，消灭封建农奴制，既是建立新中国的共产党人救贫苦大众于倒悬的使命所在，也是维护国家统一、促成民族团结的必然要求，因为在这些对普通农奴残酷无情的上层封建农奴主当中，相当一部分也是帝国主义势力豢养下的分裂主义分子。实行民主改革，废除旧西藏的人身依附制度，是符合人类历史的发展潮流，顺应全国各族人民，特别是西藏地方尚处在水深火热之中的百万农奴意志的伟大革命。此外，废除农奴制还是《中央政府与西藏地方政府关于和平解放西藏办法的协议》（即"十七条协议"）中规定了的内容。

1951年5月23日"十七条协议"签订后，中央政府履行规定，投入巨大人力和财力修建青藏、川藏公路，在拉萨和日喀则修建发电厂、医院、学校、实验农场，给农民无息良种贷款，赠给农民大批改良农具。但是保持着"现行政治制度"的噶厦政府和上层贵族，不仅拒不执行协议，阻挠将藏军改编为人民解放军，还煽动民族仇恨情绪，造谣称"汉人医院毒死人，汉人学校蛊惑人的灵魂"，政府赠送给农民的改良农具会使"土壤中铁毒"等等，还扣留修建试验农场的土地，直到和逃亡西藏的四川康区叛军同流合污，公开发动武装叛乱，企图维持封建农奴制永远不变。甚至还幻想着第三次世界大战爆发，在美国的支持下搞"西藏独立"。但是，他们打着为"民族"、为"宗教"的幌子，干的却是压榨农奴、毁灭民族命运、践踏宗教宗旨的坏事，叛乱活动只是上层农奴主和僧侣贵族策动，其少数追随者死心塌地响应而已，不可能得到广大农奴的拥护。叛乱者虽然残酷无情、嚣张自大，但是他们色厉内荏、外强中干，因为他们不得民心，叛乱活动终将不堪一击、迅速灭亡。

正义事业和人心向背是西藏平叛和民主改革顺利开展，取得伟大胜利的根本因素，而中央政府的方针正确、决策英明则是各项事业取得成功的重要保障。中央政府严格履行十七条协议,在农奴主势力依然反对进行民主改革的时候,内调大批人员,推迟改革时间。农奴主发动叛乱之后十日,他们在拉萨街头为非作歹,为所欲为,但是解放军依然保持着极大的克制和忍耐,既不希望扩大纷争,也想让全体民众充分认清究竟谁是违背协议、践踏公道的坏人。从1951年到1959年的8年中,中央政府在西藏逐渐开展各项发展事业,为各族人民做好事实事的同时,也不断做进步上层的工作,还从投奔解放军的农奴中培养起上万名藏族干部,为即将开始的民主改革做好必要的组织和干部准备。

民主改革分步走、有区别的对待有效化解了各种阻力。通过实地调查和反复讨论,中央决定民主改革分两步进行:第一步是开展"三反"即反对叛乱、反对乌拉差役、反对人身依附和减租减息。在农村,对于参加叛乱领主的土地实行"谁种谁收"的政策;对于未叛乱领主的土地,实行"二八减租"即领主得二成,佃户得八成。同时,解放家奴,废除人身依附。在牧区,对于参加叛乱牧主的牲畜,由原放牧的牧民放牧,收入归放牧的牧民所有;对于未参加叛乱牧主的牲畜,仍归牧主所有,但减少牧主的剥削,增加牧民收入。第二步对参加叛乱领主的生产资料实行没收,分配给贫苦农、牧民;对于未参加叛乱的领主,采取赎买的政策,国家出钱赎买他们的生产资料,无偿分配给贫苦农、牧民,农、牧主也分得一份生产资料。"甚至连那些随叛乱分子逃到印度的人,只要不是叛乱的首领,也为他们保留了一份土地,等待他们回来耕种。"从而大大减少了阻力,保证了改革的顺利进行。

民主改革还是一次思想大解放运动,上层贵族逐渐认识到农奴制的反动没落,在党中央实施的赎买政策感召下,留下自己喜欢和必备的物质资料之后,主动参与改革,将多余土地和生产生活资料分配给农奴,爱国上层人士阿沛·阿旺晋美、十世班禅额尔德尼等发挥了很好的示范和引领作用。上层人士还改变千百年来做体力劳动低贱的观念,身体力行参加集体劳动,给拉萨大扫除,修筑灌溉渠,从事其他公益劳动。而贫苦的农奴和下层僧人也逐渐改变了自己的苦难是由于前世罪孽造成的认识，认清了农奴制才是一切苦难的根源，树立起改变旧制度才能得幸福的信念。

获得解放的农奴告诉安娜·路易斯·斯特朗："过去，人们不敢洗脸，因为管家会把这当作炫耀。如今人们一天洗好几次脸，甚至还洗头，洗脏衬衫了。"过去人们不敢大声唱歌，因为头人会斥责："歌声会招致天降冰雹"，现在则可以在田间地头毫无顾忌地大声歌唱。百万农奴在民主改革后才体会到什么叫幸福、什么叫尊严。斯特朗在她书的最后部分写道："西藏人民终于感受到了自由！从机场（当雄）到拉萨的路上，从那些衣衫褴褛牧民的身上，我们感觉到了这块土地上的快乐在觉醒……"

民主改革已经过去了 59 年，西藏地方社会以及各族人民的精神面貌已经发生了翻天覆地的变化，当我们享受今天富裕文明的发展成果时，不要忘记前辈们 59 年前那场惊天动地的伟大壮举及其不朽功勋！

原载《人民日报》2018 年 3 月 27 日 11 版

附录一 20世纪西藏历史研究概述

（一）20世纪西藏历史研究的几个高潮及其特点

1. 民国初年至西康建省前后的西藏历史研究

这一时期可以看作是西藏古代历史研究的起步时期，又可分为前后两个阶段：即民国初年和西康建省前后。

20世纪初期，影响西藏地方政局的重大事件，包括英军第二次入侵西藏、辛亥革命爆发引起西藏地方的相应变化，特别是由于严重侵犯中国主权和利益的"西姆拉会议"以及所谓"西姆拉条约"的出笼，更增强了当时全国人民西藏主权和领土问题上的危机感和责任意识。1912年在武汉成立了一个专门研究西藏的民间学术研究机构"藏区研究所"，研究西藏和其他藏区问题，当时的学术界主要从历史研究角度关注西藏危机，特别是英国、俄国对西藏的侵略及中国涉藏外交方面。民国鼎革之际，提出了"五族共和"的理论，藏学界对此也有积极回应，学术界关注西藏与祖国的关系，探讨历代中央政府治理西藏的事实，正是为西藏问题的解决寻找出路和答案。中国学术界开始关注，并派遣留学生学习西方的史学理论与方法，很多优秀学者学成归国，他们学贯中西，既为中国学术输入新的血液，同时也开启了新的学风，使中国传统学术焕发出新的青春,西藏历史研究同样受惠良多。出于学术救国的热望,很多学者关注实际问题,当时的西藏历史研究更加侧重近代和当代史研究,对古代西藏历史的研究因此也带动起来。

1939年国民政府建立西康省,在此前后,学术界掀起了一股研究西南边疆问题的热潮,虽然研究工作更多地侧重于现实问题,却也对古代历史研究多所用心。这一时期,在四川和甘肃、青海等地区成立了一些研究机构,创办了一些刊物,研究西藏和其他藏区的现实问题,以及西藏古代历史上的诸多重要问题。

这一时期发表有关西藏古代历史研究成果的刊物,主要有《康导月刊》《东方杂志》《新亚细亚》《边政公论》《中央研究院历史语言研究所集刊》《边疆研究季刊》等。

2. 和平解放至民主改革时期西藏的历史研究

1951年西藏和平解放前后,西藏问题再次引起学术界的关注。当时很突出的问题:一是如何揭露和批判外国帝国主义势力对西藏的侵略和破坏;一个是如何认识和加强西藏和祖国内地的联系和友谊。这一时期涉及西藏历史研究的论题,主要集中在清朝末年以来外国势力对西藏的侵略以及汉藏两族人民之间友好交往的历史方面。

20世纪50年代末期到60年代中期,西藏的平定叛乱和民主改革是西藏社会历史发展的一个新起点,为了这个重大变革的需要,由国家组织的西藏社会历史调查是这一时期最为重要而意义重大的学术活动。与此同时,史学界对历代中央政府在西藏采取的政策与制度进行了比较深入的探讨,虽然发表的文章不多,但是,却颇有分量,使相关史实更加明晰。

3. 改革开放以来的西藏历史研究

"文化大革命时期",西藏历史研究像其他学术研究一样处于停滞状态。"文革"结束以后,藏学研究获得新生。20世纪80年代到90年代末期,可以说是西藏历史研究最为灿烂的一个时期,西藏历史研究出现了一个前所未有的新飞跃。20世纪80年代中期,中国藏学研究中心和西藏社会科学院相继成立,北京、西藏、甘肃、青海、四川、云南等省区相继建立藏学研究所和藏学研究会,创办了《中国藏学》《西藏研究》《西藏民族学院学报》《中国西藏》等藏学研究刊物,为藏学研究开辟了日益广阔的园地。而随着研究生制度的恢复和发展,大批藏学研究人才不断成长起来。据粗略统计,20多年来培养的藏学方面的硕士研究生上百名,博士研究生数十名,一批卓有成就的中青年藏族历史研究者开始发挥重要的作用;学术研究中的禁区不断被打破,学术研究视野更加广阔,几乎在西藏历史的各个方面都涌现出一批值得重视的研究成果。

这一时期发表西藏古代历史研究成果的刊物主要是《中国藏学》《西藏研究》《历史研究》《文物》《民族研究》《中国边疆史地研究》《西藏民族学院学报》《中国西藏》等。

(二)西藏历史研究的主要领域与成就

西藏历史研究可以 1951 年西藏的和平解放为分界线划分为两个时期来论述。从 20 世纪初开始到 20 世纪中期为止的这一时期,西藏历史研究工作,总的来说是分散的和缺乏系统的,可以视为西藏历史研究的草创时期,而后一个时期,特别是改革开放以后,则是西藏历史研究的发展和高潮时期。

20 世纪上半期的西藏历史研究有一个比较好的传统,即继承了 19 世纪末期,在民族危机加剧时期形成的边疆史地研究关注国家和民族命运的优良传统。作为当时边疆学研究一个有机组成部分的西藏历史研究,具有类似的特征。其**主要研究领域**包括。

1. 西藏历史概述

在上述每个时期都有全面系统地介绍西藏的历史的著作和简明叙述西藏历史发展脉络的文章,诸如,马吉符《藏政撮要》(1913 年刊印),对西藏地理、人种、宗教和官制等的论述;李安陆《西藏略史》(《西北杂志》1912 年 11 月至 1913 年 2 月第 1—5 期)对历史进程之简要叙述;聂崇歧《西藏之今昔》(《地学杂志》19—1,2;1931 年 1 月,3 月);以及班禅额尔德尼述、刘家驹译《西藏之史略》(《新亚细亚》2—5,1931年8月);班禅《西藏历史》(《蒙藏月报》2—3,1934年12月);李东佛《西藏之过去与现在》(《西陲宣化》1——,1936年4月);马鹤天《蒙藏民族的历史概述》(《新西北月刊》5—4、6,1942年6月)等。30年代前后,出现了一批关注西藏问题的著作,在重点探讨西藏现实问题的解决途径的同时,也程度不同地涉及到西藏的古代历史。白眉初《西藏始末纪要》(北平建设图书馆1930年),分两部分,前半叙述唐朝以来西藏与中央的关系,后半叙述近代以来涉外交涉,以及西藏面临的危机。关注近代西藏地方出现的危机,是很多学者热衷的议题,如,谢彬《西藏问题》(上海商务印书馆1926年);王勤堉著,寿景伟校《西藏问题》(上海商务印书馆1929年);华企云《西藏问题》(上海大东书局1930年);吴敬恒、蔡元培、王云五编《西藏问题》(上海商务印书馆1933年);以及陈健夫《西藏问题》(上海商务印书馆1937年)等。这些著述都怀抱着"经世致用"的目的,在历述西藏政治、宗教和制度现状及当前存在的、以外交为核心的关键问题之外,程度不同地为解决"西藏问题"提出了自己的解决方案。洪涤尘《西藏史地大纲》(上海正中书局1936年),主要对西藏地理和历史沿革作了系统论述,其中历史部分按时代顺序详为论列,是一部有较高学术水平的论著。另外,还有一些学者撰著有关于西藏历史地理的著述,如吴燕绍的《西藏史大纲》,即辑录历代西藏史事,分为远古至唐宋时期历史,以及元明之崇奉喇嘛、清朝与西藏的关系、清末西藏涉外事件等。法尊的《现代西藏》(1937年,汉藏教理院印行)侧重西藏现状,同时对西藏地理、西藏历史,特别是宗教史,以及西藏的经济、交通、政治、军事、教育、外交等均有论列,最后总结历史经验,提出治理西藏的建议。法尊《西藏民族政教史》、刘家驹《西藏政教史略》、任乃强《康藏史地大纲》(1942年,雅安健康日报社)等,也是这一时期比较有代表性的西藏或藏族历史论著。

2. 藏族族源问题的研究

1906年8月14日《外交报》第151期发表《西藏民族源流考》的文章,探讨藏族的起源问题。次年,《广益丛报》第128号发表了同名文章。

西藏民族的来源问题一直是学术界关注的一个热点,各个时期都有相关文章发表。诸如,陶志如的《西藏民族考》(《西北杂志》1、2 期,1912 年11、12 月),问苍的《西藏族考》(《地学杂志》3 期,1916 年),以及黄次书的《康藏民族之起源》(《蒙藏月刊》1 卷 9、10 期,1931 年)。30 年代,这一问题引起等大的关注。华企云的《西藏民族之检讨》(《边事研究》3 卷 5 期,1936 年 4 月)、德潜《西藏名称之沿革及其人种之来源》(《新亚细亚》21—1,1936 年 7 月)、冷亮《西藏民族由来考》(《蒙藏月报》6—2,1936 年 12月)、方范九《西藏民族来源考证》(《西陲宣化》1—6,1936 年 4 月)、李旭华《西藏民族之研究》(《河北博物院画刊》第 114—140 期,1936 年 6 月—1937 年 7 月)等也分别就这一问题做了探讨。冷亮《西藏上古史探讨》(《边政公论》,1—3、4,1941 年 11 月)依据藏文古史传说,对西藏名称境域之沿革,有关西藏民族之起源的五种说法,即猿猴魔女相配说、印度释迦族北迁说、蒙古族分支说、西羌后裔说和汉族之分支说,以及西藏早期王统之发展,都做了介绍和分析。同时把西藏历史划分四个历史时期:西藏上古史,由民族起源(公元前 27 世纪)到松赞干布诞生(公元 623年);西藏中古史,有松赞干布(623 年)到宗喀巴之改革宗教(1357 年);西藏近世史,自宗喀巴改革到(1357 年)到英军入侵拉萨(1904 年);西藏近代史,由英军入侵拉萨到当代(1941 年)。显然是作者利用熟悉藏文史书的条件,对藏族族源进行的可贵的探讨。

这一时期的研究更多地依靠汉文史书中的有关记载,大多都把西藏民族和古代的羌族和其他民族联系在一起。同时,也提出了"汉藏同源说"这一著名的论断。黄箔生《西藏民族是炎黄子孙之后裔说》(《西北问题季刊》3 卷 1、2 期,1936 年 7 月),冷亮的《汉藏一元论》(《蒙藏旬刊》133 期,《中央日报》1937 年 4、5 月),王光璧《汉藏同源论》(《康导月刊》2卷 11 期,1940 年 7 月)即是具有代表性的著述。

20 世纪 40 年代,关于西藏族源的讨论依然在进行着。丁骕《西南民族考释》(《边政公论》1 卷 3 期,1942 年 3 月)涉及这一论题。姚薇元《藏族考源》(《边政公论》3 卷 1 期,1944 年 1 月)认为:"今之藏族,即古之羌人,部落繁多。约当东晋时其中一部名'发'羌者,统一诸部建立大国,诸羌因号'发'族,而对异族则称'大发'(Teu Bod)。唐书之'吐蕃',蒙古语之土伯特,阿拉伯语之 Tubbot,英语之 Tibet,即'大发'(古读杜拨)一名之译音或转呼也。"也就是说,藏族祖先就是古代羌人部落"发羌"的后裔。翦伯赞《吐蕃种族来源考》(《中山文化季刊》1卷4期,1944年5月)认为:"羌族之南徙西藏,盖在史前时代,发羌者,不过南徙之羌族之一支,所以土番的人种之主要的成分是南徙之诸羌,并非发羌一族,更非后来之秃发族。"驳斥了南来说等之不实说法,最后得出结论,西藏"种族之来源乃自史前以迄秦汉时代南徙诸羌之汇合"。关于发羌与藏族自称的"博"(bod)的关系,郑天挺认为,中国史传中的"发羌",实即西藏土名Bod(西藏自称其种族曰 Bod,自称其人曰 Bod-Pa)之对音。他援引《说文》和段注、《广韵》,以及钱大昕有关"古读发如拨"的论断,西人 KarGren 氏拟"吐蕃"为 Piwdt 等以证其说(《发羌之地望与对音》,《国立中央研究院历史语言研究所集刊》八本一分册,1939年)。翦伯赞则认为:"发字古音读拨为一事,而发羌之是否为吐番又为一事。盖藏语 Pod 之音为'拨',决不能于'拨'之前加上一个'吐'字之音。若谓系 Pod-Pa 之译音,则应译'拨巴',而拨音总应在前。"他考证藏语中有 To-Po 一语,其音读如"吐拨",其意义则为"上西藏"。阿拉伯语中的土伯特,英语中的低伯特等皆系其音译。所以,吐番乃藏语 To-Po 之直译,而非发羌之对音。进而否定了吐蕃人来自印度和缅甸的说法,确认吐蕃的原始人种系羌族的苗裔。(《吐蕃人种起源考》,《中国史论集》第2集,国际文化服务社,1947年版。)这一问题长期争论未有定论。西藏民族的名称也引起学者们的关注,黄子翼《藏族名称的商榷》(《边政公论》1卷7、8期,1942年3月)就是这方面的论述。

3. **唐代吐蕃史研究**

吐蕃史是西藏历史上灿烂辉煌的一章,很值得认真加以研究,而且汉文史书对吐蕃的历史,以及吐蕃与唐朝关系史有比较详实的记载。20世纪30—40年代的吐蕃史研究利用这些资料能够取得十分巨大的成就。当时史学界很多知名学者都曾经就唐代吐蕃历史中的有关问题展开论述,把吐蕃史的研究推向新的高度。

谭英华《吐蕃名号源流考》(《东方杂志》,43—4,1947 年 2 月)就吐蕃的名号做了考证;任乃强《吐蕃音义考》(《康导月刊》第 5 卷第 4 期,1943 年 7 月)对吐蕃的音义提出了自己的看法。丁啸、李安宅《关于藏王(赞普)世系年代考证》(《边政公论》1 卷 3、4 期,1941 年 11 月)则对历代赞普的世系做了考证。关于吐蕃与"附国"的关系,也引起学术界的兴趣和争鸣,岑仲勉《"隋书"之吐蕃——附国》(《民族学研究集刊》第 5 期,1946 年 4 月)认为,《隋书》记载的"附国"即吐蕃。任乃强《附国非吐蕃——与岑仲勉先生商榷》(《康藏研究》第 5、6 期)认为:"隋之附国,为党项族(羌族)之农业古国"而非附国。

20 世纪 30—40 年代时期,吐蕃史研究开始向纵深方向发展,出现了一批高水平的论文和在研究吐蕃史方面很有成就的专家。例如,有关唐朝两公主进藏史事研究方面,有邝平樟(《唐代公主和亲考》,《史学年报》2—2,1933 年月;《唐代和亲吐蕃之公主》,《史地周刊》50,1935 年 8 月);伍非百(《唐代文成、金城两公主下嫁吐蕃史略》,《新亚细亚》6—6,1933 年 12 月);刘熙《文成公主赞助西藏文字宗教》(《蒙藏月刊》4 卷 2 期,1935 年 11 月);杜叟《文成公主与康藏文化》(《戎声周报》51 期,1937 年 10 月);冯云仙《文成公主对西藏文化的贡献》(《妇女月刊》4 卷 6 期,1945 年 11 月)等,对文成、金城公主出嫁吐蕃赞普和唐蕃和亲问题所做的研究。崔中石(《藏族与唐代关系之史略》,《边事研究》2—5,1935 年 10 月)、马鹤天(《唐代对于西藏文化之影响》,《新亚细亚》12—5,1936 年 11 月)、谭英华(《唐蕃文化关系考》,《边疆研究季刊》创刊号,1940 年)对唐朝和吐蕃政治文化关系的研究。冷亮(《西藏古代史之一页》,《边事研究》,5—6,1937 年 5 月)对吐蕃早期史事的研究。陈寅恪(《吐蕃彝泰赞普名号彝泰考》(蒙古源流研究之一),《国立中央研究院历史语言研究所集刊》2—1,1930 年 5 月)对《蒙古源流》涉及的吐蕃史的一些重要史事及其影响所做的深入探讨。韩儒林(《西藏古史与传说研究》,《文史哲季刊》（中央）1—2，1943年6月）对吐蕃历史与传说的分析。韩儒林《吐蕃之王族和宦族》（《中国文化研究所集刊》1—1，1940年9月）对吐蕃王族"尚"（zhang）和宦族"论"（blon）的关系及其在吐蕃政治史中的地位的研究，纠正了劳费尔有关吐蕃的"尚"即是汉文"尚"的音译的说法，认为其正好相反，汉文的"尚"为藏文"zhang"的对音，在唐代为吐蕃宦族的通称；"论"为吐蕃"blon"的音译，除了普通意义外，是王族的通称，这两者表示吐蕃人的阶级而不是表示其地狱或者姓氏，"尚论"（zhang blon）用来统称王族和宦族，或者作为政府的别名。姚微元（《唐蕃会盟碑跋》（《燕京学报》15，1934年9月）、孙绳武（《唐蕃帛锦连照碑》（《边疆研究季刊》1，1940年9月）和任乃强（《唐蕃舅甥和盟碑考》，《康导月刊》第5卷第7、8期，1943年12月）等，对唐蕃会盟碑文字和历史史实的考证。任乃强对松赞干布（《松赞冈布（569—650）年谱》，《康导月刊》第6卷第1期，1944年7月）、吐蕃驿站（《吐蕃驿变之辐射》，《边政公论》4—9～12，1949年12月）及吐蕃历史地理的研究。黄奋生《蒙古成吉思汗与西藏松赞刚布》（《蒙藏月刊》1卷11期，1941年3月），金应熙（《吐蕃之兴起》，《岭南学报》8—1，1947年12月）对吐蕃王朝的崛起的论述，等等，是这一时期比较突出的研究成果，推进了相关问题研究的深入。特别应该提到的是藏族学者根敦群培所著《白史》一书，该书是作者1946年未完成的手稿，它第一次利用敦煌吐蕃文书资料来研究吐蕃历史的著作，在资料上和研究方法上有新的突破。

4. 元明清西藏历史研究

有关元明清时期西藏史的研究十分薄弱，发表的文章极少，涉及这一时期中央与西藏地方的关系和文化交流的文章，有萧飏曾《论蒙古西藏之关系》（《西北杂志》第1期，1912年11月），从蒙古西藏与世界、与中国的关系，论述到其双方之间的关系，关于蒙藏与中国的关系，分为历史关系、地理关系、政治关系和人种关系，相当全面，主要意旨是强调边疆与内地之间相互依附，呼吁国人关注边疆安全。文武《唐宋元明清历代与西藏的关系》（《开发西北》2卷1期，1934年7月）、苏大成《元明清之中藏关系》(《蒙藏月报》1卷5期,1934年8月25日)和谭英华《元番关系考稿》,后者重点探讨了双方的政治关系和文化关系。关于这一时期西藏和内地宗教的关系,则有法尊《元明间与中国有关之西藏佛教》(《文史杂志》4卷9、10期,1944年11、12月)、谭英华《元喇嘛教徒对于中国艺术之贡献》(《东方杂志》41卷17期,1945年9月)、韩儒林《明史乌思藏大宝法王考》(《真理杂志》1卷3期,1944年6月)、谭英华《明乌思藏初通中国考》(《史学杂志》1,1945年12月)等。刘振清《清朝与西藏往还记略》(《北平晨报》"艺圃"8—14,15,18,19,22,25,26,31;9—1,2,1931年),探讨了清朝与西藏地方交往关系的史实,以上都是值得注意的研究成果。朱祖明《明史康藏史料补正》(《中央日报》7版,1948年3月日),是有关明代西藏史料研究不多见的论著。清代西藏史的研究远远超过明代西藏史的研究成就,不仅涉及领域广泛,而且专题研究也相当深入。其中系统论述的著作,有:沈颐《西藏近世史略》(《教育杂志》2—11,1910年11,12)、朱绣《西藏六十年大事记》(1925年)等。

清代西藏历史的研究主要集中在政治和军事管理两个方面,陈健夫《清代经营西藏之史的探讨》(《国闻周报》11—12,1934年3月)全面探讨了这一时期历史的过程;丁实存《清圣祖驱准暴藏用兵始末》(《康导月刊》6—5,6,7,8。1945年5月,7月),罗友仁《清乾隆时福康安将军治理西藏之办法》(《边事研究》1—2,1935年1月)分别就清朝前期在西藏的几次用兵做了论述。吴丰培《文硕筹藏政策及处理隆吐设寺案始末》(《中央亚细亚》1—2,1942年10月)涉及到清朝末年抗击英国侵略,特别是对驻藏大臣文硕的评价问题。驻藏大臣制度是清朝时期管理西藏地方的一项重要制度,丁实存对此有系统和比较深入的研究,他在40年代相继发表了(《清代疆藏大臣考1》(《边政公论》1—11,12。1942年7月)、《驻藏大臣述评》(1)(2)(《康导月刊》55,6。1943年9月、10月)、《清代设置驻藏大臣纪要》(《民主评论》10—8,1948年4月)等重要论著,系统研究了驻藏大臣及其治藏事迹。黄奋生也探讨了这一问题(《清代设置驻藏大臣考》,《边政公论》1—2,1941年9月)。研究清朝初年西藏

财政制度的重要论文有谢再登的《清初西藏之财政》(《康导月刊》5—6，
1943 年 10 月）等。

清朝末年，西藏地方局势变得十分的复杂，相关的重大事件也引起
了藏史学界的注意，姚锡光的《川藏边界线之变迁沿革》(《地学杂志》
13—4、5，1922 年 3 月）探讨了一直处于纷争状态的川藏边界问题；吴丰
培的《清季达赖喇嘛出亡考》(《中德学志》5—1，2；1943 年 5 月）则讨论了
影响当时西藏地方政局的十三世达赖喇嘛出逃印度问题。此外，与西藏
地方关系密切的"巴塘事件"也引起学者的兴趣，吴丰培《记光绪 31 年巴
塘之乱》(《禹贡半月刊》6—12，"康藏专号"1937 年 2 月）、朱祖明《清季巴
塘乱始末记》(《康导月刊》5—10，1944 年 1 月）就是有关这一问题的专
论。兰静之的《清末之西藏》(《西北问题季刊》2 卷 1、2 合期，1936 年 7
月）专论清朝末年西藏重大史事。

对西藏历史人物，特别是宗教领袖人物的研究也有一定的成就，如
肖飋曾的《五辈达赖喇嘛传并赞》(《西北杂志》4 期，1913 年 2 月），刘家
驹《班禅达赖略史》(《开发西北》1 卷 5 期，1934 年 5 月）、《历代藏王及达
赖班禅史要》(《开发西北》4 卷 5 期，1935 年 11 月；《海音潮》17 卷 1 期，
1936 年 1 月；《西陲宣化》1 卷 4、5 期，1936 年 3 月），曾缄《六世达赖仓洋
嘉措传》(《康导月刊》1 卷 8 期，1939 年 4 月），段克兴、张景苏《西藏达赖
班禅世系》(《中国边疆月刊》创刊号，1948 年 6 月）等。

5. 历史地理与政治经济制度史研究

在西藏历史地理研究方面，学术界也有相关的研究成果，《集成报》
19 期（1901 年 10 月）发表的《西藏形胜考》，蔡雁东《西藏西隘考》(1909
年），刘家驹《西藏史地常用名词释义》(《中国边疆》1 卷 1—4 期，1942 年
1—4 月），张法隐《西藏种族沿革地理考》(《中央亚细亚》创刊号，1942 年
7 月）都反映了这一方面的情况。《西藏发见中之古城》(《地学杂志》14—
3、4，1923 年 4 月）介绍了当时西藏考古方面的一点信息。

西藏政治制度史的研究，是学者比较关注的一个方面，特别是西藏
的政教合一制度，尤其引起学术界的重视，自 20 世纪初期以来不断有专

文探讨这一问题,《卫藏政俗志》(《东方杂志》第 4 年第 5 期,1907 年 7 月 5 日);邹文海《西藏官制考略》(上、下)(《国闻周报》6 卷 4、5 期,1929 年 1 月);蒋震亚《西藏政教制度历来相互之关系》(《新亚西亚》6 卷 6 期);华崇俊《康藏政治宗教教育合一之研究》(《新亚西亚》7 卷 5 期);冷亮《西藏政治与宗教关系》(《东方杂志》38 卷 14 期,1941 年 7 月);特别是法尊的《西藏民族政教史》(重庆北碚缙云山汉藏教理学院出版 1941 年)一书对这一问题进行了系统和比较深入的论述。

西藏的货币制度也引起学者的广泛关注,傅振伦《西藏银币考》(《禹贡半月刊》6 卷 12 期,1937 年 2 月);冯明心《康藏货币流通史》(《西康经济季刊》9 期,1944 年 9 月);朱祖民《西藏币制之沿革》(《中央银行月报》新 2 卷 12 期,1947 年 12 月)都是这一方面的成果。

6. 西藏地方与周边地区关系的研究

西藏与祖国内地和各个兄弟民族之间的友好往来关系的研究是其重要内容之一,包括西藏地方与历代中央政府的关系,也包括西藏与中国境内各个兄弟民族之间的友好往来关系,这一方面的成果在每个历史阶段都有程度不同的反映。系统研究这一问题的文章也时有所见,诸如,傅伯锐编《中国抚绥西藏略》(1924 年);苏大成《中藏关系之史的考察》(《新亚细亚》7—3,1934 年 3 月),刘绍禹《中藏关系之后顾前瞻》(《康藏前锋》第 3 卷第 8、9 期合刊,1936 年 5 月),玄默《西藏与内地关系史述略》(《蒙藏月报》11—6,1940 年 6 月),以及谭英华《历代汉藏关系研究概论》(《康导月刊》6—9、10,1947 年 9 月)等即是。

对西藏与外界交往关系的研究,则主要集中在与南亚地区的联系方面,又以同尼泊尔的关系为核心内容,此与当时清朝乾隆年间对廓尔喀的战争和双方一直存在纠纷的历史有关。这一方面的论文,如政局时评《西藏与廓尔喀》(《新民丛报》42、43,1903 年),朱祖明《清代西藏与尼伯尔通商概况》(《经济汇报》11 卷 4 期,1945 年)等,都关注到影响西藏地方经济和政治局势的尼泊尔与西藏通商贸易问题。

7. 英国俄国侵略西藏史研究

1840 年鸦片战争以后,英国逐渐也把势力深入到西藏地方,在 19 世纪末 20 世纪初,两次直接出兵西藏,实施武装侵略。同时,沙皇俄国也染指我国西藏地方,加重了中国边疆地区危机的局势。20 世纪上半期,我国史学界对此予以极大的关注,发表了大批有关英国侵略西藏,以及在西藏问题上交涉的论文和著述,也翻译了国外的相关研究成果。当时的《外交报》、《新民丛报》、《广益丛报》、《鹭江报》、《政议通报》、《万国公报》、《申报》,以及《东方杂志》、《新亚西亚》、《西北研究》、《西北半月刊》等都连续发表论文和时事评论,揭露英国侵略西藏的阴谋和事实。华企云《英人侵略下的西藏》(《新亚西亚》2 卷 5 期),许采章《英帝国主义侵略下之西藏》(《西北研究》5 期,1932 捻月),李惟果《英国侵略西藏之肇端》(《中山文化教育季刊》2 卷 1 期,1935 年月),熹亭《英国侵略西藏史》(《西北论衡》4 卷 2 期)等就是这一时期的一部分成果。对于俄国侵略西藏的历史,学术界也有论述,如《新民丛报》(21 号,1902 年 11 月 30 日;35 号,1903 年 8 月 6 日)发表的《俄侵西藏》、《俄兵入藏》等,《政议通报》(1903 年 9 月 6 日和 12 日)连载的《俄人侵略西藏略述》等等。关于英国、俄国在中国西藏地方的争夺与交涉,学术界也多所关注,大林《西藏问题与英俄对藏政策冲突之研究》(《学术界》第 3、4 号合刊,1933 年正月 15 日),内容包括对西藏的概念和西藏宗教文化与中国的关系的介绍,以及英国、俄国入侵西藏的史事,双方在对藏政策出现的冲突,最后还探讨了川藏冲突与西康建省问题。关于中英有关西藏问题展开的交涉,论述很多,这是当时十分关注的问题之一,涉及国家的最高利益,史礼绶《中英关于西藏问题交涉始末》(《中华学生界》第 1 卷第 9、10、12 期和第 2 卷第 1 期,1915—1916 年)、谢彬《中英藏案交涉巅末》(《国防与外交》1932 年)等文都对此追根溯源,予以分析。

8. 历史文献的整理、翻译和研究

(1) 有关西藏古代历史的汉文文献的整理

辛亥革命前后刊印出版了许多有关西藏的资料:马吉符《藏牍劫余》

（北京进化书局 宣统年间），桑波《理藩原则例内西藏资料索引》（《边疆半月刊》2—8,1937 年 4 月），以及庚年《读驻藏大臣有泰日记》（《中央亚细亚》2—3,1943 年 7 月）都是这一方面的成果。在有关西藏历史的汉文资料的搜集整理方面，吴丰培做出比较突出的贡献，他在 30—40 年代相继辑录了大批清代汉文中的资料，方便了学者的使用。诸如，吴丰培《卫藏通志著者考》（《史学集刊》1,1936 年 4 月），吴丰培辑《清代西藏史料丛刊之一》（国立北平研究院史学研究会 上海商务印书馆 1937 年）、《清代西藏史料丛刊之二：班禅赴印纪略》（国立北平研究院史学研究会 上海商务印书馆 1937 年）、《读驻藏大臣有泰日记》（《中央亚细亚》2—3,1943 年 7 月）、《清季筹脏奏牍》3 册（国立北平研究院史学研究会 上海商务印书馆 1938 年）、《"西藏志"版本异同考》（《中德学志》14—3、4,1943 年 12 月）等。古文献考释方面，如韩儒林《八思巴字大元通宝跋》（《中国文化研究所集刊》3 期,1943 年 9 月）等。此外学术界也很重视汉文资料的汇集和刊布工作，《边政导报》5 期（1947 年 7 月）刊布的《西藏史略》（资料）就是其中之一。

（2）藏文历史文献的翻译

对藏文原典的利用相对薄弱是 20 世纪上半期的西藏古代史研究中的一个缺陷，也是起步时期研究工作中难以克服的障碍。但是，值得注意的是，这一时期也有熟悉藏汉两种文字的一些学者开始做牵线搭桥的工作，把一些藏文历史文献翻译为汉文，使两种文献资料结合起来，有助于西藏古代历史研究的深入。诸如，钢和泰译《十八世纪喇嘛文告译释》（《北京大学国学季刊》1 卷 3 期,1923 年 7 月），钢和泰、吴宓译的《1734 年班禅喇嘛告谕译释》（见《学衡》43,1925 年 7 月），将历史上班禅喇嘛的告谕翻译为汉文，让大家了解班禅在西藏地方历史上所扮演的角色和发挥的作用。于道泉《译注明成祖遣使召宗喀巴纪事及宗喀巴复成祖书》（《庆祝蔡元培先生六十五岁论文集》下,1935 年），是一篇很有价值的文献。桑博渣著、李慰苍译《藏王松赞干布迎娶文成公主记》（见《新亚细亚》2—5,1931 年 8 月）则是向大家提供了藏文史书中有关唐蕃联姻史实的记载。兰鸿登、伍尚献合译《藏王弃宗弄藏御敕》(《戎声周报》78期，1938年5月)也是唐代时期吐蕃一篇重要的藏文文献，这些翻译活动同当时学者相对重视吐蕃史研究有着密切关系。刘家驹译《松赞干布与西藏法律之源流》(《新亚西亚》2捐期，1931年8月)，刘立千译《西藏政教史鉴》(在《康导月刊》1940年7月至1943年10月各期连载)也反映了类似的情形。功德海著、刘立千译《西藏宗教源流简史》(《康藏研究》月刊26、27、28、29期，1948—1949年)是西藏宗教史方面的重要著作之一。语自在妙善(五世达赖喇嘛阿旺罗桑嘉措)著、刘立千译《续藏史鉴》(即《西藏王统纪》，成都华西大学华西边疆研究所，1945年11月)等。

(3) 对国外学术研究成果的翻译与借鉴

这一方面的成果主要体现在日文和英文，例如，翻译成田安辉的《英藏交涉沿革》(《湖北学报》第1集第28、29、30册，1903年11月)；《华北译著编》卷三〇的《西藏英国交涉始末纪》(1904年)；种山译《英侵西藏关系文件(1904年)》(《边疆研究季刊》1期，1940年9月)；四川西藏研究会译太田保一郎编《西藏》(1907)、山县初男撰《西藏通览》(1909年)，以及河口慧海所著的《西藏文化发达史》(《西北月刊》22—24，1925年)，印度塔拉克纳斯著、薛桂轮译《英国侵略西藏史》(《国闻周报》1927年4卷42—44期)。其中山县初男撰《西藏通览》，比较系统地介绍了西藏的地理气候、人种风俗、政治宗教、语言文字、交通贸易、军队建设等等，算是一部颇为详尽的指南。而河口慧海所著的《西藏文化发达史》则是从学术层面了解西藏文化的一部著述。20世纪30年代的翻译主要来自英文，其中包括英国人贝尔(Charles Bell)的两部著作，以及其他作者的论著论文。贝尔的这两部著作在学术观点上存在一定的问题，但是也具有一定的学术水准，其中贝尔原著、宫廷璋汉译《西藏之过去与现在》(上海商务印书馆1930年)是一部通史性的著作，后面附录有唐朝与吐蕃、西藏与尼泊尔、英国，西藏与蒙古等协定和约等资料，此即所谓的《西藏外交文件》(王光祈译，上海中华书局1930年4月印刷)。而贝尔原著，董之学、傅勤家汉译《西藏志》(上海商务印书馆1936年)则比较系统地介绍了西藏有关情况。此外,有荣赫鹏著、孙际旦译《印度—西藏》(《西北问题研究会会刊》季刊创刊号,1934 年 10 月);索科斯基著、内田宽译日、何健民译汉《西藏探险史》(《新亚西亚》5 卷 3—5 期,1933 年 3—5 月);麦克皋温著,孙梅生、黄次书译《乔装到拉萨》(《蒙藏旬刊》91—100 期,1934 年 9 月—1935 年 3 月);朱正明译《英国侵略西藏简史》(《亚洲世纪》3 卷 2、3 期,1938 年 9 月);彭国元译《罗马教传入西藏简史(1625—1721 年)》(《蒙藏月报》13 卷 8、9 期)。

20 世纪上半期的西藏历史研究,主要成就体现在吐蕃史和清代西藏历史研究方面,尤其是清末西藏历史以及英帝国主义侵略西藏历史的研究方面,已经开始注意使用藏汉文研究成果,以及借鉴国外的最新研究成果。同时,存在的问题也不少,对汉文资料的发掘还不够深入,对藏文文献的使用还十分有限,对元明时期西藏历史的研究还极为薄弱。相对而言,每个历史时期研究的视野还比较狭窄。

1951 年西藏和平解放,西藏古代史的研究开始一个新的历史时期,首先是在研究方法上,确立以马克思主义理论为指导思想,坚持辩证唯物主义和历史唯物主义的研究立场和观点来分析和解决问题,全面加强了社会史的研究,使传统史学获得新的活力。社会政治稳定的因素,新学科的出现和推动的因素,文献资料的发现和利用的因素,人才的培养与成长的因素,学术交流推动的因素等,在改革开放的大背景下形成合力,使西藏古代历史研究迈上一个新的台阶,取得了举世瞩目的**辉煌成就**。

1. 西藏古代历史文献整理翻译成就

(1)藏文文献整理与翻译

首先是金石碑刻和敦煌古藏文文书资料的整理工作取得了巨大的成就,在这一方面做出突出贡献的是王尧和陈践等教授。他们在前人和国外学者研究的基础上,合作翻译整理了《敦煌本吐蕃历史文书》(民族出版社,1980 年初版,1992 年增订版),编译《吐蕃简牍综录》(文物出版社 1986 年)、编著《敦煌吐蕃文书论文集》(四川民族出版社,1988 年)。

王尧进一步研究和翻译整理吐蕃金石碑刻文献,出版《吐蕃金石录》(文物出版社,1982年)、主编《法藏敦煌藏文文献解题目录》(民族出版社1999年)。黄布凡、马德《敦煌藏文吐蕃史文献译注》(甘肃教育出版社2000年)也是可贵的成果。

藏文史籍文献的整理出版工作成绩显著,历史上十分重要的史籍文献,如萨迦·索南坚赞《王统世系明鉴》(民族出版社,1981年);蔡巴·贡噶多吉《红史》(民族出版社,1981年);班钦·索南查巴《新红史》(西藏人民出版社,1984年);郭诺·循奴白《青史》(四川民族出版社,1985年);达仓宗巴·班觉桑布《汉藏史集》(四川民族出版社,1985年);大司徒·降曲坚赞的《朗氏家族》(西藏人民出版社,1986年);智观巴·贡却丹巴绕布杰的《安多政教史》(甘肃民族出版社,1982年);阿旺贡噶索南《萨迦世系史》(民族出版社,1986年);释迦仁钦德《雅隆尊者教法史》(四川民族出版社,1988年);松巴益西班觉《松巴佛教史》(甘肃民族出版社,1992年);五世达赖喇嘛《五世达赖喇嘛自传》(西藏人民出版社,1991年);土观·洛桑却季尼玛《土观宗教源流》(甘肃民族出版社,1984年);巴俄·祖拉陈瓦的《智者喜宴》(民族出版社,1986年);布顿·仁钦珠的《布顿佛教史》(中国藏学出版社,1989年);郭若扎西《郭扎佛教史》(中国藏学出版社,1990年);阿旺洛珠扎巴《觉囊派教法史》(中国藏学出版社,1992年);西藏自治区历史档案馆编、益西楚臣等整理《铁虎清册》(中国藏学出版社,1989年);第司桑结嘉措《格鲁派教法史——黄琉璃》(中国藏学出版社,1989年);夏扎·扎西坚赞《西藏本教源流》(民族出版社,1985年);芭丹杰桑布《本教源流宏扬明灯》(中国藏学出版社,1991年)等等。

西藏自治区社会科学院和自治区档案馆等单位,也在藏文古籍文献的整理方面做出了比较突出的贡献。西藏自治区专门成立了藏文古籍出版社,收集到藏文古籍珍本200余部,一批珍稀藏文古籍陆续整理出版。西藏人民出版社和西藏古籍出版社整理出版了一批藏文古典名著和历史档案丛书,已经公开发行的藏文古籍有200多种、100多万册。包括《西藏王统记》、《西藏王臣记》、《汉藏史集》、《青史》、《红史》、《贤者喜宴》、《萨班全集》、《萨迦世系谱》、《多仁班智达传》、《颇罗鼐传》、《噶伦传》等。由西藏著名学者恰白·次旦平措主编的西藏古籍丛书,其中很多就属于藏文历史名著,诸如:达龙·阿旺曲杰的《达龙教史》(1992 年),达察·次仁旺杰的《洛绒史籍》(1994 年),《西藏史籍五部》(1990 年)等,都是稀见的藏文历史典籍。此外,西藏社会科学院和中央民族学院合作编著的《中国西藏地方历史资料选辑》(藏文本,西藏人民出版社,1986年),是西藏地方与历代中央政府关系史研究方面的中央资料汇集。大批珍贵藏文史籍的面世,为西藏历史研究的深入产生了积极影响。

(2) 藏文历史文献的汉译

在藏文古代历史文献的汉译方面,这一时期也有不菲的成就,为此做出了巨大贡献的学者有郭和卿、刘立千、吴均、陈庆英、蒲文成、黄颢、汤池安等人。出版的著作有:布顿原著、郭和卿译的《佛教史大宝藏论》(即《布顿佛教史》,民族出版社,1986 年);郭诺·循奴白原著、郭和卿译《青史》(西藏人民出版社,1985 年);五世达赖喇嘛著、郭和卿译《西藏王臣记》(民族出版社,1983 年);萨迦·索南坚赞原著、刘立千译《王统世系明鉴》(民族出版社,1981 年);土观·洛桑却季尼玛原著、刘立千译《土观宗教源流》(西藏人民出版社,1985 年;另有陈庆英、仁庆扎西译本,辽宁人民出版社 1986 年);秘明珠著、段克兴译《西藏历史——巴协》(《甘肃民族研究》1981 年创刊号、1982 年第 1—2 期);班钦·索南查巴原著、黄颢译《新红史》(西藏人民出版社,1984 年);巴俄·祖拉陈瓦原著、黄颢译《智者喜宴》(部分,见《西藏民族学院学报 1980—1987 年》);松巴堪布·益西班觉著、黄颢译《青海史》(《西北民族文丛》1983 年第 3 期);达仓宗巴·班觉桑布原著、陈庆英译《汉藏史集》(西藏人民出版社,1986 年);陈庆英、周润年译《红史》(西藏人民出版社,1988 年);阿旺贡噶索南原著,陈庆英、高禾福、周润年译《萨迦世系史》(西藏人民出版社,1989 年);大司徒·降求坚赞著,赞拉·阿旺、余万治译,陈庆英校《朗氏家族史》(西藏人民出版社,1989 年);松巴益西班觉原著、蒲文成译《如意宝树史》(甘肃民族出版社,1994 年);五世达赖喇嘛原著,陈庆英、马林、马连龙译《云裳—五世达赖喇嘛自传》(中国藏学出版社,1989—1991 年);丹津班珠尔原著,汤池安译《多仁班智达传》(中国藏学出版社,1995 年);[宋]阿底峡发掘,卢亚军译《柱间史—松赞干布遗训》(甘肃人民出版社,1997 年);陆莲蒂、王玉平等译《西藏社会历史藏文档案资料译文集》(中国藏学出版社,1995 年);觉囊达热那特著、佘万治译《后藏志》(西藏人民出版社,1994 年);格桑卓嘎等编译《铁虎清册》(中国藏学出版社 1991 年)等等。

藏文学术著作的翻译也有新的进展,如东噶·洛桑赤列著,王玉平、郭冠中译《论西藏的政教合一制度》(中国社会科学民族研究所,1980 年;陈庆英汉译本,民族出版社,1985 年);毛尔盖·桑木旦著,赞拉·阿旺楚成、佘万治译《藏族史齐乐明鉴》(载《四川藏学研究》1—3,中国藏学出版社、四川民族出版社,1993—1995 年);恰白次旦平措、诺章吴坚、平措次仁著,陈庆英、格桑益西、何宗英、许德存汉译《西藏通史》(西藏古籍出版社,1996 年)等等,大大方便不熟悉藏文的学者对西藏历史的研究和了解。

(3) 汉文资料的整理

在有关西藏历史的汉文文献的注释方面,成就十分突出的是王忠先生的《新唐书吐蕃传笺证》(科学出版社,1958 年),该书旁征博引,用心甄别,使研究唐代吐蕃史的这一重要资料的价值凸现出来,有助于人们对这一史料的使用和相关史实的认识。此外,还有《西藏是中国领土不可分割的一部分》(三联出版社,1955 年);《解放军报》(1959 年 4 月 23 日)发表的《文成公主与西藏》(资料)等,也是相关专题的资料汇集。

在 20 世纪 80 年代以后,藏史界对汉文资料做了进一步的搜集整理工作,从浩瀚的史书中将有关西藏的资料选编出来,取得了一些成就。这一方面的著作有:张其勤原稿,吴丰培增辑的《清代藏事辑要》(西藏人民出版社,1983 年);吴丰培辑《清代藏事辑要续编》(西藏人民出版社,1984 年);苏晋仁等校注《〈册府元龟〉吐蕃史料校正》(四川民族出版社,1981 年);苏晋仁编《资治通鉴藏族史料》(西藏人民出版社,1982 年);顾祖成等编《明实录藏族史料》(1—3 册,西藏人民出版社,1985 年);顾祖成等编《清实录藏族史料》(1—10 册,西藏人民出版社,1982 年);范学宗等编《全唐文全唐诗吐蕃史料》(西藏人民出版社,1988 年);陈燮章、索文清、陈乃文编《藏族史料集》(1、2、3)(四川民族出版社,1982 年、1983 年、1987 年、1993 年);陈乃文、陈燮章辑《藏族编年史料集》(1、2)(民族出版社,1989 年、1990 年);汤开建、刘建丽辑《宋代吐蕃资料集》(1、2,四川民族出版社,198 年、1989 年);西藏社会科学院等单位组织编写的《西藏地方是中国不可分割的一部分》(史料选集)(西藏人民出版社,1986 年)。在碑铭搜集与考释方面,黄颢对北京地区与西藏有关的碑铭石刻搜集考释,编著成《在北京的藏族文物》(民族出版社 1993 年)一书。

在汉文档案整理方面,中国藏学研究中心及其辖下的中国藏学出版社做了突出的工作,出版了许多重要历史文献,诸如:中国藏学研究中心等合编《元以来西藏地方与中央政府关系档案史料汇编》(1—7 册,1994 年);中国第一历史档案馆、中国藏学研究中心合编《六世班禅朝觐档案选编》(1995 年);中国第二历史档案馆、中国藏学研究中心合编《清初五世达赖喇嘛档案史料选编》(中国藏学出版社,1995 年);中国藏学研究中心、西藏社会科学院合编《西藏山南基巧和乃东琼结社会历史调查资料》(1995 年)等;拉巴平措等主编《西藏学汉文文献汇刻》(中国藏学出版社)等。

(4) 国外成果的翻译

国外西藏历史研究起步比中国要早,在方法上也有许多优势,学习借鉴别人的成就,对于推动中国藏族史学研究的发展十分必要,我国学者也在这一方面做出了自己的努力。这一方面的成果有:图齐原著,李有义、邓锐龄汉译《西藏中世纪史》(中国社会科学院民族研究所印,1980 年);黎吉生原著,李有义汉译《西藏简史》(中国社会科学院民族研究所印,1979 年);石泰安著,耿昇译、王尧校《西藏的文明》(西藏社会科学院编印,1985 年);石泰安著,耿昇译《川滇甘青藏民族走廊的古部族》(四川民族出版社,1992 年);毕达克著,沈卫荣、宋黎明译《西藏的贵族和政府》

（中国藏学出版社,1990年）;杜齐著,向红笳译《西藏考古》（西藏人民出版社,1987年）;伯戴克著,周秋有译《十八世纪前期的中原与西藏关系》（西藏人民出版社,1987年）;[法]A.麦克唐纳著,耿昇译《敦煌吐蕃历史文书考释》（青海人民出版社,1991年）等。佐藤长著,邓锐龄译《明代西藏八大教王考》（《西藏民族学院学报》1987年第3、4期,1988年第4期）、《元末明初西藏的形势》（《民族史译文集》1981年）;张琨著,李有义、常凤玄译《敦煌本吐蕃纪年之分析》（《民族史译文集》,1981年）;佐藤长著,黄颢译《唐代从青海湖到拉萨的路线》（《民族史译文集》,1981年）;以及由西藏人民出版社出版、王尧等主编《国外藏学研究译文集》所翻译的大批国外学术论文。

关于17世纪以来西藏传教士、探险家和武装入侵者在西藏活动的情况,西方有不少著述,为了解和研究的需要,也出版和重版了不少国外的学术著作和资料,例如:荣赫鹏原著,孙熙初译《西藏的过去与现在》（汉译作《英国侵略西藏史》（西藏社会科学院,1983年）;查尔斯·贝尔著,冯其友等译《十三世达赖喇嘛传》（西藏社会科学院,1985年）;古伯察著,耿昇译《鞑靼西藏旅行记》（中国藏学出版社,1991年）;弗莱明著,向红笳译《刺刀指向拉萨》（西藏人民出版社,1987年）;约翰·麦格雷格著,向红笳译《西藏探险》（西藏人民出版社,1985年）;彼得·霍普柯克著,向红笳译《闯入世界屋脊的人》（西藏人民出版社,1989年年）;埃德蒙·坎德勒著,尹新建、苏平译《拉萨真面目》（西藏人民出版社,1989年）;托斯卡诺著,伍昆明、区易柄译《魂牵雪域》（中国藏学出版社,1998年）。

这一时期港台地区的学者也在史料方面做了不少工作,藤枝晃原著,黎本真节译《吐蕃支配期之敦煌》（《大陆杂志》23—11,1961年12月）等。

2. 西藏史前史与文物考古研究

西藏的文物考古工作在解放后获得了长足的发展,特别是改革开放以后,成绩有目共睹。至今考察发现了60余处石器时代遗址、20处古代崖画遗址、240余处古墓葬,都具有非常重要的科研价值和学术意义。昌都卡若遗址、拉萨曲贡遗址、古格故城，以及大批吐蕃墓葬等，为西藏史前史的研究提供了丰富的资料和证据。

20世纪50、60年代，西藏的考古工作处于起步阶段，主要散见的旧石器遗物和古人类化石的发现，人们逐渐认识到西藏所在的青藏高原地区人类活动的古老性，这一时期的成果有：丘中郎《青藏高原旧石器的发现》（《古脊椎动物学报》1958年2—3合刊）；林一璞《西藏塔工林芝发现的古人类遗骸》（《古脊椎动物与古人类》1961年第3期）。70年代，考古工作依然持续而分散地进行着，戴尔俭《西藏聂拉木县发现旧石器》（《考古》1975年第1期）、新安《西藏墨脱县马尼翁发现磨制石锛》（《考古》1975年5期）、王恒杰《西藏自治区林芝县发现的新石器时代遗址》（《考古》1975年5期）、张森水《西藏定日发现的旧石器》（《珠穆朗玛峰地区科学考察报告（1966—1968年第四纪地质）》，科学出版社1976年）等都是这一时期的有一定代表性的成果。这一时期的文物研究工作也开始起步，韩慕义《八思巴帝师大元通宝碑》（《中国文化研究》3期，1957年9月）、王冶秋《步辇图》（《人民日报》1958年5月23日）；安守仁《八思巴朝见忽必烈壁画》（《文物》1959年7期）、胡嘉《有关文成公主的几件文物》（《文物》1959年7期）、张林《关于驻藏大臣的几件文物》（《文物》1959年第7期）、王毅《西藏文物见闻记》（1、2、3、4、5、6，1960年6、8—9、10期，1961年1—6期）、王尧《布达拉宫有关文成公主的几幅壁画》（《文物》1963年4期）等都是有一定代表性的成果。

改革开放以后发生了较大的变化，考古事业迈上新的水平，科学的发掘工作全面展开，西藏的文物考古成就斐然，学术界对西藏的古代历史文化有了更加清楚和深刻的认识。安志敏等《藏北申扎双湖的旧石器和细石器》（《考古》1979年第6期）、西藏自治区文管会《西藏昌都卡若遗址试掘报告》（《文物》1979年第9期）、童恩正、冷健《西藏昌都卡若新石器时代遗址的发掘及其相关问题》（《民族研究》1983年第1期）等，是比较有代表性的论著有《昌都卡若》）（文物出版社，1985年），以及西藏文物管理委员会发掘整理，索朗旺堆主编，西藏人民出版社出版的西藏阿里、昂仁、扎囊等地县文物志。专著和论文集有：童恩正《中国西南民族考古论文集》（文物出版社 1990 年）、侯石柱《西藏考古大纲》（西藏人民出版社，1991 年）、霍巍《西藏古代墓葬制度史》（四川人民出版社 1995 年）等，都程度不同地反映出这一领域的研究成就。

　　相关的论文有：王尧《唐蕃会盟碑疏释》（《历史研究》1980 年第 4 期）、侯石柱《近年来西藏境内吐蕃时期考古遗存的发现与研究》（《文物》1993 年第 2 期），霍巍《西藏高原史前时期墓葬的考古发现与研究》（《中国藏学》1994 年第 4 期）、《西藏曲贡村石室墓出土的带柄铜镜及其相关问题的初步研究》（《考古》1994 年第 7 期）、《从考古材料看吐蕃与中亚、西亚的古代交通》（《中国藏学》1995 年第 4 期），何周德《西藏扎囊斯孔村墓群的调查与试掘》（《考古与文物》1995 年第 1 期）、西藏文管会普查队《西藏吉隆县发现唐显庆三年"大唐天竺使使出铭"》（《考古》1994 年第 7 期）、石硕《西藏石器时代的考古发现对认识西藏远古文明的价值》（《中国藏学》1992 年第 1 期）等，对吐蕃文物遗物和前吐蕃时期西藏地区古迹作了探究，并试图考察西藏古代文明的发展脉络。

　　3. 藏族族源问题研究

　　藏族族源问题的研究一直是学术界十分关心的课题，20 世纪 70 年代末以来发表了很多论文探讨这一问题，诸如：包寿南《藏族族源考略》（《西北民族学院学报》1979 年第 1 期）；安应民《藏族族源新探》（《西藏研究》1984 年第 3 期）；韦刚《藏族族源探索》（《西藏研究》1982 年第 3 期）；唐嘉弘《唐代吐蕃赞普的族属新探》（《郑州大学学报》1984 年第 3 期）；东噶·洛桑赤列《论西藏古代文化、宗教、民族的渊源》（《西藏研究》藏文版 1984 年第 2 期）；日贡·多吉卡《略谈藏族族源》（《西藏研究》藏文版 1985 年第 1 期）；格勒《论古代羌人与藏族族源的历史渊源关系》（《中山大学学报》1985 年第 2 期）和《藏族源于'发羌'的几点质疑》（《中国藏学》1988 年第 2 期）；芈一之《论藏族的来源和形成——兼谈青海藏族来源问题》（《攀登》1986 年第 2 期）；恰白·次旦平措《聂赤赞普是西藏人——略论'波杰'世系起源》（《西藏研究》藏文版 1986 年第 4 期）；欧朝泉《试论藏族先民的由来》（《青海民族研究》1989 年第 1 期）；李文实《藏族源流与汉藏关系》（《青海民族学院学报》1989 年第 3 期）；毛尔盖·桑木旦著，扎呷译《藏族族源及有关称谓辨析》（《西藏研究》1990 年第 4 期）；何耀华《古代羌人与藏区土著居民的融合》（《中国藏学》1988 年第 3 期）；韩康信、张君《藏族体质人类学特征及其种族源》（《文博》1991 年第 6 期）；王辅仁《关于藏族形成和发展的几个问题》（《中央民族学院建校 40 周年学术论文集》，1991 年）；韩康信《藏族种族探源》（《西藏研究》1995 年第 2 期）等，通过探讨，学术界逐渐抛弃了一些传统的错误的说法，比如西藏的人种外来说，以及王族"南来说"等，却也存在一定的分歧，主要表现在藏族与"发羌"的关系上，也有极少数学者依然持吐蕃王族为鲜卑拓跋部后裔说。但是，大多数学者比较倾向于西藏民族本土说，及吐蕃王族本土说，其中恰白·次旦平措等人的说法最具代表性。

4. 唐宋吐蕃史研究

唐代吐蕃史依然是西藏历史研究中的一个热点，发表了大量的论文和学术专著，成就斐然。20 世纪 50 年代是个高潮，出现不少有很高水平的成果。例如，在唐蕃会盟碑的研究方面就有：张政烺《跋唐蕃会盟碑》（《文物》1959 年第 7 期）；于道泉《联盟碑》（《人民日报》1959 年 4 月 26 日）；常任侠《拉萨"唐蕃会盟碑的"盟文与建筑》（《现代佛学》1959 年第 11 期）。唐蕃关系方面就有：杨志玖《唐朝是否征服过吐蕃》（《历史教学》1955 年 12 月）；韩国磐《吐蕃和唐的亲善关系》（《学术论坛》1959 年第 3 期）；王忠《唐代汉藏两族人民的经济和文化交流》（《历史研究》1965 年第 5 期）等。王忠《松赞干布——藏族的历史英雄》（《历史教学》58—6，1958 年 6 月）也值得一提。20 世纪 60 年代前半也有一些研究成果，主要是王忠的相关成果，特别是他的《新唐书吐蕃传笺证》（科学出版社，1958 年），集中反映了这一时期的许多研究成果。

20 世纪 80 年代以后，吐蕃史研究进入崭新阶段，呈现出一派辉煌景象。这一时期出现了许多专门研究唐代吐蕃史，或者以研究吐蕃史为主的专著，例如：安应民《吐蕃史》（宁夏人民出版社，1985 年）；王尧《吐蕃文化》(吉林教育出版社,1990年);常霞青《麝香之路上的西藏宗教文化》(浙江人民出版社,1988年);陈小平《唐蕃古道》(三秦出版社,1989年);张云《丝路文化·吐蕃卷》(浙江人民出版社,1995年);石硕《吐蕃政教关系史》(四川人民出版社,2000年);薛宗正《吐蕃王国的兴衰》(民族出版社,1997年);南喀诺布《古代象雄与吐蕃史》(藏文本,中国藏学出版社1995年);以及一些以研究唐代吐蕃史为主要内容的论文集,如王尧《西藏文史考信集》(台湾;中国藏学出版社,1994年);杨铭《吐蕃统治敦煌研究》(新文丰出版公司,1997年);陈楠《藏史丛考》(民族出版社,1998年);石硕《吐蕃政教关系史》(四川人民出版社,2000年)等。青海省博物馆编辑的《唐蕃古道——资料选编》,方便了读者检索有关这一问题的相关论述与资料。而张永溪主编的《青海省志·唐蕃古道志》(黄山书社,1996年)一书,则是西藏研究唐蕃交通的专著。

关于吐蕃的王朝的制度史研究成绩显著,陈庆英《试论赞普王权和吐蕃官制》(《西藏民族学院学报》1982年第4期);王尧、陈践《吐蕃兵制考》(《中国史研究》1986年第1期);安应民《吐蕃初期建制考释》(《西北史地》1986年第3期);陈楠《吐蕃告身制度试探》(《西藏研究》1987年第1期);汶江《吐蕃官制考——敦煌藏文卷子PT1089研究》(《西藏研究》1987年第3期);王尧、陈践《吐蕃职官考信录》(《中国藏学》1989年第1期);熊文彬《两唐书吐蕃传制度补正》(《中国藏学》1989年第3期);顾吉辰《唐代吐蕃官名考》(《西藏大学学报》1990年第5期)等。至于吐蕃在广大辖区所采取的管理制度与机构,学术界也有相关的研究成果,荣新江《通颊考》(《文史》第33集,中华书局,199年);刘小兵《吐蕃对西南少数民族地区的统治》(《思想战线》1990年第3期);杨铭《吐蕃时期河陇军政机构设置考》(《中亚学刊》第4集,北京大学出版社,1995年);刘进宝《关于吐蕃统治经营河西地区的若干问题》(《中国边疆史地研究》1994年第1期)等即是。

吐蕃王朝的崛起与扩张史和衰亡史是重要的研究内容,安应民《吐蕃王朝建立以前的青藏高原与松赞干布祖父两代的统一事业》(《西藏民

族学院学报》1985 年第 3 期);陈国灿《唐朝吐蕃陷落沙州的时间问题》
(《敦煌学辑刊》1985 年第 1 期);何耀华《早期吐蕃史事考》(《云南社会科
学》1991 年第 3 期);马德《吐蕃统治敦煌初期的几个问题》(《敦煌研究》
1987 年第 1 期);杨铭《吐蕃统治下的河、陇少数民族》(《西藏民族学院学
报》1987 年第 3 期);薛宗正《吐蕃末世史考述》(《青海民族研究》1993 年
第 3 期)等即是。

唐蕃关系是一个重要研究内容,20 世纪 80 年代以后发表了大量的
论文,如刘小兵《唐蕃和盟关系研究》(《云南社会科学》1989 年第 5 期);
谭立人、周原孙《唐蕃交聘表》(《中国藏学》1990 年第 2 期);顾吉辰《唐蕃
聘使表》(《西藏研究》1990 年第 2 期)等。

对吐蕃王朝时期人物及事迹的研究主要集中在松赞干布、赤松德
赞、文成公主、金城公主、噶尔家族等人物身上,赤列曲扎、蔡贤盛《略论
吐蕃迁都的原因及松赞干布、文成公主的历史功绩》(《西藏民族学院学
报》1981 年第 1 期);吴丰培《唐代吐蕃名相禄东赞后裔五世仕唐考》(《西
藏研究》1983 年第 4 期);王尧《吐蕃大相嫡孙拔川郡王考》(《中华文史论
丛》1985 年第 3 期);吴逢箴《金城公主对发展唐蕃关系的贡献》(《西藏民
族学院学报》1985 年第 3 期);杨铭《吐蕃迎金城公主遣使考》(《西藏研
究》1987 年第 4 期);米玛次仁《与金城公主有关的几个问题》(《西藏研
究》藏文版,1989 年第 4 期);苏晋仁《蕃唐噶尔(论氏)世家(上、下)》(《中
国藏学》1991 年第 1、4 期)等。

关于吐蕃时期历史纪年和赞普生卒年代问题,则有:蒲文成《吐蕃王
朝历代赞普生卒年考》(1、2、3,《西藏研究》1983 年第 4 期,1984 年第 2、3
期);南卡洛布《藏族历史的纪元》(《西藏研究》藏文版 1989 年第 2 期);
索朗顿著《吐蕃第一藏王聂赤赞普至六十甲子之首年年间的年代考》
(《西藏研究》藏文版 1988 年第二期);多识《松赞干布到朗达玛诸赞普年
代考证》(《西北民族学院学报》1990 年第 3 期);土登平措《松赞干布至朗
达玛间的年代考》(《西藏研究》藏文版 1990 年第 2 期)。

吐蕃奴隶制度研究的论文有:黄颢《唐末吐蕃奴隶起义述略》(《青海

社会科学》1981 年第 3 期）；常凤玄《古藏文文献所见奴隶的社会地位与历史作用》（《藏族学术讨论会论文集》，西藏人民出版社，1984 年）、《关于古代藏族社会中的奴隶浅析》（《民族史论丛》1，中华书局，1986 年）；穷塔杰《略论吐蕃王朝时期"豪奴千户"与"驯奴千户"》（《西藏研究》藏文版 1993 年第 2 期）；齐陈骏《略述唐王朝与吐蕃的关系及张义潮领导的沙洲起义》（《甘肃师范大学学报》1979 年 4 期）等。

吐蕃史研究学术争鸣论文有：巴桑旺堆《关于吐蕃史研究中几个"定论"的质疑》（《西藏研究》1983 年第 4 期）、《我对"松赞干布年谱"的质疑》（《西藏研究》1985 年第 1 期）；南卡洛布《研究藏族古代历史只管见》（《西藏研究》藏文 1988 年第 3 期）；南卡诺布著，马连龙、索南才让译《关于藏族古代史研究中的几个问题》（《西藏研究》1985 年第 3 期）等。

我国港台地区学者也在吐蕃史研究方面取得了巨大成就，例如，严耕望有关西藏和青藏高原地区交通路线的研究，王吉林关于唐蕃关系的研究（《唐初与吐蕃关系的发展》、《大非川之役到安禄山之乱时的唐蕃关系》、《唐玄宗时代唐与吐蕃的战争》）；苏莹辉关于吐蕃统治河西时期相关问题的研究（《论唐时敦煌陷蕃的年代》，《大陆杂志》29—7，1964 年 10 月；《论敦煌县在河西诸州中陷蕃最晚的原因》，《大陆杂志》41—9，1970 年 11 月；《论索勋张承奉节度沙州归义军之起讫年》，《敦煌学》1，1974 年 7 月）等；饶宗颐对维州在唐蕃交往中的地位（《维州在蕃汉交涉史上之地位》，《中央研究院历史语言研究所集刊》39，1969 年 10 月）和吐蕃占领沙州的年代的研究（《论敦煌陷于吐蕃之年代——依顿悟大乘正理决考证》，《东方文化》9—1，1971 年 1 月）等。以及林冠群对赤松德赞生平事迹的研究（《吐蕃赞普赤松德赞研究》，台湾文化大学史学研究所，民国 76 年即 1987 年 6 月）和对吐蕃历史诸多问题的系统（《李唐、回纥、吐蕃三边关系之探讨》、《墀松德赞时期吐蕃与李唐关系》、《唐代吐蕃政治制度之研究》、《论唐代吐蕃史以及史料》、《论唐代吐蕃之对外扩张》、《由地理环境论析唐代吐蕃向外发展与对外关系》、《唐代前期唐蕃竞逐青海地区之研究》、《墀松德赞父子时期吐蕃政情之分析》、《唐代吐蕃的社会结构》、《唐代吐蕃的女主——墀玛蕾》、《啦拔布考》、《唐代吐蕃的僧相体制》)等,成就十分突出。

宋朝时期,西藏地区处于分裂状态,文献记载十分缺乏,和内地联系比较密切的是河湟地区的青唐吐蕃政权,对这一政权的研究是在 20 世纪 80 年代末、90 年代初取得了巨大的成就,诸如:祝启源《角厮罗——宋代藏族政权》(青海人民出版社,1988 年);刘建丽《宋代西北吐蕃研究》(甘肃文化出版社,1998 年),以及芈一之、汤开建、顾吉辰等人的相关研究成果。藏文著作则有:诺章·伍金著《西藏割据史》(西藏人民出版社,1991 年)和土登平措《西藏割据时期年代考》(《中国藏学》藏文版 1990 年第 1 期)等学者的相关论文。

5. 元代吐蕃史研究

元代西藏史研究,在 20 世纪 50 年代末期至 60 年代初期有了新进展,王忠《中央政府管理西藏地方制度的发展》(《历史研究》1959 年第 5 期)、韩儒林《元朝中央政府是怎样管理西藏地方的》(《历史研究》1959 年第 7 期)等对此做了深入的研究。此外,还有山西师院中国古代史教研组《元时史上有关西藏的几个问题》(《山西师范学院学报》1959 年 4 期)等相关论述。王森《关于西藏佛教历史的十篇资料》(民族研究所印,1965 年;1987 年由中国社会科学出版社出版,更名为《西藏佛教发展史略》)利用藏文资料,吸收国外的最新成果,对元朝时期的吐蕃地方制度做了深入和系统的论述研究,是一部高水平的学术成果。西藏自治区文物管理委员会《西藏萨迦寺发现的元代纸币》(《文物》1975 年第 9 期)也是当时难得的一项成果。

20 世纪 80 年代以来,元代西藏史的研究又迈上一个新的台阶,出版了一系列系统研究成果,如:蔡美彪等著《中国通史》(第 7 册,人民出版社,1983 年)、韩儒林主编《元朝史》(人民出版社,1986 年)有关元代西藏部分;邓锐龄《元明两代中央与西藏地方的关系》(中国藏学出版社,1989);仁庆扎西《仁庆扎西西藏学研究文集》(天津古籍出版社,1989 年);陈庆英《八思巴评传》(中国藏学出版社,1992 年);张云《元代吐蕃地方行政体制研究》（中国社会科学出版社，1998 年）；樊保良、水天长主编《阔端与萨班凉州会谈》（甘肃人民出版社，1997 年）；王启龙《八思巴生平与"彰所知论"对勘研究》（中国社会科学出版社，2000 年）等。

　　研究元朝历史方面比较有代表性的成果比较多，诸如：陈得芝《元代乌思藏宣慰使的设置年代》（《元史及北方民族史研究集刊》第 8 集，1984 年）；洛桑群觉、陈庆英《元朝在藏族地区设置的驿站》（《西北史地》1984 年第 1 期）；陈庆英《元朝在西藏所封的白兰王》（《西藏研究》1983 年第 4 期）；陈庆英、仁庆扎西《元朝帝师制度述略》（《西藏民族学院学报》1984 年第 1 期）；仁庆扎西《西平王府今地考》（《青海社会科学》1983 年第期）；杨仁山《昔日万户府　今地在何方》（《西藏研究》1985 年第 3 期）；黄颢《元初对西藏人口等的普查及其意义》（《中国民族史研究》，中国社会科学出版社，1987 年）；王辅仁、陈庆英《八思巴传略》（《中国民族史研究》，中国社会科学出版社，1987 年）；沈卫荣《元代乌思藏十三万户行政体制研究》（《西藏研究》1988 年第 3 期）、《元朝政府对西藏的统治》（《历史研究》1988 年第 3 期）、《元代乌思藏十三万户考》（《历史地理》第 7 辑）等；陈庆英《元代宣政院对藏族地区的管理》（《青海社会科学》1990 年第 4 期）、《元代帝师制度及历任帝师》（《青海民族学院学报》1991 年第 1、2 期）、《元代乌思藏本钦纪略》（《元史论丛》第 4 辑，中华书局 1992 年）、《关于元代西藏的户籍清查》（《海峡两岸中国少数民族研究与教学研讨会文集》1996 年）；邓锐龄《元代杭州行宣政院》（《中国史研究》1995 年第 2 期）；张云《答失蛮其人及其经略吐蕃考实》（《中国边疆史地研究》1993 年第 4 期）、《Stod hor 考辨》（《中国藏学》1994 年第 1 期）、《元代西藏地方"止贡之变"及相关问题考释》（《中国藏学》2000 年第 3 期）等。

　　台湾地区学者在这一方面所取得的成就也十分巨大，早期最有代表性的人物是札奇斯钦，他的代表作之一《蒙古与西藏历史关系之研究》（正中书局，1978 年）；张骏逸的相关研究也很有代表性（《元朝与西藏萨迦派关系之研究》、《宣政院与吐蕃》、《蒙藏早期关系之探讨》、《中国历朝主权在西藏的继承及确立——由行政观点看》);此外,其他学者也有零散的论述,如陈又新(《元朝时期的萨迦派略述稿——以萨班、八思巴叔侄为主》)等。

6. 明代吐蕃史研究

明代西藏史研究也有飞速的发展,中央和西藏地方的关系,以及对帕木竹巴政权的研究是核心内容,王忠《评李查逊〈西藏简史〉关于明代西藏地方历史的谬论》(《历史研究》1963 年第 5 期);王森《宗喀巴传论》(《民族研究》1979 年第 1 期);吴均《从〈西番馆来文〉看明朝对藏区的管理》(《藏族学术讨论会论文集》,西藏人民出版社,1984 年);牙含章《明代中央和西藏地方帕竹政权的关系》(《中国藏学》1989 年第 1 期);王继光《明代中央政府赴藏地使者事辑》(上、下、《西藏研究》1986 年 1、2 期)、《明代中央政府赴藏地使者事辑补》(《西藏研究》1987 年第 3 期);冯汉庸《明代西藏"贡道"研究》(《西藏研究》1989 年第 1 期);马文余《明朝前中期中央王朝对藏族地区的治理》(《西藏研究》1989 年第 1 期);杜长风《明代乌思藏朝贡述略》(《西藏研究》1990 年第 3 期);陈一石《明代茶马互市政策研究》(《中国藏学》1988 年第 3 期);邓锐龄《"贤者喜宴"明永乐时尚师哈里麻晋京纪时笺证》(《中国藏学》1992 年第 3 期)、《明初使藏僧人克新事迹考》(《中国藏学》1992 年第 1 期)、《明西天佛子大国师智光事迹考》(《中国藏学》1994 年第 3 期);杜长顺《略论明朝对西藏的施政》(《青海社会科学》1992 年第 5 期);祝启源《明代藏区行政建置史钩沉》(《藏学研究论丛》第 5 集,1993 年);恰白·次旦平措《明朝对西藏高僧的封号》(《中国西藏》1996 年第 3 期);王献军《帕木竹巴政权与明王朝的关系》(《西藏民族学院学报》1990 年第 4 期);陈楠《大智法王考》(《中国藏学》1996 年第 4 期);陈庆英《论明朝对藏传佛教的管理》(《中国藏学》2000 年第 3 期)等。尹伟先《明代藏族史研究》(民族出版社,2000 年)是比较系统研究明代西藏历史的专著。港台学者也有不少相关的研究成果,如:杨启樵《〈评〉左藤长"明代西藏史研究"》(《香港中文大学中国文化研究所学报》3—1,1970 年);王美霞《三辈达赖喇嘛与俺答汗法主关系建立之研究》等。

7. 清代西藏史研究

清代西藏史研究一直比较受到学者们的重视,成就也比较突出。关于清朝治理西藏的政策方面,发表的论文很多,诸如:朱永嘉《清代(1793)年在西藏的重要措施》(《学术月刊》1959 年第 6 期);陈鸣钟《清朝前期中央对西藏地方政治制度、宗教制度改革》(《史学月刊》1960 年第 1 期);吴丰培《清代驻藏官员的设置和职权》(《中央民族学院学报》1981 年第 1 期);王辅仁《略论清朝前期对西藏的施政》(《清史研究》第 2 辑,1982 年);张羽新《清政府与喇嘛教》(《西藏民族学院学报》1981 年第 2 期);刘忠《试论清代前期驻藏大臣对藏区的政策》(《青海民族研究》创刊号,1988 年);蒲文成《从清朝与七世达赖喇嘛的关系看清朝对西藏的施政》(《青海社会科学》1988 年第 3 期);马林《雍正治藏思想初探》(《中国藏学》1988 年第 3 期)、《清代驻藏防兵的设置及其沿革》(《西藏民族学院学报》1988 年第 1—2 期);胡岩《马拉僧格驻藏考》(《中国藏学》1991 年第 4 期);孟庆芬《清代皇帝与达赖喇嘛并非"宗教关系"》(《民族研究》1991 年第 6 期);赵富良《试论张荫棠"查办藏事"及其治藏方针》(《西藏研究》1992 年第 2 期);史筠《清王朝治理西藏的基本法律——"西藏通制"》(《民族研究》1992 年第 2 期);余长安《论清朝中央对西藏地方的治理政策》(《中国藏学》1992 年第 3 期);陈景富《清圣祖巡陕与其经营蒙藏边疆的方略》(《中国藏学》1994 年第 1 期);赵云田《清朝治理蒙藏地区的几个问题》(《中国社会科学》1994 年第 3 期);许广智《联豫在西藏推行近代化改革的历史作用及评价》(《西藏研究》1995 年第 1 期);石硕《清朝前期治藏特点极其相关问题》(《西藏研究》1996 年第 1 期);李鹏年《试谈乾隆治理西藏措施》(《中国 90 年清史国际学术讨论会论文集》,1990 年);赵云田《略论清朝理藩院对西藏的治理》(《西藏研究》1984 年第 3 期)等。

关于清朝在西藏设置驻藏大臣和采取金瓶掣签确定活佛转世等制度方面,也是一个集中的热点,出版的专著有,吴丰培、曾国庆《清朝驻藏大臣制度的建立与沿革》(中国藏学出版社,1995 年);吴丰培、曾国庆编撰《清代驻藏大臣传略》(西藏人民出版社,1988 年);台湾学者萧金松《清代驻藏大臣之研究》等。发表的论文,有柳陞祺、邓锐龄《清代在西藏实行金瓶掣签的经过》(《民族研究》1982 年第 4 期);邓锐龄《关于琦善在驻藏大臣任上改定藏事章程问题》(《民族研究》1985 年第 4 期);祝启源《从金瓶掣签谈中央政府在西藏行使主权问题》(《民族研究》1989 年第 5 期);欧朝贵《清代驻藏大臣衙门考》(《西藏研究》1988 年第 1 期);蒲文成《清代以来西藏的第巴、藏王和摄政》(《青海民族学院学报》1988 年第 2 期);张羽新《驻藏大臣政治地位和职权的历史考察》(《中国藏学》1998 年第 2 期)等。

关于西藏地方高僧和清朝中央政府之间政治宗教联系及相关制度的论文,则有:王辅仁《达赖五世朝清考》(《西藏研究》1982 年第 3 期);陈庆英《章嘉·若必多吉与乾隆皇帝》(《中国藏学》1988 年第 1 期)、《噶玛巴·攘迥多吉两次进京事略》(《中国藏学》1988 年第 3 期);邓锐龄《清初禅化王入贡请封始末及意义》(《中国藏学》1998 年第 1 期)、《关于1652—1653 年第五辈达赖喇嘛晋京的两个问题》(《民族研究》1995 年第 3 期);张云《钦定藏内善后章程二十九条的形成与版本问题》(《民族研究》1997 年第 5 期);陈庆英《西藏首次遣使清朝史实探讨》(《中国藏学》1998 年第 1 期);李凤珍《试论清代西藏递丹书克制》(《西藏民族学院学报》1997 年第 1 期);桑丁才让《略述清代西藏丹书克的有关问题》(《中国藏学》1997 年第 1 期)等。

关于清朝在西藏地方用兵问题的论文,有:罗丽达《1717 年准噶尔侵扰西藏及清朝平定西藏的斗争》(《清史研究集》2,1982 年);邓锐龄《1720年率军进入拉萨的清军将领——延信》(《中国藏学》1999 年第 4 期)、《1720 年清军进入西藏的经过》(《民族研究》2000 年第 1 期)等。

关于西藏地方内部纷争问题的论文,有:余万治《从藏文"颇罗鼐传"看 1727 年西藏两派噶伦之争的真相》(《西南民族学院学报》1982 年第 4期);李凤珍《试论罗卜藏丹津之乱与西藏》(《西藏民族学院学报》1983 年第 2 期);次仁顿珠《阿尔布巴之乱及其性质》(《西藏民族学院学报》1984年第 4 期);蒲文成《试论雍正"癸卯之乱"的历史渊源》(《西藏研究》1985

年第 1 期);王玉平《略论十八世纪的卫藏战争》(《西藏研究》1987 年第 2 期);佘万治《珠尔墨特那木扎勒事件的真相》(《西南民族学院学报》1992 年第 6 期);胡岩《阿尔布巴事件的前前后后》(《民族研究》1987 年第 4 期)等。

关于西藏边界问题和反对外来侵略问题的论文,则有:王春瑜《辛亥年间帝国主义策划的"西藏独立"事件初探》(《史学月刊》1957 年第 7 期);周伟洲《19 世纪前后西藏与拉达克的关系及划界问题》(《中国藏学》1991 年第 1 期);陆水林《1840 年—1841 年西藏与森巴在阿里地区之战原委》(《中国边疆史地研究》1993 年第 4 期)等。此外,阎明《试论清朝的西藏钱币暨清廷维护西藏主权之措施》(《中国钱币》1984 年第 4 期);巴桑罗布《藏军若干问题初探》(《中国藏学》1992 年特刊)等对相关问题做了有意义的探讨。

港台地区的学者也有十分显著的研究成果,比较有代表性的,如:庄吉发(等)、胡进杉(《西藏"政教合一"制度形成之原因探讨》、《清康雍乾三朝西藏事务宫中档满汉奏折汇编》、《清朝宫中档西藏事务汉文奏折专辑》、《清乾平定罗卜藏丹津叛乱的研究》、《故宫博物院档案与西藏研究》等),冯明珠《廓尔喀之役的前因后果——兼论 18 世纪末清廷与西藏及英属印度政府的关系》、《论析清季中英西藏交涉中的"主权"问题——兼论 19 世纪中叶以来西藏境域及印藏边情》、《论近代中英西藏交涉与川藏边情——从廓尔喀之役到华盛顿会议》(出版社)等)等人利用台北故宫博物院的档案所开展的相关研究,杨嘉铭(《政教合一制度下西藏地方政府当权者之研究(1750—1911)》、《清季西藏宗城营官研究》、《满清治藏之军事措施》、《清代西藏对中央的进贡制度》、《琦善治藏》、《清代西藏官钱概述》、《康藏分界问题浅谈》、《达木蒙古与清代西藏力防》等)对清代相关制度的研究,吕秋文(《中英西藏交涉始末》、《清季英俄在西藏的角逐》、《清季末叶英国对藏政策之研究》、《西藏地方与中央隶属关系之形成与发展》等)对清末有关西藏问题的对外交涉的研究,以及陈又新(《甘丹颇章政权建立之经过》、《第六辈班禅额尔德尼进京始末》、《乾隆

五十八年钦定西藏善后章程初探》等)和陈子和《英印侵略西藏边境述
要》、《十三世达赖喇嘛第一次离藏出走始末》等)等有关清朝时期西藏地
方历史的研究。

有关清代西藏史研究的论著,有张羽新《清政府与喇嘛教》(西藏人
民出版社,1988 年);成崇德等《清代西藏开发研究》(北京燕山出版社,
1996 年);(西藏人民出版社,1992 年);苏发祥《论清朝对西藏地方的治
理》(民族出版社,1999 年)等。

8. 西藏与中央政府及相邻地区和兄弟民族关系史研究

(1) 西藏与历代中央政府的关系

历代中央政府和内地与西藏地方的关系和友谊,是学术界比较关注
的一个话题,代有专论,诸如:李有义《一千五百年来的汉藏民族关系》
(《新建设》1952 年第 6 期)、《藏族人民和汉族人民的传统友谊》(《光明日
报》1956 年 4 月 20 日);马伟《明代时期汉藏两族的友好关系》(《历史教
学问题》1958 年 12 月);阴法鲁《唐代西藏马球传入长安》(《历史研究》
1959 年第 6 期);子元《西藏地方与祖国的历史关系》(《民族研究》1959
年第 4 期)、《文成公主与汉藏友谊》(《民族研究》1960 年第 3 期);于番
《从主权和宗主权说到中国对西藏地方的关系》(《人民日报》1959 年 6 月
5 日);王忠《唐代汉藏两族人民的经济和文化交流》(《历史研究》1965 年
第 5 期);逢振镐《略论唐代西藏和内地政治经济文化联系的加强》(《山
东大学学报》1959 年 3 期);成文昌《西藏原始文化同黄河流域的亲切关
系》(《历史教学》1979 年 11 期);包寿南《汉藏关系的重要一页——唐蕃
使臣往返述要》(《西北民族学院学报》1980 年第 1 期);俞敏《汉藏两族人
和话同源探索》(《北京师范大学学报》1980 年第 1 期);芈一之《文成公主
与汉藏关系》(《思想战线》1980 年第 2 期);苏晋仁《汉藏文化交流的历史
见证》(《甘肃民族研究》1983 年第 4 期);黄颢《唐代汉藏文化交流》(中央
民族学院藏族研究所编《藏学研究文集》,民族出版社,1985 年);格勒《略
论西藏的原始文化与中原地区的关系——兼论西藏原始文化的一些地
方特点》(《民族研究》1986 年第 3 期);何耀华《从远古文化遗存看藏区与

祖国内地的关系》(《思想战线》1986 年第 4 期);李延恺《从文化交流看汉藏关系》(《青海民族学院学报》1987 年第 4 期);黄万纶《唐宋时期西藏同内地经济文化联系的历史考察》(《中央民族学院学报》1986 年第 3 期)、《元明清以来西藏地方同祖国经济关系纪略》(《西藏研究》1988 年第 3 期);罗秉芬《唐代藏汉文化交流的历史见证——敦煌古藏文佛经变文研究》(《中国藏学》1989 年第 2 期);多识《汉藏民族历史亲缘关系探源》(1、2,《西北民族学院学报》1993 年第 2 期、1994 年第 2 期);张云《吐蕃的起源及其与中原的文化联系》(《甘肃民族研究》1996 年第 3—4 期);周润年《历代噶玛巴活佛与中央政府的关系》(《中国藏学》1997 年第 1 期)等。

相关的专著则有:格勒《论藏文化的起源形成与周围民族的关系》(中山大学出版社,1988 年);黄玉生等《西藏地方与中央政府关系史》(西藏人民出版社,1995 年);刘忠《汉藏文化交流史话》(中国大百科全书出版社,2000 年)等。

台湾学者的相关研究成果有:周琨田《汉藏两族的传统关系》,(中国边疆历史语文学会丛书 1"西藏研究",台北 1960 年 8 月);吕秋文《西藏地方与中央政府隶属关系促成之原因》(《中国藏学》1998 年第 1 期)等。

(2) 西藏与相邻地区的关系史研究

西藏与周边地区的关系一直引起学者的兴趣,藏史学界有不少的研究成果,有关吐蕃和东部地区各族的关系的论文,如格勒《古代藏族同化融合西山诸羌与嘉戎藏族的形成》(《西藏研究》1988 年第 2 期);杰当·西饶江措《吐蕃铁索桥考》(《中央民族学院学报》1988 年第 3 期);冯智《吐蕃南诏神川铁桥》(《西藏研究》1992 年第 2 期)、《滇西北吐蕃铁桥遗址及古藏文石碑考略》(《中国藏学》1994 年第 4 期);和志武《藏文化对纳西文化的影响》(《藏族学术讨论会论文集》,西藏人民出版社,1984 年);和少英《浅论藏族文化与纳西文化之交汇》(《民族研究》1995 年第 1 期);郭大烈《论历史上纳西族和藏族的关系》(《中央民族学院学报》1983 年第 1 期);赵橹《南诏北臣吐蕃发微》(《西藏研究》1990 年第 4 期);芮一夫、王吉林等人关于唐朝与南诏关系的研究(芮一夫《唐代南诏与吐蕃》,中国边疆历史语文学会丛书 1《西藏研究》,台北 1960 年 8 月);王吉林有关吐蕃与西北民族的关系的研究论文,其中探讨与西域地区关系的论文有:郭峰《唐代前期唐、蕃在西域的争夺与唐安西四镇的弃置》(《敦煌学辑刊》1985 年第 1 期);马国荣《唐代吐蕃在新疆的活动及其影响》(《新疆社会科学》1985 年第 5 期);杨建新《唐代吐蕃在新疆地区的扩张》(《西北史地》1987 年第 1 期);张云《吐蕃与西域诸族的关系》(《新疆社会科学》1990 年第 5 期)、《唐代吐蕃与西域的文化交流》(《甘肃民族研究》1991 年第 4 期)、《吐蕃在西域的部落及其组织制度》(《甘肃民族研究》1992 年第 2—3 期)、《吐蕃统治西域的各项制度》(《新疆大学学报》1992 年第 4 期);王小甫《盛唐与吐蕃在西域的较量(720—755 年)》(《新疆大学学报》1992 年第 4 期);高永久、王国华《吐蕃统治下的于阗》(《西北民族研究》1991 年第 2 期);殷晴《古代于阗与吐蕃的交通及其友邻关系》(《民族研究》1994 年第 5 期)等。吐蕃与回鹘的关系问题,比较系统地予以论述的是尹伟先的《维吾尔族与藏族历史关系研究》(甘肃文化出版社,1999 年)一书,以及樊保良《回鹘与吐蕃及西夏在丝路上的关系》(《民族研究》1987 年第 4 期)等。

西藏与高原南部地区兄弟民族关系史研究方面,也有不少论著,如:张江华《门藏历史关系刍议》(《西藏民族学院学报》1984 年第 1 期);陈立明《珞藏文化交流试探》(《西藏研究》1994 年第 3 期)。

吐蕃与蒙古的关系研究方面,也不断有著作发表,如王辅仁、陈庆英《蒙藏关系史略》(中国社会科学出版社,1985 年);李凤珍《试论桑结嘉措执政时期的蒙藏关系》(《中国民族关系史研究》1984 年)等。

吐蕃与西夏研究方面则有:桑珠《西夏王族迁入西藏时间献疑》(《甘肃民族研究》1986 年第 4 期);史金波《藏族文化和西夏王朝的历史渊源》,《中国西藏》1989 年第 2 期;张云《论吐蕃与党项的民族融合》(《西北民族研究》1988 年第 2 期)、《论吐蕃文化对西夏的影响》(《中国藏学》1989 年第 2 期)、《吐蕃与党项的政治关系初探》(《甘肃民族研究》1988 年第 3—4 期)、《论外来文化对西夏的影响》(《宁夏大学学报》1990 年第

3期);南色《浅谈西夏与西夏王朝》(《西藏研究》藏文版1990年第3期);陈庆英《西夏与藏族的历史、文化、宗教关系初探》(《藏学研究论丛》第5辑,1993年)。此外,青藏高原其他民族与藏族关系方面也有论文探讨,如马伟《撒拉族与藏族关系述略》(《青海民族学院学报》1996年第1期)等。

9. 西藏与南亚、西亚和中亚地区的关系史研究

关于中国西藏与南邻诸国的边界问题,有黄盛璋《清代西藏阿里地区中印边界的历史研究》、《清代中锡边界历史研究》、《清代中不边界历史研究》(中国科学院地理研究所编《边界历史地理研究论丛》1980年)等文专门探讨。王文静《1641—1793年中国西藏与锡金(哲孟雄)的关系》(《中国藏学》1989年第3期);杨铭《吐蕃与南亚各国关系史述略》(《西北民族研究》1990年第1期);霍巍《"大唐天竺使出铭"及相关问题研究》(日《东方学报》第66册,1994年);孙修身《唐初中尼交通四题》(《中国藏学》2000年第4期)等。吕昭义《英属印度与中国西南边疆(1774—1911年)》(中国社会科学出版社,1996年);王宏伟《中印边界问题研究》(中国藏学出版社)则是系统研究中国西藏印度边界问题的专论。

吐蕃与中亚和西亚地区之间的关系,王小甫《唐、吐蕃、大食政治关系史》(北京大学出版社,1992年)是比较有代表性的论著,相关的论文有:索朗顿珠《古波斯国与古代西藏关系考》(《西藏研究》藏文版1992年第3期);张云《本教古史传说与波斯祆教的影响》(《中国藏学》1998年第4期)等。

10. 外国侵略西藏史研究

关于英国和俄国侵略中国西藏地方历史的论著,主要有:周伟洲《英俄侵略我国西藏史略》(陕西人民出版社,1984年);杨公素《中国反对外国侵略干涉西藏地方斗争史》(中国藏学出版社,1992年);伍昆明《早期传教士进藏活动史》(中国藏学出版社,1992年);王远大《近代俄国与中国西藏》(三联书店,1993年);周伟洲主编《英国俄国与中国西藏》(中国藏学出版社,2000年7月),以及吕昭义《英属印度与中国西南边疆》

(1774—1911,中国社会科学出版社,1996年)等,都从不同层面对这一问题进行了深入的探讨。

相关的论文比较多,诸如:丁名楠、张振鲲《帝国主义侵略中国领土西藏的罪恶历史》(《历史研究》1959年第5期);张广达《沙俄侵略西藏考略》(《中央民族学院学报》1978年第1期);黄万纶《英俄对西藏经济侵略的历史考察》(《西藏研究》1982年第3期);王远大《尼古拉二世致达赖喇嘛书看沙俄侵略我国西藏政策的变化》(《西藏研究》1983年第4期);李茂郁《十七至十八世纪天主教侵入西藏和西藏人民反洋教的斗争》(《民族研究论文选》第1辑,1983年);陈一石《印茶倾销西藏与清王朝的对策》(《民族研究》1983年第6期);柳陞祺《汤姆斯·马吝入藏始末》(《西藏研究》1986年第2期);石楠《关于英俄争夺西藏的矛盾与冲突》(《近代史研究》1987年第2期);吴从众《英国入侵西藏东南地方史略》(《西藏研究》1988年第3期)等。

11. 通史、区域史与专门史

西藏通史是西藏历史研究在一定阶段成果的体现,比较有代表性的通史著作有:李霖灿《西藏史》(台北 中华文化出版事业委员会,1953年12月);恰白·次旦平措等《西藏通史:松石宝串》(藏文,西藏古籍出版社1989—1991年,汉译本)、《藏族简史》(西藏人民出版社,1985年)、黄奋生编著《藏族史略》(民族出版社,1985年)。王辅仁、索文清《藏族史要》(四川民族出版社,1979年)等。

关于西藏区域史研究的著作有:傅崇兰主编《拉萨史》(中国社会科学出版社,1994年);李光文、杨松、格勒主编《西藏昌都:历史、传统、现代化》(重庆出版社,2000年);谢廷杰等编著《西藏昌都史地纲要》(西藏人民出版社,2000年)。涉及青海和云南两省藏族历史的著作有:黎宗华、李延恺著《安多藏族史略》(青海民族出版社,1992年);陈光国《青海藏族史》(青海民族出版社,1997年);王恒杰《迪庆藏族史》(中国藏学出版社,1995年)等。

专门史有:李东园《西藏邮货考》(台北 中国集邮半月社,1958年);东噶·洛桑赤列《论西藏政教合一制度》(民族出版社,1981年);肖怀远

《西藏地方货币史》(民族出版社,1985 年);多杰才旦、江村罗布主编《西藏经济简史》(中国藏学出版社,1995 年);格桑陈来〈藏族医学史〉(藏文,中国藏学出版社,1997 年);陈庆英《中国藏族部落研究》(中国藏学出版社,1994 年);石硕《西藏文明东向发展史》(四川人民出版社,1994 年);王贵、喜饶尼玛、唐家卫《西藏历史地位辨》(民族出版社,1995 年);李安宅《藏族宗教史之实地研究》(中国藏学出版社,1995 年);西藏社会历史调查资料丛刊编辑组编《藏族社会历史调查》(1—6,西藏人民出版社,1987—1991 年);格勒等《藏北牧民——西藏那曲地区社会历史调查》(中国藏学出版社,1993 年);欧朝贵、其美编著《西藏历代藏印》(西藏人民出版社,1991 年);黄颢《在北京的藏族文物》(民族出版社,1993 年)等,都从不同侧面反映出相关领域的成就。

人物研究的著作有:牙含章《达赖喇嘛传》(人民出版社,1984 年)、《班禅额尔德尼传》(西藏人民出版社,1987 年)等。丹珠昂奔主编《历辈达赖喇嘛与班禅额尔德尼年谱》等。

藏史学家文集:《南喀诺布选集》(藏文,中国藏学出版社,1994 年);《东噶洛桑赤列选集》(藏文,中国藏学出版社,1998 年);《恰白次旦平措选集》(藏文,中国藏学出版社,1993 年)。

关于西藏历史上相关问题研究的论文很多,诸如:汪钦《评李有义先生研究西藏的论著中有关历史部分》(《历史研究》1959 年第 4 期);一丁《关于西藏史实的几个问题之商榷》(《历史研究》1959 年第 9 期);王辅仁、陈庆英《关于藏族史研究的几个问题》(《思想战线》1990 年第 5 期);王尧、尤卫荣《试论藏族的史学和藏文史籍》(《史学史研究》1988 年第 2,3 期);年须〈谈藏族铁匠种姓的历史渊源》(《西藏研究》藏文版 1990 年第 3 期);喜饶嘉错〈辛亥革命时西藏人民的祝愿》(辛亥革命回忆录第 3 集,1962 年 9 月)等。

12. 西藏当代史

西藏当代史的研究,主要集中在十八军进藏、昌都战役、"十七条协议"的签定和西藏和平解放、西藏平定叛乱、民主改革,以及西藏改革开放以后所取得的成就等方面。如为庆祝昌都和平解放五十周年而出版的《曙光从东方升起——昌都战役与和平解放西藏纪实》、《为西藏和平解放而战——昌都战役回忆录》、《昌都战役文献资料汇编》等,比较集中地收录了有关昌都战役和西藏和平解放的资料,具有较高的价值。西藏改革开放以后局势的变化,成为学术界关注的一个焦点,也出现了一些专题探讨的论著,如中共西藏自治区党史研究室编印的《新时期西藏农村的改革十七年》(1997 年),中国藏学研究中心社会经济所编《西藏家庭四十年变迁》(中国藏学出版社,1996 年)等。《西藏自治区概况》(西藏人民出版社,1984 年)、《当代中国》(西藏卷,当代中国出版社,1991 年)等都比较简明地展示了新中国的建设成就和西藏所走过的发展里程。在西藏地方革命史的研究方面,则有《西藏革命史》(西藏人民出版社,1991 年)和《中共西藏党史大事记》(西藏人民出版社,1995 年)等书出版。而最系统和全面反映西藏和平解放以后,西藏地方各方面成就的著作则是由江村罗布主编《辉煌的二十世纪新中国大纪录——西藏卷(1949—1999)》(红旗出版社,1999 年),该书分绪论、历程、经济成就、社会成就、机构、文献、人物、企业和大事记等部分,比较全面和详尽地介绍了西藏五十年的成就,是研究西藏当代史十分重要的一项成果。

(三) 当前西藏历史研究中存在的主要问题和今后发展方向

西藏历史研究通过 20 世纪的发展,特别是后 20 年的飞速发展,虽然取得了辉煌的成就,但是客观地说,也存在不少问题。其中主要有以下几点:

1. 尽管在唐代吐蕃史、元代吐蕃史,以及清代西藏史研究中有了长足的进步,但是总的来说研究的广度不够,依然存在一些空白点,或者薄弱环节,首先是分割时期的西藏历史研究和明代西藏历史研究依然存在不少问题,西藏地区史前史研究也相当缺乏。其次,就已经取得的成果来看,依然存在诸多不足,从大的方面讲,目前每个时期既没有一部高水准的断代史,也没有像在政治制度、地方行政区划沿革、史学发展、法制、军事、交通、文化、艺术、体育、科技发展等领域深入研究的专门史。同时,又缺乏一部体例完整、代表当前西藏历史研究最高成就的西藏通史。

从小的方面来看,西藏历史研究中的许多人物、事件、制度,乃至历史地理问题都还存在含糊不清的地方,有待认真考证与甄别。

2. 西藏历史研究的视野还不够开阔,对于吸收其他学科的研究方法和优良成果,诸如突厥学、蒙古学、西夏学、印度学、满学、中亚学等学科,以及中国各个断代史研究的最新成果,加强与其他学科之间的学术交流与合作还远远不够。西藏历史研究的方法比较陈旧,缺乏创新的精神,对西藏重大历史问题的研究缺乏突破性和划时代成果。

3. 对藏文史料、汉文史料、其他民族文字史料和外文资料的相互对勘和整理,以及对国内外研究成果的吸收整理工作做得不够。

4. 西藏历史研究后备人才逐渐呈现匮乏之势,这个对本领域未来的发展将会产生消极的影响。

因此,要把西藏历史研究引向深入需要做更大的努力,当前首先应该注意以下几点。

1. 进一步发掘整理藏文、汉文和其他各种民族文字资料、外文资料,并认真甄别和对勘资料,为西藏历史研究提供良好的文献基础。

2. 积极吸取相关学科的优秀成果,不断扩大西藏历史研究的领域和视野,使西藏历史研究在一个高起点上进行,努力避免一叶蔽目不见泰山的现象。

3. 加强各个专门史的研究,深化研究内容,重点突破一些难点,填补一些空白点,同时根据学术研究的需要,完成有较高水平的断代史。

4. 发挥优势力量,采取协同作战的方式,组织编写一部体例完整,内容丰富全面,充分反映西藏历史研究最高成就的一部《西藏通史》,在发掘、整理、研究中推动西藏历史迈上新的台阶。

5. 加大培养人才的力度,为西藏古代史研究的持续发展提供优良的保障。西藏历史研究是一项艰苦的工作,对研究者要求高,专业训练周期长,成果产生慢,在当前市场经济前提下,也缺乏诱人的魅力,做好人才的培养工作显得十分重要。在上级和有关部门的大力支持下,通过大家的齐心努力,西藏历史研究能够有一个繁荣的未来。

附录二　西藏与内陆亚洲研究概述

　　研究西藏与内陆亚洲关系史,比较全面和系统地论述唐代吐蕃与周边地区关系的论著是《论藏族文化的起源形成与周围民族的关系》《麝香之路的西藏宗教文化》《丝路文化·吐蕃卷》①等书,此外学术界也从整体上讨论了吐蕃之对外扩张、②唐宋五代等时期,西北和中亚地区吐蕃的部落分布状况,③唐朝对西北地区的经营,以及吐蕃统治下的由各族组成的、以部落为组织形式的特殊群体"通颊"④等问题。以下按地区分论如下。

---

① 格勒:《论藏族文化的起源形成与周围民族的关系》,中山大学出版社 1988 年版,第 561 页。
　　常霞青:《麝香之路的西藏宗教文化》,浙江人民出版社 1988 年版,第 319 页;张云:《丝路文化·吐蕃卷》,浙江人民出版社 1995 年版,第 374 页。
② 林冠群:《论唐代吐蕃之对外扩张》,《蒙藏专题研究丛书》1991 年 4 月;林冠群:《由地理环境论析唐代吐蕃向外发展与对外关系》;薛宗正:《噶尔家族专国与吐蕃的北部领土扩张——兼论唐蕃间河源、西域争夺》,《西藏研究》1988 年第 4 期,第 17—33 页。
③ 陈庆英主编:《中国藏族部落》,中国藏学出版社 1991 年版,第 651 页。及其中的,杨铭:《唐代西北吐蕃部落述略》,该书第 559—570 页。汤开建:《五代宋金时期甘青藏族部落分布》,《中国藏学》1989 年第 4 期,第 50—68 页。
④ 杨铭:《吐蕃经略西北的历史作用》,《民族研究》1997 年第 1 期,第 80—88 页;杨铭:《通颊考》,《敦煌学辑刊》1987 年第 2 期,第 113—117 页。荣新江:《通颊考》,《文史》中华书局 1990 年第 33 期,第 119—144 页。

一、古代西藏与甘肃、青海、宁夏及蒙古高原

1. 古代西藏与青海地区及各族的关系

吐蕃与青海地区各族的关系可以上溯到远古时期,生活在这里的古代羌人和其他民族往来于青海西藏之间,过着游牧的生活。新石器时代的考古发掘证实了这一事实,西藏地区的昌都卡若文化与黄河上游甘肃、青海地区的仰韶文化、齐家文化等都存在着密切的联系。

吐蕃王朝建立以后,松赞干布和他的后世子孙们就很快通过武力进入今青海地区,吞并了生活在这里的苏毗、白兰、党项、吐谷浑等各族各部,并同唐朝在这里展开了长期的军事争夺,与此同时也发生了密切的经济贸易联系。青海地区的藏族的形成和发展史,以及她与青海各族的交往史就是西藏和青海地区关系史的重要内容之一。在 20世纪,学术界对这些问题都程度不同地做了系统和深入的探索。专门探讨这一方面问题的专著有:系统研究青海藏族历史的《安多藏族史略》①、《青海藏族史》②,专门研究青海民族吐谷浑及其与唐代吐蕃关系的《吐谷浑史》③,全面探讨因吐蕃东进被迫内迁的青海古代民族党项羌内迁活动历史的《唐代党项》④,以及研究青海果洛地区藏族部落问题的《果洛藏族》⑤。此外,系统介绍青海地方历史的著作,如《青海历史纪要》⑥等也都涉及古代青海地区藏族以及藏族和其他兄弟民族关系的历史。

青海藏族是西藏和青海地区之间相互联系的重要中介,在两地的经济文化交流中发挥了十分突出的作用。青海藏族是活动在这一

---

① 黎宗华、李延恺:《安多藏族史略》,青海民族出版社,1992 年版,第 241 页。
② 陈光国:《青海藏族史》,青海民族出版社 1997 年版,第 660 页。
③ 周伟洲:《吐谷浑史》,宁夏人民出版社 1984 年版,第 254 页。
④ 周伟洲:《唐代党项》,三秦出版社 1988 年版,第 163 页。
⑤ 邢海宁:《果洛藏族社会》,中国藏学出版社 1994 年版,第 260 页。
⑥ 青海省志编纂委员会编:《青海历史纪要》,青海人民出版社 1987 年版,第 681 页。

地区的土著民族和部落,与来自西藏的吐蕃军队和部落,以及其他外迁民族共同形成的。关于它的具体内容,便是大家关心的话题之一,特别是对族源问题进行了探索。① 此外,也探讨了吐蕃王朝时期青海地区藏族的社会状况,②白兰部落历史的渊源和周边各族关系问题,③吐谷浑族的来源、迁徙、称谓、地理,以及它同吐蕃的关系问题,④活动在青海、西藏交界等广大地区的苏毗人的历史及其与吐蕃的关系等问题。⑤

唐朝时期,崛起于西藏雅隆河谷的吐蕃部落建立起强大的王朝,并在灭亡吐谷浑国之后,占领青海大部分地区,并在这里与唐朝展开激烈地争夺。对于这一重大历史事实,藏史学界发表了多篇文章进行了讨论,⑥大非川一战唐朝大败而归,其位置、经过和原因,唐蕃反复争夺的石

① 芈一之:《论藏族的来源和形成——兼论青海藏族来源问题》,《青海藏学会论文选辑》(1),1987 年第 11—27 页。陈光国:《青海藏族族源初探》,《民族学研究》第 2 辑,民族出版社 1982 年版,第 37—53 页。李延恺:《从史籍和口碑看看青海藏族的来源及变迁》,《青海民族学院学报》1982 年第 4 期,第 46—55 页。

② 芈一之:《八至十世纪甘青藏族社会状况述论》,《青海民族学院学报》1986 年第 2 期,第 11—20 页。

③ 周伟洲、黄颢:《白兰考》,《青海民族学院学报》1983 年第 2 期,第 4—12 页。聪喆:《白兰国址辨》,《青海社会科学》1982 年第 2 期,第 98—102 页。

④ 李文实:《吐谷浑族与吐谷浑国》,《青海社会科学》1981 年第 1 期,第 88—91 页;周伟洲:《关于吐谷浑的来源、迁徙和名称诸问题》,《西北史地》1983 年第 3 期,第 10—17 页;《吐蕃与吐谷浑关系史述略》,《藏族史论文集》,四川民族出版社 1988 年版,第 301—319 页;李文实:《吐谷浑国地理考略》,《青海社会科学》1981 年第 2 期,第 94—98 页,103 页;周伟州、杨铭:《关于敦煌藏文写本"阿柴纪年"残卷的研究》,《中亚学刊》第 3 期,中华书局 1990 年版,第 95—108 页。胡小鹏:《吐谷浑与唐、吐蕃的关系》,《西北史地》1985 年第 4 期,第 47—55 页。邓文科:《试论吐谷浑与吐蕃的关系》,《西北民族学院学报》1987 年第 1 期,第 14—21 页、31 页。安应民:《略论噶氏家族专权时期唐蕃之间的吐谷浑之争》,《西藏民族学院学报》1991 年第 2 期,第 30—36 页。

⑤ 杨正刚:《苏毗大事记》,《西藏研究》1989 年第 1 期,第 23—32 页。杨正刚:《苏毗初探》(1、续),《中国藏学》1989 年第 3 期,第 35—43 页;第 4 期,第 133—142 页。宗喀·杨正刚布:《苏毗与吐蕃及其它邻近政权的关系》,《西藏研究》1992 年第 3 期,第 49—55 页。

⑥ 林冠群:《唐代前期唐蕃竞逐青海地区之研究》,《西藏研究会讯》第 13 期,1992 年 3 月。陈楠:《公元七世纪中后期唐、蕃对吐谷浑的争夺》,《海峡两岸中国少数民族研究与教学研讨会文集》,1996 年,第 164—174 页。

堡城的位置,①唐蕃古道②等,尤其引起人们的注意。改革开放以来,在青海地区的考古发掘有了新的进展,发现了吐蕃时代的一些墓葬遗址,其中都兰吐蕃墓葬的出土引起学者们的巨大兴趣,它充分体现了吐蕃与外界文化交流的广泛和深入。③

宋朝时期在今青海等地区影响较大的藏族政权是以青海河湟一带为中心的角厮啰政权,它的祖先据说是来自西藏芒域的高昌(桂仓)。角厮啰在当地贵族的拥戴下强盛起来,成为西北部地区很有实力的一支政治势力,和宋朝、西夏及回鹘等发生了密切的联系,在中西交通史上也扮演了举足轻重的角色。20 世纪 80 年代以后,对这一政权的研究取得了巨大的成就,出版了系统研究的专著,④并发表了大量的学术论文,分别探讨它的起源、家族世系、主要部落和首领、它同周邻政权的关系,以及它的宗教文化等问题。⑤

元朝时期,青海的玉树地区是西藏和内地相互联系的驿道的重要关节点,元朝的帝师八思巴就曾经在这里逗留过,对玉树的宗教事业的发

---

① 吴均:《日月山与大非川——佐藤长"西藏历史地理研究"商榷之一》,《青海民族学院学报》1985 年第 1 期,第 13—26 页;黄新亚:《唐蕃石堡城之争辨析》,《青海社会科学》1982 年第 6 期,第 99—105 页;陈小平:《石堡城地理位置考察》,《青海民族学院学报》1987 年第 2 期,第 34—40 页。

② 陈小平:《唐蕃古道》,三秦出版社 1989 年版,第 196 页。青海省地方志编纂委员会编:《青海省志·吐蕃古道志》,黄山书社 1996 年版,第 127 页。

③ 许新国:《都兰吐蕃墓中的镀金银器属粟特系统的推定》,《中国藏学》1994 年第 4 期,第 31—45 页。

④ 祝启源:《角厮啰——宋代藏族政权》,青海人民出版社 1988 年版,第 337 页;刘建丽:《宋代西北吐蕃研究》,甘肃文化出版社 1998 年版,第 438 页。

⑤ 李蔚、汤开建:《论角厮啰政权兴起原因及其历史作用》,《青海民族学院学报》1981 年第 4 期,第 8—20 页。汤开建:《角厮啰家族世系考述》,《青海社会科学》1982 年第 1 期,第 76—81 页。祝启源:《角厮啰政权形成初探》,《西藏研究》1982 年第 2 期,第 68—77 页;祝启源:《角厮啰政权主要部落及其首领述略》,中央民族学院编《藏族研究论文集》,1982 年。唐嘉弘:《一个宋代墓志铭的研究——关于角厮啰的历史》,《青海社会科学》1983 年第 2 期,第 98—106 页。顾吉辰:《角厮啰编年事辑》,《西藏研究》1986 年第 4 期,第 54—68 页。顾吉辰:《北宋吐蕃政权与同邻的关系》,《西藏研究》1991 年第 1 期,第 41—49 页。汤开建:《角厮啰统治时期青唐吐蕃政权的历史考察》,《中国藏学》1992 年第 3 期,第 97—109 页。

展起到推动作用,①这里也出现了一些在历史上具有较大影响的人物,一个是元朝的宰相桑哥,另一个是元朝的国师胆巴,关于他们的事迹和功过,学术界进行了探讨。②

明朝时期,三世达赖喇嘛索南嘉措与土默特蒙古汗王俺达汗在青海湖边仰华寺的历史性会见,对藏传佛教北传蒙古具有十分重大的意义,这一事件也受人们的特别注意,许多学者从不同的角度探讨了这一问题,以及它在佛教北传蒙古中的作用。③

清朝时期西藏与青海地区之间的关系更加密切,其中两个事件引起了人们的研究兴趣,一个是蒙古和硕特在进入西藏之前先期进入青海地区,一个是罗卜藏丹津之乱。和硕特蒙古进入青海地区,改变了这一地区的历史格局,④而发生在这里的和硕特蒙古部罗卜藏丹津叛乱事件,同样对当时青海西藏地方的形势产生了相当大的影响,也直接影响到清朝在西藏的政策。清朝政府在坚决平息叛乱事件之后,开始着手改变西藏地方管理体制的努力。探讨这一事件的经过,以及它对青海和西藏局势影响,成为一个热点。⑤

---

① 周生文、陈庆英:《大元帝师八思巴在玉树的活动》,《西藏研究》1990 年第 1 期,第 36—44 页。

② 陈庆英、周生文:《元代藏族名僧胆巴国师考》,《中国藏学》1990 年第 1 期,第 58—67 页;沈卫荣:《元朝国师胆巴非噶玛巴考》,《元史及北方民族史研究集刊》第 12—13 期,第 69、70—74 页,认为他是萨迦派的弟子。

③ 蒲文成:《第三世达赖喇嘛来青海活动情况述要》,《藏族史论文集》,四川民族出版社 1988 年版,第 376—392 页。芈一之:《达赖、班禅与蒙古汗王的关系——青海历史一桩重大事件》,《青海民族学院学报》1982 年第 2 期,第 15—19 页。陈玮:《试论仰华寺和青海蒙藏关系——兼谈明王朝治青方略的演变》,《西北史地》1994 年第 3 期,第 36—42 页。糖吉思:《仰华思与蒙藏关系》《中国藏学》1994 年第 4 期,第 114—119 页。拉毛措:《三世达赖喇嘛索南嘉措与蒙古的关系》,《中国藏学》1989 年第 3 期,第 75—84 页。

④ 安应民:《浅析和硕特蒙古进据青藏地区的原因》,《兰州大学学报》1985 年第 1 期,第 89—96 页。钟福国:《试论清初和硕特蒙古进入青藏高原及其地位和作用》,《甘肃民族研究》1989 年第 1 期。陈光国、王浩勋:《明清时期青海蒙藏关系和中央王朝对蒙藏的政策》,《中国藏学》1989 年第 1 期,第 89—101 页。

⑤ 李凤珍:《试论罗卜藏丹津之乱与西藏》,《西藏民族学院学报》1983 年第 2 期,第 45—55 页;蒲文成:《对罗卜藏丹津事件中几个问题的质疑》,《青海民族研究》1987 年,第 1—2 期。芈一之:《论罗卜藏丹津事件》,《青海地方民族史研究文选》第 1 辑,1986 年。

此外,还有一些论文系统论述青海地区藏族发展的历史。①

2. 古代西藏与甘肃地区及各族的关系

古代西藏与甘肃河西陇右地区密切联系始于唐朝"安史之乱"以后,当时唐朝大兵东调平叛,河西陇右空虚,吐蕃趁势东进占领原属唐朝管辖的河西陇右地区,直接统治这里达数十年之久,与长期生活在这里的汉族和其他各个民族建立了密切的联系。20 世纪初期敦煌莫高窟藏经洞的发现为研究吐蕃人在河西地区的活动,乃至研究唐代吐蕃史提供了良好的条件。利用敦煌简牍文书来探讨吐蕃进入敦煌地区的相关问题成为学术界十分引人注目的一个热点,特别是在 20 世纪 80 年代以后取得了非凡的成就。探讨的问题集中在吐蕃攻陷沙州及河西其他地区的时间,②吐蕃统治这一地区的历史,③采取包括计口授田、部落组织在内的的各项管理措施与制度,④在吐蕃统治下生活的各个部落和民族的存

---

① 李延恺:《青海藏族古代历史论略》,《青海社会科学》1988 年第 2 期,第 96—103 页。

② 苏莹辉:《论唐时敦煌陷蕃的年代》,《大陆杂志》1961 年第 23 卷第 11 期。苏莹辉:《论敦煌县在河西诸州中陷蕃最晚的原因》,《大陆杂志》1970 年第 41 卷第 9 期。饶宗颐:《论敦煌陷于吐蕃之年代——依顿悟大乘正理决考证》,1971 年《东方文化》第 9 卷第 1 期。陈国灿:《唐朝吐蕃陷落沙州的时间问题》,《敦煌学辑刊》1985 年第 1 期,第 1—7 页。安忠义:《吐蕃攻陷沙州之我见》,《敦煌学辑刊》1992 年第 1—2 期,第 21—24 页。薛宗正:《乞黎苏笼猎赞在位前期吐蕃盛世与唐朝陇右、河西领疆的陷没》,《甘肃民族研究》1992 年第 1 期,第 53—66 页。

③ 刘进宝:《关于吐蕃经营河西地区的若干问题》,《中国边疆史地研究》1994 年第 1 期,第 13—21 页。冯子海、徐丽:《吐蕃统治下的河西走廊》,《西北师范大学学报》1994 年第 5 期,第 103—114 页。马德:《吐蕃统治敦煌的几个问题》,《敦煌研究》1987 年第 1 期,第 58—61 页。史苇湘:《吐蕃王朝管辖沙州前后》,《敦煌研究》1983 年创刊号,第 131—141 页。

④ 杨铭:《吐蕃统治敦煌研究》,台北新文丰出版 1997 年版,第 1—360 页。杨铭:《吐蕃时期敦煌部落设置考——兼及部落的内部组织》,《西北史地》1987 年第 2 期,第 34—40 页。杨铭、何宁生:《曹(Tshar)——吐蕃统治敦煌及西域的一级基层兵制》,《西域研究》1995 年第 4 期,第 49—54 页。杨铭:《吐蕃时期河陇军镇机构设置考》,《中亚学刊》4,北京大学出版社 1995 年版,第 113—121 页。杨铭:《吐蕃在敦煌计口授田的几个问题》,《西北师范大学学报》1993 年第 5 期,第 104—115 页。金滢坤:《吐蕃统治敦煌时期的部落使考》,《民族研究》1999 年第 2 期,第 73—77 页。谢重光:《吐蕃占领期归义军时期的敦煌僧官制度》,《敦煌研究》1994 年第 4 期,第 149—163 页。陈庆英、端智嘉:《一份敦煌吐蕃驿递文书》,《社会科学》(甘肃)1981 年第 3 期,第 78—81 页。

在状况,乃至反抗吐蕃的奴隶起义等。① 公元 861—1015 年活动在凉州的六谷部吐蕃政权也引起人们的兴趣,②他们与宋朝和西夏都发生了密切的联系。甘肃地区的藏族部落分布及其发展历史,也是学者研究的一个方面。③

3. 古代西藏与宁夏地区及党项等各族的关系

西夏的主体民族党项人原来就生活在青藏高原,与藏族先民在血缘上、宗教信仰上和文化上存在十分密切的联系。吐蕃王朝建立以后直接统治了一部分党项人,他们逐渐地融合到藏族之中了。而不甘吐蕃统治的党项则纷纷内迁今甘肃东部、宁夏、陕西北部和内蒙古南部地区,后来在这里建立了强盛一时的西夏王朝。它与西藏地区依然发生着密切的关系。

学术界重点研究了唐宋时期吐蕃与党项在民族渊源上的密切关系,④藏文史书有关党项和西夏历史的状况,⑤在吐蕃压力下党项人的内迁及其与各族的关系,⑥在西夏境内吐蕃人活动地的历史文物⑦,吐蕃与

① 周伟洲:《温末考》,《西北历史资料》1980 年第 2 期,第 1—8 页。周伟洲:《吐蕃对河陇的统治及归义军前期的河西诸族》,《甘肃民族研究》1990 年第 2 期。郑炳林、王尚达《吐蕃统治下的敦煌粟特人》,《中国藏学》1996 年第 4 期,第 43—53 页。杨铭:《吐蕃统治下的河陇少数民族》,《西藏民族学院学报》1987 年第 3 期,第 56—65 页。杨际平:《吐蕃时期沙州经济研究》,《敦煌吐鲁番出土经济文书研究》,厦门大学出版社 1986 年版,第 357—413 页。杨际平:《吐蕃时期敦煌计口授田考》,《社会科学》(甘肃)1983 年第 2 期,第 94—100 页。王献军:《唐代吐蕃统治河陇地区汉族琐谈》,《西藏研究》1989 年第 2 期,第 33—42 页。

② 汤开建:《关于公元 861 年——1015 年凉州地方政权的历史考察》(上、下),《西藏研究》1988 年第 3 期,第 25—34、88 页;第 4 期第 34—41、58 页。杜建录:《潘罗支与河西吐蕃》,《宁夏大学学报》1991 年第 1 期,第 92—98 页。

③ 洲塔:《甘肃藏族部落的社会与历史研究》,甘肃民族出版社 1996 年版,第 564 页。

④ 热贡·多吉卡:《浅析党项的族源问题》,《西藏研究》(藏文版)1987 年第 3 期,第 1—11 页。张云:《党项名义及族源考证》,《中国藏学》1996 年第 1 期,第 58—66 页。

⑤ 黄颢:《藏文史书中的弥药(西夏)》,《青海民族学院学报》1985 年第 4 期,第 56—61 页。杨元芬:《从敦煌藏文翼邦的神话看党项的经济与宗教信仰》,《西南民族学院学报》1985 年第 2 期,第 32—41 页。《简论藏文史籍中关于西夏的记载》,《中国藏学》1996 年第 1 期,第 49—57 页。跋南色:《浅谈西夏与西夏王朝》,《西藏研究》(藏文版)1990 年第 3 期,第 31—43 页。

⑥ 周伟洲:《唐代党项》,三秦出版社 1988 年版,第 1—163 页。周伟洲:《唐末党项拓跋部割据势力的形成和发展》,《西北民族研究》1988 年第 2 期,第 24—32 页。

⑦ 王尧:《西夏黑水桥碑考补》,《中央民族学院学报》1978 年第 1 期,第 51—63 页。

党项的政治、文化、宗教和民族融合关系，①西夏灭亡以后，西夏的王族是否回迁西藏地区，以及双方存在怎么样的关系，也引起学者们的广泛兴趣。②

4. 古代西藏与内蒙古地区及各族的关系

古代西藏与内蒙古地区各族，特别是蒙古族的联系专说开始于成吉思汗时期，据说当时已经有西藏的僧人通过西夏来到蒙古地区宣传藏传佛教。而西藏与蒙古的密切联系则开始于窝阔台时期的阔端和萨班凉州会见。也就是在这个时期西藏正式纳入中国中央政府行政管辖之下，从而进入新的发展时期。作为藏蒙两个民族，以及西藏与蒙古两个地区之间的联系也较前有了明显的加强。

20 世纪世纪初，学术界已经开始对西藏和蒙古关系进行研究，③20世纪 40 年代，一些学者比较研究了藏族民族英雄松赞干布和蒙古族民族英雄成吉思汗，④通过研究蒙古文史书《蒙古源流》来探讨蒙藏关系中的一些问题，⑤引发许多新的思考。

20 世纪后半叶，西藏与蒙古关系史的研究进入一个新的历史时期，70 年代可以说是台湾地区蒙藏关系研究的巨大发展时期，80—90 年代

---

① 黄振华：《略述吐蕃文化对西夏的影响》，《藏族学术讨论会论文集》，西藏人民出版社 1984 年版，第 260—269 页。史金波：《藏族文化和西夏王朝的历史渊源》，《中国西藏》1989 年第 2 期，第 48—49 页。张云：《论吐蕃与党项的民族融合》，《西北民族研究》1988 年第 2 期，第 49—61 页；《论吐蕃文化对西夏的影响》，《中国藏学》1989 年第 2 期，第 114—131 页；《吐蕃与党项的政治关系初探》，《甘肃民族研究》1988 年第 3—4 期，第 11—24 页。陈庆英：《西夏与藏族的历史、文化、宗教关系初探》，《藏学研究论丛》第 5 辑，1993 年第 — 55 页。祝启源：《宋代西北地区吐蕃与西夏关系略述》，《甘肃民族研究》1988 年第 3—4 期，第 1—10 页。
② 邓少琴：《西康木雅乡西吴王考》，民国 34 年(1945)12 月中国学典馆出版。黄颢：《夏尔巴人族源试探》，《西藏民族学院学报》1980 年第 3 期。李范文：《西夏研究论集》，宁夏人民出版社 1983 年版，第 363 页。桑珠：《西夏王族迁入西藏时间献疑》，《甘肃民族研究》1986 年第 4 期，第 62 页转 67 页。卢梅、聂弘音：《藏文史籍中的木雅诸王考》，《民族研究》1996 年第 5 期，第 64—69 页。
③ 如萧飏曾《论蒙古与西藏关系》，《西北杂志》创刊号 1912 年 1 月。
④ 陈寅恪：《彰所知论与蒙古源流》，《金明馆丛稿二编》，上海古籍出版社 1982 年版，第 115—125 页。
⑤ 黄奋生：《蒙古成吉思汗与西藏松赞刚布》，《蒙藏月刊》第 1 卷第 11 期，1941 年 3 月。

大陆地区在这一领域取得了非常突出的成就。前期有扎奇斯钦《蒙古与西藏的历史关系》①,后期有王辅仁、陈庆英《蒙藏民族关系史略》、樊保良《蒙藏关系史研究》②系统论述两地两族关系。

公元 1247 年,蒙古汗王和代表西藏地方政教势力的萨迦派法主萨班在凉州(今甘肃武威)会晤,商讨并确立西藏归附大蒙古国的条件,为两个民族也为西藏历史发展揭开新的一页。对这一事件和相关人物的研究,一直引起大家的兴趣,取得了十分显著的成绩。诸如:对双方在凉州会晤,以及对在沟通蒙藏关系中发挥关键作用的历史人物阔端等的研究,③对大蒙古国对西藏的经略的研究,④对蒙藏关系在西藏和中原地区关系中作用的研究,⑤对双方早期关系的系统论述,⑥西夏在蒙藏关系中扮演的重要角色等问题,⑦都有了新的认识。

元朝时期,西藏与蒙古的性质关系发生巨大变化,主要成为西藏地方和元朝中央政府之间的关系,其中也涉及地区和民族文化交流的内容。除了蔡美彪等编《中国通史》第 7 卷⑧、韩儒林主编《元朝史》⑨等著

① 扎奇斯钦:《蒙古与西藏的历史关系》,正中书局 1978 年版,第 1—页。
② 王辅仁、陈庆英:《蒙藏民族关系史略》,中国社会科学出版社 1985 年版,第 280 页。樊保良:《蒙藏关系史研究》,青海人民出版社 1992 年版,第 273 页。
③ 周清澍:《蒙藏关系的沟通者——库腾汗》,《内蒙古大学学报》1963 年第 1 期,第 103—112 页。陈庆英:《关于阔端与萨班会见的几个问题》,《甘肃民族研究》1985 年第 3—4 期。樊保良、水天长主编:《阔端与萨班凉州会谈》,甘肃人民出版社 1997 年版,第 279 页。
④ 扎奇斯钦:《蒙古帝国时代对土番的经略》,《边政研究所年报》1971 年 7 月第 2 期,第 115—154 页。张哲诚:《十三世纪蒙古人经略西藏之经过》,《中国边政》1988 年 9 月第 103 期。丹林:《多达纳波对蒙藏文化交流和发展的贡献》,《青海社会科学》1997 年第 2 期,第 91—95 页。
⑤ 扎奇斯钦:《蒙古与西藏历史上的相互关系和它对中原的影响》,《国立政治大学边政研究所年报》第 6 期,第 25—56 页,1975 年 7 月。石硕:《蒙古在连接西藏与中原政治关系中的作用》,《西藏研究》1993 年第 4 期,第 87—95 页。
⑥ 张骏逸:《蒙藏早期关系的探讨》,《蒙藏专题研究丛书》1987 年 8 月。戴发旺:《成吉思汗时期蒙藏关系中两件史实探微》,《青海民族研究》1988 年第 1 期。陈庆英、史卫民:《蒙哥汗时期的蒙藏关系》,《蒙古史研究》第 1 期,内蒙古出版社 1985 年版,第 10 页。
⑦ 陈庆英:《蒙藏的早期交往及西夏在蒙藏关系中的地位和作用》,《青海社会科学》1992 年第 6 期,第 83—90,39 页。
⑧ 韩儒林主编:《元朝史》,人民出版社 1986 年版,上册第 459 页,下册第 489 页。
⑨ 蔡美彪等编:《中国通史》第 7 卷,人民出版社 1983 年版,第 674 页。

作涉及这一方面的内容之外,也出现了一些系统研究这些问题的著作,如《仁庆扎西藏学研究文集》、《元明中央与西藏地方的关系》和《元代吐蕃地方行政体制研究》①等文集和专著。以及研究重要历史人物八思巴、桑哥等人物,②研究元朝在西藏设立乌思藏宣慰使、建立十三万户管理体制和军事政治制度,③取得了举世瞩目的成就。元朝在西藏地方采取的一系列措施,诸如建立驿站、进行括户④、西藏地方的帝师制度、白兰王、西平王⑤等问题的研究,也有长足的进展。此外,探讨这一时期蒙藏关系,元世祖忽必烈与佛教的关系,以及藏传佛教对蒙古地区的影响,双方

① 仁庆扎西:《仁庆扎西藏学研究文集》,天津古籍出版社 1989 年版,第 267 页。邓锐龄:《元明西藏中央与西藏地方的关系》,中国藏学出版社 1989 年版,第 93 页。张云:《元代吐蕃地方行政体制研究》,中国社会科学出版社 1998 年版,第 387 页。
② 扎奇斯钦:《忽必烈与八思巴喇嘛》,《史学汇刊》2 期,1969 年 6 月。陈庆英:《八思巴传》,中国藏学出版社 1992 年版,第 197 页。王辅仁、陈庆英:《八思巴传略》,《中国民族史研究》,中国社会科学出版社 1987 年版,第 61—81 页。陈庆英:《元帝师八思巴年谱》,《世界宗教研究》1985 年第 4 期,第 105—123 页。王启龙:《八思巴评传》,民族出版社 1998 年版,第 307 页。张羽新:《八思巴事迹考略》,《中国藏学》1997 年第 2 期,第 101—117 页。仁庆扎西:《元朝中央王朝中的藏族宰相桑哥》,《西藏研究》1984 年第 2 期,第 53—59 页。
③ 陈得芝:《元代乌思藏宣慰使的设置年代》,《元史及北方民族史研究集刊》第 8 集,1984 年,第 1—8 页。沈卫荣:《元朝中央政府对西藏的统治》,《历史研究》1988 年第 3 期,第 136—148 页。杨仁山:《昔日万户府 今地在何方》,《西藏研究》1985 年第 3 期,第 127—128 页。沈卫荣:《元代乌思藏十三万户行政体制研究》(1、2),《西藏研究》1988 年第 1 期,第 54—61 页;第 2 期,第 38—48 页;《元代乌思藏十三万户考》,《历史地理》第 7 辑,第 112—125 页。仁庆扎西:《西平王与吐蕃的关系》,《中央民族学院学报》1988 年第 1 期,第 16—18 页。陈庆英:《元朝在藏族地区设置的军政机构》,《西藏研究》1992 年第 3 期,第 38—48 页等。
④ 洛桑群觉、陈庆英:《元朝在藏族地区设置的驿站》,《西北史地》1984 年第 1 期,第 66—75 页。蔡志纯:《元代吐蕃驿站略述》,《西藏研究》1984 年第 4 期,第 52—56 页。张云:《答失蛮其人及其经略吐蕃考实》,《中国边疆史地研究》1993 年第 4 期,第 94—98 页。陈庆英:《关于元代西藏的户籍清查》,《海峡两岸中国少数民族研究与教学研讨会文集》1996 年,第 175—183 页。黄颢:《元初对西藏人口等的普查及其意义》,《中国民族史研究》,中国社会科学出版社 1987 年版,第 135—148 页。
⑤ 陈庆英:《元代帝师制度及历任帝师》,《青海民族学院学报》1991 年第 1 期,第 40—64 页;第 2 期,第 8—16 页。陈庆英、仁庆扎西:《元朝帝师制度述略》,《西藏民族学院学报》1984 年第 1 期,第 44—62 页。仁庆扎西:《西平王府今地考》,《青海社会科学》1986 年第 6 期,第 105—108 页。陈庆英:《元朝在西藏所封的白兰王》,《西藏研究》1983 年第 4 期,第 29—33 页。

的文化交流等问题。①

明朝时期三世达赖喇嘛和俺达汗的历史性会晤是蒙藏关系的一个重要内容,它对藏传佛教北传蒙古,以及密切两个地区和民族之间的关系都产生了积极的影响,也引起学者的特别关注。② 明末清初蒙古和硕特部进入并统治西藏地区,则这一时期蒙藏关系的另一个重要内容,不少论文探讨了和硕特部在西藏的统治问题。③ 蒙古部在西藏的统治结束后,藏传佛教在蒙古地区兴起的缘故,蒙古地区王公百姓到西藏朝佛成为双方关系的新的形式,这就是所谓的进藏"熬茶"问题。④ 四世达赖喇嘛的认定、五世达赖喇嘛朝清、六世达赖喇嘛真假问题的争论、准噶尔部蒙古扰乱西藏地方等都与蒙古诸部存在密切的关系,⑤双方的文化交流也不断地趋向密切。⑥

二、古代西藏与中亚、西亚

1. 古代西藏与新疆地区及各族的关系

作为藏族先民重要来源之一的古代西羌人,很早就往来于西藏和新

① 舒顺林:《元代蒙藏关系论》,《内蒙古社会科学》1991 年第 3 期,第 36—40 页。陈杭升:《元世祖与吐蕃佛教之关系》,《中国边政》46 期,第 10—13 页,1974 年 6 月。扎奇斯钦:《蒙古可汗们何以信仰了吐蕃的佛教》,《史料汇刊》1 期,1969 年 3 月。刘光义:《吐蕃佛教与元世祖》,《大陆杂志》27 卷 5 期,1963 年 9 月。

② 陈杭升:《俺答汗奉佛后对蒙古的影响》,《中国边政》45 期,第 6—10 页,1974 年 3 月。王美霞:《三辈达赖喇嘛与俺达汗法主关系建立之研究》,台湾西藏研究委员会编《西藏研究论文集》,台湾文良,1988 年。

③ 罗丽达:《明末清初的蒙藏关系和顾实汗入藏事件》,《清史研究集》,1986 年第 5 辑。乌云毕力格:《略论和硕特汗廷对西藏的统治》,《西北史地》1988 年第 3 期,第 115—123 页。赵学东:《蒙古和硕特部统治西藏述论》,《西北民族学院学报》1988 年第 4 期,第 44—51 页。

④ 蔡家艺:《清代中晚期进藏熬茶概述》,《民族研究》1986 年第 6 期,第 40—47 页,61 页。蔡家艺:《蒙古进藏熬茶浅议》,《西北史地》1988 年第 1 期,第 99—106 页。

⑤ 樊保良:《略论四世达赖喇嘛与蒙藏关系》,《中国藏学》1993 年第 4 期,第 82—88 页。蔡志纯:《论蒙藏封建主围绕真假六世达赖喇嘛展开的争权斗争》,《内蒙古社会科学》1984 年第 3 期,第 86—93 页。李凤珍:《试论清初西藏桑结嘉措执政时的蒙藏关系》,中国社会科学院民族研究所 1981 年 4 月印。

⑥ 贾晞儒:《藏族文化与蒙古文化的关系》,《西藏研究》1992 年第 1 期,第 133—137 页。嘎尔迪、闵文义:《十八世纪蒙藏文化关系的确立及其重要意义》,《兰州大学学报》1998 年第 1 期,第 104—111 页。

疆之间，与居住在新疆地区的古代居民过从甚密。吐蕃王朝建立以后，两地的联系开始新的发展时期。这种密切的联系，也与公元 7 世纪初期吐蕃王朝的军事扩张有关，到中期吐蕃的军事势力已经进入到西域地区，并与唐朝展开了长期激烈的拉锯式争夺战。公元 8 世纪末期，吐蕃占领今新疆南部广大地区，直接统治这里达数十年之久，到 9 世纪中期吐蕃王朝瓦解后退出西域地区。

　　20 世纪 40 年代翦伯赞发表的《史前羌族与塔里木盆地诸种族的关系》①一文，算是比较早研究古代羌人与西域地区关系的论著。直接而深入地探讨吐蕃与西域地区的关系，则开始于 20 世纪 80 年代以后。学术界翻译利用藏文文献中有关西域地区宗教文化和民族状况的记载，为西藏和新疆关系史的研究注入新的活力。通过这些资料，人们了解到当时吐蕃时期于阗地区的佛教流行及其与西藏的关系，②了解到吐蕃人对西域等地各个民族及其分布的认识，③研究了唐朝和吐蕃在西域的争夺，④

---

① 翦伯赞：《史前羌族与塔里木盆地诸种族的关系》，《中苏文化》15 卷 2 期，1944 年 2 月。

② 王尧、陈践：《于阗教法史——敦煌藏文写卷 P. T. 960 译解》，《西北史地》1982 年第 3 期，第 18—25 页。巴桑旺堆：《藏文文献中的若干古于阗史料》，《敦煌学辑刊》1986 年第 1 期，第 69—73 页。林梅村：《藏文古籍所述于阗王谱系迄始年代》，《新疆社会科学》1985 年第 5 期，第 83—90 页。

③ 王尧、陈践：《敦煌古藏文本"北方若干国君之王统叙记"》，《敦煌学辑刊》1982 年第 2 期，第 16—22 页。王尧：《P. T. 1188 登里回鹘可汗告牒译释》，《西藏民族学院学报》1987 年第 2 期，第 33—36 页。

④ 郭峰：《唐代前期唐、蕃在西域的争夺与唐安西四镇的弃置》，《敦煌学辑刊》1985 年第 1 期，第 130—142 页。马国荣：《唐代吐蕃在新疆的活动及其影响》，《新疆社会科学》1985 年第 5 期，第 91—98 页。杨建新：《唐代吐蕃在新疆地区的扩张》，《西北史地》1987 年第 1 期，第 13—21 页。王小甫：《盛唐与吐蕃在西域的较量（720—755 年）》，《新疆大学学报》1992 年第 4 期，第 70—77 页。

双方的往来交通和密切的政治、经济和文化关系,①吐蕃在占领西域地区后,相关的历史人物,②重要的历史地理问题,③以及对这一地区所采取的统治措施与制度等。④ 这些研究成果的取得,都是与敦煌发现的古代藏文历史文献资料的发掘、翻译和利用密切相关的,尤其不能离开《吐蕃简牍综录》和《敦煌本吐蕃历史文书》⑤这两部著作。

吐蕃与回鹘的关系,是古代西藏和新疆关系的重要内容,学术界也有不少论著专门探讨他们双方的相互联系,⑥乃至吐蕃、回鹘和其他民族与政权的多方关系。⑦

清朝时期,活动在今新疆境内的蒙古准噶尔部南下进入西藏扰乱地方,并被清朝中央政府平息,这一事件在这一时期两地的关系史上具有

---

① 王小甫:《西藏——新疆间最早的交通路线》,《北京大学校报·理论副刊》,1989 年 3 月 12 日。殷晴:《古代于阗与吐蕃的交通及其友邻关系》,《民族研究》1994 年第 5 期,第 67—72、9 页等。杨铭:《唐代吐蕃——勃律道考》,西北大学西北历史研究室编《西北历史研究》1987 年号,三秦出版社 1989 年版,第 95—107 页。杨明:《敦煌本吐蕃历史文书“大事纪年”中所记突厥与吐蕃关系考实》,《西北历史资料》1984 年第 2 期。张云:《吐蕃与西域诸族的关系》,《新疆社会科学》1990 年第 5 期,第 101—109 页;《唐代吐蕃与西域的文化交流》,《甘肃民族研究》1991 年第 4 期,第 48—53 页。索朗顿珠:《试析古代藏族与属突厥族的北方民族之间的关系》,《西藏研究》藏文版,1994 年第 4 期。

② 杨铭:《“东叶护可汗”考》,《甘肃民族研究》1986 年第 3 期,第 70—74 页。

③ 杨铭:《吐蕃简牍中所见的西域地名》,《新疆社会科学》1989 年第 1 期,第 87—94 页。高永久:《萨毗考》,《西北史地》1993 年第 3 期,第 46—52 页。

④ 张云:《吐蕃在西域的部落及其组织制度》,《甘肃民族研究》1992 年第 2—3 期,第 76—83、31 页;《吐蕃统治西域的各项制度》,《新疆大学学报》1992 年第 4 期,第 78—85 页;《新疆出土简牍所见吐蕃职官考略》,《西域研究》1992 年第 4 期,第 63—72 页。杨铭:《吐蕃统治于阗的若干问题》,《敦煌学研究》1986 年第 5 期,第 39—45 页;《吐蕃统治鄯善的若干问题》,《新疆历史研究》1986 年第 2 期,第 20—30 页。高永久、王国华:《吐蕃统治下的于阗》,《西北民族研究》1991 年第 2 期,第 60—66 页。王欣:《吐蕃驿站制度在西域的实施》,《新疆社会科学》1989 年第 5 期,第 119—123 页。

⑤ 王尧、陈践:《吐蕃简牍综录》,文物出版社 1986 年版,第 463 页。王尧、陈践译注:《敦煌本吐蕃历史文书》,民族出版社 1980 年版,1992 年(增订本)版,第 212 页。

⑥ 尹伟先:《840 年之后回鹘与吐蕃的关系》,《西藏民族学院学报》1992 年第 2 期,第 50—57 页转 65 页。石羊、明星:《回鹘与吐蕃的文化联系述论》,《西北民族学院学报》1994 年第 3 期,第 90—95、118 页。尹伟先:《畏吾尔族与藏族历史关系研究》,甘肃文化出版社 1999 年版。

⑦ 林冠群:《李唐、回纥、吐蕃三边关系之探讨》,台湾政治大学边政研究所硕士论文,1982 年。樊保良:《回鹘与吐蕃及西夏在丝路上的关系》,《民族研究》1987 年第 4 期,第 63—69 页等。

突出的位置,受到学者的注意,①黄教在双方的关系中扮演着重要的角色,新疆的西蒙古部落同样定期去西藏进香"熬茶",西藏和新疆之间的经济贸易问题也引起人们的关注。②

2. 古代西藏与波斯、大食的关系

根据藏文史书的记载,早在传说的止贡赞普时期,吐蕃即与"大食"发生了联系,它对西藏的原始宗教苯教的发展产生了积极的影响。唐朝时期,西藏与在中亚和西亚强盛一时的波斯帝国和阿拉伯帝国之间进行了更加密切的接触,对这一问题的研究也在 20 世纪后半有了新的发展,出现了探讨吐蕃与唐朝、大食三者在中亚地区错综复杂的战和关系的专著③以及相关的论述,④对波斯和阿拉伯文献中有关西藏的记载予以分拣,⑤进而也研究了双方之间的交通路线问题⑥往来贸易关系,⑦对传说时期的吐蕃和波斯帝国之间的宗教和文化往来关系,学术界也开始予以关注,并取得了初步的成果。⑧

三、古代西藏与南亚

南亚是我国西藏地区的近邻,历史上就存在密切往来,特别是在佛教方面,交往尤其频繁而深入。学术界对唐代吐蕃与南亚各国的关系既有系统的论述,⑨也有分别的专论,兹就相关问题简要介绍如下。

---

① 赵天:《策妄阿拉不坦侵扰西藏的原因》,《西域研究》1996 年第 2 期,第 42—45 页。
② 马林:《乾隆初年准噶尔部首次入藏熬茶始末》,《西藏研究》1988 年第 1 期,第 62—69 页。
③ 王小甫:《唐、吐蕃、大食政治关系史》,北京大学出版社 1992 年版,第 1—357 页。
④ 杨明:《唐代吐蕃与大食关系述略》,《历史知识》1986 年第 4 期。
⑤ 杨铭:《8—16 世纪阿拉伯波斯文献中的西藏》,《西北民族研究》1996 年第 2 期,第 73—87 页。
⑥ 霍巍:《从考古材料看吐蕃与中亚、西亚的古代交通——兼论西藏西部在佛教传入吐蕃过程中的历史地位》,《中国藏学》1995 年第 4 期,第 48—63 页。
⑦ 王一丹:《波斯、和田与中国的麝香》,《北京大学学报》1993 年第 2 期;尹伟先:《青藏高原的麝香与麝香贸易》,《西藏研究》1995 年第 1 期。尹伟先:《清代维吾尔族与藏族之间的商业贸易关系》,《中国藏学》1997 年第 2 期,第 65—83 页。
⑧ 索朗顿珠:《古波斯国与古代西藏关系考》,《西藏研究》藏文版 1992 年第 3 期;张云:《本教古史传说与波斯祆教的影响》,《中国藏学》1998 年第 4 期,第 70—80 页;张云:《祆、gshen 与 sanavee 考释》,王尧主编《贤者喜宴》第 1 集,北京出版社 1999 年版,第 151—161 页等。
⑨ 杨铭:《吐蕃与南亚各国关系史述略》,《西北民族研究》1990 年第 1 期,第 79—101 页。

1. 古代西藏与尼泊尔的关系

尼泊尔与西藏地区的联系比较早,也比较密切,学术界有关西藏与尼泊尔关系的研究有两个重点,一个是唐朝时期双方联姻,以及当时双方的交通和文化往来关系,一个是清代廓尔喀入侵西藏并被逐出事件。松赞干布和尼泊尔赤尊公主结亲提升了文化交流的深度与广度,在吐蕃和尼泊尔之间形成了一条经过吉隆县宗喀地方,发挥过巨大作用的交通道路,①通过这条道路,吐蕃和尼泊尔开展了积极而富有成效的文化交流。②

关于清朝时期廓尔喀入侵西藏并被驱除出境的事件,学术界发表了大批论文予以探讨,③同时也注意到西藏使用尼泊尔银币,以及清朝时期双方的经济往来关系问题,④此外也涉及西藏和尼泊尔的边界问题。⑤

2. 古代西藏与印度的关系

西藏与印度的关系也主要表现在两个时期,一个是吐蕃王朝时期前后印度和文化对西藏的影响;一个是公元 1840 以后英国殖民者以印度等地为基地对中国西藏地区所进行的各种侵略活动。

在古代西藏佛教历史文献中比较流行的一种观点认为,西藏的人种后者王族来自印度王族。这种说法具有很大的影响,学术界对此给予了

---

① 霍巍:《"大唐天竺使出铭"及相关问题研究》,日《东方学报》第 66 册,1994 年。孙修身:《唐初中尼交通四题》,《中国藏学》2000 年第 4 期,第 64—74 页等。

② 黄盛璋:《关于古代中国与尼泊尔的文化交流》,《历史研究》1962 年第 1 期,第 92—108 页。霍巍:《吉隆文物古迹与蕃尼道上古代中尼文化交流的若干问题》,《西藏研究》2000 年第 1 期,第 65—77 页。

③ 韩茹:《略论福康安征剿廓尔喀》,《历史档案》1994 年第 3 期,第 97—102 页。戴逸:《一场未经交锋的战争——乾隆朝第一次廓尔喀之役》,《清史研究》1994 年第 3 期,第 1—10 页。庄吉发:《廓尔喀的崛起及其入侵西藏的原因》,《中国历史学会史学集刊》13,1981 年 5 月。庄吉发:《清高宗降服廓尔喀始末》,《大陆杂志》43 卷 2 期,1971 年 8 月。张骏逸:《乾隆末年廓尔喀与西藏军事冲突之始末及其影响》,台湾政治大学边政研究所 66 年(1977 年)7 月。多嘎次仁:《评析尼藏战争的起因与其过程》,《西藏研究》藏文版,1991 年第 4 期,第 47—84 页。

④ 朱祖明:《清代西藏与尼泊尔通商概况》,《经济汇报》11 卷 4 期,1945 年。肖怀远:《西藏地方货币制度史》,西藏人民出版社 1984 年版;王海燕:《清代在西藏流通的剪碎的尼泊尔银币》,《文物》1985 年第 11 期,第 92—95 页。

⑤ 陈乃文、张国英:《唐廓界碑》,《藏族史论文集》,四川民族出版社 1988 年版,第 441—446 页。房建昌:《中尼边界初探》,《中国边疆史地研究报告》1992 年,第 1—2 合期。

认真的清算,探讨这一问题的原委。①

　　关于吐蕃王朝时期印度与西藏文化交流问题的论文有,②双方的交通道路也引起大家广泛的兴趣,③这与王玄策出使印度以及汉文史书中的诸多记载有关,学者们对王玄策这个历史人物也倾注了极大的热情。④

　　英国统治印度时期对中国西藏地方侵略的问题是西藏与印度关系的另一个热点话题。包括 1840—1841 年森巴侵略西藏阿里地区的战争,⑤和英国在 1888 年和 1904 年先后两次入侵西藏的战争,⑥中国与英印所进行的边界问题交涉和边界划分,⑦英国对西藏所采取的措施,⑧出

---

① 格勒:《关于藏族源于印度说的质疑》,《藏族史论文集》,四川民族出版社 1988 年版,第 320—330 页。苏鲁格:《"印、藏、汉同源说"之我见》,《内蒙古社会科学》1987 年第 6 期,第 63—67 页。

② 星全成:《关于印藏文化交流的几个问题》,《青海民族学院学报》1988 年第 1 期,第 48—55 页。

③ 黄中崖:《中印交通史的考察》,《文化杂志》4 期,1942 年 6 月。范祥雍:《唐代中印交通吐蕃一道考》,《中华文史论丛》中华书局 1982 年第 4 期,第 195—227 页。冯汉镛:《唐代西蜀经吐蕃通天竺路线考》,《西藏研究》1985 年第 4 期,第 77—82 页。

④ 陆庆夫:《论王玄策对中印交通的贡献》,《敦煌学辑刊》1984 年第 1 期,第 100—109 页。孙修身:《王玄策事迹钩沉》,新疆人民出版社 1998 年版,第 1—281 页。

⑤ 陈家琎主编:《西藏森巴战争》,中国藏学出版社 2000 年版,第 1—231 页。陆水林:《1840 年—1841 年西藏与森巴在阿里地区之战原委》,《中国边疆史地研究》1993 年第 4 期,第 54—63 页。苏发祥:《论森巴战争在中国近代史上的地位》,《西藏研究》1990 年第 4 期,第 45—50 页。

⑥ 吴丰培:《文硕筹藏政策及处理隆吐设卡之始末》,《中央亚西亚》1 卷 2 期,1942 年 10 月。黄鸿钊:《1904 年英国侵略西藏战争》,《中国藏学》1993 年第 1 期,第 136—145 页。黄鸿钊:《英国侵藏战争和 1890 年"中英会议藏印条约"述略》,《中国藏学》1991 年第 3 期,第 123—133 页。罗荣汇:《1904 年荣赫鹏进军拉萨始末》,《大陆杂志》29 卷 7、8、9 期,1964 年 10、11 月。

⑦ 冯明珠:《析论清季中英西藏交涉中的"主权"问题——兼述十九世纪中叶以来西藏境域及藏印边情》,台湾西藏研究委员会编《西藏研究论文集》第 2 辑,台湾永望文化事业有限公司,1989 年。吴蔼:《清末藏印边界纠纷》,《畅流》26 卷 11 期。周伟洲《19 世纪前后西藏与拉达克的关系及划界问题》,《中国藏学》1991 年第 1 期,第 54—69 页。黄盛璋、王士鹤:《清代西藏阿里地区中印边界的历史研究》,中国科学院地理研究所编《边界历史地理研究论丛》,1980 年,第 27—29 页。

⑧ 吕秋文:《清季末叶英国对藏政策之研究》,台湾西藏研究委员会编《西藏研究论文集》第 2 辑,台湾永望文化事业有限公司,1989 年。

现了系统研究相关问题的专著。①

3. 古代西藏与不丹、锡金和克什米尔地区的关系

不丹、锡金和克什米尔地区也都比邻西藏,均与西藏存在密切的交往关系。学者们探讨了 1641—1793 年中国和西藏的关系和双方的边界问题;②探讨了清朝时期中国西西藏地方和不丹之间的边界问题。③

① 周伟洲:《英俄侵略我国西藏史略》,陕西人民出版社 1984 年版,第 269 页。杨公素:《中国反对外国侵略西藏地方斗争史》,中国藏学出版社 1992 年版,第 334 页。吕昭义:《英属印度与中国西南边疆(1774—1911 年)》,中国社会科学出版社 1996 年版,第 355 页。[印]卡·古普塔著,王宏纬、王至亭译:《中印边界秘史》,中国藏学出版社 1990 年版。
② 王文静:《1641—1793 年中国西藏与锡金(哲孟雄)的关系》,《中国藏学》1989 年第 3 期,第 118—128 页。黄盛璋:《清代中锡边界历史研究》,中国科学院地理研究所编《边界历史地理研究论丛》,1980 年。房建昌:《中锡边界研究》,《中国边疆史地研究报告》1992 年第 1—2 合期。
③ 黄盛璋:《清代中不边界历史研究》,中国科学院地理研究所编《边界历史地理研究论丛》,1980 年。

附录三　1996—1997年藏族历史研究概况

　　藏族史研究在1996年—1997年间有了一个长足的进步:汉藏文档案的整理工作不断深入,藏文史书的汉译日趋完善,学术著作纷纷面世,专题论文数量可观,西藏史研究的迅猛发展之势,依然有增无减。

　　由中国第一历史档案馆和中国藏学研究中心合编的《六世班禅朝觐档案选编》(中国藏学出版社,1996年)一书,以时间先后为序,选录中国第一历史档案馆藏清代汉、满、藏等文学档案文书,向人们展示了乾隆四十三年(1778年)十二月初议班禅朝觐一事,到四十六年(1781年)九月班禅灵榇西归期间的情况,是研究六世班禅在内地活动,及其与清朝廷关系的重要资料。甘肃省档案馆与中国藏学研究中心合编的《甘肃省所存西藏和藏事档案史料目录(1412年—1949年)》(中国藏学出版社,1996年)一书,则为有志于研究甘肃地方藏族史者利用汉文档案,提供了方便的门径。

　　藏文史书和学术著作的汉译工作成绩喜人。皇皇巨著《五世达赖喇嘛传》(藏文本,西藏人民出版社,1989年—1991年)史料丰赡,是研究明清之际西藏地方宗教史、政治史和民族关系史等方面的重要史料,由于陈庆英、马连龙、马林三位的辛勤工作,读者可以借助汉译本(中国藏学出版社,1997年)来使用这部史籍。由恰白·次旦平措、诺章·吴坚和平措次仁三位藏族学者编著的《西藏简明通史——松石宝串》(藏文本,西藏藏文古籍出版社,1989 年—1991 年),征引藏文史料宏富、立论平实、研究深入、论点鲜明,是藏族史研究领域一项十分醒目的成就。尽管该书在体例、章节安排、吸收国内外研究成果,以及对史料的处理方面还有待加强,却仍是目前所见部头最大、内容也最丰富的一部西藏通史。该书由陈庆英、格桑益西、何宗英、许德存译为汉文(西藏古籍出版社,1996 年)。中国社会科学院民族研究所与西藏自治区档案馆合编的《西藏社会历史藏文档案译文集》(中国藏学出版社,1997 年)汇集了自元代至清代各种旨书、奏折、令文之汉译文 149 件,对于藏史研究具有重要的参考价值。另外两部值得提到的藏译汉著作是:西藏自治区《西藏政治史》评注小组编写的《夏格巴的〈西藏政治史〉与西藏历史的本来面目》(民族出版社,1996 年);格桑曲批译《更敦群培文集精要》(中国藏学出版社,1996 年),前者补足了被夏格巴在《西藏政治史》中阉割的一部分史料,后者则大致展现了根敦群培这位视野开阔的藏族学人,对西藏古代文史的一些全新的认识。

学术著作的纷纷面世,是 1996、1997 年藏史研究中最为壮丽的风景。旅居意大利的藏族学者南喀诺布的《古代象雄与吐蕃史》(藏文,中国藏学出版社,1996 年),是研究象雄和吐蕃古代史的一部力作。本书分三部分,分别探讨古代象雄早期的历史、古代象雄中期的历史和后期象雄与吐蕃合一后的历史,研究象雄古代史不能不参考。《毛尔盖·桑木旦文集》(藏文,青海民族出版社,1997 年),包含作者对藏族古代历史的诸多探索。在汉文著作方面,薛宗正的《吐蕃王国的兴衰》(民族出版社,1997 年),主要利用汉文资料和藏文《敦煌本吐蕃历史文书》,勾勒出吐蕃政治史的基本轮廓,在唐蕃关系史的论述方面较为清晰而充实,而对吐蕃王朝的内部政治结构及其与周边(除唐以外)政权的关系之论述,显得有些单薄。专题史的研究也有可道者,多杰才旦主编的《西藏封建农奴制社会形态》(中国藏学出版社,1996 年)一书,是第一部全面系统论述西藏封建农奴制社会形态的专著,将田野调查资料和藏汉文文献资料结合起来研究问题,是本书的一大特色。吕昭义的《英属印度与中国西南边疆(1774—1911 年)》(中国社会科学出版社,1996 年)一书,是研究英国侵藏史的一部学术专著,它将英国侵藏与侵略云南结合起来考察,视野较前人更广阔,但是对藏文资料的利用稍嫌不足,对英印在西藏边地活动的影响的展示就不够充分。州塔的《甘肃藏族部落的社会与历史研究》(甘肃民族出版社,1996 年)一书,是全面论述甘肃地区藏族部落状况的专著,是地方史研究中的一项新成果,资料较为丰富,论辨还可稍作加强。杨铭著《吐蕃统治敦煌研究》(台湾新文丰出版公司,1997 年)是作者研究吐蕃统治敦煌历史问题的成果结集,共分三编:上编,吐蕃对河陇、西域的统治;中编,敦煌、西域古藏文文书研究;下编,敦煌、西域古藏文文书所见名号考。

尹伟先《关于突厥—维吾尔文献中的"吐蕃"名称问题》在否定其他各说的同时,进一步肯定前人提出的"吐蕃"源自古突厥碑文 Tüpüt 的说法。相信有关这方面的探讨还将持续下去。

作为早期吐蕃形成史的重要组成部分,象雄的历史和文化一直受到人们的重视。黄布凡《象雄历史地理考略——兼述象雄文明对吐蕃文化的影响》(《西北史地》1996 年第 1 期)申明,古象雄的地理位置大致是在今阿里地区和藏北羌塘高原,向西还可能包括拉达克这一范围。霍巍《论古代象雄与象雄文明》(《西藏研究》1997 年第 3 期),对象雄的大体年代、地理范围和内容作了论述。

汤惠生《青藏高原的岩画与本教》(《中国藏学》1996 年第 2 期),探讨了青藏高原岩画中的本教内涵。许新国《青海都兰吐蕃墓出土太阳神图案织锦考》(《中国藏学》1997 年第 3 期),对其文化内容及其外来影响作了探索。石项《从有关止贡赞普父子的记载看藏文史料的两个传承系统》(《中国藏学》1997 年第 1 期),论析了藏文史书文献有关止贡赞普王子事迹记载中的歧异问题。张云《吐蕃的起源及其与中原的文化联系》(《甘肃民族研究》1996 年第 3、4 合刊),从汉文史书中的吐蕃人及藏史传说中的吐蕃人与汉人问题入手,进一步确认在赞普王族来源问题上本土说(即工布与波密一带说)的可能性,以及吐蕃在人种、民族和文化上与中原地区联系的悠久性与密切性。

唐代吐蕃史的研究一如既往地受到学者们的重视,西藏日喀则地区吉隆县发现的"大唐天竺使出铭"又为之升温,有两篇文章探讨这一问题。巴桑旺堆《宗嘎唐代汉文摩崖碑铭补考——兼述唐蕃古道》(《西藏研究》1996 年第 3 期),对碑文略作阐述并用以说明唐蕃古道,尤其是唐代吐蕃入尼泊尔道经过吉隆(宗嘎)的史实。霍巍《从新出唐代碑铭论"羊同"与"女国"之地望》(《民族研究》1996 年第 1 期),据此碑文认为小羊同位于西藏中部偏西处,西与芒域·贡塘相邻,北为大羊同。

苏晋仁《唐蕃使节交聘表并考证》(陈梧桐主编《民大史学》〈1〉,中央民族大学出版社,1996 年),对唐蕃使者及史事作了考证。陈楠《公元七世纪中后期唐蕃双方关于吐谷浑的争夺》(《民大史学》〈1〉),对唐蕃关系及双方的大非川、青海和素罗汗山之战作了论述。她的《吐蕃大相尚结赞考述——兼论吐蕃宰相制度变化的几个阶段》(《中国藏学》1997 年第 3 期),对尚结赞的出身,在唐蕃交往中的作用及其专擅吐蕃朝政状况予以讨论,并将吐蕃宰相制度划分为三个发展阶段。杨铭的《吐蕃"十将"(Tshan bcu)制补证》(《中国藏学》1996 年第 2 期)一文,认为吐蕃本土与域外的"十将"(Tshan bcu)制虽属一级地方行政机构,但在数量多少、辖境大小、职官名称、与千户关系等方面有所不同,前者较单一,后者较复杂。同一作者还撰有《吐蕃经略西北的历史作用》(《民族研究》1997 年第 1 期),认为吐蕃经略西北,维系了唐朝退却后西北地区的地域完整性,客观上起到抵御大食东进的作用,密切了同西北各族的关系。郑炳林、王尚达《吐蕃统治下的敦煌粟特人》(《中国藏学》1996 年第 4 期),对敦煌粟特人在吐蕃治下的活动情况,以及与归义军张氏政权的关系作了论述。

元代吐蕃史的研究,是近年来藏族史研究成绩最为卓著的领域之一。王尧《元廷所传西藏秘法考叙》(南京大学元史研究室编《内陆亚洲历史文化研究》,南京大学出版社,1996 年),让人们能够增扩有关元廷藏僧所传秘法的知识和它的法理依据。陈庆英的《元代朵思麻宣慰司的设置年代和名称》(《中国藏学》1997 年第 3 期),认为至元六年(1269 年)是元朝开始在藏族地区设置宣慰使司都元帅府的年代,也是朵思麻宣慰司的设置年代,并说明了朵思麻宣慰司名称的变化。张羽新《有关八思巴事迹考略》(《中国藏学》1997 年第 2 期),对元世祖初封八思巴为帝师的起因、帝师制度的渊源,八思巴封号、谥号和印章之区别提出己见。张云的《论元代在西藏地方建政立制的基础》(《中国边疆史地研究》1996 年第 1 期)、《元代十三万户新探》(《藏族历史宗教研究》第 1 辑,中国藏学出版社,1996 年)、《元代吐蕃等处宣慰司史地考证》(《西北民族研究》1997 年第 2 期)、《萨迦本钦与乌思藏宣慰使关系问题再探讨》(《中国边疆史地研究》1997 年第 1 期),分别在前人研究的基础上,对元代在西藏地方建政立制的基础,元代十三万户的设立年代、构成等问题,吐蕃等处宣慰司的名义及下辖机构,以及萨迦本钦与乌思藏宣慰使的关系作了新的探讨。王启龙《〈彰所知论〉研究之一——藏汉文版本及相关问题》(《中国藏学》1997 年第 1 期)、《〈彰所知论〉史料来源述略》(《西藏民族学院学报》1997 年第 3 期)、《元朝帝师八思巴家世考述》(《中央民族大学学报》1997 年第 6 期)、《沙罗巴译师考述》(《西藏研究》1997 年第 3 期),分别对《彰所知论》的两种版本、史料来源进行较为细致的论述,对该文作者八思巴的家世以及沙罗巴译师的事迹予以考述,使相关问题更加明晰。

　　明代藏族史的研究相对薄弱,却也有值得注意的成果。王尧《明初与藏事有关的诏文及河西碑刻考议》(《炎黄春秋》增刊《炎黄文化研究》〈3〉1996 年),利用河西藏汉文碑刻资料论证厂明朝对藏区管理的客观史实。恰白·次旦平措《明朝对西藏高僧的封授》(《中国西藏》1996 年第 3 期),通过明朝对历辈噶玛巴活佛、萨迦派高僧和格鲁派喇嘛所赐诏书、封号,论述了明朝对藏区的管理。沈卫荣《一世达赖喇嘛传》(王尧主编《佛教与中国传统文化》,宗教文化出版社,1997 年),是一篇研究一世达赖喇嘛根敦珠巴班桑波(1391—1474 年)生平事迹的长文,值得一读。他的《扎什伦布寺建寺施主考》(南京大学元史研究室编《内陆亚洲历史文化研究》,南京大学出版社,1996 年),考证出扎什伦布寺的施主是达吉巴内官锁南班藏哇。陈楠《大智法王考》（《中国藏学》1996年第4期），考证明代宗景泰三年（1452年）所封之"大智法王"即岷州高僧班丹扎释，并对其五次奉旨西使和居京业绩予以探讨。王继光《明代安多藏区部族志》（《西藏民族研究》1997年第1、2期），辑录明代有关安多地区藏族部落资料，有益于研究工作。

清代藏族史的专题研究较前有所增多。柳陞祺、邓锐龄《清初第五辈达赖喇嘛进京及受封经过》（《藏族历史宗教研究》〈第1辑〉，中国藏学出版社，1996年），通过对五世达赖喇嘛进京及受封经过的论述，说明有些论者想把五世达赖喇嘛说成是一个独立国的国君，既不符合史实，也无助于增添一位宗教领袖的光彩。事实上，清朝的封文一僧一俗，各有所司，各得其所。石硕《清朝前期治藏特点及相关问题》（《西藏研究》1996年第1期），对清朝前期治藏方面所采取的蒙藏兼治、间接治理到直接治理、政教分离到政教合一等作了论述。张云《钦定藏内善后章程二十九条的形成与版本问题》（《民族研究》1997年第5期），通过钦定二十九条章程的藏文本与汉文奏折的逐条勘比，确定其具体来源与真实性，并断言，不存在汉文本形式的"钦定二十九条"。苏发祥《论清朝治理西藏的经济政策》（《西藏研究》1997年第4期），对清朝治藏的经济政策、制度作了论述。国庆《清代藏区驿传制度蠡测》（《西藏研究》1996年第1期），探讨了清代藏区驿站网络、制度、运作及其影响。李凤珍《试论清代西藏递丹书克（brtan-bzhugs）制》（《西藏民族学院学报》1997年第1期）注意到清朝时期达赖喇嘛向皇帝递呈藏文请安奏书的问题，并说明其政治意义。王炎《梅玉林事件发生地考实》（《中国藏学》1996年第1期），认定1881年劫杀法国传教士的"梅玉林事件"，发生在距巴塘至远的达格顶（大盖顶）。尹伟先《清代维吾尔族与藏族之间的商业贸易关系》（《中国藏学》1997年第2期），论述了双方的直接、间接和违反政府规定的非法贸易，并对贸易物品税率、贸易通道予以说明。

民国时期藏史研究较为薄弱。格桑达吉、喜饶尼玛《十三世达赖喇嘛新政》（《中国藏学》1996年第2期），论述了十三世达赖喇嘛新政产生的政治经济背景、改革措施及其局限性，认为在某种程度上，十三世达赖喇嘛的思想源于"洋务派"和"维新派"思想。杨铭《清末川军入藏与达赖喇嘛出走事件》(《中国边疆史地研究》1996 年第 1 期)，用史实揭露了英国分裂西藏的企图，并剖析了清朝政府对该事所采取的军政对策。

此外，王尧《枭(sho)、博(sbag)考源——西藏民间娱乐文化探讨之一》(《中国藏学》1996 年第 2 期)，对流传西藏民间的枭、博之渊源予以考察，饶有兴味。谢继胜《唐卡起源考》(《中国藏学》1996 年第 4 期)，考订唐卡这种形式并非来自印度，它的发展基本上与汉唐至宋元中原汉地卷轴画的发展进程相适应，它是在蕃汉交往密切的敦煌，沿着佛教绘画的轨迹，由吐蕃旗幡画演变形成的。陈庆英、冯智《藏族地区行政区划简说》(《西藏民族学院学报》1996 年第 1 期)，系统论述了历代藏族地区行政区划的演变情况。

原载《中国民族研究年鉴》(1996—1997)，民族出版社 1998 年版

附录四　近十余年来国内清代西藏历史研究的成就及存在问题

　　清代西藏历史研究是西藏历史研究中比较受关注的时期之一，其成就可以和唐朝吐蕃历史、元朝吐蕃历史研究相比拟，特别是在政治史研究领域，可以说是成果累累，蔚为大观。

　　近十余年来出版多部专著，吴丰培、曾国庆《清朝驻藏大臣制度的建立与沿革》（中国藏学出版社，1995年），简要叙述了驻藏大臣制度的建立背景、发展演变过程，驻藏大臣的历史地位与作用等，为读者梳理驻藏大臣制度发展演变线索。成崇德、张世明《清代西藏开发研究》（北京燕山出版社出版，1996年）从西藏开发的角度来认识清朝西藏地方的发展历史，给大家提供一个新的视角，如果能深入其内部、探悉其内在因素，则可以更加全面和周到。顾祖成《明清治藏史要》（西藏人民出版社、齐鲁书社，1999年），把明清西藏历史贯穿起来讨论，是本书的一个特点，而按照历史发展变化与管理体制演变因革来叙述，清朝治藏脉络则是本书的又一个特点，有关清朝治理西藏的历史，作者从清初对西藏地方蒙藏上层联合掌权的确认，西藏归入清朝统辖；清朝遏制蒙古贵族对西藏的统治，封授藏族官员掌管西藏地方事务，调整治藏体制；清朝遣官进藏管理事务，驻藏大臣制度的确立；清朝推进西藏地方行政体制的演进，从推行郡王制到授权达赖喇嘛掌管西藏政务；清朝鼎盛时期加强和完善对西藏地方的治理,确立系统治藏法规清朝后期对西藏的施政和清末藏事改革等几个部分,虽然论述不够全面,但是线索清晰。曾国庆《清代藏史研究》(西藏人民出版社、齐鲁出版社,1999 年)汇集了作者多年来发表的有关清代历史研究的论文,特别是驻藏大臣设立、职权、地位、历史作用与相关制度的研究,关岳钟琪、颇罗鼐、傅清、拉布敦、张荫棠、赵尔丰等重要历史人物的研究,以及清代在西藏的主权、藏区驿站制度、清代前期藏族的文化、清代后期藏区社会形态与寺庙经济等问题,都发表了自己的看法,该书如果能种注重内在联系,并进行系统研究则会使主题更加深入,更能增强效果。苏发祥《清代治藏政策研究》(民族出版社,民族出版社,2001 年)一书,计分八章,分别就 17 世纪前期西藏的形势、政教分离以蒙治藏、从扶持世俗到政教合一、摄政制度、清末西藏新政,以及清朝治理西藏的经济、宗教政策及相关举措,进行了分析研究,但是仅仅讨论经济和宗教两个方面的政策,显然还是有局限的,如果能够全面把握清朝治理西藏政策的实质内涵,该书就会更加充实和丰满。张羽新《清朝治藏典章研究》(上中下,中国藏学出版社,2002 年)一书,基本上是一个资料汇集,但是作者用心将清朝治理西藏的典章划分为订立章程、行政区划、理藩院主管藏政、钦差驻藏大臣、敕封达赖班禅、藏传佛教管理、金瓶掣签、朝贡与赏赐、派驻官兵、藏军整编、台站与交通、经济措施及其他、严守国门与加强边政等部分,眉目清晰,并能提纲挈领地将各要点勾勒出来,也有可资借鉴者。张羽新《清代治藏要论》(中国藏学出版社,2004 年)一书,是作者多年研究清代西藏历史的论文汇集,主要包括三部分内容,一是清代西藏政治史,诸如清朝前期的治藏政策,驻藏大臣的地位职权等;二是清朝治理西藏的宗教政策,特别是清代前期的喇嘛教政策,通过宗教形式来揭示政治内涵是其特色之一;第三部分是对文献作者、史料价值的考订,以及印制古籍文献的说明等。应该说,这部论文汇集的质量是比较高的,如果能与藏文文献资料相互比勘印证,则更加完美。邓锐龄先生的《邓锐龄藏族史论文译文集》(中国藏学出版社,2004 年)中,收录作者有关清代藏族史研究论文十余篇,其中不乏作者近年来新撰写的新作,如:清初阐化王入贡请封始末及其意义、关于1652—1653年第五辈达赖喇嘛晋京的两个问题、吴三桂叛清期间同第五辈达赖喇嘛通使始末、1720年清军进入西藏的经过、1720年率军进入拉萨的清军将领——延信、拉萨布达拉山东侧康熙时汉文摩崖考释、年羹尧在雍正朝初期治藏政策孕育过程中的作用、关于雍正五年西藏阿尔布巴事件中的几个问题,以及他与柳升祺先生合著的《清初第五辈达赖喇嘛进京及受封经过》等均在此列。邓先生一心专注学术,晚年更对清朝前期西藏历史多所用心,十分注重重要历史人物和事件的发掘分析,重视汉藏文资料的勘比对证,重视吸收国内外学者的前沿成果,又能从原典出发,独立思考,从小处着手,以小见大,解决影响当时整个局势的重大问题,严谨缜密,一丝不苟,因此,每有所议,多有创见。

清朝对西藏地方的治理一直是学者关注的论题,特别是清朝康熙、雍正、乾隆三朝对西藏地方的成功经营,更倍受学者的青睐。其中包括:清朝中央政府与西藏地方的关系、宗教(喇嘛教)政策、驻藏大臣制度、金瓶掣签与活佛转世制度、清朝在西藏用兵与驻兵制度、钦定二十九条章程、理藩院、摄政制度、晚晴西藏新政、英国和俄国侵略西藏历史等等。对于五世达赖喇嘛、章嘉·若必多吉、噶玛巴·攘迥多吉等人物,对于禅化王入贡请封、延信率兵入藏等事件,以及西藏地方内部出现的罗卜藏丹津之乱、阿尔布巴之乱、珠尔墨特那木扎勒之乱等,均有专门探讨。

与清朝西藏历史研究有关的著作,如赵云田的《清代治理边陲的枢纽——理藩院》(新疆人民出版社,1995年),涉及理藩院对西藏事务的管理,限于篇目和体例,未能深入与展开。赵云田《清末新政研究——20世纪初的中国边疆》(黑龙江教育出版社,2004年)一书,也是作者从全局上关注边疆问题的著述。清末新政是中国封建社会走向衰亡,以及在列强蚕食鲸吞背景下中华民族面临生死存亡危机的紧要关头,清朝统治者所所采取的改革求存、改革图强的政策。本书着眼于整个中国边疆地区,其最后一章(第五章)论述"新政在西藏",内容包括:帝国主义国家对西藏和川边侵略及清政府施政发生困难、川边改革、整肃吏治和调整行政体制、发展农牧矿业与交通邮电业、训练新军和加强兵备，以及兴办学堂与创办报纸等，简要勾勒出清末在西藏实施新政的轮廓。张永江《清代藩部研究——以政治变迁为中心》（黑龙江教育出版社，2001 年）一书，主要研究清代的藩部问题，试图从宏观角度探讨藩部的共同特征与类型，其中也涉及清代西藏的所谓行政模式问题，作者将其沿历史沿革划分为：政教合一，达赖—噶伦体制；政教分离，藏王—噶厦体制；恢复政教合一，驻藏大臣钳制达赖、班禅—噶厦体制，是否允当自然可以继续讨论，但是这种宏观把握的尝试是值得肯定的。

关于晚清英国、俄国侵略西藏的历史，学术界出版了多部专著。如：伍昆明《早期传教士进藏活动史》（中国藏学出版社，1992 年），对西方传教士在西藏的早期活动进行了细致的考察和较为全面的分析，史料丰富是该书比较突出的优点，能够进行辩证地分析也值得肯定，但是该书如果在叙述的详略、剪裁的精心方面加以关注，就会更趋近完善一些。吕昭义《英属印度与中国西南边疆（1774—1911 年）》（中国社会科学出版社，1992 年）揭示了较早时期，英印政府对我国西南边疆地区的入侵活动，通过叩击天朝"后门"、藩篱与跳板、贯通滇缅、贸易跟着国旗走、卷入帝国主义全球争夺中的中国西南边疆、"缓冲国"计划、拉萨劫盟、从《北京条约》到《加尔各答章程》、战略边界等内容，探悉其策略和史实。与作者的另一部专著《英帝国与中国西南边疆（1911—1947）》（中国藏学出版社，2001 年）构成姊妹篇，从而展示作者对这一问题的系统研究成果，颇具参考价值。王远大《近代俄国与中国西藏》（三联书店，1993 年）一书，充分利用俄文档案、俄国探险家与学者涉藏的有关记载，比较深入地探讨了俄国军人分遣队对西藏的考察活动、俄国与英国争夺西藏、分裂西藏等罪恶活动，特别就英俄《西藏协定》拟议、修订所引发的相关问题作了细致地考察，值得参考。周伟洲主编《英国、俄国与中国西藏》（中国藏学出版社，2000 年）一书，通过对鸦片战争前外国列强在西藏的侵略活动、英国和俄国对西藏的侵略活动、西藏人民对外来侵略的反抗、英国俄国妄图分裂西藏的阴谋、英国通过"西姆拉会议"策动侵略阴谋及经济掠夺用意、英国破坏民国政府加强与西藏地方关系的努力、西藏和平解放与列强侵略阴谋的破产等问题的研究,全面和较为完整地揭示了以英国、俄国为首的帝国主义势力侵略中国西藏地方的罪恶史实,该书是目前本问题研究领域标志性的成果,代表了我们学术界的研究水平。陈家琎主编《西藏森巴战争》(中国藏学出版社,2000 年)一书,是一个专题研究文集,其中收录了查谟—克什米尔土邦政府官员毛尔雅·赫希默杜拉·汗著、陆水林选译的《查谟史》有关森巴战争的有关内容;辛轺编校的汉文文献《西藏奏疏》卷一所载森巴战争的史料,以及周伟洲、陆水林、次仁加布等学者撰写的有关森巴战争史事的研究论文,最后附录由陆水林绘制的三幅森巴战争进攻路线示意图,比较集中地反映了森巴战争这一历史事件的脉络和我国学术界已取得的成就。陈庆英等编著的《历辈达赖喇嘛生平形象历史》(中国藏学出版社,2006 年)一书,依照历代达赖喇嘛传记资料,对达赖喇嘛的生平和事迹,以及当时的重大政教史实作了前面和较为系统的叙述,是了解达赖喇嘛史事可资参考的著作。我国台湾地区学者在清代西藏历史研究领域也有可观的成就,如胡进杉有关清代宫廷满汉档案的研究,冯明珠、吕秋文关于晚清中外交涉的研究,杨嘉铭关于清代军事制度的研究,陈又新关于清代政治与宗教制度的研究等,都值得关注。这些著作从不同角度揭示了清代西藏历史的一个侧面,对于勾勒清朝西藏地方政治史提供了有益的借鉴。

历史档案和文献的翻译整理,也有长足进展。格桑卓嘎、洛桑坚赞、伊苏编译《铁虎清册》(中国藏学出版社,1991 年)一书的资料,反映的是藏历铁虎年,即清道光十年(1830 年)西藏地方噶厦政府遵照道光皇帝清查西藏差地,对所有差赋一律平均支纳的谕旨,在西藏地方进行地亩差税清查,并依照普查所获资料,编订清册,以为支差纳税基本依据的历史,内存藏文文献译文 60 件,是研究清西藏地方经济史、社会史的第一手资料,价值很高。中国藏学研究中心等编《元以来西藏地方与中央政府关系档案汇编》(7 册,1994 年)是目前公开出版的有关西藏历史档案,特别是藏文档案中较为丰富的一种,全数 7 册,其中清朝部分有 4 册,占

大半。该书在以时间先后为序的前提下，对档案的编排采取以重大事件
分节和按照相同事例归类相结合的方式，为深入研究清朝西藏历史上的
重大事件提高了十分珍贵的资料。西藏自治区档案馆编的《西藏历史档
案荟萃》（文物出版社，1995 年）一书，共计收入档案 107 件，其中清朝档
案 46 件，几近一半。内容涉及西藏地方政治、宗教、经济、行政、军事、文
化等诸多方面，为研究清朝西藏历史提供了第一手的和更直观的文献资
料。中国第一历史档案馆、中国藏学研究中心合编《六世班禅朝觐档案
选编》（中国藏学出版社，1996 年），收录了自乾隆四十三年（1778 年）十
二月初六日"敕谕班禅允准赴京觐见"到乾隆四十六年（1781 年）九月十
二日"博清额等奏驻藏员外郎舒兴承办班禅往返事项出力请叙折"，计
533 件档案文献，全面反映了朝廷为迎接六世班禅在承德修建须弥福寿
庙，在北京修缮黄寺、兴建昭庙，精心安排行程路线、接待方案、馈赠礼品
等各个细节；班禅在承德的祝寿法事活动，在北京的接待活动及法事，以
及班禅圆寂、灵梓西归与筹建衣冠佛塔等事宜。这部资料与嘉木央·久
麦旺波著《六世班禅洛桑巴丹益希传》（许德存、卓永强译，祁顺来、李钟
霖校，西藏人民出版社，1990 年）参照，为研究六世班禅在内地的承德及
北京地区的活动提供了充分的资料。《清初五世达赖喇嘛档案史料选
编》（中国藏学出版社，1998 年），中国第一历史档案馆编《清宫珍藏历世
达赖喇嘛档案荟萃》（宗教文化出版社，2002 年）则从清朝宫廷档案中选
择极有价值的 154 件翻译、汇编出版，原文和满文、蒙文、藏文译文齐集，
也是研究清朝西藏地方与中央关系，以及西藏地方政治和宗教文化历史
弥足珍贵的资料。中国第一历史档案馆、中国藏学研究中心合编《清末
十三世达赖喇嘛档案资料选编》（中国藏学出版社，2002 年），收录了自皇
太极崇德二年（1637 年）八月"蒙古各部位同意邀请达赖喇嘛事复皇太极
书"到康熙三十七年（1698 年）藏历十一月"第巴桑结嘉措为声复达赖喇
嘛圆寂匿丧及五世班禅龙年赴京事奏稿"在内的共计 277 件档案文献资
料，对于研究清初西藏地方与清朝之间关系的建立，以及五世达赖喇嘛
生平事迹，提高了十分珍贵的第一手资料。藏文历史文献资料整理出

版,以及汉译工作也有突出成就,除了此前出版的《噶伦传》(多喀尔·策仁旺杰著,周秋有译,常凤玄校,西藏人民出版社,1986 年)、《章嘉若必多吉传》(土观·洛桑却吉尼玛著,陈庆英、马连龙译,民族出版社,1988年)、《颇罗鼐传》(多卡夏仲·策仁旺杰著,汤池安译,西藏人民出版社,1988 年)和历世达赖喇嘛传等相继翻译出版之外,丹津班珠尔著,汤池安译,郑堆校《多仁班智达传》(中国藏学出版社,1995 年)一书,是研究 18世纪西藏地方政治史、贵族史和社会生活史,以及文学史,极为重要的一部史书。新近出版由中国藏学出版社 2006 年出版的"雪山中的专生丛书",不仅将业已出版的各世达赖喇嘛传记(五世达赖喇嘛阿旺洛桑嘉措著,陈庆英、马连龙等译《一世——四世达赖喇嘛传》;五世达赖喇嘛阿旺洛桑嘉措著,陈庆英、马连龙、马林译《五世达赖喇嘛传》;章嘉·若贝多杰著,蒲文成译《七世达赖喇嘛传》等)重新汇集出版,而且新版了第穆呼图克图·洛桑图丹晋麦嘉措著,冯智译《八世达赖喇嘛传》;第穆·图丹晋美嘉措著、王维强译《九世达赖喇嘛传》,以及普布觉活佛洛桑楚臣强巴嘉措著、熊文彬译《十二世达赖喇嘛传》等,为研究历世达赖喇嘛及相关历史宗教,提供了重要的参考资料。扎西旺都编、王玉平译《西藏历史档俺公文选水晶明鉴》(藏文本,民族出版社,1989 年;汉译本,中国藏学出版社,2006 年)一书,是十分珍贵的档案公文选辑,该书清朝西藏地方公文 40 余件、档案 20 余件、诗词奏折 20 余件,合计 90 余件,内容涉及西藏地方与中央政府的关系,西藏地方政治、经济、宗教、军事、司法、民俗、文化等各个方面,是研究清朝西藏地方历史极为重要的文献资料。这些资料的翻译出版,以及清代涉藏汉文资料的大批整理面世,都有力地推动了清代藏族历史研究的开展和深入。

　　2006 年中国藏学出版社出版了"西藏历史汉文文献丛刊",该套由拉巴平措主编的丛书,包括《钦定廓尔喀纪略》(清方略馆编,季垣垣点校)、《钦定大清会典事例·理藩院》(清会典馆编,赵云田点校)、《乾隆朝内府抄本理藩院则例》(赵云田点校)、《钦定巴勒布纪略》(季垣垣点校)、《西藏奏疏》(清孟保撰,黄维忠、季垣垣点校)、《西藏纪游》(清周霭联撰,张江华、季垣垣点校)等。该套丛书的点校出版,也为读者方便利用清朝涉藏汉文史料提供了方便。

近十余年来清朝西藏历史研究在取得巨大成就的同时,也存在一些不足,诸如:由于客观原因,清代藏文档案的开发还很不充分,庋藏于西藏自治区档案馆的大批资料尚未被利用,资料的整理翻译和利用任重道远;清代西藏经济史研究还很不够,社会史研究也存在较多空白点,在清代西藏社会生活中占据特殊位置的贵族及相关制度的研究也颇为缺乏等,清代西藏政教体制、宗教管理制度,以及清朝西藏地方发展迟缓、惰性和保守势力的增强等问题,还需要做细致的微观研究。

本文既不是对清朝西藏历史研究的全面分析,也不是对本领域所有研究成果的客观全面的评价,只是想通过简要的回顾,把握其脉络,并从中看到,或者思考一些问题,供清朝西藏史研究同仁参考,全面、客观的评价有待贤者。

原载甘肃省藏学研究所编《安多研究》第四辑,民族出版社 2007年版

附录五　伯戴克教授与他的《中部西藏与蒙古》一书

　　L.伯戴克教授(Luciano Petech)是继图齐教授(G.Tucci)之后意大利最杰出的一位藏学家,也是在国际上具有广泛影响的著名藏学家之一。1936年毕业于罗马大学,获文学博士学位,1955年担任罗马大学教授,1989—1995年担任国际藏学会主席,现在退休在家安度晚年。

　　伯戴克教授的学术活动主要集中在藏学研究领域,他勇于探索,勤于著述,著作等身,成就辉煌。他对敦煌吐蕃文献的研究,对18世纪中原与西藏关系的研究,对旧西藏噶厦贵族和政府的研究,对拉达克地方史的研究,以及对西藏历史地理的研究,均有卓越的建树。他所编著的7卷本巨著《到西藏和尼泊尔的意大利传教士》一书,更是研究意大利传教士在西藏活动无与伦比的重要资料。

一

　　现在即将呈现在读者面前的《中部西藏与蒙古》一书,是伯戴克教授晚年的一部力作。该书是作者十余年来研究元代西藏地方历史的一个总结,系统反映了作者对元代西藏史上许多重要问题的看法。在我个人看来,这也是近二十年来国外元代西藏史研究领域水平较高的一项成果,值得一读。

本书共分六个部分,第一部分介绍主要的史料,最后一部分为简短的结论,中间四个部分是其主干,紧紧围绕着中部西藏地区(大体上包括前藏、后藏和阿里地区)元—萨迦政权的兴起、稳固、衰落及其机构制度等问题展开论述。在衰落时期,突出强调了帕木竹巴政治势力的崛起、强大和取代萨迦政权的历史过程。体例完整,脉络十分清晰。通过本书的论述,读者对这一地区和这一时期西藏的历史会有一个大致的了解和认识。

元朝时期,把主要为藏族聚居的地区划分为三个行政区,藏文史书称之为"三区喀"(c'ol k'a gsum),即乌思藏纳里速古鲁孙等三路宣慰使司都元帅府,简称为乌思藏宣慰司;吐蕃等处宣慰使司都元帅府,简称脱思麻宣慰司;吐蕃等路宣慰使司都元帅府,简称朵甘思宣慰司。由设在中央(朝廷)的宣政院直接管理,其三个地区之间并无隶属关系。本书所涉及的地区即是前者。

从史料上来看,本书较为充分地利用了研究这一时期历史的最基本的藏汉文资料,如《红史》(Deb t'er dmar po)、《新红史》(Deb t'er dmar po gsar ma),尤其是《汉藏史集》(rGya bod yig ts'an)、《司徒遗教》(Si tu'ii bka' c'ems)、《朗氏宗谱》(rLan Po ti bse ru,与前者主体部分相同)和《萨迦世系史》(Sa skya'i dgun rabs),以及收录在图齐(G . Tucci)《西藏画卷》(Tibetan Painted Scrolls)中的"夏鲁文书"。汉文史料,作者主要利用了《元史》中的有关资料。值得注意的是,作者对这些史料做了十分认真地甄别和辨证工作,并对藏汉文史料用心加以对勘,使许多含糊的资料得到落实,大大提高了史料的价值,也使作者的立论有了坚实的基础,对汉文文献的理解和使用也十分地准确到位,这也是难能可贵的。

从研究方法来看,作者很好地继承和发扬了西方历史语言学派的一些优良传统,重证据,重事实,能够充分吸收前人和同辈的研究成果,立论客观,论证严密充分,结论比较平实公允。十分重视藏文文献的使用,同时又不忽视汉文文献的重要价值。重视对涉及制度和重要问题的语源本义的探讨，又避免了烦琐的考证。对于学术界的优秀成果，基本上都能吸收进来，使自己站在一个较高的起点，并有广阔的视野。作者对元代中国史和相关制度的了解是相当深入的，所以，才不为浮云遮望眼。这与目前国际藏学界一小部分人怀抱偏见，不重视汉藏文原典的分析研读，尤其不读汉文史料，甚至对中国历史缺乏基本的常识，而是从某种需要出发，大谈所谓的西藏历史，还进一步从中得出一些结论的做法，可以说是大相径庭的。这种求真求实的学风值得称道。

在重要历史人物和重要制度的研究方面，本书也有自己的独到之处，对八思巴和绛曲坚赞这两位人物的研究算是这一方面的代表。关于八思巴的历史地位，尤其是他在元代西藏政治史上的地位，历来说法不一。本书作者在前人研究的基础上指出："八思巴在政治的混乱迷宫中按他自己的方式控制的可能性很小，而且，最初他的角色是一个被动者。是忽必烈，他在若干可能性之间的踌躇之后，选择他作为自己在藏族问题上的工具。在某种意义上，八思巴作为一位政治人物，是大皇帝的一部作品。……自然，皇帝的宗教政策带有在原则上对佛教的偏爱，而在实际上对它的西藏人牌子的偏爱，这在相当的程度上是通过萨迦堪布培植起来的。但是，我们应该放弃有关八思巴在政治事务中作为一名有影响的参事的概念，对此，不存在任何证据。"（见"结论"）关于绛曲坚赞，本书作者认为，他是一个强有力而充满人情味的人，"在克服所有困难的过程中，他个人最突出的才能是他的顽强不屈和他的坚韧，以及杰出的外交手腕与可变通的实际效果的相结合"。"他完全是一个现实主义者，目的在于权力的实体，而不在于它的外在的装饰。""在他与帝国的关系中，他或多或少地遵循着同样的方针。他请求并获得的封号实际上被拔高，他得到对他在西藏全权的一个默认，但是，绝对不否认皇帝的至高无上；这一政策由他的侄子和后继者继续下来，直到元朝灭亡为止。"（见"结论"）对夏尔拉章与桑哥的特殊关系，以及与昆氏家族的矛盾的论述；对八思巴在曲密举行法会的安排和意义的分析；对达尼钦布为防止昆氏绝嗣而众娶妻室,却又为萨迦的分裂和衰亡埋下祸根的论述等,均颇见细心与洞察力。在驿站、万户和人口调查(括户)等诸多问题上,作者都提出了自己的一些看法,颇有助于人们对相关问题的认识。

特别值得一提的是,作者吸收学术界的相关成果,对帝师的地位、权力以及他与皇帝的关系等原则性问题做了更加明确的论述,指出:"我们必须永远记住:不管帝师如何受人尊敬,他只是皇帝设在朝廷的一名官方顾问,并且能够尽力发表某些与蒙古人的兴趣相反的意见。在中部西藏,他的法旨如同皇帝的圣旨一样具有效力,但是,他的命令是在地方机关普通文件的范围之内传达的。如夏鲁文书所示,帝师发布的命令是在皇帝的权力(圣旨)之下才有意义的,尤其是在财产和特权的批准方面。除此之外,他没有直接分享中部西藏政府的实际管理。"关于元代西藏地方的地位,作者认为:"它(中部西藏——引者)变成帝国的一个地区,接着,被赋予一种在所有边疆地区所建置的制度。"清晰地指明了元朝中国中央政府对西藏地方行使有效管理的客观事实。

此外,作者对"土番"(吐蕃)、"乌思藏"和"西番"(西蕃)的含义作了进一步地阐述。认为,前者在元代是指青藏高原的东北缘地区,也就是安多地区。蒙古人从宋朝那里接受了这一术语。"乌思藏"是指中部西藏。而"西番"(西蕃)则是指元代中国西部的藏族人,也就是康区等地,但是,有时也不严格地用来指称一般地讲藏话的地区。这种说法与我国早一辈学者中的一种说法颇为近似。如陈志明的《西康沿革考》一书中认为,在元代时期"吐蕃"与"乌思藏"有因地域不同而详为划分,前者指昌都以东地区,后者指昌都以西地区。本书作者更进一步阐述,也可供人们参考。

二

元代西藏史的研究,既限于史料的缺乏,又限于藏汉文史料的歧异,许多问题一时还难于做到系统和深入。本书作者无疑在这一方面做出了很大的努力,成绩是应该予以充分肯定的。但是,留给研究者的问题依然很多,要看到元代西藏历史的真面目,还有大量的工作要做,这既取决于史料的新发现,又取决于广大研究者的辛勤努力与智慧。

就本书自身而言,如果要求全责备的话,也存在一些有待解决的问题。依我个人浅见,主要表现在以下几个方面:

第一,史料的利用方面,一些较为重要的资料没有被利用。藏文史料,如释迦仁钦岱(Shakya rin c'en sde)的《雅隆尊者教法史》(Yar lun jo bo'i c'os byun,四川民族出版社,1988 年),噶托仁增才旺诺布(Ka t'og rig 'dzin ts'e dban nor bu)的《阿里贡塘世系》(mNa' ris smad gun t'an du ji ltar byun ba'i ts'ul,收录在《西藏史集五部》中,西藏藏文古籍出版社 1990 年)等。前者涉及"蒙古王统及其扩张史""萨迦世系""帝师世系""萨迦寺住持次第""四大拉章传承"和"萨迦本钦次第"等,对元代西藏史研究很有参考价值。后者是有关这一时期阿里地区史的一部有用的参考资料,有助于说明萨迦派在这一地区的施政。此外,对于元代藏文帝师法旨文书的利用还不够充分。在汉文史料的利用方面,对《元史》的利用可以说是相当充分的,但是,对元人文集和其他资料的发掘却还存在着不足之处。如姚燧《牧庵集》中的"皇元高昌忠惠王神道碑并序",有关答失蛮事迹及其在西藏建立驿站的记载;又如收录在《常山贞石志》中的"重修大龙兴寺功德记",有关胆巴国师出身地和主要事迹的记载等。在吸收学术界已有的研究成果方面,尤其对中国学者有价值的藏学成果的吸收方面还很不够,如王森《关于西藏佛教史的十篇资料》(中国社会科学院民族研究所油印本,1965 年;1987 年由中国社会科学出版社出版,改名为《西藏佛教发展史略》)一书,对西藏佛教史和元代西藏史的研究颇有创获,对元代十三万户问题多所发明,但是在本书中并未提及。还有黄颢对索南札巴的《新红史》(西藏人民出版社,1984 年)和巴卧祖拉陈瓦的《贤者喜宴》(译文大部分刊载于《西藏民族学院学报》1980—1986年各期)两部史籍丰富的注释,蔚为可观,在本书中也未见提到。这不能不是一个缺憾。

　　第二，就内容而言，本书也存在一些问题。例如：(1) 关于乌思藏十三万户问题。作者提出了不同于前人和同辈学者的观点，认为元代乌思藏地方的十三万户，最可能的结果是：位于藏地和纳里速的古格、普兰、芒域贡塘、南北拉堆、曲密和夏鲁；位于乌思地区的帕木竹巴、蔡巴、甲玛、嘉玉、止贡和雅桑；位于乌思和藏地的雅卓。这个问题学术界目前仍无定论，还需大力探索。作为个人的一种见解在这里提出来无疑是可以的。可惜，作者这一大胆的结论既缺乏汉藏文的史料依据，也未见深刻透彻的论述。具体来说，把阿里的三个地区纳入十三万户之列未见有可靠的文献证据。又汉文史中书明确记载有达隆（《元史》作"思答笼剌"）万户和"瞥笼答剌万户"，在这份名单中未见反映。(2) 关于元朝在西藏建立驿站的时间，作者采用《智者喜宴》的说法，将其确定在 1269 年。这与《汉藏史集》所引忽必烈皇帝的敕书，宣称在吐蕃置驿，目的是为了使上师八思巴前往西藏时一路顺利的说法存在不一致的地方。因为八思巴进藏是在 1264 年，按照《汉藏史集》的说法，置驿只能在这一年或者此年以前。对此作者并未予以深究。(3) 对阔端的去世日期，藏蒙文献所载大体一致，均认为他的确实日期与萨迦班智达殁于同年，也就是藏历阴铁猪年，即公元 1251 年，学术界大体也赞成这一说法。本书作者是未寓目，还是不同意？既未加说明，也未予辨证，依然在 1253 年的事件中提到阔端的活动与其发挥的作用，颇令人费解。(4) 本书中提到了"Be li"或者"Bi li"首领跟随萨迦班智达前往凉州向阔端投诚的事实，作者却并不了解此为何部、居住于何处。实际上，他们就是后来的"白利"（Pe li）。元代时期，他们主要活动在今青海玉树地区。后来，一部分迁徙到甘孜和德格等地。明朝末年，信奉苯教的"白利土司"（Pe li rgyal po 或者 Pe li dpon）顿月多吉（Don yod rdo rje）向藏巴汗致书，企图联合消灭佛教格鲁派和其他教派。后来又被应五世达赖喇嘛之邀，率兵入藏的和硕特蒙古汗王顾实汗所击败，时在 1639 年。清代藏文史书《青海史》（松巴堪布益西班觉著）、《汉藏蒙佛教史》（阿芒贡却群培著）等，对此都有记载。他们的活动地在康区，更具体地说，就在今四川西北部的甘孜藏族自治州治地甘孜的西部地区，明朝因其部设有行政管理机构。留居玉树的部落，仍活动在今治多一带，清朝时期在这里设立有"白利司"，他们的自述也提到从玉树迁徙到甘孜的不平凡经历，分居两地的白利人尚且保持着相互之间的联系。此外，作者对帝师的地位与作用的论述，虽然切中要害，但是，还显得单薄和不够充分，帝师的继承表和年表也有可以商榷的地方；对于本钦的论述有些地方显得过于武断等。

尽管如此，丝毫不改变我对此书充分肯定的基本看法。据我所知，伯戴克教授是当前健在的为数不多的几位老一辈藏学家之一。本书大概也是作者一生从事学术研究的总结性著作之一。从本书中，我们能够看到前辈学者严谨的治学态度和顽强的探索精神。如果我们能从这一方面汲取营养的话，相信同样会有不菲的收获。至于他充分利用藏汉文文献，并认真将两者相互对勘，能从元朝中国历史的大背景中去认识西藏地方史的内涵的方法，更是值得人们学习和思考的。依我浅见，研究西藏地方史绝对不能离开中国史，离开了这个大背景，许多问题只能是隔靴搔痒，甚至永远无法找到真谛。这不是你对西藏史或者对西藏地方与中国历代王朝关系史持有什么态度的问题，而是你是否要深入研究西藏史，是否能够真正把握历史的本质问题。具体来说，不掌握丰富的藏文史料，是无法研究西藏地方史的，也可以说无法入其门，这是大家都应该明白的。但是，藏文史料中往往缺乏年代、缺乏背景，而且存在过多的佛教传说和史实被改篡的问题，这就像汉文史料对西藏的记载缺乏事实细节，对人物、事件的描述残缺不全，甚至还带有偏见一样，需要两者之间的相互认真对证，纠谬勘同，才能使史实落到实处。这是由长期以来汉藏两族以及中国境内各族文化相互交流的历史决定的，是西藏历史发展的趋势和归宿——成为中国领土不可分割的一部分的客观事实所决定的，离开了密切的政治关系史、民族融合史和民族经济文化交流史，如何来谈西藏地方史呢？当然，如果在深挖藏文史料丰富内涵的基础上，能进一步掌握中国西北、西南相关各族的历史，以及他们与西藏的关系史和文化交流史,也掌握青藏高原周边相关地区和国家的历史,以及他们与西藏的文化交流史。那么,就会对西藏历史和文化的认识更上一个层次,就会有深入的认识。列位读者,不知以为然否?

原载《西藏民族学院学报》2001 年第 3 期

附录六　《金钥匙·十七条协议》读后

　　周爱明、袁莎合著的《金钥匙·十七条协议》一书,作为"《中国西藏》视点"丛书之一出版了,这是我们目前看到的最为系统和全面探讨"中央人民政府和西藏地方政府关于和平解放西藏办法的协议"(简称"十七条协议")的一部著述。该书图文并茂,洋洋洒洒 64 万余字,蔚为大观。

　　中国近代史是一部中国人民遭受外来侵略、饱受屈辱的历史,也是中国人民不畏强权,英勇抗击入侵者的光荣历史。民国政府一直没有能力解决好抵御帝国主义外来侵略,并消除国内战乱因素,以实现中华民族复兴的问题,同时,也没有能力解决好巩固西南边疆,遏止西藏地方一度出现的独立逆流的问题。只是在新中国建立以后,中国共产党人才真正担负起历史的责任,代表包括藏族人民在内的全国各族人民的意志,解决了西藏问题,驱除帝国主义势力出西藏,使西藏地方回归祖国大家庭,实现了中华民族的大团结,从而翻开了中国历史新的一页。"十七条协议"是西藏和平解放中的纲领性文献,通过研究这一文献来认识这段历史,可以说是抓住了问题的要害与实质,诚如该书书名所要告诉读者的一样,它确实是解决西藏问题的一把金钥匙。

　　读过该书,我有这样几点感受。

　　首先,资料丰富,证据充足,立论公允。

　　该书引用了大量重要的档案和文献资料,诸如:中国中央政府与西藏地方政府交涉,中印交涉,中英交涉和中美交涉等往来函件资料,中央政府解决西藏问题的有关档案,以及当事人的记述、回忆,西藏社会历史调查资料等,都有甄别地加以利用。同时,作者也比较重视吸收国内外学者的研究成果,对近代西藏问题研究多所用心,并取得巨大成就的梅尔文·戈尔斯坦(Melvyn C. Goldstein)《西藏现代史(1913—1951)——喇嘛王国的覆灭》(*A History of Modern Tibet*,1913—1951,杜永彬汉译,时事出版社,1994 年),谭·戈伦夫(A Tom Grunfeld)《现代西藏的诞生》(*The Making of Modern Tibet*,伍昆明、王宝玉汉译,中国藏学出版社,1990 年)等书,都充分利用。对英印政府、美国政府在西藏和平解放中扮演的角色和发挥的消极作用,进行了恰如其分地分析,对西藏噶厦政府在对待和平解放西藏问题上的态度及变化,作了准确地描述。对十七条协议的内容进行细致地论述,对进藏部队官兵为解放西藏所付出的巨大牺牲,以及所表现出的大无畏革命精神给以充分地展示。从整个书的写作来看,很少概念化和简单化的东西,表现出一种科学求实的态度。

　　其次,突出重点,明晰变化,时有新意。

　　有关西藏和平解放,以及十七条协议的问题,看来起来单一,实际上涉及问题不少,如何加以表现,也是一个应该用心的方面。我感到本书作者思路清晰,抓住了问题的要害,突出了重点。例如,把新中国领导人高瞻远瞩、运筹帷幄,重视解决西藏政治、民族宗教、军事和外交等难点问题的敏锐意识;把西藏和平解放前夕中国中央政府与印度政府、美英等外来干涉势力,以及西藏地方上层斗争中的不同策略;把西藏地方谈判代表团的活动过程,十七条协议形成的重要关节点,详细内容的分析等作为描写重点,让读者有一个清晰的认识。同时,善于勾勒重大决策的变化,例如对毛泽东主席治藏方针的论述,“从联邦制到民族区域自治”、从班禅问题看到解决西藏问题,以及解决西藏问题从西北局负责到西南局经营,从军事解放到和平解放,等等。脉络清晰,而且论述之中迭有新意。

　　再次,重视历史人物、事件过程的细节描写,从细微处见精神。

　　该书对历史人物的活动和事件的细节作了细致而认真的描述,通过往来文件和讲话,对毛泽东、周恩来、朱德、彭德坏、邓小平、刘伯承、贺龙等中央领导,在解决西藏问题的政治、军事决策中所表现出的伟人风范,给予充分的展示,把他们既坚持维护中华民族根本利益的原则立场,又充分考虑到西藏地区特殊历史和现状而采取的灵活策略,准确地展示在读者面前。对于直接落实西藏解放方针,签署十七条协议的一些关键人物,如率兵进军西藏的十八军首长张国华、谭冠山;西藏地方主和爱国代表阿沛·阿旺晋美、十世班禅额尔德尼·确吉坚赞、计晋美;藏族爱国人士喜饶嘉错、格达活佛等;中央政府全权代表李维汉、张经武,以及爱国僧人志清法师,以学识报效国家的学者李安宅、于式玉、任乃强等,都作了清晰地交代,通过这些人物来展示波澜壮阔的和平解放事业顺利实现的历史进程。对于西藏地方上层中消极抵制,乃至积极反抗和平解放的活动,也通过一些人物的活动呈现出来,特别是对象夏格巴这样的分裂主义顽固分子,都做了细致的刻画和准确的叙述,从而使这一历史事件的描述达到立体的和丰满的效果。该书对西藏代表团成员的组成及其前往北京过程,中央人民政府代表团和西藏地方代表团就和平解放西藏的办法所进行的七次会商,以及双方代表团成员对十七条协议逐条商讨,特别是就解放军进藏和班禅地位问题展开的争论,为说服达赖喇嘛返回拉萨而进行的艰苦努力等等,详为描述,通过这些细节可以看出新中国领导人解决西藏问题的坚定信心和能力,看出他们审视全局、深谋远虑的卓越风范,以及关心西藏社会稳定和发展,实现中华民族大团结的美好意愿。利用黄明信先生有关十七条协议文本翻译过程中十分注重用字的回忆文章,以及阿沛·阿旺晋美关于西藏代表团成员印章使用情况的说明,轻松驳斥了歪曲十七条协议合法性的不实之辞,从而产生以小见大,见微知著的效果。

　　最后,叙事新颖别致,行文流畅。

　　十七条协议是一项具有重大现实意义和深远历史影响的文献,如何展示这一文献所反映的伟大历史变革,可以有不同写法。本书通过叙述的方式,把文献资料和口传资料结合起来,没有过多的辩驳,也没有旁征博引地烦琐考证,而是围绕重大历史事件、重要人物,按照历史发展顺序娓娓道来,使读者在轻松的阅读中感受到历史的厚重。同时,该书文字也较为流畅,是一部专业人员和普通读者都能接受的好书。

和所有著作一样,本书也难免存在缺点和不足之处,诸如:

第一,前面对西藏宗教、社会等历史发展过程叙述过多,给人痈疽的感觉。交代涉及西藏和平谈判和“十七条协议”产生的历史和社会背景是十分必要的,但是该书第一章第二节“西藏的社会”,第三节“西藏的宗教”和第四节“西藏的社会”对这些问题进行面面俱到地描述,我觉得大可不必,让人产生没有紧扣主题和痈疽的感觉。

第二,对个别历史事实叙述得不够准确。例如,该书在叙述被吐蕃王朝征服的各部时,就不准确地把吐谷浑说成是甘肃地区的民族(见该书上册第 33 页),事实上,吐谷浑的主要活动地区在青海地区,而不是甘肃。又如,该书记述忽必烈“统一中国,1260 年他正式建国号大元,并把都城迁到大都(即今北京)”(见该书第 45 页),也不正确。事实是,1260 年 3 月忽必烈即大汗位的地方是开平府(今内蒙古正蓝旗北),而非大都。这一年 5 月,他的弟弟阿里不哥也在和林(今蒙古人民共和国乌兰巴托)西按坦河即大汗位,双方展开汗位之争。元大都位于金中都旧城东北,始建于 1267 年,到 1276 年都城的主体建筑工程才告竣工。公元 1271 年 11 月,忽必烈取《易经》乾元之义”改国号为“大元”,史称元朝。次年(1272 年)2 月改中都为“大都”。1274 年正月,宫阙告成,忽必烈始御正殿接受百官朝贺。所以,“1260 年他正式建国号大元,并把都城迁到大都”的描述是完全不对的。

此外,该书转引第二手资料过多,同时也有校对不精的地方,如“导言”里引用“新华社北京二十七日电”文,在参加签字仪式的领导人名单中,就有三个人名被写错(“马叙伦”写成了“马以伦”;“谭平山”写成了“谭平由”;“叶季壮”写成了“叶季庄”)。

尽管如此,我认为瑕不掩瑜,相信读者在阅读本书后,会对十七条协议及其背后的历史有一个更加清晰的认识。

附录七　民族历史学研究的一股清风

王明珂《羌在汉藏之间——一个华夏边缘的历史人类学研究》读后

王明珂先生的《羌在汉藏之间——一个华夏边缘的历史人类学研究》一书，在其所著《华夏边缘》一书的基础上，以羌族为实例，从族群边缘的观点出发，系统阐述了他对民族、社会集体记忆与结构性失忆、族群认同，以及相关的历史文本及表征、历史叙事、历史心性等问题的看法，让人耳目一新，宛如吹向民族历史学领域的一股清风，在感受清凉时也引发诸多反思。

作者对"历史实体论"作了多方面的分析，并否定其合理性，同时对"近代建构论"在基本同意的基础上，又提出自己的补充性意见。认为"'历史实体论'在学术上的缺失，主要在于将'文本'与'表征'当作'历史事实'与'民族志事实'，忽略了'历史文本'的社会记忆本质，以及'文化表征'的展演本质——也就是忽略了两者之产生与存在的历史情境与社会情境"。由于研究者无法认识自身的政治、文化主体偏见，因而其民族史与民族文化建构，进一步边缘化"他者"，并缺乏对现实的反思与纠误能力。（王明珂《羌在汉藏之间——一个华夏边缘的历史人类学研究》，台北联经,2003 年 8 月版,第 387 页,下同)而"近代建构论"者尽管在解构"国族神话",对抗"大汉族沙文主义",突显少数民族之边缘地位等方面有其贡献,但是它只注意近代国族建构之历史与"历史"(即经由口述、文字与图像来表达的对过去之选择与构建),却忽略了近代建构之古代基础,以及此长过程历史变迁中"近代建构"之人类生态意义,也忽略了历史演变中发生在各种"边缘"的细微过程,以及此过程造成的"边缘"变迁历史,同样存在缺陷。作者拟另辟蹊径,试图在本书中"由华夏边缘历史来了解羌族,以及由羌人与羌族来了解华夏边缘历史。从而认定:一方面,当代羌族的确是国族主义下的近代建构。在另一方面,羌族之存在,自有其近代以前之历史基础或延续性"(第 388 页)。这和传统的羌族研究从方法到内容都存在较大差异。

阅读完本书之后,我有这样几点粗浅的感受:

第一,本书对"族群边缘",并具体通过对居住在汉藏边缘的古老民族羌族的考察,来探讨民族历史研究的方法,具有特殊的借鉴意义。

对于为何选择这些边缘的案例来研究,作者明言其主要理由是:"在这些边缘时间(古代)、边缘文化空间(土著)与边缘社会(弱势者)人群中,我们比较容易发现一些违反我们既有历史心性与典范历史的'异例',因此可以让我们藉由对自身历史心性与典范历史的反思,来体察'历史'的本质及其社会意义。"(第 141 页)应该说,这对传统的"中原中心"或"汉族中心"史观是一种反动,而且从族群边缘的角度来看历史、看现实变化,确实有另一番景色在眼前,让人目不暇接,启迪良多。从事民族历史研究,或者深入民族地区调研,特别是在族群或文化边缘地区长期生活的人,会对作者在本书中所考察的,诸如族群认同、族群边界变化、生态资源共享与区分等有切身感受,读来亲切自然,有赞叹、有印证,也会有新的反思。

第二,本书不仅在撰写体例上,而且对涉及问题观察的层面上都有新的视角和认识,从而使人们对羌族的认识,发生由表层深入到肌理,从平面到立体的变化。

在本书中,作者以历史记忆、历史事实与历史心性之长程历史研究为经,以人类资源生态与社会认同区分体系为纬,试图由此构成一种历史民族志研究。(前言)这和传统的民族史或民族志的写法大相径庭。全书按社会、历史和文化三部分的基本框架来撰写羌族志,并形象地勾画出羌族聚居区族群认同、羌族的情感行为、历史心性,以及宗教、语言与文化形态,揭示了当前羌族地区文化再造的背景与原因,内容丰富充足。作者透过羌族地区的一些现象探察其深层的社会与文化内涵,颇耐人寻味。诸如对"一截骂一截"的族群体系、"毒药猫"的内涵、羌族对临近地区藏(赤部)汉族(而)和自身特性(尔玛)的质朴描述、岷江上游地区宗教信仰及语言文化风俗形态从西北到东南的次第变化、影响族群认同的诸多因素和羌族知识分子在民族构建与认同中的特殊作用等,都作了深入细致地剖析,既生动,又颇见哲理。

对于羌族中流行的祖先传说,作者通过比较分析认为,它们是不同历史心性的体现:"英雄祖先历史"代表一种以向外扩张、对内阶级分化,来解决资源问题的历史心性之产物。"弟兄祖先故事"则代表一种以对内分配、争夺,来解决资源问题的历史心性之产品(第 383 页),从而提出了自己的见解。

以华夏边缘历史来理解羌族,作者认为由"羌人"到"羌族"至少经历了三个过程:一是,"羌"为中国人观念中西方异族与族群边缘。二是,受西方"国族主义"影响,近代中国知识分子在历史与文化记忆遗存中重新调整华夏边缘(此时亦是中国边缘),以建构新国族汉人成为此国族的核心,"四裔蛮夷"则成为边疆少数民族。有关"羌"的历史记忆被建构成"羌族史",岷江上游人群的文化习俗被描述为"羌族文化"。第三个过程是,近代以来岷江上游本土知识分子的我族观建构过程,最终建立一个在本土认同上的民族。(第 368—369 页)最后作者认定:"羌族不只是近代中国国族历史想象下的产物,也不只是两千年来'华夏边缘'变迁历史下的产物,他们也被自己所选择、创造与润饰的'历史'所塑造。"(第 143 页)"近代华夏边缘再造下的羌族文化,不只是由文化权力核心之'描述者'对'他者'之文化描述来界定,更经由本地人自身的文化建构来完成。"(第 300 页)对这一认识的论证几乎贯穿于整部书中,并在"文化篇"(第十章)中专门探讨"当代羌族认同下的文化再造"以证其说,有较强的说服力和感染力。

第三,本书对一般族群的认同与形成,以及中华民族的形成提出了自己的看法,具有启迪作用。

作者通过人类资源分享与竞争关系,及其在社会、文化与历史记忆上的表征,来说明人类一般性族群认同与区分。(前言)在本书中"特别强调个人在社会中的各种身份认同,他(她)们与各层次外在人群的边界区分,以及造成此认同与区分的资源环境与权力关系背景"(第 2 页)。

作者把族群认同的"根基性"和"工具性"特征有机地结合起来,宣称:"以族群认同的根基性而言,我认为族群成员间的根基感情,产生自模拟同胞手足的同源情感;它的工具性便在于,此种'同源'记忆经常在人们的争辩与操弄之中,因而'起源'也被修饰、改变与遗忘以应和环境变迁。"(第 139 页引作者自己《华夏边缘:历史记忆与族群认同》第 52—60 页)这些基本认识是作者探讨处在"族群边缘"的羌族自我认同的理论基础。

作者认为,"族群"认同与区分,常以性别、阶级与地域群体之阶序差别为隐喻,以映照"我族"与"异族"间的优劣区分。在强化"我族"与"异族"的区分中,同时强化并遮掩群体内部性别、阶级与地域人群间的不平等(第 97 页),是很有见地的。

此外,作者从羌族和华夏互动的角度来认识"族群边缘"的演变过程,系统阐述了自己对这些问题的观点,认为:由华夏边缘观点来了解"华夏"或"中华民族",可以将此"华夏边缘历史"分为三期:首先,由商至汉晋时期,以"羌"为表征的华夏西部族群边缘,随着华夏的西向扩张而西迁,终于移至青藏高原东缘;这是"华夏西部族群边缘的形成与漂移期"。其次,由唐代至清,在汉人心目中西方可称为"羌"的人群愈来愈少,而相对的"番"愈来愈多,显示华夏西方族群边界逐渐深化与鲜明化;

此为"华夏西部族群边缘的深化期"。最后,透过语言学、历史学、民族学等所建立的"羌族"、"羌族史"、"氐羌系民族"、"藏缅语族羌语支"等知识,使得旧羌人地带上的非汉族群成为各个少数民族,联结在中国国族网络之内。此也便是在民族主义下,中国知识分子唤回汉晋"羌人地带"记忆,并透过新学术书写重新柔化、模糊化此华夏西方族群边缘,藉此将藏、羌、彝等"少数民族"纳入"中华民族"边缘内。这个变化,以及当代羌族、彝族等的自我历史与文化建构,共同创造了新华夏边缘,或更正确地说,应是中华民族的边缘。(第 369—370 页)表达了自己对中华民族形成过程的看法。

第四,作者对有文字民族历史记忆的认识,和对无文字民族传说的分析,有其合理的地方。

作者认为,文本可以被视为一种社会记忆遗存;同样的,它们经历了选材、制造、使用、废弃和保存的过程而形成。(前言)"'真实的过去'是时空中许多大小人、事、物的总和,然而人们所记录的或经常回顾的'历史',却是选择性的、经过再组合的,或甚至是被创造的'过去'。"(第 241页)这一观点对于重新审视历史资料,是很有参考价值的,传统史学把历史上遗留下来的文献均视为史料,尽管也有考证辨伪之学,但是对文献作为社会记忆的功能考虑不周,对民族的认识自然会存在某种局限。而作者以羌族为例,从更宽广的角度,把所有当代所见关于羌族的文化、民族与历史现象,都作为一种"文本"或"再现/表征",从中了解其背后的历史民族志情境,以及在人群间延续与变迁的"历史本相"(historical reality)(文本与田野说明),就可能抓住问题本质。

对于汉文文献中的四裔传,作者也提出自己的看法,他认为:"中国文献中有许多对'四方蛮夷'之奇风异俗描述,我们可以从三个不同的角度来阅读、分析这些文献记录。首先,事实(facts):它们反映被描述者(非华夏)客观的生活习俗与文化表征。其次,叙事(narratives):它们反映描述者(华夏)因自身的文化与认同特质,而产生的对异文化之主观描述与偏见。第三,展演(performance):此种叙事(无论是否真实)被个人或社会刻意展示、演出,被华夏与非华夏阅读、评论,而成为一种动态的社会记忆,因而在文化的污化(对于异文化)、夏化过程(非华夏成为华夏的过程)。这三种对文献的阅读与分析角度,也反映人类学文化研究的几种不同旨趣——客观文化描述及溯源;文化描述所反映之土著(包括人类学者)观点及其社会意义;以及,权力关系下的文化展演与相关文化过程。"(第301—302页)这样的认识直接影响到作者对这些资料的使用,即使对主张"历史实体论"者,也有参考意义。

第五,作者通过对汉文史书中的大汉族中心主义及其对边疆四裔诬蔑性描述的批判,来树立正确的民族观的做法,也值得肯定。

王明珂先生个人的学习和研究经历为作者把历史学与人类学、中国传统与西方理论、文献研究与田野调查等结合起来,提供了良好的条件,也是他具有一个宽阔的知识视野和敏锐的观察力。他在羌族地区持续达九年、为时十一个月的调查,这种不畏艰苦、追求真知的精神更是难能可贵和值得称道的。这样的田野工作为他这部力作的完成,奠定了坚实基础,而选择居住在民族走廊地区、历史悠久又错综复杂的"羌人"或"羌族"作为对象来进行理论创新,也可以说是独具慧眼。当然,诚如作者所言,台湾地区当前存在的土著文化认同倾向也触发了他从"族群边缘"来考察民族问题的思考,而后现代主义理论对作者本书的写作则具有深刻的影响。该书无疑是近年来羌族历史与文化研究最有分量的学术著作之一,也是民族认同与族群研究领域在方法论上多有创新的一部著作,可喜可贺。

与此同时,作为一部具有诸多理论创新的学术著作,该书也难免会存在一切有待完善的地方,或者可能引起争论的地方。

作为读者,我在拜读完本书以后,也对其中的一些问题心存疑惑,提出来就正于作者和各位方家。

首先,民族认同是否是纯粹主观的行为?"民族"是否可以定义为一群有相同主观"认同",并相信彼此有共同"起源"的人群?(第177页)

作者认为族群认同是基于主观因素,否定学术界比较流行的所谓斯大林的民族定义,理由是否充分呢? 虽然作者用了羌族地区大量的例证进行了论述,但是这里有两个问题:其一,用同样的方法诸如语言、文化特征、风俗习惯、宗教信仰等的差异,是否也可以否认汉族的客观存在呢? 其二,斯大林的民族定义诚如大家所指出的,存在不完善和不确切的地方,当年的民族识别工作尽管以此为主要理论依据,却没有照搬这个定义,可以肯定它有待于完善或准确化,然而在这个定义里面既包括客观的因素,也包括了主观认同(所谓共同心理素质),是否比简单的主观认同更有助于把握"民族"的划分标准? 我个人觉得似乎还可以进一步研究。

其次,作者以敏锐的视角从"族群边缘"来考察民族认同问题,无疑独到且多有创获。但是,人们不禁会问,如何认识与"族群边缘"对应的"族群核心"?"族群核心"对于边缘考察是基础、是参照抑或无关紧要? 是否可以有两个以上的"族群核心"? 即以本书所论范围言,藏族视角是否也可以构成另一个核心?"族群边缘"是否可以进一步划分? 羌族是汉族的"族群边缘",同时如本书所称也是藏族的"族群边缘",如果从藏族历史角度来认识是否会有新的情况出现?

最后,"羌族"是否"无疑"是在近代中国国族构建中,经由历史想像而产生的"民族"?(第 141 页)这一观点还可能引起大家的争议。

近代以来的国族或者民族构建工作,是基于一种客观存在的升华,还是纯粹主观的营造? 近代特别是 1949 年以前的羌人和今天的羌族是一种自然发展,加之以外来学者、政治力量作用和内部"羌族知识分子"的努力共同促成,还是被人为地把松散的、被称作"尔玛"或有近似称谓的人群造就为"羌族"? 羌族的宗教文化和习俗是否不具个性特征? 如果黑水的羌族(被划定为藏族)、汶川的羌族文化中分别夹杂有藏族和汉族的文化特征,是否较少接受外来影响或者相对保留本族文化特征较多的茂县、理县等地区的羌族可以呈现出羌族作为一个民族所应有的特征? 他们和羌汉杂居或羌藏杂居地区人群比较特征不明显,是否能构成否定其存在的理由? 如果和卫藏地区的藏族、中原地区的汉族比较,是否会显示出一个民族的应有的特征呢？

近代以来的国族构建，特别是 1950 年以来民族识别工作对羌族的发展或者民族认同，无疑对今天羌族及其文化形态的产生具有重大的影响，当前羌族认同下的文化再造如火如荼也确实印证了这一点，主观因素实在地影响着羌族的自我塑造。历史上，羌族也有从华夏西部边缘族群模糊群体到清晰的民族实体的演变过程，这些都是客观事实。但似乎不能完全否定近代以前羌族作为古代民族共同体存在的历史。

此外，历史上汉族对周边民族文化的描述确实存在大量污化的成分，但是，也应该看到，这只是一面，同时还有对周边民族比较客观的描述，乃至欣赏赞美的一面。因此，既存在"汉人对异族文化的诬蔑性描述，以及夸耀自身的汉文化，透过文化展演效果使得许多非汉土著学习、模仿汉文化而终渐成为汉人"（第 309 页）一类情形，也存在汉族欣赏、借鉴周边民族文化，丰富自身的情况。如众所知，汉族之所以人口众多、文化源远流长，恰恰是不断吸收周边民族成分、各族文化而逐渐发展的产物。在不同文化之间由于缺乏了解存在隔膜乃至偏见是经常存在的，历史上不独汉族对少数民族有污化性描述，少数民族对汉族同样有类似的描述，但是通过接触、沟通和交流，理解的成分多了，同样会对民族认同产生影响，通过积极交往相互学习而促成积极认同的情况也是存在的。

总之，中国的历史悠久漫长，文献和各种形式的记载丰富多样，中国的民族众多、民族交往密切而复杂，用一种或者几种理论加以概括都难免存在瑕疵或偏差。但是，新的研究方法、新的理论以及扎实和开拓性的研究，都会给人新认识、新希望，同时给我们了解民族历史增添新的信心，王明珂先生的这部书无疑发挥了这样的作用。

附录八 藏史研究巨擘，学术创新楷模——恰白·次旦平措研究员与西藏古代历史研究

　　恰白·次旦平措先生是藏学界大家十分熟悉，而且十分景仰的一位大学者。我和恰白先生的接触并不多，最初的接触也是间接的，这就是十余年前我参加了本所组织的、将恰白先生主编的《夏格巴的〈西藏政治史〉与西藏历史的本来面目》一书由藏文翻译为汉文的工作。① 我和恰白先生直接会面只有一次，那是 2002 年我们承担了由拉巴平措研究员主持的国家重点科研项目《西藏通史》的编写任务以后，为了做好这项工作，请教相关专家，借鉴通史著作编写的经验，我们前往拉萨拜访了恰白先生。恰白先生热情地回答了我们的问题，并对我们的工作给予热切的期望和巨大的鼓励，使我们深受感动。后来由于具体负责《西藏通史》专题研究丛刊的组稿和编辑工作，我和作为该套丛刊顾问之一的恰白先生也结下间接往还之缘。但是，我对恰白先生真正地了解则是从他的学术研究成果中获得的。这里仅就我自己对恰白先生学术成就之一端，谈谈认识和感受，与大家共同分享，以记述恰白先生对我国西藏历史研究的卓越贡献。

　　在我个人看来，恰白先生在藏学研究领域的贡献是多方面的和巨大

---

① 《夏格巴的〈西藏政治史〉与西藏历史的本来面目》，汉译本，民族出版社 1996 年版。

的，仅就西藏古代历史研究而言，其突出贡献有这样几个方面：

第一，坚持正确的理论指导，坚持马克思主义历史唯物主义的科学方法。马克思主义理论是正确认识和解释历史，探讨历史发展规律的基本理论，在西藏历史研究中具有十分重要的指导意义。如众所知，由于长期接受藏传佛教影响的缘故，传统的藏族史家即是高僧和宗教首领，其史观和主导思想则是唯心论和有神论。尽管这些思想在历史上也曾经与当时的社会形态相适应，发挥过积极促进作用，但是，它无法辩证地、历史地看待问题，无法认识到社会发展的本质内容和根本动力，无法透过现象，把握社会历史发展的规律。

马克思历史唯物主义重视物质和实践在社会生活、政治生活和精神生活中的作用；认为社会存在决定社会意识；生产力和生产关系的矛盾、经济基础和上层建筑的矛盾是一切社会的基本矛盾，也是一切社会发展的基本动力；人类社会发展的历史归根到底是生产发展的历史，物质资料的生产者——劳动人民是创造历史的基本的和决定的力量。这些基本理论对于清理西藏历史中的唯心史观和神学思想，认识西藏历史发展规律，是至关重要的。而这项工作起步未久，而恰白先生已在自己的西藏古代历史研究中，自觉应用马克思主义历史唯物史观的理论和方法，并取得了可喜的收获。

恰白先生在接受采访时，谈到他主持的《西藏通史·松石宝串》的一大特色是尊重客观事实，摆脱神学史观影响。用他的话来说，"主要是因为我们剥掉了藏族历史的神话外衣，还历史以真面目。以前很多藏族宗教渊源、派别等史书具有浓厚的宗教色彩，这无可厚非。可研究历史，必须以唯物辩证的眼光去看待和认识，不能把自己的宗教信仰当作衡量历史的天平。虽然西藏历史离不开宗教，但历史不能等同于宗教史。"①

事实上，他的《西藏通史·松石宝串》和其他研究论文具体体现出他

---

① 亚东·达瓦次仁：《西藏历史巨著〈西藏简明通史·松石宝串〉——访著名藏族学者恰白·次旦平措》，《西藏大学学报》2005 年第 1 期。

运用这一理论所取得的成果。该书在吐蕃历史和元朝西藏历史叙述中，颇为重视社会生产发展对社会进步所产生的积极作用；在论述藏族来源时，该书摈弃传统的佛教观点和神话传说，力求客观真实地解释历史，特别是在叙述吐蕃王朝末年平民起义时，不仅用了较大的篇幅，而且从引发起义的原因、暴动所具备的条件、各地暴动详情、起义给西藏社会带来的利弊几个方面进行系统分析，得出平实与科学的结论。

拉巴平措先生在该书的序言中称："如果说根敦群培的《白史》把藏族史的研究从神学的枷锁下解放出来，带入了人文科学的轨道，那么这部《西藏通史》则把藏族史的研究在广阔的领域内从人文科学进一步引向了历史唯物主义，这是藏族史研究的重大进步。"[①]我认为，这样的评价是十分准确的。

恰白先生不仅没有像时下个别学者那样陷入宗教和神学泥潭不能自拔，而且对西藏古代文献和历史始终以史学家的理性眼光进行清理和分析。在谈到藏史著作《巴协》时，他的看法是："《巴协》应该是西藏分裂割据时代的著作，只不过托名于吐蕃时期拔赛囊，这从该文献的内容与书写方式就可见一斑。该书罗列了许多古代传说，对待这些材料，我们只能去伪存真。"[②]由于有正确的理论和方法作指导，也就不会被古人设下的迷局所欺骗。

第二，具有优秀史学家应有的社会责任心和人文关怀。

恰白先生是一位杰出的藏学专家，但是，和许多闭门书斋、不问窗外的学者不同，他有着十分丰富的社会阅历和实践经验。"1942 年，他以娘舅恰白之子的名义成为原西藏地方政府的公务员。接着被委任为四大噶伦之一索康·旺青格勒的首任侍从卫官。三年期满后，外派为江孜宗

---

① 拉巴平措：《以史为鉴，明辨是非——为〈西藏通史〉汉译本而作》，载恰白·次旦平措、诺章·吴坚、平措次仁著，陈庆英、格桑益西、何宗英、许得存译《西藏通史·松石宝串》，西藏社会科学院、中国藏学杂志社、西藏古籍出版社，2004 年版。
② 亚东·达瓦次仁《西藏历史巨著〈西藏简明通史·松石宝串〉——访著名藏族学者恰白·次旦平措》，《西藏大学学报》2005 年第 1 期。

白宗本，不久又被任命为吉隆宗本。"①他可以说是旧西藏社会的亲历者和旧政策的实践者。西藏和平解放后，又曾担任日喀则爱国青年联谊会主任和中学教员，并长期担任西藏日喀则、拉萨市政协委员，西藏自治区政协常委、文史资料委员会主任的工作，是新西藏历史的见证者和西藏文化事业的建设者。1988—2001 年，他还担任全国政协第七、八、九届委员，西藏自治区人大常委会副主任（1996 年）、西藏文化保护与发展协会副会长（2004 年）等。正是这些丰富的阅历，历练了他深刻的洞察力，也激发起他强烈的社会责任心。应该说，这些无形的资产是他能够洞悉历史，明晰是非，把握本质的重要条件。

　　针对近代以来英国侵略西藏地方的史实，以及国外学术界在此问题上存在的错误观点，恰白先生撰写了《门域自古以来就是中国的领土》一文，②用大量事实驳斥了谬说，澄清了是非。如众所知，夏格巴撰写的《西藏政治史》煞费苦心，竭尽歪曲历史之能事，目的是要宣扬"西藏自古独立"。③ 这本书出版以来造成极为恶劣的影响，被视作为达赖流亡集团从事分裂活动寻找理论根据的一本书。对于不明真相的西方人了解西藏历史造成了很多错觉，产生了很大消极影响。如何消除它的不良影响，以正视听，并还历史以本来面目，是西藏历史研究者义不容辞的责任。至于如何进行驳斥，也大有学问。由恰白先生负责完成的《夏格巴的〈西藏政治史〉与西藏历史的本来面目》一书很好地解决了这些问题。关于该书的意图，编者在前言中说道："由于（夏格巴《西藏政治史》）书中对西藏历史的一些重大历史政治事件的叙述与西藏公认的历史文献中所记载的事实大相径庭，因为我们不能不将这本史书与通常的西藏历史书籍，特别是与各个历史时代的顺序和有关的可靠文献所说的详细对比，

---

① 亚东·达瓦次仁：《西藏历史巨著〈西藏简明通史·松石宝串〉——访著名藏族学者恰白·次旦平措》，《西藏大学学报》2005 年第 1 期。

② 恰白：《门域自古以来就是中国的领土》，《西藏文史资料选集》十。

③ W. D. Shakabpa, Tibet, A Political History. New Haven and London, Yale University Press 1967. 夏格巴：《藏区政治史》印度德里藏文版 1976 年，刘立千、罗润苍等汉译本，中国藏学出版社 1992 年，内部版。

人们可以了解夏格巴此书中所涉及的各个关键的政治问题,是如何通过对历史文献进行文字上的增减从而改变史料的含义与性质的,还可以了解夏格巴是如何把大量历史事实进行歪曲解释的。"①虽然只是做了事实核对和史料原文查证、征引的工作,但是却颇见眼力和功力,实际上可以起到釜底抽薪的效果。让关心西藏历史的人看清楚,夏格巴是怎么样随意篡改史实、剪裁史料、阉割历史的,这样比简单的批判更有说服力,更容易廓清迷雾,正本清源。

恰白先生在学术研究中的诸多精辟见解,既来自一个出色学者的研究实践,也来自他的强烈的责任意识和人文关怀。2004 年 5 月,恰白先生就国务院发表的《西藏的民族区域自治》接受访谈时,在表达自己由衷高兴的心情的同时,他以史学家的广阔视野分析说:"西藏历史上不管是萨迦统治时期、甘丹颇章政权,还是达赖喇嘛的政教合一统治,其统治者均采取保持当地原有社会制度和维护当地统治阶级的权力进行管理,没有让西藏人民过上幸福的日子。西藏和平解放后,进行了民主改革,成立了西藏自治区,西藏人民才开始行使自治权力,走上幸福之路。""中国那么大,有那么多的人口,那么多的民族,所有民族能团结一致,共同发展,皆是实行民族区域自治的结果。"②表现出这位优秀藏学家对现实的关怀,也是他真实思想的流露。明白这一点,就不难理解他所取得成就的部分原因,以及他研究西藏历史的落脚点究竟在那里。

第三,重视史料、重视证据、重视实证的科学态度

历史研究的立足点就是史料,使用怎样的史料,怎么样使用史料,以及如何对史料进行甄别、考辨是优秀史学家所应具备的基本功,西藏古代历史研究也不例外。在恰白先生等编写的《西藏通史》原书前言中,作者简要介绍了对该书资料的使用和处理方法:"一,根据西藏的历史事实,主要参考资料以藏文史料为依据;二,对于不同观点尽量搜集到有关

---

① 《夏格巴的〈西藏政治史〉与西藏历史的本来面目》,"前言",民族出版社 1996 年版。
② 新华网拉萨 2004 年 5 月 25 日电(达娃、裘立华)。

资料,在此基础上,努力进行全面的对照和比较,最后选择最有说服力的观点加以阐述,同时也做必要的说明;三,在藏文史料中没有记载或记载不清楚的地方,从已经译成藏文的汉文史料中进行若干补充;有的历史事件在普通史书中记载不详或不太清楚,凡在这方面找到的史料,在各个时期的历史叙述中尽可能全部使用。"①这里已包含着对史料工作的本证、互证、汉藏文资料对勘等史学研究方法。正是因为有了这些正确的方法才会使史料更加信实可靠。至于大量使用第一手原始资料,乃至稀见史料,则进一步提高了该书的学术水准。恰白先生利用当时筹建西藏藏文古籍出版社,从各藏区搜集藏文古籍,以及由他担任该社负责人的便利,并获得布达拉官管理处、西藏自治区政协和拉萨市政协的支持,在资料方面取得了突破性的进展,为该书的顺利完成奠定了扎实基础。诚如拉巴平措先生在该书序言中所指出的那样,该书的第一个优点就是"旁征博引,史料翔实"②。

恰白先生其他一些著作存在类似情形,如他的《论工布第穆摩崖石刻文字》就是对工布地区第穆摩崖上吐蕃时期(具体时间为公元796—815年)石刻文字及其相关历史的考证,解读了文字并提出了自己的理解与分析意见。③ 该石刻文字解决了诸如聂赤赞普到止贡赞普中间经历了几代,止贡赞普是否有后裔,琼结青瓦达孜宫由哪位赞普开始建造的,以及吐蕃赞普与属下小邦的领属关系等问题,通过恰白先生的解读使该石刻的史料价值得到提升。《简析新发现的吐蕃摩崖石刻铭文》一文,④是对昌都察雅县仁达摩崖吐蕃赞普赤松德赞时期的石刻文字的考释。该石刻既展示了佛教在昌都地区的传播,也反映了汉藏文化交流的史实,具有很高的史料价值,考释、解读使更多地学者能够利用这份珍贵史料。

---

① 拉巴平措:《以史为鉴,明辨是非——为〈西藏通史〉汉译本而作》,载《西藏通史·松石宝串》。
② 同上。
③《论工布德木之摩崖石刻文》,《西藏研究》,1985 年第 2 期。
④《简析新发现的吐蕃摩崖石刻铭文》,《中国藏学》,藏、汉文,1988 年第 1 期。

他的《拉萨大昭寺简史》一文，①利用丰富的史料，第一次系统地把大昭寺的历史展示给广大读者。恰白先生撰写的《论〈国王柱间史〉》则属于史学史研究范畴，通过对传为松赞干布遗教的《柱间史》作了分析，确定其史学价值与地位。

第四，批判精神，创新精神。

《试析悉补野一词》通过对该词进行分析，②探讨其背后隐藏的王族来源因素，恰白先生认为："波杰，古译'悉补野'，波即波沃地区之意，波杰即来自波沃地区的王国之意。"③《聂尺赞普本是蕃人——悉补野世系起源考》一文，对吐蕃王族来源探讨中的几种流行说法，如"天神下凡主世说"、"印度释迦王族一子弟流浪至藏为王说"、"从祖国内地逃来之樊尼说"等，一一作了辨析，指出其存在问题。最后，通过利用《敦煌本吐蕃历史文书》、《德乌宗教源流》(《弟吴宗教源流》)等珍贵文献进行分析，认定吐蕃王族祖先聂赤赞普来自波沃地区，也就是说他是吐蕃人，而非外来者，④颇具说服力。而他的《藏族文化史上的偏见浅析》一文，则针对接受佛教影响的藏史作家把《居希》(即《四部医典》)认作印度学者作品，或者翻译自印度的医学典籍的说法，进行分析辩驳，同时对传统藏史作家深受佛教史观影响、妄自菲薄的做法进行了批判。⑤这一点其实在恰白先生的诸多论著中可以说是屡见不鲜。他不盲从、不迷信，对充斥史书中的佛教观点始终采取理性批评的态度，既不因为溺爱而迷失在对传统的欣赏与赞美之中，从而丧失是非标准，也丝毫没有文化虚无主义者的全盘否定，或者妄自菲薄。客观、理性地探索，正是出于对西藏传统文化的崇高的热爱和高度的使命感。

恰白先生在《藏文古代举要》一文中，对藏王的族属、吐蕃赞普世系

①《拉萨大昭寺简史》，《西藏研究》1982 年第 1 期。

②《试析悉补野一词》，《西藏研究》1984 年第 1 期。

③《聂尺赞普本是蕃人——悉补野世系起源考》，《西藏研究》1986 年第 4 期，注释第 41 条。

④《聂尺赞普本是蕃人——悉补野世系起源考》，《西藏研究》1986 年第 4 期；敏学译文，载《西藏研究》1987 年第 1 期。

⑤《藏族文化史上的偏见浅析》，《西藏研究》1990 年第 1 期。

(特别是止贡赞普应为聂赤赞普以来第七代)、止贡赞普有几个王子(应为两子)、藏学界对松赞干布生卒年存在的错误认识(即所谓卒于公元698年说)、仁达摩崖石刻的年代(应为公元804年)、朗达玛赞普灭佛的年代(应为公元841年),以及关于后宏期藏文著作的真伪与价值等问题,进行了简明而深刻的论述,提出了许多真知灼见。更为重要的是,恰白先生在这篇论文中提出了一些重要的治学方法和基本原则。在解决了赞普世系问题之后,他说:"我认为在分析研究历史疑点时,应当以史料的可信程度来判定,而不应该以著称于世否、应者的多寡,以及通行与否等来判定。"也就是说,唯实而不唯名、不从众。在谈到后宏期资料的真伪与价值时,他进一步指出:"我们在评价有关藏族历史的史书,如苯教历史、佛教史、各种传记、家族史,以及其他史料时,只要是不带偏见和宗教的曲解,只要是如实记录了当时的历史,不管其著称于世否,不管其部头厚薄,作者是否有名,都是可靠的资料。同时,也要参照汉文及其他文字的资料。以此来搞清楚藏族历史的疑点,还其历史的本来面目,这是藏学研究的一项不可回避的任务。"①这些见解无疑是高远而深刻的,而它出自一位深受藏族传统学术影响的老学者,更让人心中平添一份崇敬。

第五,整理藏文典籍,以弘扬藏族优秀传统文化为己任。

恰白先生在西藏古代史研究领域取得了卓越成就,他在古典藏文文献的搜集整理,民族优秀文化遗产的保护利用方面,同样有杰出的建树。史学研究的基础是史料,对于古代文献的整理、考释,乃至出版,不仅需要扎实的文献学知识,而且需要有牺牲和奉献精神。恰白先生就是具有这样品格的一位学者。他曾经出版过《敦煌文献兄弟教诲录及今释》一书,②是对敦煌文献兄弟问答的考释与整理,为大家研究吐蕃时代的社会道德与人际关系提供了第一手资料。当然,最值得称道的是担任了《雪域

---

① 恰白·次旦平措著,丹增译,达瓦次仁校,《中国藏学》1988年第2期。
② 恰白·次旦平措注释:《敦煌文献兄弟教诲录及今释》,民族出版社1997年版。

《文库丛书》主编,出版了一批十分重要的古代文献典籍,特别是对研究西藏古代史极为重要的史籍,例如《朗氏家族》(1986 年)、《弟弟吴宗教源流》(1987 年)、《西藏史籍五部》(1990 年)、《西藏重要历史资料选编》(1991 年)、《珀东班钦传》(1991 年)、《萨班·衮噶坚赞全集》(1992 年)等。[①]

这些旧抄本的整理必然要做大量的勘对、订误工作,需要学识,需要耐心和责任心,可以说是费心费力,但是也是一件功德无量的事情。恰白先生和诺章·吴坚先生等对保护和开发利用民族传统文化的贡献是值得嘉许和应该铭记的。

此外,恰白先生谦虚的作风和对自己研究成果中存在不足保持实事求是的态度和清醒认识,也是值得赞美的。他曾坚持要在他主持的《西藏通史》汉译本的书名中,加上"简明"二字;在谈到这部书的缺陷时,他也明确指出:"从编著这部书的目的出发,本书在内容上多倾向于政治历史事件,在宗教方面也有众多史料可以借鉴。而这部书缺少的是藏族经济及其相关内容和知识,比如藏区的天文、地理、环境、气候变化以及农牧业生产状况和各种社会制度下的生产发展等等,这些都需要补充。"他还提出了在《西藏通史》基础上撰写《藏族通史》的设想。[②] 这正是一个伟大学者所具有的实事求是的科学态度和强烈的责任心。

最后,我还想说明的一点是,恰白先生是杰出的藏学家,是藏史研究领域的泰斗。但是,他和其他著名学者一样,在探索中总难免存在不足或者出现失误,他的成果并非尽善尽美、无懈可击。然而,他对西藏古代历史研究的贡献是巨大的,他的研究方法值得大家认真学习借鉴,而他的科学精神则是崇高的和永恒的。我真诚地祝愿他健康长寿,扎西德勒!

原载《恰白·次旦平措学术思想研究评论集》(四),西藏藏文古籍出版社、中国藏学出版社 2007 年版

---

① 这套丛书由西藏古籍出版社出版,已经出版了近 40 种。
② 亚东·达瓦次仁:《西藏历史巨著〈西藏简明通史·松石宝串〉——访著名藏族学者恰白·次旦平措》,《西藏大学学报》2005 年第 1 期。

参考资料

藏文资料：

1. 大司徒·降曲坚赞：《朗氏宗谱》（藏文本），西藏人民出版社，1986 年。

2.《萨迦五祖全集》德格版。

3. 昂旺·贡噶索南：《萨迦世系谱》（藏文本），民族出版社，1986 年；陈庆英、高禾福、周闰年汉译本，西藏人民出版社，1989 年。

4. 达仓宗巴·班觉桑布：《汉藏史集》（藏文本），四川民族出版社，1985 年；陈庆英汉译本，西藏人民出版社，1986 年。

5. 巴卧·祖拉陈瓦：《智者喜宴》（藏文本），民族出版社，1986 年。

6. 扎西旺都编：《西藏历史档案公文水晶明鉴》（藏文），民族出版社，1989 年。

汉文资料：

1. ［明］宋濂等：《元史》，中华书局 1976 年点校本。

2. 多杰才旦主编：《元以来西藏与中央政府关系档案汇编》（1），中国藏学出版社，1994 年。

3. 西藏社会科学院、中国社会科学院民族研究所等：《西藏地方是中国不可分割的一部分》（史料选辑），西藏人民出版社，1986 年。

4. 中国社会科学院民族研究所、西藏自治区档案馆合编：《西藏社会历史藏文档案资料译文集》，中国藏学出版社，1997 年。

5. 夏格巴著,刘立千、罗润苍等译:《藏区政治史》,中国藏学出版社 1992 年内部印刷。

6. 西藏自治区:《西藏政治史》评注小组编写:《夏格巴〈西藏政治史〉与西藏历史的本来面目》,民族出版社,1996 年。

7. 五世达赖喇嘛著,陈庆英、马林、马连龙译:《云裳——五世达赖喇嘛自传》,中国藏学出版社,1989—1991 年。

8. 章嘉·若贝多吉著,蒲文成译:《七世达赖喇嘛传》,西藏人民出版社,1989 年。

9. 牙含章:《达赖喇嘛传》,人民出版社,1984 年。

10. 西藏自治区社会科学院、中央民族学院藏族研究所编:《中国西藏地方历史资料选辑》藏文本,西藏人民出版社,1986 年版。

11. 西藏社会科学院等编:《西藏地方是中国领土不可分割的一部分》(史料选辑),西藏人民出版社,1986 年版。

研究论著:

1. 王森:《西藏佛教发展史略》,中国社会科学出版社,1987 年。

2. 东嘎·洛桑赤列:《论西藏的政教合一制度》,民族出版社,1981 年;陈庆英汉译本,民族出版社,1985 年。

3. 樊保良、水天长主编:《凉州会谈》,甘肃人民出版社,1997 年。

4. 陈庆英:《雪域圣僧——帝师八思巴》,中国藏学出版社,2002 年。

5. 伯戴克著,张云译:《元朝西藏史研究》,云南人民出版社,2002 年。

6. 张云:《元代吐蕃地方行政体制研究》,中国社会科学出版社,1998 年。

7. 张云:《元朝中央政府治藏制度研究》,黑龙江教育出版社,2003 年。

外文资料:

1. W. D. Shakabpa, *Tibet, A Political History*. New Haven and London, Yale University Press 1967.

2. 夏格巴(Zhwa sgab pa dbang phyug bde ldan):《藏区政治史》(Bod kyi srid don rgyal rabs),印度德里,1976 年。